सत्ता और समाज / धीरूभाई शेठ

लोक चिंतक
ग्रंथमाला

सत्ता और समाज

धीरूभाई शेठ

प्रस्तुति एवं सम्पादन

अभय कुमार दुबे

वाणी प्रकाशन

CSDS
विकासशील समाज अध्ययन पीठ
(सी.एस.डी.एस.)

श्रृंखला सम्पाद

विजय बहादुर सिंह, योगेन्द्र या

मूल्य : 750.00

पहला संस्करण : २००६
आवृत्ति २०१६

प्रकाशक : वाणी प्रकाशन
४६९५, २१-ए, दरियागंज, नयी दिल्ली-११० ००२
मुद्रक : सिटी प्रेस द्वारा दिल्ली-११० ०९५ में मुद्रित

SATTA AUR SAMAJ
Dheerubhai Sheth/
Presented and Edited by Abhay Kumar Dubey

ISBN : 978-93-5000-096-0

नितिन की दोस्ती

और उन आज़ाद हवाओं के नाम

(नितिन त्रिवेदी / ८ जनवरी, १९३७–९ जुलाई, १९९१)

अनुक्रम

आरक्षण के पचास साल

लोकतंत्र की चुनौतियाँ

भूमंडलीकरण और वैकल्पिक चिंतन

लोक-चिंतक ग्रंथमाला

दूसरी परंपरा की खोज

लोक-चिंतक ग्रंथमाला भारतीय भाषाओं में समाज चिंतन की दूसरी परंपरा स्थापित करने का एक प्रयास है। इस ग्रंथमाला की हर किताब एक ऐसे 'लोक-चिंतक' पर केंद्रित होगी जिसके विचारों ने देश और दुनिया के बारे में स्थापित मुख्यधारा को चुनौती दी है और जिसके विचार सामाजिक चिंतन की एक नयी परंपरा के लिए जमीन बनाने में मददगार हो सकते हैं। भारतीय भाषाओं का जागरूक पाठक इन चिंतकों के नाम से अपरिचित नहीं है। वह बीच-बीच में इनके उद्धरण देखता है, और कभी-कभी इनके लेख भी पढ़ पाता है। लेकिन भारतीय भाषाओं में ऐसी किताबें नहीं हैं जो पाठक को इन बहुचर्चित विचारकों की पूरी चिंतन-यात्रा और रचना-संसार से परिचित करवा सकें। दरअसल, अंग्रेजी में भी ऐसी सामग्री का घोर अभाव है। लोक-चिंतक ग्रंथमाला इसी कमी को पूरा करने का प्रयास है। हम शुरुआत ऐसे चिंतकों से कर रहे हैं जो **विकासशील समाज अध्ययन पीठ** से जुड़े रहे हैं। इन्हीं कुछ चिंतकों के चलते इस अध्ययन पीठ को एक वैचारिक स्कूल की तरह देखा जाता है। लेकिन बाद में इस ग्रंथमाला के दायरे को फैला कर हम ऐसे चिंतकों पर किताबें लाएँगे जो इस संस्था की सीमाओं के बाहर रह कर उल्लेखनीय योगदान देते रहे हैं।

'लोक-चिंतक' में शामिल 'लोक' का अर्थ वह नहीं है जो 'लोक-नृत्य' या 'लोक-संस्कृति' में होता है। हम जिन लोक-चिंतकों की बात कर रहे हैं वे समाज के बारे में सोचने की प्राचीन लोक (जिसे अंग्रेजी में 'फोक' कहा जाता है) परंपराओं का अंग नहीं हैं। न ही वे इन परंपराओं को पुनर्जीवित करने की कोशिश कर रहे हैं। हमारे लोक-चिंतक आधुनिक समाज विज्ञान या फिर

आधुनिक सामाजिक-राजनीतिक आंदोलनों या फिर दोनों से जुड़े हैं। फिर भी इनके सरोकार और वैचारिक पद्धति इन्हें 'लोक' चिंतक के रूप में चिह्नित करते हैं। एक मायने में तो हर तरह के सामाजिक चिंतन का संबंध आम जनता से होता है। लेकिन हमारे लोक-चिंतकों का लोक-सरोकार गहरा है। चाहे लोकतंत्र की चिंता हो या समाज परिवर्तन की या जन-संस्कृति की, ये सभी विचारक समाज को आभिजात्य के चश्मे से देखने या फिर महज भीड़ की तरह समझने के विरोध में खड़े हैं। इनका लोक-सरोकार इनके चिंतन की विषय वस्तु पर ही नहीं, इनकी दृष्टि पर भी गहरी छाप छोड़ता है। चिंतन-मनन को लोकतांत्रिक तरीके से चलाने का आग्रह इन्हें बने-बनाए सिद्धांतों और विचारधाराओं से वैचारिक द्वंद्व की स्थिति में खड़ा कर देता है। चाहे वह भारत जैसे समाजों को देखने-परखने की पश्चिमी दृष्टि हो या इसमें हो परिवर्तनों को तौलने के 'विकसित' देशों से उधार लिए पैमाने और मॉडल या फिर परिवर्तनकारी राजनीति के बने-बनाये फार्मूले हों—इनमें अंतर्निहित बाहरी दृष्टि के प्रति आलोचनात्मक रुख और उसके एक स्थानीय या देशज विकल्प की तलाश इन सभी चिंतकों में देखी जा सकती है। यह तलाश उन्हें अलग-अलग दिशाओं में ले जाती है, लेकिन अंततः इन सबकी खोज एक नयी सार्वदेशिकता गढ़ने की प्रक्रिया का ही हिस्सा है। उनकी इस खोज से जुड़ कर हम इक्कीसवीं सदी में एक नयी या दूसरी परंपरा की खोज का हिस्सा बनते हैं।

यह प्रयास **विकासशील समाज अध्ययन पीठ** के लिए नया नहीं है। सन् १९६३ में स्थापना के बाद से ही यहाँ कार्यरत विद्वानों ने एक ओर तो पश्चिम से उधार ली गयी औपनिवेशिक विचार-पद्धतियों का खंडन-मंडन किया और दूसरी ओर समाजशास्त्र को विशेषज्ञों की इजारेदारी बनाये रखने की कोशिशों को भी चुनौती दी। ज्ञान और राजनीति के अटूट रिश्ते की शिनाख्त करते हुए इन विद्वानों ने जनांदोलनों के अनुभवों और शास्त्रीय ज्ञान-परंपराओं के बीच सेतु की भूमिका निभाने की कोशिश की। लेकिन, अंग्रेजी समाजशास्त्र की स्थापित अवधारणाओं को बुनियादी चुनौती देनेवाला यह अधिकांश लेखन अंग्रेजी में ही हुआ। इस लिहाज से इन लोक-चिंतकों को भारतीय भाषाओं तक ले जाने का यह प्रयास अध्ययन पीठ की जीवनधारा की एक स्वाभाविक कड़ी समझी जानी चाहिए।

यह प्रयास आज पहले से भी अधिक प्रासंगिक है। पिछले दो दशकों में जहाँ एक ओर बौद्धिक जगत में अंग्रेजी और भारतीय भाषाओं के बीच की खाई पहले से गहरी हुई है, वहीं दूसरी ओर इस खाई को पाटने की जरूरत और संभावना, दोनों एक साथ बढ़ी हैं। पहली नजर में यह खाई एक भाषायी फाँक

जैसी दिखायी देती है—एक ओर अंग्रेजी और दूसरी ओर समस्त भारतीय भाषाएँ। समाजशास्त्र, यानी समाज के बारे में गंभीर, दीर्घकालिक, शास्त्रीय मनन-चिंतन सिर्फ अंग्रेजी में होता है। एकाध अपवाद को छोड़ कर समाज-चिंतन के नाम पर हिंदी में या तो सतही अखबारी लेखन मिलता है या फिर कुछ सस्ती पाँठ्य पुस्तकें। हिंदी में गंभीर और परिष्कृत लेखन या तो साहित्यिक रचनाओं की शक्ल ले लेता है, या फिर साहित्य-मीमांसा की। बौद्धिक श्रम का यह विचित्र विभाजन इतना गहरा और सर्वव्यापी है कि अब एकदम सहज और सामान्य दिखने लगा है।

अंग्रेजी और भारतीय भाषाओं का यह अंतर केवल एक भाषायी फाँक नहीं है। यह अनुभूति, अभिव्यक्ति और ज्ञान के दो संसारों का अंतर है। अंग्रेजी और भारतीय भाषाओं के चिंतन की विषय-वस्तु, विधा, प्रेरणा-स्रोत और अवधारणात्मक सूत्र एक-दूसरे से बुनियादी तौर पर भिन्न हैं। इनके सामाजिक दायरे एक दूसरे से जुदा हैं। इसलिए इस फाँक की वजह से सिर्फ हिंदी का जगत ही नहीं अंग्रेजी की दुनिया भी गरीब हो गयी है। अगर हिंदी का पाठक नये और ताजा समाजशास्त्रीय सोच से वंचित हुआ है तो दूसरी तरफ सिर्फ अंग्रेजी तक सीमित समाजशास्त्र खुद समाज की जड़ों से कट गया है। भारतीय समाज और चिंतन को बाँटनेवाली इस खाई के चलते सही मायने में एक भारतीय समाजशास्त्र का जन्म ही नहीं हो पाया है।

पिछले दो दशकों में हिंदी और अन्य भारतीय भाषाओं में पाठकों का एक नया तबका तैयार हुआ है। तमाम दिशाओं और व्यवसायों से आये लोगों को मिलाकर बना यह तबका आज जमीन पर विचारों का मुख्य उपभोक्ता और उत्पादक है। इसमें अध्यापक, विद्यार्थी, पत्रकार, स्वतंत्र लेखक और सामाजिक, सांस्कृतिक और राजनीतिक कार्यकर्ता शामिल हैं। यह अंग्रेजी से अनभिज्ञ नहीं है, लेकिन मूलतः हिंदी या अन्य भारतीय भाषाओं में सोचता और स्वयं को व्यक्त करता है। कभी-कभार अंग्रेजी सामग्री का उपभोग कर सकने के बावजूद अपनी वैचारिक खुराक के लिए यह तबका भारतीय भाषाओं पर निर्भर करता है। पिछले दो दशकों में इसका आकार बढ़ा है और हाशिये पर पड़ी जातियों और समुदायों ने भी इसमें दाखिला पाया है। भारतीय समाज और लोकतंत्र के रंग-रूप में हुई तब्दीलियों ने इस मानस को झकझोरा है, इसके स्थापित मानकों और वैचारिक आलस्य को चुनौती दी है और बने-बनाये वैचारिक खाँचों को तोड़ा है। पाठकों के इस तबके को खबरों और उनके विश्लेषण, दोनों की भूख है। पिछले दशक में भारतीय भाषाओं के अखबारों में अभूतपूर्व विस्तार ने इस वर्ग की खबरों की भूख को तो कुछ हद तक शांत किया है, लेकिन विश्लेषण की जरूरत को पूरा

करने लायक सामग्री आज भी उपलब्ध नहीं है।

आशा है कि वाणी प्रकाशन के सहयोग से पहले 'लोक-चिंतन' और अब 'लोक-चिंतक' ग्रंथमालाओं का प्रकाशन इस जरूरत को पूरा करेगा। हमारी कोशिश रहेगी कि इस ग्रंथमाला की हर किताब के जरिये हिंदी के पाठक को महज अनुवाद के बजाय पुनर्लेखन, संक्षिप्तीकरण और साक्षात्कार के माध्यम से किसी एक चिंतक की विचार यात्रा और उसके वैचारिक जगत का परिचय मिले। हमें यह भी आशा है कि जल्दी ही हम अपने इस प्रयास को अन्य भारतीय भाषाओं के दायरे में भी ले जायेंगे।

—विजय बहादुर सिंह, योगेंद्र यादव
श्रृंखला संपादक

संपादन और अनुवाद के बारे में

लोक-चिंतक ग्रंथमाला उस पाठक वर्ग को संबोधित है जो राजनीतिक रूप से सचेत, ज्ञानार्जन की दृष्टि से उत्सुक और गंभीर चिंतन-मनन के प्रति रुझान रखने वाला है। पूँजी के प्रकोप, बाजार के सतहीपन और सस्ते मनोरंजन की चकाचौंध के बावजूद यह पाठक एक अलग तरह के नायक की सोहबत में अपने भविष्य की कल्पना करना चाहता है। यह नायक राजनीतिक नेता हो सकता है, सामाजिक कार्यकर्ता हो सकता है, महान कलाकार हो सकता है, समाज सुधारक हो सकता है, कोई दार्शनिक हो सकता है और साथ ही एक समाजवैज्ञानिक भी हो सकता है। **लोक-चिंतक ग्रंथमाला** की प्रत्येक कड़ी देश के ऐसे समाज-चिंतकों में से किसी एक के कृतित्व पर केंद्रित रहेगी जिसके चिंतन और लेखन ने समाजविज्ञान की दुनिया में भारतीय दृष्टि की स्थापना में मौलिक योगदान किया हो। **विकासशील समाज अध्ययन पीठ** और **वाणी प्रकाशन** की मान्यता है कि हिंदी के गंभीर पाठक ऐसे महान समाजवैज्ञानिकों की रचनाओं की इन चयनिकाओं की मदद से भारतीय समाज, संस्कृति और राजनीति की और गहरी समझ विकसित कर पायेंगे।

हिंदी-क्षेत्र में ऐसे पाठक वर्ग की रचना आपात्काल के खिलाफ सत्तर के दशक के मध्य में हुए संघर्ष से शुरू हुई थी जो उसके बाद भारतीय समाज के बेहद तेज रफ्तार से हुए सघन राजनीतिकरण के कारण अब नये चरण में पहुँच

गयी है। एक ऐसे चरण में जब आम लोग न सिर्फ राजनीति और समाज-परिवर्तन की प्रक्रिया में सीधी भागीदारी करते हैं, बल्कि उसकी बारीकियों के बारे में जानना भी चाहते हैं। हमें यकीन है कि इस पाठक वर्ग की बौद्धिक भूख को तृप्त करने के लिए लोक-चिंतक ग्रंथमाला विशेष रूप से उपयोगी साबित होगी। यह ग्रंथमाला सिर्फ अध्ययन पीठ से जुड़े समाजवैज्ञानिकों की कृतियों तक ही सीमित नहीं रहेगी, बल्कि इसके चयन का दायरा समग्र भारत होगा। इसकी पहली कड़ी **राजनीतिशास्त्री रजनी कोठारी** के कृतित्व पर केंद्रित थी, और अब दूसरी कड़ी **राजनीतिक समाजशास्त्री धीरूभाई शेठ** के कृतित्व को समर्पित है। इसके तहत प्रकाशित होने वाली अन्य पुस्तकों को विख्यात समाजमनोविदों, समाजशास्त्रियों, इतिहासकारों और समाजचिंतकों के कृतित्व की चयनिकाओं के रूप में प्रकाशित किया जायेगा।

समाजविज्ञानियों में पहली और संख्यात्मक लिहाज से बड़ी श्रेणी उन विद्वानों की है जिनका बुनियादी अकादमीय प्रशिक्षण और सारा काम अंग्रेजी में है। उन्हें अपनी मातृभाषाओं में लेखन करने का मौका कतई नहीं मिला। अभ्यास और इच्छा की कमी के कारण उन्होंने भारतीय भाषाओं में समाजविज्ञान रचने की तरफ कदम भी नहीं बढ़ाया। इनमें से कई विद्वान हिंदी या दूसरी भारतीय भाषाएँ पढ़ कर समझ सकते हैं और कम से कम अपनी रचना के अनुवाद या सार-संक्षेप की प्रामाणिकता सुनिश्चित करने में सक्षम हैं। दूसरी श्रेणी में वे अध्येतागण आते हैं जो बाकायदा द्विभाषी हैं। वे ज्यादातर लेखन अंग्रेजी में करते हैं लेकिन बीच-बीच में भारतीय भाषाओं में अभिव्यक्ति के मौके का भी सदुपयोग करते रहते हैं। यह श्रेणी छोटी लेकिन अत्यंत महत्त्वपूर्ण है। हमारा प्रयास होगा कि द्विभाषी विद्वानों की भारतीय भाषाओं में लिखी रचनाओं को सीधे हिंदी में अनूदित किया जाये और चयनिका में उन्हें शामिल करने पर विशेष जोर दिया जाये।

इस ग्रंथमाला की सामग्री संकलन, अनुवाद, सार-संक्षेप और फिर संपादन की बहुस्तरीय प्रक्रियाओं के बाद पाठकों के पास पहुँची है। अधिकतर अनुवाद, पुनर्लेखन और सार-संक्षेप अंग्रेजी से ही किये गये हैं। सीधे हिंदी में तैयार किये गये विमर्श की भी इस सामग्री में उल्लेखनीय हिस्सेदारी है। जाहिर है कि ऐसे लेख हिंदी के सुविज्ञ पाठकों को एकदम अलग स्वाद देंगे। इसी से मिलता-जुलता एहसास पाठकों को उन लेखों को पढ़ कर होना चाहिए जिनका सार-संक्षेप किया गया है। यह संक्षेपण तो है पर आमतौर पर मूल रचना को आधे से ज्यादा छोटा नहीं किया गया है। संक्षेपण प्रामाणिक है, क्योंकि लेखक ने स्वयं पढ़ कर उस पर अपनी मुहर लगायी है। ग्रंथमाला में कुछ ऐसे लेख भी शामिल

किये गये हैं जिन्हें एक ही विषय-वस्तु से संबंधित लेखों के छोटे-छोटे अंशों को मिला कर तैयार किया गया है। पाठकों को साक्षात्कार की विधा का इस्तेमाल भी दिखेगा। मुझे उम्मीद है कि संपादन की इन कई शैलियों के इस्तेमाल से बौद्धिक आस्वादन में विविधता आयेगी और कम कलेवर में अधिक सामग्री उपलब्ध हो सकेगी। पाठक अधिक संतुष्ट होंगे।

संपादन और अनुवाद के मैदान में उतरने पर हिंदी को कई तरह की समस्याओं का सामना करना पड़ता है। हमें दिखायी पड़ता है कि भाषा और ज्ञान-परंपरा के लिहाज से हम उतने वैभवशाली नहीं हैं। बहुत कम ऐसा है जो बना-बनाया उपलब्ध है और न जाने कितना नये सिरे से बनाना है। मसलन, समाजविज्ञान में प्रयुक्त होने वाली सैद्धांतिक और मानकीय शब्दावली हमारे पास है ही नहीं। पारिभाषिक शब्दकोशों की कमी नहीं है पर उसकी टकसाल में ढाले गये सिक्के पाठकों के बाजार में नहीं चल पा रहे हैं, क्योंकि उनसे ज्यादा लोकप्रिय और ग्राह्य तो अंग्रेजी की शब्दावली हो चुकी है। 'ऑन्टॉलजी' एक ऐसे ही शब्द का उदाहरण है जिसे अंग्रेजी में समझना ज्यादा आसान लगता है। जैसे ही इसका शब्दकोशीय अनुवाद 'सत्तामीमांसा' के रूप में किया जाता है वैसे ही यह अनूदित पाठ को समृद्ध करने के बजाय संप्रेषणगत व्यवधान बन जाता है। दूसरी बाधा समाजविज्ञान की रचनाएँ पढ़ने के पाठकीय अभ्यास की कमी से उभरती है। अखबारी लेखन पढ़ते रहने के कारण पाठक सीधे-सरल और छोटे वाक्य पढ़ने का इस कदर अभ्यस्त हो चुका है कि लंबे और जटिल वाक्य सामने आते ही उसकी शिकायत होती है कि यह तो भारी लेखन है। विचित्र बात यह है कि अंग्रेजी पढ़ते समय पाठकगण यह शिकायत नहीं करते। दरअसल, यह दिमागी समस्या हिंदी पत्रकारिता के कुछ पुरोधाओं के इस गलत आग्रह के कारण पैदा हुई है कि हिंदी सहज घोषणात्मक वाक्यों की भाषा है। सरलीकृत हिंदी की माँग करने वाला यह पाठक अनुवादक से अपेक्षा करता है कि वह जटिल वैचारिक लेखन को भी छोटे-छोटे वाक्यों में तोड़ कर पेश करेगा। बेचारा अनुवादक यह माँग पूरी करने के चक्कर में पाता है कि उसने वाक्य तो तोड़ दिये और काफी-कुछ तात्पर्य भी स्पष्ट कर दिया लेकिन मूल लेखन की बारीकियाँ और उसकी अंतर्निहित एकात्मक अर्थवत्ता हाथ से निकल गयी। पश्चिमी बौद्धिक प्रभावों के कारण यही पाठक महत्त्वपूर्ण अवधारणात्मक शब्दों को कुछ खास रूढ़ हो चुके अर्थों में ही समझता है जबकि हमारे यहाँ समाज-वैज्ञानिक विश्लेषण में उनका प्रयोग भिन्न और कहीं व्यापक तात्पर्य के लिए करना पड़ता है। इसका सबसे बड़ा उदाहरण 'सेकुलर' शब्द की जगह प्रचलित हो चुका शब्द 'धर्मनिरपेक्ष' है जिसका लोकप्रिय अर्थ धर्मों या पंथों के आपसी और राज्य से संबंधों का

निकलता है। लेकिन भारतीय समाजविज्ञान को सेकुलर शब्द का इस्तेमाल जाति-धर्मनिरपेक्ष अर्थों में करना पड़ता है यानी सेकुलर होने की प्रक्रिया न केवल दो धर्मों के आपसी संबंधों का निर्धारक तत्त्व हो सकती है, बल्कि वह एक धर्म के भीतर विभिन्न समुदायों के आपसी संबंधों को भी परिभाषित कर सकती है। सेकुलराइजेशन और भी आगे जा कर जातीयता संबंधी आग्रहों में हुई आधुनिकतावादी तब्दीलियों को व्यक्त करने का माध्यम बन सकता है।

तीसरी तरह की दिक्कत हिंदी के भीतर व्याप्त कई तरह की सुविधाजनक बन चुकी गलतफहमियों के कारण उभरती है। आमतौर पर 'जातिवादी' गोलबंदी और 'जातीय' गोलबंदी के बीच के भारी अंतर का बहुत से अखबारी लेखकों और पाठकों के लिए कोई महत्त्व नहीं है। असमिया, बंगाली या तमिल जातीयताओं के नाम हैं और ब्राह्मण, ठाकुर या वैश्य जातियों के नाम हैं। इसी तरह 'सवर्ण' शब्द को लेकर भी काफी समस्या है। हिंदी के कई लेखक अपनी रचनाओं में और आम लोग आपसी बातचीत में 'सवर्ण' शब्द का इस्तेमाल सिर्फ पहले तीन वर्णों के लिए करते हैं जैसे कि शूद्र वर्ण उस दायरे में आता ही न हो। होना यह चाहिए कि उपनयन का अधिकार रखने वाले वर्णों के लिए 'द्विज' शब्द का प्रयोग किया जाये और शूद्र जातियों के लिए 'गैर-द्विज' का इस्तेमाल हो। जाहिर है कि पूर्व-अछूत या दलित जातियाँ इस व्यापक दायरे में आते हुए भी समय-समय पर अपने लिए अलग अभिव्यक्ति की माँग करेंगी।

इसी बिंदु पर सवाल उठता है कि क्या इन तमाम मुश्किलों का तोड़ निकाल लेने से समाजविज्ञान का हिंदी में प्रस्तुतीकरण आसान हो जायेगा? इसका जवाब यह है कि इन तकनीकी सतर्कताओं के बाद भी ऐसा तब तक नहीं हो सकता जब तक अंग्रेजी का लेखक अपने अनुवादक को पूरी छूट या स्वायत्तता नहीं देगा। स्वायत्तता की सीमा मूल लेखक की निगाह में अनुवाद-कर्म की हैसियत पर निर्भर करती है। इसी संदर्भ में वाल्टर बेंजामिन के कथन की उपयोगिता सामने आती है। वे अनुवादक के लिए मूल पाठ से परे जाने की सिफारिश करते हैं। वे अनुवादक को लगभग भड़काते हुए प्रोत्साहित करते हैं कि वह ऐसा जरूर करे और मूल लेखक पर जिम्मेदारी डालते हुए लगते हैं कि उसे मूल पाठ की दूसरी भाषा में सांस्कृतिक पुनर्रचना देखने के लिए दिमागी रूप से तैयार हो जाना चाहिए। इसके लिए लेखक को मूल पाठ की वाक्य-रचना का मोह छोड़ना पड़ेगा। दरअसल, यह स्वायत्तता मिलते ही अनुवादक के व्यक्तित्व में गुणात्मक परिवर्तन हो जाता है और वह मूल पाठ का गुलाम न रह कर एक अनुशासित सह-रचयिता का रूप ले लेता है। यह सह-रचयिता मूल कृति के उत्तर-जीवन का निर्माता होता है। मूल कृति के जीवन का यह दूसरा

चरण पहले चरण से नैसर्गिक रूप से जुड़ कर उसका विस्तार बन जाता है। इस तरह का हर अनुवाद संपादक का काम सहज कर देता है। कृति नये पाठकों के हाथों में जाती है। उसकी प्रभा और सामाजिक उपयोगिता बहुत बढ़ जाती है।

अनुवाद मूल कृति का पुनरुत्पादन नहीं, पुनर्रचना है। चित्र जैसी कलाकृति का तो पुनरुत्पादन ही संभव है पर अनुवादक एक समूचे पाठ को एक दूसरी भाषा में, दूसरी लिपि में, दूसरी वाक्य-रचना में और दूसरी संस्कृति के जगत में रचता है। परकाया-प्रवेश जैसी कार्रवाई के नतीजे में जो काया बनती है उसके प्रामाणीकरण के लिए मूल काया कहीं और मौजूद रहती है। इस तरह दो पाठ बन जाते हैं।

अनुवाद अगर स्वायत्तता के साथ किया गया है तो फिर पाठक के लिए मूल का अस्तित्व नहीं रहना चाहिए। एक बहुभाषी देश में अगर एक भारतीय भाषा, जैसे हिंदी, में स्वायत्त अनुवाद संपन्न हो जाये तो फिर दूसरी भारतीय भाषाओं में उसके अनुवाद की मुश्किलें बहुत कम हो जानी चाहिए। वैसे भी भारतीय भाषा-परिवार की भाषाओं को अंग्रेजी के मुकाबले किसी घरेलू भाषा से अर्थग्रहण करने में ज्यादा सुविधा होगी। हिंदी से मराठी या कन्नड़ में या गुजराती में अनुवादपरकता बहुत बढ़ जानी चाहिए।

मैं अपने अनुभव से कह सकता हूँ कि विकासशील समाज अध्ययन पीठ से जुड़े विद्वान काफी-कुछ वाल्टर बेंजामिन की अनुवाद संबंधी अनुशंसाओं के हामी लगते हैं। अध्ययन पीठ के भारतीय भाषा कार्यक्रम के कई सकारात्मक पहलुओं में यह सर्वाधिक महत्त्वपूर्ण है। इन विद्वानों के सहयोग और अनुवाद के अन्य अनुभवों का निचोड़ निकाल कर इस ग्रंथमाला के पाठकों की सुविधा के लिए यहाँ एक छोटी सी शब्दावली दी जा रही है जिसका मकसद समाजविज्ञान में अक्सर इस्तेमाल किये जाने वाले शब्दों से जुड़ी उन धारणाओं को स्पष्ट करना है जिनके तहत हमने उन्हें इस्तेमाल किया है। हालाँकि मानकीकरण होना बहुत जरूरी है लेकिन हमारा आग्रह फिलहाल किसी एक शब्द को ही इस्तेमाल करने का नहीं है, क्योंकि हिंदी में यह समाजशास्त्र की पहली संगठित और नियोजित शुरुआत है। इसलिए शब्द और उसके विकल्प को भी दिया गया है।

कहीं-कहीं जरूरत के मुताबिक कुछ शब्दों या धारणाओं के आसपास बन चुके विचार-जगत का भी संक्षेप में परिचय देने का प्रयास किया गया है। हो सकता है कि ऐसे परिचय में विज्ञ-पाठकों को कुछ पहलू छूटे हुए लगें। दरअसल, इस शब्दावली को ग्रंथ-माला की सामग्री के अनुपूरक के रूप में देखा जाना चाहिए, न कि समाजशास्त्र के स्वतंत्र कोश की तरह। जैसे-जैसे इस

शृंखला में पुस्तकें जुड़ेंगी, यह शब्दावली बढ़ती चली जायेगी। हमें उम्मीद ही नहीं पक्का यकीन है कि जल्दी ही हिंदी-जगत समाजशास्त्रीय अध्ययन में रच-बस जायेगा और उसे इस तरह की छोटी-पूरी मदद की आवश्यकता भी नहीं रह जायेगी।

—अभय कुमार दुबे

परिचय

विकल्प-साधना और विद्रोही मन

अभय कुमार दुबे

यह अस्सी के दशक के मध्य का वाकया है। उन दिनों हिंदुत्ववादी राजनीति खुद को एक बहुत बड़े हमले के लिए तैयार कर रही थी। उसकी बौद्धिक और राजनीतिक लामबंदी के नतीजे नब्बे के दशक में दिखने वाले थे। उन्हीं दिनों नई दिल्ली के झंडेवालान स्थित दीनदयाल शोध संस्थान (संघ परिवार का बौद्धिक अड्डा) ने कुछ बुद्धिजीवियों को समानधर्मा मान कर विचार-विमर्श के लिए निमंत्रित किया। इस महत्त्वपूर्ण बैठक में खुद सरसंघचालक को भाग लेना था। कुछ विलम्ब होने पर निमंत्रित विद्वानों में से एक ने दरयाफ्त किया कि क्या देर है? राजेंद्र सिंहजी कहाँ हैं? आयोजक यह सुन कर चौंक गए। उन्हें उम्मीद थी कि जिन सरसंघचालक को स्वयंसेवकगण 'परमपूजनीय रज्जूभैया' के नाम से बुलाते हैं उन्हें वह समानधर्मा समझा जाने वाला बुद्धिजीवी कम से कम रज्जू भैया के स्नेहयुक्त नाम से तो बुलाएगा ही। उन्होंने संघ परिवार की परंपराओं से नावाकिफ लग रहे उस व्यक्ति को इस आचरण संहिता की जानकारी देने की कोशिश भी की। पर, वह रज्जूभैया को राजेंद्र सिंहजी ही कहता रहा।

बहरहाल, सरसंघचालक आए और बातचीत शुरू हुई। आयोजकों को दूसरा झटका तब लगा जब उसी बुद्धिजीवी ने सांस्कृतिक राष्ट्रवाद के मुख्य सिद्धांतकार और दिवंगत सरसंघचालक माधवराव सदाशिवराव गोलवलकर का जिक्र आने पर उन्हें स्वयंसेवकों के बीच में लोकप्रिय संबोधन गुरुजी के नाम से याद न करने की जुर्रत की। आयोजकों ने उसे नरमी के साथ याद दिलाया कि गोलवलकरजी कहना ठीक नहीं है, वे तो गुरुजी थे। पर वे उस विद्वान से अपनी बात न मनवा सके। जो स्वयंसेवकों के लिए गुरुजी थे, उन्हें वह विद्वान

गोलवलकरजी ही कहता रहा। इसके बाद जैसे ही भारतीय मुसलमानों के बारे में चर्चा की बारी आई, उस विद्वान की तरफ से सुझाव दिया कि संघ परिवार को मुसलमानों के बारे में अपनी नीतियों और आग्रहों के बारे में एक श्वेत पत्र जारी करना चाहिए, ताकि मुसलमान समाज को भी पता लग सके कि संघ उनसे क्या चाहता है। उस विद्वान का कहना था कि संघ परिवार इस बारे में अपने बयान बदलता रहता है, जिससे कुछ तय नहीं हो पाता कि आखिर अल्पसंख्यकों के संविधानसम्मत और अन्य नागरिक अधिकारों के बारे में उसका सुनिश्चित मत क्या है। इस सुझाव पर सरसंघचालक ने चुप्पी साध ली और उसके बाद बैठक पर एक तरह का ठंडापन हावी हो गया। किसी नतीजे पर नहीं पहुँचा जा सका।

संघ के नेताओं के प्रति अ-श्रद्धा के इस प्रदर्शन के बाद संभवत: संघ परिवारियों के लिए ये महाशय शायद एक पहेली बन कर रह गए होंगे। यह पुस्तक संघ परिवारियों के लिए अजीब-ओ-गरीब साबित हुए इन्हीं विख्यात राजनीतिक-समाजशास्त्री प्रोफेसर धीरूभाई शेठ के जीवन, व्यक्तित्व और कृतित्व पर केंद्रित है।

संघ परिवारियों को भले ही प्रोफेसर शेठ के बारे में गलतफहमी रही हो, पर धीरूभाई को उसके बारे में कभी गलतफहमी नहीं रही। अस्सी के दशक में ही उन्होंने जब अपने जीवन की सबसे महत्त्वाकांक्षी परियोजना (लोकायन नामक यह अभूतपूर्व प्रोजेक्ट धीरूभाई का ही मानसपुत्र था जिसके जरिए वे एक नए तरह के समाज विज्ञान के सूत्र ढूँढ़ना चाहते थे) के तहत समाज विज्ञान की दुनिया को सामाजिक-राजनीतिक कार्यकर्ताओं के संसार से जोड़ने की मुहिम शुरू की तो उनके दिमाग में साफ था कि वे गाँधीवादियों से लेकर नक्सलवादियों तक हर रंग के कार्यकर्ताओं को अपने संवादों में बुलाएँगे, पर संघियों को नहीं। उन्होंने लोकायन-प्रक्रिया से राष्ट्रीय स्वयंसेवक संघ के लोगों को जानबूझ कर दूर रखा। उन्हें लगता था कि ये लोग किसी भी प्रक्रिया द्वारा घुसपैठ कर लेने के हथकंडों में पारंगत होते हैं। परिष्कृत और मानवीय रुख अख्तियार करके वे संघ से बाहर की ताकतों को साथ जोड़ते हैं और फिर भितरघात भी करते हैं।

दिलचस्प बात यह है कि संघ परिवार को लोकायन से बाकायदा दूर रखने के बाद भी मार्क्सवादी और सेकुलर खित्ते के लोग धीरूभाई के भाजपाई रुझानों की चर्चा करते हुए देखे जा सकते हैं। इसका कारण शायद धीरूभाई के इस कथन में पढ़ा जा सकती है : 'मार्क्सवाद से (उन्हें) उतनी दिक्कत नहीं है जितनी मार्क्सवादी राजनीति से। मार्क्सवाद तो समाज और उसकी गतिशीलता को समझने की एक दृष्टि देता है जिससे एक हद तक लाभ होता है। कोई भी

समाजशास्त्री मार्क्सवादी चिंतन को नजरअंदाज नहीं कर सकता।' यह कहने के साथ-साथ धीरूभाई भारत की मार्क्सवादी और सेकुलर राजनीति को अभिजन राजनीति के ही एक अंग के रूप में व्याख्यायित करते हैं। उन्हें पश्चिम द्वारा थमाए गए ज्ञान के आईने में भारतीय समाज का अक्स देखने वाले सेकुलरवादियों में दो बातों का संयोग दिखता है : नई अंग्रेजी शिक्षा और पुराना ब्राह्मणवाद। इस रोशनी में समझा जा सकता है कि अपने बौद्धिक वर्चस्व के प्रति अति-संवेदनशील मार्क्सवादी-सेकुलर तबके द्वारा उनकी छवि के साथ इस तरह की शरारती छेड़-छाड़ क्यों की गई होगी।

धीरूभाई के बारे में फैली या फैलाई गई गलतफहमियों का यह सिलसिला केवल सेकुलर और साम्प्रदायिक खेमों तक ही सीमित नहीं रहा, बल्कि गाँधीवादी विकल्प की चर्चा चलाने वाले भी उन्हें कुछ चौंक कर देखते रहे। इसका कारण यह था कि धीरूभाई ऐसी किसी भी सोशल इंजीनियरिंग के साथ खड़े होने के लिए तैयार नहीं थे जिसके पीछे समाज का अंतिम सत्य पा लेने की दावेदारियाँ हों। फिर चाहे वह दावा बाएँ बाजू की तरफ से किया जा रहा हो या फिर दाएँ बाजू की तरफ से। धीरूभाई ने ऐसे तमाम आग्रहों को अपनी विशिष्ट शैली में 'पोल पोटिज़्म' की संज्ञा दी। कम्पूचिया में हुए एक हिंसक पोल पोट ने नया समाज बनाने के नाम पर पूरे समाज को ही मृत्यु के कगार पर पहुँचा दिया था। पर, धीरूभाई को भारतीय समाज के संदर्भ में भी एक तरह का अहिंसक पोलपोटवाद दिखाई दिया उन्हें लगा कि गाँधी विचार के कुछ पैरोकार जिस तरह के वैकासिक विकल्प का चिंतन कर रहे हैं, वह एक अ-राजनीतिक वैचारिक संरचना है जो अहिंसक किस्म के पोल पोट का मॉडल ही हो सकता है। धीरूभाई को ट्रस्टीशिप के विचार, मुद्रा खत्म करने के आग्रह या ग्राम स्वराज की परियोजना में तो दिलचस्पी थी, पर वे वैचारिक दंभ को यानी अपने ही विचार को सर्वश्रेष्ठ और सारी समस्याओं का हल मानने के आग्रह को स्वीकार करने के लिए तैयार नहीं थे। उन्हें इस रवैये में और कम्पूचिया में हिंसक पोल पोट को जन्म देने वाले रवैये में कोई फर्क नहीं दिखाई दिया। उन्होंने अपने लेखन में विकास की राजनीति पर जोर दिया, न कि विकास को एक वैचारिक कवायद के रूप में देखने पर।

कोई पाँच साल पहले रजनी कोठारी ने अपने इंटरव्यू में धीरूभाई की बौद्धिक प्रवृत्तियों के बारे में टिप्पणी करते हुए कहा था कि उनकी 'दृष्टि मध्यमार्गी है, क्योंकि उनके मन में कमजोर वर्गों के प्रति गहरी हमदर्दी है। लेकिन वे वामपंथ की तरफ भी नहीं जाना चाहते। हालाँकि धीरूभाई के चिंतन-जगत की रचना में रजनी कोठारी जैसे अनूठे मित्र का उल्लेखनीय बौद्धिक और

संस्थागत योगदान रहा है, पर उनका यह कथन किसी खाँचे में फिट न होने के लिए संकल्पबद्ध इस समाज वैज्ञानिक के रवैये की प्रतिनिधि व्याख्या नहीं करता।

दरअसल, धीरूभाई शेठ एक ऐसे दुर्लभ बौद्धिक मानस का प्रतिनिधित्व करते हैं जिसके केंद्रीय स्वर में एक अस्वीकार की ध्वनि है। समाज विज्ञान और सामााजिक यथार्थ के प्रचलित रिश्तों को गहराई से प्रश्नांकित करने वाला यह विपुल अस्वीकार अपने मूल में सकारात्मक है। अपनी इसी खूबी के कारण ही इसके गर्भ से समाज विज्ञान और उसकी पद्धति की रचनात्मक आलोचना निकलती है। इस आलोचना का दायरा बहुत बड़ा है जिसके एक सिरे पर अगर हमारी राजनीतिक आधुनिकता और जातिप्रथा के बीच के लेन-देन का अध्ययन है, तो उसके दूसरे सिरे पर उदारतावादी लोकतंत्र और भूमंडलीकरण के अंत:संबंधों की निष्पत्तियों का खुलासा है। इन दोनों सिरों के बीच राष्ट्र-निर्माण की प्रक्रिया और उसकी उलझनें, सेकुलरवाद की विवेचना, आरक्षण नीति की अनिवार्यता और उसमें आई विकृतियों के निराकरण और गैर-पार्टी राजनीति के चमकदार सूत्रीकरण मौजूद हैं। इस अनूठे रचना-संसार को एक सूत्र में बाँधने की भूमिका खामोशी से की गई उस आजीवन विकल्प-साधना ने निभाई है जिसके आधार में धीरूभाई की शख्सियत का वह पहलू है जिसे वे अपनी भाषा में 'स्लीप-वॉकिंग' कहते हैं :

> मैं सारी जिंदगी स्लीप-वॉकिंग करता रहा हूँ। दरअसल, मेरे जीवन में लक्ष्यसाधना कम रही है। मैं बहुत नियोजित विधि से आगे नहीं बढ़ा हूँ। मैं तो अपनी दिलचस्पियों में डूबा रहा, जो अच्छा लगा वही किया और रास्ते धीरे-धीरे खुलते चले गए। मैं जैसा हूँ, वैसा ही खुद को पसंद करता हूँ। कोशिश रहती है कि अपने अंतर में स्वतंत्र रह सकूँ। स्वांत:सुखाय काम करूँ।

समाज में संवाद : ज्ञान का स्रोत

शायद यही कारण है कि विकासशील समाज अध्ययन पीठ (सीएसडीएस) से निकली विद्वानों की विख्यात त्रिमूर्ति (रजनी कोठारी, धीरूभाई शेठ और आशिस नंदी) का अंग होते हुए भी प्रोफेसर शेठ की शख्सियत सबसे कम 'सेलिब्रेटिड' मानी जाती है। ऐसा होने की कुछ और वजहें भी हैं जिनमें सबसे पहली है समाज विज्ञान की दुनिया से उनके संबंधों का तनावग्रस्त चरित्र। वे जिस पेशे में हैं, समाज के ज्ञान पर उसी की इजारेदारी का खंडन करते हुए एक भिन्न तरह के समाज विज्ञान की तजवीज करते नजर आते हैं। प्रोफेसर धीरूभाई शेठ के बारे में आगे कुछ भी कहने से पहले उनके बौद्धिक मानस का प्रतिनिधित्व करने वाले एक वक्तव्य को पेश करना उपयोगी होगा। यह एक लंबा और जटिल उद्धरण है, पर इसे आत्मसात करने के बाद हमें उस शख्सियत की पेचीदगी के

मर्म तक पहुँचने में आसानी होगी जो लोक-चिंतक ग्रंथमाला की इस दूसरी कड़ी का नायक है :

> समाज विज्ञान के बारे में आम तौर पर कहा जाता है कि वह 'वैज्ञानिक पद्धति' पर आधारित है। यह दावा कुल मिला कर ज्ञान के प्रत्यक्षवादी नजरिए की देन है। इसके मर्म में सामाजिक यथार्थ को देखने की एक खास तरह की दृष्टि है जिसके मुताबिक मान लिया जाता है कि यथार्थ एक ऐसी चीज है जिसका अवलोकन करके भौतिक जगत में एक 'वस्तु' के तौर पर उसका वर्णन किया जा सकता है। इस मान्यता के परिणामस्वरूप उस पद्धति के तहत यथार्थ अवलोकित तथ्यों के एक सिलसिले के तौर पर सामने आता है। जिसका अवलोकन संभव नहीं है, इस नजरिए के लिए वह या तो गैर-मौजूद है या फिर उसे केवल अवलोकित संदर्भ में ही जाना जा सकता है। यह मान्यता आग्रह करती है कि इस तरह की 'वैज्ञानिक पद्धति' ही समाज का वैध ज्ञान हासिल करा सकती है।
>
> ... ... सामाजिक ज्ञान की वैज्ञानिकता की इसी धारणा के तहत प्रत्यक्षवादी सामाजिक यथार्थ को उस भौतिक यथार्थ जैसा मान बैठते हैं जिसे 'वैज्ञानिक पद्धति' के जरिए अवलोकन करके 'व्याख्यायित' किया जाना है। इस तरह पद्धति ही यथार्थ की 'वास्तविकता' का प्रमाण बन जाती है। यथार्थ का काम सिर्फ ज्ञान की इस प्रक्रिया की सेवा करने तक सीमित रह जाता है। समाज विज्ञान की दुनिया में ज्ञान की प्रक्रिया अगर कभी यथार्थ की सेवा करती नजर आए तो उसे महज संयोग ही मानना चाहिए। सामाजिक यथार्थ के प्रति कोई भी प्रतिबद्धता अगर धोखे से पैदा हो भी गई, तो प्रत्यक्षवादी ज्ञान की यह व्यवहार-शैली उसे दरकिनार करने की पूरी कोशिश करती है। क्योंकि, उस प्रतिबद्धता की वजह से अवलोकन और विश्लेषण का निर्देशन करने वाली 'वस्तुनिष्ठता' गड़बड़ाने का खतरा हो जाता है। प्रत्यक्षवादी समाज विज्ञान का यह विचार इस आस्था पर आधारित है कि अनुसंधानकर्ता एक व्यक्ति या एक समूह के सदस्य के रूप में स्वयं को हितों, विचारधाराओं और मूल्यों के असर से पूरी तरह मुक्त रख सकता है। इसी आस्था के कारण अनुसंधानकर्ता के अपने इरादे, हित और मूल्य यथार्थ के तथ्यात्मक वर्णन की तरह पेश कर दिए जाते हैं।
>
> 'वैज्ञानिक पद्धति' के दायरे में न आने वाली कोई भी कार्रवाई, चाहे वह अनुसंधानकर्ता की हो या संधानित 'विषय' की हो, अवलोकन में बाधा के रूप में देखी जाती है। कार्रवाई या एक्शन की उस दुनिया से आने वाली आवाजें शोरगुल समझी जाती हैं। इस व्यर्थ के अराजक कोलाहल से छुटकारा पाने का जरिया भी उसी 'वैज्ञानिक पद्धति' में ही निहित माना जाता है। औपचारिक और निगमनात्मक तर्क की श्रेणियों को फिल्टर की तरह इस्तेमाल करके 'वैज्ञानिक पद्धति' अनुसंधानकर्ता को यथार्थ के उन हिस्सों को चुनने की सुविधा देती है जिनका अवलोकन और विश्लेषण किया जा सकता है और जो 'वस्तुनिष्ठता' के दायरे में आते हैं। 'वैज्ञानिक पद्धति' यथार्थ के इसी रेडीमेड संस्करण को

मान्यता देती है। 'वस्तुनिष्ठता', जिसे इस पद्धति का सर्व-प्रमुख गुण बताया जाता है, न केवल अवलोकन को यथार्थ से काट कर प्राप्त की जाती है, बल्कि उसके लिए ज्ञान को भी यथार्थ से काट दिया जाता है, उस ज्ञान से जिसे सिलसिलेवार एक संरचना के रूप में गढ़ा गया है। इस प्रकार 'वैज्ञानिक पद्धति' की 'वस्तुनिष्ठता' अनुसंधानकर्ता द्वारा प्रयुक्त भाषा और प्रक्रियाओं के संयोग से तैयार होती है। औपचारिक तर्कशास्त्र इस पर अपनी मुहर लगा देता है। इसका यथार्थ और उसके होने की शर्तों से कोई ताल्लुक नहीं होता। उसका यथार्थ के उन आंतरिक उसूलों से भी कोई ताल्लुक नहीं होता जिस पर वह वास्तव में आधारित रहता है।

... ... 'वैज्ञानिक पद्धति' अनुसंधानकर्ता और उसके 'विषय' की भूमिका निभा रहे इनसानों के बीच संबंध का अमानवीकरण कर देती है। वह अपने विषय के साथ कोई अन्योन्यक्रिया नहीं करता। अनुसंधानकर्ता की तरफ से चलने वाला यह सिलसिला एकतरफा बन जाता है जैसे कि विषय अपने-आप में बोलने वाली कोई मशीन हो जिसकी भाषा अनुसंधानकर्ता के उपकरणों द्वारा संहिताबद्ध होती चली जाएगी। इसी रूपक को कुछ इस तरह से भी पेश किया जा सकता है कि अनुसंधानकर्ता के लिए यथार्थ गूँगा है जिसे उसकी 'वैज्ञानिक पद्धति' ही जुबान देती है। ... ...

... ... 'वैज्ञानिक पद्धति' के इसी अंतर्निहित तर्क के जरिए समाज विज्ञान ने ज्ञान की दुनिया पर अपनी इजारेदारी कायम की है। ... अंतिम विश्लेषण में इस ज्ञान की ताकत का इस्तेमाल अनुसंधान के विषय बनाए गए इनसानों, समुदायों और समाजों के लिए नहीं होता। इसकी ताकत तो दमन, नियंत्रण और गोलबंदी के उन औजारों के लिए इस्तेमाल होती है जिनका मकसद ज्ञान-प्रणाली के दायरे से बाहर सत्ता और व्यवस्था को टिकाये रखना होता है।

धीरूभाई के इस कथन से अंदाजा लगाया जा सकता है कि समाज विज्ञान की दुनिया में उनका दीर्घकालीन एजेंडा क्या है, और वे समाज विज्ञान और समाज के ज्ञान को परस्पर पूरक क्यों नहीं मानते। सवाल यह है कि अगर समाज विज्ञान के पास भी समाज का ज्ञान पाने के औजार नहीं हैं तो फिर समाज का ज्ञान हासिल करने का तरीका क्या हो सकता है? क्या इसके लिए कोई नए तरह का समाज विज्ञान रचना पड़ेगा? अगर हाँ, तो फिर उसके लिए सैद्धांतिक सामग्री कहाँ से आएगी, क्योंकि धीरूभाई की निगाह में समाज विज्ञान की वर्तमान सैद्धांतिकी तो पश्चिमी इतिहास और बौद्धिकता की उपज है? इस प्रश्न के उत्तर में धीरूभाई के पास एक्सपीरिएंशल नॉलेज की धारणा है जिसे वे अनुभवसिद्ध ज्ञान से अलग मानते हैं। उनके अनुसार, 'अनुभव तो एक व्यक्ति का होता है जिसके आधार पर वह अपनी राय बनाता है, उसका परिप्रेक्ष्य बनता है। मैं कहता हूँ कि अनुभव समाज का भी तो होता है, समुदाय का होता है, उसका इतिहास होता है। समाज विज्ञान की दुनिया में थमाए गए सिद्धांतों के कारण हम इस

पहलू की तरफ ध्यान नहीं देते, और हमारा अनुभव भी उधार लिया हुआ हो जाता है।' धीरूभाई के पास अपनी बात साबित करने और एक्सपीरिएंशल नॉलेज की जरूरत पर जोर देने के लिए उदाहरणों की कमी नहीं है। दोहराव का खतरा उठाते हुए भी इसी पुस्तक में प्रकाशित उनके साक्षात्कार के कुछ चुने गए अंशों पर नजर डालने से धीरूभाई के इस आग्रह की अंतर्निहित बारीकियाँ साफ हो सकती हैं :

> फासीवाद का, नाजीवाद का अनुभव यूरोपीय है। इसी तरह अंतर्राष्ट्रीयतावाद पर ट्राट्स्की के विचार हैं। यूरोप ने राष्ट्रवाद का सिद्धांत अपने इन्हीं अनुभवों और विचारों के आधार पर विकसित किया है। पर हम उसी के आईने में भारतीय राष्ट्रवाद देखने लगते हैं। हम न केवल राष्ट्रवाद का वही सिद्धांत भारत में ले आते हैं, बल्कि यूरोप का अनुभव तक उधार ले लेते हैं। जब तक हम अपने सामाजिक अनुभव और इतिहास को प्राथमिकता नहीं देंगे, उसकी रोशनी में समाज विज्ञान के सिद्धांतों की पड़ताल नहीं करेंगे, तब तक हम ज्यादा से ज्यादा एक विजातीय समाज विज्ञान ही रच सकते हैं। इसी चक्कर में बहुतेरे समाजवैज्ञानिकों ने राष्ट्रवाद को हिंदुत्व का पर्याय ही बना दिया। असलियत में गाँधी का राष्ट्रवाद और नेहरू का राष्ट्रवाद भारतवासियों के लिए मुक्तिकामी अनुभव था। इस राष्ट्रवाद के प्रभाव में हमने जाति, क्षेत्र और धर्म से परे जा कर समस्त समाज के बारे में सोचना शुरू किया। हम अपने समाज के इतिहास और उसके विधेयक तत्त्वों पर ध्यान देने के लिए तैयार ही नहीं हैं।
>
> जब मैं एक्सपीरिएंशल नॉलेज की बात करता हूँ तो मेरा पहला आग्रह होता है कि पश्चिम से प्राप्त सिद्धांतों के प्रभाव में हम अपने समाज के ज्ञान और इतिहास को खारिज न करें। अब जाति क्या है? पश्चिमी सिद्धांतों के आधार पर हम जाति को जानें या उस ज्ञान के आधार पर जो जाति के भीतर रहने से हमें प्राप्त होता है? समाज विज्ञान की दुनिया में हमसे उम्मीद की जाती है कि हम जाति में रहने के अपने दैनंदिन अनुभव को देख कर भी अनदेखा करते रहेंगे।
>
> ... ... मेरी दिक्कत आपको कुछ उदाहरणों से समझ में आएगी। सेकुलरवाद ले लीजिए। भारतीय संविधान इसका जो अर्थ लगाता है, वह मेरी समझ में एक्सपीरिएंशल है। लेकिन, जब हम विविधता में एकता कहते थे तो उसकी अहमियत नहीं समझी जाती थी। लेकिन, जब पश्चिम ने बहुसंस्कृतिवाद कहना शुरू कर दिया तो वह हेमारे लिए बहुत बड़ा सिद्धांत हो गया। जबकि हमारे यहाँ तो हमेशा ही बहुसंस्कृतिवाद रहा है। अपने समाज को नहीं देखते तो अपने सिद्धांत भी नहीं बनाते। श्रीनिवास ने एक हद तक कोशिश की और कुछ-कुछ अपना सिद्धांतशास्त्र विकसित करने में कामयाब हुए। उनके जरिए हमें संस्कृतिकरण की प्रक्रिया और प्रभुत्वशाली जाति की परिघटना के बारे में पता चला। रजनी कोठारी ने कांग्रेस सिस्टम के रूप में एक भारतीय व्याख्या दी। अगर वे केवल दलीय प्रणाली में ही उलझे रहते तो यह चीज निकाल कर

न ला पाते। इस तरह केवल कुछ चीजें हमें मिलीं। बाकी ज्यादातर उधार का माल है।

धीरूभाई के कृतित्व का सबसे उल्लेखनीय पहलू यह है कि उन्होंने न केवल इस तरह के अहम सवाल उठाए, बल्कि उनके ठोस जवाब देने के लिए व्यक्तिगत और संस्थागत स्तर पर उपाय भी किए। वे देश के कुछ गिने-चुने समाज वैज्ञानिकों में से एक हैं जिन्होंने नियोजनपूर्वक समाज विज्ञान को समाज के अनुभव से जोड़ने की कोशिश की। इसके लिए उन्हें जमीनी स्तर पर काम कर रहे सामाजिक-राजनीतिक कार्यकर्ताओं को समाज विज्ञान की तकरीबन वर्चुअल दुनिया से जोड़ने का भगीरथ प्रयास करना पड़ा। उन्होंने समाज विज्ञान की स्थापित विधियों में एक नई विधि का समावेश किया। यह थी डायलॉग यानी संवाद की विधि।

समाज विज्ञान को भारतीय देह और आत्मा देने के ये प्रयास सिर्फ किताबों की दुनिया में वक्त गुजारने या सैद्धांतिक अध्ययन में डूबे रहने के परिणाम नहीं हो सकते थे। इसके लिए जीवन और जगत को समझने की एक विशिष्ट दृष्टि का विकास जरूरी था। जहाँ तक अकादमीय सामग्री का सवाल था, वह तो सभी के लिए उपलब्ध थी। लेकिन, ऐसा क्या था जिसने उसी अकादमीय सामग्री का अनुशीलन करते हुए इस समाज वैज्ञानिक के मन में एक सतत बौद्धिक विद्रोह का बीजारोपण किया? आखिर मानवीय चेतना की वे कौन सी संरचनाएँ थीं जिनके कारण उन्हें लगा कि समाज विज्ञान की दुनिया में भारतीय जमीन पर थियरी की बात करने वाले लोग महज शाब्दिक कलाबाजियाँ खा रहे हैं। वे प्रतिबद्धता, अनुभव या त्याग से जुड़े हुए नहीं हैं इसलिए उनकी बातें सतही हैं। सामाजिक अनुभव पर आधारित न होने के कारण उनका राजनीति शास्त्र और समाजशास्त्र प्रामाणिकता की कमी से ग्रस्त है।

एक भारतीय की अंतर्यात्रा

अपने बारे में पूछे गए कई सवालों के जवाब में धीरूभाई जो कहते हैं उसमें कभी बोली गई, और अक्सर अबोली रह गई एक टेक जरूर होती है कि शायद 'इसके पीछे मेरी ग्रामीण पृष्ठभूमि होगी।' यह वाक्य धीरूभाई की शख्सियत की ही तरह है जो सिर्फ देखने में ही सहज और सुगम्य है। मिलने पर लगेगा कि आप एक परिष्कृत नागर व्यक्तित्व से भेंट कर रहे हैं। लेकिन जिंदगी की ठोस हकीकतों और चेतना के धुँधले धरातल पर यह नागर व्यक्तित्व गाँव से शहर की तरफ आए एक उत्तर-औपनिवेशिक भारतीय की अंतर्यात्रा का फलितार्थ बन कर उभरता है। अगर हम चाहें तो इस भारतीय के शुरुआती जीवन में नमूने के

तौर पर उन अनगिनत भारतवासियों की द्वैधवृत्तियों का अक्स देख सकते हैं जिनकी उम्र १५ अगस्त १९४७ को ग्यारह-बारह साल के आस-पास रही होगी।

बड़ोदरा के बहादरपुर गाँव में १७ मार्च, १९३६ को एक वैश्य परिवार में जन्मे धीरूभाई को बचपन से ही एक ऐसी दुनिया से दो-चार होना पड़ा जिसमें गरीबी तो थी, पर उसका एहसास नहीं था। आर्थिक असुरक्षा का यथार्थ जाति और समुदायगत सामाजिक सुरक्षा के कारण उत्पीड़नकारी नहीं रह जाता था। यह एक ऐसा बचपन था जिसके अंतर्विरोध आसानी से किसी श्रेणी में फिट नहीं होते। मसलन, परिवार ऊँची जाति का था, फिर भी मिट्टी में खेलने और छप्परों पर दौड़ लगाने वाले बालक धीरू को अपने अपेक्षाकृत खुशहाल दोस्तों के घरों में अपने लिए एक तरह के बहिर्वेशनकारी रवैये की झलक मिलती थी। जिस गाँव में जिंदगी की ये शुरुआती रीलें चल रही थीं, वह अपने विशाल आकार-प्रकार के कारण भारतीय गाँव की सरलीकृत छवि के मुताबिक नहीं था। इस गाँव और उसमें रहने वाले शैक्षिक रूप से पिछड़े और संरचनागत रूप से गतिशील चरित्र वाले वैश्य समाज के धीरूभाई द्वारा दिए गए ब्योरे से अंदाजा लगाया जा सकता है कि इस देश के गाँव और पारंपरिक समुदाय किस प्रकार उन दिनों भारतीय परंपरा के जमे हुए और आधुनिकता के नए रूपों के बीच द्वंद्वस्थल की भूमिका निभा रहे थे। इस द्वंद्व से धीरूभाई का प्रखर साक्षात्कार इसी गाँव में मिली प्राथमिक शिक्षा, गाँव की लाइब्रेरी, सेवा दल की राजनीतिक-सामाजिक गतिविधियों और अपने अंग्रेजी शिक्षा से वंचित रहे पिता के प्रखर बुद्धिवाद के माध्यम से हुआ। यहाँ गुजारे गए बचपन ने उन्हें जातिप्रथा के जीवंत सामाजिक अनुभव की वे बारीकियाँ बताईं जो बड़ोदरा विश्वविद्यालय में चलने वाली समाजशास्त्र की कक्षाओं में उपलब्ध नहीं थीं। जीवन के इसी कालखंड ने उन्हें राष्ट्रवाद के उन रूपों से दो-चार कराया जो जाति और समुदाय की जकड़ से मुक्ति की दिशा में ले जाने वाले थे। लेकिन, इन सकारात्मक पहलुओं के साथ-साथ उन्हें यह भी लगा कि उनके मन की उत्तुंग उड़ानों के लिए बहादरपुर का माहौल कितना अनुपयुक्त है।

वे बताते हैं कि उनकी शख्सियत में 'क्षोभ की संरचनाएँ' बनाने में गाँव की उस संस्कृति का भी योगदान रहा है जिसके तहत साथियों-हमजोलियों के बीच निजी अहं और निजी उपलब्धियों की अनुभूति व्यक्तित्व का प्रधान हिस्सा नहीं बन पाती। उनकी दिलचस्पी साहित्य में थी और उसके बारे में बात करना या साहित्यिक भाषा का बरताव करना उन्हें पसंद था। एक दिन साथियों के बीच बैठे-बैठे उन्होंने पन्नालाल घोष की चर्चा करते हुए कहा कि वे एक बहुत अच्छे पावा (बाँसुरी का एक रूप) वादक हैं। वादक शब्द के इस इस्तेमाल को दोस्तों

ने पकड़ लिया और उसी के आधार पर वादक-वादक कह कर मजाक बनाने लगे।

अपने गाँव और वहाँ गुजारे गए बचपन की मधुर यादों की चर्चा करते हुए धीरूभाई इस तल्खी को नहीं भुला पाए हैं। उन्हें लगा कि ग्रामीण संस्कृति का यह पहलू व्यक्ति को कुछ भी नया कहने-करने से रोकता है क्योंकि वह निजताओं का समतलीकरण कर देता है, 'गाँव में सेवादल के एक वरिष्ठ नेता की प्रेरणा पर मैंने उनकी मदद से एक 'मशाल' नामक पत्रिका का सम्पादन किया और उसमें मेरी एक कविता भी छपी। तो समवयस्कों ने 'ऐ कवि-ऐ कवि' कह कर चिढ़ाना शुरू कर दिया। चूँकि मैं एक बक्सानुमा पेटी में पत्रिका की सामग्री रख कर सेवादल के उन नेता से मिलने जाता था तो इस पर मुझसे कहा जाने लगा कि किसकी हजामत बनाने जा रहे हो। गाँव में नाई लोग शेविंग का सामान रखने वाली पेटी ले कर चलते थे। इन साथियों ने मेरी कविता, एक छोटा सा लेख और मेरी पत्रिका फाड़ कर फेंक दी। मेरी छः महीने की मेहनत बेकार हो गई। यह पूरा माहौल सांस्कृतिक-सामाजिक रूप से उत्पीड़नकारी था। बचपन से ही मेरे भीतर इससे बाहर निकलने की इच्छा थी। ... ... दरअसल, गाँव में मेरे जैसे व्यक्ति के लिए कुछ भी नया करना, सृजनात्मक करना नामुमकिन था। यह संस्कृति मेरी शख्सियत के विकास के लिए नुकसानदेह थी। मेरे भीतर एक ऐसे जीवन की चाह थी जो विविध रंगों में रमता हो, उदार हो, रचनात्मक हो। इसलिए, मैं जल्दी ही इस फैसले पर पहुँच गया कि गाँव मेरे लिए नहीं है।'

गाँव छोड़ कर शहर आने पर धीरूभाई को कॉलेज और विश्वविद्यालय की शिक्षा का जो खुला माहौल मिला, उसमें उनकी बौद्धिक प्रतिभा निखरती चली गई। उन्होंने एम.एन. श्रीनिवास और आई.पी. देसाई जैसे विद्वानों से समाजशास्त्र के सबक सीखे। लेकिन, इसके बावजूद बचपन से भीतर घर कर चुकी क्षोभ की संरचनाओं ने उनका पीछा नहीं छोड़ा। पिता की ग़ुरबत और फिर उनके द्वारा व्यापार में सट्टेबाजी के जरिए पैसा कमाने के प्रकरणों से उपजा संकोचमिश्रित मानसिक भय उन्हें अपने दोस्तों के बीच एक ऐसा वजूद गुजारने की तरफ ले गया जो किन्हीं अनकहे कारणों से मंच पर सामने नहीं आता, और नेपथ्य में रह कर ही अपना काम करता रहता है।

यह एक ऐसी मानसिक अंतर्बाधा थी जिससे छूटने में धीरूभाई की युवावस्था को काफी समय लगा। उच्चशिक्षा के लिए आवश्यक अंग्रेजी सीखने में तो वे काफी मशक्कत के बाद कामयाब हो गए, पर क्षोभ की संरचनाओं के दुष्प्रभाव के कारण वे लंबे अरसे तक अपनी बौद्धिक क्षमता सामने लाने से बचते

रहे। इस भीतर की जकड़बंदी से मुक्ति के सिरे बड़ोदरा विश्वविद्यालय में खुले जहाँ उन दिनों सक्रिय रेनासाँ क्लब में उन्हें रावजीभाई पटेल, शांति कोठारी, रजनी कोठारी और भीखू पारेख जैसे लोगों की सोहबत मिली। समझा जा सकता है कि इस अंतर्बाधा का धीरूभाई के व्यक्तित्व पर एक सकारात्मक असर भी पड़ा। क्षमता होते हुए भी लक्ष्य-केंद्रित महत्त्वाकांक्षा का अभाव और अपना चेहरा चमकाने से परहेज करना आज के जमाने की दुर्लभ खूबियों में से एक है। हालाँकि यह बात निश्चित तौर पर नहीं कही जा सकती, पर इसका कारण नेपथ्य में गुजारे गए युवावस्था की एक अच्छी-खासी अवधि में देखा जा सकता है।

रेनासाँ क्लब की बहसों के दौरान ही धीरूभाई को अपनी वे सहमतियाँ और असहमतियाँ विकसित करने का मौका मिला जो आज उनके प्रोफेसोरियल व्यक्तित्व के आधार में दिखती हैं। रेनासाँ क्लब में चलने वाली पॉलिमिक्स के दौरान उनका परिचय उदारतावादी दर्शन, गाँधीवाद और मानवेंद्रनाथ राय के रेडिकल मानवतावाद से हुआ। व्यक्तिवाद की प्रधानता और गाँधी की बुद्धिवादी आलोचना उन्हें हजम नहीं हुई। उनके भीतर यह विचार पुष्ट होता गया कि गाँधी के नेतृत्व के विशिष्ट पहलुओं और अपने सांस्कृतिक संदर्भ की उपेक्षा करके अगर भारतीय समस्याएँ हल करने की कोशिश होगी तो 'हम पहले हल सोचेंगे, और फिर उन समाधानों को लागू करने के लिए समाज में समस्याएँ पैदा करेंगे।' धीरूभाई मानते हैं कि रेनासाँ क्लब ने उन्हें अपनी 'बौद्धिक अस्मिता खोजने में मदद की।'

व्यावहारिक राजनीति के सिद्धांतकार

साठ के दशक के मध्य में रजनी कोठारी की एक चिट्ठी पर बड़ोदरा विश्वविद्यालय में सोशल वर्क के प्रवक्ता की लगी-लगाई नौकरी छोड़ कर दिल्ली चले आने के जोखिम पर धीरूभाई को कभी अफसोस नहीं हुआ। विकासशील समाज अध्ययन पीठ (सीएसडीएस) में आने पर उन्हें लगा कि केवल इसी जगह उनके जैसे सोच का व्यक्ति अपने तरीके से चिंतन-मनन कर सकता है। अध्ययन पीठ में समाज विज्ञान के विविध अनुशासनों से आए विद्वान काम करते थे, पर उनके काम के केंद्र में राजनीति का खास तरह से किया जाने वाला अध्ययन था। यह एक नई बात थी क्योंकि उन दिनों सोशल साइंस के सभी संस्थानों पर अर्थशास्त्र का अनुशासन हावी हुआ करता था। धीरूभाई ने देखा कि अध्ययन पीठ के विद्वान रजनी कोठारी के उदार और रचनात्मक नेतृत्व में एक नई जमीन तोड़ने की कोशिश कर रहे हैं। यह नई जमीन वही थी जिस पर

स्वयं वे भी अपना बौद्धिक लंगर डालना चाहते थे।

सत्तर के दशक की शुरुआत से ही समाज विज्ञान की दुनिया धीरूभाई को बौद्धिक हस्तक्षेप से परिचित होने लगी। जहाँ तक विचारों की अभिव्यक्ति का सवाल था, उनकी लेखन शैली अपने साथियों कोठारी, नंदी, गोपाल कृष्ण, बशीरुद्दीन अहमद और रामाश्रय राय से भिन्न थी। मात्रा में भी उन्होंने ज्यादा लेखन नहीं किया, लेकिन इस दशक में उनकी जो भी रचनाएँ प्रकाशित हुईं, उनसे एक बात धीरे-धीरे उभरने लगी कि उनमें व्यावहारिक राजनीति का सिद्धांतकार होने की अनोखी प्रवृत्ति है।

धीरूभाई का रचना-संसार जिस तरह विकसित हुआ, उसमें विविधता का होना लाजमी था। उन्होंने जीवन, समाज और राजनीति के तकरीबन हर क्षेत्र पर अपने विचार व्यक्त किए। उन्होंने सेमिनारों, सिम्पोजियमों और वर्कशॉपों के बौद्धिक आयोजन के दायरे से निकल कर जब भी मौका मिला सार्वजनिक कार्यक्रमों में हिस्सेदारी की और जल्दी ही एक प्रभावी पब्लिक इंटलेक्चुअल (जो किसी भी लोक-चिंतक की विशेषता होनी ही चाहिए) की भूमिका ग्रहण कर ली। कई पेचीदा मसलों पर उन्होंने व्यावहारिक किस्म के समाधान पेश किए।

मसलन, जब मुलायम सिंह यादव ने मुख्यमंत्री के रूप में उत्तर प्रदेश में हिंदी को सरकारी कामकाज की भाषा घोषित किया और अंग्रेजीवालों की गाज उन पर गिरी तो धीरूभाई अंग्रेजी में लिखने वाले उन बिरले बुद्धिजीवियों में से एक थे जिन्होंने राज्य सरकार के इस कदम का समर्थन करते हुए भाषाई राजनीति का एक विशद विश्लेषण ('दि ग्रेट लेंग्वेज डिबेट : पॉलिटिक्स ऑव मैट्रोपोलिटन वर्सिस वर्नाकुलर इंडिया') पेश किया। धीरूभाई का व्यावहारिक सुझाव था कि हिंदी को राष्ट्रभाषा बनाने की कोशिशें स्थगित करके उसका एक समृद्ध क्षेत्रीय भाषा के रूप में विकास किया जाना चाहिए। उनका यह भी कहना था कि जरूरत हिंदी से संबंधित नीति की नहीं है, बल्कि आवश्यकता तो एक अंग्रेजी से संबंधित सुचिंतित नीति की है कि इस भाषा का कैसे और किस हद तक इस्तेमाल किया जाएगा। नब्बे के दशक में जब उत्तर प्रदेश में किसी पार्टी को सरकार बनाने लायक सीटें नहीं मिलीं और विधानसभा बार-बार अधर में लटकने लगी तो धीरूभाई ने ही सबसे पहले 'टाइम्स ऑव इंडिया' में छपे एक लेख ('दि वे आउट इन यूपी : कोइलीशन थ्रू टाइम शेयरिंग') में सुझाव दिया था कि समाजवादी पार्टी और बहुजन समाज पार्टी दो-दो साल तक बारी-बारी से सत्ता सँभालें और फिर दोनों की सहमति से मुख्यमंत्री पद किसी मुसलमान को दिया जाए। यह अलग बात है कि धीरूभाई के इस सुझाव को भारतीय जनता

पार्टी ने लपका और बसपा के साथ छः महीने की बारी से सत्ता के उपभोग का समझौता कर लिया। इसी तरह जब गुजरात में भाजपा सरकार की शह पर अल्पसंख्यकों का संहार किया गया तो धीरूभाई अकेले बुद्धिजीवी थे जिन्होंने सेकुलरवाद की व्यावहारिक राजनीति बनाने का आग्रह करते हुए सुझाव दिया ('गुजरात के बाद हिंदुत्व और राज्य का सेकुलरवाद') कि संविधान में कुछ ऐसा प्रावधान किया जाना चाहिए जिससे कोई सरकार अपने सेकुलर कर्तव्य का उल्लंघन न कर सके। राष्ट्र-निर्माण संबंधी अपनी रचनाओं ('राजनीतिक प्राधिकार की वैधता का क्षय') में धीरूभाई ने राजनीतिक संकट की अवधारणा के साथ जुड़ी गलतफहमियाँ साफ कीं और कहा कि संकट और समस्या में फर्क होता है। समस्याएँ उभरती रहती हैं और विभिन्न संस्थागत ढाँचों के तहत उनका समाधान होता रहता है, पर संकट दरअसल व्यवस्थगत और प्रणालीगत होता है और उनका समाधान भी उसी जमीन पर खोजना पड़ता है। धीरूभाई का कहना था कि अगर हम किसी गंभीर समस्या या परिस्थिति से निबटना नहीं चाहते या उसमें दिमाग नहीं खपाना चाहते, तो उस पर संकट का ठप्पा लगा कर बचने की कोशिश करने लगते हैं। एक खास तरह की मनःस्थिति बनती है जिसके तहत लोग उस संकट को एक ऐसी प्राकृतिक दुर्घटना की तरह लेते हैं जो अचानक पूर्व चेतावनी के बिना किसी गैबी ताकत की करामात से हम पर टूट पड़ी हो। किसी समस्या के कारणों की जिम्मेदारी से बचने की कोशिश में ही राजनीतिक नेतृत्व अक्सर किसी समस्या को 'संकट' अथवा 'प्रणालीगत असफलता' की तरह परिभाषित करने की कोशिश करता है।

धीरूभाई ने अध्ययन पीठ में १९६३ में कदम रखा। रजनी कोठारी ने उन्हें वेल्यूज़ प्रोजेक्ट से साथ जोड़ा, पर धीरूभाई को लगा कि वे इस शोध परियोजना की बुनियादी संकल्पना से ही सहमत नहीं हैं, इसलिए उन्होंने उसके लिए एक वैकल्पिक प्रस्ताव तैयार किया। बाद में रजनी कोठारी ने प्रोजक्ट का निदेशक पद उनके हवाले कर दिया और खुद दूसरी किसी परियोजना में लग गए। १९६९ तक चली इस परियोजना के नतीजे के रूप में 'वेल्यूज़ एंड एक्टिव कम्युनिटी' शीर्षक से एक पुस्तक का प्रकाशन हुआ। १९६७ से १९७१ के बीच का दौर अध्ययन पीठ में पार्टी-पॉलिटिक्स और चुनावी अध्ययनों की आधारशिला रखने का दौर था। साठ का उत्पाती दशक निकल चुका था। रजनी कोठारी द्वारा भारतीय राजनीति को समझने का एक मॉडल उनकी पुस्तक 'पॉलिटिक्स इन इंडिया' के रूप में १९६९ में सामने आया। सर्वेक्षणों के इसी सिलसिले के नतीजे के तौर पर धीरूभाई इसी समय साठ के दशक की राजनीति के बारे में किए गए अपने अवलोकनों के आधार पर 'पॉलिटिकल डिवेलपमेंट ऑव इंडियन

इलेक्टोरेट' शीर्षक से भारतीय मतदाता मंडल के राजनीतिक विकास का अध्ययन लेकर सामने आए। इसके बाद पूरे सत्तर के दशक में उन्होंने इसी विषय पर विभिन्न कोणों से अपनी बात कही। १९६७ के ऐतिहासिक निर्वाचन में विभिन्न पार्टियों को मिले समर्थन का विश्लेषण करने के बाद उन्होंने एक पेनल स्टडी के आधार पर राजनीतिक नेताओं की प्रवृत्तियों का विश्लेषण पेश किया। इस शुरुआत के बाद धीरूभाई ने अपने इस विषय को कभी नहीं छोड़ा और लगातार चुनावी राजनीति, राजनीतिक संकट और पार्टियों के सामाजिक आधार की गवेषणा करते रहे। इस सिलसिले में उनका लेख 'प्रोफाइल्स ऑव पार्टी सपोर्ट इन १९६७' भी उल्लेखनीय है।

इसी दौरान उन्होंने एक दूसरी झलक भी दिखाई जो उनके रचना-संसार के विकास के लिए आगे चल कर महत्त्वपूर्ण साबित हुई। पच्चीस साल के भारतीय लोकतंत्र के अनुभव के आधार पर वे १९७५ में भारतीय रेडिकलिज्म की संरचनाओं का विश्लेषण ले कर सामने आए। 'स्ट्रक्चर ऑव इंडियन रेडिकलिज्म' नाम की यह अनूठी कृति अध्ययन पीठ द्वारा १९७१ के आम चुनाव के बाद किए गए एक राष्ट्रव्यापी सर्वेक्षण पर आधारित थी। इस आलेख में जो भारतीय रेडिकलिज्म सामने आया, वह न तो विचारधारात्मक किस्म का था और न ही वह किन्हीं रेडिकल अभिजनों की देन था। रेडिकलिज्म की यह खोज भारतीय जनता के मानस के आकलन के आधार पर की गई थी। इसी सिलसिले में एक अन्य रचना 'पॉवर्टी, सोशल कांशसनेस और रेडिकलिज्म' भी सामने आई। अध्ययन पीठ में १९७५ से १९७९ के बीच जो चिंतन-मनन हुआ उसका नतीजा रजनी कोठारी की रचना 'फुटस्टेप्स इनटु दि फ्यूचर' और आशिस नंदी की विख्यात रचना 'इंटीमेट इनेमी' के रूप में निकला। १९७९ के बाद का समय धीरूभाई के लिए प्रयोगधर्मिता का था। इस दौरान उन्होंने लोकायन परियोजना चलाई जिसकी व्यस्तताओं में वे इतने खो गए कि भारतीय राजनीति में रेडिकलिज़्म पर तैयार की गई पांडुलिपि प्रकाशन में नहीं जा पाई। यह पांडुलिपि आज तक अप्रकाशित पड़ी हुई है।

पिछले चार दशक में किए गए धीरूभाई के काम पर नजर डालने से लगता है कि जनमानस को केंद्र में रख कर राजनीतिक प्रवृत्तियों का अध्ययन करने का यह रवैया उनमें बराबर विकसित होता चला गया। लोकायन परियोजना के अनुभवों के मद्देनजर उन्होंने जातिप्रथा की भिन्न व्याख्या का प्रयास किया और तीसरी दुनिया के परिप्रेक्ष्य से राष्ट्र-निर्माण के मॉडल, भाषा समस्या और राजनीतिक संकट की प्रकृति पर भी गौर करना शुरू किया।

दरअसल, धीरूभाई के भीतर का समाजशास्त्री बहुत दिनों तक शांत नहीं

रह सकता था। बड़ोदरा विश्वविद्यालय में पढ़ते और फिर सोशल वर्क पढ़ाते समय ही जाति प्रथा पर भारतीय समाज विज्ञान के अवलोकनों के प्रति उनके भीतर गहरा असंतोष पनप रहा था। संभवत: इसका परिणाम ही जाति और राजनीति के अंत:संबंधों पर लिखी गई समाज वैज्ञानिक रचनाओं की समीक्षा में निकला। उन्होंने जातिगत टकराव की राजनीति पर टिप्पणी भी की। आगे चल कर धीरूभाई ने भारत में जाति के भविष्य पर और दलित राजनीति की दशा और दिशा पर महत्त्वपूर्ण रचनाएँ कीं। जाति और राजनीति के अंत:संबंधों की उनकी महारत उन्हें पहले पिछड़ा वर्ग आयोग की सदस्यता की तरफ ले गई जिसमें स्वाभाविक तौर से उनकी भूमिका समाज वैज्ञानिक सदस्य की थी। इस आयोग में गुजारे गए कार्यकाल के परिणामस्वरूप उन्हें आरक्षण की नीति पर लगातार चलने वाली राष्ट्रीय बहस में सकारात्मक हस्तक्षेप करने का मौका मिला। आज शायद धीरूभाई देश के अकेले समाज वैज्ञानिक हैं जो एक नीति के तौर पर आरक्षण का समर्थन करते हुए उसकी विकृतियों की तरफ ध्यान आकर्षित कर पाने में सफल रहे हैं। उन्होंने मुसलमानों को आरक्षण देने की विवादास्पद माँग और निजी क्षेत्र में आरक्षण के प्रश्न पर विस्तृत विचार करते हुए नई नीतियों के सूत्रीकरण का आग्रह किया है। आरक्षण विरोधी तर्कों की बखिया उधेड़ते हुए ('इनेबिलिंग ईक्वल कम्पटीशन') धीरूभाई ने सामाजिक न्याय की नीतियों पर भारतीय परिप्रेक्ष्य की समग्र व्याख्या पेश की है ('इंडियन पर्सपेक्टिव ऑन एफर्मेटिव एक्शन' और 'रिजर्वेशन पॉलिसी रिविज़िटिड')। इसी के साथ उन्होंने मुसलमानों को आरक्षण देने की माँग की आलोचना करते हुए आरक्षण जैसी सेकुलर नीति के साम्प्रदायिकीकरण के प्रति भी आगाह किया है ('नो प्रोवीज़न फार कम्युनल कोटाज़')। दलित आंदोलन से जुड़े प्रश्नों पर धीरूभाई जैसा योगदान अन्यत्र दुर्लभ है। उन्होंने दलित समस्या को पश्चिम में प्रचलित नस्लवाद के समकक्ष ठहराने की बौद्धिक कोशिशों की आलोचना की ('नस्ल के आईने में जाति का अक्स') और साथ ही इस समस्या का दो नजरियों से विश्लेषण किया। उन्होंने दिखाया कि गैर-दलित समाज का रवैया किस तरह भारतीय समाज की व्याधि का समग्र उपचार पेश नहीं करता ('गैर-दलितों की नज़र में दलित : वैज्ञानिक और निरपेक्ष दृष्टि की समस्या')। साथ ही उन्होंने दलित आंदोलन के भीतर हो रहे प्रतिमान-परिवर्तन पर भी गहन दृष्टि फेंकी और पाया कि बहुजन से सर्वजन तक और ब्राह्मणवाद विरोध से मनुवाद विरोध तक के सफर का मतलब क्या है ('डायवर्जेंट डिस्कोर्स इन दलित पॉलिटिक्स')।

अस्सी के दशक की शुरुआत में धीरूभाई इस निष्कर्ष पर पहुँच चुके थे कि विश्व स्तर पर विकास संबंधी चिंतन और उसका समाज वैज्ञानिक

सिद्धांतीकरण काफी समस्याग्रस्त हो चुका है। उन्हें साफ दिख रहा था कि साठ और सत्तर के दशक में अविकसित कहे जाने वाले समाजों का उत्तरोत्तर विकट होता जा रहा यथार्थ विकास के सिद्धांत की सीमा से परे चला गया है। उन्हें लगा कि राज्य की संस्था को विकास के मुख्य एजेंट के तौर पर पेश करने वाले प्रतिमानों में तब्दीली का वक्त आ गया है। आपात्काल के बाद उभरी जन-राजनीति में भी कुछ ऐसी तासीर थी कि उसने भी धीरूभाई के इस चिंतन को उत्प्रेरित करने की भूमिका निभाई। नतीजे के तौर पर लोकायन जैसा अभूतपूर्व प्रोजेक्ट सामने आया जिसके शुरू होने की घटना को इसी पृष्ठभूमि में देखा जाना चाहिए। समाज विज्ञान की दुनिया पर लोकायन के दूरगामी असर पड़े। लोकायन परियोजना ने सेंटर की बौद्धिकता पर अपनी छाप छोड़ी। धीरूभाई मानते हैं कि संवादों के जरिए समाज विज्ञान के साथ सामाजिक-राजनीतिक कार्यकर्ताओं के जुड़ने से ज्ञान के प्रति दृष्टिकोण कुछ बदला। भले ही यह आज एक्टिविज्म लगे, पर इसका असर पड़ा है। सर्वेक्षण के बाद लोकायन के जरिए संवाद की पद्धति सामने आई। लोकायन ने सर्वेक्षण और संवाद के जरिए एक अलग तरह की अनुसंधान पद्धति विकसित करने में योगदान किया। इसी की वजह से सेंटर मुद्दों और समस्याओं के नजदीक पहुँच पाया। उनके आधार पर सिद्धांत रचने के प्रयास किए गए। अनुसंधान करने के प्रचलित तरीकों से हट कर एक परिप्रेक्ष्य बना जिसके केंद्र में सत्ता की प्रकृति समझने का सरोकार था कि आखिर समाज के धरातल पर सत्ता कैसे काम करती है, उसे कैसे हासिल किया जाता है। इसी वजह से हम सबकी नजर पॉलिटिक्स पर जमी रही। दरअसल, लोकायन जैसा प्रोजेक्ट सेंटर में ही संभव था जहाँ ऐसी प्रवृत्तियाँ पहले से मौजूद थीं। लोकायन ने उन्हें संस्थागत रूप दिया और आगे ले गया। सेंटर के विद्वानों ने आगे चल कर जिस तरह पब्लिक इंटलेक्चुअल की भूमिका निभाई उसके लिए भी लोकायन के अनुभव ने जमीन तैयार की। लोकायन ने ज्ञान के लोकतंत्रीकरण की संभावनाएँ पैदा कीं। लोकायन ने संवाद के जरिए यह संभव बनाया कि लोग अपनी परिस्थितियों को स्वयं परिभाषित करें न कि दूसरे उन्हें अपनी परिभाषाएँ थमाने की कोशिश करें। यह लोकतंत्रीकरण समाज के ज्ञान को गहन बनाता है।

लोकायन में हुए अपने अनुभवों के आधार पर धीरूभाई ने कई समाजवैज्ञानिक रचनाएँ कीं जिनमें 'आल्टरनेटिव डिवेलपमेंट एज़ पॉलिटिकल प्रेक्टिस', 'ग्रासरूट्स इनीशिएटिव्ज़ इन इंडिया', 'ग्रासरूट्स स्टरिंग्स एंड फ्यूचर ऑव पॉलिटिक्स' जैसे बहुचर्चित लेख शामिल हैं। यह समय धीरूभाई को वैकल्पिक राजनीति की बौद्धिक संरचनाएँ सूत्रबद्ध करने की तरफ ले गया। इसी दौरान उन्होंने मानवाधिकार आंदोलन पर विमर्श में योगदान भी किया।

समाज विज्ञान की विशेषज्ञीकृत भाषा से परे जा कर धीरूभाई ने लोकप्रिय पत्र-पत्रिकाओं में भी लेखन किया। खास बात यह है कि अन्य समाज वैज्ञानिकों की तरह वे केवल अंग्रेजी प्रकाशनों तक सीमित नहीं रहे। हिंदी के बारे में उनका रुख समझे बिना शायद धीरूभाई की शख्सियत को पूरी तरह से नहीं समझा जा सकता। यह उस जमाने की बात है जब गुजरात में हिंदी / हिंदुस्तानी की बहस चल रही थी। उन्होंने भी हिंदी की कुछ परीक्षाएँ दीं, पर आगे जा कर यह पढ़ाई नहीं चल पाई। पर, इस दौरान उनकी समझ बनी कि जब तक हिंदी व्यापक भारतीय समाज की जन-भाषा नहीं बनेगी तब तक राष्ट्रवादी समावेशन (इनक्ल्यूज़न) का सिलसिला परवान नहीं चढ़ेगा। उन्होंने हिंदी को राजनीतिक नजरिए से कभी नहीं देखा। वह उनके लिए गुजराती की तरह ही थी। अंग्रेजी माध्यम की शिक्षा से अनुभव आधारित ज्ञान नहीं बन सकता था। विचार बना कि अगर प्राथमिक ज्ञान ही विजातीय भाषा में होगा तो आगे चल कर उस पर आधारित जो थियरी बनेगी उसका न जमीन से ताल्लुक होगा और न ही उसमें सार्वभौमिकता आएगी। प्राथमिक से जुड़े बिना सार्वभौम नहीं हुआ जा सकता। प्राथमिक या प्राइमरीनेस के बिना एक-दूसरे की प्राइमरीनेस को नहीं छुआ जा सकता। रचनात्मक साहित्य के क्षेत्र में यह बात पूरी तरह से साफ है, पर समाज विज्ञान में इसकी पकड़ इतनी आसानी से नहीं आती। इसीलिए धीरूभाई की धारणा बनी कि प्राथमिक ज्ञान के स्रोत केवल फील्ड वर्क तक ही सीमित न मान लिए जाएँ। उसे भाषाई माध्यम से भी जोड़ा जाए।

जाहिर है कि धीरूभाई वैकल्पिक समाज विज्ञान की अपनी खोज और रचना की आजीवन परियोजना में आम तौर पर भारतीय भाषाओं और खास तौर से हिंदी के प्रचलन को जरूरी मानते हैं। उनके इसी आग्रह की देन अध्ययन पीठ का भारतीय भाषा कार्यक्रम है। देश के किसी भी अन्य समाज विज्ञान शोध संस्थान में इस तरह का कोई कार्यक्रम नहीं चलाया जाता। संभवतः अगर धीरूभाई के संस्थागत प्रयासों का तखमीना लगाया जाए तो अध्ययन पीठ को सुचारु ढंग से चलाने के अलावा उनके दो सैद्धांतिक नवाचारों का उल्लेख करना ही होगा जिनमें पहले नंबर पर आएगा लोकायन और दूसरा नंबर भारतीय भाषा कार्यक्रम का होगा।

भूमंडलीकरण की परिघटना के भारतीय संस्करण के उदय के बाद धीरूभाई ने जिस बात पर सबसे ज्यादा ध्यान दिया वह है उदारतावादी लोकतंत्र और भूमंडलीकरण के अंतःसंबंधों का अध्ययन। उन्होंने भूमंडलीकरण को सत्ता की एक संरचना के रूप में देखते हुए कहा कि इस नए निज़ाम के तहत सारी दुनिया पर लोकतंत्र की एक ही किस्म थोपने का अभियान चल रहा है। धीरूभाई

ने दावा किया कि पहले तो पश्चिमी विमर्श ने लोकतंत्र को सिर्फ उदारतावादी लोकतंत्र तक ही सीमित किया और फिर शीत युद्ध के बाद भूमंडलीकरण के पैरोकारों ने उसे भी बाजार आधारित व्यवस्था और राष्ट्रीय सुरक्षा तक सीमित रहने वाले राज्य के रूप में देखना शुरू कर दिया। तीसरी दुनिया के बहुसांस्कृतिक और बहुजातीय समाजों के महानगरीय अभिजनों की मदद से भूमंडलीकरण के पैरोकारों ने नागरिक को उपभोक्ता में बदलने की संस्थागत-वैधानिक युक्तियाँ करनी शुरू कर दीं। भूमंडलीय समरूपीकरण के इस अभियान ने उदारतावादी लोकतंत्र के बुनियादी आश्वासन को उलट कर बहुसंख्यक जातीयतावादी शासन के लिए रास्ता साफ करने का काम किया जिसकी प्रतिक्रिया में ये समाज जातीयताओं के हिंसक टकराव का केंद्र बन गये। धीरूभाई ने समझ पेश की कि लोकतंत्र के भूमंडलीकरण से उपजी इस विकृति का मुकाबला नए सामाजिक आंदोलनों ने किया है। उन्होंने सहभागी लोकतंत्र की वकालत करते हुए अपनी इस धारणा को राजनीतिक सिद्धांतों की कसौटी पर भी कसा ('पार्टिसिपेटरी डैमोक्रेसी एंड पॉलिटिकल थियरी', 'ग्लोबलाइज़ेशन एंड फ्यूचर ऑव डैमोक्रेसी' और 'बाजारोन्मुख या सहभागी लोकतंत्र?')।

समाज का ज्ञान

धीरूभाई के असाधारण जीवन एवं विस्तृत-विविध रचना-संसार की एक समग्र झलक देना कोई आसान काम नहीं था। इसके लिए कई तरह की विधाओं (इंटरव्यू, अनुवाद, संक्षिप्तीकरण और सार-संकलन) का सहारा लेना पड़ा। पुस्तक को पाँच भागों में बाँटा गया है : पहले खंड **जातिप्रथा, वर्ग रचना और राजनीति** में उन रचनाओं को संकलित किया गया है जिनमें भारतीय समाज विज्ञान की चरित्रगत खामियों के कारण बनी जाति की गलत और आधी-अधूरी समझ की आलोचना उभरती है। इस खंड में जाति को समझने के लिए नए सिद्धांत की जरूरत पर बल देते हुए उसके सूत्रीकरणों की तरफ इशारा किया गया है। इसी खंड में धीरूभाई का बेहतरीन लेख 'नए मध्यवर्ग का उदय' भी शामिल है। इसमें वे कहते हैं कि शहरीकरण, उद्योगीकरण और आधुनिक शिक्षा के प्रसार ने धीरे-धीरे जातियों को उनके कर्मकांड-आधारित ऊँच-नीच की जकड़ से मुक्त कर दिया है। आधुनिक राजनीति के क्षैतिज धरातल पर सत्ता के लिए होड़ करती हुई जातियाँ कौटुंबिक समुदाय के रूप में जीवित रह गयी हैं। इसमें आरक्षण की नीति ने प्रमुख भूमिका निभाई है। दरअसल, आरक्षण ने विभिन्न जातियों की भागीदारी वाले व्यापक और बड़े-

बड़े सामाजिक समूहों को जन्म दिया है। जाति-व्यवस्था में हुए इस परिवर्तन से भारतीय मध्यवर्ग में बड़े पैमाने पर निचली जातियों के प्रवेश का रास्ता खुल गया है। मध्यवर्ग का यह नया रूप भारतीय लोकतंत्र के लिए एक निर्णायक परिघटना है जिसके कारण लोकतंत्र को एकदम नया तात्पर्य और नयी प्रकृति मिल गई है।

दूसरा खंड है **दलित प्रश्न और गैर-दलित समाज** जिसमें पहली रचना 'विशुद्ध दलित विमर्श' और 'सत्ता की दलित राजनीति' का तुलनात्मक अध्ययन करती है। दूसरी रचना (जो मूलत: गुजराती में लिखी गई थी, और बाद में जिसका हिंदी और अंग्रेजी में पुनर्लेखन हुआ) में गैर-दलित समाज द्वारा इस समस्या पर अपनायी जाने वाली तथाकथित वैज्ञानिक और निरपेक्ष दृष्टि की आलोचना प्रस्तुत की गई है। इस खंड में धीरूभाई की एक ऐसी रचना 'नस्ल के आईने में जाति का अक्स' भी पेश की गई है जिसे उन्होंने मूलत: हिंदी में तैयार किया था। उसका अंग्रेजी संस्करण बाद में आया। इसमें धीरूभाई ने आग्रह किया है कि जाति को नस्ल की श्रेणी में रखने के बजाय जाति की श्रेणी में ही अंतर्राष्ट्रीय मंच पर क्यों न पेश किया जाना चाहिए, क्योंकि जाति को नस्ल मानते ही उसका विमर्श बदल जायेगा और उसके डेढ़ सौ साल से चले आ रहे मौजूदा दलित-विमर्श पर भी नुकसानदेह असर पड़ सकता है। इसमें धीरूभाई चेतावनी देते हैं कि जाति के विमर्श के तहत तो दलितपन आगे चल कर विभिन्न प्रक्रियाओं के माध्यम से व्यापक भारतीय समाज में समाहित हो सकता है और इस तरह नागरिक समाज बनाने की तरफ जाने की संभावनाएँ प्रबल हो सकती हैं। लेकिन नस्लगत विमर्श में दलितों और गैरद्विज जातियों के अलग नस्ल बने रहने की समस्या कायम रहेगी। द्विज जातियाँ भी अंतर्राष्ट्रीय मान्यता के लोभ में नस्ल की तरह व्यवहार करना शुरू कर सकती हैं जिससे जातिगत भेदभाव के खिलाफ संघर्ष के समाज परिवर्तनकारी आयाम साँसत में फँस सकते हैं। दलित प्रश्न से संबंधित यह खंड इसलिए भी महत्त्वपूर्ण है कि इसमें धीरूभाई ने एक छोटी सी टिप्पणी में छुआछूत के सत्तामूलक आयामों की व्याख्या के जरिए स्थायी और अस्थायी अस्पृश्यता के बीच फर्क किया है। अपनी इस रचना में वे छुआछूत प्रथा के बारे में एक नया सिद्धांत पेश करते हुए नजर आते हैं।

तीसरा खंड है **आरक्षण के पचास साल** जो चार भागों में विभक्त है। पहला भाग आरक्षण नीति के अंतर्राष्ट्रीय आयामों का जायजा लेते हुए साबित करता है कि किस तरह यह संविधानसम्मत योजना अपनी बुनियाद में एक जाति-धर्मनिरपेक्ष नीति है। दूसरे भाग में आरक्षण विरोधियों से बहस करते हुए दिखाया गया है कि व्यावहारिक राजनीति की जमीन होने वाला आरक्षण

विरोधी आंदोलन शुरुआत तो आरक्षण नीतियों को बेहतर बनाने की माँग से करता है, पर जल्दी उस पर आरक्षण को सैद्धांतिक रूप से खारिज करने की माँग हावी हो जाती है। वैकल्पिक नीतियों की जगह आरक्षण का ही विकल्प खोजने का आग्रह होने लगता है। चुनावी आग्रहों के कारण राजनीतिक पार्टियाँ आरक्षण का समर्थन तो करती हैं, पर उनकी हमदर्दी आरक्षण विरोधियों के साथ बनी रहती है। तीसरा भाग अति-पिछड़ों और निजी क्षेत्र में आरक्षण का प्रश्न उठाया गया है। धीरूभाई का दावा है कि जब तक पिछड़े वर्ग को दिए जाने वाले आरक्षण को ऊपरी और निचले हिस्सों में विभाजित नहीं किया जाएगा तब तक इस नीति की विकृतियाँ दूर नहीं की जा सकतीं। इसी हिस्से में धीरूभाई निजी क्षेत्र में आरक्षण के लिए सरकारी क्षेत्र से एकदम अलग तरह की नीतियाँ बनाने की व्यावहारिक तजवीज करते हैं। चौथे हिस्से (बॉक्स) में आरक्षण नीति के पुनः संस्कार के सूत्र पेश किए गए हैं।

चौथा खंड है **लोकतंत्र की चुनौतियाँ** जिसमें 'राष्ट्र-निर्माण और बहुजातीयता', 'राजनीतिक प्राधिकार की वैधता का क्षय', 'भाषा विवाद और लोकतंत्रीकरण' और 'गुजरात के बाद हिंदुत्व और राज्य का सेकुलरत्व' जैसी बहुचर्चित रचनाएँ अविकल प्रस्तुत की गई हैं। गुजरात में हाल ही में घटी भीषण घटनाओं का राजनीतिक निचोड़ निकालते हुए धीरूभाई कहते हैं कि गुजरातीपन और जातीय-बहुसंख्यक अस्मिता को जोड़ कर संघ परिवार ने पूरे देश के सामने मिसाल पेश की है कि राज्य के सेकुलरत्व को नष्ट करके हिंदू राष्ट्र बनाने का फारमूला क्या हो सकता है। उनके विचार से लोकतांत्रिक बहुमत को बहुसंख्यकवाद में परिवर्तित करने की इस राजनीति के पीछे असल में संघ परिवार की एक विशेष सत्ता-दृष्टि है। आजादी से पहले और बाद के सेकुलरवाद में फर्क करते हुए धीरूभाई बताते हैं कि कौमी एकता के रूप में जो सेकुलरवाद धार्मिकता का विलोम नहीं था, कैसे आजादी के बाद आधुनिकतावादी-राज्यवादी हो कर एक छोटे से शासक वर्ग को वैधता दिलाने वाली विचारधारा बन गया। नतीजतन, इस सेकुलरवाद ने बहुसंख्यक भारतीय समाज को हिंदुत्ववादियों के हाथों में खेलने के लिए छोड़ दिया। राज्य को अपने सेकुलर दायित्वों से पल्ला झाड़ने से रोकने के लिए संविधान में विशेष प्रावधान की व्यवस्था का सुझाव देने के बाद धीरूभाई राजनीतिक और सार्वजनिक जीवन में मुसलमानों और अन्य अल्पसंख्यकों की भागीदारी सचेत रूप से बढ़ाने, हिंदुओं के धार्मिक जीवन के प्रति अपेक्षाकृत कठोर रवैया अपनाने की अवांछित प्रवृत्ति से बचने और सेकुलर विमर्श को भूमंडलीय स्तर तक ले जा कर भारतीय

राज्य को इस्लाम विरोधी बनाने के प्रयासों का भी प्रतिकार करने की सलाह देते हैं।

पुस्तक के अंतिम खंड **भूमंडलीकरण और वैकल्पिक चिंतन** में धीरूभाई के वैकल्पिक चिंतन के दो नमूने संकलित हैं : 'बाजारोन्मुख या सहभागी लोकतंत्र', 'वैकल्पिक राजनीति के आयाम' और 'मानवाधिकार : दुविधा और चुनौती'। तीसरा लेख उन्होंने अध्ययन पीठ के अपने तत्कालीन सहयोगी हर्ष सेठी के साथ मिल कर लिखा था। विकल्प संबंधी चिंतन के तहत धीरूभाई कहते हैं कि नव-आंदोलनों की राजनीति निरंतर राजनीतिक हस्तक्षेप के जरिए लोकतंत्र का नया विमर्श स्थापित करना चाहती है। यह काम वह तीन स्तरों पर कर रही है : ग्रासरूट स्तर पर, ताकि आम जनता की अपनी क्षमताओं और सत्ता की संरचनाएँ खड़ी हो सकें। प्रांतीय और राष्ट्रीय स्तर पर राष्ट्रव्यापी मुहिमें चला कर एवं गठजोड़ बना कर, ताकि जनविरोधी परियोजनाओं और नीतियों से संबंधित बड़े मुद्दों पर प्रतिरोध के लिए गोलबंदी की जा सके और आंदोलनों के बीच परस्पर समर्थन और एकजुटता पैदा की जा सके। भूमंडलीय स्तर पर, ताकि वर्चस्ववादी भूमंडलीकरण का विरोध करने के लिए सक्रिय राष्ट्रेतर गठजोड़ों और आंदोलनों से जुड़ा जा सके। इन तीनों स्तरों पर नव-आंदोलनों का लक्ष्य आम लोगों को इतना स्वायत्तता संपन्न करना है कि वे अपने राजनीतिक, आर्थिक, सांस्कृतिक और पारिस्थितिकीय पर्यावरण को अपने हाथ में ले सकें।

आजकल धीरूभाई शिमला स्थित उच्च अध्ययन संस्थान में राष्ट्रीय फैलो के रूप में जाति के राजनीतिक सिद्धांत पर चिंतन-मनन कर रहे हैं। वे कहते हैं कि छुआछूत प्रथा को समझने का सिद्धांत ही वह मुख्य कुंजी है जिसके आधार पर कोई विद्वान जाति प्रथा की अपनी समझ बनाता है। धीरूभाई अस्पृश्यता को भारतीय समाज की सबसे बड़ी बुराई समझते हैं। उनके अनुसार इसकी जड़ में निजी वेदनाओं के प्रति संवेदनशीलता का अभाव है। भारत में व्यक्ति के कष्टों की नहीं, बल्कि समूह के कष्टों की शिनाख्त ज्यादा आसानी से हो जाती है। यह भारतीय समाज व्यवस्था का स्थायी रोग है। अस्पृश्यता एक ऐसी समस्या है जिसका सौ फीसदी अभी तक नष्ट नहीं हो पाया है। न आधुनिकता से, न नैतिकता से और न ही किसी और तरीके से। उसका कुछ न कुछ हिस्सा किसी न किसी रूप में बच ही जाता है। वे एक तरफ तो मानते हैं कि शहरीकरण और भूमंडलीकरण की प्रक्रिया में व्यक्ति के पूरी तरह से बेनाम हो जाने पर शायद यह खत्म हो सकेगी, पर दूसरी तरफ जीवन-शैली के स्तर पर एक क्रांति की आवश्यकता मानते हैं जिससे उन चीजों की रक्षा हो सकेगी जिन्हें बाजारवादी भूमंडलीकरण नष्ट करने वाला है। उनके पास एक व्यावहारिक क्रांति की अपील

है जो किसी भी तरह के वैचारिक अतिवाद से नहीं हो सकती। वे मानते हैं कि यह क्रांति केवल सत्य और धर्म के रास्ते पर चलने का प्रचार करने से नहीं आएगी। इसे एक भूमंडलीय सभ्यतामूलक प्रतिमान के रूप में विकसित हो कर एक ताकत बनना होगा। यह ताकत मार्क्सवादी किस्म के हिंसक या गाँधीवादी किस्म के अहिंसक पोलपोटिज्म के प्रयोगों से नहीं बन सकती। विचारधारा कितनी भी अच्छी क्यों न हो, जब तक लोगों द्वारा आत्मसातीकरण के जरिए उनके अपने ज्ञान का रूप नहीं ग्रहण करती तब तक मानकीय स्तर पर ही बनी रहती है। यह आत्मसातीकरण लोकतांत्रिक प्रक्रिया द्वारा ही हो सकता है। बिना इसके विचारधाराएँ थोपी हुई ही रहती हैं और उस स्थिति में किसी न किसी प्रकार हिंसा का जन्म होता रहता है।

धीरूभाई उपभोक्ता क्रांति के मौजूदा दौर को आत्मनाशी तो नहीं, बल्कि एक ऐसी गतिविधि मानते हैं जिसका क्षरण अपने-आप होता रहता है। मनुष्य का उपभोक्ता होना उनकी निगाह में किसी संतोषजनक अस्तित्व का प्रमाण नहीं है। वे किसी ऐसी व्यवस्था को मान्यता देने के लिए तैयार नहीं हैं जिसमें मनुष्य कुछ भौतिक आवश्यकताओं के दायरे में ही सिमट कर रह जाए। यह रवैया तो व्यक्ति की हस्ती को कमतर कर देगा। मनुष्य तो अस्तित्वगत रूप से अपनी भौतिकता से भी परे कुछ है। धीरूभाई का संदेश है :

> हमें एक आवश्यकता आधारित जीवन-शैली की जरूरत है। वही टिकाऊ और सौंदर्यपरक हो सकती है। मैं भूमंडलीकरण और आधुनिकीकरण की प्रक्रिया और इस वांछित जीवन-शैली के बीच कोई अंतर्विरोध नहीं देखता। बिना इसके हर व्यक्ति को निजी धरातल पर मानसिक और वैचारिक धरातल पर एक उत्तम और संतोषप्रद जीवन जीने का मौका नहीं मिल सकता।

आत्मकथ्य

समाज विज्ञान बनाम समाज का ज्ञान

धीरूभाई शेठ से अभय कुमार दुबे की लंबी बातचीत

प्रोफेसर धीरूभाई शेठ स्वभाव से एक बौद्धिक विद्रोही हैं, लेकिन उनकी दुनिया में बगावत धीरे-धीरे पनपती है। उसका विस्फोट नहीं होता। वह तालमेल, सामंजस्य और गठबंधन और मैत्री के सहयोजन से जन्म लेती है। उनका विद्रोह सभी तरह की अतियों के खिलाफ है। उनका विद्रोह समाज विज्ञान को भारतीय देह और आत्मा देने की दीर्घकालीन परियोजना से जुड़ा है। यह एक ऐसे बुद्धिजीवी का विद्रोह है जो बिना कर्कश हुए शांत आवाज में अपनी बात कह कर थोड़ी देर के लिए चुप्पी साध लेता है। जाति प्रथा, आरक्षण, दलीय प्रणाली, लोकतंत्र, सेकुलरवाद, भूमंडलीकरण और राष्ट्र-निर्माण जैसे विषयों पर अनुसंधान और चिंतन करते हुए वे राजनीतिक कार्यकर्ताओं के साथ संवाद और भारतीय भाषाओं में अनुसंधान को प्रोत्साहन देने के माध्यम से एक नए समाज विज्ञान की भावभूमि बनाने की कोशिश में लगे हुए हैं। यह एक ऐसे समाज विज्ञान की भावभूमि होगी जिसकी जड़ें समाज के अनुभव और उसके इतिहास में देखी जा सकेंगी।

I
नेपथ्य से मंच की ओर

प्रश्न : धीरूभाई, आपकी इजाजत से मैं एक सवाल में कई सवाल पूछने की गुस्ताखी करना चाहता हूँ। मैं जानना चाहता हूँ कि आप आखिर हैं क्या? लोगों में आपको लेकर कुछ भ्रम की स्थिति है। बौद्धिक अनुशासन के लिहाज से आप समाजशास्त्री हैं, पर लोग आपको राजनीतिशास्त्री मान कर चलते हैं। आपकी प्रतिष्ठा थियरिस्ट (सिद्धांतकार) की है, पर अपने परिपक्व करियर का काफी वक्त आपने कार्यकर्ताओं के बीच गुजारा है। सारी जिंदगी आप अंग्रेजी में काम करते रहे, पर पैरोकारी आप हिंदी की करते हैं। और तो और, आप हिंदी में इंटरव्यू देने के लिए भी तैयार हो गए। ये सब आपके व्यक्तित्व के अंतर्विरोधी पक्ष हैं या पूरक?

उत्तर : हो सकता है कि दूसरों को ऐसा लगता हो, पर मैं जो सोचता और करता रहा हूँ उसमें मेरे ख़याल से कोई अंतर्विरोध और विरोधाभास नहीं है। अकादमीय रूप से मैं खुद को समाजशास्त्री या राजनीतिशास्त्री के खानों में बाँट कर नहीं देखता।

मैं पॉलिटिकल सोशियोलोजिस्ट (राजनीतिक समाजशास्त्री) कैसे बना ...

यह जरूर है कि पढ़ाई-लिखाई के लिहाज से मैंने अपना बी.ए. समाजशास्त्र में ही किया था। जहाँ तक पसंद का सवाल है, मेरी रुचि शुरू से ही साहित्य और इतिहास में थी, और आज भी है। लेकिन, मन में एक बात थी कि ये दोनों अनुशासन तो आत्मसुख के साधन ज्यादा हैं, इसलिए कुछ ऐसा करना चाहिए कि समाज को केंद्र बना कर सोचा-समझा जाए। इसी ख़याल से मैंने समाजशास्त्र को विषय के रूप में चुना। उस समय कोई गाइड करने वाला नहीं था। प्रोस्पेक्टस देखा और इसी प्रेरणा से विषय चुन लिया। बाद में समाजशास्त्र में दीक्षित हो कर मैं इन दोनों विषयों को भी इसी अनुशासन से प्राप्त दृष्टि के जरिए पढ़ने लगा। उन दिनों बड़ौदा में समाजशास्त्र बड़ी अच्छी तरह से पढ़ाया जाता था। एम.एन. श्रीनिवास और आई.पी. देसाई जैसे विद्वान हमारे अध्यापक थे जिनसे मैंने समाजशास्त्र के बुनियादी सबक बहुत अलग तरीके से सीखे। मेरे गुरुओं ने मुझे एक समाजशास्त्रीय अनुसंधान की परियोजना में प्रश्नावली आधारित जाँच-पड़ताल करने के लिए भी भेजा। इस फील्ड वर्क में हमने मानवशास्त्रीय पद्धति का इस्तेमाल कुछ तो किया था, पर वह प्रोजेक्ट था पूरी तरह समाजशास्त्रीय ही। उन दिनों हमारे विभाग में समाजशास्त्रीय और

मानवशास्त्रीय पद्धतियों की दो अलग-अलग धाराएँ थीं। श्रीनिवास को सर्वेक्षण की उपयोगिता पर ज्यादा भरोसा नहीं था। वे इस पद्धति को कुछ शक की निगाह से भी देखते थे। लेकिन बौद्धिक उदारता उनमें काफी थी। इसलिए उन्होंने खुद इस स्टडी प्रोजेक्ट की इजाजत दी थी। उनके मुकाबले देसाई समाजशास्त्रीय पद्धति पर ज्यादा यकीन करते थे। वैसे भी अकादमीय हल्कों में आज की अपेक्षा उस जमाने में संकीर्णता कम और खुलापन ज्यादा था।

कुल मिला कर उस समय मैंने जो पढ़ा और सोचा, उसने मेरे सोचने-समझने की मूल भित्ति तैयार की। समाजशास्त्रीय दृष्टि प्राप्त कर लेने के बाद होता यह है कि हमें अपने आस-पास की चीजों में वे तात्पर्य दिखाई देने लगते हैं जिनकी अहमियत हम अन्यथा ग्रहण नहीं कर पाते। मसलन, अगर हम एक बस स्टॉप पर खड़े हैं और अगर हमारे पास समाजशास्त्री निगाह है तो वहाँ बस का इंतजार कर रहे लोगों को यूँ ही खड़ा समझ कर नजरअंदाज करने के बजाय हम उनके सामाजिक उद्‌गम और बस यात्रा से उनके अलग-अलग संबंधों पर विचार कर सकते हैं। इस प्रकार मैं कह सकता हूँ कि मेरे अकादमीय जीवन की नींव समाजशास्त्र के आधार पर पड़ी, और इसी लिहाज से मुझे समाजशास्त्री कहना हो तो कह लीजिए। लेकिन समाजशास्त्र में ऑनर्स करने के बाद मैंने औपचारिक रूप से इसकी कोई और डिग्री नहीं ली। हाँ, अपनी रुचि से मैंने समाजशास्त्रीय ही नहीं बल्कि समाज विज्ञान के अन्य क्लासिक ग्रंथ खूब पढ़े। मेरी दिलचस्पी शिक्षाशास्त्र में थी, सोशल वर्क के अध्ययन में थी, मनोविज्ञान में थी और इतिहास में थी। मैंने टेल्कॉट पारसंस और एमील दुरखाइम की रचनाएँ पढ़ीं, सी. राइट मिल का अध्ययन किया, फ्रॉयड को पढ़ा। चूँकि समाजशास्त्र में मेरी बुनियाद मजबूत बन चुकी थी इसलिए इन अनुशासनों का अध्ययन करने में भी मैंने अपनी समाजशास्त्रीय दृष्टि को ही आधार बनाया और युवा अवस्था में ही इस नतीजे पर पहुँचा कि अच्छा समाजशास्त्र तभी होता है जब वह बहु-अनुशासनीय हो।

शुरू से ही मुझे पढ़ने में बहुत मजा आता था। पढ़ता रहता था बिना यह सोचे कि आगे चल कर इसका कुछ उपयोग होगा या नहीं। यही रवैया आगे की जिंदगी में भी रहा। कभी-कभी मैं सोचता हूँ तो लगता है कि मैं सारी जिंदगी स्लीप-वॉकिंग करता रहा हूँ। दरअसल, मेरे जीवन में लक्ष्यसाधना कम रही है। मैं बहुत नियोजित विधि से आगे नहीं बढ़ा हूँ। मैं तो अपनी दिलचस्पियों में डूबा रहा, जो अच्छा लगा वही किया और रास्ते धीरे-धीरे खुलते चले गए। मैं जैसा हूँ, वैसा ही खुद को पसंद करता हूँ। कोशिश रहती है कि अपने अंतर में स्वतंत्र रह सकूँ। स्वांत:सुखाय काम करूँ। उसी प्रक्रिया में रोज़ी-रोटी भी मिली। आज

जीवन के इस मुकाम पर खड़े हो कर मैं यह जरूर कह सकता हूँ कि इसी स्लीप-वॉकिंग के कारण मैं बिखर भी सकता था, अगर मुझे सुरभि त्रिवेदी का साथ न मिला होता जो बाद में मेरी पत्नी बनीं। आगे चल कर प्रोफेशनल लाइफ में रजनी कोठारी के सान्निध्य ने भी स्लीप-वाकिंग के बावजूद मेरी बौद्धिक गतिविधियों को सँवारने की भूमिका निभाई।

विश्वविद्यालय में था तो हमें अकादमीय अनुशासनों की श्रेणियों के हिसाब से चलना पड़ता था। जब सेंटर (सी.एस.डी.एस.) में आया, तो यहाँ राजनीतिशास्त्र का बोलबाला था। यहाँ के विद्वान राजनीतिशास्त्रीय परिप्रेक्ष्य में ही सारा काम करते थे। लेकिन, फर्क यह था कि सेंटर का राजनीतिशास्त्र विश्वविद्यालयीय शैली में श्रेणीबद्ध नहीं था। सेंटर के लिए सत्ता और ज्ञान का समाजशास्त्र भी अपने-आप में एक राजनीतिशास्त्रीय प्रश्न ही था। इसलिए, यहाँ आने के बाद समाज, परिवार और धर्म का जो समाजशास्त्र मैं थोड़ा-बहुत पढ़ कर आया था, उस सबका उपयोग सत्ता और ज्ञान के समाजशास्त्र को समझने में हुआ कि सत्ता की यह ताकत किसे मिलती है, क्यों मिलती है और इसे प्राप्त करने वाला इस ताकत से क्या करता है। सेंटर में आकर मेरी दिलचस्पी इन प्रश्नों में बढ़ती चली गई।

साठ के दशक की शुरुआत से सत्तर के मध्य तक सेंटर में स्थिति यह थी कि यहाँ सारे अनुशासनों का संसाधन पॉलिटिकल साइंस के दायरे में ही होता था। मसलन, गोपाल कृष्ण वैसे तो इतिहासकार थे, पर इस माहौल में रम कर वे राजनीतिक इतिहास पर काम कर रहे थे। आशिस नंदी मनोविज्ञान के अनुशासन से आए थे, लेकिन उन्होंने अपना सारा काम राजनीतिक मनोविद् के रूप में ही किया। फिर चाहे वह सती प्रथा पर उनकी रचनाएँ हों, या फिर 'इंटीमेट इनेमी' जैसी बड़ी कृति हो। मैं जो काम कर रहा था, उसे किसी श्रेणी में रखने की चेतना उस समय मेरे पास नहीं थी। तभी किसी ने मेरे काम को राजनीतिक-समाजशास्त्र की श्रेणी में रखा जिसके बाद से मुझे भी लगने लगा कि ठीक है, मैं राजनीतिक-समाजशास्त्री (पॉलिटिकल सोशियोलजिस्ट) ही हूँ।

समाज विज्ञान को भारतीय देह और आत्मा देने का प्रयास ...

जहाँ तक मेरे जैसे अकादमीशियन के एक्टिविस्ट पक्ष का सवाल है, यह भी विरोधाभास लग सकता है पर है नहीं। इसके पीछे राष्ट्रनिर्माण के तत्कालीन रुझानों और समाज परिवर्तन की प्रक्रियाओं के साथ मेरे जुड़ावों की भूमिका ही रही होगी जिनके कारण बाद में मेरे अकादमीय जीवन में एक्टिविज्म का प्रवेश हुआ। हो सकता है कि इसके पीछे मेरी ग्रामीण पृष्ठभूमि रही हो, पर समाज

विज्ञान की दुनिया में आने के बाद मुझे लगा कि भारतीय जमीन पर थियरी की बात करने वाले जो लोग महज शाब्दिक कलाबाजियाँ खा रहे हैं, वे प्रतिबद्धता, अनुभव या त्याग से जुड़े हुए नहीं लगते थे। इसलिए, उनकी बातें मुझे सतही लगती थीं। मेरा ख़याल था कि हमारा राजनीतिशास्त्र और समाजशास्त्र अपने अनुभव, अपनी अनुभूति, अपनी पीड़ा और अपनी सांस्कृतिक आकांक्षा पर आधारित न होने के कारण प्रामाणिकता की कमी से ग्रस्त है। लेकिन, जब मैं फ्रॉयड को पढ़ता था तो लगता था कि इनकी थियरी में बड़ी जान है। उनकी बातें जीवन की ठोस परिस्थितियों से निकली हुई लगती थीं। फ्रॉयड, हेगेल, वेबर या हेबरमास के पास जो कहने के लिए है, उसकी जड़ें उनके अपने समाज, इतिहास और दर्शन पर आधारित आकलन और अनुभव में निहित रही हैं।

इसके विपरीत भारत में हालत यह लगती थी कि थियरिस्ट होने के लिए सामाजिक अनुभव, अपने इतिहास या दर्शन से जुड़ना जरूरी नहीं है। मसलन, जातिप्रथा और समाज परिवर्तन के सिद्धांतों की दुनिया अलग थी, और सामाजिक हकीकत कुछ और नजर आती थी। कक्षा में हमें जिस भारतीय परिवार और सामुदायिक जीवन के बारे में पढ़ाया जाता था, उसका यथार्थ से कुछ कम ही नाता प्रतीत होता था। इसी एहसास से मेरे भीतर समाज विज्ञान की संरचनाओं के प्रति असंतोष पैदा होने लगा। शुरू में यह मुखर नहीं हुआ, मौन ही रहा। मुझे लगता रहा कि समाज का विज्ञान तो दरअसल हो ही नहीं सकता। यह कोई प्राकृतिक विज्ञानों जैसा मामला तो है नहीं। यहाँ तो खुद को समाजवैज्ञानिक कहने वाला भी समाज का हिस्सा है। जब सेंटर में आया तो देखा कि जो बात मेरे अंतर में पक रही है, उसके बारे में यहाँ पहले से गहन सोच चल रहा है कि अगर अनुभवसिद्ध ज्ञान का आधार न हो तो थियरी ठीक से बनती नहीं है। मेरे दिमाग में लोकायन जैसी अध्ययन परियोजना चलाने का जो विचार आया, उसकी पृष्ठभूमि यही थी। मेरे पास जब यह स्टडी प्रोजेक्ट का प्रस्ताव आया तो मैंने साफ तौर से कहा कि अगर मैं किसी प्रोजेक्ट के लिए अनुदान लूँगा तो उसका मकसद होगा समाज परिवर्तन के लिए जमीनी स्तर पर किए जा रहे संघर्ष और कक्षा में पढ़ाए जाने वाले समाज परिवर्तन के बीच संबंध का पता लगाना। कुल मिला कर मेरा उद्देश्य समाज संबंधी ज्ञान का विकास करना था और आज भी है। बाद में तो मैंने समाज विज्ञान कहना भी बंद कर दिया था। मैं समाज के ऐसे ज्ञान का संधान करना चाहता हूँ जो अनुभव आधारित हो और जिसकी जड़ें जन-साधारण द्वारा स्वयं किए गए चयन में निहित हों, भले ही वास्तविक जिंदगी में वैसा चयन करने का मौका उन्हें निजी स्तर पर न मिला हो।

इस तरह लोकायन कार्यकर्ताओं और अकादमीशियनों के बीच संवाद का

माध्यम बनता चला गया। मेरी इच्छा थी कि एक्टिविस्ट लोग जो हकीकत में करते हैं, वह पाठ्यक्रम में शामिल हो। मैं हमेशा ही एक्टिविज्म और अकादमीय प्रयासों को जोड़ने की फिराक में रहा हूँ। कार्यकर्ता कभी-कभी अपने मकसद से मेरे पास आते हैं, पर मेरा ध्यान इस बात पर रहता है कि जिस चीज को समाज विज्ञान कहा जाता है उसे एक भारतीय देह और आत्मा प्रदान करने में उनकी मदद कैसे ली जाए। लोकायन के जरिए मैं चाहता था कि अकादमीशियन कार्यकर्ताओं से सीखने की शुरुआत करें।

प्राथमिक और सार्वभौम के लिए हिंदी

आपने हिंदी को प्राथमिकता देने की बात कही। देखिए, अंग्रेजी सीखने में मुझे काफी कठिनाई का सामना करना पड़ा है। अंग्रेजी एक तरह से मेरी समस्या रही है। हिंदी को मैंने राजनीतिक नजरिए से कभी नहीं देखा। वह मेरे लिए गुजराती की तरह ही थी। अंग्रेजी माध्यम की शिक्षा से अनुभव आधारित ज्ञान नहीं बनता। एक विजातीय दुनिया बनती है। अगर प्राथमिक ज्ञान ही विजातीय भाषा में होगा तो आगे चल कर उस पर आधारित जो थियरी बनेगी उसका न जमीन से ताल्लुक होगा और न ही उसमें सार्वभौमिकता आएगी। प्राथमिक से जुड़े बिना सार्वभौम नहीं हुआ जा सकता। प्राथमिक या प्राइमरीनेस के बिना एक-दूसरे की प्राइमरीनेस को नहीं छुआ जा सकता। रचनात्मक साहित्य के क्षेत्र में यह बात पूरी तरह से साफ है, पर समाज विज्ञान में इसकी पकड़ इतनी आसानी से नहीं आती। इसीलिए मैं चाहता हूँ कि प्राथमिक ज्ञान के स्रोत केवल फील्ड वर्क तक ही सीमित न मान लिए जाएँ। उसे भाषाई माध्यम से भी जोड़ा जाए।

हिंदी पर जोर देने का एक अन्य महत्त्वपूर्ण पहलू राष्ट्रवाद है। जब मैं गाँव से शहर पढ़ने के लिए जा रहा था, उस समय गाँधी और कांग्रेस के इर्द-गिर्द होने वाली राष्ट्रवाद की परिकल्पना और राजनीति मेरी निगाह में मुक्तिकारक थी। मैं जिस राष्ट्रवाद की बात कर रहा हूँ वह पश्चिमी तर्क से निकला राष्ट्रवाद नहीं है। १९४७ में केवल दस साल का था। उस समय हम जो राष्ट्रवादी गाने गाते थे उससे राष्ट्रवादी चेतना बनी। हमें लगता था कि यह चेतना हमें वर्गीय जकड़बंदी से मुक्त करती है, धार्मिक आधार पर हुए लालन-पालन के दायरों से बाहर निकालती है, संकीर्णता से निकाल कर व्यापक परिप्रेक्ष्य से जोड़ती है। हिटलर-विटलर की बातें हम सुनते जरूर थे, पर उसका विचार हमारे लिए राष्ट्रवाद का प्रतिनिधित्व नहीं करता था। उसकी बात तो हमारे लिए नस्लवाद थी जिसका हमारे राष्ट्रवाद से कोई रिश्ता नहीं था। ऐसे ही विचार के तहत हम गुजराती और हिंदी को एक साथ देखते थे। गुजरात में उस जमाने में हिंदी / हिंदुस्तानी की

बहस चल रही थी। मैंने हिंदी की कुछ परीक्षाएँ भी दी थीं। आगे जा कर यह पढ़ाई काफी मुश्किल लगी, इसलिए नहीं चल पाई। पर, कुल मिला कर समझ यह बनती थी कि जब तक हिंदी व्यापक भारतीय समाज की जन-भाषा नहीं बनेगी तब तक राष्ट्रवादी समावेशन (इनक्ल्यूज़न) का सिलसिला परवान नहीं चढ़ेगा।

प्रश्न : अब एक और बहुआयामी प्रश्न! मैंने पिछले आठ-दस साल में आपके साथ कई बार तरह-तरह के प्रश्नों पर टुकड़ों-टुकड़ों में बहुत से अंतरंग संवाद किए हैं। मुझे हमेशा लगता रहा है कि आपकी गहराइयों में कहीं गहन असंतोष और क्षोभ अपनी तमाम जटिलता के साथ जमा हुआ है। अगर ऐसा है तो फिर इसका मनोविज्ञान क्या है? यह सवाल मैं इसलिए भी पूछना चाहता हूँ कि ऐसी मन:स्थिति आम तौर पर हर चीज में नुक्स निकालने वाला सिनिकल रवैया पैदा कर देती है। पर, इस असंतोष के बावजूद आपको नकारात्मक नजरिया अपनाते मैंने कभी नहीं देखा।

उत्तर : आपकी यह रीडिंग सही है। लेकिन, असंतोष अलग है और उसका स्रोत भी अलग है। क्षोभ भी अलग है और उसका स्रोत भी भिन्न है। दोनों जुड़े हुए नहीं हैं। क्षोभ असंतोष से अलग तरह की मानसिक अवस्था है। क्षोभ के साथ संकोच और हिचकिचाहट का संबंध है जिसके कारण व्यक्ति बाहर निकल कर नहीं आ पाता है। हालाँकि मैंने अपने बारे में इस तरह से सोचा नहीं है, लेकिन जब आपने सवाल पूछा है तो मैं अपने मानस का कुछ विश्लेषण करने की कोशिश करूँगा।

मेरी कसौटियाँ कुछ कठोर हैं ...

मेरे भीतर स्तर और मानक को लेकर, स्टैंडर्ड को लेकर एक असंतोष रहता है। मैं आसानी से किसी की तारीफ नहीं कर सकता। मन में सराहना भाव रहता है तो भी मैं उसे व्यक्त नहीं कर पाता। अगर किसी ने अच्छा काम किया है तो अगर मुझे उसकी बीस फीसदी प्रशंसा करनी चाहिए तो मुझसे पाँच फीसदी सराहना ही हो पाती है। आम तौर से अच्छे नेता का गुण यह है कि जहाँ बीस फीसदी सराहना हो वहाँ हौसलाअफजाई के लिए चालीस-पचास फीसदी सराहना की जाए। शायद मेरे इस रवैये का उद्‌गम केवल यही नहीं है कि मेरी कसौटियाँ काफी कड़ी हैं। मेरी इस समस्या का स्रोत शायद एक दुश्चिंता में है। मैं व्यग्र हो उठता हूँ और यकीन नहीं होता कि इतना अच्छा कैसे हो सकता है। यह मेरी शख्सियत का एक मनोवैज्ञानिक आयाम है। मुझे कहीं ऐसा लगता है

कि भला मेरे साथ इतना अच्छा कैसे घटित हो सकता है। इतना आनंद, इतनी श्रेष्ठता, इतना यह, इतना वह मेरे साथ तो हो नहीं सकता। इसी चक्कर में मैं स्तर और मानक बहुत कठोर किस्म के निर्धारित कर लेता हूँ। किसी ने अगर कुछ अच्छा काम किया है तो मैं समझता हूँ कि इसमें इतना उत्सुक होने की बात क्या है। इससे भी अच्छा हो सकता है। और, कुल मिला कर उसने अपना फर्ज ही तो अदा किया है।

मुझे लगता है कि शायद मेरी यह समस्या कहीं न कहीं असुरक्षा बोध से संबंधित है। बचपन में मेरी जो मनो-सामाजिक गढ़ंत तैयार हुई उसने शायद लाइलाज किस्म की असुरक्षा और व्यग्रता बोध का बीज मुझमें डाल दिया। यह बोध कुछ इस तरह से काम करता है कि कुछ समय बाद भले ही इस समस्या की वस्तुगत वजह न भी रह जाए, फिर भी उसका प्रभाव रहता है। यह न्यूरोसिस (स्नायुरोग) का ही क्लासिक संलक्षण है जिसके मुताबिक व्यग्रता की कोई वजह न होने पर भी व्यक्ति आकुल रहता है। भले ही मेरे भीतर यह क्लीनिकल स्तर पर न आया हो, लेकिन मैं दूसरों से और अपनों से बहुत ऊँचे स्तर की अपेक्षा करने लगता हूँ। और मेरी यह अपेक्षा केवल बौद्धिक और अकादमीय काम को लेकर ही नहीं होती। यह अपेक्षा नैतिकता संबंधी भी है। यह एक ऐसी प्रवृत्ति है जो मुझे इन्वाल्वमेंट की तरफ धकेलती है जिससे बचने के लिए मैं डिटेच होने की कोशिश करता हूँ-- फिर चाहे वह व्यक्ति के लिए हो या लक्ष्य के लिए।

यह तो हुई मेरे असंतोष के प्राथमिक स्तर की बात। दोयम दर्जे का भी एक असंतोष है जिसके बारे में मैंने पहले भी चर्चा की है। यह है औपचारिक ज्ञान द्वारा स्वयं को अनुभव के आधार से वंचित रखना। इस पर मुझे बहुत असंतोष होता है। असंतोष की इस किस्म के साथ-साथ बौद्धिक स्तर पर अगर ज्ञान की संरचनाओं का नैतिक आयाम कमजोर है तो भी मैं असंतोष का अनुभव करता हूँ।

जहाँ तक क्षोभ का सवाल है, मुझे लगता है कि इसकी उपस्थिति बहुत निजी धरातल पर है। इसका संबंध मेरे बचपन और उसकी स्मृतियों से है।

प्रश्न : आपके विख्यात सहयोगी और मित्र रजनी कोठारी और आशिस नंदी का लालन-पालन शहरी, अंग्रेजी शिक्षित और उच्च-मध्यवर्गीय समाज में हुआ। लेकिन, जहाँ तक मुझे जानकारी है आप साधारण ग्रामीण पृष्ठभूमि की देन हैं। ऐसे दोस्तों के साथ महानगरीय बौद्धिक जीवन में तकरीबन पचास साल गुजार लेने के बाद गुजरात के उस गाँव की स्मृति किस हद तक आपके साथ

है? हिंदी में आपके पाठकों की संख्या कम नहीं है। मैं समझता हूँ कि अंग्रेजी से कुछ ज्यादा ही होगी। क्या आप उन पाठकों के साथ अपने ग्रामीण बचपन, माता-पिता, परिवार, यार-दोस्त और शुरुआती प्रभाव आदि की यादें साझा करना पसंद करेंगे?

उत्तर : जरूर। पहली बात तो यह है कि मेरे परिवार में मेरी पीढ़ी से ही शहर का आगमन हुआ। वरना, मेरे पिता, उनके पिता और उनके पहले मेरा परिवार ग्रामीण ही था।

ग्रामीण पृष्ठभूमि यानी ...

इससे पहले कि मैं अपने जीवन के तथ्यों पर आऊँ, साफ कर देना जरूरी है कि ग्रामीण पृष्ठभूमि से मेरा मतलब क्या है। ग्राम और ग्रामीण पृष्ठभूमि जैसी कुछ रूढ़ निर्मितियाँ सी बन गई हैं जिनका इस्तेमाल करते ही लोग एक पूर्वनिर्धारित नतीजे पर पहुँच जाते हैं। केवल यह कहने भर से किसी के बारे में ठीक-ठीक जानकारी नहीं मिल सकती कि उसकी पृष्ठभूमि ग्रामीण है या किस तरह की ग्रामीण है। दिक्कत यह है कि हम लोग निर्मितियों के आधार पर ज्यादा चलते हैं, यथार्थ के आधार पर कम। हम पहले ऐसी रूढ़ छवियाँ बनाते हैं, और फिर उन्हीं की रोशनी में अपनी ही जिंदगी की हकीकतों पर दोबारा निगाह डालते हैं। आत्मकथाएँ इसी तरह बनती हैं जिसमें लोग रूढ़ निर्मितियों की रोशनी में अपना अनुभव दोबारा गढ़ते हैं। जब वे कहते हैं कि मैं तो भाई देहात का हूँ, या गरीब या धनी पृष्ठभूमि से आया हूँ, तो उसमें यथार्थ का एक अंश ही होता है। काफी रोमांटिक गढ़ंत भी होती है। समाज विज्ञान में भी यही समस्या रही है। इस मसले को साफ कर लेना जरूरी है।

उदाहरण के लिए गाँधी किसी भी तरह से गाँव की पृष्ठभूमि के नहीं थे। वे पूरी तरह से शहरी व्यक्ति थे, पर उनकी कल्पनाओं में एक आदर्श गाँव की छवि थी जिसकी वे सारी जिंदगी बात करते रहे। मेरे जिन साथियों की बात की आपने, रजनी कोठारी और आशिस नंदी की जो ग्रामीण पृष्ठभूमि से नहीं आए हैं, उनके अलावा भी सेंटर में मेरे साथी रहे हैं। जैसे रामाश्रय राय। उनकी पृष्ठभूमि मुझसे भी ज्यादा ग्रामीण है। समझने की बात यह है कि हमारी बातचीत और साहित्य में गाँव का होने के साथ जो एक सराहनाभाव जुड़ा हुआ है, वह क्या है? दरअसल, उसका ताल्लुक ग्रामीण धरातल पर कुछ खास तरह की सम्पत्तियों का मालिक होने और कुछ संसाधनों पर काबिज होने से है। ऐसे लोगों का गाँव के प्रति रवैया अलग होता है। ये लोग आम तौर पर किसी न किसी रूप में गाँव की सत्ता के अंग होते हैं। हो सकता है कि वे प्रभुत्वशाली जाति के

सदस्य भी हों। जैसे, मेरे गाँव में दो प्रभुत्वशाली जातियों बनियों और पाटीदारों के बीच आपसी होड़ थी, सत्ता का एक बँटवारा था। आज कुछ बदला है, पर मुख्यतौर से वही है। मेरा मतलब प्रभुत्वशाली जाति से न हो कर रंग-रुतबे वाले कुछ परिवारों की अहमियत से है। रामाश्रय राय एक भूस्वामी परिवार से लेकिन एक छोटे गाँव के हैं। मेरे एक और साथी विजय बहादुर सिंह बड़े गाँव से हैं लेकिन उनका परिवार भू-स्वामी होने के साथ-साथ गाँव पर हुक्म भी चलाता रहा है। इस लिहाज से मेरी ग्रामीण पृष्ठभूमि रामाश्रय राय और विजय बहादुर सिंह की ग्रामीण पृष्ठभूमि जैसी नहीं मानी जा सकती।

यादों में बसा गाँव ...

मेरा ही गाँव ले लीजिए। बहादरपुर था तो गाँव ही, पर छोटा नहीं बल्कि बहुत बड़ा। ढाई-तीन हजार के बीच की आबादी वाला गाँव। इतने दायरे में फैला हुआ कि उसमें दो छोटे-छोटे बाजार थे। यह एक मंडी-गाँव था। अगल-बगल के बीस-पच्चीस गाँवों के लोग वहाँ लेन-देन के लिए आते थे। इन खेतिहर लोगों का उधार पर काम चलता था। फसल के मौसम में उनके हाथ में पैसे आते थे। हमारे गाँव में दो मुख्य जातियाँ थीं : बनिया और पाटीदार। श्रीनिवास की भाषा में ये प्रभुत्वशाली जातियाँ थीं जिनमें आपसी होड़ भी थी। इस तरह से यह गाँव था, और नहीं भी था। इसे कस्बा भी कह सकते हैं। लेकिन, इस कस्बेनुमा गाँव में बिजली नहीं थी। नल का पानी नहीं था। रेल की पटरी जरूर थी। मेरे जन्म के बहुत पहले से गाँव में नैरोगेज़ ट्रेन आती रहती थी। यह गायकवाड़ रियासत का गाँव था। इस रियासत की विकास के मामले में कई खूबियाँ थीं। इन्हीं में एक खूबी थी गाँव में अच्छी-खासी लाइब्रेरी होना। गाँव के एक दूरस्थ कोने में (जिसके बाद मुसलमानों की बस्ती शुरू हो जाती थी) स्थित इस पुस्तकालय में दो-तीन हजार किताबें थीं। पार्टटाइम लाइब्रेरियन भी था। चार-पाँच गुजराती के अखबार और कई पत्रिकाएँ भी आती थीं। बच्चों की पत्रिकाएँ भी आती थीं। एक डॉक्टर और अर्धसरकारी अस्पताल भी था।

शिक्षा के मामले में यह गाँव गायकवाड़ रियासत द्वारा लागू अनिवार्य प्राथमिक शिक्षा की नीति से लाभान्वित हुआ था। मेरे जन्म के काफी पहले से वहाँ कन्या पाठशाला थी जिसमें मेरी माँ भी पढ़ी थीं। हाँ, एसएससी यानी मैट्रिक पास करने की सुविधा मुहैया नहीं थी। चालीस के दशक के उत्तरार्ध में इस गाँव में रह कर केवल सातवें-आठवें तक ही पढ़ा जा सकता था। हमारे गाँव में और हमारी जाति में इक्का-दुक्का लोगों को छोड़ कर लोग मैट्रिक पास नहीं थे। शिक्षा की सीमा रहती थी गैर-मैट्रिक होना। पचास के दशक में भी यही हालत

रही। मैट्रिक करने के लिए मुझे भी गाँव से बाहर जाना पड़ता था। आगे की कक्षाएँ धीरे-धीरे शुरू हुईं। सरकारी स्कूल में तो नहीं, पर गाँव के निजी ट्रस्ट ने एक इंग्लिश सार्वजनिक स्कूल खड़ा किया। मैं कह सकता हूँ कि मेरी माँ साक्षर थीं, और मेरे पिता पढ़े-लिखे थे। उन्होंने थोड़ी-बहुत अंग्रेजी भी पढ़ी थी। मैट्रिक वे भी नहीं थे। बाद में जब वहाँ मैट्रिक खुल गया तो भी उसका स्तर अच्छा नहीं था। उसकी पढ़ाई के आधार पर बोर्ड का इम्तहान देना नामुमकिन था। ग्रामीण और शहरी पृष्ठभूमियों का फर्क यहीं दिखाई पड़ता था। शहर का औसत बच्चा आसानी से मैट्रिक पास कर लेता था। पर हमारे गाँव की कक्षा में प्रथम या द्वितीय आने वाले छात्र के मैट्रिक में फेल होने का अंदेशा रहता था। दरअसल, गाँव की सबसे बड़ी समस्या है बाकी दुनिया से उसका जुड़ाव कमजोर होना और शिक्षा की कमी। आज सम्पर्क-सूत्र तो बढ़े हैं, पर शिक्षा की समस्या अभी भी पूरी तरह से हल नहीं हुई है।

मैं अपने घर का सबसे बड़ा बच्चा था। मेरा जन्म तो शहर के अस्पताल में कराया गया, पर मेरे बाकी भाई-बहिनों का जन्म गाँव स्थित घर में ही हुआ। जन्म प्रमाणपत्र को देखा जाए तो मैं शहर का बच्चा निकलूँगा। पर मेरा लालन-पालन पूरी तरह से ग्रामीण परिदृश्य में ही हुआ। गाँव की नब्बे फीसदी आबादी किसी न किसी रूप से खेतिहर उत्पादन पर ही गुजर-बसर करती थी। बड़ौदा शहर हमें चकाचौंध कर देता था। जब भी वहाँ जाने का मौका मिलता, हमें बहुत अच्छा लगता। वहाँ हम सिनेमा देखते थे। ट्रेन होने के कारण सुबह जा कर शाम को लौट सकते थे। शहर में हमारे गाँव का, हमारी जातिवालों का, एक गेस्टहाउस भी था। वहाँ ठहरने की सुविधा थी।

गाँव में दूकान नहीं, सीम में खेत नहीं ...

मेरी जाति संख्यात्मक लिहाज से बहुत छोटी है, पर गाँव में प्रभुत्वशाली है। किसी जाति के सांस्कृतिक जीवन की सारी घटनाएँ इसमें घटित होती थीं : जाति के भीतर शादी, तरह-तरह के समारोह, शोक आदि। हर व्यक्ति हर व्यक्ति को जानता था। बाद में जब मैं पिछड़ा वर्ग आयोग का सदस्य बना तो मुझे लगा कि कुछ खास तरह के सामाजिक पिछड़ेपन की कसौटी को छोड़ दें तो मेरी जाति पिछड़ेपन के शैक्षिक और आर्थिक मानकों पर खरी उतरती थी। इस जाति में न कोई डॉक्टर था, न वकील। केवल एक ग्रेजुएट रहा होगा। सामाजिक रूप से यह बनिया समुदाय था, जो संरचनागत रूप से गतिशील और शहरी चरित्र का होता है, भले ही रहता गाँव में हो। बनिये को कुछ न कुछ शिक्षा प्राप्त करनी होती है, क्योंकि उसे लेन-देन करना होता है। व्यापार करना होता है। हिसाब

रखना होता है। लेकिन, वे खेती योग्य जमीन से नहीं जुड़े होते, जबकि ग्रामीण पृष्ठभूमि के लिए यह पहलू बहुत जरूरी है। भले ही यह जुड़ाव मालिक का न हो कर बँटाईदार या खेतिहर मजदूर का हो। इस तरह से मैं कहूँगा कि मेरी ग्रामीण पृष्ठभूमि से उसका यह अहम पहलू नदारद था। लेकिन, मेरे समुदाय में देसाई और मजमूदार जैसे कुलसूचक नामों वाले कुछ परिवार बड़े भू-स्वामी थे। उनकी बात अलग थी। ये परिवार पूरी जाति के और साथ में गाँव के शासक समझे जाते थे।

मेरे परिवार के पास कोई जमीन नहीं थी। ढंग का धंधा भी नहीं था। गाँव में दूकान नहीं, सीम में खेत नहीं। जाहिर है कि ऐसे परिवार को अपनी बिरादरी में भी हाशिए पर रहना पड़ता था। दरअसल, हर समुदाय में, चाहे वह ऊँची जातियों का हो या प्रभुत्वशाली जाति का, ३० से ४० फीसदी परिवार हाशिए पर रहने वाले होते हैं। मेरा परिवार धंधा और जमीन दोनों न होने के कारण खास तौर से विपन्नता का शिकार था। हालाँकि, इस विपन्नता से लड़ने के भी अपने तरीके थे। ऐसे लोग पड़ोस के छोटे गाँवों में जा कर छोटी दूकान खोल लेते थे जिसमें ज्यादा पूँजी नहीं लगानी पड़ती थी। ये दूकानदार आम तौर पर गाँववालों से पैसे, कपड़ा, नमक वगैरह के बदले महुआ, कपास और अनाज आदि कच्चा माल लेते थे। यह वस्तुविनिमय और नकदी की मिली-जुली अर्थव्यवस्था थी। ऐसे छोटे दूकानदार दीवाली और जन्माष्टमी जैसे त्योहारों के मौके पर अपने घर लौटते थे। इस तरह इन दूकानदारों का उन छोटे गाँवों से संबंध उपनिवेश जैसा होता था। यानी वे वहाँ से आमदनी करके अपने गाँव ले जाते थे। जिन देसाई, शाह या मजूमदार परिवारों के पास जमीन और दूकानें थीं, उन्हें छोटे गाँव की तरफ जाने की जरूरत नहीं पड़ती थी। वे गाँव में ही मजबूती से जमे रहते थे। लेकिन, ऐसी बात नहीं कि विपन्न परिवारों को उनके रंग-रुतबे में रहना पड़ता हो। जाति-बिरादरी के भीतर ही शादियाँ होने के कारण इस तरह का न तो कोई रुतबा रहता है, और न ही कोई दिखा सकता है। जातिप्रणाली की यह खास बात है कि जाति के भीतर एक मजबूत समतामूलकता काम करती रहती है। वहाँ विनम्रता का प्रदर्शन ही व्यावहारिक होता है। आमदनी ऊँची-नीची हो सकती है, पर लोगों के बीच का आपसी सुलूक कमोबेश समान रहता है। हमारे परिवार को ही लीजिए। अपेक्षाकृत विपन्न होने के बावजूद मेरी दादी सम्पन्न देसाई परिवार से आई थीं। मेरे सभी संपर्क और पिताजी के मामा वगैरह खुशहाल देसाई थे। वैभव प्रदर्शन के मौके आते हैं, जैसे शादी या मृत्यु के समय जिसमें सभी लोगों की भागीदारी होने के कारण कोई बुरा नहीं मानता है। रोज़-ब-रोज़ की जीवन-शैली, पहनावे वगैरह में समानता होती थी।

मेरे परिवार ने भी आर्थिक दिक्कत से निकलने के लिए पड़ोस के एक छोटे से गाँव रुस्तमपुरा को अपनी कॉलोनी बनाया। मेरे दादा के समय रुस्तमजी सेठ नामक पारसी ने इस गाँव को अपना उपनिवेश बनाया था, इसलिए रुस्तमपुरा नाम पड़ गया। दादा ने इस गाँव में कोशिश जरूर की लेकिन उन्हें खास कामयाबी नहीं मिली। थे तो वे बुद्धिमान और प्रकृति भी उनकी कारोबारियों जैसी थी। मंदिर के कामकाज या ट्रस्ट जैसे सार्वजनिक मसलों में वे सक्रिय रहना पसंद करते थे। अपनी चाकचौबंद पगड़ी और बंडी वगैरह से उनका रुआब पड़ता था। लेकिन, था सब कुछ उधार के पैसे पर। पारसी सेठ के जमाने में कुछ जमीन उन्हें मिली थी, पर तीन भाइयों में बँटने के कारण मेरे पिता के हिस्से में न के बराबर जमीन ही आई। मैं जब छोटा था तो वहाँ से कुछ आम आते थे। बाद में जब गुजरात में जोतनेवाले को जमीन का कानून वास्तव में लागू किया गया और अनुपस्थित भू-स्वामित्व खत्म हुआ तो जो जमीन थी वह भी चली गई। कुल मिला कर पिता को विरासत में धंधे के बजाय कर्ज मिला। मेरी तो नहीं, पर दादा के जमाने की स्मृति यही है कि त्योहारों के दिन डर रहता था कि अगर घर पर कुछ अच्छा खाने-पीने के लिए बना तो लेनदार आ जाएगा।

मेरे पिता काफी अभिव्यक्तिकुशल, बुद्धिमान और रूढ़िभंजक प्रवृत्तियों के थे। उनकी रुचि पूजा-पाठ में नहीं थी। धार्मिक गतिविधियों के सामाजिक स्वरूपों में उनकी भागीदारी जरूर रहती थी, वरना समाज से कट जाने का खतरा था। कुछ दूर पर एक गाँव था कम्बोई। भीलों का। केवल हमारे परिवार को छोड़ कर। मेरे पिता वहाँ से महुआ वगैरह जमा करके शहर में बेचने लगे। दो-तीन महीने में जो कुछ कमाई होती थी उसी से मौसम भर घर का खर्चा चलाना पड़ता था। तो यह विपन्नता की स्थिति थी। पर इस गुरबत के बावजूद आज मैं नहीं कह सकता कि मैंने बचपन में कभी अभाव की अनुभूति की हो। इसके पीछे जाति-समाज और नाना के परिवार की भी भूमिका थी। मेरे घर से ननिहाल की दूरी पाँच मिनट पैदल चलने की रही होगी। मैं तो वहीं चला जाता था, और दिन भर वहीं रहता था। माँ को मैं हीराबेन कहता, नानी को माँ। मेरी माँ अपने माँ-बाप की अकेली संतान थीं। मेरे नाना को काफी सोना विरासत में मिला था। उनके पास काफी गिन्नियाँ थीं जिन्हें बेच-बेच कर वे अपना जीवन चलाते थे। उन्हें पता था कि साल भर में दो या तीन गिन्नियाँ बेच कर उनका काम चल जाएगा। हर साल वे तीर्थाटन भी करते और आम तौर पर ठीक से रहते। इसलिए ननिहाल का हाथ पीठ पर होने के एहसास के कारण अभावग्रस्त या वंचित होने की अनुभूति हमें नहीं थी।

मेरी माँ बहुत गोरी और सुंदर स्त्री थीं। पिता की तरफ से घर में सब काले

थे। लोग नाना से यह तक कहते थे कि आपने भी बेटी कहाँ दे दी। आपने तो जामुन के टोकरे में रायन (एक तरह का छोटा-छोटा पीला फल) रख दिया है। माँ की शादी के वक्त नाना ने पूरी बिरादरी और पूरे गाँव को तीन दिन तक भोज कराया था। जब मैं बारह साल का था, खेलने-कूदने के लिए दूसरी जातियों के मुहल्लों में जाता था तो उस समय तक लोगों को उस जाति-भोज का जिक्र याद आ जाता था। इस तरह मैं कह सकता हूँ कि जाति-समाज की अंतर्निहित समतामूलकता और नाना की खुशहाली की वजह से मेरे मन पर दरिद्रता के यथार्थ के बाद भी विपन्न बचपन की छाप नहीं पड़ पाई। यूँ भी कह सकते हैं कि हमने अपनी गरीबी को एक हकीकत की तरह स्वीकार कर लिया था। स्कूल में या कहीं और जब कभी दो-ढाई रुपए के खर्च की जरूरत पड़ती थी तो पैसा न होने पर भी कुछ रास्ता निकाला जाता था। मसलन, सर्कस आया या मेला लगा, तो हम चार-पाँच बच्चों का गिरोह वहाँ पीछे से घुस जाता था। कुछ चीजें हम चुरा भी लाते थे। स्कूल जाने पर मैं अपना बस्ता किसी दूसरे बच्चे को देकर खुद लाइब्रेरी में चला जाता था। तीन घंटे वहाँ पढ़ कर फिर बंदर की तरह छप्परों पर कूदता हुआ घर पहुँचता था। मुझे कम्बोई गाँव की स्मृतियाँ भी हैं। भीलों के उस गाँव में एक भील बालक मेरा दोस्त था। हम दोनों साथ-साथ खेलते। मुर्गों का पीछा करते। वह बच्चा एक दिन एक टंकी में गिर कर जान से हाथ धो बैठा। उसकी माँ रोज सुबह काफी-काफी देर तक मर्सिया गाती थी। भील भाषा उस समय मैं कुछ-कुछ समझता था। उसकी माँ गाती थी कि अगले जनम में तुम बाम्हन न बनना, वरना तुम्हारे पैर घिस जाएँगे। तुम बनिया न बनना, वरना बही लिखते-लिखते तुम्हारी आँखें फूट जाएँगी। तुम बनना तो इस भील माँ की संतान ही बनना। कहने का मतलब यह था कि हम अपने अस्तित्व से असंतुष्ट नहीं थे। गरीबी थी, लेकिन हम सब उसमें साझीदार थे।

क्षोभ का बीजारोपण ...

लेकिन, कम्बोई जा कर किए जाने वाले उस छोटे-मोटे व्यापार से भी कोई बात बन नहीं रही थी। आमदनी नहीं बढ़ रही थी। लगाने लायक पूँजी थी ही नहीं। दादा जिंदा थे। वे और पिताजी मायूस बैठे रहते। बाप-बेटे बैठ कर बीड़ी पीते और धंधे की संभावनाओं पर बात करते। माँ को यह नजारा विचित्र भी लगता और उन्हें कुछ झुंझलाहट भी होती। मेरे पिता ने महुआ वगैरह जमा करके बेचने का वायदा सौदा करना शुरू किया। यह कुछ जुआ जैसा धंधा था। आज की तरह उस जमाने में इसे अच्छी निगाह से नहीं देखते थे। लेकिन, पिता ने साहस करके सोचा कि क्यों न बाकायदा वायदा सौदा शुरू किया जाए। फिर वे हफ्ते में चार

दिन बड़ौदा जाने लगे। कपास के व्यापारियों से सोने, चाँदी, कपास और महुआ आदि के सौदे करने लगे। इस तरह गाँव में औपनिवेशिक विनिमय से आगे बढ़ कर शहरी विनिमय की नौबत आई। इससे धंधे ने कुछ गति पकड़ी। आमदनी बढ़ी। मेरे पिता असाधारण रूप से ईमानदार व्यक्ति थे। उनकी ज़बान की बड़ी इज्जत थी। इन सब बातों ने मिल कर उनकी आर्थिक प्रगति में योगदान किया। परिवार विपन्नता से बाहर निकलने लगा। जब मैं स्कूल जाने लायक हुआ तो उस समय तक ऐसी स्थिति बन चुकी थी और हम पुश्तैनी गाँव लौट चुके थे। इसी समय पिता ने एक कदम और आगे बढ़ कर बुकी का काम शुरू कर दिया जो उस समय कानूनन प्रतिबंधित था। उसे जुआ माना जाता था। रोज सुबह यह छपता था कि अमेरिकन ट्रेजरी में कितना धन है। उस रकम के आखिरी दो अंकों के आधार पर सट्टेबाजी होती थी। पाँच रुपए लगाने पर ४५ रुपए मिल सकते थे। पिता खुद दाँव वगैरह नहीं लगाते थे। वे दाँव जमा करके जिनका सट्टा खुलता था उनके बीच बाँट देते थे। जब दाँव ज्यादा हो जाते थे और पिता को लगता था कि वे उनकी हैसियत से बाहर जा रहे हैं तो वे उन्हें दूसरे बुकियों को हस्तांतरित कर देते थे। उन जैसे बुकियों का सिलसिला बंबई तक जाता था। पिता डभोई और बड़ौदा जा कर यह धंधा करते रहे।

अंतर्विरोध यह था कि धंधे से लाभान्वित होने और खुशहाली आने के बावजूद उसकी अवैध प्रकृति हम लोगों में उसके प्रति एक द्वैध पैदा कर देती थी। जब तक हम कॉलेज जाने लायक हुए, हमने अपना असंतोष जाहिर करना शुरू कर दिया। पिता को हम लोगों का यह रवैया बहुत नागवार गुजरा। वे तो मानते ही नहीं थे कि वे कोई गलत काम कर रहे हैं। दूसरी तरफ मेरी मानसिकता अलग तरह की बन रही थी। मुझे लगता था कि मैं विपन्नता से छुटकारा तो पा गया हूँ लेकिन अब मेरा ताल्लुक एक ऐसी पृष्ठभूमि से हो गया है जिस पर गर्व नहीं किया जा सकता। असुरक्षा की अनुभूति के तहत मुझे लगता था कि हम कभी भी किसी कानूनी पेच में फँस सकते हैं। ऊपर से पिता किसी को रिश्वत देने के भी खिलाफ थे।

इस तरह के पारिवारिक हालात ने मेरे भीतर क्षोभ की नींव डाली। मेरी प्रवृत्तियाँ एक खास तरह का रुख लेती चली गईं। मेरी कोशिश होने लगी कि मैं भीड़ में अलग से न दिखूँ। मसलन, स्कूल में सभी सवालों का जवाब आने के बावजूद मेरी कोशिश रहती थी कि मैं आगे की बेंचों पर न बैठूँ। हमेशा डर सताता था कि अगर मेरी अलग से शिनाख्त हो गई तो कोई पिता या उनके धंधे के बारे में पूछ न बैठे। विपन्नता की अनुभूति से निकला तो कलंकित जैसा होने के एहसास ने अपनी गिरफ्त में ले लिया। मैं अंतर्मुखी होता चला गया। हालाँकि

ऐसा ही काम करने वाले परिवारों के अन्य बच्चे ऐसा नहीं सोचते थे। उन्हें लगता था कि यह बहबूदी उन्हें आगे ले जाएगी। लेकिन, मेरा मामला अलग था। अपनी इसी मानसिकता को मैंने एक मूल्यगत तर्क देना शुरू किया कि अलग से दिखने की कोशिश करने के मुकाबले अपने समूह में यारों-दोस्तों के बीच उसके अंग बन कर रहना बेहतर है। अगर समूह का नेतृत्व भी करना है तो उसके अंग के रूप में किया जा सकता है। मेरा यह मानस बहुत दिनों तक रहा, जब तक मैं कॉलेज जीवन में नहीं आ गया।

पिता के धंधे के अलावा मेरे भीतर क्षोभ की संरचनाएँ बनाने में गाँव की संस्कृति का भी योगदान रहा। इस संस्कृति के तहत होता यह है कि साथियों-हमजोलियों के बीच व्यक्तिगत अहं और निजी उपलब्धियों का एहसास अलग से नहीं उभर पाता। मसलन, मेरी दिलचस्पी साहित्य में थी। उसके बारे में बात करना या साहित्यिक भाषा का बरताव करना मुझे पसंद था। एक दिन साथियों के बीच बैठे-बैठे मैंने पन्नालाल घोष की चर्चा की। मैंने कहा कि वे एक बहुत अच्छे पावा (बाँसुरी का एक रूप) वादक हैं। मेरे द्वारा वादक शब्द के इस्तेमाल को दोस्तों ने पकड़ लिया और उसी के आधार पर वादक-वादक कह कर मेरा मजाक बनाने लगे। ग्रामीण संस्कृति का यह पहलू कुछ भी नया कहने-करने से रोकता है। वहाँ निजताओं का एक तरह से समतलीकरण सा होता रहता है। गाँव में सेवादल के एक वरिष्ठ नेता की प्रेरणा पर मैंने उनकी मदद से एक 'मशाल' नामक हस्तलिखित पत्रिका का सम्पादन किया। यह पत्रिका बाकायदा गाँव की लाइब्रेरी में रखी गई इस घोषणा के साथ कि तीन महीने के अंतर से दूसरा अंक प्रकाशित किया जाएगा। चूँकि उसमें मेरी भी एक कविता छपी थी इसलिए समवयस्कों ने ऐ कवि-ऐ कवि कह कर चिढ़ाना शुरू कर दिया। चूँकि मैं एक बक्सानुमा पेटी में पत्रिका की सामग्री रख कर सेवादल के उन नेता से मिलने जाता था तो इस पर मुझसे कहा जाने लगा कि किसकी हजामत बनाने जा रहे हो। गाँव में नाई लोग शेविंग का सामान रखने वाली पेटी ले कर चलते थे। इन साथियों ने मेरी कविता, एक छोटा सा लेख और मेरी पत्रिका फाड़ कर फेंक दी। मेरी छः महीने की मेहनत बेकार हो गई। पत्रिका निकालने का पूरा उद्यम नष्ट हो गया। यह पूरा माहौल सांस्कृतिक-सामाजिक रूप से उत्पीड़नकारी था। बचपन से ही मेरे भीतर इससे बाहर निकलने की इच्छा थी। विपन्न पृष्ठभूमि के कारण यह परिस्थिति और भी उत्पीड़ित करती थी।

मेरे पिता ने बचपन में हिदायत दी थी कि 'ईश्वर नो इनकार' नामक किताब लाइब्रेरी से ला कर पढ़ो। बचपन में खेल-कूद के दौरान एक वैष्णव महाराज (वल्लभाचार्य के वंशज जो खुद को ईश्वर का अवतार मानते हैं) के बेटे और मेरे

बीच बालसुलभ धक्का-मुक्की हुई तो वैष्णवों के बीच हाहाकार मच गया। कहा गया कि मैंने उसे लात मारी है। मुझे लगा कि आज मेरी पिटाई होगी। लेकिन, जब मेरे पिता को पता चला कि उसने पहले मुझे लात मारी थी तो उन्होंने कहा कि तुमने ठीक ही किया। पिता कर्मकांड को पाखंड मानते थे, और तकरीबन नास्तिक थे, इसलिए बचपन से ही मेरे पास धार्मिक और कर्मकांडीय जीवन या साधन-सम्पन्नता के वे सहारे नहीं रहे जिनके जरिए लोग आम तौर पर इस तरह के उत्पीड़न के साथ जिंदगी गुजार देते हैं। दरअसल, गाँव में मेरे जैसे व्यक्ति के लिए कुछ भी नया करना, सृजनात्मक करना नामुमकिन था। यह संस्कृति मेरी शख्सियत के विकास के लिए नुकसानदेह थी। मेरे भीतर एक ऐसे जीवन की चाह थी जो विविध रंगों में रमता हो, उदार हो, रचनात्मक हो। इसलिए, मैं जल्दी ही इस फैसले पर पहुँच गया कि गाँव और इसमें सिकुड़ी हुई जाति मेरे लिए नहीं है।

अपने दोस्तों के घर के भीतर मैं आसानी से प्रवेश नहीं कर सकता था, जबकि अन्य दोस्त भीतर चले जाते थे। हालाँकि सबकी जाति एक ही थी, पर चूँकि मैं स्कूल खत्म होने पर पूरे दिन धूल-धक्कड़ में खेलता रहता था इसलिए आवारागर्द छोकरे जैसा लगने के कारण उन घरों की मरज़ादिन (बड़ी-बूढ़ी महिला जो घर के भीतर कर्मकांडीय पवित्रता के दायरे की रक्षा करती है) को लगता रहा होगा कि मेरे भीतर जाने से पवित्रता में खलल पड़ सकता है। गाँव के इस तजरुबे और निजी जीवन की इन परिस्थितियों ने ही शायद मेरे भीतर बाद में ग्रामीण जीवन से बँधे हुए दलितों, पिछड़ों और आदिवासियों के साथ हमदर्दी का एहसास पैदा करने में भूमिका निभाई होगी। मैं दलितों की भाँति कर्मकांडीय उत्पीड़न का शिकार नहीं था, लेकिन अपने अनुभव के आधार पर मैं कह सकता हूँ कि मैंने दूसरे दर्जे की अस्पृश्यता का एहसास जरूर किया। इस अनुभूति के जरिए मैं एक सीमा तक समझ सकता था कि सामाजिक-सांस्कृतिक उत्पीड़न कैसा होता है। उत्पीड़ित तबकों के साथ मेरा यह तादात्म्य सारे जीवन कायम रहा।

यहाँ साफ कर देना जरूरी है कि इन समस्याओं के कारण मेरा गाँव छोड़ने का मन जरूर बन रहा था, पर मुझे अपने गाँव से नफरत नहीं थी। मैं हमेशा अपने गाँव को बड़ी शिद्दत से चाहता रहा हूँ। आप चाहें तो इसे मेरी द्वैधवृत्ति कह सकते हैं। मसलन, जब मैं बड़ौदा के कॉलेज में पढ़ने गया तो एक भी ऐसा छुट्टी का दिन नहीं होता था जब मेरी गाँव जाने की इच्छा न होती हो। ग्रेजुएशन के आखिरी वर्ष तक मैं लगातार गाँव जाता रहा। यह सोचना भी मेरे लिए मुश्किल था कि जन्माष्टमी और होली जैसे त्योहार मुझे बड़ौदा में मनाने चाहिए।

विरक्त करने वाले पहलुओं के अलावा उस ग्रामीण संस्कृति के कुछ पक्ष मुक्तिकामी भी थे। वहाँ ऐसे लोग थे जिनके योगदान से मेरे व्यक्तित्व को लाभ हुआ। वहाँ के माहौल का एक ऐसा हिस्सा भी था। भले ही मेरे यार-दोस्त उन्हें न चाहते हों, पर मैं उनकी तरफ आकर्षित हुआ। सेवा दल के नेताओं का मैं जिक्र कर चुका हूँ कि कैसे उनकी प्रेरणा से मैंने पत्रिका निकाली। साथियों ने भले ही मजाक उड़ाया हो, पर मैंने उनका साथ नहीं छोड़ा, न ही सेवादल वालों की सोहबत। यह बात मुझमें कुछ अजीब है कि मैं एक साथ कई समूहों के साथ जुड़ा रह सकता हूँ। एक को छोड़ कर दूसरे से जुड़ना मेरी मजबूरी नहीं है।

सेवा दल वाले गाँधीवादी थे। हमारे यहाँ कम्युनिस्टों की गतिविधियाँ नहीं थीं। न ही राष्ट्रीय स्वयंसेवक संघ की कोई मौजूदगी थी। उनकी एक बड़ी शाखा लगती थी, लेकिन नदी के पार वाले गाँव में। ज्यादातर उसमें बनिये ही थे। उनकी इच्छा तो रहती थी कि हमारे गाँव में भी कुछ असर बनाया जाए, पर कामयाबी कभी नहीं मिली। उन्हें बहादरपुर से तीन-चार से ज्यादा स्वयंसेवक कभी मिले नहीं। एक ब्राह्मण लड़का जो मेरा दोस्त था उस शाखा में जाता था, उसने कोशिश की कि मैं भी उसी की तरह शाखा में भागीदारी करूँ, पर उसकी कोशिश नाकाम रही। जिस तरह हमारे गाँव के बनिया समाज के ज्यादातर बच्चे सेवा दल में थे, उसी तरह उस गाँव के बनियों के ज्यादातर बच्चे संघ में थे। उस शाखा ने बाद में संघ को कई नेता भी दिए। मैं यहाँ सेवा दल के दो नेताओं का जिक्र करूँगा। दोनों का ही नाम नवनीतभाई था। एक को बड़े नवनीतभाई कहा जाता था, दूसरे को छोटे नवनीतभाई। इन दोनों ने ही सेवा दल की स्थापना की थी। इससे पहले गाँव में एक अखाड़ा था जिसे बाहर से आए एक हीराभाई जैन ने स्थापित किया था। वहाँ कुश्ती होती थी, कसरत की जाती थी। यह अखाड़ा सामाजिक मिलन की जगह भी थी। इसी अखाड़े के स्पेस का इस्तेमाल नवनीतभाइयों ने सेवा दल के लिए किया। उस समय तक यह कांग्रेस सेवा दल नहीं था, राष्ट्रीय सेवा दल था जिसका एक हिस्सा बाद में सोशलिस्टों के पास चला गया। सेवा दल ने पहला काम तो यह किया कि हम बच्चे मेले-ठेले में जा कर जो छोटी-मोटी चोरी-चकारी करते थे, उसे बंद करवाया। खेल-कूद की प्रतियोगिताएँ करवानी शुरू कीं। मैं इनमें कई बार ट्रॉफी जीतता था। मेरा शरीर काफी लचीला था। ट्रॉफी के तौर पर उस जमाने में घर में काम आने वाली चीजें मिलती थीं, जैसे पीतल के गिलास, लोटा आदि।

सेवा दल का विरोध करने वालों की मुख्य आपत्ति इस बात पर थी कि उसमें लड़कों के साथ-साथ लड़कियाँ भी भागीदारी करती हैं। हालाँकि स्कूल में भी लड़के-लड़कियाँ साथ-साथ पढ़ते थे, पर सेवा दल की गतिविधियों में

इस सह-शिक्षा का सामाजिक विस्तार हो जाता था। हमारे लिए यह एक रोमांचक अनुभव था। गाँव के अस्सी प्रतिशत बच्चे सेवा दल में आने लगे। कंजरवेटिव (परंपरानिष्ठ) हिस्सा इसके खिलाफ था। दरअसल, उस समय गाँव में कंजरवेटिव और लिबरल रवैयों के बीच एक तरह की होड़ चलती थी। (वैसे यह स्थिति आज भी है।) उस समय भी दोनों के नेतृत्व अलग-अलग थे। कंजरवेटिव रवैये के लोगों ने अपना क्लब भी अलग से बनाया था जिसमें एक बड़ा ज़हीन लड़का था। ये लोग सेवा दल के खिलाफ बोलते रहते थे, उसके कार्यक्रमों में लड़कियों की भागीदारी का विरोध करते थे, कोशिश करते थे कि लोग सेवा दल में न जाएँ। इस क्लब के ज्यादातर सदस्यों ने अपने विवाह के मामले में परंपरागत रवैया अपनाया। लेकिन, सेवा दल से जुड़े लड़कों में से साठ-पैंसठ फीसदी ने अपनी ही बिरादरी में माँ-बाप के जरिए लेकिन अपने चुनाव से अपना जीवन-साथी चुना। यह जाति के भीतर प्रेम विवाह की परिघटना थी। इस तरह सेवा दल में भागीदारी मेरे लिए आजादीपसंद और तरक्कीपसंद रास्ते पर बढ़ने की शुरुआत साबित हुई। सेवा दल की प्रेरणा से हमने पत्रिका निकाली, दौरे पर गए, चंदा किया और अन्य दूसरे तरीकों से सामाजिक कार्यों से जुड़े। हमने एक बंसी बैंड भी बनाया जिसे हम शादियों में बजाते थे। जबकि कंजरवेटिव रवैये वाले लोगों ने अपना बैंड केवल जातिभाइयों को ही देने का निश्चय किया। देखा जाए तो हर क्षेत्र में कंजरवेटिव और लिबरल रवैयों के बीच एक जद्दोजहद थी। यह बारह से पंद्रह के आयुवर्ग की गतिविधियाँ थीं। इस उम्र के लड़कों में वैचारिक ग्रहणशीलता बहुत होती है। वे नए विचारों की तलाश में भी रहते हैं। इस लिहाज से सेवा दल की गतिविधियाँ हम बालकों के लिए सकारात्मक सामाजिक चिंतन की नींव डालने में अहम भूमिका का निर्वाह कर रही थीं।

गाँव के साथ अपने इस संबंध को मैं दलितों के साथ उनके गाँव के संबंध के संदर्भ में भी देखता हूँ। मेरे पास दो उदाहरण है : एक लक्ष्मण गायकवाड़ का और दूसरा ओमप्रकाश वाल्मीकि का। इनमें वाल्मीकि जिस तरह अपने गाँव को अपनी नवीन चेतना के औज़ारों से पुनः रचते हैं, वह मुझे ज्यादा प्रामाणिक लगता है। लक्ष्मण गायकवाड़ के पास कल्पना के रंग हैं। वे अंतर्विरोधी भी हो जाते हैं। कभी लगता है कि उनके ब्योरे में गढ़ंत की मात्रा अधिक है। इसे दलित राजनीति के एक हिस्से के रूप में ही देखना चाहिए। उत्पीड़ित समुदायों में से जब कोई व्यक्ति मुक्ति की महत्त्वाकांक्षा से ओत-प्रोत हो कर अपनी उत्पीड़नकारी स्थितियों से बाहर निकलता है, और फिर बहुत दूर जा कर जब घूम कर उन पर नजर डालता है तो उसे हालात में कोई तब्दीली नहीं लगती।

तब वह व्यक्ति पुराने हालात ही गढ़ता नजर आता है।

मेरे इन जीवनानुभवों ने मेरा साथ उसी तरह दिया है जिस तरह ऐसे आत्मगत निजी अनुभव किसी कहानीकार का देते हैं। कहानीकार उन अनुभवों को सार्वजनीनता के साँचे में ढाल कर कल्पनाशीलता की मदद से जिंदगी की कहानियाँ लिखता है। मैंने इन अनुभवों की मदद से समाज, उसकी प्रक्रियाओं, परिस्थितियों, जाति, छुआछूत, हाशियाकरण जैसी परिघटनाओं की समझ बनाई है। इसी सिलसिले में उत्पीड़ितों के साथ मेरा जो स्थायी रिश्ता बना वह केवल हमदर्दी का नहीं है। वह हमदर्दी से कहीं ज्यादा है। सोशल साइंस में प्रचलित आग्रहों के विपरीत मैं ऑब्जेक्टिव (वस्तुनिष्ठ) होने के नाम पर अनुसंधान के विषय के प्रति निरासक्त होने के लिए तैयार नहीं हूँ। वह विषय भी तो हमारे-आपके जैसा इनसान है। इसीलिए पॉजिटिविस्ट रवैये के प्रति मैं सहज नहीं हूँ। आई.पी. देसाई स्मृति व्याख्यान में मैंने समाज विज्ञान की इस समस्या पर इसी तरीके से रोशनी डालने की कोशिश की है।

प्रश्न : तो जिंदगी ने तजरुबात-ए-हवादिस की शक्ल में जो कुछ आपको दिया, उसे आप समाज वैज्ञानिक बन कर लौटा रहे हैं। आपके संस्मरण सुन कर मेरे दिमाग में एक बात आती है कि अगर संयोग से आप सोशल साइंटिस्ट न बनते तो इन्हीं अनुभवों और अनुभूतियों के आधार पर आज क्या होते?

उत्तर : तब शायद मैं अपने सफर को किसी उपन्यास की शक्ल में रचनात्मक रूपांतरण के जरिए सामने लाता। मैं कहानीकार जैसा रचनात्मक लेखक ही बनता। एक कविता मैंने अपने शैशव में लिखी थी। पर, मैं समझता हूँ कि मैं कवि नहीं बनता। हाँ, कविताएँ पढ़ना मुझे बहुत अच्छा लगता है। यह भी मैं नहीं कह सकता कि उपन्यासकार के रूप में केवल एक किताब लिख कर रह जाता, या मेरी रचनाशीलता आगे भी चलती।

जैसा कि मैं पहले भी कह चुका हूँ, भारतीय समाज विज्ञान की एक समस्या मुझे हमेशा परेशान करती रही है। मैं जानता हूँ कि अवधारणाओं के बिना काम नहीं चल सकता। पर, सवाल यह है कि अवधारणाओं के पीछे सामाजिक हकीकत किस किस्म की है। अवधारणाओं का इस्तेमाल करते हुए भी सामाजिक यथार्थ के हिसाब से समाज विज्ञान में उन अवधारणाओं को रचा जाना चाहिए। पश्चिमी समाज विज्ञान में जब मैं अवधारणाओं पर नजर डालता हूँ तो मुझे लगता है कि उनका एक ऐतिहासिक-सामाजिक आधार है। वहाँ के समाज वैज्ञानिक अपनी जमीन से कटे हुए नहीं हैं। लेकिन, हम जब उनकी अवधारणाओं का इस्तेमाल करके अपनी जमीन पर राष्ट्रवाद की या जाति की

आलोचना विकसित करते हैं तो मुझे लगता है कि जो शास्त्र बन रहा है उसका नाता हमारे समाज से कम रह जाता है। हम जाति के बारे में भी किसी पश्चिमी समाज वैज्ञानिक की तरह सोचते हैं, जबकि उनके यहाँ तो जाति है ही नहीं। वे तो हमेशा वर्ग के आईने में ही जाति को देखेंगे। हम भी उसी मुकाम से देखने लगते हैं। तब मुझे एहसास होता है कि इस समाज विज्ञान के आधार में एक अधूरा यथार्थ है। समाज विज्ञान पढ़ने और लिखने के प्रति मेरे असंतोष का यह स्रोत शुरू से ही रहा है।

मुझे पश्चिमी समाज विज्ञान का अध्ययन करना ज्यादा अच्छा लगता है, क्योंकि उसके पैर उनके यथार्थ पर टिके हैं। वहाँ के समाज विज्ञान और वहाँ की सामाजिक हकीकत में संपर्क सूत्र साफ तौर से दिखाई पड़ता है। इसके विपरीत भारतीय समाज विज्ञान की रचनाएँ मुझे अपवादस्वरूप ही अच्छी लगती हैं। इसका कारण समझना हो तो जाति संबंधी रचनाओं पर नजर डाली जा सकती है। यहाँ तो विद्वानों ने सामाजिक ढाँचे की बात करने के चक्कर में पश्चिमी थियरी के प्रभाव में समुदाय को पूरी तरह नजरअंदाज करके जाति को सामाजिक दर्जे की व्यवस्था के रूप में देखने की कोशिश की है। लेकिन, जाति तो केवल सामाजिक दर्जा नहीं है। यह एक सामुदायिक व्यवस्था भी है। जब पश्चिमी विद्वान अपने यहाँ वर्ग का आख्यान पेश करते हैं तो उसकी असलियत साफ तौर से उभर कर आती है। पर, भारतीय विद्वान अपना जाति संबंधी चिंतन उसी तरह अपनी सामाजिक जमीन से नहीं जोड़ पाते।

गाँव से शहर की ओर : नेपथ्य से मंच पर

गाँव के स्कूल से मैट्रिक करने के बाद मैं सीधा कॉलेज में दाखिला लेने बड़ौदा के बजाय पुणे गया। सोचा यह था कि पुणे विद्या का केंद्र है, और पैसे तो बड़ोदरा में भी खर्च होने हैं। दूसरे मराठी सीखने की इच्छा भी थी। वहाँ के फर्ग्युसन कॉलेज और पी.बी. कॉलेज जैसी संस्थाओं के प्रिंसिपलों के सामने बोलने के लिए पहले से गढ़े गए अंग्रेजी के वाक्यों को रट कर (सर, आई हैव कम फ्राम गुजरात टु गैट एडमिशन हियर जैसे वाक्य) मैंने दाखिला पाने की कोशिश की। गुड सेकंड क्लास ही थी, इसलिए फर्ग्युसन कॉलेज में दाखिला नहीं मिला। एक दूसरे कॉलेज में मिला, पर वहाँ के होस्टल में जगह नहीं मिली। इसलिए फैसला बदल कर बड़ौदा जाना पड़ा। वहाँ मेरे सामने गाँव की पढ़ाई-लिखाई की सीमाएँ साफ हुईं। मैं औसत छात्र था, और गाँव में पढ़ाई-लिखाई भी कुछ खास नहीं होती थी। गणित तो कभी पल्ले ही नहीं पड़ा। शहर में आ कर यह भी पता चला कि मेरी नजर कमजोर है, और २.५ का चश्मा लगाने की

जरूरत है। यानी दसवीं और ग्यारहवीं के दो अहम सालों में मैं बोर्ड पर लिखी इबारतें नहीं पढ़ पा रहा था। शायद इसीलिए मैं मैट्रिक में फेल हो गया था। मुझे यह भी लगा था कि इस दर्जे में मैं कभी पास नहीं हो पाऊँगा। लेकिन, किस्मत से मुझे गणित के बजाय नागरिक शास्त्र विषय चुनने का मौका मिल गया। यह विषय मुझे पसंद आया और मैंने विशेष योग्यता से यह कक्षा उत्तीर्ण की।

कॉलेज में आने पर मेरा अपना और कक्षा के भीतर वाला अलगाव अचानक बदलता हुआ लगा। उन दिनों विज्ञान के विषय पढ़ने के लिए आसानी से मिल जाते थे, लेकिन मैं तो पहले से ही तय कर चुका था कि आर्ट्स में ही जाना है। मुझे रास्ता दिखाने वाला कोई नहीं था। मुझे अपने सारे फैसले खुद ही लेने होते थे। पर मेरी निगाह में विज्ञान या कॉमर्स पढ़ने वाले कमतर और बोरिंग किस्म के लोग थे। आर्ट्स में दाखिला लेते ही मैं कक्षा के भीतर और बाहर काफी सहज महसूस करने लगा। यहाँ मैं बता दूँ कि कॉलेज के शुरुआती दौर तक मेरा परिवार शहर में बसने के लिए नहीं आया था। दो साल बाद यानी जब मैं जूनियर बीए में था, परिवार शहर आ गया। उस समय भी मैं दोस्तों के साथ अलग कमरा किराए पर ले कर रहता रहा। हॉस्टल उन दिनों बहुत मँहगा था, कमरा सस्ता पड़ता था। मैं केवल खाने के लिए घर आता। मौज-मस्ती होती, पढ़ना-लिखना होता। उन दिनों ऐसा लगता था कि जैसे बहुत दिनों से बंद दरवाजे मेरे लिए खुल गए हों।

अंग्रेजी मीडियम के कारण कई छात्रों को समस्या थी, पर भाषा के तौर पर अंग्रेजी मुझे स्कूल में भी अच्छी लगती थी, इसलिए अंदेशे के विपरीत मुझे पढ़ाई का माध्यम बदलने में खास दिक्कत नहीं हुई। मैट्रिक और उसके बाद की कक्षाओं में मैं अंग्रेजी साहित्य पढ़ने लगा था। मुझे याद है कि मुझे समरसेट मॉम का एक उपन्यास 'ऑव ह्यमन बोंडेज' पढ़ने के लिए दिया गया था जो मुझे बहुत पसंद आया। फिर कुछ और रचनाएँ पढ़ीं। ग्रामर भी मेरे लिए समस्या नहीं थी। पर, असली दिक्कत थी अंग्रेजी बोलना, और अंग्रेजी बोल कर लोगों पर कैसे रुतबा डाला जाए। इसलिए मैंने एक दोस्त के साथ मिल कर तरकीब निकाली। अंग्रेजी का एक निबंध रट लिया। रास्ता चलते एक वाक्य वह बोलता जाता, एक वाक्य मैं। देखने वालों की निगाह में हम अंग्रेजी में बात करते हुए लगते। फर्स्ट इयर में जब मैं गाँव जाता था, तो अकेले नदी के किनारे निकल जाता। एक टॉपिक चुनता और फिर उसे अंग्रेजी में बोलता। इस तरह मैं ही अपना वक्ता बन जाता, मैं ही अपना श्रोता। उस जमाने में पढ़ने के नाम पर अंग्रेजी में मुझे बहुत चीजें उपलब्ध नहीं थीं। जो कुछ भी मिलता, जैसे स्किन केयर लोशन वगैरह खरीदने पर उसके इस्तेमाल का तरीका अंग्रेजी में होता, उसे ही पढ़

डालता। डिक्शनरी भी नहीं थी मेरे पास। इसलिए दवा के मैनुअलों और इधर-उधर की ऐसी ही विचित्र पढ़ाई से मैंने अंग्रेजी के जटिल वाक्य बनाने सीखे। यह सेल्फ लर्निंग थी। इसी के बूते जब ठेठ गुजराती से अचानक अंग्रेजी मीडियम में कदम रखा तो लॉजिक जैसा विषय भी मैं पकड़ पाया। दरअसल, इन विषयों को पहली बार मुझे अंग्रेजी में पढ़ाया जा रहा था, और मैं उन्हें पसंद कर सकता था। भाषा आड़े नहीं आ रही थी। लॉजिक में तो मैं अपनी कक्षा में सर्वश्रेष्ठ माना जाता था। नब्बे से कम नंबर तो इसके पर्चे में मेरे कभी आए ही नहीं। एक बात यह भी थी कि गाइड पढ़ना मुझे अच्छा नहीं लगता था। इसी तरह मैंने इम्तहान देने की विधिवत तैयारियाँ कभी नहीं कीं। जो अच्छा लगा, उसे लाइब्रेरी जा कर पढ़ता रहा, पर इम्तहान के ख़याल से नहीं। पर्चे तो यूँ ही दिए जाते रहते, और गुड सेकंड डिवीजन आ जाती थी जिससे मैं संतुष्ट था। इस तरह मेरी अकादमीय प्रवृत्तियाँ और ज्ञान की भूख इम्तहान के बोझ से मुक्त रही।

कॉलेज जीवन में मैंने जम कर अध्ययन किया। मैंने फ्रॉयड, मेक्स वेबर और केरन होर्नी जैसे विद्वानों की रचनाएँ अंग्रेजी में पढ़ीं। समाज विज्ञान के इनसाइक्लोपीडिया का काफी हिस्सा पढ़ डाला। वैसे स्कूली जीवन में ही गुजराती में छपा पूरा गाँधी वाङ्मय मैंने पढ़ डाला था। गाँधीवादी विद्वानों ने गाँधी पर जो लिखा था, वह भी। कालेलकर वगैरह सब को। पूरा गुजराती साहित्य मैंने तभी पढ़ा। इनमें रमणलाल देसाई की कुछ कृतियाँ भी शामिल थीं। देसाई शहरी जीवन के साहित्यकार थे। मैंने मुंशी और धूमकेतु की किताबें भी पढ़ीं। सभी प्रमुख गुजराती कवियों की कृतियों से मेरा परिचय था। उमाशंकर जोशी, सुंदरम, राजेंद्र शाह, निरंजन भगत वगैरह। मेरी जानकारी के दायरे में गुजराती के उन्नीसवीं सदी के कवि भी थे। कविता में मेरी गहरी दिलचस्पी थी। कॉलेज लाइफ में मेरी इस साहित्यिक समझ की वह प्रासंगिकता मेरे सामने साफ हुई जो स्कूली पढ़ाई के समय नहीं समझ में आती थी। इस बीच में गाँव से भी संपर्क जारी रहा। वहाँ के कई नौजवानों को शहर में नौकरियाँ दिलवाने में मैंने मदद की।

दो साल बाद एम.एस. यूनिवर्सिटी, बड़ोदरा के ऑनर्स कोर्स में गया तो मैंने सोशियोलॉजी ली। प्रोस्पेक्टस में इजाजत थी इसलिए मैंने सहयोगी विषय के रूप में पॉलिटिकल साइंस को चुना। एम.एन. श्रीनिवास, जो हाल ही में ऑक्सफोर्ड से लौटे थे, हम ४५ छात्रों के बड़े से क्लास को समाजशास्त्र पढ़ाते थे। जातिप्रथा पर घुरिए की मशहूर किताब से पढ़ाते समय श्रीनिवास की शैली यह थी कि वे केवल किताब का टेक्स्ट छात्रों के सामने पढ़ते चले जाते। बीच-बीच में वे कुछ बोलते जिसे हम ध्यान से सुनते थे।

एक बार हुआ यह कि श्रीनिवास ने क्लास में आकर टेक्स्ट पढ़ना शुरू ही किया था कि मेरा एक दोस्त एडविन भीतर आया। मैंने उसे अपने पास बैठा लिया। इससे उनका ध्यान भंग हुआ, और उन्होंने मुझसे कहा : स्टैंडअप। यू आर डिस्टर्बिंग दि क्लास। तो मैं खड़ा हो गया। जब मैं अंग्रेजी में उन्हें कोई जवाब नहीं दे पाया तो उन्होंने कहा : स्टैंडअप ऑन दि बेंच। मैंने सिर हिला कर इनकार किया कि इस आदेश का पालन तो मैं नहीं कर सकता। इस पर उन्होंने मेरा नाम पूछा, लिख लिया और अगले दिन मिलने के लिए कह कर मुझे क्लास से बाहर निकाल दिया। मैंने सोचा कि यह मद्रासी तो बड़ा गलत आदमी है। अब तो मेरे हाथ से सोशियोलॉजी जैसा सब्जेक्ट गया। साइकोलॉजी भी गई। किसी नए विषय के बारे में सोचना पड़ेगा। उन दिनों वहाँ न रजनी कोठारी थे, न ही भीखू पारेख। शांति कोठारी पॉलिटिकल साइंस पढ़ाते थे।

अगले दिन जब मैं श्रीनिवास से मिलने गया तो यह देख कर ताज्जुब हुआ कि वे पिछले दिन की बात भूल चुके थे। उन्होंने पूछा : व्हाई हैव यू कम? जब मैंने उन्हें क्लास की बात बताई तो उन्हें याद आया। उन्होंने पूछताछ की कि मैं कहाँ का हूँ, और कहा कि यू शुड बी मोर अटेंटिव इन दि क्लास। लौटने पर मुझे लगा कि इस मद्रासी के बारे में मेरी राय गलत थी। यह अच्छा आदमी है। चलो सोशियोलॉजी ही पढ़ी जाए।

बहरहाल, मैंने ग्रेजुएशन जरूर सोशियोलॉजी से किया, पर मेरा पोस्ट-ग्रेजुएशन सोशल वर्क में है जो एक दूसरा ही अनुशासन है। दरअसल, हुआ यह कि मैंने सोशियोलॉजी का पेपर बहुत अच्छा दिया था। उस वक्त तक मैं अंग्रेजी में अपनी बात लिखने की कला जान चुका था। मैं घुरिए वगैरह के उद्धरण दिए बिना अपनी बात कहने में कामयाब रहा। पर, कापी जाँचने वाला गाइडबुक लेखक था। उसने मुझे बहुत कम नंबर दिए जिससे मुझे बहुत कोफ्त हुई। लगा कि यह तो सरासर नाइंसाफी है। यूनिवर्सिटी में सिस्टम यह था कि एमए का इम्तहान दो साल बाद होना था यानी मेरा और कबाड़ा हो सकता था। लेकिन, मुझे पता चला कि सोशल वर्क में सेमिस्टर सिस्टम है। कक्षा में चर्चाएँ होती हैं। ढर्रे के इम्तहान से मैं बच जाऊँगा। पर, उन दिनों सोशल वर्क में दाखिला लेना बहुत कठिन था। पर मैंने अर्जी दे दी। वहीं मैं एक ऐसे व्यक्ति से मिला जिसकी मेरी जिंदगी में बड़ी अहमियत है। उसका नाम नितिन था। मैं वहीं एक कोने में बैठा था छाता लिए हुए। मैं उन दिनों पाजामा पहनता था। वह व्यक्ति मुझ पर तरस खा रहा था। उसे लग रहा था कि यह बेचारा सोशल वर्क जैसे एडवांस अमेरिकनाइज्ड कोर्स में कहाँ फँसने जा रहा है। यहाँ के अंग्रेजी माहौल में इसका क्या होगा! उसने पूछा कि क्या मैं पटेल हूँ। मैंने मना कर दिया। मुझे पूरा यकीन

था कि मुझे दाखिला मिलेगा ही। वह लड़का जल्दी ही मेरा दोस्त हो गया। हम दो भिन्न पृष्ठभूमियों के थे (उसने गाँव कभी देखा भी नहीं था), इसलिए एक-दूसरे के प्रति स्वाभाविक रूप से आकर्षित हुए। मुझे भी वह अच्छा लगा, और उसे भी लगा कि यह जमीन का आदमी है।

मुझे दाखिला मिलना ही था। पर मेरे सोशियोलॉजी के अध्यापक बहुत नाराज हुए। उनका कहना था कि विषय बदलने की कोई तुक नहीं है। एक छात्र के रूप में मुझे सोशियोलॉजी विभाग में बहुत पसंद किया जाता था। मुझे फील्ड वर्क में भी लिया गया था। प्रोफेसर आई.पी. देसाई ने भी नाराजगी व्यक्त की। इतिहास पढ़ाने वाले एस.सी. मिश्रा ने भी आपत्ति की। मिश्राजी एक बेहतरीन इतिहासकार थे। उन्होंने कहा कि तुम इतिहास क्यों नहीं ले लेते। मेरा कहना था कि दो साल बाद छः या आठ पेपर का इम्तहान मैं पास नहीं कर पाऊँगा। ये इम्तहान मुझे इतने अस्वाभाविक, अन्यायपूर्ण और उत्पीड़नकारी लगे कि मुझे लगा कि इस चक्कर में फँसा तो मैं पागल हो जाऊँगा। सोशल वर्क में फील्ड वर्क की रपट लिखनी पड़ती थी, बहसें और चर्चाएँ होती थीं। फाइनल एग्ज़ाम पर जोर नहीं था।

मैं पहले भी बता चुका हूँ कि शुरू में मुझे सामने आने में हिचक होती थी। उन दिनों मैंने एक लेख लिखा 'इमोशनल प्राब्लम्स ऑव स्टूडेंट्स इन बड़ौदा यूनिवर्सिटी' जो विश्वविद्यालय की प्रतिष्ठित पत्रिका में मेरे एक अंतरंग मित्र के नाम से छपा। मेरा यह दोस्त लड़कियों पर रौब मारने के लिए अपना लेख छपवाना चाहता था। आई.पी. देसाई उस लेख को पढ़ कर बहुत प्रभावित हुए और उसी लेख के कारण मेरे इस दोस्त के बारे में आखिर तक पूछताछ करते रहे। मुझे ध्यान है कि उन दिनों मुझे अपने नाम से लिखने में हिचक होती थी। एक अर्थशास्त्री थे डॉ. शिनॉय जिनके लेख पर मेरी प्रतिक्रिया *दि टाइम्स ऑव इंडिया* में *एनानीमस* के नाम से छपी थी। इस पर मेरे वरिष्ठों ने नाराजगी जताई कि तुम अपने नाम से क्यों नहीं लिखते। इससे पहले मैं यूनिवर्सिटी सिस्टम, अंग्रेजी माध्यम और उपकुलपति के प्रशासन की कठोर आलोचना करने वाला एक लेख भी लिख चुका था। मेरा कहना था कि अंग्रेजी माध्यम के बजाय मातृभाषा में शिक्षा दी जानी चाहिए। यह भी एनानीमस था। मैं नहीं चाहता था कि मुझे पहचाना जाए। मैं नेपथ्य में ही रहना चाहता था।

सोशल वर्क में मैं टॉपर साबित हुआ। दरअसल, शहरों से आने वाले लोगों को कॉलेज, यूनिवर्सिटी और कक्षा वगैरह का जो माहौल सामान्य लगता होगा, वह मुझे बहुत दिलचस्प, विचारोत्तेजक और खुला-खुला लगता था। इसलिए, मैं उसमें डूब गया। मैट्रिक में फेल होने वाले और स्कूली स्तर पर पढ़ाई में मजा

न लेने वाले मेरे जैसे व्यक्ति का इस कामयाबी से आत्मविश्वास बहुत बढ़ा। मेरी छवि एक प्रतिभाशाली छात्र और संभावनावान अकादमीशियन की हो गई। पास करते ही अगले दिन से ही मुझे अध्यापक के रूप में वहीं नियुक्ति मिल गई। मैंने न केवल खुद कामयाबी हासिल की, बल्कि अपने एक दोस्त की थीसिस भी लिखी। इस सफलता ने मंच पर आने की मेरी हिचक तोड़ दी।

रेनासाँ क्लब का सफर ...

आज जब मैं उन दिनों के बारे में सोचता हूँ तो लगता है कि गाँव से आने के कारण या मेरी या मेरे परिवार की शिक्षा संबंधी महत्त्वाकांक्षाएँ बहुत ऊँची नहीं थीं। इसलिए कुछ हासिल करने का दबाव नहीं था। अपनी मर्जी का रास्ता चुनने का विकल्प खुला हुआ था। कोई रोक-टोक नहीं थी, किसी भी ओर से। न परिवार की तरफ से, न ही माता-पिता की ओर से। आज मुझे अपनी पढ़ाई-लिखाई आजादी की खोज जैसी ज्यादा प्रतीत होती है। कर्मकांडीय रूप से तो मेरी हैसियत द्विज जातियों में थी, लेकिन बाकी सभी पहलुओं पर कुछ वंचित जैसा अस्तित्व था। लेकिन इसके खिलाफ कोई असंतोष या क्षोभ उस समय रहा हो, ऐसा याद नहीं पड़ता। बस, व्यक्तित्व के धरातल पर मैं जरूर कुछ दबा-दबा सा रहता था। शायद इसी की प्रतिक्रिया में या इसे ही दुरुस्त करने के लिए मुझमें ऐसी प्रवृत्तियाँ पैदा हुईं जो मुझे खुली हवा और खुले वैचारिक माहौल की तरफ ले जाती थीं। इसका संबंध महत्त्वाकांक्षा से न हो कर खुद को पाने की कोशिश से था। जब भी मुझसे पूछा जाता था कि बड़े हो कर क्या बनोगे (ऐसा सवाल बचपन में सभी से पूछा जाता था), तो मुझे यह सवाल पूरी तरह से बेकार लगता था। मैं मकसद बना कर चलने वाला व्यक्ति नहीं था। मुझमें ऐसा जज़्बा भी कभी नहीं रहा कि मैंने किसी के लिए कोई त्याग किया है। नियोजित रूप से जिंदगी जीना मेरी प्रकृति का अंग नहीं था। इसमें एक संभावना थी कि धीरे-धीरे स्वाभाविक रूप से मेरी जिंदगी की परतें खुलती चली जाएँगी। एक अर्ध-आध्यात्मिक तरीके से मैं अपनी अस्मिता को परिभाषित करता चला जाऊँगा। आज पीछे मुड़ कर देखने पर लगता है कि यह रवैया अच्छा ही रहा। हाँ, यह जरूर हो सकता है कि मैंने ऐसी कुछ चीजें हासिल न कर पाई हों जो दूसरों को अच्छी लगती हैं।

इस रवैये से एक तरफ तो मेरी ऊपरी मुद्रा आलस्य वाली और आराम से काम करने वाले व्यक्ति की बनती चली गई। मैं कुछ भी पढ़ता रहता था। मार्क्स पढ़ता था, फ्रॉयड को पढ़ता था। मैंने बर्टेंड रसेल को भी पढ़ा। चूँकि इस पढ़ाई के साथ कोई प्रोजेक्ट जुड़ा नहीं था, इसलिए मजा बहुत आता था। वह ज्ञान का

उल्लास था। इसी दौरान मैंने कथा साहित्य भी खूब पढ़ा। खास तौर से मैंने टामस मान, दॉस्ताएव्स्की और स्टीफन ज्विग का बड़े चाव से अध्ययन किया। कथा साहित्य का शौक सेंटर आने तक बना रहा। जब इम्तहान नजदीक आते **थे**, तो कुछ-कुछ तैयारी कर लेते थे।

जैसा कि मैं बता चुका हूँ कि सोशल वर्क का अध्ययन करने के पीछे भी कोई विशेष नियोजन नहीं था। वहीं मेरी मुलाकात नितिन त्रिवेदी से हुई। वह मेरा दोस्त बन गया। मैंने उसमें एक खास तरह का इनसान देखा जो व्यक्तिगत चयन के विचार की खोज में लगा हुआ था। उसमें किसी प्रकार के प्रतिष्ठान या प्राधिकार के प्रति श्रद्धा भावना नहीं थी। वह ऐसी हर चीज को तिरस्कार से देखता था। नितिन की शख्सियत मूर्तिभंजक किस्म की थी। उसे अपने रवैये के बारे में साफ तौर से कहने, उसे वाजिब ठहराने और उसका सिद्धांत गढ़ने में भी कोई संकोच नहीं था। मैं उसकी तरफ आकर्षित हुआ। नितिन का एक दोस्त था, धवल मेहता जो बाद में मेरा भी दोस्त बना। धवल को लेकर नितिन मेरे कमरे पर आता और मेरा एक अजीब चीज के रूप में प्रदर्शन करता। जैसे कह रहा हो कि देखो यह गाँव का गरीब लड़का किस तरह से सोचता है, कैसी बातें करता है। धवल विश्वविद्यालय में अपनी भाषणकला के कारण जाना जाता था। धवल ने उन्हीं दिनों रावजीभाई पटेल की प्रेरणा से विचार-विमर्श और चर्चा का एक ग्रुप शुरू किया था जिसमें बी.जी. शाह, इकबाल गुलाटी, सतीश मिश्रा, सुरेश जोशी समेत यूनिवर्सिटी के कई अध्यापक आते थे। यूनिवर्सिटी की पॉलिटिक्स में भी ये लोग साथ-साथ रहते। लेकिन, रावजीभाई कुछ अलग तरह के थे। उनके खास विचारधारात्मक रुझान थे और हम युवकों में ज्यादा दिलचस्पी रखते थे। उन्हें मोटाभाई कहा जाता था जिसका गुजराती में बड़े से मतलब होता है। फिर हम उन्हें केवल मोटा ही कहने लगे। युवक सदस्यों की स्थायी शिरकत के साथ ही यह ग्रुप रेनासाँ क्लब का रूप लेता चला गया।

करीब छः महीने बाद मोटा के जरिए इस क्लब से रजनी कोठारी जुड़ गए। भीखू पारेख जब तक एम.एस. यूनिवर्सिटी में रहे, इस क्लब के स्थायी सदस्य रहे। वहीं मेरा इन दोनों से परिचय हुआ। ऐसा कहना सही नहीं होगा कि यह ग्रुप रायवादियों का था। इसके संस्थापक रावजीभाई पर जरूर मानवेंद्र नाथ राय का प्रभाव था। विचारधारात्मक रुझानों के बावजूद मोटा दूसरों को अपने विचारों में दीक्षित करने के चक्कर में नहीं थे। वे तो गुजरात में युवकों का एक केंद्र बनाना चाहते थे ताकि गुजरात में एक नए बौद्धिक आंदोलन की धारा शुरू कर सकें। इस क्लब में पहले दो साल तक तो हम पश्चिमी दर्शन की चर्चा करते रहे। इस तरह यह रेनासाँ क्लब मेरे लिए यूनिवर्सिटी का बेहद अहम पहलू बन

गया। इसी क्लब में मैं उदारतावादी दर्शन से दो-चार हुआ। गाँधीवाद, एम.एन. राय के विचार और न जाने ऐसे ही ज्ञान के कई पहलुओं पर गहराई से गौर करने का मौका मिला। रेनासाँ क्लब के सदस्यों में रजनी कोठारी और भीखू पारेख में लिखने की प्रवृत्ति सबसे ज्यादा थी। ये दोनों जब दार्शनिक पहलुओं पर चर्चा की शुरुआत करते तो वह हमेशा गहराई में जाते। उन्होंने काफी-कुछ लिख-पढ़ रखा था। इस तरह रेनासाँ क्लब मेरे बौद्धिक विकास के लिए एक बहुत बड़ी घटना साबित हुआ।

बहस-मुबाहिसे के इस माहौल में मेरे सामने यह भी साफ होता चला गया कि किन-किन प्रश्नों पर मेरे लिए इन लोगों से सहमत हो पाना मुश्किल है। जैसे, व्यक्तिवाद एक मुद्दा था जिस पर मैं उनके साथ एक राय नहीं था। खासकर गाँधी के प्रति तर्कबुद्धिवादियों की अरुचि मुझे कभी नहीं सुहाई। मुझे लगता था कि गाँधी के नेतृत्व के विशिष्ट पहलुओं और भारत के सांस्कृतिक संदर्भ की उपेक्षा करके हम समस्याएँ हल करने की तरफ नहीं बढ़ सकते। बजाय इसके हम पहले हल सोचेंगे, और फिर उन समाधानों को लागू करने के लिए समाज में समस्याएँ पैदा करेंगे। मैं गाँधीवाद के कई पहलुओं के पक्ष में खड़ा रहा। मैंने बुद्धिवाद के नाम पर नैतिकता के पहलुओं को नकारने के रवैये का विरोध किया। रावजीभाई से मतभेद लगातार बने रहे, पर साथ में बेहतरीन दोस्ती भी कायम रही। असहमति व्यक्त करना, दलीलें देना और उसके जरिए सीखने की वह प्रक्रिया बेहद आनंददायक थी। इसी प्रक्रिया में अध्ययन भी खूब होता था। उस जमाने के बहुत से प्रमुख मुद्दों के बारे में मेरी अलग राय भी बनी। मेरे सोच-विचार का विकास हुआ। रेनासाँ क्लब ने मुझे मेरी बौद्धिक अस्मिता खोजने में मदद की। उसके विचार-विमर्शों में भाग लेकर मुझे विचारों की दुनिया में आजादी का एहसास हुआ।

इन्हीं दिनों मेरी आई.पी. देसाई से बौद्धिक मतभेद की स्थिति बनी जिसके बाद मैंने पी-एचडी करने की कोशिश छोड़ दी। हमारे परिप्रेक्ष्यों के बीच काफी फर्क था। मैं उद्योगीकरण के समाजशास्त्र के ऊपर काम कर रहा था। मेरे पास आज भी उन दिनों की लिखी हुई काफी सामग्री है। आशिस नंदी ने उस पर एक निगाह डाली है। वे मानते हैं कि उन दिनों के लिहाज से मेरा वह काम आगे बढ़े हुए सोच का नतीजा था। मेरे और आई.पी. देसाई के बीच फर्क यह था कि मैं सैद्धांतिक लहजे में सोचने और काम करने का इच्छुक था। पर देसाई साहब विशुद्ध तथ्यात्मक रवैये के हामी थे। वे हर बात और हर सोच का प्रमाण माँगते थे।

दरअसल, वे खास तरह के दिन थे। रजनी कोठारी और भीखू पारेख की

सोहबत की बहुत सी यादें हैं। मैंने सिगरेट पीना तभी शुरू किया, और मांसाहारी भोजन की शुरुआत भी तभी हुई। इन गतिविधियों को हम अपनी आजादी की दावेदारी और प्राधिकार को चुनौती देने की तरह देखते थे। रेनासाँ क्लब की सदस्यता इस तरह की व्यवहार शैली को वैधता देती थी।

जब मैं पीएचडी अध्ययन का दूसरा साल पूरा कर रहा था, रजनी कोठारी ने बड़ोदरा छोड़ दिया। वहाँ राजनीतिशास्त्र विभाग के अध्यक्ष उन्हें तंग करने का कोई मौका नहीं छोड़ते थे। कोठारी विभाग की इस घटिया राजनीति से परेशान हो चुके थे। एक तरह से यह अच्छा ही हुआ। विश्वविद्यालय से उनके निकलने में सीएसडीएस की स्थापना के बीज थे। शुरू में सेंटर एक प्रोजेक्ट के रूप में चल रहा था। उसी समय उन्होंने मुझे पत्र लिखा कि मैं यहाँ दिल्ली में अकेला हूँ, अगर तुम भी साथ आ जाओ तो अच्छा रहेगा। साथ-साथ काम करेंगे। रजनी का पत्र मिलते ही मैं वहाँ की नौकरी छोड़ कर यहाँ चला आया। देखा जाए तो मेरे पास नौकरी का कोई समांतर प्रस्ताव नहीं था। इसलिए लोगों ने कहा कि तुम्हें लंबी छुट्टी ले कर जाना चाहिए। लेकिन, मैंने फिर भी नौकरी छोड़ दी। इसके बाद सीएसडीएस का अध्याय शुरू हुआ।

II
सीएसडीएस के दिन और समाज विज्ञान

प्रश्न : आपको सेंटर में चवालीस साल हो गए। माना जाता है कि कोठारी और नंदी के साथ मिल कर आप सेंटर फार दि स्टडीज़ ऑव डिवेलपिंग सोसाइटीज़ की त्रिमूर्ति बनाते हैं। इस त्रिकोण का कोई चौथा कोण भी है क्या? कुल मिला कर इसमें आपका अपना निजी कोण क्या है? अगर आप न होते, तो सीएसडीएस में क्या होता और क्या न होता?

उत्तर : बड़ा घुमा-फिरा कर पूछा है आपने सवाल। मैं सीधी बात कहूँगा। अगर ऐसा कोई त्रिकोण है तो वह बाद में उभरा। इससे पहले भी कुछ महत्त्वपूर्ण था जिसके जिक्र के बिना सेंटर की कहानी पूरी नहीं हो पाएगी। इस संस्था की स्थापना १९६३ में हुई। तब इसका दफ्तर आई.पी. एस्टेट में हुआ करता था। इसकी शुरुआत रजनी कोठारी ने गोपाल कृष्ण के साथ की थी। फिर इन दोनों के साथ रामाश्रय राय जुड़े जो काफी उर्वर लेखक थे। फिर बशीरुद्दीन अहमद आए जिन्होंने अपने कामकाज से सेंटर को उसकी मुख्य छवि दी। अर्थात उन्होंने ही चुनावी अध्ययन और सर्वेक्षण रिसर्च की परंपराएँ डाली जिनका लाभ आज

तक सेंटर को मिल रहा है। इस चतुष्कोण में मुझे और आशिस नंदी को भी जोड़ने पर एक षड्कोण बनता है। बाद में अन्यान्य परिस्थितियों के कारण यह रजनी, नंदी और मेरा त्रिकोण रह गया।

मैंने पहले ही कहा है कि मेरी कार्यशैली बहुत से लोगों को महत्त्वाकांक्षाहीन और अपनी पूरी संभावनाओं को उपलब्धि में न बदल पाने के लिए अभिशप्त लग सकती है। मेरे भीतर एक तरह की कमतरी का एहसास भी देखा जा सकता है, हिचक भी दिखाई दे सकती है। लेकिन, यही मेरे व्यक्तित्व का विधेयक तत्त्व है। मैं इसे अपनी आंतरिक आजादी के रूप में देखता हूँ। मुझे हमेशा डर रहता रहा कि कहीं मैं इसे न खो दूँ। मेरी यही प्रवृत्ति सेंटर में मेरे लिए फायदेमंद साबित हुई। अगर किसी संस्था में सभी लोग समान रूप से महत्त्वाकांक्षी हों, या समान रूप से उपलब्धि-उन्मुख हों तो शुरुआत में ही समस्याएँ पैदा हो जाती हैं। सेंटर में अलग तरह का माहौल था। कोई सत्ता केंद्र नहीं था। सेंटर आना-जाना, पढ़ना-लिखना और बातें करना, बौद्धिक संवाद स्थापित करना, आदि मुझे अपने अनुकूल लगा। अच्छा लगा। हो सकता है कि आपको ऐसा लगा हो, पर सेंटर में मैंने कोई सचेत और नियोजित रूप से वक्त नहीं गुजारा। मेरे लिए मेरा यहाँ होना ही काफी आनंददायक रहा। यह एक ऐसी जगह थी, जहाँ काम करना और न काम करना, दोनों ही संभव था। यही खास बात थी। काम करने के साथ-साथ सिर्फ मनन-चिंतन करने की गुंजाइश भी थी। ऐसा न जाने कितनी बार हुआ होगा कि दोपहर में खाने के वक्त आया, गप-शप की और चला गया। जब काम करने का दबाव पैदा हुआ कि अमुक प्रोजेक्ट करना है या चुनावी अध्ययन करना है तो लिखने की प्रक्रिया शुरू हुई। सब लोगों ने साथ-साथ लिखा। ईपीडब्ल्यू में मेरे एक के बाद एक तीन लेख प्रकाशित हुए। इस प्रक्रिया में एक तरह की परस्पर पूरकता विकसित हुई। इसलिए यह कहना अनुचित होगा कि सेंटर में त्रिमूर्ति का बोलबाला था। उस समय कई लोग थे जिनकी उल्लेखनीय भूमिका थी। बशीरुद्दीन अहमद, रामाश्रय राय और उससे पहले गोपाल कृष्ण की उल्लेखनीय भूमिका की चर्चा मैंने की है। और भी लोग थे, जैसे विजय बहादुर सिंह, शंकर बोस, घनश्याम शाह, अनिल भट्ट और ऋषिकेश मारू। बाद में सुरेश शर्मा भी आए।

यह जरूर हो सकता है कि जिन तीन लोगों की बात आप कर रहे हैं, वे बहुत दिन टिक गए इसलिए यह छवि बनी हो। फिर, कुछ जद्दोजहद भी थी, एक टकराव था। बशीर के जमाने में लोकायन के मसले पर यह परिस्थिति बनी। रामाश्रय राय के साथ भी लोकायन के वक्त में टकराव की स्थिति बनी।

परस्पर पूरकता की स्थिति सेंटर के बौद्धिक माहौल की देन भी थी।

अकादमीय नेतृत्व के लिहाज से रजनी कोठारी की भूमिका जबरदस्त रही। इसका मतलब यह नहीं था कि उनमें महत्त्वाकांक्षा नहीं थी, या उनमें अपने लिए या सेंटर के लिए तमन्नाएँ नहीं थीं। नेता होने के लिए भी तो कुछ महत्त्वाकांक्षा पालनी ही पड़ती है। लेकिन, उनका नेतृत्व बुनियादी रूप से बेहद उदार और सामूहिकता के बोध से सम्पन्न था। उनमें बड़ा धीरज था, और वे अपने साथियों की संभावना में एक सहज भरोसा रखते थे। वे किसी व्यक्ति के नकारात्मक पहलुओं की शिनाख्त करके शुरुआत नहीं करते थे। अधिकारों का बँटवारा करना उनकी शैली थी, जिसके कारण वे खुद बहुत से कामों से मुक्त भी हो जाते थे। सेंटर के संचालन के लिए धन की व्यवस्था करने के बाद अपनी कार्यशैली के कारण वे रोजमर्रा के प्रशासन की जहमत से बच जाते थे।

इन परिस्थितियों में धीरे-धीरे मेरी भूमिका डि-फेक्टो डायरेक्टर जैसी हो गई। बाहर से देखने में लग सकता है कि यह सत्ता थी, पर उस जमाने में इन बातों को सत्ता के संदर्भ में देखना मुश्किल था। हम लोग तो परस्पर सहयोग, सामूहिकता और कॉमरेडशिप के संदर्भ में एक-दूसरे की जिम्मेदारियाँ समझते थे। वैसे देखा जाए तो रजनी के कार्यकाल में हर फैकल्टी सदस्य निर्णय लेने और उसकी जिम्मेदारी निभाने के मामले में निर्देशक जैसी हैसियत ही रखता था। निदेशक 'फर्स्ट अमंग ईक्वल्स' था और फैकल्टी संयुक्त उत्तरदायित्व के उसूल के हिसाब से चलती थी। बुनियादी मूल्य था उदारतावाद। कोई पार्टी लाइन नहीं थी। सब लोगों में मैं ऐसा था जो सेंटर के लिए जोखिम भरी परिस्थितियों की शिनाख्त कर लेता था। ऐसे मौकों के प्रति सतर्क हो जाता था जिनसे बचना संस्था के हित में होता। खासकर मैं स्टाफ की समस्याओं पर ध्यान देता था। बाकी विद्वान अपने में मस्त रहते थे। बाकी स्टाफ पर किसी का ध्यान नहीं जाता था। मैंने अनौपचारिक रूप से यह प्रशासनिक जिम्मेदारी उठानी शुरू की। साथ में रजनी कोठारी की अकादमीय जिम्मेदारियों में भी हाथ बँटाता रहा।

आशिस नंदी का रवैया अलग तरह का था। वे बेहद व्यक्तिवादी स्वभाव के थे। आप कह सकते हैं कि वे मुँह में आजादी की चम्मच ले कर पैदा हुए हैं। उनकी महत्त्वाकांक्षा अकादमीय थी। लेकिन, उसे हासिल करने के लिए उन्होंने कभी शॉर्ट-कट नहीं अपनाया। वे पाँच पन्ने के लेख पर पाँच महीने तक मेहनत करते रह सकते थे। उनका शुरू का लेखन आप देखें तो पहचान नहीं पाएँगे। उस समय वे बहुत पांडित्यपूर्ण और शब्दाडम्बर वाली शैली में लिखते थे जो पाठकों के लिए बहुत असुविधाजनक होती थी। उनके आज के बेहतरीन लेखन के पीछे उनकी बहुत मेहनत है। हालाँकि उन्हें भर्ती मेरे प्रोजेक्ट में किया गया था, पर न उन्होंने उसमें कोई खास काम किया, न ही उनसे किसी ने काम

करने के लिए कहा। वे ग्रेटर कैलाश से थके हुए आते थे। रजनी का कमरा खुला देख कर वहाँ सोफे पर लेट कर सो जाते थे, और शाम को चाय पी कर घर चले जाते थे। एक तरह से हम सबने उन्हें अपने मनमाफिक ढंग से काम करने दिया। सबसे पहले रजनी कोठारी ने उनके लिए ऐसी गुंजाइश बनाई। इस प्रक्रिया में यह भी महसूस किया गया कि आशिस नंदी बौद्धिक रूप से सेंटर के सार्वजनिक चेहरे की भूमिका भी निभा सकते हैं।

इस तरह जिन तीन लोगों की टीम की बात हम कर रहे हैं, उनमें एक परस्पर पूरकता बनी। थोड़ा आगे चल कर हम तीनों के साथ गिरि देशिंगकर भी जुड़ गए। हम चारों की शख्सियत अलग-अलग थी, दिलचस्पियाँ अलग-अलग थीं, पर आपसी स्नेह, एक ही उद्यम में लगे होने और उसे आगे ले जाने का आग्रह एक समान था।

लोकायन और समाज विज्ञान की दुनिया

प्रश्न : आपने बीच-बीच में लोकायन की चर्चा की है, उसके इर्द-गिर्द साथियों से कुछ संघर्षों का जिक्र भी किया है। जब मैं पूछता हूँ कि अगर आप सेंटर में न होते तो यहाँ क्या न होता, तो उसका एक संभव उत्तर यह हो सकता है कि आप न होते तो सेंटर में लोकायन न होता। क्या मेरा यह आकलन सही है?

उत्तर : मैंने इस इंटरव्यू में कहा है कि मेरा काम करने का तरीका कुछ ऐसा है कि जैसे मैं नींद में चल रहा होऊँ। इसका मतलब यह हुआ कि मैं जिस आंतरिक चालक शक्ति के बिना पर आगे बढ़ रहा था उसके परिणामस्वरूप मेरी उपलब्धियों की वस्तुगत शिनाख्त मुश्किल थी। मैं समाज विज्ञान के प्रचलित तौर-तरीकों से बहुत असंतुष्ट था। रेनासाँ क्लब की बहसों में भी मेरी यह असहमति बार-बार सामने आती रहती थी। मेरी आलोचना यह थी कि समाज विज्ञान में अगर कोई अपने तरीके से अपनी बात कहना चाहे तो या तो उसे राष्ट्रवादी चिंतन के आरोप का सामना करना पड़ता है, या फिर उसे बुद्धिजीवी या अकादमीय मानने से इनकार कर दिया जाता है। आपको हमेशा किसी न किसी पश्चिमी विद्वान का कथन प्रमाण के रूप में पेश करना होता है। उस जमाने में भी इस तरह की समस्या का खासा बोलबाला था।

एक तो इस असंतोष के कारण और दूसरे एक अन्य समस्या के कारण, जो मेरे भीतर थी, मैं एक खास तरह के फैसले पर पहुँचा। यह दूसरी समस्या एक तरह की फाँक थी जो मेरे बौद्धिक व्यक्तित्व का अंग बन चुकी थी। यह फाँक मेरे लिखने और मेरे बोलने के बीच दिखेगी। मेरे लेखन और रजनी और

आशिस के लेखन में शैलीगत फर्क हैं। इन दोनों में जज़्बाती शिद्दत काफी दिखेगी, यहाँ तक कि कभी उनका लेखन विचारधारात्मक भी लग सकता है। इसके विपरीत मैं अपने लेखन में पाठ्यपुस्तकों में मिलने वाली वस्तुनिष्ठता लाने की कोशिश करता दिखूँगा। हालाँकि मैं मानता हूँ कि वस्तुनिष्ठता हासिल करना नामुमकिन है, पर उसके लिए कोशिश तो करनी ही चाहिए। जहाँ तक बातों का सवाल है, मेरी बातचीत मेरे लेखन से भिन्न होती है। वहाँ मेरी विविध दिलचस्पियाँ बोलती हैं। पर लेखन में अकादमीय पहलू प्रमुख होते हैं।

इन्हीं सब कारणों से मैं सोचने लगा कि समाज का विज्ञान संभव नहीं है। ऐसा कोई ज्ञान संभव नहीं है जो ट्रांसेंडेंटल हो, समाज के ऊपर हो। मेरी मान्यता बनती चली गई कि ज्ञान को यथार्थ के धरातल से अन्योन्यक्रिया करनी होगी। समाज के साथ संबंध और अन्य रिश्ते उस तरह से वस्तुपरक नहीं होते जिस तरह से माने जाते हैं। इसलिए समाज विज्ञान नहीं हो सकता, हाँ ज्ञान हो सकता है। हम कोशिश करके उस ज्ञान को अंतरवैयक्तिक धरातल पर कुछ वस्तुनिष्ठ रूप जरूर दे सकते हैं। दिलचस्प बात यह है कि ये सब बातें मैंने उस समय सोची थीं। बाद में मैंने हेबरमास वगैरह को पढ़ा। मेरी एक विचित्र बात यह है कि बहुत सी बातों को पढ़ने के बाद मुझे लगता है कि मैं तो इन्हें पहले ही सोच चुका हूँ। एक बार मुझे याद है कि रोमेश थापड़ ने मुझसे बात करने के बाद रजनी से कहा था कि यह व्यक्ति तो कुछ ऑर्गनिक इंटलेक्चुअल जैसा लगता है। मुझे नहीं पता था कि यह ऑर्गनिक इंटलेक्चुअल क्या बला है। इस तरह की बातें उस समय तक मैंने बहुत कम पढ़ी थीं। दरअसल, इस तरह की पढ़ाई मैंने आज तक नहीं की है। इसी तरह से हेबरमास का समाजशास्त्र या मैक्स वेबर का समाजशास्त्र मुझे लगता है कि भारतीय समाज को समझने के लिए सीमित भूमिका ही अदा कर सकते हैं। इन सब की बातें करके हम काफी वैज्ञानिक सा होने का भ्रम तो दे सकते हैं, पर समझ कितना सकते हैं यह नहीं कहा जा सकता। मैं यह मानने लगा था कि इतने लंबे इतिहास के साथ एक समाज है, उसकी अपनी अलग प्रवृत्तियाँ हैं, उसे जबरन पश्चिमी ज्ञान के आईने में देखा जाता है। इस समाज की अपनी ज्ञान परंपराओं पर ध्यान नहीं दिया जाता। हमारे यहाँ भी समाजशास्त्र का एक विकसित बोध रहा होगा। मसलन, मनु एक तरह के समाजशास्त्री ही थे। पाणिनि थे। ज्ञान की इस भारतीय विरासत की शिनाख्त करना भी माना जाता था कि आप जो कर रहे हैं, वह समाज विज्ञान तो नहीं ही है। ऐसे प्रयासों को दकियानूसी कह दिया जाता था, या उस पर राष्ट्रवादी या हिंदूवादी का बिल्ला चस्पाँ कर दिया जाता था। यह समस्या अभी भी है, उसे खत्म नहीं कर पाए हैं हम। कैसी विचित्र बात है कि जिस इतिहास में यह समाज बना

है (जैसा भी बना हो), उसे छोड़ कर ही हम उसकी सारी अवधारणाएँ और परिभाषाएँ तैयार करते हैं। पश्चिम में ऐसा नहीं है। वहाँ उनका अपना इतिहास उनके समाज विज्ञान का बुनियादी तत्त्व बन जाता है। चाहे वह रेनासाँ हो, वहाँ का सामंतवाद हो, या वर्ग समाज हो।

जिन दिनों मैं इसी तरह के विचारों में डूब-उतरा रहा था, मेरे पास पापुआ न्यूगिनी से एक ईलिंग नामक व्यक्ति आया। वह कोनराड फाउंडेशन का अधिकारी था और भारत में कुछ प्रोजेक्ट चलाने के लिए धन देना चाहता था। यह १९७९ का वाकया है। ईलिंग ने मेरा काम तो कम पढ़ा था, पर कोठारी और नंदी के काम से वह वाकिफ था। यह इमरजेंसी के बाद का समय था। यह फाउंडेशन संजय गाँधी की नेहरू युवा केंद्र परियोजना से जुड़ कर अफसोस की स्थिति में था और उस दाग को धो कर नए सिरे से कुछ साख अर्जित करना चाहता था। मैं समझता हूँ कि ईलिंग ने पहले कोठारी से ही सम्पर्क किया होगा और कोठारी ने ही उसे मेरे पास भेजा होगा। उस जमाने में कोठारी सेंटर के साथ औपचारिक रूप से नहीं थे। संस्थाओं की रचना करने के मामले में कोठारी ने एक विशिष्ट शैली विकसित की थी जिसके तहत वे दूसरों को जिम्मेदारी दे कर खुद मंच से हट जाने में यकीन करते थे। सेंटर से भी उन्होंने पचास की उम्र पार करते ही औपचारिक नाता तोड़ लिया था और दिल्ली विश्वविद्यालय के राजनीतिशास्त्र विभाग में चले गए थे। मेरा ख़याल है कि ईलिंग जो प्रस्ताव ले कर मेरे पास आया था, उसकी संभावना रजनी कोठारी द्वारा बनाई गई और जिसे मैंने अपने हिसाब से संकल्पित करके अमली जामा पहनाया।

बहरहाल, ईलिंग ने मेरे सामने दो प्रोजेक्ट चलाने का प्रस्ताव रखा। मैंने कहा कि मेरी दिलचस्पी इसमें नहीं है, क्योंकि ऐसे प्रोजेक्ट चलाने के लिए तो मुझे भारतीय समाज विज्ञान अनुसंधान परिषद से धन मिल सकता है। तब मैं विदेशी स्रोत से क्यों धन लूँगा! तब उसने मुझसे पूछा कि आपको किसमें दिलचस्पी है। इसके बाद मेरी उसकी बात शुरू हो गई। आपको जान कर ताज्जुब होगा कि यह सिलिसला छः महीने तक चलता रहा। मेरा कहना था कि मैं आपका पैसा ले सकता हूँ, बशर्ते कि आप उसे एक नॉन-प्रोजेक्ट को देने के लिए तैयार हो जाएँ। यह नॉन-प्रोजेक्ट क्या होता है? इस सवाल के साथ ईलिंग ने एक कंसेप्ट नोट लिखने के लिए कहा। ८-९ महीने तक कंसेप्ट नोट पर चर्चा चली। फिर संचालन और खर्चे संबधी नोट की बारी आई। मेरे साथी रामाश्रय राय द्वारा तैयार इस नोट को अंतिम स्पर्श मैंने ही दिया। इस प्रोजेक्ट का तकनीकी नाम 'डेमोक्रेसी एंड डिवेलपमेंट' था, लेकिन भारतीय संदर्भ में इसके हिंदी नाम की जरूरत महसूस की गई। इस संबंध में हुई विस्तृत चर्चाओं में रामाश्रय राय

द्वारा सुझाया गया 'लोकायन' नाम सभी को पसंद आया। इस प्रोजेक्ट का बजट देख कर कोठारी ने कहा कि यह तो बहुत छोटा है, इसे दोगुना करो। तब कहीं जा कर दस लाख रुपए वार्षिक की यह परियोजना बनी। उस जमाने के हिसाब से यह बड़ा प्रोजेक्ट था। आजकल तो कई-कई करोड़ के प्रोजक्ट बनते हैं।

इस प्रोजेक्ट के तहत मेरा कहना था कि मैं न तो रिसर्च करना चाहता हूँ, न ही कोई रिपोर्ट पेश करूँगा। मैं तो संवाद कायम करना चाहता हूँ। यह पूरी तरह से मेरा अपना आइडिया था। संवाद मैं एक्टिविस्ट लोगों से करना चाहता था। यह एक्टिविस्ट शब्द भी तब प्रचलित नहीं था। पर जो लोग समाज परिवर्तन को लक्ष्य मान कर जमीन पर काम कर रहे थे, उन्हें एक्टिविस्ट मान कर यह शब्द इस्तेमाल किया गया था। वह आपात्काल की लड़ाई के बाद का जमाना था। लोग बिखरे हुए थे। मेरे दिमाग में विजय प्रताप का नाम था। वे जेल से छूट कर आए थे। विजय से बात होती थी। इसी दौरान मैंने उनसे कहा कि आपके लिए मेरे दिमाग में एक भूमिका है जिसके बारे में हम छः महीने बाद बात करेंगे। दरअसल, विजय प्रताप जैसे लोगों को इस प्रक्रिया से जोड़ कर ही मेरा मकसद पूरा हो सकता था। आगे चल कर इसी सिलसिले से ग्रासरूट थियरी और गैर-पार्टी राजनीतिक प्रक्रिया का जन्म हुआ।

अब देखिए, हम क्लास रूम में समाज परिवर्तन पढ़ाते जरूर हैं, पर वास्तव में समाज के धरातल पर जो परिवर्तन हो रहा है, उसकी शिनाख्त कक्षा में नहीं हो पाती है। इन संवादों के जरिए उसी समाज परिवर्तन की थाह हम ले सकते थे। मैं चाहता था कि इन संवादों से जो ज्ञान और जानकारियाँ निकलेंगी, उन्हें कक्षा में ले जाया जाए। यानी हमारा इरादा समाज विज्ञान के अध्यापन पर असर डालना था। दूसरी तरफ कार्यकर्ताओं से होने वाली हमारी बातचीत उन्हें भी कुछ अलग तरह से सोचने के लिए उकसा सकती थी। मेरा कहना था कि इस तरह के संवाद होंगे, फिर उनकी रपट संवाद के सहभागियों को भेजी जाएगी। वही रपट प्रोजेक्ट की फंडिंग करने वालों को भेज दी जाएगी। एक-एक पैसे का हिसाब भी दिया जाएगा। दिसंबर, १९८० में प्रोजेक्ट शुरू हुआ। पहले छः महीने तक सेंटर के भीतर ही इस अवधारणा पर साथियों के बीच चर्चा होती रही। फिर परामर्श के लिए कार्यकर्ताओं की एक बैठक बुलाई जिसमें सारे देश से लोग आए। इनमें राजकृष्ण थे, लक्ष्मी जैन थे, किशोर संत थे, इलाबेन थीं। जितने लोगों को मैं पब्लिक इंटलेक्चुअल या एक्टिविस्ट के रूप में जानता था, वे आए। पहली मीटिंग की रपट ही इस प्रोजेक्ट की ऑपरेशनल रपट बन गई।

मैंने इस प्रक्रिया का एक सलाहकार समूह बनाया। रजनी कोठारी ने पहली मीटिंग में भागीदारी नहीं की। दूसरी बैठक हुई, तीसरी हुई। इस तरह लोकायन

का नेटवर्क बनता गया। यह एक ऐसा प्रोजेक्ट था जिसके कोआर्डीनेटर सेंटर के बाहर से लिए गए। ये विभिन्न राज्यों में इस नेटवर्क का काम देखते थे, जैसे गोवा के क्लॉड अलवारिस। उन्हें मैं नहीं जानता था। उनका लेख कहीं पढ़ा था जिसके आधार पर उन्हें सेंटर में लेक्चर देने के लिए बुलाया। इसके बाद वे प्रोजेक्ट से जुड़ गए। विजय प्रताप पहले सलाहकार थे जिन्हें लोकायन में लिया गया। फिर मनोहरन, फिर वंदना शिवा, फिर अच्युत याग्निक। राजस्थान से किशोर संत भागीदारी करते थे। मेधा पाटकर की हैसियत नेटवर्क में कोआर्डीनेटर की तो नहीं थी, पर वे लोकायन की मीटिंगों में नियमित आती थीं। वे बाद में अच्युत के संगठन सेतु का अंग बनीं। सेतु, वंदना की संस्था और क्लॉड की संस्था वगैरह लोकायन के बाद बने। यह लोकायन का दूसरा हिस्सा था। उस जमाने में एडवोकेसी शब्द भी प्रचलित नहीं था। हम सहभागी अनुसंधान की शब्दावली में बात करते थे। उस जमाने में आज की तरह एनजीओ कही जाने वाली संस्थाएँ नहीं थीं। ऑक्सफेम जरूर सक्रिय था। अमेरिका से रवि चोपड़ा आते थे। वे ही अनिल अग्रवाल को लोकायन में लेकर आए। सुनीता नारायण भी अनिल अग्रवाल के साथ सक्रिय थीं। ऐसे बहुत से लोग लोकायन में आते थे। इस तरह लोकायन के बाहर उसका विस्तृत समर्थन आधार बनता चला गया। लोकायन उस शून्य को भरने के काम आ रहा था जिसका आपात्काल के बाद उपजी समाजोन्मुख राजनीतिक शक्तियों को एहसास था।

सारे देश में लोकायन के तहत संवाद होने लगे। करीब डेढ़ साल में हमने सौ संवाद किए। मेरी इच्छा थी रजनी कोठारी भी लोकायन प्रक्रिया से जुड़ें। हालाँकि उनके बारे में काफी गलतफहमियाँ भी थीं। सेंटर, अमेरिकी पैसे की बातें, तत्कालीन इंटलेक्चुअल डिस्कोर्स, रूसी लॉबी, कम्युनिस्ट पार्टी की तरफ से आने वाली भीषण प्रतिक्रियाएँ आदि ने मिला-जुला कर माहौल बहुत खराब कर रखा था। रजनी के बारे में बातें कुछ इस तरह से कही जाती थीं जैसे कि उनके सेकुलर और रेडिकल पहलू संदिग्ध हों। पर, हम जानते थे कि ये सब बातें गलत हैं। रजनी अगर लोकायन की प्रक्रिया में आते तो सारे देश के पैमाने पर उसका प्रसार करने में उनकी शख्सियत से और उनकी बौद्धिकता से मदद मिलती। जब पुणे में संवाद हुआ तो आग्रह करने पर कोठारी आए और फिर आगे के भी संवादों में शामिल होने लगे। दरअसल, उन दिनों वे भी मेरी तरह औपचारिक ज्ञान की प्रक्रियाओं से असंतुष्ट थे, और एक नई गुंजाइश की तलाश कर रहे थे। लेकिन, जब उन्होंने साथ में आना तय किया तो पूरी तरह लोकायन में डूब गए और फिर उनकी ऊर्जा का इस प्रक्रिया को लाभ भी मिला। लोकायन में भाग लेने के दौरान ही रजनी कोठारी को उनकी पब्लिक इंटलेक्चुल वाली

शख्सियत मिली। इसी दौरान वे पीयूसीएल के राष्ट्रीय अध्यक्ष बने। उन दिनों इस नागरिक अधिकार संगठन का दफ्तर व्यावहारिक रूप से लोकायन ही बन गया था। १९८४ की सिख विरोधी हिंसा की जाँच रपट 'हू वर दि गिल्टी?' में लोकायन के साथियों का उल्लेखनीय योगदान रहा।

रजनी के व्यक्तित्व की यह खूबी है कि वे किसी भी परियोजना को गतिशील कर सकते हैं। हम साथ-साथ हर जगह जाने लगे। मुझे याद है कि गोवा के संवाद में हम साथ-साथ थे। बिहार के संवाद में रजनी नहीं गए थे। बिहार के संवाद के लिए ज़मीन तैयार करने और इसके बाद लोकायन के कार्यकर्ता नेटवर्क को बनाने और विकसित करने में विजय प्रताप ने अहम भूमिका निभाई। बाद में लोकायन को लेकर जब सेंटर में विवाद हुआ तो रजनी ने जम कर मेरा साथ दिया।

लोकायन में एक साल पूरा करने के बाद मैंने अपने तजरुबों का सार-संकलन करते हुए 'ग्रासरूट्स स्टरिंग' शीर्षक से एक प्रबंध भी लिखा। इस लेख को मैंने स्वीडन में हुई एक विचारगोष्ठी में विद्वानों के सामने पेश किया और फिर बाद में यह *सेमिनार* पत्रिका में प्रकाशित भी हुआ। मेरे लेख के केंद्र में नॉलेज और एक्शन के संबंधों की समस्या थी। उस समय न तो सिविल सोसाइटी शब्द का प्रचलन था और न ही सोशल कैपिटल। मैंने ये दोनों शब्द अवधारणाओं के तौर पर अपने लेख में इस्तेमाल किए थे।

मेरा मानना है कि हमारी ब्राह्मण परंपरा में ज्ञान और क्रिया के बीच एक तरह का द्विभाजन रहा है। यह परंपरा ज्ञान को इतना विशुद्ध मानती है कि धारणा के स्तर पर उसका अमल की दुनिया से नाता ही नहीं रहता। इस ब्राह्मणवादी परंपरा को ज्ञान की औपनिवेशिक राजनीति ने और प्रभावी बनाया। अंग्रेजी भाषा, उसके जरिए मिलने वाले ज्ञान और उसी के आईने में पूरे समाज को देखने-समझने की प्रवृत्ति पैदा हुई। ब्राह्मणवाद और औपनिवेशिक चिंतन की इस दोस्ती ने समाज के धरातल पर ज्ञान को उतारने की प्रक्रियाओं को कमतर की श्रेणी में धकेल दिया। दरअसल, सचेत रूप से लोकायन के तहत संवाद करने के जरिए मैं इसी बर्फ को तोड़ने की कोशिश कर रहा था। मैं समाज विज्ञान के हलकों में अनुभवपरक ज्ञान को प्रतिष्ठा दिलाना चाहता था। मेरे इस प्रयास को इम्पीरिकल की श्रेणी में घटाया नहीं जा सकता। ज्ञान की अनुभवपरकता समाज विज्ञान में प्रचलित अनुभवसिद्ध अनुसंधान से अलग तरह की चीज है।

लोकायन का दूसरा पहलू था वैकल्पिक चिंतन का। संस्थागत आधार पर भी लोकायन खुद में एक वैकल्पिक प्रयास ही था। दोनों सिरों पर खुला हुआ। मकसद यह था कि जो भी इसमें आए वह परिप्रेक्ष्यों की पारस्परिकता के आधार

पर उपलब्धियों में साझा करे। बजाय इसके कि एक-दूसरे से सहमत लोग तलाशे जाएँ, संवाद के जरिए सहमति बने और फिर ऐसे लोग साथ-साथ आएँ।

मुझे यह मानने में कोई परेशानी नहीं है कि लोकायन की प्रक्रिया से मैंने राष्ट्रीय स्वयंसेवक संघ के लोगों को जानबूझ कर दूर रखा। वजह यह थी कि मेरे भीतर उनसे निबटने का आत्मविश्वास नहीं था। इन लोगों के पास किसी भी प्रक्रिया में घुसपैठ कर लेने की बड़ी विकसित तकनीकें होती हैं। उनका तरीका बड़ा नफीस और मानवीय किस्म का होता है। वे दोस्तियाँ बनाते हैं और फिर भितरघात भी करते हैं। इन बातों का मेरा कोई सीधा अनुभव नहीं है। पर, उन लोगों के बारे में मेरा यह पूर्वग्रह जरूर है। उनकी तरफ से संदेश आते थे। वे शामिल होना चाहते थे। पर, मैंने उन्हें नहीं बुलाया।

प्रश्न : लेकिन, लोकायन को लेकर कालांतर में मतभेद भी उभरे और आपको यह प्रोजेक्ट वक्त से पहले खत्म कर देना पड़ा। फिर लोकायन सेंटर से बाहर चला गया। इसके पीछे क्या कारण था?

उत्तर : जिस समय लोकायन की अवधारणा पर सेंटर के भीतर विचार-विमर्श चल रहा था, उसी समय इस सवाल पर मतविरोध सामने आ गया था। जैसे-जैसे परियोजना आगे बढ़ी, सेंटर के कुछ साथी मानने लगे कि रजनी कोठारी की लोकायन के बाद की रचनाएँ अकादमीय दृष्टि से उतनी गहन और श्रेष्ठ नहीं हैं। उन पर एक्टिविज़्म का प्रभाव ज्यादा है। इन लोगों का ख़याल था कि रजनी अब सेंटर से औपचारिक नाता तोड़ चुके हैं इसलिए उनकी बची-खुची मौजूदगी भी खत्म होनी चाहिए। वरना सेंटर उनके व्यक्तित्व से स्वायत्त नहीं हो पाएगा। सेंटर के भीतर मैं और रजनी अपनी कोशिश से आशिस नंदी और गिरि देशिंगकर को यह बात समझाने में कामयाब रहे कि ज्ञान की साधना का एक वैकल्पिक तरीका भी हो सकता है। लेकिन रामाश्रय राय, गोपाल कृष्ण और बशीरुद्दीन अहमद हमसे सहमत नहीं हुए। वे सेंटर को एक्टिविज़्म से अलग शुद्ध अकादमीय संस्थान बनाना चाहते थे।

दूसरी तरफ लोकायन के भीतर भी दो तरह के चिंतन थे। जैसा कि मैंने बताया लोकायन दोनों सिरों पर खुली प्रक्रिया थी। लोग उससे अपना-अपना मतलब निकाल रहे थे। मैं उसके जरिए कुछ हासिल करना चाहता था। मेरा कुछ सपना था, पर दूसरे भी उसके जरिए कुछ प्राप्त करना चाहते थे। हम हर संवाद के बाद एक बुलेटिन निकालते थे जिसमें उसकी रपट होती थी। हमने शुरू से ही विकास की राजनीति की बात शुरू कर दी थी ताकि लोगों की वैकासिक जरूरतें सामने आ सकें और यह भी स्पष्ट हो सके कि किस तरह वे राज्य के

वैकासिक आग्रहों के शिकार हो रहे हैं। हम चाहते थे कि विकासनीतियों के कारण विस्थापन या दूसरे किस्म के नुकसानों को झेल रहे लोगों की बात भी नीतियों के सूत्रीकरण में सुनी जाए। इसी मुकाम पर लोकायन से जुड़े सेंटर के कुछ विद्वानों को लोकायन से दिक्कत होनी शुरू हुई। बात यह थी कि इस दौरान गिरि देशिंगकर और कुछ हद तक रजनी कोठारी विशुद्ध विकल्पवादी चिंतन कर रहे थे जिससे एक अ-राजनीतिक और विशुद्ध गाँधीवादी किस्म की वैचारिक संरचना निकल सकती थी। मैं विशुद्ध विकल्पवाद से हट कर सोचता था, क्योंकि ऐसा मॉडल अहिंसक किस्म के पोल पोट का मॉडल ही हो सकता था। देखिए, जहाँ तक मूल्यों का सवाल है, चाहे वह ट्रस्टीशिप हो, मुद्रा खत्म करने की बात हो, ग्राम स्वराज की परियोजना हो, इन बातों से मुझे कोई समस्या नहीं है। समस्या है वैचारिक गुरूर की, अपने ही विचार को सर्वश्रेष्ठ और सारी समस्याओं का हल मानने के आग्रह की। यही है वह रवैया जिसने कम्पूचिया में एक हिंसक पोल पोट को जन्म दिया था। मैंने इस बारे में लिखा भी है ('आल्टरनेटिव डिवेलपमेंट एज़ पॉलिटिकल प्रेक्टिस')। इसमें विकास की राजनीति पर जोर दिया गया है, न कि विकास को एक वैचारिक कवायद के रूप में देखने पर।

दरअसल, हुआ यह था कि लोकायन में भागीदारी करने पर रजनी कोठारी को नई राजनीतिक ताकतों की अहमियत का एहसास हुआ। उनके बारे में प्रचलित गलतफहमियों का तो शमन हुआ ही, साथ ही उन्हें लगा कि एक अल्ट्रा-लेफ्ट और सेकुलर दायरा भी उनके लिए उपलब्ध है। इससे उन्हें बड़ा बौद्धिक उछाल मिला और ये बातें उनके लेखन में आने लगीं। उनके लिबरल पहलुओं पर रेडिकलिज्म की छाप दिखने लगी। इसमें से कई अच्छी चीजें निकलीं, जैसे गैर-पार्टी राजनीति पर उनका लेखन या दलित राजनीतिक उभार की उनकी व्याख्या आदि। लोकायन बुलेटिन के प्रकाशन के जरिए इस नेटवर्क की दुनिया बड़ी होने लगी। जो रिस्पांस आया, वह अनूठा था। राज्यों में कोआर्डीनेटर थे, वहाँ नियमित रूप से संवाद आयोजित किए जाते थे, उनकी रपट आती थी। लोकायन की सफलता का नशा उसके भागीदारों के सिर चढ़ कर बोलने लगा। रजनी कोठारी और विजय प्रताप को लगा कि इस प्रोजेक्ट को एक पार्टी के प्रारंभिक रूप के तौर पर देखा जा सकता है जो आगे चल कर एक बड़ी पार्टी के रूप में विकसित हो सकती है। मैं इससे सहमत नहीं हो सकता था।

मेरी निगाह में लोकतंत्र के लिए पार्टियाँ जरूरी हैं, पर लोकायन का यह मकसद नहीं था। लोकायन का उद्देश्य तो मेरी निगाह में सिविल सोसाइटी में होने वाले आलोड़नों को वाणी देना, उन्हें सूत्रबद्ध करना था। इसी की वजह से

संवाद करने की हमारी पद्धति यही थी कि हम कोई विषय लेकर उनकी शुरुआत नहीं करते थे। हमारा कहना यही होता था कि हम ठहराव पर हैं, दोराहे पर हैं। इमरजेंसी के बाद राजनीति बदल चुकी है। पार्टी–पॉलिटिक्स की अपनी सीमाएँ हैं, इसलिए पार्टी के नाम पर, स्टेट के नाम पर, विचारधारा के नाम पर और राष्ट्र के नाम पर जो समझ बनी है वह काम में नहीं आ रही है। जनोन्मुख राजनीति से ही समस्याओं के समाधान निकलेंगे। इसी रवैये के कारण हम संवाद में कार्यकर्ताओं और जमीनी संघर्ष में लगे लोगों की बात सुनते ज्यादा थे ताकि उसी में से कुछ सार्थक समझ के सुराग निकल सकें। स्थानीय मुद्दे संवाद का केंद्र बन जाते थे जिनके इर्द–गिर्द ही बड़े मुद्दों और मूल्यों पर चर्चा होती थी। हम मानते थे कि सामाजिक ज्ञान रचने के लिए संवाद से अच्छा माध्यम शायद ही कोई हो।

कुल मिला कर लोकायन के इन आग्रहों के प्रति तीन आलोचनात्मक प्रतिक्रियाएँ आईं। एक थी कार्यकर्ता आधारित पार्टियों की। मार्क्सवादी कम्युनिस्ट पार्टी के प्रकाश करात ने इसके खिलाफ, शायद 'सोशल साइंटिस्ट' या 'मार्क्सिस्ट' में एक लेख भी लिखा जिसमें लोकायन को नई बुर्जुआ व्यूहरचना के तौर पर दिखाया गया था। माकपा का यह हमला लोकायन और दूसरे सामाजिक आंदोलनों पर आगे भी जारी रहा। दूसरी विपरीत प्रतिक्रिया समाज विज्ञान के खेमे से ही आई जिसमें सेंटर के लोग भी शामिल थे। हमारे कुछ साथियों ने कहना शुरू किया कि यह सब क्या हो रहा है। यह तो एक्टिविज्म है। इसका सोशल साइंस से क्या संबंध हो सकता है! यह प्रतिक्रिया काफी तीखी थी। तीसरी आलोचना राज्य की मशीनरी की तरफ से आई, क्योंकि उसे आंदोलन के तीसरे क्षेत्र की सक्रियता का सामना करना पड़ रहा था। देवाराम नामक पुलिस अफसर लोकायन के कोआर्डीनेटर और वरिष्ठ साथी मनोहरन के पीछे पड़ गया। चूँकि लोकायन से निकलने वाले विचार की अभिव्यक्ति तमिल, हिंदी और अन्य स्थानीय भाषाओं में हो रही थी, इसलिए राज्य के कारकुनों को परेशानी हुई। उनका मानना था कि ईपीडब्ल्यू में लिखना हो तो लिखते रहो, पर स्थानीय भाषाओं में लिखोगे तो दिक्कत हो जाएगी। देवाराम ने तो मनोहरन को पकड़ कर पीटा भी। सबसे ज्यादा हुआ गोवा में। वहाँ क्लॉड अलवारिस वैकल्पिक विकास को लेकर आंदोलन कर रहे थे। इसका असर यहाँ तक हुआ कि सेंटर के गवर्निंग बोर्ड के जो सदस्य गोवा के थे, वे भी पूछने लगे कि इन गतिविधियों का क्या मतलब है? क्या लोकायन कोई पॉलिटिकल पार्टी है?

कुल मिला कर स्थिति यह बनी कि सेंटर ही एक ऐसी जगह थी जहाँ लोकायन जैसी परियोजना चल सकती थी। पर दो–तीन साल के भीतर ही

लोकायन का बौद्धिक परिप्रेक्ष्य समाज विज्ञान की स्थापित समझ के साथ टकराव में आता नजर आया। पूछा जाने लगा कि क्या आप सेंटर को एक्टिविस्ट ऑर्गनाइजेशन बनाना चाहते हैं? आज जब मैं पीछे मुड़ कर देखता हूँ तो लगता है कि लोकायन वास्तव में सोशल साइंस रिसर्च की बुनियादी अवधारणाओं को चुनौती दे रहा था। यह था संकट का स्रोत।

इस मतभेद के साथ-साथ मैं जो चाहता था, वह भी हुआ। मैं रजनी कोठारी का एक्टिविस्ट दुनिया से साक्षात्कार कराना चाहता था। इस प्रक्रिया से उनमें होने वाला परिवर्तन साफ दिख रहा था। दूसरी तरफ लोकायन का असर विश्वविद्यालीय माहौल पर भी दिखाई पड़ा। आज विकासशील देश अध्ययन केंद्र है, राजनीतिक समाजशास्त्र का अनुशासन बना है, जमीनी आंदोलनों का अध्ययन होता है। समाज विज्ञान अनुसंधान के तहत एम.फिल. और पीएचडी की विषयवस्तुएँ मुद्दा आधारित होने लगीं। बात यह नहीं है कि यह सब केवल लोकायन की वजह से हुआ परिवर्तन है। लोकायन परिवर्तन की प्रक्रिया को प्रभावित करने वाला कारक जरूर साबित हुआ।

दूसरी तरफ विचित्र बात यह थी कि इन आपत्तियों के बावजूद कोई नहीं चाहता था कि यह परियोजना बंद कर दी जाए। यह विरोधाभास लोकायन में आने वाले धन के कारण था। इस प्रोजेक्ट को खूब फंडिंग मिली। हमारा उस जमाने में उसूल था कि प्रोजेक्ट पर जितना जरूरी हो उतना ही खर्च किया जाए ताकि उसमें से सेंटर को चलाने के लिए भी कुछ धनराशि का इस्तेमाल किया जा सके। जाहिर है कि लोकायन का विरोध कर रहे लोग उसके पैसे को अपनी अकादमीय और सेंटर से संबंधित गतिविधियों के लिए इस्तेमाल कर रहे थे। उनकी इच्छा थी कि पैसा आता रहे, पर लोकायन का यह रूप बदल जाए। कोई और किसी दूसरे ढंग से यह प्रोजेक्ट चलाए। मुझसे कहा गया कि आप गवर्निंग बोर्ड के सामने जा कर लोकायन के अकादमीय सार का खुलासा कीजिए। मेरे हिसाब से लोकायन में अकादमीय सार की कोई कमी नहीं थी। उसमें तो इसकी बहुतायत थी क्योंकि वह समाज परिवर्तन और गवर्नेंस के कुछ मुद्दों को फिर से परिभाषित करने की सामग्री प्रदान कर रहा था। भले ही वह अकादमीय सार पारंपरिक किस्म का न हो। पर, मैंने कहा कि मैं गवर्निंग बोर्ड के सामने लोकायन का अकादमीय बचाव नहीं करूँगा। यहाँ अकादमीय स्वतंत्रता है। लोग अपने-अपने प्रोजेक्ट चलाते हैं। मैं क्यों सफाई देता फिरूँ।

लोकायन के खिलाफ सेंटर में चल रही इस मुहिम में मुख्य भूमिका बशीरुद्दीन अहमद की थी। लोकायन सेंटर की बृहत्तर परंपरा के तहत ही चल रहा था और बशीर उस खुलेपन को बाँध कर केंद्रीकृत ढंग से निर्देशित करना

चाहते थे। भविष्य-दृष्टि, चिंतन और कार्यशैली के इस मतभेद ने टकराव की स्थिति पैदा कर दी। इस विवाद ने सेंटर को दो खेमों में विभाजित कर दिया। सेंटर की संस्कृति बदलने पर आमादा खेमा चाहता था कि गोपाल कृष्ण निदेशक बनें ताकि वह सेंटर को एक विशुद्ध अकादमीय संस्था के रूप में विकसित कर सकें। उस समय तक कोठारी सेंटर को औपचारिक रूप से छोड़ चुके थे। अर्थात उनके पास कोई पद नहीं था। वे सेंटर से तनख्वाह नहीं लेते थे। पर सेंटर पर उनका प्रभाव बरकरार था। उन्होंने मजबूती से मेरा साथ दिया। बशीर और गोपाल कृष्ण नहीं चाहते थे कि रजनी को सेंटर के संस्थापक के तौर पर महत्त्व मिलता रहे। इस तरह काफी बदमजगी के हालात बन गए। बोर्ड में पाई पनांदीकर और गिरिलाल जैन थे। ये लोग रजनी कोठारी का विरोध नहीं कर सकते थे। सेंटर के भीतर कुछ भी होता रहे, पर बोर्ड में रजनी की स्थिति मजबूत थी। विजय बहादुर सिंह और शंकर बोस जैसे युवा साथियों का रुख केंद्रीकरण की कोशिशों के खिलाफ था। सहयोगी स्टाफ ने भी यही रवैया अपनाया। नतीजा यह निकला कि बशीर और गोपाल की सेंटर संबंधी भविष्य-दृष्टि को समर्थन नहीं मिला।

बात मेरी ही चली पर मुझे लगा कि लोकायन को सेंटर से जोड़े रखने के बारे में मुझे फिर से सोचना चाहिए। मेरा ख़याल बना कि एक निश्चित अवधि के बाद लोकायन को एक अकादमीय संस्था में नहीं रहना चाहिए। स्थिति यह थी कि लोकायन का फैलाव बढ़ता जा रहा था। उसके मूल विचार, उसके सोच, उसकी गतिविधियों और उसके प्रतिमानमूलक नजरिए को बहुत समर्थन मिल रहा था। इसके कारण लोगों को लग रहा था कि अगर विदेशी धन न लिया जाए तो लोकायन का प्रभाव और बढ़ेगा। इसलिए लोकायन के साथी मुझ पर दबाव डालने लगे कि लोकायन चलाओ, पर विदेशी धन न लो। इन लोगों में क्लॉड, सुरेश शर्मा और विजय प्रताप वगैरह सब लोग थे। लेकिन, मैं उनसे सहमत न हो सका। आज भी मैं उनसे सहमत नहीं हूँ। इस दबाव के कारण बंबई में एक मीटिंग हुई जिसमें लोकायन नेटवर्क की तरफ से हिदायत आई कि विदेशी धन लेना बंद किया जाए और उसके बिना ही हम इस परियोजना को चलाएँगे। यह नीति लोकायन में स्थायी तौर पर अपनाई गई।

यह एक बोगस दावा था। किसी में दम नहीं था इस पैमाने पर लोकायन चलाने का। इस हिदायत के बाद मैं एकतरफा निर्णय लेने पर मजबूर हो गया। मैं ही यह प्रोजेक्ट लाया था। मैंने ही अपने फंडरों को लिख दिया कि आप अपने पैसे वापिस ले लीजिए। अवधि खत्म होने से काफी पहले ही मैंने प्रोजेक्ट की इति कर दी। मेरी इस कार्रवाई से लोग सन्न रह गए। इससे संकट और भी

अवक्षेपित हुआ। कितने पैसे आते थे, एकदम बंद हो गए। गोपाल कृष्ण जैसे साथी इन्हीं पैसों से सेंटर में कई तरह की सुविधाएँ खड़ी करना चाहते थे। बशीर को भी लगा कि यह तो उनका अपमान है। वे तो डायरेक्टर हैं। उनसे पूछे बिना इतना बड़ा फैसला कैसे लिया जा सकता है। डायरेक्टर चाहे तो किसी और को प्रोजेक्ट चलाने के लिए तय कर सकता है।

मेरी दलील थी कि जब मैं यह प्रोजेक्ट लाया था, तो उसमें किसी डायरेक्टर की भूमिका नहीं थी। लोग अपनी निजी हैसियत से प्रोजेक्ट लाते हैं, और निजी हैसियत से उसे खत्म कर देते हैं। मेरे इस एकतरफा फैसले से मेरे और बशीर के बीच टकराव उभर कर सामने आ गया। स्थिति यहाँ तक बिगड़ गई कि मेरे कमरे का सारा सामान एक वरिष्ठ सहयोगी ने फिंकवा दिया। उस समय मैं लोकायन के दफ्तर में बैठने लगा था, इसलिए मुझे अपना सारा सामान वहीं ले जाना पड़ा। बाद में गवर्निंग बोर्ड और फैकल्टी की मिली-जुली बैठक हुई जिसमें सब लोगों ने बशीर के रैवैये को नकार दिया। जो लोग उनके खास माने जाते थे, उन्होंने भी उनका विरोध किया। बशीर और गोपाल यह देख कर भौचक्के रह गए। अंततः १९८३ में सेंटर और लोकायन का आधिकारिक नाता टूट गया।

चूँकि लोकायन दोनों सिरों पर खुली प्रक्रिया थी, इसलिए धीरे-धीरे वैकल्पिक विकास की अवधारणा के समर्थक लोगों ने उसके बाहर अपने लिए गुंजाइशें तलाश करनी शुरू कर दीं। मैं यह नहीं कहूँगा कि वे नाराज थे, या उनके कोई बहुत गहरे मतभेद थे। लेकिन, उन्हें यह ठीक लगा कि लोकायन के बाहर उन्हें संस्थाएँ बनानी चाहिए। क्लॉड ने अपनी संस्था बनाई और प्रोजेक्ट लिया ग्रेट इंडियन विलेज। इसे हम भी समर्थन देते थे। कोई टकराव नहीं था। कोई पार्टी लाइन जैसा मतभेद नहीं था। ये लोग अपनी अलग गैर-पार्टी राजनीति बनाना चाहते थे। इसी तरह वंदना शिवा और अच्युत याग्निक ने अपनी संस्थाएँ बना लीं।

लोकायन का योगदान

प्रश्न : धीरूभाई, आपने बताया कि आपने अपनी पी-एचडी बीच में इसलिए छोड़ दी थी कि आप निरे इम्पेरिसिज्म (सिर्फ तथ्यों पर आधारित अनुसंधान) से सहमत नहीं थे। दूसरी तरफ, जिस सेंटर में आप आए वह तो अमेरिकी किस्म के समाज विज्ञान, जिस पर इम्पेरिसिज्म का बोलबाला माना जाता है, के लिए शोहरतयाफ्ता था। आपने यहाँ आकर इम्पेरिसिज्म के बजाय एक्सपीरिएंशल नॉलेज (सामाजिक अनुभव पर आधारित ज्ञान) की धारणा

विकसित की जिसका संस्थागत वाहक लोकायन बना। सेंटर की बौद्धिकता और समग्र तौर पर समाज विज्ञान की दुनिया पर आपकी इस धारणा का क्या असर पड़ा?

उत्तर : इसके दो पहलू हैं। पहला सेंटर के बौद्धिक इतिहास से जुड़ा है। सेंटर में लोकतंत्र के अध्ययन के लिए सर्वेक्षण पद्धति अपनायी जाती रही है। पहले भी बड़े-बड़े सर्वेक्षण होते रहे हैं। बीच में कुछ कम हो गए थे। आजकल फिर से हो रहे हैं। इसी कारण से लोग समझते थे कि सेंटर पर बिहेवियरिज्म या पॉजिटिविज्म हावी है। दरअसल, सर्वेक्षण पद्धति दो तरफ से आड़े हाथों ली जाती थी। समाजशास्त्र में एंथ्रोपोलॉजी करने वालों को लगता था कि यह तो हिट एंड रन किस्म की शैली है। प्रश्नावली लेकर निकल गए और सेम्पल में आने वाले चार लोगों से पूछताछ कर ली और नतीजे निकाल लिए। दूसरी तरफ मार्क्सवादी अपने अमेरिका विरोध के कारण इससे नाराज थे। भारत में मार्क्सवाद का एक प्रमुख आधार अमेरिका विरोध रहा है, इतना कि कभी-कभी तो इसके सामने विचारधारा की अहमियत भी नहीं रह जाती।

लेकिन, हम सर्वेक्षण को इस तरह नहीं देखते थे। सेंटर के लिए सर्वेक्षण पद्धति का मतलब नार्मेटिव (मानकीय या सिद्धांतगत अनुसंधान) भी था और इम्पीरिकल भी। हमारा मानना था कि सर्वेक्षण लोकतंत्र के बारे में और लोकतंत्र के लिए ज्ञान प्राप्त करने की अनिवार्य प्रक्रिया है। भारत में सर्वेक्षण करना अमेरिका में सर्वेक्षण करने जैसा नहीं है। यहाँ तो केवल इसी पद्धति के जरिए हम अंतिम आदमी की बात, उसके दिल का हाल, उसकी शिकायतें आदि जान सकते थे। आँखें खोल कर सर्वेक्षण किया जाए तो बहुत सी अनदेखी बातें दिखाई पड़ती हैं। मसलन, जब मैं बड़ौदा विश्वविद्यालय से सर्वेक्षण करने एक गाँव में गया और पूछा कि यहाँ कितने लोग रहते होंगे। जवाब मिला कि कोई होंगे सौ-डेढ़ सौ घर। जब मैंने कहा कि यहाँ तो कोई पाँच सौ घर दिखते हैं, तो कहा गया कि ये तो बने ही रहते हैं। इनकी कोई गिनती नहीं करता। इस जवाब से जाहिर था कि समाज में, गाँव में ऐसे लोग रहते हैं जिनके होने को भी स्वीकार नहीं किया जाता। दूसरे, सेंटर द्वारा किए जाने वाले सर्वेक्षण में एक एंथ्रोपॉलिजिकल पहलू था। कोठारी ने निर्वाचन क्षेत्रों के जो अध्ययन किए और करवाए थे, वे काफी हद तक राजनीतिक एंथ्रोपोलोजी के नमूने थे।

जहाँ तक एक्सपीरिएंशल नॉलेज का सवाल है, मैं उसे अनुभवसिद्ध ज्ञान नहीं मानता। अनुभव तो एक व्यक्ति का होता है जिसके आधार पर वह अपनी राय बनाता है, उसका परिप्रेक्ष्य बनता है। मैं कहता हूँ कि अनुभव समाज का भी तो होता है, समुदाय का होता है, उसका इतिहास होता है। समाज विज्ञान

की दुनिया में थमाए गए सिद्धांतों के कारण हम इस पहलू की तरफ ध्यान नहीं देते, और हमारा अनुभव भी उधार लिया हुआ हो जाता है। मसलन, फासीवाद का, नाजीवाद का अनुभव यूरोपीय है। इसी तरह अंतर्राष्ट्रीयतावाद पर ट्राट्स्की के विचार हैं। यूरोप ने राष्ट्रवाद का सिद्धांत अपने इन्हीं अनुभवों और विचारों के आधार पर विकसित किया है। पर हम उसी के आईने में भारतीय राष्ट्रवाद देखने लगते हैं। हम न केवल राष्ट्रवाद का वही सिद्धांत भारत में ले आते हैं, बल्कि यूरोप का अनुभव तक उधार ले लेते हैं। जब तक हम अपने सामाजिक अनुभव और इतिहास को प्राथमिकता नहीं देंगे, उसकी रोशनी में समाज विज्ञान के सिद्धांतों की पड़ताल नहीं करेंगे, तब तक हम ज्यादा से ज्यादा एक विजातीय समाज विज्ञान ही रच सकते हैं। इसी चक्कर में बहुतेरे समाजवैज्ञानिकों ने राष्ट्रवाद को हिंदुत्व का पर्याय ही बना दिया। असलियत में गाँधी का राष्ट्रवाद और नेहरू का राष्ट्रवाद भारतवासियों के लिए मुक्तिकामी अनुभव था। इस राष्ट्रवाद के प्रभाव में हमने जाति, क्षेत्र और धर्म से परे जा कर समस्त समाज के बारे में सोचना शुरू किया। हम अपने समाज के इतिहास और उसके विधेयक तत्त्वों पर ध्यान देने के लिए तैयार ही नहीं हैं।

जब मैं एक्सपीरिएंशल नॉलेज की बात करता हूँ तो मेरा पहला आग्रह होता है कि पश्चिम से प्राप्त सिद्धांतों के प्रभाव में हम अपने समाज के ज्ञान और इतिहास को खारिज न करें। अब जाति क्या है? पश्चिमी सिद्धांतों के आधार पर हम जाति को जानें या उस ज्ञान के आधार पर जो जाति के भीतर रहने से हमें प्राप्त होता है? समाज विज्ञान की दुनिया में हमसे उम्मीद की जाती है कि हम जाति में रहने के अपने दैनंदिन अनुभव को देख कर भी अनदेखा करते रहेंगे।

अब आपने एक्सपीरिएंशल नॉलेज को समाज के अनुभव पर आधारित ज्ञान का नाम दिया है। मैं इससे भी पूरी तरह से सहमत नहीं हूँ। मेरे सामने सवाल यह है कि क्या समाज भी व्यक्ति की तरह अनुभव करता है? मेरी दिक्कत आपको कुछ उदाहरणों से समझ में आएगी। सेकुलरवाद ले लीजिए। भारतीय संविधान इसका जो अर्थ लगाता है, वह मेरी समझ में एक्सपीरिएंशल है। लेकिन, जब हम विविधता में एकता कहते थे तो उसकी अहमियत नहीं समझी जाती थी। लेकिन, जब पश्चिम ने बहुसंस्कृतिवाद कहना शुरू कर दिया तो वह हमारे लिए बहुत बड़ा सिद्धांत हो गया। जबकि हमारे यहाँ तो हमेशा ही बहुसंस्कृतिवाद रहा है। अपने समाज को नहीं देखते तो अपने सिद्धांत भी नहीं बनाते। श्रीनिवास ने एक हद तक कोशिश की और कुछ-कुछ अपना सिद्धांतशास्त्र विकसित करने में कामयाब हुए। उनके जरिए हमें संस्कृतिकरण की प्रक्रिया और प्रभुत्वशाली जाति की परिघटना के बारे में पता चला। रजनी

कोठारी ने कांग्रेस सिस्टम के रूप में एक भारतीय व्याख्या दी। अगर वे केवल दलीय प्रणाली में ही उलझे रहते तो यह चीज निकाल कर न ला पाते। इस तरह केवल कुछ चीजें ही हमें मिलीं। बाकी ज्यादातर उधार का माल है।

लोकायन का योगदान यह रहा कि उसने सेंटर की बौद्धिकता पर अपनी छाप छोड़ी। ज्ञान के प्रति दृष्टिकोण कुछ बदला। भले ही यह आज एक्टिविज्म लगे, पर इसका असर पड़ा है। सर्वेक्षण के बाद लोकायन के जरिए संवाद की पद्धति सामने आई। हम सर्वेक्षण और संवाद में कोई द्विभाजन नहीं देखते। समाज का ज्ञान प्राप्त करने के ये दो अलग-अलग लेकिन परस्पर पूरक तरीके हैं।

इस तरह मैं कह सकता हूँ कि सेंटर ने सर्वेक्षण और संवाद के जरिए एक अलग तरह की अनुसंधान पद्धति विकसित करने में योगदान किया। इसी की वजह से सेंटर मुद्दों और समस्याओं के नजदीक पहुँच पाया। उनके आधार पर सिद्धांत रचने के प्रयास किए गए। अनुसंधान करने के प्रचिलत तरीकों से हट कर एक परिप्रेक्ष्य बना जिसके केंद्र में सत्ता की प्रकृति समझने का सरोकार था कि आखिर समाज के धरातल पर सत्ता कैसे काम करती है, उसे कैसे हासिल किया जाता है। इसी वजह से हम सबकी नजर पॉलिटिक्स पर जमी रही। चाहे मनोविज्ञान की दुनिया से आए आशिस नंदी ही क्यों न हों। चाहे मेरे जैसा व्यक्ति रहा हो जो समाजशास्त्र की दुनिया से आया था। हममें से किसी की दिलचस्पी विशुद्ध अनुशासनबद्ध अकादमीय काम करने में नहीं थी। वैसा अनुसंधान हमें बहुत बाँधने वाला और क्लर्की करने जैसा खानापूरी वाला लगता था।

दरअसल, लोकायन जैसा प्रोजेक्ट सेंटर में ही संभव था। प्रवृत्तियाँ पहले से मौजूद थीं। लोकायन ने उन्हें संस्थागत रूप दिया और आगे ले गया। सेंटर के विद्वानों ने आगे चल कर जिस तरह पब्लिक इंटलेक्चुअल की भूमिका निभाई उसके लिए भी लोकायन के अनुभव ने जमीन तैयार की। संस्थागत रूप से देखें तो मैं कह सकता हूँ कि बशीरुद्दीन अहमद सेंटर के अकादमीय पक्ष की नुमाइंदगी करते थे, और हम लोग उसके बौद्धिक, बहुअनुशासनीय और सामाजिक ज्ञान संबंधी पक्षों के प्रतिनिधि थे।

लोकायन ने ज्ञान के लोकतंत्रीकरण की संभावनाएँ पैदा कीं। लोकायन ने संवाद के जरिए यह संभव बनाया कि लोग अपनी परिस्थितियों को स्वयं परिभाषित करें न कि दूसरे उन्हें अपनी परिभाषाएँ थमाने की कोशिश करें। यह लोकतंत्रीकरण समाज के ज्ञान को गहन बनाता है।

जहाँ तक सेंटर की आंतरिक संस्थागत प्रक्रियाओं और लोकायन का सवाल है, मैंने अपनी भूमिका सामने रखी है। जहाँ तक श्रेय लेने और सार्वजनिक छवि की बात है, तो मामला कुछ दूसरा हो जाता है। ये सब अलग बातें हैं कि

राइट लाइवलीहुड एवार्ड कैसे आया, किसने उसे लिया, उसका तात्पर्य कैसे ग्रहण किया गया, वगैरह–वगैरह। इन सब बातों से व्यक्तिगत करियर और महत्त्वाकांक्षाओं के पहलू भी जुड़े रहते हैं। ये रोजमर्रा के पहलू हैं।

सीएसडीएस : निरंतरता या विचलन

प्रश्न : आज सीएसडीएस का रूप काफी–कुछ बदल चुका है। बाहर लोग इसे मजाक में पॉलीक्लीनिक कहते हैं जिसके एक कोने में लोकतंत्र पर रिसर्च हो रही है तो दूसरे कोने में शहरी सभ्यता पर काम हो रहा है, तीसरे कोने में चीन के बारे में कुछ लिखाई–पढ़ाई चल रही है, और चौथे कोने में आधुनिकता और सेकुलरवाद की आलोचना विकसित की जा रही है। समझा जाता है कि इन कोनों के बीच कोई आंतरिक सूत्र नहीं है। यह आलोचना नतीजा निकालती है कि सेंटर के समाज विज्ञान की अब कोई एक समग्र पहचान नहीं रह गई है, जो किसी जमाने में हुआ करती थी। लेकिन, इसे एक संस्थान के विविधीकरण और बौद्धिक बहुलता की निगाह से भी देखा जा सकता है। कुल मिला कर कल के सीएसडीएस के यूएसपी (यूनीक सेलिंग पाइंट) और आज के सीएसडीएस के यूएसपी के बीच क्या फर्क है?

उत्तर : आपने कहा कि बाहर लोग ऐसा कहते हैं यानी यह बाहरी छवि का मामला है। दरअसल, हमारे समय भी बाहरी छवि इससे अलग नहीं थी। केवल पैमाना पहले से बड़ा हो गया है। मैं तो समझता हूँ कि आज का सीएसडीएस जो बन रहा है, वह हमारे जमाने के सेंटर की निरंतरता में ही है।

बाहरी अपेक्षाएँ इस संस्था को कुछ खास तरह के प्रचलित खानों में फिट करके देखने की कोशिश का परिणाम हैं। मसलन, यह रिसर्च संस्थान है, या थिंक टैंक है या क्या है। जो इसे जिस रूप में देखेगा, उसी तरह से अपेक्षाएँ बनाएगा। पहले जब ऐसी किसी श्रेणी में सेंटर फिट नहीं होता था तो लोग परेशान हो कर पूछते थे कि यह संस्था कैसी है? ये लोग सर्वेक्षण भी करते हैं, यहाँ का एक विद्वान (आशिस नंदी) 'इंटीमेट इनेमी' जैसी किताब लिख रहा है, दूसरा (शिव विश्वनाथन) विज्ञान के समाजशास्त्र पर सोच रहा है, तीसरा दलीय प्रणाली पर काम कर रहा है। इस फर्क के बाद भी बाहर की दुनिया मानती थी कि सेंटर एक स्कूल ऑफ थॉट है। लोग आमतौर पर संस्थाओं को एक संकीर्ण और कुंठित नजरिए से देखते हैं। उन्हें तो हर संस्था में जातिप्रथा की अनुकृति देखने की आदत है। ऊपर कौन है, नीचे कौन है, बीच में क्या है। अगर ऐसा नहीं दिखाई पड़ता है तो उन्हें संस्था समझ में नहीं आती है।

यह पॉलीक्लीनिक सुनने में कितना भी अच्छा लगे, पर मैं इसे दूसरी निगाह

से देखता हूँ। मसलन, आज सेंटर के एक कामयाब अनुसंधान कार्यक्रम 'सराय' को ही ले लीजिए। कुछ भिन्न अर्थों में मेरे लिए यह 'लोकायन' की ही निरंतरता है। जिस तरह लोकायन सेंटर में ही संभव था, उसी तरह से सेंटर के बाहर किसी अन्य संस्था से सराय जैसा कार्यक्रम नहीं चलाया जा सकता। इसी तरह 'लोकनीति' है। इसका भी सीधा ताल्लुक सेंटर के लोकतंत्र संबंधी सरोकारों से देखा जा सकता है। शायद ही किसी को इसमें संदेह होगा।

आज का सेंटर आकार में बढ़ गया है। उसकी गतिविधियाँ बहुत बढ़ गई हैं। इसलिए कुछ सांगठनिक और व्यवस्था संबंधी समस्याएँ पैदा होना लाजमी है। पर इसका मतलब यह नहीं कि हम सेंटर को बौद्धिक रूप से तितर-बितर संस्था के रूप में देखने लगें। वस्तुस्थिति यह है कि सेंटर के विभिन्न अनुसंधान कार्यक्रमों को चला रहे फैकल्टी सदस्यों के बीच बौद्धिक सरोकारों को लेकर एक तरह की सहमति है। वे समाज के ज्ञान के संबंध में एक ही तरह की चिंताओं से जूझते हैं।

पहले के मुकाबले एक उल्लेखनीय फर्क मुझे यह लगता है कि पश्चिम के अकादमीय जगत में विकसित हुए बौद्धिक प्राधिकार का हमारी फैकल्टी के मानस पर पहले की अपेक्षा आज ज्यादा प्रभाव है। अगर इस बात को छोड़ दिया जाए तो मुझे निरंतरता अधिक और विचलन कम दिखाई पड़ता है। मैं समझता हूँ कि सेंटर में जिस चीज को असहमति पर आधारित चिंतन या सोशल साइंस कहा जाता है, उसने हमें एक निरंतरता दी है। हम सोशल साइंस करते हैं, पर भिन्न तरह से। पहले भी करते थे, और आज भी कर रहे हैं।

एक बात आउटपुट यानी बौद्धिक उत्पादन की है। कितनी किताबें लिखी जा रही हैं, कितने आलेख लिखे गए। लेकिन, हमें समझना होगा कि आज अकादमीय दुनिया पहले जैसी नहीं रह गई है। आकलन की कसौटियाँ बदल गई हैं। मैं नहीं समझता कि आज किसी व्यक्ति को निजी तौर पर किसी फील्डवर्क, किसी रिसर्च या कोई किताब लिखने के लिए आसानी से पैसे मिल सकते हैं। आज तो अकादमीय पेशे के साथ ईवेंट, प्रोसेसीज़ और प्रोजेक्ट इत्यादि जुड़ गए हैं। बावजूद इस बदलाव के और बावजूद सेंटर का आकार और पैमाना बढ़ जाने के, सेंटर के विद्वान इस संस्था के बुनियादी सरोकारों और सिद्धांतों पर आज भी कायम हैं। वे पब्लिक इंटलेक्चुअल की भूमिका निभाने से परहेज नहीं करते। वे अपने अनुसंधान को सामाजिक मुद्दों से जोड़ना जारी रखे हुए हैं। वे महज अपनी निजी दुनिया में डूबे रहने वाले अकादमीय जंतु नहीं हैं।

समझने की बात यह है कि सेंटर में चलने वाले विविध अनुसंधान कार्यक्रमों के पीछे एक पहले से स्थापित चिंतन रहा है। हम मानते थे कि इस

तरह की पहलकदमियों को (जैसे, चीन विषयक अध्ययन, या लोकायन, या लोकतंत्र विषयक अध्ययन आदि) प्रोत्साहन दिया जाए, पाला-पोसा जाए, और फिर एक समय बाद उन्हें स्वतंत्र संस्थाओं के रूप में विकसित होने की गुंजाइश दी जाए।

प्रश्न : देखिए, सेंटर सामाजिक-राजनीतिक कार्यकर्ताओं के साथ कितना भी संवाद स्थापित करता रहे, पर आखिरकार है तो समाज विज्ञान की संस्था ही। आज स्थिति यह है कि आपके साथ के ज्यादातर पुराने लोग तिरोहित हो चुके हैं। वे लोग आज सीन पर नहीं हैं जिनके बौद्धिक उत्पादन के दम पर सेंटर चलता था, उसकी उपलब्धियाँ गिनी जाती थीं। लगता है कि समाज विज्ञान का एक पूरा युग समाप्त हो गया है। विद्वानों और समाजवैज्ञानिकों की नई खेप आ चुकी है। क्या आप इन नए अनुसंधानकर्ताओं के काम, उनके बौद्धिक उत्पादन और उनकी दिलचस्पियों से संतुष्ट हैं? आप उनके साथ किस स्तर पर तादात्म्य स्थापित करते हैं?

उत्तर : यह बात मैं आपकी समझ गया। आपका यह अंदेशा ठीक है कि अगर अगले पाँच से दस साल के बीच समाज विज्ञान के क्षेत्र में सेंटर के विद्वानों ने कुछ उल्लेखनीय योगदान नहीं किया, नई किताबें या नए बौद्धिक हस्तक्षेप सामने नहीं आए तो वही स्थिति बन जाएगी जो पॉलीक्लीनिक वाली आलोचना से निकलती है। तब मान लिया जाएगा कि सेंटर तरह-तरह के बौद्धिक अनुशासनों में एक दूसरे से कट कर लगे हुए लोगों का जमावड़ा भर है। इनकी कोई दिशा नहीं है, कोई संस्थागत मकसद या तर्क नहीं है।

ऐसा बिखराव आ सकता है। हमारे यहाँ जो विद्वान हैं, उनमें क्षमताएँ हैं, संभावनाएँ हैं, पर साथ-साथ बिखराव की समस्या भी है। एक बार में बहुत सी चीजें हाथ में ले लेना, बहुत ज्यादा यात्राएँ करना आदि। मैं मानता हूँ कि इस तरह के खतरों के संकेत सामने हैं। पर, जरूरी नहीं कि परिणाम नकारात्मक ही निकलें। बेहतर समाज विज्ञान की रचना करने वाले व्यक्ति हमारे सेंटर में मौजूद हैं। बेहतर नतीजों का आधार मौजूद है। अकादमीय काम करने की आजादी सेंटर में हमेशा रही है। इसलिए, यह भविष्य संबंधी प्रश्न अभी खुला हुआ है।

यह एक वाजिब सवाल है कि क्या अगले पाँच-सात साल में सेंटर के विद्वान पॉलिटिकल साइंस या अन्य किसी अनुशासन में कोई असाधारण काम करके दिखा पाएँगे? क्या इस तरह की तीन-चार किताबें आएँगी जिनसे यह लगे कि सेंटर कोई बौद्धिक वक्तव्य दे रहा है? लेकिन, यह कोई सांगठनिक मुद्दा नहीं है। यह तो व्यक्ति पर निर्भर है। सेंटर में चालीस से साठ फीसदी तक कुछ ऐसे

फैकल्टी सदस्य हमेशा रहते हैं जिनमें इस तरह की उपलब्धियाँ करने की योग्यता और अध्यवसाय होता है। बाकी फैकल्टी सदस्य कुछ दूसरी तरह की भूमिकाएँ निभाते हैं। अगर इस लिहाज से देखा जाए तो मैं कह सकता हूँ कि चुनावी अध्ययन के क्षेत्र में हमने पिछले चार-पाँच साल में कुछ ध्यान देने लायक काम किया है। सेकुलरिज्म पर किताब आई है, पार्टी सिस्टम पर काम हुआ है, पाइरेट कल्चर पर किताब छपी है। मुझे पता चला है कि फिल्म हिस्ट्री पर प्रकाशन की तैयारी है।

दूसरे, यह आकलन करते समय हमें यह ध्यान भी रखना चाहिए कि अलग तरह की सोशल साइंस करने के कारण रजनी कोठारी और आशिस नंदी या हम सभी के काम को कई-कई साल तक अपने-अपने बौद्धिक अनुशासनों में मान्यता नहीं मिली थी। हम लोगों को उसकी परवाह भी नहीं थी। हम पॉलिटिकल साइंस, सोशियोलॉजी और साइकोलॉजी कान्फ्रेंसों में नहीं जाते थे। लेकिन, हम अपने काम से संतुष्ट और खुश थे। एक-दूसरे से बात करके, सवाल-जवाब करके हम अपना काम करते रहते थे। हमें बौद्धिक मान्यता देने का खासा विरोध था। बाद में जब 'पॉलिटिक्स इन इंडिया' प्रकाशित हो कर चर्चित हुई तो रणधीर सिंह को कहना पड़ा कि ऐसा काम कोई और करके तो दिखाए। ये लोग कम से कम काम तो कर रहे हैं। नंदी की किताब 'इंटीमेट इनेमी' आई तो किसी ने उसकी परवाह तब तक नहीं की जब तक कि विदेशों में उसे उपनिवेशवाद के प्रभावों की व्याख्या करने वाले नए सिद्धांत के रूप में मान्यता नहीं मिल गई।

मैं खुद से यह सवाल पूछने के लिए तैयार हूँ कि क्या इस तरह का कोई काम सेंटर में इस समय हो रहा है। लगता तो नहीं है कि हो रहा है। ऐसा काम कौन लोग करेंगे, इसके बारे में मेरी निगाह बहुत साफ नहीं है। सेंटर में हम लोग बहु-अनुशासनीय काम कुछ इस तरह करते थे कि उसकी जड़ अपने-अपने मुख्य अनुशासन में होती थी। शायद एक समस्या आज यह भी हो सकती है कि सेंटर में लोग अनुशासन-केंद्रित ज्यादा होते जा रहे हैं, जैसे कि किसी विश्वविद्यालय में होता है। सराय को देख कर ऐसा नहीं लगता, क्योंकि इस अनुसंधान कार्यक्रम का स्वभाव बहु-अनुशासनीय है, लेकिन यह देखना पड़ेगा कि उसका मुख्य आधार किस अनुशासन में है। मुझे लगता है कि नई पीढ़ी में कुछ नया, अद्भुत, अलग करने की जुर्रत नहीं है। शायद ये लोग समाज विज्ञान की मुख्य धारा की मान्यता प्राप्त करने के चक्कर में ज्यादा हैं। मैं यह नहीं कह रहा कि इस शैली से असाधारण काम नहीं किया जा सकता। हो सकता है। भीखू पारेख का काम इसका उदाहरण है।

कुल मिला कर बात यह है कि सेंटर में कितने भी अलग-अलग अनुसंधान कार्यक्रम चलते रहें, लेकिन एक मुश्तरका बौद्धिक दुनिया पनपती रहनी चाहिए। जिसे कॉमंस कहते हैं, वह स्पेस लगातार विकसित होते रहना चाहिए। शायद सेंटर में बुद्धिजीवियों के जो कॉमंस हैं, वे सिकुड़ने लगे हैं। रिसर्च और किताब वगैरह तो व्यक्ति की होती है। पर, उसके पीछे बुद्धिजीवियों के एक सहभागी संसार में होने वाले विचार-विमर्श की भूमिका होती है, जो इस वक्त उतनी नहीं है जो पहले होती थी। उदाहरण के लिए अगर मैं सराय में बैठा होता तो कोशिश करता कि सराय के मौजूदा नियमित प्रकाशनों से परे जा कर उसी अनुसंधान सामग्री के आधार पर अलग तरह का अकादमीय काम हो सकता हो।

प्रश्न : मैं कहना यह चाहता हूँ कि सेंटर के मौजूदा विद्वानों पर पहले के मुकाबले लिखने का ज्यादा दबाव है। जैसा कि अमेरिका में होता है। वहाँ कुछ पब्लिकेशन दिखाने ही पड़ते हैं। अब आपके जमाने की तरह पाँच-दस साल तक बिना कुछ लिखे बौद्धिक जीवन नहीं गुजारा जा सकता। इसलिए संख्या की दृष्टि से सेंटर में ज्यादा काम होगा। आपके जमाने से भी ज्यादा, पर महत्त्व की दृष्टि से वह कैसा होगा, यह सवाल है?

उत्तर : मुझे सेंटर में हो रहे काम की क्वालिटी का ज्यादा सेंस नहीं है। यहाँ के विद्वानों की संभावनाओं का सेंस ज्यादा है। इस सवाल का जवाब आशिस नंदी ज्यादा अच्छी तरह से दे सकते हैं। वे सेंटर में होने वाले और छपने वाले सभी कामों को पूरी तरह से पढ़ते हैं।

प्रश्न : क्या उन्होंने नई रचनाओं को भी पढ़ा है?

उत्तर : वे कहते हैं कि पढ़ा है।

प्रश्न : सेंटर में पिछले दिनों जो भी काम हुआ है, और जो आपने पढ़ा व देखा है, उसमें से आपकी निगाह में क्या बेहतर है?

उत्तर : लोकनीति में हुए काम की कुछ जानकारी मुझे है। वह मेरी निगाह में अच्छा है। पर, जिस स्तर की सामग्री और आँकड़े उनके पास हैं, उसके आधार पर जिस गहराई और कौशल से अध्ययन किया जाना चाहिए, वह किया जाना अभी बाकी है। मुझे एक तरह के मेंटल विज़न, एक तरह की दिमागी तत्परता की कमी दिखती है।

प्रश्न : आपने उदारतावादी लोकतंत्र पर भूमंडलीकरण के प्रभाव की एक

आलोचना पेश की है जो मेरी राय में इस दिशा में किया गया एक बहुमूल्य सूत्रीकरण है। इसके आधार पर पश्चिमी शक्तियों द्वारा लोकतंत्र के समरूपीकरण की आलोचना विकसित की जा सकती है। लोकनीति में होने वाले लोकतंत्र के अध्ययन में आपका यह काम कैसे फिट होता है?

उत्तर : हालाँकि मैंने इस तरह से सोचा नहीं है, पर अगर हम लोकनीति के अंग्रेजी नाम पर नजर डालें तो बात कुछ साफ हो सकती है। अंग्रेजी में इस कार्यक्रम का नाम है इंस्टीट्यूट फार कम्परेटिव डेमोक्रेसी। अब डेमोक्रेसी का तुलनात्मक अध्ययन केवल ग्लोबल परिप्रेक्ष्य में ही किया जा सकता है। इस लिहाज से यह मुद्दा लोकनीति के अनुसंधान कार्यक्रम में फिट हो सकता है।

प्रश्न : जहाँ तक मैंने लोकनीति के कार्यक्रमों में भाग लिया है, उनकी रपटें वगैरह पढ़ी हैं, उससे तो नहीं लगता कि वे भूमंडलीकरण का नेतृत्व कर रही शक्तियों द्वारा उदारतावादी लोकतंत्र पर एक ही मॉडल थोपने की कोशिशों के प्रति सजग हैं? शायद वे आपके काम के प्रति सजग नहीं हैं। वैसे मेरा यह अंदाजा पूरी तरह से गलत भी हो सकता है।

उत्तर : देखिए, मुझे लगता है कि वे मेरे इस काम के प्रति सचेत हैं भी और नहीं भी। योगेंद्र यादव ने तो मेरी ये रचनाएँ जरूर पढ़ी होंगी।

प्रश्न : सवाल यह नहीं है कि व्यक्तिगत रूप से किसने आपकी रचनाएँ पढ़ी हैं किसने नहीं। योगेंद्र ने जरूर पढ़ी होंगी। मैं मानता हूँ कि मुझसे भी अच्छी तरह पढ़ी होंगी, गुनी होंगी, और अपने चिंतन में उनका सदुपयोग भी कर रहे होंगे। पर, उनके नेतृत्व में चल रहे अनुसंधान कार्यक्रम में तो उसकी झलक नहीं मिलती।

उत्तर : मैं तो कहता हूँ कि इस तरह क्यों देखा जाए कि मेरा काम उनकी रिसर्च में फिट होता है या नहीं। यह कोई जरूरी नहीं है कि मेरे जैसा ही काम वे करें। हाँ, यह जरूर है कि अगर वैचारिक अन्योन्यक्रिया ज्यादा हो तो अवधारणात्मक स्तर पर उन लोगों को कुछ लाभ हो सकता है। वैसे, वे अगर चुनाव पर रिसर्च कर रहे हैं तो उसी सामग्री को सिद्धांतबद्ध करें। उनके पास जो भी तथ्य हैं, आँकड़े हैं, उन्हें विश्लेषण और सैद्धांतिक जाँच-पड़ताल की प्रक्रिया से गुजारें। जब लोकनीति वाले ऐसा करेंगे तो देखना होगा कि उसकी क्वालिटी क्या है, उसका रुझान क्या है, उस काम की बौद्धिक प्रवृत्तियाँ क्या हैं, वह कितना प्रभावकारी है!

निजी तौर पर पूछा जाए तो मैं यह जरूर चाहूँगा कि लोकतंत्र पर किए जा

रहे अनुसंधान में संरचनागत परिवर्तनों पर ध्यान दिया जाए। क्षेत्रीयतावाद का उभार और दलीय प्रणाली में आने वाले परिवर्तन जैसी बातों पर ध्यान दिया जाए और तुलनात्मक अध्ययन किए जाएँ। लेकिन, मैं फिर वही बात कहना चाहूँगा कि ऐसा करने के लिए हमें ऐसे विद्वान चाहिए जो अनुसंधान कार्यक्रमों को प्रशासनिक जिम्मेदारियों से मुक्त हो कर अपनी बौद्धिक ऊर्जा पूरी तरह चिंतन में खपा सकें। कुल मिला कर मैं कहना चाहूँगा कि काफी स्कोप है। हम लोगों ने जो कुछ दूसरे तरह का काम किया था, उसी की तरह प्रभावकारी चिंतन और लेखन किया जा सकता है। और, शायद हो भी रहा हो।

प्रश्न : क्या बात यह नहीं है कि सराय के पास और लोकनीति के पास बहुत अनुसंधान सामग्री है, बहुत सा डेटा है, पर उसे बौद्धिक रूप से संसाधित नहीं किया जा रहा है?

उत्तर : हाँ, सही है। उस प्रोसेसिंग के लिए पहले परिप्रेक्ष्य तो बनाना पड़ेगा। वह परिप्रेक्ष्य सेंटर की मिली-जुली बौद्धिक दुनिया की अन्योन्यक्रिया से बन सकता है।

प्रश्न : सीएसडीएस की फैकल्टी में महिला विद्वानों की उपस्थिति बहुत बाद में दिखाई पड़नी शुरू हुई है। वैसे तो सेंटर ने लोकतंत्र का बारीक अध्ययन किया है, पर जेंडर से संबंधित सरोकारों के मामले में कुछ अंतराल रह गया है। सेंटर के विद्वानों ने जेंडर से संबंधित कुछ काम किया हो तो उसके ऊपर प्रकाश डालें।

उत्तर : देखिए जहाँ तक फेमिनिज्म की विचारधारा का सवाल है, उसकी रोशनी में तो हमारे यहाँ जेंडर पर काम नहीं हुआ है। लेकिन, इस तरह से तो हमारे यहाँ गरीबी पर भी काम नहीं हुआ है। ऐसे आधा दर्जन विषय बताए जा सकते हैं जिन पर सीधे फोकस के साथ हमारे यहाँ काम नहीं हुआ है।

मुझे लगता है कि जब हम लोकतांत्रिक सिद्धांत पर काम करते हैं तो वह जेंडर से जुड़ता है। इसी तरह आशिस नंदी का सती पर किया गया चिंतन और लेखन इस श्रेणी में रखा जाना चाहिए। यह जेंडर डिस्कोर्स में सेंटर का योगदान है। जब महिलाओं को राजनीतिक आरक्षण देने की बात आई, तो सेंटर ने हस्तक्षेप किया। हाँ, यह जरूर है कि जेंडर का झंडा लेकर हमने काम नहीं किया।

III —
आधुनिकता, सेकुलरवाद, ग्रासरूट थियरी, आरक्षण, दलित राजनीति, गाँधीवाद, मार्क्सवाद और हिंदुत्व

प्रश्न : आप कहते हैं कि सेंटर में एक कॉलेजियट थिंकिंग होती थी। इसका क्या मतलब हुआ? आप और कोठारी के बीच या आप और बशीरुद्दीन अहमद जैसे पुराने साथियों के बीच तो इस कॉलेजियट थिंकिंग के सूत्र दिखते हैं, पर क्या आशिस नंदी द्वारा की गई आधुनिकता और उससे निकले प्रत्ययों की उग्र आलोचना उसी कॉलेजियट थिंकिंग का परिणाम है? लोक-चिंतक ग्रंथमाला के तहत दिए गए एक लंबे इंटरव्यू में कोठारी तो नंदी से अपनी असहमति कुछ इस लहजे में व्यक्त कर चुके हैं जिससे लगता है कि नंदी के शास्त्र का एक हिस्सा उस कथित कॉलेजियट थिंकिंग का परिणाम नहीं है। आप तो नंदी की तरह सेकुलरवाद और आधुनिकता को खारिज करने की सीमा तक जाने के लिए तैयार नहीं हैं। तो आपके और नंदी के मतभेद क्या हैं? दूसरे, रजनी कोठारी ने ग्रासरूट्स थियरी प्रवर्तित की जिसके पीछे लोकायन की भूमिका रही। आपने भी इस थियरी पर बहुमूल्य काम किया है। आज ग्रासरूट्स संगठन पारंपरिक वामपंथी राजनीति के परे जा कर बहुत अहम मुद्दे उठा पा रहे हैं। मैं जानना चाहूँगा कि रजनी कोठारी द्वारा प्रवर्तित ग्रासरूट्स थियरी आज किस मुकाम पर खड़ी हुई है?

उत्तर : आशिस नंदी की लेखन शैली खास तरह की है। वे बौद्धिक और अकादमीय सम्प्रेषण सामान्य समाज वैज्ञानिकों की तरह नहीं करते। अपने विचारों को बिना क्वालीफिकेशंस के रखते हैं। वे विशेषणों का इस्तेमाल नहीं करते। वे अपनी बात सीधे कहते हैं। यह स्टायल की बात है। वे पॉलिमिक्स करते हैं, और जम कर करते हैं। इसके कारण उनकी बातों को समझना और उनकी छानबीन करना बहुत कम लोगों के लिए संभव रह जाता है। अधकचरा वामपंथी विमर्श आशिस के विचारों पर हमले की कोशिश जरूर करता रहा है, लेकिन उसे कामयाबी नहीं मिली है। आज स्थिति यह है कि आशिस नंदी की बातों को ग्लोबल स्तर पर मान्यता मिलती दिखाई दे रही है। उत्तर-आधुनिक दुनिया में आशिस के विचार बौद्धिक रूप से फैशनेबिल बनते जा रहे हैं।

आशिस नंदी ने जो शास्त्र विकसित किया है उसके विस्तार में जाने पर कई बातों से मेरी असहमतियाँ हो सकती हैं, पर समग्र दृष्टि से मैं उन्हें सेंटर के बुनियादी सरोकारों की निरंतरता में ही देखता हूँ।

उन्होंने पहले नारीवाद और फिर सेकुलरवाद पर होने वाले विचारधारात्मक विमर्श में हस्तक्षेप किया। फिर आधुनिकतावाद पर उन्होंने अपनी बात कही। मैंने उन्हें जितना भी पढ़ा है, उसके हिसाब से उनका काम समाज के ज्ञान वाली बात से जुड़ा हुआ है जो मेरा और सेंटर का केंद्रीय सरोकार रहा है। नंदी की मुख्य दलील राजनीतिक है। वे एक विचारधारात्मक प्राथमिकता के खिलाफ दूसरी विचारधारात्मक प्राथमिकता के पैरोकार नहीं हैं। ऊपर से देखने में भले ही ऐसा लगता रहे। हमारे यहाँ के वामपंथी डिस्कोर्स में समस्या यह रही है कि वह बारीकियों और नफासत को दरकिनार करके अपने से असहमत लोगों का मोटा-मोटा चित्र खींचने में महारत हासिल कर चुका है। यही उसने नंदी के साथ किया है।

ऐसी छवि बनाई गई है नंदी की कि वे विधवा औरत के पीछे जलती हुई लकड़ी लेकर उसे सती करने के लिए भाग रहे हैं। उन पर सती समर्थक का बिल्ला चस्पाँ कर दिया गया। जबकि असलियत यह है कि वे सती समर्थक नहीं हैं। वे तो एक परंपरा की बात कर रहे हैं कि यहाँ जितनी भी सतियाँ बताई गई हैं वे न कभी जलाई गईं और न ही उन्होंने कभी आत्मदाह किया। वे तो सती की पॉलिटिकल इकॉनामी की बात करते हैं कि कैसे बंगाल में सती प्रथा परंपरा का पहलू न होकर आधुनिकता का पहलू बन कर उभरती है। ये सब महत्त्वपूर्ण बातें हैं। नंदी ने सती को बिना वाजिब ठहराए तथ्यात्मक रूप से उसे आधुनिकता की देन साबित किया है। उन्होंने दिखाया कि किस तरह आधुनिकता के साथ एक नए तरह का मर्दवाद आया। बंगाली पुरुषों ने नए कानूनों का फायदा उठाते हुए विधवाओं को वृंदावन भेजना या फिर सती की आग में झोंकने का सिलसिला शुरू कर दिया।

कुल मिला कर नंदी लोगों और लोकतंत्र की बात करते हैं। अवधारणाओं को वे इन्हीं दो कसौटियों पर कस कर देखना चाहते हैं। इसलिए मैंने आशिस नंदी की बातों का कई मंचों पर पक्ष लिया है। बुनियादी रूप से वे मुद्दों को राजनीतिक रूप से परखने वाले समाज वैज्ञानिक हैं, न कि विचारधारात्मक रूप से। बुनियादी रूप से ही कहें तो वे सेकुलरवाद विरोधी भी नहीं हैं। अगर मुझे नंदी पर कोई निबंध लिखना हो तो मैं तो उन्हें अभिजनवादी चिंतन और वर्चस्व के आलोचक के रूप में पेश करना पसंद करूँगा। वे ऐसे अभिजनों को आड़े हाथों लेते हैं जो अपना चिंतन और तौर-तरीके बाकी सब लोगों पर थोपते हैं और अनपढ़ों, गँवारों की जीवन-शैली को नीची निगाह से देखते हैं। आशिस का लेखन कहता है कि साधारण लोगों की रोजमर्रा की जिंदगी हमें कुछ और संदेश देती है जो कई मायनों में अभिजनों द्वारा थोपी जा रही विचारधारा से

बेहतर हो सकता है। इस लिहाज से आशिस नंदी की रचनाओं का एक मूल्यांकन होना आवश्यक है।

आशिस नंदी, सेकुलरीकरण और राज्य की भूमिका

प्रश्न : जहाँ तक वामपंथी डिस्कोर्स की बात है, आपकी आलोचना ठीक है। पर, नंदी की एक आलोचना तो राजीव भार्गव ने भी विकसित की है। भार्गव एक नंदी-मदान थीसिस की बात करते हैं और उसमें पार्थ चटर्जी को भी जोड़ लेते हैं। भार्गव का कहना है कि ये लोग वल्गार (अतिसरलीकृत) गाँधीवाद के शिकार हैं। नंदी ने अपने आलोचकों को जवाब दिया है, पर भार्गव पर उनकी प्रतिक्रिया नहीं आई है।

उत्तर : राजीव की आलोचना मैंने देखी है। वह अलग किस्म की है और अधिक गहन है। जहाँ तक वल्गार गाँधीवाद का सवाल है, टी.एन. मदन द्वारा की गई सेकुलरवाद की आलोचना का गाँधीवाद से कोई लेना-देना नहीं है। मैं समझता हूँ कि आशिस नंदी पर भी वल्गार गाँधीवाद का असर नहीं है। देखिए, सत्तर-अस्सी फीसदी भारतवासी मजबूरी वाला गाँधी-जीवन जीते हैं। मुट्ठी भर अंग्रेजी पढ़े-लिखे नेक इरादे वाले अभिजनों को, जो ऊँची जातियों से ताल्लुक रखते हैं और सेकुलरवाद, राज्यवाद और विकासवाद के हामी हैं, लगता है कि ये भारतवासी उनके जैसे क्यों नहीं हैं।

मेरा और आशिस का एक मतभेद है। मुझे पूरा विश्वास है कि नब्बे फीसदी परिवर्तन न तो विचारधारा से आता है, न ही कार्यक्रमों से आता है। छोटे-छोटे अनगिनत परिस्थितिजन्य परिवर्तन होते रहते हैं। उन्हें मिला कर एक बड़ा परिवर्तन बनता है जो हमारी इच्छा से स्वतंत्र है। यह प्रक्रिया चलती रहती है। इस प्रक्रिया में आधुनिकीकरण (आधुनिकतावाद नहीं) और सेकुलरीकरण (सेकुलरवाद की विचारधारा नहीं) दो बेहद प्रभावशाली ताकतों की तरह काम करती रहती हैं। इससे कोई फर्क नहीं पड़ता कि हम इनके समर्थन में हैं या विरोध में। ये युगांतरकारी ताकतें हैं।

आशिस का जोर इस पहलू पर ज्यादा है कि आधुनिकता के कारण धर्म का साम्प्रदायिकीकरण हो गया है। उसकी पैथोलॉजी बन गई है। उनकी बात सही है। लेकिन, आधुनिकता से पहले के जीवन में अधीनस्थता, उत्पीड़न, ऊँच-नीच और शोषण के भी बहुत से रूप थे। इन बातों पर चर्चा न करने के कारण शायद ऐसा लग सकता है कि वे वल्गार गाँधीवाद के हामी हैं। पर, कुल मिला कर मैंने उन्हें जितना पढ़ा है उससे यही लगता है कि वे पॉलिमिकल लेखक हैं। मुद्दों को समझने और अभिव्यक्त करने के लिए लोकतांत्रिक और राजनीतिक

परिप्रेक्ष्य का इस्तेमाल करते हैं। नंदी के योगदान के इस पहलू को अभी ठीक से सामने नहीं लाया गया है कि उनकी बातें सबसे ज्यादा और दूसरे समाज वैज्ञानिकों के मुकाबले लोकतंत्र की थियरी पर कहीं अधिक आधारित हैं। चाहे वे सती के बारे में बात कर रहे हों या सेकुलरवाद के बारे में, उनका प्रस्थानबिंदु लोकतांत्रिक आवेग ही होता है। ऊपर से देखने में लग सकता है कि आशिस नंदी आधुनिकता को खारिज कर रहे हैं, पर दरअसल उनकी आपत्तियाँ आधुनिकता के सिद्धांत पर होती हैं।

आशिस के इस पहलू पर जोर देना मैं इसलिए जरूरी समझता हूँ कि जब मैं आरक्षण पर, उदारतावादी लोकतंत्र पर या गैर-पार्टी राजनीति या वैकल्पिक राजनीति के सूत्रों पर लिखता-बोलता हूँ तो एक दूसरे तरीके से मेरा प्रस्थान बिंदु भी लोकतांत्रिक सिद्धांत ही होता है। मतभेदों के होते हुए भी हम दोनों के काम का सैद्धांतिक मूल एक ही है। मेरी रचनाएँ आशिस की तरह आधुनिकता और सेकुलरवाद को खारिज तो नहीं करतीं, लेकिन मैं भी एक अभिजनवादी विचारधारा के रूप में इन दोनों को ऊँची जातियों और ऊँचे वर्ग के मुट्ठी भर लोगों द्वारा सामाजिक वर्चस्व स्थापित करने के औजार की तरह इस्तेमाल करने की आलोचना करता हूँ। इन अभिजनों के सेकुलरवाद पर ही निगाह डालिए। यह क्या है? यह भारतविरोधी, बहुसंख्याविरोधी और जनविरोधी प्रतीत होता है। यह अंग्रेजी माध्यम वाला सेकुलरवाद है, अंग्रेजी माध्यम वाला आधुनिकतावाद है। पश्चिम से उधार ली गई धारणाओं के तहत साठ के दशक में ये लोग मानते थे कि भारतीय किसान परिवर्तन-रोधी है। कम्युनिस्ट डिस्कोर्स की भी इसमें एक भूमिका थी। किसानों को दकियानूसी समझा जाता था। इस तरह के आधुनिकतावाद और सेकुलरवाद को भारतीय जनता ने बार-बार गलत साबित किया है।

इन सब समानताओं के बावजूद मैं समझता हूँ कि आशिस के साथ मेरे मतभेद भी साफ हैं। मैं परंपरा को भारतीय अस्मिता का पर्याय नहीं मानता। मैं उसे आधुनिकता के विकल्प के रूप में नहीं देखता। मेरे मतभेदों का एक और बिंदु है और वह है राज्य की भूमिका को लेकर। इस मामले में मेरा रजनी कोठारी के बाद के लेखन (लोकायन के बाद के) से भी मतभेद है। हो सकता है कि आशिस के मुकाबले मैं कुछ राज्यवादी जैसा लगूँ, पर मैं भारत के संदर्भ में राज्य को एक बहुत महत्त्वपूर्ण एजेंसी मान कर चलता हूँ। राज्य की भूमिका के बिना लोकतंत्रीकरण संभव नहीं था। मैं एक प्राक्-लोकतांत्रिक और प्राक्-आधुनिक राज्य के मुकाबले लोकतांत्रिक और आधुनिक राज्य के पक्ष में हूँ जो जनता के मित्र की भूमिका निभा सकता है। ध्यान रखिए आधुनिक राज्य के आगमन से

पहले हमारे यहाँ जातिगत समाज का ऊँच-नीच वाला राज्यविहीन शासन चलता था। जिस चीज को आशिस नंदी भारतीय समाज और लोगों की 'लिव्ड लाइफ' कहते हैं, उसकी एक जड़ इसमें भी है। मुझे यह मानने में कोई संदेह नहीं है कि बिना लोकतांत्रिक राज्य के न तो सुसंगत विकास हो सकता है, और न ही अंत्योदय संभव है। यहाँ यह जोड़ना भी जरूरी है कि मैं जनता के मित्र की भूमिका निभाने वाले आधुनिक राज्य के पक्ष में हूँ, न कि अभिजनों की एजेंटी करने वाले आधुनिक राज्य के।

रजनी कोठारी और अराजकतावादी यूटोपिया

प्रश्न : आशिस नंदी वाले सवाल पर कुछ लंबी बातचीत हो गई। याद दिलाने के लिए कह रहा हूँ कि अभी आपको प्रोफेसर कोठारी की ग्रासरूट्स थियरी पर भी अपनी बात रखनी है।

उत्तर : मैं गाँधीवादी अराजकतावादियों से भी सहमत नहीं हूँ जिनके आग्रहों की झलक रजनी कोठारी के लोकायन-पश्चात लेखन में मिलती है। वहाँ वे 'यॉनिंग वेक्यूम' की चर्चा करते हैं। वे पापुलिस्ट बातें करते हुए संस्थाओं के आधार पर चलने वाले राज्य को खारिज करते हुए नजर आते हैं। यह भी एक अराजकतावादी यूटोपिया ही है, जिसकी पैरोकारी से कुछ होने वाला नहीं है। वैसे तो मेरे और उनके काम के बीच अधिकांशतः सहमति ही है, पर लोकायन के प्रयोग को समझने की दृष्टि को लेकर हमारे बीच सहमति नहीं रही है। मैं किसी हाइपर-सेकुलज्मि, हाइपर-मॉडर्निटी या हाइपर-डेमोक्रेसी के सिद्धांतीकरण से समहत नहीं हो सकता। कारण यह है कि उसके नतीजे वर्चस्ववादी राजनीति में निकलते हैं।

जहाँ तक ग्रासरूट्स थियरी का सवाल है, यह हम सबने मिल-जुल कर विकसित की थी। मैं था, हर्ष सेठी थे, विजय प्रताप का भी योगदान था, भले ही उन्होंने लिखा न हो। इस बहस से गैर-पार्टी राजनीतिक संरचनाओं का विचार निकला। कुल मिला कर यह सामूहिक प्रयास था जिसके बारे में उसके भागीदारों ने अलग-अलग वक्त पर अलग-अलग तरीके से लिखा। मैंने सेमिनार, आल्टरनेटिव्ज़ और ईपीडब्ल्यू में लिखा। रजनी और हर्ष ने ईपीडब्ल्यू में अलग-अलग गैर-पार्टी संरचनाओं पर लिखा। थियरी के सवाल पर हमारे बीच कोई अंतर नहीं था। दरअसल मतभेद देखने के लिए मुझे विशेष प्रयास करना होगा। रजनी का केवल एक यॉनिंग गैप वाला लेख है जो मुझे लगता है कि उन्होंने कुछ हताशा के मूड में लिखा होगा। इसमें मुझे उनके साथ अपने मतभेद के सुराग मिलते हैं। शायद हम लोगों के बीच फर्क अगर था तो इस परिघटना को

रोमानी तरीके से देखने के सवाल पर था। इसी से तय होता था कि हमारी अपेक्षाएँ इससे क्या होंगी। संभवतः विजय प्रताप जैसे साथी और रजनी कोठारी लोकायन को एक प्रोटो-पार्टी के तौर पर, एक निरंतर चलने वाले क्रांतिकारी आंदोलन के तौर पर देख रहे थे। जबकि मेरे लिए यह एक प्रक्रिया थी जो नागरिक संस्कृति में परिवर्तन ला सकती थी। वह लोकतंत्र के भीतर, न कि उसके दायरे के बाहर।

देखने की बात यह है कि समाज संरचनागत रूप से बदल रहा है। परिवार की संस्था बहुत कुछ बदल चुकी है। किसी ने इन परिवर्तनों का अध्ययन नहीं किया है। परिवार एक हद तक सिर्फ मियाँ-बीवी और बच्चों (न्यूकलियर) वाली इकाई बनता जा रहा है। शहरी भारत की यही हकीकत है। पश्चिम की तरह हमारे यहाँ नेबरहुड कम्युनिटी नहीं बनी है। परिवार सक्रिय रूप से राजनीतिक संरचनाओं से नहीं जुड़े हैं। हमारे यहाँ वहाँ की तरह चर्च जैसा कोई सामूहिक धार्मिक संबंध भी नहीं है। वह अपने से बाहर की दुनिया से टीवी वगैरह के जरिए यानी वायर सिस्टम के जरिए ताल्लुक रखता है। इस तरह से यह हमारा नया बनता हुआ परिवार अपने एकांत में खड़ा है।

दूसरा बड़ा परिवर्तन यह हुआ है कि लोककल्याणकारी राज्य की पूरी परियोजना भूमंडलीकरण के आगमन से पहले से ही ध्वस्त पड़ी हुई है। यह एक गलत समझ है कि लोककल्याणकारी राज्य को भूमंडलीकरण संत्रस्त कर रहा है। असल में राज्य की संस्था वेलफेयर स्टेट के रूप में ऐसी कई भूमिकाएँ निभाने की कोशिश कर रही थी जो परिवार की संस्था नागरिकों के लिए निभाने में नाकाम थी। यह भारतीय लोकतांत्रिक राज्य की परियोजना थी। लेकिन, वह भी इसमें कभी कामयाब नहीं हो पाई। अब भारत में एक स्थिति ऐसी बनी कि राज्य और परिवार के बीच एक बहुत बड़ा स्पेस बनता चला गया। इस स्पेस को धीरे-धीरे करके गैर-सरकारी संगठन (एनजीओ), नागरिक समाज, छोटे-छोटे जमीनी स्तर पर चलने वाले आंदोलन भरते चले गए।

सवाल यह है कि इस संरचनात्मक निर्मिति को कैसे देखा-समझा जाए। क्या इसका विकास केवल एक ही दिशा में हो रहा है? क्या यह समाज और व्यवस्था के सम्पूर्ण रूपांतरण के किसी एजेंडे पर चल रही है? मेरी समझ यह है कि कुछ समाज परिवर्तन के आंदोलन हो सकते हैं, पर राज्य और परिवार के बीच विकसित हुआ यह विशाल और विविधीकृत स्पेस एक तरह का नहीं, बल्कि कई तरह का काम कर रहा है। मेरा ख़याल है कि यह एक प्रक्रिया है जिसके तहत लोगों की जरूरतों और समस्याओं को समझा जा रहा है, उनके होने को स्वीकार किया जा रहा है, उन्हें राजनीतिक और सामाजिक धरातल पर

संसाधित किया जा रहा है। यह चीज लोकतांत्रिक राजनीति में माँगों के रूप में सामने आती है। हालाँकि यह प्रक्रिया परिवार और राज्य के बीच बने स्पेस में चल रही है, पर इसका संवाद मुख्यतः राज्य से है कि वह क्या कर रहा है और उसे क्या करना या नहीं करना चाहिए। इसमें एक पहलू नीतिगत है जिस पर हमारे यहाँ अनुसंधान करने की कोई जरूरत नहीं समझता। मैं जमीनी आंदोलनों की परिघटना को इस नजरिए से देखता हूँ। मैंने इस परिघटना को भारतीय राजनीति और राज्यव्यवस्था के सम्पूर्ण रूपांतरण के प्रोग्राम की तरह कभी नहीं लिया। मैं तो उसे राज्य के साथ द्वंद्वात्मक संबंध में देखता रहा जो उसे प्रभावित कर सकता है और एक हद तक बदल भी सकता है।

मैं यहाँ रजनी कोठारी के दो लेखों का जिक्र करूँगा। एक लेख है 'दि यॉनिंग गैप', और दूसरा है 'नॉन-पार्टी पॉलिटिकल फार्मेशन'। उनकी बाकी रचनाएँ तो विभिन्न मुद्दों से संबंधित हैं, जैसे सेकुलरवाद, विकास या पार्टी सिस्टम वगैरह। अगर आप मुद्दावार पूछें तो मैं कुछ कहने की कोशिश कर सकता हूँ।

प्रश्न : देखिए, पिछले दिनों हुआ यह कि एक जनादेश यात्रा निकली जिसने भूमि का सवाल उठाया। सरकार ने उसका नोटिस लिया, मीडिया ने लिया और फटाफट उस पर एक नीतिगत घोषणा भी कर दी गई। पर, जब वही सवाल किसान सभा ने उठाया तो उसकी किसी ने परवाह नहीं की। न मीडिया ने, न सरकार ने। गैर-पार्टी प्रक्रिया से निकली पहलदमी किसान गोलबंदी के पारंपरिक पार्टीगत जरिए से प्रभावी निकली। ऐसा पहली बार हुआ। क्या इससे नहीं लगता कि गैर-पार्टी प्रक्रिया का महत्त्व कितना बढ़ गया है?

उत्तर : इसे आप किसी नई घटना के तौर पर मत रखिए। दोनों ही नागरिक समाज की प्रक्रिया के अंग हैं। जनादेश यात्रा गैर-पार्टी राजनीतिक संरचनाओं की देन है और किसान सभा पार्टी संरचना से निकली है। ऐसी बात नहीं कि किसान सभा की गतिविधियों पर ध्यान नहीं दिया जाना चाहिए। यह दूसरी बात है कि उसकी तरफ ध्यान नहीं दिया गया। लेकिन, सरकार गैर-पार्टी राजनीतिक पहलकदमियों की तरफ पहले भी ध्यान देती रही है। मसलन, पश्चिमी घाटों के बारे में चलाई गई पर्यावरणवादियों की मुहिम की याद कीजिए। वन नीति के मुद्दे के आसपास किए जाने वाले प्रदर्शन भी इसी श्रेणी में आते हैं। सरकार ने इन तमाम मुद्दों पर नागरिक समाज की गैर-पार्टी पहलकदमियों पर अनुक्रिया की है।

समस्या यह है कि पार्टी-पॉलिटिक्स वाले इन मसलों की तरफ ध्यान ही

नहीं देते। उनके सरोकारों में ये बातें फिट ही नहीं होतीं, क्योंकि इनसे उन्हें वोट नहीं मिलते। जबकि छोटे-छोटे जमीनी आंदोलन इसमें अपनी ऊर्जा खपाते हैं। उन्हें लगता है कि ये मुद्दे सीधे-सीधे गरीब जनता की रोजी-रोटी से जुड़े हुए हैं, भले ही उन पर वोटों की राजनीति न की जा सके।

हम लोग हमेशा ही इस तरह के मुद्दों पर रोशनी डालते रहे हैं। इसीलिए पार्टियाँ हम लोगों से चिढ़ती रही हैं। पहले दिन से ही उन्हें हमसे दिक्कत है। लेकिन, इसका मतलब यह नहीं हो जाता कि गैर-पार्टी संरचनाएँ पार्टी-पॉलिटिक्स के खिलाफ हैं, या उन्हें अराजकतावादी होना चाहिए या फिर स्थायी तौर पर राज्य विरोधी रवैया अख्तियार कर लेना चाहिए।

प्रश्न : मैं इस बात को इस तरह से भी कहूँगा कि गैर-पार्टी संरचनाएँ अब उस स्पेस में भी अपनी उपस्थिति दर्ज कराती जा रही हैं, जो पहले पूरी तरह से पारंपरिक पार्टियों का हुआ करता है। क्या किसान आंदोलन एक ऐसा ही क्षेत्र नहीं है?

उत्तर : कुछ क्षेत्रों में ऐसा हो सकता है। जहाँ तक किसान आंदोलन का सवाल है गैर-पार्टी संरचनाएँ शुरू से ही उसमें काम करती रही हैं। उनके प्रतिवेदन सरकार को मिलते रहे हैं। स्त्रियों के संगठनों की भूमिका इसमें रही है। गैर-पार्टी संगठनों के बारे में महत्त्वपूर्ण बात यह है कि उन्होंने राजनीति के नए स्पेस तैयार किए हैं जिनका पहले वजूद ही नहीं माना जाता था। जरा बताइए, गैर-पार्टी संरचनाओं के पहले किस पार्टी के एजेंडे पर पर्यावरण और पारिस्थितिकी एक मुद्दे के रूप में मौजूद थी। यहाँ तक कि औरत की आजादी के सवाल में भी उनकी दिलचस्पी नहीं थी। कानून आम जनता की जिंदगी को किस तरह से प्रभावित करता है, इस विषय में कौन सोचता था? पूरा अनौपचारिक क्षेत्र किसी भी तरह की राजनीतिक पहलकदमी से वंचित था। इस लिहाज से अस्सी फीसदी भारत के प्रति पार्टीगत दायरे का कोई सरोकार ही नहीं था। मैं चुनावी राजनीति को लोकतांत्रिक राजनीति के केवल एक पहलू के रूप में देखता हूँ। गैर-पार्टी राजनीति भी लोकतांत्रिक राजनीति की निरंतरता है। उसका दूसरा पहलू है जो वह काम कर रहा है जिसे कर पाने में चुनावी राजनीति असफल रही है।

आरक्षण की समस्याएँ

प्रश्न : पिछड़ा वर्ग आयोग के आप सदस्य रहे। कुछ वहाँ के तजरुबों पर प्रकाश डालिए। आपके साथ जो लोग थे आयोग में वे किस किस्म के थे।

उत्तर : जब मुझे आयोग की सदस्यता का निमंत्रण मिला तो मैं चकित हो उठा। बहुत छानबीन करने पर पता चला कि शायद सीताराम केसरी से सुरेंद्र प्रताप सिंह ने मेरा नाम सुझाया था। मैं शुरू में इस सदस्यता को लेकर बहुत उत्साहित नहीं था। सरकार और नौकरशाही की संरचनाएँ मेरे काम करने के तरीके के अनुकूल नहीं हैं। मेरा आलस्य भी मुझे मना कर रहा था कि मैं इस प्रस्ताव को स्वीकार न करूँ। पर मेरे साथियों ने कहा कि आप आयोग में जाइए क्योंकि यह आपके रिसर्च एरिया की गतिविधि है। आज मैं सोचता हूँ कि यह फैसला ले कर मैंने ठीक ही किया।

पिछड़ा वर्ग आयोग में एक सदस्य समाज विज्ञान के क्षेत्र से रखा जाता है। दो लोगों को इस आधार पर सदस्य बनाया जाता है कि उन्हें पिछड़े समुदायों की भीतरी और गहरी जानकारी होगी। इसका मतलब यह हुआ ये दो सदस्य पिछड़े वर्ग से ही होने चाहिए। एक अवकाशप्राप्त न्यायाधीश होता है जो आयोग का मुखिया होता है। हमारे यहाँ परंपरा सी बन गई है कि आयोगों की अध्यक्षता जजों को ही दी जानी चाहिए। एक अवकाशप्राप्त पूर्व आईएएस अधिकारी रखा जाता है जो सदस्य-सचिव की भूमिका निभाता है। यह पद सबसे महत्त्वपूर्ण होता है। इस तरह पाँच लोग होते हैं।

यह आयोग बनाया ही इसलिए गया था कि उसे दस साल के भीतर ऐसी जातियों की सूची पेश करनी थी जो पिछड़ी नहीं रह गई हैं। लेकिन, आयोग का मेरा अनुभव मुझे बताता है कि जाति प्रथा का असर मंद करने के लिए जो ताकतें और प्रक्रियाएँ खड़ी हुई थीं, वे अब खुद जाति प्रथा की अनुकृति बनती जा रही हैं। प्रगति के कई सोपान चढ़ चुकी पिछड़ी जातियों का एक बड़ा और मजबूत निहित स्वार्थ बन चुका है। वे अपने से नीची जातियों के साथ वही सुलूक कर रहे हैं जो कभी द्विजों ने उनके साथ किया था। मैं आयोग की पहली टीम का सदस्य था। कुल मिला कर स्थिति यह बनी है कि आयोग के सदस्य, उससे जुड़ी नौकरशाही और पूरा का पूरा क्षेत्र ही इसी जबरदस्त निहित स्वार्थ की नुमाइंदगी करता नजर आता है। ये लोग सब मिल कर पूरी कोशिश में रहते हैं कि किसी भी तरह से पिछड़ी जातियों को अत्यधिक पिछड़े और कम पिछड़े में वर्गीकृत न होने दिया जाए। जब मैं आयोग में था उस समय भी प्रभुत्वशाली पिछड़ी जातियों द्वारा ऐसे किसी भी कदम के खिलाफ प्रतिरोध होता था।

आयोग की पहली टीम का ज्यादातर वक्त तो मंडल आयोग द्वारा बनाई सूची को तर्कसंगत बनाने में खर्च हो गया, क्योंकि सूची में बड़ी खामियाँ थीं। अब स्थिति यह है कि मजबूत पिछड़ी जातियों के हितसाधक आरक्षण के फायदे निचली ओबीसी जातियों तक नहीं पहुँचने दे रहे हैं। खास तौर से दक्षिण के

ओबीसी जिन्हें सबसे पहले आरक्षण मिल गया था। इन तगड़ी ओबीसी जातियों को सत्ता भी मिल गई है। वे आरक्षण के फायदे अपने हाथ से नहीं निकलने देना चाहते। जो समुदाय पिछड़े नहीं रह गए हैं, उनकी शिनाख्त नहीं की जा रही है, और न की जाएगी। इंद्र स्वाहनी वाले फैसले में सुप्रीम कोर्ट द्वारा दिए गए निर्देशों के विरोध में जाता है यह रवैया।

प्रश्न : जब आपने पिछड़ा वर्ग आयोग में इन मुद्दों को लेकर संघर्ष किया तो क्या स्थिति बनी?

उत्तर : मैं नहीं कहूँगा कि मैंने कोई संघर्ष किया। संघर्ष का ऐसा स्कोप होता नहीं है वहाँ। आप अपनी राय देते हैं तो उसे सुन लिया जाता है। कोई प्रतिक्रिया नहीं दी जाती। यह एक अलग तरह की प्रक्रिया है। यह अलग-अलग व्यक्तियों पर भी निर्भर करता है। कुछ लोग ज्यादा संघर्ष करते हैं, उन्हें उस प्रक्रिया से निकल जाना पड़ता है। बात यह है कि एक आम सहमति बनानी पड़ती है, जो एक सुझाव की शक्ल में हमारी सालाना रिपोर्ट में आई थी कि इस तरह का वर्गीकरण करना चाहिए। चार सदस्य इस पर सहमत थे, पर एक सदस्य जो यादव थे उनका कहना था कि यह सही नहीं रहेगा क्योंकि इस तरह की एक्ज़िट पॉलिसी से ओबीसी में टूट हो जाएगी। लेकिन, हमने यह प्रक्रिया शुरू की। काम दस साल में खत्म करना था। हमारे पास तीन साल का कार्यकाल था। हमने राज्य आयोगों के सामने वर्गीकरण का यह सवाल रखा था। एक प्रश्नावली बनाई जिसका मकसद निकास नीति का सूत्रीकरण करना था।

दिक्कत यह है कि शैक्षिक और सामाजिक पिछड़ेपन की कसौटी पर तो बहुत से समुदायों को हमने आरक्षण की सूची में शामिल किया, पर उनकी हालत यह है कि उनमें एक व्यक्ति भी मैट्रिक तक नहीं है या उनके पास बुनियादी शिक्षा भी नहीं है। ऐसे लोगों को आरक्षण से कैसे फायदा मिलेगा? दरअसल, आरक्षण का मुख्य फायदा थोड़े पढ़े-लिखे लोगों को ही मिलता है। जहाँ शिक्षा का पूरी तरह से अभाव है, उनके लिए और योजनाएँ हैं जिन पर ध्यान नहीं दिया जाता। हमने इस पहलू को भी अपनी सालाना रपट में लिखा। पर नौकरशाही ने उसके प्रति दिलचस्पी नहीं दिखाई।

तीसरी बात मुझे यह लगी कि सामाजिक रूप से पिछड़े होने की कसौटी में किसी समुदाय के लिए कर्मकांडीय दर्जे की भूमिका होती है। लेकिन, जब कर्मकांडीय दर्जा अहम नहीं रह जाता है तो फिर उन्हें मिलने वाले आरक्षण का औचित्य उतना नहीं रह जाता। इस संदर्भ में यह स्पष्ट करना जरूरी है कि कर्मकांडीय निम्नता के कारण हुए नुकसान की भरपाई के लिए हर समुदाय को

समय की दरकार होती है। दलितों को इस सिलसिले में सबसे लम्बी अवधि देनी होगी, क्योंकि इसी कारण से वे सभी तरह की सामाजिक पूँजी के आधार से वंचित हो गए थे। लेकिन, पिछड़ी जातियों की स्थिति दलितों से बेहतर है। उन्हें भूमि सुधारों और हरित क्रांति का लाभ मिल चुका है। बहुत से ओबीसी समुदाय ग्रामीण अभिजनों की ही नहीं, बल्कि शासक अभिजनों की भूमिका में आ चुके हैं। उनके संबंध में सामाजिक पिछड़ेपन की कसौटियों पर फिर से विचार होना चाहिए।

प्रश्न : क्या संविधान कर्मकांडीय दर्जे को पिछड़ेपन की कसौटी मानता है?

उत्तर : संविधान तो केवल सामाजिक और शैक्षिक पिछड़ेपन की बात करता है। मंडल कमीशन ने यह तय किया था कि सामाजिक पिछड़ेपन के कर्मकांडीय रूप से निचली जातियों को पिछड़ा माना जाएगा। इस फैसले में समाजशास्त्री भी शामिल थे। एम.एन. श्रीनिवास उनमें से एक थे। बाद में कई लोग इसका विरोध करने लगे, जैसे योगेंद्र सिंह। लेकिन, यही लोग जब मंडल कमीशन में थे तो कर्मकांडीय दर्जे को कसौटी मानने के पक्ष में थे। उनकी बात भी सही थी। नब्बे फीसदी शैक्षिक और सामाजिक रूप से पिछड़े वही समुदाय थे जो कर्मकांडीय रूप से निचले माने जाते थे। उस समय के लिहाज से यह परिभाषा एकदम ठीक थी। लेकिन, आज समाज में जो परिवर्तन हो रहे हैं, उनकी रोशनी में दोबारा देखना चाहिए कि अब पिछड़ेपन और कर्मकांडीय दर्जे का क्या संबंध रह गया है? क्या आज भी सत्ता का फैसला या सत्ता के अवसर या विकास के अवसर पहले की तरह कर्मकांडीय दर्जे के मुताबिक तय होते हैं? यह सवाल विचारणीय है। देखना यह चाहिए कि कर्मकांडीय दर्जे के मुताबिक शूद्र समझी जाने वाली सभी जातियाँ क्या सामाजिक और शैक्षिक रूप से पिछड़ी रह गई हैं।

प्रश्न : बाद में आपने आरक्षण के मुद्दे पर विचार व्यक्त करते हुए यह भी लिखा है कि इस तरह का आयोग नहीं होना चाहिए। ऐसा क्यों?

उत्तर : क्योंकि मुझे लगता है कि यह आयोग पिछड़े वर्ग के ऊँचे तबकों के निहित स्वार्थों की अभिव्यक्ति साबित हुआ है। यह एक स्थायी आयोग है जिसकी वजह से एक पिछड़ाकरण की प्रक्रिया चलती रहती है। इस आयोग का काम विभिन्न समुदायों को पिछड़े वर्ग की सूची में शामिल करना रह गया है। बात इस तरह से होती है कि आयोग ने कितनों को पिछड़ा बनाया।

होना यह चाहिए कि स्थायी आयोग गठित न किया जाए। उसकी जगह अस्थायी समयबद्ध आयोग बनाए जाएँ जिनका निश्चित एजेंडा हो कि उन्हें उन जातियों और समुदायों की सूची बनानी है जो संविधान में दी गई परिभाषा के मुताबिक और सुप्रीम कोर्ट द्वारा तैयार की गई कसौटियों के मुताबिक पिछड़े नहीं रह गए हैं। इसके बाद यह आयोग खत्म हो जाना चाहिए। जब फिर जरूरत पड़े तो फिर किसी आयोग का गठन हो। वरना, होता क्या रहेगा कि चुनाव में हार गए लोगों को आयोग में पुनर्वास दिया जाता रहेगा और इस तरह निहित स्वार्थों की गोटी लाल होती रहेगी।

लोकतांत्रिक संस्थाओं की एक समस्या होती है कि एक सीमा के बाद नौकरशाही और राजनीतिक हित मिल कर उन्हें आपस में होड़ कर रहे हितों के औजार में बदल देते हैं। यह हमारे लोकतांत्रिक निज़ाम के पिछड़ेपन का चिह्न है।

मार्क्सवाद, गाँधीवाद, आम्बेडकरवाद और हिंदुत्व

प्रश्न : मैं अक्सर कुछ पापुलिस्ट लहजे में कहता रहता हूँ कि भारत की राजनीति या सार्वजनिक जीवन चार विचारों में बँटा हुआ है। गाँधी विचार, आंबेडकर विचार, सावरकर विचार और मार्क्सवादी विचार। ये नाम मैंने प्राथमिकता क्रम से नहीं लिए हैं। मोटे तौर पर देखने पर लगता है कि गाँधीवाद से आपके ताल्लुकात मधुर हैं, और मार्क्सवाद से आपको कुछ दिक्कत सी है। मुझे लगता है कि व्यावहारिक राजनीति के लिहाज से गाँधीवाद पूरी तरह से फ्लॉप है। पर, वैचारिक प्रेरणाओं के लिहाज से हम लोगों को दिशा देता है, पर केवल हमें जो विचार के पेशे में हैं। अगर गाँधीवाद राजनीतिक रूप से फ्लॉप नहीं है, तो उसकी एकमात्र राजनीतिक निष्पत्ति कांग्रेस के अलावा और क्या है? समाजवादियों ने गाँधीवाद की एक व्यावहारिक राजनीति बनाने की कोशिश की थी, लेकिन वे सब धीरे-धीरे कांग्रेस में समा गए। आप यह बताइए कि कांग्रेस से इतर गाँधीवादी राजनीति कैसे बनेगी?

उत्तर : मुझे मार्क्सवाद से उतनी दिक्कत नहीं है जितनी मार्क्सवादी राजनीति से। मार्क्सवाद तो समाज और उसकी गतिशीलता को समझने की एक दृष्टि देता है जिससे एक हद तक लाभ होता है। कोई भी समाजशास्त्री मार्क्सवादी चिंतन को नजरअंदाज नहीं कर सकता। लेकिन, भारत की मार्क्सवादी राजनीति अलग किस्म की शै है जिसे मैं मानता हूँ कि वह हमारी अभिजन राजनीति का ही एक अंग है।

जहाँ तक गाँधीवाद की व्यावहारिक राजनीति का सवाल है, वह तो बन

रही है। अगर आप राजसत्ता पाने से संबंधित या चुनावी राजनीति का जिक्र करेंगे तो नहीं लगेगा कि ऐसी कोई गाँधीवादी राजनीति है। मैं नहीं मानता कि कोई गाँधीवादी पार्टी बन सकती है। ऐसी पार्टियाँ जरूर रहेंगी जो गाँधी विचार को किसी न किसी रूप में अपने कार्यक्रम में शामिल करती रहेंगी। कांग्रेस ने भी शुरू के कुछ सालों तक ऐसा किया था।

यहाँ हमें यह भी समझना चाहिए कि गाँधीवाद है क्या? व्यावहारिक रूप से हमारी राष्ट्रीय विरासत का एक बड़ा हिस्सा ऐसा है जो गाँधीवाद है, और गाँधीवाद के अच्छे खासे हिस्से को राष्ट्रीय विरासत माना जाता है। दूसरे, गाँधीवाद जो है वह हमारे ऐतिहासिक और सांस्कृतिक आयामों में रचाबसा है। गाँधीवाद के जो सिद्धांत बताए जाते हैं, वह एक अलग बौद्धिक संरचना है। इस सुचिंतित गाँधीवाद का प्रभाव ग्लोबल चिंतन में ज्यादा दिखाई देगा, और भारत में वह दूसरे तरीके से दिखाई पड़ेगा। यह चिंतन पर्यावरण, पारिस्थितिकी और युद्ध विरोधी व शांति समर्थक आंदोलनों के पीछे है। इस तरह की बातों को मार्क्सवादी राजनीति के असर में कभी दकियानूसी माना जाता था, लेकिन अब उसे नागरिक जीवन को टिकाए रखने के लिए अनिवार्य समझा जाता है। अब यह जनादेश यात्रा क्या है? यह भी गाँधीवादी राजनीति की ही एक अभिव्यक्ति है। नागरिक समाज की गोलबंदियाँ और उन्हें अंजाम देने वाले समूह गाँधीवादी सोच से जुड़े हुए हैं। उन्हें गाँधीवाद की व्यावहारिक राजनीति के रूप में देखा जाना चाहिए। अगर ऐसे मुद्दों से जुड़े लोगों का एक प्रोफाइल तैयार किया जाए और ऐसे संगठनों का एक वैचारिक इंडेक्स बनाया जाए तो उनमें से अस्सी-पचासी फीसदी लोग गाँधी, विनोबा, लोहिया, जेपी वगैरह के साथ अपनी विरासत जोड़ते हुए मिलेंगे।

दूसरी बात यह है कि भारत में राजनीतिक कार्यकर्ता की जो आदर्श जीवन-शैली है वह गाँधीवादी किस्म की रही है। जनता तक पहुँचने के तौर-तरीके भी वहीं से आए हैं। चाहे वह मार्क्सवादी कार्यकर्ता हो या लोहियावादी या कुछ और। जनता में काम करने वाले ज्यादातर कम्युनिस्ट नेताओं का रहन-सहन भी इसी की देन है। कम्युनिस्टों के बीच का चिंतक तबका अलग तरह का और काफी-कुछ कुलीन जीवन व्यतीत करता रहा है।

प्रश्न : आपने मार्क्सवाद की जरूरत और मार्क्सवादी राजनीति के अभिजनवादी चरित्र के बारे में कहा है। लेकिन, यह भी एक तथ्य है कि कम्युनिस्टों ने देश की गरीब जनता के बीच बहुत ईमानदारी से काम किया है। बहुत उनका राजनीतिकरण किया, उनके बीच संघर्ष की राजनीति के लिए और

साथ में चुनावी राजनीति के लिए जनाधार भी बनाया। कुर्बानियाँ भी कीं। इस तरह भारत के उदारतावादी लोकतंत्र के साथ उनका यह सकारात्मक रिश्ता बनता है। दूसरे, भारत में तो उनके प्रसार के लिए आदर्श परिस्थितियाँ थीं। आजादी के तुरंत बाद राजनीतिक ताकत के लिहाज से कांग्रेस के बाद कम्युनिस्टों का ही नंबर था। उन्होंने राजनीति में खासी व्यावहारिक सफलताएँ भी अर्जित कीं। फिर भी उनकी इतनी दुर्गति क्यों हुई कि वे देश के कुछ कोनों में ही सिमट कर रह गए?

उत्तर : सन् १९६४ में कम्युनिस्ट पार्टी का विभाजन हो जाने के बावजूद जब १९६७ का चुनाव आया तो उस समय तक भी इस आंदोलन का राजनीतिक रूप से प्रसार हो रहा था। ऐसा लगता था कि देश के तटीय इलाकों में, पश्चिम बंगाल से केरल तक, कम्युनिस्ट पार्टी आएगी। पूर्वी उत्तर प्रदेश में, कानपुर में और बिहार में भी कम्युनिस्टों का ठोस काम था। फिर भी ये लोग आगे नहीं बढ़े। इसका कारण उनके अभिजनवाद में था। यहाँ अभिजनवाद से मतलब किसी कुलीन जीवन-शैली से उतना नहीं है, जितना इस बात से है कि राष्ट्रवाद के विचार से कम्युनिस्टों का संबंध किस तरह का था, उनके प्रेरणा के स्रोत कहाँ से आते थे, उनकी शब्दावली किस तरह की थी (बुर्जुआ, पेटी-बुर्जुआ, प्रोलिटेरियन वगैरह)। ये तमाम पहलू कम्युनिस्टों की एक ऐसी छवि बनाते थे कि इन लोगों के देश भारत की सीमाओं से परे कहीं और हैं। राष्ट्रवाद की उनकी समझ पश्चिमी अनुभव द्वारा थमाई गई समझ थी। ऐसा समझा जाता था कि इन लोगों के तार कहीं रूस या चीन में हैं। कम्युनिस्टों के बारे में यह प्रचलित समझ अभी तक बनी हुई है।

कम्युनिस्ट यह समझ पाने में नाकाम रहे कि भारत में राष्ट्रवाद का मतलब उस समय समावेशन (इनक्ल्युसिविटी) था। जातियों में बँटा समाज राष्ट्रवाद के जरिए एक मुश्तरका समाज बनने की तरफ बढ़ रहा था। इस प्रक्रिया को देखने से उन्होंने इनकार किया और ऐसी विचारधारात्मक लड़ाइयाँ लड़ते रहे जिनकी शर्तें किन्हीं दूसरों ने तय की थीं। आंदोलन का राजनीतिक प्रसार हो रहा था क्योंकि परिस्थितियाँ अनुकूल थीं, पर उसका मतलब निकाला गया कि जैसे उनकी विचारधारा का प्रसार हो रहा है।

यह शब्दावली का मसला बहुत गंभीर है। केवल कम्युनिस्टों को ही नहीं, इसने गाँधीवादियों को भी नुकसान पहुँचाया है। मुसलमान गाँधी विचार के प्रति आकर्षित थे। इस बात की संभावना थी कि वे इस विचार को एक सार्वभौम जीवन-शैली की तरह देखते। लेकिन गाँधीवाद की शब्दावली में उनके लिए समस्या थी। रामराज्य और सत्याग्रह जैसे शब्द मुसलमानों को उसी तरह पराये

लगते थे जिस तरह कम्युनिस्टों की शब्दावली पूरे भारत को विजातीय प्रतीत होती थी।

प्रश्न : अब सावरकर के वैचारिक प्रभाव की तरफ आइए। भाजपा ने उप्र और गुजरात में हिंदुत्व की दो प्रयोगशालाएँ बनाईं। उप्र में शुरुआती कामयाबी के बाद वह नाकाम हो गई। पर गुजरात में अभी कामयाबी का दौर चल रहा है। क्या भाजपा हिंदुत्व विचार से इतर अपनी राजनीति बना सकती है? क्या उसे संघ परिवार से कभी स्वायत्तता मिल पाएगी?

उत्तर : मिल पाएगी या नहीं, यह कहना अभी मुश्किल है। पर मिल सकती है। यह संभावना उस समय मुखर लग रही थी जब आडवाणी और वाजपेयी परिवार वालों से अलग देखे जा रहे थे। चुनावी और गठजोड़ राजनीति की मजबूरियाँ भाजपा को एक ऐसे रास्ते पर ले जा रही थीं जो हिंदुत्व का रास्ता नहीं था। संघ के साथ उसके मतभेद साफ होते जा रहे थे।

इस प्रक्रिया का एक दूसरा अहम पहलू भी है। जब तक भारतीय लोकतंत्र में चुनावी तर्क चलेगा तब तक विचारधारात्मक काडर आधारित पार्टी का ग्राफ एक निश्चित सीमा से ऊपर नहीं जाएगा। इसकी संरचनागत वजहें हैं। यह बात कम्युनिस्टों पर भी उतनी ही लागू होती है। पार्टी को चलाने वाला विचारधारात्मक रूप से बेहद सुगठित केंद्र अक्सर चुनावी नजरिए से और राजनीतिक नजरिए से भी नुकसानदेह फैसले कर बैठता है।

इस समस्या का तीसरा पहलू भी है। हिंदूवाद एक धर्म है और हिंदुत्व एक राजनीतिक विचार जो महज डेढ़ सौ साल पुराना है। दोनों के बीच जमीन-आसमान का फर्क है। पर आजकल हिंदू धर्म में तब्दीलियाँ दिखाई दे रही हैं। गुजरात पर निगाह डालने से लगता है कि हिंदू धर्म और हिंदुत्व के बीच का फर्क कम होता जा रहा है। हालाँकि सुप्रीम कोर्ट ने हिंदू धर्म और हिंदुत्व के फर्क को बिना समझे हिंदुत्व को जीवन-शैली करार दे दिया था, पर हिंदुओं के राजनीतिकरण की प्रक्रिया हिंदू धर्म को संरचनागत रूप से हिंदुत्व के नजदीक ला रही है। डर यह है कि कहीं हिंदुत्व ही हिंदुओं को धार्मिक और थियलॉजी के आधार पर परिभाषित न करने लगे।

अभी हिंदुओं की कोई तयशुदा थियलॉजी नहीं है। उसका नजारा बहु-सांस्कृतिक है। हिंदुत्व ऐसे हिंदुओं को एक राजनीतिक एकता में बाँध सकता है। इसका खतरा बढ़ रहा है। राजनीतिक एकता के आग्रह को अस्मिता की राजनीति के कारण महत्त्व मिलता जा रहा है।

यह इस बात पर भी निर्भर करता है कि अल्पसंख्यकों की राजनीति किस

तरह से आगे बढ़ती है, उसे किस हद तक और किस कोण से स्वीकार किया जाता है। इसका तर्क इस तरह बनता है कि मुसलमान एक हैं और एक हो सकते हैं। ईसाई भी एक हो सकते हैं और एक हैं। सब लोग इन्हें परेशान करते हैं इसलिए इनकी अस्मिता आधारित एकता हो जानी चाहिए। ये अल्पसंख्यक राजनीति के अनिवार्यतावादी तर्क हैं जो अक्सर दिए जाते हैं। इसी की प्रतिक्रिया में हिंदू हित की रक्षा करने की बात उभरती है। एक होने की बात की जाती है। वास्तविकता में हिंदू एकताबद्ध नहीं हो सकते, पर राजनीतिक रूप से हो सकते हैं। यही खतरा है।

सवाल यह है कि अगर हिंदू एकता बन गई तो क्या वह स्थायी होगी? मेरी समझ यह है कि इसके स्थायी होने की संभावना बहुत कम है। एक-दो चुनाव तक यह चल सकती है। बस उसके आगे नहीं। तो क्या मैं हिंदुत्व और हिंदुओं की राजनीतिक एकता के डर को बढ़ा-चढ़ा कर पेश कर रहा हूँ? हो सकता है कि ऐसा ही हो। मुझे यह भी दिखाई पड़ता है कि अगर आक्रामक हिंदुत्ववादी राजनीति को बहुत खींचा गया तो उसकी पैरोकारी करने वाली एक नहीं बल्कि कई पार्टियाँ हो जाएँगी। अभी भी इन लोगों के कई जमावड़े हैं। पुराना जनसंघ तो जारी है ही, उमा भारती की पार्टी है, पिछले दिनों कल्याण सिंह भी एक पार्टी बना चुके हैं, गुजरात और महाराष्ट्र में असंतुष्ट हिंदूवादियों का अलग गुट है। असल में राष्ट्रीय स्वयंसेवक संघ का राजनीतिक चिंतन पूरी तरह से जड़ हो चुका है। हिंदू-हिंदू करने से ही तो कुछ नहीं होता। आखिर हिंदू राष्ट्र क्या है और कैसा होगा? हिंदू नजरिया क्या है, साम्प्रदायिक राष्ट्र कैसा होगा? उनके पास कोई दूरगामी रणनीति नहीं है। मुसलमान विरोधी और ईसाई विरोधी गतिविधियाँ और भावनाएँ भड़काने की राजनीति किसी भी तरह से उन लोगों की नहीं हो सकती जो लोकतंत्र के जरिए गैर-हिंदुओं को हिंदू धारा में आत्मसात करना चाहते हैं। आखिर संघ वाले गैर-हिंदुओं को हिंदू दायरे में सुरक्षा और लोकतंत्र का आश्वासन देने में नाकाम क्यों हैं? चालीस के दशक से ही मैं उन्हें बहुसंख्यकों में पाई जाने वाली अल्पसंख्यक मनोवृत्ति से पीड़ित पाता हूँ। इन लोगों में सांस्कृतिक आत्मविश्वास कतई नहीं है। इसीलिए वे गाँधी को समझने में नाकाम हैं।

देखिए, हिंदू मन और संस्कार अलग चीज है, हिंदुत्व अलग चीज। अगर किसी का मन हिंदू है तो वह हिंदुत्व की एंटीथीसिस हो जाएगा। बहुत से गाँधीवादियों में और समाजवादियों में यह हिंदू मन पाया जाता है। पर, क्या वह हिंदुत्व है? कुछ एक अपवादों को छोड़ कर मुझे लगता है कि ऐसा नहीं है।

चूँकि हिंदुत्ववादी राजनीति के टिकाऊपन के अंदेशे कमजोर हैं, इसलिए

मैं समझता हूँ कि भाजपा का दूरगामी भविष्य एक उदारतावादी दक्षिणपंथी राष्ट्रवादी पार्टी के रूप में ही संभव है। इसी रूप में उसे अपना पुनःसंस्कार करना होगा। केवल तभी वह लोकतांत्रिक संस्कृति के बीच सक्रिय रह सकती है।

प्रश्न : आपने दलित आंदोलन की बड़ी रूढ़िमुक्त व्याख्या की है। खास तौर से आपने उसके विमर्शी पहलुओं को उसके व्यावहारिक राजनीतिक पहलुओं से अलग करके कई तरह के भ्रम साफ कर दिए हैं। आपका मानना है कि दोनों अलग-अलग दिशा में विकसित हो रहे हैं। लेकिन, क्या आपको नहीं लगता कि दलित राजनीति अपने मूल विमर्श से पूरी तरह से कट गई है, सिवाय इसके कि वे दलित राजनीतिक समुदाय बनाने में देश के एक इलाके में कामयाब हुए हैं। लेकिन, क्या पूरी आम्बेडकरवादी सोच की सीमा यही थी? यह दलित राजनीतिक समुदाय किस दिशा में जा रहा है?

उत्तर : मुझे नहीं लगता कि दलित राजनीति के कारण पूरे विमर्श का हनन हो गया है। दलित विमर्श पूर्वअछूतों की गरिमा, सामाजिक प्रासंगिकता और मान्यता पर जोर देता है। राजनीति ने इन पहलुओं को पुष्ट किया है। कुछ पुराने प्रतिमान जैसे 'अध्ययन करो और संघर्ष करो' या 'दलित बनाम ब्राह्मण' अब नहीं चल रहे हैं। अगर आप इसे ही मूल विमर्श मानते हैं तो बात और है। वैसे भी लोकतांत्रिक राजनीति सभी तरह के मूल विमर्शों के कब्रिस्तान की तरह होती है। अगर आपको दूसरों को जोड़ना है, उनके साथ गठजोड़ बनाना है तो मूल विमर्श नहीं चल सकता। यही लोकतांत्रिक राजनीति की खूबी है। वरना ये मूल विमर्श वाले अपनी माइक्रो फंडामेंटलिस्ट पॉलिटिक्स चलाते ही रहते हैं। कुल मिला कर वह जातिगत राजनीति जैसा ही हो जाता है। मूल विमर्श तो गाँधी का भी नहीं रहा। जैसा कि आपने भी बताया कि कांग्रेस में वह नहीं चला। श्रीमान मार्क्स का भी नहीं रहा। सावरकर की भी पिटाई हो रही है गठजोड़ राजनीति में।

अच्छी लोकतांत्रिक राजनीति जातीय-धार्मिक विमर्शों और रेडिकल लगने वाले मूल विमर्शों को बेअसर कर देती है। और, उसे ऐसा ही करना भी चाहिए। इसीलिए मैं एकता में नहीं बल्कि एकता तोड़ों में विश्वास करता हूँ। हिंदू एकता टूटनी चाहिए, मुसलमान एकता टूटनी चाहिए, दलित एकता टूटनी चाहिए, आदि-आदि। ऐसी एकताएँ लोकतांत्रिक राजनीति के खिलाफ होती हैं। एकताएँ मुद्दा आधारित हो सकती हैं, पर स्थायी नहीं।

अस्मिता आधारित राजनीति एक सीमा तक तो ठीक है, क्योंकि वह व्यक्ति और समुदाय को दृश्य बनाती है। अगर आप समाज के धरातल पर अदृश्य हो

गए तो आपकी हालत अछूतों से भी बदतर और उत्पीड़ित हो जाएगी। पर उसके आगे उसी आधार पर राजनीति करते रहने से पुराने तर्ज के खंडित समाज का जन्म होता है। हमें साम्प्रदायिक अस्मिता और सांस्कृतिक अस्मिता के बीच फर्क करना आना चाहिए। भारत के लिए यह बहुत जरूरी है। उसी तरह राजनीतिक एकता और सांस्कृतिक एकता को भी अलग-अलग रखना जरूरी है। जैसे ही दोनों में तालमेल हुआ, साम्प्रदायिकता और उग्र जातीय राजनीति पैदा होने के अंदेशे बढ़ जाते हैं।

जहाँ तक दलित राजनीतिक समुदाय का सवाल है, मायावती का व्यक्तिगत नेतृत्व उसकी चालक शक्ति है। लेकिन, इसके आधार पर चल रही राजनीतिक प्रक्रिया को मैं समुदायों को विभाजित करने के सिलसिले के रूप में देखता हूँ जो मेरे ख़याल से एक सकारात्मक आयाम है। जिस चीज को दलित-ब्राह्मण एकता कहा जाता है, उसमें कुछ हिस्सा ब्राह्मणों का आएगा, कुछ नहीं। इस हिसाब से जाति आधारित प्राथमिक अस्मिताएँ टूटनी चाहिए। केवल नाम भर बना रहेगा। ये जो शब्द है सर्वजन उसका मतलब क्या है? पहले बहुजन शब्द था। ये दोनों शब्द बताते हैं कि यह प्रक्रिया लोकतांत्रिक राजनीतिक समुदायों को खड़ा करने पर बल देती है। उत्तर प्रदेश में तो ब्राह्मणों और दलितों को मिला कर एक राजनीतिक समुदाय बनने की संभावना दिखाई पड़ती है। यह एक गैर-साम्प्रदायिक गैर-जातीय गैर-जातिवादी बहुसंख्यक जनादेश प्राप्त करने की परियोजना है, जो अपने स्वभाव में लोकतांत्रिक समझी जानी चाहिए। शब्दावली के जाल को परे रख कर इस प्रक्रिया को समुदाय की सदस्यता से नागरिकता की तरफ कदम बढ़ाने के रूप में ग्रहण किया जा सकता है। यह होगा तो पश्चिमी शैली में नहीं होगा। हमारे यहाँ समुदाय उस तरह से खत्म नहीं होगा। समुदायों के बीच समता पैदा होगी। यही संविधानसम्मत भी होगा।

प्रश्न : इस इंटरव्यू में कई बार आपने संघ की कड़ी आलोचना की है। इससे आपके वैचारिक रवैये का पता चलता है। यह देख कर ताज्जुब होता है कि इसके बावजूद मेरे कई वामपंथी मित्र आपको संघी प्रति रुझान रखने वाले विद्वान के रूप में पेश करते हैं। ऐसी छवि कैसे बनी, इस बारे में स्थिति साफ कीजिए।

उत्तर : इसमें सफाई की मुझे कोई जरूरत नहीं है। यह तो एक बड़ा खेल है जो आजादी के बाद से लगातार खेला जाता रहा है। यह नेहरूवादी सेकुलर अभिजनों का खेल है। इसका जन्म वामपंथियों और नेहरू के वैचारिक गठजोड़ के गर्भ से हुआ है। आप देखेंगे कि सेकुलरवाद का डिस्कोर्स आजादी के बाद

बदल जाता है। आजादी के पहले सेकुलरवाद की अभिव्यक्तियाँ विविधतामूलक और बहुसांस्कृतिक जमीन से आती थीं। लेकिन, आजादी मिलने के बाद नेहरू और गाँधी की साझी सेकुलर परंपरा में विच्छेद हो गया। नेहरू के नाम से जो सेकुलर विचार बना, उस पर विकास और आधुनिकीकरण के साथ-साथ पाकिस्तान के निर्माण के बाद मुसलमानों की असुरक्षाओं का प्रश्न उस पर हावी होता चला गया। इन सब परिस्थितियों में ऊँची जाति के अंग्रेजी पढ़े-लिखे अभिजनों ने आधुनिकता और सेकुलरवाद पर अपनी इजारेदारी कायम कर ली। सेकुलरवाद इन्हीं दिनों राज्य की विचारधारा के रूप में सूत्रीकृत होता चला गया।

मैं समझता हूँ कि विशुद्ध विचारधारात्मक प्रतिबद्धताओं के कारण साम्प्रदायिकों और सेकुलरवादियों की व्यवहार-शैली के बीच कोई फर्क नहीं होता है। दोनों एक दूसरे की आमने-सामने खड़ी प्रतिकृतियाँ बन जाते हैं। दैनंदिन जीवन की बहुसांस्कृतिकता इन दोनों के बीच ध्रुवीकरण की प्रक्रिया में चली जाती है। फिर विमर्श ऐसा हो जाता है कि आप या तो सेकुलरवादी हो सकते हैं, या फिर साम्प्रदायिक। मैं अपने को इस तरह की श्रेणियों में बाँटने के लिए तैयार नहीं हूँ। मैं उस सेकुलरवाद का हामी नहीं हो सकता जो अभिजनों की सत्ता को वैधता प्रदान करने का काम करता है।

इसी तरह के द्विभाजन के कारण हिंदुओं की बहुसंख्या इन अभिजनों द्वारा साम्प्रदायिकों, परिवर्तन के विरोधी और दकियानूसी के रूप में चित्रित की जाती है। अगर कोई हिंदू अपने धार्मिक विधि-विधानों का पालन करता है, उसके चिह्न धारण करता है तो उसे स्वाभाविक रूप से साम्प्रदायिक मान लेने का चलन हो गया है। यह प्रवृत्ति पूरे हिंदू समाज को एक रक्षात्मक और क्षमायाचना करती हुई मुद्रा में धकेल देती है। यही संघ परिवार और हिंदू महासभा हमेशा चाहते थे। आजादी के आंदोलन के वक्त उन्हें इस तरह का ध्रुवीकृत माहौल नहीं मिलता था। पर आजादी के बाद सेकुलरवादियों ने उन्हें यह थमा दिया। मैं इस तरह के सेकुलरवाद से सहमत नहीं हूँ। यह सच्चा सेकुलरवाद नहीं है। यह केवल आधुनिकतावाद से जुड़ा है। यह बहुसांस्कृतिकता में निहित सहजीवन, सहिष्णुता और साझी संस्कृति से नहीं निकलता। ऐसे सेकुलरवादी ही गाँधी का चित्रण साम्प्रदायिक के रूप में करते रहे हैं।

मैं जिस मुकाम पर खड़ा हूँ वह इससे अलग है। वह संविधान के मुताबिक है। मैं भारत के दैनंदिन जीवन में आम लोगों द्वारा अपनाए जाने वाले सेकुलरवाद के पक्ष में हूँ। सेकुलरवाद की बहस में मेरा स्टैंड हमेशा यही रहता है। मैं इस अंग्रेजीभाषी अभिजन सेकुलरवादी रवैये की तरह राष्ट्रवाद विरोधी, बहुसंख्यकविरोधी और भारतविरोधी रवैया अख्तियार नहीं कर सकता।

दरअसल, यह सेकुलरवाद अपने अंतिम विश्लेषण में आपस में होड़रत दो तरह की साम्प्रदायिकताओं का खेल बन जाता है। एक तरफ बहुसंख्यक सांप्रदायिकता होती है, और दूसरी तरफ अल्पसंख्यक साम्प्रदायिकता।

मैं यहाँ साफ कर देना चाहता हूँ कि जवाहरलाल नेहरू की तरह मैं भी बहुसंख्यक साम्प्रदायिकता को ज्यादा खतरनाक मानता हूँ। यह साम्प्रदायकिता बेहद भयावह रूप धारण कर सकती है। लेकिन इसका मतलब यह नहीं है कि मैं अल्पसंख्यक साम्प्रदायिकता के खतरे के प्रति आगाह नहीं रहना चाहता। दरअसल, दोनों तरह की साम्प्रदायिकताएँ हमारी सभ्यतामूलक विशेषताओं का क्षय करती हैं।

जहाँ तक गाँधीवाद का सवाल है, इस मामले में आंशिक रूप से ही गाँधीवादी हूँ क्योंकि गाँधीवादी रवैया अपने साम्प्रदायिकता विरोध के बावजूद कभी-कभी साम्प्रदायिक प्रवृत्तियों को पनपने की गुंजाइश दे सकता है। मैं ऐसी साम्प्रदायिकतावाद विरोधी राजनीति करना पसंद करूँगा जिसमें सम्प्रदायिकता को कोई गुंजाइश न मिले।

प्रश्न : लेकिन, कोई तो कारण होगा जिसके कारण कुछ वामपंथियों ने आपकी ऐसी छवि बनाने की कोशिश की?

उत्तर : कुछ ऐसे मुद्दे हैं जिन पर मेरे नजरिए के कारण मेरे बारे में ऐसी धारणा बनी होगी। मैं रश्दी की किताब पर प्रतिबंध लगाने के विरोध का उस तरह से हामी नहीं रहा। मुझे लगता था कि रश्दी की यह किताब ऐसे मुसलमान को नीचा दिखाने का जानबूझ कर किया गया प्रयास है जो आधुनिकता के साथ निजी तौर पर कोई रिश्ता बनाने की कोशिश कर रहा है। मेरा विचार है कि भारत में सेकुलर राज्य चलाने के लिए कुछ गहरी संवेदनशीलता की जरूरत है। कुछ न कुछ लेन-देन करना पड़ता है। वैचारिक शुद्धताओं से काम नहीं चलता। आप चाहें तो इसे समझौते का नाम दे दें, मुझे कोई एतराज नहीं होगा। इसी तरह से मैं गोहत्या पर प्रतिबंध के मुद्दे को देखता हूँ। जिस तरह रश्दी की किताब पर प्रतिबंध से साधारण मुसलमान की भावनाओं की रक्षा हो सकती है, उसी तरह गोहत्या पर प्रतिबंध से साधारण हिंदू की भावनाओं को आहत होने से बचाया जा सकता है। मैं पूछता हूँ कि अगर अदालत में कोई यह तर्क देता है कि गोमांस खाना कुरान में लिखा है और अगर हमें नहीं खाने दिया गया तो हमारी धार्मिक भावनाओं को ठेस लगेगी तो हमारी प्रतिक्रिया क्या होगी? पश्चिम बंगाल में यह मामला अदालत तक जा चुका है। अब इस तरह के दावे पर सामान्य सेकुलरवादी नजरिया क्या हो सकता है? मेरे हिसाब से रश्दी की किताब पर प्रतिबंध का

विरोध न करना और गोहत्या पर प्रतिबंध का समर्थन करना एक सेकुलर रवैया है। दोनों ही धर्मावलम्बियों की संवेदनशीलता की रक्षा करना सेकुलर कर्तव्य है। मान लीजिए कि कल रश्दी की किताब उर्दू में अनूदित होती है, तो नमाज-रोज़ा रखने वाले गैर-साम्प्रदायिक मुसलमानों को उससे कितनी ठेस पहुँचेगी। इस मुद्दे पर फ्रीडम ऑव स्पीच के नाम पर हम रश्दी की किताब का समर्थन नहीं करते रह सकते।

खतरा यह है कि समुदायों की भावनाओं के नाम पर आप जातीयतावादी धार्मिक राजनीति भी कर सकते हैं। यहीं जरूरत पड़ती है फर्क करने की। दोनों रवैयों के बीच एक बारीक सी रेखा है।

इसी तरह धर्मपरिवर्तन का मामला है। किसी को भी अपना धर्म खुद तय करने का अधिकार होना चाहिए। यह धार्मिक स्वतंत्रता का मामला है। यह मूलाधिकारों की श्रेणी में आता है। पर, मैंने किसी सेकुलरवादी को इस सवाल पर ईमानदार रवैया अपनाते नहीं देखा क्योंकि वे निजी तौर पर किए गए धर्मपरिवर्तन और सामूहिक रूप से करवाए जाने वाले धर्मपरिवर्तनों में फर्क करने में कामयाब नहीं हो पाते। धर्मपरिवर्तन में व्यक्तिगत आस्था और विश्वास की अहम भूमिका है। हुआ यह है कि धर्मपरिवर्तन की राजनीति संख्या का खेल बन गई है। कामयाबी की कसौटी यह मानी जाती है कि कितने लोगों को हमने अपने धर्म में शामिल किया। यह रवैया उन धर्मों के लिए खासा दिक्कततलब बन जाता है जो खुद धर्मपरिवर्तन में विश्वास नहीं करते। उन्हें हमेशा लगता है कि धर्मपरिवर्तन के जरिए उन पर हमला किया जा रहा है। गाँधीजी इस तरह के धर्मपरिवर्तन के खिलाफ थे। उनके दृष्टिकोण को भारतीय संदर्भ में सेकुलर क्यों नहीं माना जा सकता?

कुल मिला कर स्थिति यह है कि सेकुलरवादियों को विभिन्न धर्मावलम्बियों की संवेदनशीलता का कोई ख़याल नहीं है। आप चाहें तो सूची बना सकते हैं कि इस मामले में सेकुलरवादियों का आचरण कितना खराब रहा है। इन्हीं सब बातों से मेरी सेकुलरवादियों से नहीं पटती। मेरे खिलाफ अफवाहें उड़ाई जाती हैं।

IV
भविष्य-दृष्टि

प्रश्न : आपकी समझ में आजादी के बाद देश को आज तक सबसे अच्छा नेता कौन सा मिला? सत्ताधारी हो या गैरसत्ताधारी!

उत्तर : अगर एक ही नाम लेना हो तो वह है जवाहरलाल नेहरू का। अगर

और नाम लेने की इजाजत हो तो मैं दो लोगों का और जिक्र करना पसंद करूँगा। सरदार पटेल और जयप्रकाश नारायण। जहाँ तक ऐतिहासिक अहमियत का सवाल है, देश को परिवर्तन के रास्ते पर ले जाने का सवाल है, उसमें नेहरू की हैसियत सबसे ज्यादा बनती है। पर, पटेल के बिना नेहरू की उपलब्धियाँ पचास फीसदी भी नहीं रह जातीं। नेहरू रोमांटिक थे, राष्ट्र-निर्माता थे। वे राज्य-निर्माता नहीं थे। शुरू में सेकुलर राज्य की स्थापना करना बहुत मुश्किल था। आसानी के साथ सेकुलर भाषा अपना कर उसकी आड़ में राज्य को जातीय बहुसंख्यकवादी बनाया जा सकता था। यह काम नेहरू और सरदार ने मिल कर किया। दोनों की परस्पर पूरकता एक अभूतपूर्व चीज थी। एक सृजनात्मक तनाव भी था दोनों के बीच और दोनों मिल कर भी मुश्तरका मंजिल की ओर बढ़ रहे थे। यह नेतृत्व एक बृहत्तर लक्ष्य के प्रति समर्पित था। जेपी नेहरू और पटेल जैसे नहीं थे। न ही वे कोई महान चिंतक थे। लेकिन, आजादी के बाद जब एक अवधि में चीजें नीचे की तरफ गिर रही थीं, तो उन्होंने लोकतंत्रीकरण की प्रक्रिया आगे ले जाने का रास्ता साफ किया। मुद्दों को लोगों के सामने रखा, एक नई ऊर्जा पैदा की। युवाओं में उछाल पैदा हुआ।

प्रश्न : भारतीय समाज की मौजूदा स्थिति में क्या सर्वश्रेष्ठ है और क्या निकृष्ट?

उत्तर : देखिए, मौजूदा में गुजरा हुआ भी जुड़ा हुआ है। वैसे हमारे समाज में कुछ ऐसी संरचनागत खूबियाँ हैं कि यहाँ विचारधारात्मक जुनून नहीं पनप सकता है। कोशिश की जाती है, पर कामयाब नहीं होती। आमतौर पर एक बहुसांस्कृतिक सहिष्णुता मिलती है। यह बहुत बड़ी बात है। वरना बीसवीं सदी में बहुत से समाज विचारधारा के आधार पर बरबाद कर दिए गए। यह दावा कि हमारा सत्य ही अंतिम है और उस पर हमारी ही इजारेदारी है, भारत में बहुत दूर तक नहीं चलता।

हमारे यहाँ सबसे बुरी चीज है अस्पृश्यता। इसकी जड़ में है निजी दुखों के प्रति संवेदनशीलता का अभाव। भारत में व्यक्ति के कष्टों की नहीं, बल्कि समूह के कष्टों की शिनाख्त ज्यादा आसानी से हो जाती है। यह भारतीय समाज व्यवस्था का स्थायी रोग है। छुआछूत इसी प्रवृत्ति की देन है। सफाई मजदूरों की स्थिति अस्पृश्यों में भी अस्पृश्य है। वे इस समस्या की सर्वाधिक भीषण अभिव्यक्ति हैं। अस्पृश्यता एक ऐसी समस्या है जिसका सौ फीसदी अभी तक नष्ट नहीं हो पाया है। न आधुनिकता से, न नैतिकता से और न ही किसी और तरीके से। उसका कुछ न कुछ हिस्सा किसी न किसी रूप में बच ही जाता है।

हो सकता है कि शहरीकरण और भूमंडलीकरण की प्रक्रिया में जब व्यक्ति पूरी तरह से बेनाम हो जाए तो शायद यह खत्म हो सके।

प्रश्न : भारतीय राजनीति की सबसे अच्छी और सबसे बुरी घटना के बारे में बताइए।

उत्तर : संविधान निर्माण से अच्छी कोई घटना भारतीय राजनीति में आज तक नहीं हुई। इसके बाद भाषावार राज्यों का गठन दूसरे नंबर पर आता है। यह प्रावधान संविधान में नहीं था, फिर भी संशोधन करके भाषाई राज्य बने। इससे भारतीय राष्ट्र और राज्य को नया जीवन मिला। यह बहुत जरूरी था। हमारे यहाँ तो सब काम जाति से चल जाता था। राज्य की जरूरत ही नहीं थी। इन दोनों प्रकरणों से विधिसम्मत लोकतांत्रिक शासन के आधार पर चलने वाला राज्य स्थापित हुआ।

हिंदुत्व की राजनीति सबसे खराब घटना है। धार्मिक-बहुसंख्यकवादी राजनीति आपात्काल थोपे जाने से भी ज्यादा खराब है। इमरजेंसी तो टल गई, पर इसका टलना आसान नहीं है। इसने ज्यादा नुकसान किया है।

प्रश्न : राजनीतिक दलों में प्राथमिकता क्रम के हिसाब से सबसे ऊपर और सबसे नीचे किसे रखेंगे?

उत्तर : नीचे तो बहुत सी पार्टियाँ आ जाएँगी। इस मामले में बड़ी कड़ी प्रतियोगिता है। देवगौड़ा की पार्टी है, मुलायम सिंह की पार्टी है। और भी कई पार्टियाँ हैं जो किसी भी राजनीतिक और लोकतांत्रिक मानक की परवाह नहीं करतीं। पर पचास के दशक की कांग्रेस को मैं ऊपर रखना पसंद करूँगा। यहाँ तक कि मेरी निगाह में साठ के दशक की कांग्रेस भी ठीक है। इसके बाद परिवारकेंद्रित राजनीति ने उसमें विकृतियाँ पैदा कर दीं। मेरी निगाह में जाति, धर्म और परिवार को केंद्र बना कर राजनीति करने वाली पार्टियाँ लोकतंत्र के लिए कम खतरा नहीं हैं।

प्रश्न : कांग्रेस का, भाजपा का, नक्सलवाद का, कम्युनिस्टों का, गठजोड़ राजनीति का, भूमंडलीकरण का भविष्य क्या है?

उत्तर : गठजोड़ राजनीति के मामले में अभी बहुत कुछ सीखने-सिखाने के लिए बाकी है। गठजोड़ किसी भी किस्म का हो, वह लोकतांत्रिक राजनीति के लिए स्वाभाविक चीज है। उसी के जरिए राजनीतिक बहुमत बनता है। भारत कोई डिबेटिंग सोसाइटी नहीं है कि पूरा देश दो ध्रुवों में बँट जाए। इसलिए, कोई

एक राय बनती नहीं है। गठजोड़ राजनीति के अलावा कोई चारा नहीं है। उसे सुधरना ही पड़ेगा। फिलहाल ठहराव और गिरावट दिख रही है, पर धीरे-धीरे दो गठजोड़ों वाली प्रणाली की तरफ भारत बढ़ेगा।

नक्सलवाद से मुझे उम्मीद है कि वह व्यवस्था में संशोधन करने में मदद करेगा। अगर इस परिघटना का राजनीतिक भूगोल देखें तो पाएँगे कि वह उसी इलाके में बढ़ रहा है जहाँ साधारण विकास कभी नहीं पहुँचा। वहाँ औपनिवेशिक राज्य से भी बुरी हालत है। इन इलाकों पर लोकतंत्र की किरण भी नहीं पड़ी है। दूसरे, हमें देखना चाहिए कि किन इलाकों में नक्सलवाद नहीं है। गुजरात एक ऐसा ही इलाका है। वहाँ के आदिवासियों में भी इसके प्रति दिलचस्पी नहीं है। महाराष्ट्र के कुछ हिस्सों में, जैसे गडचिरोली, है। कुल मिला कर यह एक कठिन दौर है, पर यह गुजर जाएगा। विकास और शासन की बाँहें जैसे-जैसे आगे बढ़ेंगी, इसका असर कम होता जाएगा। अगर भारत के सबसे खराब भविष्य की कल्पना की जाए और सबसे अच्छे भविष्य की कल्पना की जाए, दोनों में से एक में भी नक्सलवाद नहीं होगा।

इसी तरह नक्सलवाद के अलावा कम्युनिस्टों को भी धीरे-धीरे केंद्र से बाएँ बाजू और व्यवस्था के भीतर-भीतर काम करने वाली पार्टी के रूप में बदल जाना होगा। उनकी शब्दावली, उनकी अवधारणाएँ अब ज्यादा टिकने वाली नहीं हैं। जेंडर, पारिस्थितिकी और विकास की नई अवधारणाएँ मार्क्सवादी शब्दावली को अपने साँचे में ढाल लेंगी। इसके सिवा उनकी कोई और दिशा मुझे नहीं दिखाई देती है। धीरे-धीरे ऐसा ही हो रहा है। और, जैसे ही वे ऐसे बने, उनका भविष्य उज्ज्वल लगने लगेगा। आज की कम्युनिस्ट पार्टी दस साल पहले की कम्युनिस्ट पार्टी से भिन्न है। उन्हें लिबरल सोशलिस्ट और रेडिकल डैमोक्रेटिक संस्कार धारण करना होगा।

कांग्रेस के भविष्य के बारे में सोचने पर लगता है कि उनकी पहली प्राथमिकता अपना वर्तमान बचा कर रखने की होनी चाहिए। इससे ज्यादा उनका भविष्य हो नहीं सकता। भाजपा का भविष्य है, बशर्ते वह संघ के चंगुल से छूट सके। एक दक्षिणपंथी, आधुनिकतावादी और विकासवादी लोकतांत्रिक पार्टी के रूप में वह आगे बढ़ सकती है। इसकी राजनीति पर कुछ बहुसंख्यकवादी छाया रहेगी। यह जरूर है कि जब वह ऐसा करेगी तो उसमें से कट्टर हिंदुत्ववादी तत्त्व निकल जाएँगे और अपना अलग राजनीतिक जमावड़ा बना लेंगे। ऐसी एक-दो अतिवादी हिंदूवादी पार्टियाँ बन सकती हैं। जब ऐसी पार्टियाँ बनेंगी, तभी भाजपा दक्षिणपंथी उदारतावादी बन सकती है। हर लोकतंत्र में एक नरम-बहुसंख्यकवादी रुझान मुख्यधार के रूप में मौजूद रहता है। भाजपा उसकी

नुमाइंदगी करने के मामले में दूसरी राजनीतिक शक्तियों से होड़ कर सकती है।

भूमंडलीकरण एक अपरिहार्य ताकत है जिसकी अग्रगति को पलटा नहीं जा सकता। लेकिन, आजकल जिस तरह का भूमंडलीकरण करने की कोशिश चल रही है वह समस्याग्रस्त है। यह गरीबों और वंचितों की उपस्थिति और आवाज मंच से हटा देता है। इस तरीके के भूमंडलीकरण के कारण आज गरीबी का मुद्दा एक नैतिक मुद्दे की तरह उठाना मुमकिन नहीं रह गया है। मान लिया गया है कि गरीब अपनी गरीबी के खुद जिम्मेदार हैं क्योंकि वे धन-सम्पत्ति का उत्पादन नहीं कर पाए। जो लोग गरीबी की रेखा के नीचे या उसके ठीक ऊपर हैं, उनके लिए भारत में बाजारीकरण की प्रक्रिया का अंग बनना बहुत मुश्किल है। ऐसे लोगों के लिए बच्चों की पढ़ाई-लिखाई, एक ठीक-ठाक किस्म की जिंदगी और उपभोक्ता समाज के साथ जीवित रहने का मतलब है दिन-प्रतिदिन तरह-तरह की बेरहमियों का सामना करना। यह बहुत बड़ा तबका है। यह तबका इंडिया शाइनिंग और स्टॉक मार्केट के उछाल या गिरावट के लिए अनुपस्थित हो चुका है। भले ही लोग कहते रहें कि भूमंडलीकरण का मतलब है अधिक लोकतंत्रीकरण या आर्थिक विकास, पर इस तबके के लिए स्थिति कुछ और ही है। मौजूदा व्यवस्था इन लोगों को किसी तरह की आर्थिक सुरक्षा दे पाने में नाकाम है।

भूमंडलीकरण की दूसरी समस्या अंतर्राष्ट्रीय है। उसकी एक सत्ता-संरचना है, एक विचारधारा है। यह है छः से आठ फौजी ताकत से लैस देशों का दबदबा। भूमंडलीकरण के कारण ग्लोबल अभिजनवाद और ग्लोबल पैमाने पर वर्चस्ववादी प्रवृत्तियों को जबरदस्त वैधता मिली है। इन दोनों को जो चुनौतियाँ मिलती थीं, वे अब कमजोर हो गई हैं। इन अभिजनों में सब-सहारा देशों के अभिजन भी शामिल हैं, और बड़े देशों के भी।

मुझे भूमंडलीकरण के राजनीतिक पहलुओं पर आपत्ति है। जिसे लोकल और ग्लोबल का संश्रय कहते हैं, वहाँ दरअसल लोकल रह ही नहीं गया है। वह भौगोलिक रूप से तो रह गया है, अन्यथा उसका वजूद खत्म होता जा रहा है।

दरअसल, हमें भूमंडलीकरण की एक ऐसी राजनीति की जरूरत है जो इस प्रक्रिया का ज्यादा समतामूलक प्रबंधन कर सके। एक ऐसा प्रबंधन जिसमें ग्लोबल के मुकाबले लोकल बचा रह सके, समरूपता के मुकाबले विविधता कायम रह सके, प्राकृतिक चयन के सिद्धांत पर बाजार द्वारा चयन की हकीकत न हावी हो जाए। हमें एक उदार और व्यापक जनता को ज्यादा से ज्यादा अवसर मुहैया कराने वाले भूमंडलीकरण की जरूरत है। ऐसा होना मुश्किल है, पर

नामुमकिन नहीं।

प्रश्न : क्या एक समाज वैज्ञानिक के रूप, एक लोक-चिंतक के रूप में आप राष्ट्र के नाम एक संदेश देना पसंद करेंगे? चाहें तो आप इसे अपने सपनों के भारत का आग्रह भी कह सकते हैं।

उत्तर : मैं अपने आपको इतना नहीं समझता कि मेरे पास कोई संदेश है। इतना जरूर कह सकता हूँ कि हमें जीवन-शैली के स्तर पर एक क्रांति की आवश्यकता है। केवल इसी तरह की क्रांति उन चीजों की रक्षा कर सकती है जिन्हें बाजारवादी भूमंडलीकरण नष्ट करने वाला है। यह क्रांति सत्य और धर्म के रास्ते पर चलने का प्रचार करने से नहीं आएगी। इस क्रांति को एक भूमंडलीय सभ्यतामूलक प्रतिमान के रूप में विकसित होना होगा। एक ताकत बनना होगा। यह ताकत मार्क्सवादी किस्म के हिंसक या गाँधीवादी किस्म के अहिंसक पोलपोटिज्म के प्रयोगों से नहीं बन सकती। केवल तभी लोग समझना शुरू करेंगे कि उपभोक्तावाद एक ऐसी गतिविधि है जिसका क्षरण अपने-आप होता रहता है। मैं इसे आत्मनाशी नहीं कहूँगा क्योंकि नाश तो सभी का होता है। उपभोक्ता होना अपने आप में कोई संतोषजनक अस्तित्व का प्रमाण नहीं है।

आज की उपभोक्तावादी जीवन-शैली में अमानवीकरण का एक पहलू है। इनसान की तसल्ली चीजों के स्वामित्व के अंतहीन चक्र में फँस गई है। ऐसी किसी भी व्यवस्था को मान्यता नहीं दी जा सकती जिसमें मनुष्य कुछ भौतिक आवश्यकताओं के दायरे में ही सिमट जाए। यह रवैया तो व्यक्ति की हस्ती को कमतर कर देगा। एक बिना पढ़े-लिखे व्यक्ति को भी अपने भीतर एक एहसास होता है कि वह अस्तित्वगत रूप से अपनी भौतिकता से भी परे कुछ है।

हमें एक आवश्यकता आधारित जीवन-शैली की जरूरत है। वही टिकाऊ और सौंदर्यपरक हो सकती है। मैं भूमंडलीकरण और आधुनिकीकरण की प्रक्रिया और इस वांछित जीवन-शैली के बीच कोई अंतर्विरोध नहीं देखता। बिना इसके हर व्यक्ति को निजी धरातल पर, मानसिक और वैचारिक धरातल पर एक उत्तम और संतोषप्रद जीवन जीने का मौका नहीं मिल सकता।

जातिप्रथा, वर्ग रचना और राजनीति

जाति और राजनीति

जैसा शोध, वैसी समझ

जाति प्रथा पर काम करने वाला अनुसंधानकर्ता समाज विज्ञान के जिस अनुशासन से ताल्लुक रखता है, उसी के मुताबिक वह जाति और राजनीति के संबंधों का सूत्रीकरण कर डालता है। भारतीय अभिजनों की स्थिति यह है कि पारंपरिक समाज व्यवस्था को ले कर कभी तो उनमें परले दर्जे की आत्म-हीनता रही है, तो कभी वे आत्माभिमान से इतराते रहे हैं। विचारधारात्मक मुद्रा और वैज्ञानिक अनुसंधान के बीच घालमेल के कारण इस संबंध में न जाने कितने विवाद पैदा हुए हैं। लगता है कि मार्क्स और वेबर के बीच हुई लड़ाई भारत के समाजवैज्ञानिकों के बीच आज तक लड़ी जा रही है।

सवाल यह है कि जाति प्रथा और राजनीतिक प्रक्रिया के बीच अन्योन्यक्रिया को कैसे समझा जाए? यह मसला बड़ा विवादग्रस्त है। दरअसल, इस अन्योन्यक्रिया के कारण होने वाले राजनीतिक और सामाजिक परिवर्तनों की प्रकृति ही विवाद के केंद्र में है। हालाँकि इस क्षेत्र में बहुत से तथ्यगत अध्ययन हो चुके हैं, पर आश्चर्यजनक रूप से ये विवाद उन्नीसवीं सदी में प्रवर्तित उस सार्वभौम सिद्धांत की भाषा में व्यक्त किए जाते हैं जो मानता है कि उद्योगीकरण समाज को बदल डालता है। लगता है कि मार्क्स और वेबर के बीच हुई लड़ाई भारत के समाजवैज्ञानिकों के बीच आज तक लड़ी जा रही है। मार्क्स की मान्यता थी कि उद्योगीकरण जैसे-जैसे कदम बढ़ाएगा, वैसे-वैसे जाति प्रथा तिरोहित होती जाएगी और वर्ग आधारित व्यवस्था उसकी जगह लेती चली जाएगी।[1] इसके उलट वेबर का तर्क था कि जाति प्रथा 'पूँजीवाद' के उदय के ही खिलाफ है।

वह आधुनिक राजतंत्र के विकास के लिए जरूरी विधिक और बुद्धिवादी मानकों की राह में हमेशा ही रोड़ा बनी रहेगी।[२]

पश्चिमी शिक्षा–दीक्षा प्राप्त भारत के बौद्धिक और राजनीतिक अभिजनों के 'सुधारवादी' नजरिए ने भी समस्या के इस सूत्रीकरण को बल प्रदान किया है। हमारे अभिजनों में बहस इस बात पर होती रही है कि क्या एक जातिग्रस्त समाज लोकतांत्रिक स्व–शासन के लायक माना जा सकता है? अर्थात, क्या जाति प्रथा के आधार पर खड़ी पारंपरिक सामाजिक संरचना को जड़ से उखाड़े बिना आधुनिक राजनीतिक संस्थाएँ लोकतांत्रिक कामकाज कर सकती हैं? उन्नीसवीं सदी के आखिरी दौर में समाज सुधारकों और राजनेताओं के बीच हुई बहस में यह प्रश्न सबसे पहले उठा था। समाज सुधारक चाहते थे कि राजनीतिक लोकतंत्र लाने से पहले जाति प्रथा की सामाजिक बुराई खत्म की जानी चाहिए। राजनेताओं का ख़याल था कि किसी भी समाज परिवर्तन की पूर्व–शर्त राजनीतिक स्वाधीनता ही हो सकती है। हालाँकि, राजनेता सुधारकों के इस आग्रह से सहमत थे कि अगर राजनीतिक लोकतंत्र कामयाब होना है तो भारत से जाति प्रथा को गायब होना ही होगा।[३] आजादी के आंदोलन के दौरान और आजादी मिलने के बाद प्रमुख बुद्धिजीवियों और राजनेताओं के विचारों में समाज के अभिजन तबके का यही रवैया झलक रहा था। नेहरू का यह कथन इसका प्रमाण समझा जा सकता है :

> कभी–कभी यह कहा जाता है कि जाति का बुनियादी विचार संभवत: बचा रह जाएगा, पर उसके कारण होने वाले नुकसान और फलितार्थ नहीं बचे रहने चाहिए, और जन्म का नहीं, बल्कि योग्यता का आधार ही अपनाया जाना चाहिए। आज इस नजरिए की कोई तुक नहीं रह गई है, इससे केवल भ्रम ही फैलता है। ... मौजूदा सामाजिक संरचना में जाति के लिए कोई जगह नहीं है। अगर योग्यता को एकमात्र आधार माना जाए और सबको अवसर दिए जाएँ, तो जाति उन तमाम पहलुओं से वंचित हो जाएगी जो आज के जमाने में उसकी खूबियाँ लगते हैं। ... जाति प्रथा तो परंपरावाद पर आधारित एक सामंती नजरिया था। इस दृष्टिकोण को पूरी तरह बदलना होगा, क्योंकि यह आधुनिक स्थितियों और लोकतांत्रिक आदर्श के पूरी तरह खिलाफ है। ...[४]

आंबेडकर, लोहिया और अन्य लोगों ने तो इससे भी ज्यादा रेडिकल विचार व्यक्त किए हैं।[५]

एक दूसरा रवैया भी प्रचलित था जो इस नजरिए के विरोध में खड़ा था। इसके पैरोकार राष्ट्रीय स्वाभिमान की रक्षा करना चाहते थे, जिसके लिए वे पारंपरिक समाज व्यवस्था का 'भारतीय प्रतिभा' के अवदान के रूप में गुणगान करने की हद तक चले जाते थे। इन लोगों का तर्क था कि जाति प्रथा के

विरोधियों द्वारा इंगित विकृतियाँ तो भटकाव भर हैं। उस व्यवस्था की मूल प्रकृति से उनका कोई ताल्लुक नहीं है। इस रवैये ने परंपरा की राष्ट्रवादी पुनर्व्याख्या को जन्म दिया। यह नयी व्याख्या आधुनिक परिवर्तनों को परंपरा का नैरंतर्य-भंग न मान कर उसे एक सिलसिले के रूप में ही देखती थी।[६]

... यहाँ इतना कहना पर्याप्त होगा कि राजनीतिक विकास के पिछले डेढ़ सौ सालों में भारतीय अभिजन पारंपरिक समाज व्यवस्था को ले कर कभी तो परले दर्जे की आत्म-हीनता के शिकार रहे, तो कभी आत्माभिमान से इतराते रहे। पारंपरिक समाज व्यवस्था के प्रति मौजूदा द्वैध पर अभिजनों के इस रवैए का काफी असर पड़ा है। आखिर समाज वैज्ञानिक भी तो समाज की अभिजन संस्कृति के अंग हैं। जाति और राजनीति की अन्योन्यक्रिया के प्रति उनके द्वैध पर भी इसी रवैये का असर देखा जा सकता है।[७] विचारधारात्मक मुद्रा और वैज्ञानिक अनुसंधान के बीच घालमेल के कारण न जाने कितने विवाद पैदा हुए जो कभी-कभी तो एकदम फिजूल किस्म के थे। बहुत सा लेखन तो अंदाजे के आधार पर किया गया जिसका राजनीतिक-सामाजिक परिवर्तन के उभरते हुए सिद्धांत से कोई ताल्लुक नहीं था।[८] इन हालात के प्रति समाज वैज्ञानिक जागरूकता का परिचय एम.एन. श्रीनिवास के इस कथन से मिलता है :

> हम में से ज्यादातर, न केवल हमारे राजनेता बल्कि बुद्धिजीवी भी, किसी बात को केवल इस डर से मान लेते हैं कि कहीं हमें गलती से प्रतिक्रियावादी न मान लिया जाए। ... जाति के सवाल पर तो यह बीमारी इस हद तक चली गई है कि नतीजे के तौर पर हमारी चर्चा और नीतिनिर्माण यथार्थ से एकदम परे चला जाएगा।[९]

जाहिर है कि जाति और राजनीति की अन्योन्यक्रिया पर होने वाली शोध पर ऊपर वर्णित बौद्धिक माहौल का बड़ा असर पड़ा है। बहरहाल, स्थिति यह है कि अनुसंधानकर्ता समाज विज्ञान के जिस अनुशासन से ताल्लुक रखता है, उसी के मुताबिक वह जाति और राजनीति के संबंधों का सूत्रीकरण कर डालता है। आइए देखें कि कोई समाजशास्त्री, कोई सामाजिक मानवशास्त्री और कोई राजनीतिशास्त्री जब इस संबंध का सूत्रीकरण करता है तो अलग-अलग अनुशासनों और सरोकारों के कारण उनके बीच क्या फर्क होता है।

समाजशास्त्री की दिलचस्पी सामाजिक स्थिरता और परिवर्तन की प्रक्रियाओं में रहती है। वह सामाजिक श्रेणीक्रम पर 'राजनीतिक ताकतों' के असर की जाँच करता है। समाजशास्त्र में जिस तरह उद्योगीकरण, शहरीकरण और आधुनिक प्रौद्योगिकी के संदर्भ में समाज परिवर्तन की जाँच की जाती है, उसी तरह समाजशास्त्री राजनीतिक विकास को भी पारंपरिक समाज व्यवस्था में

परिवर्तन के स्वतंत्र चर की तरह लेता है। चूँकि समाज के सभी अवयवों को क्रियात्मक रूप से अभिन्न समझना उसके लिए स्वाभाविक है, इसलिए 'सामाजिक संरचना' और राजनीति के बीच उसकी निगाह परंपरा और आधुनिकता का द्विभाजन देखती है। प्रत्येक परिवर्तन उसकी निगाह में परंपरागत श्रेणीबद्ध व्यवस्था का आधुनिक और सार्वभौम श्रेणीबद्ध व्यवस्था द्वारा प्रतिस्थापन बन जाता है। पारंपरिक श्रेणीबद्धता अगर जन्म आधारित है, तो आधुनिक श्रेणीबद्धता उपलब्धि आधारित होती है। अनुसंधान के दौरान समाजशास्त्री इतना जरूर मान लेता है कि समाज परिवर्तन की यह अवस्था संक्रमणकालीन है, इसलिए आधुनिक और पारंपरिक में कुछ घालमेल रहेगा; पर साथ में उसे यह यकीन भी रहेगा है कि सामाजिक जीवन के परंपरागत रूपों की संगति किसी भी तरह से आधुनिक राजनीतिक संस्थाओं के कामकाज के साथ नहीं बैठ सकती। समाज परिवर्तन के 'अभिसरण सिद्धांत' के मुताबिक समाजशास्त्री मान कर चलता है कि भले ही विकास-क्रम में कुछ फेरबदल हो जाए या कालावधियों में कुछ फर्क आ जाए, पर समाज के पारंपरिक क्षेत्र आधुनिक राजनीतिक संस्थाओं के वैकासिक तर्क के मुताबिक ही अनुक्रिया करेंगे।

जहाँ तक सामाजिक मानवशास्त्री का सवाल है, वह किसी छोटे से समुदाय को अलग करके उसका अध्ययन करना पसंद करता है। उसके अनुसंधान से राजनीतिक समाजशास्त्र को एक नया परिप्रेक्ष्य मिलता है। उसकी समझ राजनीतिक प्राधिकार को सामाजिक संरचना के अन्य अवयवों की ही तरह अंतर्जात मान कर ग्रहण करती है। उसके लिए राजनीतिक प्राधिकार एक ऐसा अंतर्जात चर है जो समग्र समाज के दायरे में काम कर रहा है। मानवशास्त्री के लिए समग्र समाज के मायने हैं एक सुपरिभाषित और कमोबेश स्वायत्त संरचनागत सत्ता। इस तरह राजनीतिक प्राधिकार 'संपूर्ण सामाजिक संरचना' के क्रियात्मक अवयवों में से एक बन जाता है। यह क्रियात्मक अवयव समुदाय की श्रेणीबद्ध व्यवस्था में व्यक्ति का सामाजिक दर्जा निर्धारित कर सकता है और उसकी भूमिकाओं का विन्यास आदेशित कर सकता है। अंतर्जात अवयवों को केंद्र में रखने से होता यह है कि मानवशास्त्री की निगाह में सामाजिक संरचना की स्वायत्तता इतनी ज्यादा बढ़ जाती है कि अपनी भूमिकाओं और कार्यों के विस्तार के जरिए वह बहिर्जात राजनीतिक (तथा अन्य) प्रभाव जज्ब कर लेता है। ऐसी बात नहीं कि मानवशास्त्री सामाजिक संरचना में होने वाले परिवर्तन दर्ज न करता हो, पर चूँकि उसका विश्लेषण एक अतिसूक्ष्म सत्ता की सामाजिक संरचना में होने वाले भीतरी परिवर्तनों पर ही केंद्रित रहता है, इसलिए उसकी

निगाह से संरचना में आने वाली विच्छिन्नता चूक जाती है। साथ ही समाज की व्यष्टि और समष्टिगत प्रक्रियाओं के बीच अन्योन्यक्रिया के माध्यम से व्यापक स्तर पर घटने वाला संरचनागत संघटन भी कमोबेश उसकी नजर में नहीं आ पाता।

राजनीतिशास्त्री राजनीतिक व्यवहार का अध्ययन करने के जरिए राजनीतिक समाजशास्त्र से जुड़ता है। राजनीतिक व्यवहार के सामाजिक, आर्थिक और जनसंख्यामूलक पहलुओं का संधान करते हुए वह राजनीतिक सत्ता का सिद्धांत बनाने के लिए उसे प्रणालीबद्ध करता है। उसके लिए 'राजनीतिक विकास' स्वाधीन नहीं, बल्कि एक पराधीन परिघटना है, जिसके लिए मानकों और श्रेणीबद्धता की पूर्व-स्थापित व्यवस्था या तो रास्ता खोलती है या फिर बाधा डालती है। राजनीतिशास्त्री मान कर चलता है कि आधुनिक राजनीतिक संस्थाओं के कामकाज के लिए कुछ खास तरह के संदर्भ और व्यवहार ही प्रासंगिक होते हैं। राजनीतिशास्त्री यह भी मानता है कि भारत जैसे परंपरागत समाज के मानकें और संरचनाएँ राजनीतिक लोकतंत्र के मूल्यों और संरचनाओं के अनुकूल नहीं हैं। उसकी निगाह में भारतीय समाज में प्रचलित निष्ठाएँ सेकुलर और सार्वभौम किस्म की नयी सामूहिक अस्मिताओं के विकास में बाधा डालने वाली होती हैं। दिक्कत यह है कि भारतीय समाज में अपनी जड़ें जमाने के लिए राजनीतिक दलों और चुनाव जैसी आधुनिक राजनीतिक संस्थाओं को पारंपरिक समाज व्यवस्था का रूपांतरण करने के बजाय उसकी माँगों के हिसाब से खुद को समायोजित करना पड़ता है। इसीलिए, राजनीतिशास्त्री की दृष्टि में भारतीय राजनीतिक व्यवहार पारंपरिक समाज व्यवस्था, जैसे कि जाति प्रथा, के प्रभुत्व से ग्रस्त और उसी के द्वारा निर्धारित समझ लिया जाता है।

राजनीतिशास्त्री दो तरह के हो सकते हैं। एक किस्म का राजनीतिशास्त्री समाजशास्त्री की ही भाँति राजनीतिक प्रक्रिया और समाज व्यवस्था को द्विभाजन के आईने में देखेगा, पर राजनीतिक प्रक्रिया को स्वाधीन के बजाय पराधीन चर मान कर चलेगा। सामाजिक मानवशास्त्री के विपरीत वह पारंपरिक सामाजिक संरचना को एक ऐसी मजबूरी की तरह देखेगा जिसके आर-पार और जिसके परे जा कर राजनीतिक प्रक्रिया अपना काम करती है। सामाजिक संरचना में 'राजनीतिकरण' के जरिए होने या न होने वाले परिवर्तनों में उसकी रुचि कम होगी। उसकी बुनियादी दिलचस्पी तो यह देखने में होगी कि अलग-अलग तरह का सामाजिक माहौल राजनीतिक सत्ता के उत्पादन और वितरण की प्रक्रिया में कैसे हस्तक्षेप करता है। आधुनिक राजनीतिक संस्थाओं और पारंपरिक समाज के बीच होने वाली अन्योन्यक्रिया का विश्लेषण करते हुए यह राजनीतिशास्त्री

सामाजिक संरचना को समरूप, स्वायत्त और समग्र मानने के मानवशास्त्रीय आग्रह को नजरअंदाज कर देगा। इस मुकाम पर उसके विचार उस समाज मनोविद् के विचारों जैसे होंगे जो मान कर चलता है कि 'सामाजिक समूह' सामाजिक संरचना से कमोबेश स्वतंत्र होते हैं।

इस राजनीतिशास्त्री के लिए ये सामाजिक समूह एक ऐसी स्वतंत्र इकाई की तरह हैं जो राजनीतिक गोलबंदी के मकसद से अन्य समूहों के साथ क्षैतिज और स्तंभीय सूत्र बना सकती है, और ऐसा करते समय किसी संरचना का अंग होने की अनिवार्यताओं से बेपरवाह रहती है। इस प्रक्रिया में इन सामाजिक समूहों में अनिवार्यत: 'राजनीतिक' किस्म के नए गुण पैदा हो जाते हैं। इससे होता यह है कि स्थापित सामाजिक संरचना के बुनियादी उसूलों की अवज्ञा करते हुए ये समूह नए अभिजनों की भर्ती और उनके लिए समर्थन आधार मुहैया करते हैं। राजनीतिक दलों की जरूरतों के हिसाब से ये सामाजिक समूह अपने बीच पारंपरिक श्रेणी विभाजन की परवाह न करते हुए विभाजन या गठबंधन की प्रक्रिया चला सकते हैं। अंत में ये समूह अपने सामाजिक और कर्मकांडीय पहलुओं से बिना प्रभावित हुए धीरे-धीरे 'हित-समूहों' या 'दबाव-समूहों' के रूप में काम करने लग सकते हैं।

इस राजनीतिशास्त्री को यह जानने में कोई रुचि नहीं होती कि सामाजिक समूहों का ऐसा राजनीतिकरण पारंपरिक सामाजिक संरचना को तोड़ता और विघटित करता है या सिर्फ उसके कुछ पहलुओं को बदलता है। उसका मुख्य सरोकार तो राजनीतिक लक्ष्यों के लिए सामाजिक समूहों के प्रचलित विन्यास में चलने वाली उन प्रक्रियाओं से होता है जिनके तहत ये समूह अपनी बात रखते हैं, गोलबंदी करते हैं, टूटते और जुड़ते हैं।

स्पष्ट है कि जाति व्यवस्था का सार समझने में अध्ययन के रूप यानी समाज विज्ञान के अनुशासन की भूमिका निर्णायक साबित हुई है। पर, कभी-कभार किसी राजनीतिशास्त्री का रवैया अलग भी हो सकता है। ऐसे राजनीतिशास्त्री भी हैं जो भारतीय परंपरा में आधुनिकता के अनुकूल तत्त्व भी देखने में कामयाब हुए हैं। ऐसा सोच रखने वाले राजनीतिशास्त्री के लिए पारंपरिक समाज व्यवस्था लचीली और नए रूप ग्रहण करने की क्षमताओं से संपन्न होती है, वह नयी भूमिकाएँ और जिम्मेदारियाँ निभा सकती है, और आधुनिक राजनीतिक संस्थाओं के मुताबिक खुद को ढाल सकती है। इसके विपरीत ऐसे राजनीतिशास्त्री भी हैं जो लोकतांत्रिक राजनीति को एक स्वायत्त प्रक्रिया की तरह देखते हैं, एक ऐसी प्रक्रिया की तरह जो सामाजिक विकास के मंद होने के बाद भी अपनी गति से चलती रह सकती है।

संदर्भ और टिप्पणियाँ

१. कार्ल मार्क्स, 'दि ब्रिटिश रूल इन इंडिया', *सिलेक्टिड वर्क्स*, २, पृष्ठ ६५२-६१

२. मैक्स वेबर, *दि रिलीजन ऑव इंडिया : दि सोशियोलॉजी ऑव हिंदुइज्म एंड बुद्धिज्म*, अनुवाद और संपादन : एच.एच. गर्थ और डी. मार्टिनडेल, ग्लेंको, III, १९५८; वेबर के सिद्धांत की मिल्टन सिंगर द्वारा व्याख्या भी देखें, 'रिलीजन एंड सोशल चेंज इन इंडिया : दि मैक्स वेबर थीसिस, फेज़ थ्री', इकॉनॉमिक डिवेलपमेंट एंड कल्चरल चेंज, जुलाई १९६६; ए.के. सिंह द्वारा की गई भारत के संदर्भ में वेबर की थीसिस की जोरदार आलोचना के लिए देखें, 'हिंदू कल्चर एंड इकॉनॉमिक डिवेलपमेंट इन इंडिया', *कांस्पेक्टस*, ३(१), १९६७

३. उन्नीसवीं सदी के प्रमुख समाज सुधारकों और राजनेताओं की जीवनियों से इन विवादों का परिचय मिलता है। उन्नीसवीं सदी के भारतीय समाज सुधार आंदोलन के इतिहास पर दो रचनाएँ बौद्धिक और राजनीतिक संदर्भ के लिहाज से काफी रोशनी डाल सकती हैं : एस. नटराजन, *ए सेंचुरी ऑव सोशल रिफॉर्म इन इंडिया*, बंबई, एशिया पब्लिशिंग हाउस, १९६२; चार्ल्स एच. हीम्सैथ, *इंडियन नेशनलिज्म एंड हिंदू सोशल रिफॉर्म*, प्रिंसटन, प्रिंसटन यूनिवर्सिटी प्रेस, १९६४

४. जवाहरलाल नेहरू, *डिस्कवरी ऑव इंडिया*, कलकत्ता, सिग्नेट प्रेस, १९४८, पृष्ठ ४४०

५. बी.आर. आंबेडकर, *एनिहिलेशन ऑव कास्ट*, बंबई, दि भारत भूषण पी. प्रेस, १९४५; राम मनोहर लोहिया, *दि कास्ट सिस्टम*, हैदराबाद, नवहिंद, १९६४

६. हीम्सैथ, वही।

७. १९५२ के पहले आम चुनाव के फौरन बाद यह बहस फिर से चालू हो गई क्योंकि चुनाव की वजह से भारतीय राजनीति जीवन में 'जाति की बुराई' पर फिर से रोशनी पड़ गई थी। बुद्धिजीवियों और राजनेताओं के भाषणों और लेखन में इस प्रश्न पर एक बार फिर रोष और आत्म-हीनता की लहर सी आ गई। देखें, *रिपोर्ट ऑन कास्टिज्म एंड रिमूवल ऑव अनटचेबिलिटी*, दिल्ली, २६ सितंबर-२ अक्टूबर, १९५५ (बंबई, इंडियन कान्फ्रेंस ऑव सोशल वर्क, १९५५)। १९५७ के अगले आम चुनावों की पूर्व संध्या पर इस तरह की भावनाओं ने फिर जोर पकड़ा। राजनेताओं, पार्टियों के पदाधिकारियों और बुद्धिजीवियों को लगा कि राष्ट्रीय और स्थानीय चुनावों में 'जातिवाद' के उभार से लोकतंत्र साँसत में पड़ सकता है। कांग्रेस के महामंत्री श्रीमन्नारायण ने पार्टी के मुखपत्र में लिखा, 'इसमें कोई शक नहीं कि मौजूदा चुनाव प्रणाली ने जातिवाद को ताकतवर बनाया है और प्रोत्साहित किया है।'(देखें : ए.आई.सी.सी., इकॉनॉमिक रिव्यू, १५ अप्रैल १९५६, पृष्ठ ४)। जनवरी १९५७ में भारतीय विज्ञान कांग्रेस के ५४वें अधिवेशन के मानवशास्त्र और पुरातत्त्व संभाग का अध्यक्षीय भाषण देते हुए यह साबित करने का प्रयास किया, '... शासकों के पास से सत्ता का जितना उत्तरोत्तर हस्तांतरण लोगों तक हुआ है, उसी अनुपात में जाति की ताकत और सक्रियता बढ़ती गई है।' देखें : एम.एन. श्रीनिवास, *कास्ट इन माडर्न इंडिया एंड अदर एसेज़*, बंबई, एशिया पब्लिशिंग हाउस, १९६२, पृष्ठ २३; इस सवाल पर निराशा और कुंठा उस समय शिखर पर पहुँच गई जब भारतीय अभिजनों की इन चिंताओं को एक अमेरिकी पत्रकार ने अपनी किताब में इस भविष्यवाणी के साथ व्यक्त

किया कि एक राष्ट्र और लोकतंत्र के रूप में भारत अपने अस्तित्व के सबसे खतरनाक दशक में कदम रख चुका है, देखें : सेलिग हैरिसन, *दि मोस्ट डेंजरस डिकेड*, प्रिंसटन, प्रिंसटन यूनिवर्सिटी प्रेस, १९६०

८. जाति के अध्ययन एक बार फिर आधुनिक राजनीति में अपनी भूमिका और भविष्य के परिप्रेक्ष्य की व्यावहारिक रोशनी में किए जाने लगे। लेकिन, कमोबेश जो रचनाएँ सामने आईं, उनमें विचारधारात्मक और अनुमानआधारित बातों की झड़ी लगी हुई थी। यह देखना मुश्किल नहीं था कि सामाजिक और राजनीतिक परिवर्तन के तथ्यगत सिद्धांत की तरफ ले जाने वाली बुनियादी जाँच-पड़ताल इन प्रयासों से गायब है। यहाँ तक कि सामाजिक मानवशास्त्रियों और समाजशास्त्रियों ने भी समस्याओं के त्रुटिपूर्ण सूत्रीकरण में दिमाग खपाया। जो सवाल उठाए गए, वे इस प्रकार के थे : क्या जाति तिरोहित हो रही है? क्या जाति आधुनिक राजनीति के कामकाज के लिए उपयोगी साबित हो रही है, या फिर क्या राजनीति जाति की सेवा कर रही है? इस तरह की बहस में एक-दूसरे का मुकाबला कर रहे लोगों ने जाति की विभिन्न परिभाषाओं का इस्तेमाल किया और अपनी-अपनी पसंद की परिभाषाओं को पुष्ट करने वाले पसंदीदा उदाहरणों के बिना पर येन केन प्रकारेण अपनी पुरानी राय ही सही साबित करते रहे। उदाहरण के लिए देखें : *कास्ट इन माडर्न इंडिया* में श्रीनिवास और लीच की बहस; और ई.आर. लीच (सं.), *आस्पेक्ट्स ऑव कास्ट इन साउथ इंडिया, सीलोन एंड नार्थ-वेस्ट पाकिस्तान*, केम्ब्रिज, १९६०

जाति की भूमिका के बारे में राजनीतिक समाजशास्त्रियों का आकलन साठ के दशक में आकर बदलना शुरू हुआ। यह नहीं कहा जा सकता कि इस परिवर्तन के पीछे जाति संबंधी तथ्यगत परिघटना में हुआ कोई बदलाव था। अपने अध्यक्षीय भाषण के पाँच साल बात श्रीनिवास ने १९६२ में लिखा, 'मैं कबूल करता हूँ कि सार्वजनिक जीवन के कुछ क्षेत्रों में जाति की बढ़ी हुई सक्रियता से मैं कुछ चिंतित हो गया था।' देखें : *कास्ट इन माडर्न इंडिया एंड अदर एसेज़*, वही, पृष्ठ १; साठ के दशक के मध्य से लगता है कि जाति संबंधी विचार १८० डिग्री बदल गया है। अब जाति को संगठित राजनीति में जन-गोलबंदी के माध्यम की तरह देखा जा रहा है। यहाँ तक कि उसे जनता की राजनीतिक शिक्षा के औजार की तरह भी देखा जाता है। देखें, लॉयड आई. रुडोल्फ और सुजाने एच. रुडोल्फ, 'दि पॉलिटिकल रोल ऑल इंडियाज कास्ट एसोसिएशंस', *पेसिफिक एफेयर्स*, ३२(१), मार्च, १९६०; रुडोल्फ एंड रुडोल्फ, *दि माडर्निटी ऑव ट्रेडिशन*, शिकागो, यूनिवर्सिटी ऑव शिकागो प्रेस, १९६७

९. एम.एन. श्रीनिवास, 'कास्ट्स : केन दे एक्जिस्ट इन इंडिया ऑव टुमारो', *कास्ट इन माडर्न इंडिया एंड अदर एसेज़* में संकलित, वही, पृष्ठ ७१

जाति : कर्मकांडीय या सत्तामूलक?

नए राजनीतिक सिद्धांत की जरूरत

बुनियादी किस्म के विचारधारात्मक और संरचनागत परिवर्तनों के बावजूद दक्षिण एशियायी समाजों में जातिगत विषमता की प्रणाली आज भी टिकी हुई है। जाहिर है कि जाति में अपने वजूद को मिलने वाली चुनौतियों का मुकाबला करने की दृढ़ता है। अगर कर्मकांडीय दर्जे पर दिए गए जोर को राजसत्ता के प्रश्न की प्रधानता से प्रतिस्थापित कर दिया जाए तो जाति का ठोस रूप हमारे सामने आ सकता है। इसके तहत जाति सबसे पहले एक ऐसी संस्था की तरह उभरेगी जो सदियों से विभिन्न समुदायों के बीच सत्ता के संबंध तय करती रही है।

इसमें कोई शक नहीं कि भारत में सामाजिक ऊँच-नीच के पीछे जातिप्रथा एक प्रमुख कारण है। लेकिन, अगर हमें विषमता खत्म करनी है और उत्पीड़ित समुदायों को अधिकार-वंचित से अधिकार-सम्पन्न बनाना है, तो क्या जातिप्रथा की प्रकृति ठोस रूप से समझना हमारा पहला कार्यभार नहीं होना चाहिए? आधुनिक चिंतन, आधुनिक विकास और संसदीय लोकतंत्र के कई दशकों के बावजूद अगर जातिप्रथा हमारे सामाजिक सार को परिभाषित करने की स्थिति में है, तो क्या इसका मतलब यह नहीं निकालना चाहिए कि जाति को समझने की प्रचलित सैद्धांतिक दृष्टि कारगर नहीं रह गई है?

चाहे चिंतन हो, या नीति-निर्माण, दोनों पर जाति को सिर्फ कर्मकांडीय

दर्जे के आईने में देखने वाला सिद्धांत छाया रहा है। इस दृष्टि के अनुसार जाति मुख्यत: एक ऐसा सामाजिक श्रेणीक्रम है जिसे सहस्राब्दियों से चली आ रही कर्मकांड प्रदत्त वैधता मिली हुई है। समस्या यह है कि जाति संबंधी सोच-विचार और नीति-निर्माण इस धारणा से आगे नहीं जा पाता, इसलिए सामाजिक भेदभाव के अन्य रूपों और जातिप्रथा के बीच संबंधों का संधान नहीं हो पाता। आधुनिकीकरण में संलग्न भारत जैसे देश के राष्ट्रीय समाज में भेदभाव की गैर-जाति संरचनाएँ अध्येताओं की नजर से चूक जाती हैं, और मान लिया जाता है कि इस समाज में आधुनिकता के बावजूद ऊँचे-नीचे दर्जों की विषमता केवल जातिप्रथा के कर्मकांडीय स्वरूप के कारण ही जारी है। इस आम रवैये में फर्क केवल इतना पड़ा है कि पिछले कुछ दिनों से कुछ अध्येताओं ने जाति को ऐसे समुदायों के रूप में भी देखना शुरू कर दिया है जिनकी संरचना श्रेणीक्रम पर तो आधारित है, पर जो लोकतंत्र की जमीन पर सामाजिक, सांस्कृतिक, राजनीतिक और आर्थिक संसाधनों के लिए संघर्ष और प्रतियोगिता में लगे हुए हैं। ये समुदाय जब आधुनिक दायरे में सक्रिय होते हैं तो अक्सर श्रेणीबद्धता के नियम और परंपरा प्रदत्त दर्जे की बंदिशें उनके लिए अनिवार्य नहीं रह जातीं।

मुश्किल यह है कि नीति-निर्माण की प्रक्रिया अभी तक जाति के प्रचलित सिद्धांत के परे जा कर चिंतन में हुए इस नए विकास का लाभ नहीं उठा पाई है। इसलिए, जो भी नीति बनती है उसका लाभ जाति की पारंपरिक विचारधारा से परिभाषित शूद्रों (पिछड़ी जातियों) या पूर्व-अछूतों (दलितों और आदिवासियों) तक ही सीमित रह जाता है। ऐसी नीति विषमता के केवल उन रूपों को ही स्पर्श कर पाती है जो परंपरा प्रदत्त सामाजिक दर्जे पर आधारित हैं और सत्ता की मौजूदा संरचनाओं के प्रति तटस्थ हैं। यही कारण है कि यह नीति लैंगिक भेदभाव और आर्थिक बदहाली पर आधारित विषमता में कोई दिलचस्पी नहीं दिखाती। न ही यह नीति धार्मिक, भाषाई और प्रजातीय अल्पसंख्यकों के सांस्कृतिक हाशियाकरण में रुचि रखती है, और न ही उसे क्षेत्रीय पिछड़ेपन, वृद्धावस्था और दैहिक विकलांगता जनित विषमता में रुचि होती है।

इससे कोई इंकार नहीं कर सकता कि गैर-जाति विषमताओं की ये किस्में निचले पायदानों पर पड़े लोगों को ही ज्यादा सताती हैं। लेकिन, इससे यह मतलब निकालना अनुचित होगा कि विषमता के सभी समकालीन रूप केवल जातिप्रथा की ही देन हैं। दरअसल, इसी आग्रह के कारण नीति-निर्माण पारंपरिक श्रेणीबद्ध व्यवस्था में हुए उन परिवर्तनों की शिनाख्त नहीं कर पाता है जो आधुनिकता, लोकतंत्र और राष्ट्रवाद के कारण हुए हैं। अर्थात जिन परिवर्तनों के कारण जाति के पारंपरिक रूप विषमता के गैर-जाति रूपों के साथ घुल-मिल

गए हैं। यह मान लिया जाता है कि अगर राजनीतिक समता और समाज कल्याण के जरिए जाति आधारित और अन्य भेदभाव के पारंपरिक रूपों का खात्मा किया जा सका, तो विषमता के अन्य रूप राजनीतिक आधुनिकीकरण और राष्ट्रनिर्माण की चालू प्रक्रिया के चलते निबट जाएँगे।

ऐसा इसलिए भी होता है कि जातिगत विषमता के रूप गैर-जाति रूपों से मिलजुल जाने के कारण सामाजिक हकीकत काफी पेचीदा बना देते हैं। यह जटिल परिस्थिति न तो जाति बनाम वर्ग के आसान द्विभाजन में फिट होती है, न ही सामूहिकता बनाम व्यक्तिवाद, श्रेणीक्रम बनाम समता और पारंपरिक (दक्षिण एशियायी) बनाम आधुनिक (पश्चिमी) के द्विभाजनों में। इसी सैद्धांतिक कमजोरी के कारण हम यह देख पाने में नाकाम रहते हैं कि किसी जाति का कमतर दर्जा संरचनागत रूप से उसकी सत्ता संबंधी कमजोरी से जुड़ा होता है जो असल में समूहगत न कि कर्मकांडीय दर्जे से होती है। यह कमजोरी संस्कृतकरण के माध्यम से जाति-समूह के कर्मकांडीय दर्जे को बेहतर बनाने से दूर होने वाली नहीं है। इसी रवैये के कारण हम यह नहीं समझ पाते कि किसी जाति का सामाजिक दर्जा सुधारने का प्रश्न अंततः एक राजनीतिक प्रश्न है, सत्ता संबंधों को पुनः परिभाषित करने का प्रश्न है।

जाति के सामाजिक-राजनीतिक सिद्धांत की जरूरत

हमें समझना होगा कि जाति का विधेयक सिद्धांत राजनीतिक सत्ता है जिसके सामने उसका प्रणालीगत आधार यानी कर्मकांडीय दर्जा भी अक्सर अपनी अहमियत खोता रहता है। यह समझ तभी बनेगी जब जाति को तथ्यगत और ऐतिहासिक परिप्रेक्ष्य में देखा जाएगा। इस नयी दृष्टि के तहत जातियाँ तरह-तरह के सामाजिक-राजनीतिक समुदायों की तरह दिखेंगी जो अपनी-अपनी सांस्कृतिक अस्मिताओं की रक्षा करते हुए समाज में बेहतर दर्जे के लिए संघर्ष कर रही हैं। ऐसा नजरिया बनते ही जातिप्रथा अपनी शुरुआत से ही सामाजिक स्पर्धा के दायरे की तरह दिखने लगेगी। यह समझ में आने लगेगा कि इस दायरे में किस तरह कुछ रंग-रुतबे वाले समुदाय वर्चस्वी विचारधाराएँ गढ़ कर अपनी सत्ता को संस्थागत रूप देते रहे हैं। समाज के संसाधनों पर पीढ़ी-दर-पीढ़ी नियंत्रण करके ही इन समुदायों ने अपना कर्मकांडीय दर्जा ऊँचा बनाए रखा है। सत्ता और ज्ञान पर कायम कुछ समुदायों की तकरीबन इजारेदारी को सामाजिक प्रगति के इच्छुक समुदायों द्वारा बीच-बीच में चुनौती मिलती रही है। इन समुदायों ने अपनी चुनौती को ताकतवर बनाने के लिए आपस में राजनीतिक गठजोड़ भी किए हैं। इतिहास बताता है कि फौजें बना कर और जीत हासिल

करके इन निचली जातियों ने कई बार अपने लिए राजाओं या क्षत्रियों के बीच जगह बनाने में कामयाबी हासिल की है। ये उदाहरण कर्मकांडीय दर्जे के ऊपर राजनीतिक सत्ता की प्रधानता साबित करते हैं।

जाहिर है कि अगर कर्मकांडीय दर्जे पर दिए गए जोर को राजसत्ता के प्रश्न की प्रधानता से प्रतिस्थापित कर दिया जाए तो जाति का ठोस रूप हमारे सामने आ सकता है। इसके तहत जाति सबसे पहले तो एक ऐसी संस्था की तरह उभरेगी जो सदियों से विभिन्न समुदायों के बीच सत्ता के संबंध तय करती रही है। इन संबंधों को वैधता देने के लिए जाति प्रथा ने अलग-अलग समुदायों को आर्थिक-राजनीतिक अवसर देने या उनसे वंचित रखने की विधि अपनाते हुए उसे धार्मिक और विचारधारात्मक शक्ल दे कर स्थायी जैसा बना दिया है। दूसरे, चूँकि जातिप्रथा मुख्यत: सत्ता का बंदोबस्त थी, इसलिए उसने पुरस्कार और दण्ड का एक विस्तृत विन्यास तैयार करके उसे पवित्रीकरण की विचारधारा से जोड़ दिया। लेकिन, इसी कारण से जातिप्रथा विभिन्न समुदायों की ऐतिहासिक और सांस्कृतिक पहचान को श्रेणीबद्धता के लिहाज से अपनी जगह जाम रखने में कामयाब नहीं हो पाई।

कुल मिला कर स्थिति यह है कि अगर हम दक्षिण एशियायी समाजों में सामाजिक विषमता की विशिष्ट प्रकृति समझना चाहते हैं तो हमें जाति के राजनीतिक और ऐतिहासिक पहलुओं पर ज्यादा ध्यान देना होगा। इस प्रकार हम जाति को कर्मकांडीय दर्जे के आईने में हमेशा देखते रहने के बजाय एक 'पवित्रीकृत-सत्ता' संरचना के रूप में देख पाएँगे।

जाति की संस्था का विकास सदियों की अवधि में धीरे-धीरे हुआ है। वह एक साथ दो काम करती है : उसके जरिए जातीय, सामाजिक और सांस्कृतिक रूप से भिन्न अनगिनत समुदायों की पृथक अस्मिताएँ कायम रह पाती हैं; और साथ ही स्थानीय श्रेणीक्रम के विस्तृत नेटवर्क में उन्हें बाँधे भी रखती है। श्रेणीक्रम में इन समुदायों का विन्यास मानक के लिहाज से समरूप होता है, लेकिन समष्टिगत प्रणाली के रूप में उन्हें असमान दर्जे दिए जाते हैं। इस प्रणाली के ऊपर युगों-युगों से चुनिंदा समुदायों का राजनीतिक, आर्थिक और ज्ञानमीमांसात्मक प्रभुत्व रहा है। विषमता की यह संरचना कभी अंतिम रूप से स्थायी नहीं रही। इसके तहत समुदाय ऊपर की तरफ और कभी नीचे की तरफ गति करते रहे। लेकिन, एक छोटे से शासक समुदायों (द्विजों) और अन्य समुदायों (शूद्रों) विशाल क्षेत्र के बीच हमेशा बहुत बड़ी खाई बनी रही। द्विज बौद्धिक, राजनीतिक और आर्थिक ताकत पर कब्जा जमाए रहे। शूद्रों से परंपरा के मुताबिक आशा की जाती रही कि वे उत्पादन और सेवा से जुड़ी गतिविधियों

में खपे रहेंगे। इसके अलावा व्यवस्था के हाशियों पर एक तीसरी श्रेणी (पूर्व-अछूत या अ-वर्ण) द्विजों द्वारा विषमता की संरचनाएँ भीषण कठोरता से लागू करने के कारण बनती रही। इस व्यवस्था के पास पूर्व-अछूतों के लिए केवल स्थायी और सर्वांगीण बहिर्वेशन ही था। उन्हें व्यवस्था के अंग के रूप में औपचारिक मान्यता कभी नहीं दी गई। उन्हें उत्पादन और सेवा के क्षेत्र में कोई निश्चित भूमिका से वंचित रखा गया। इस कारण से उनके पास जीविकोपार्जन का कोई साधन ही नहीं रह गया। मजबूरन इन समुदायों को ऐसे पेशे अपनाने पड़े जो उन समुदायों द्वारा भी 'अस्वच्छ' माने जाते थे जिन्हें ज्यादा से ज्यादा सेवा का अधिकार था। चूँकि पूर्व-अछूतों को स्तरति विषमता के बंदोबस्त से भी बाहर रखा गया था, इसलिए वे स्थायी रूप से सबसे नीचे पायदान पर चले गए, और उनके ऊपर उठने की कोई संभावना नहीं रह गई।

सबसे जटिल प्रश्न तो यह है कि बुनियादी किस्म के विचारधारात्मक और संरचनागत परिवर्तनों के बावजूद दक्षिण एशियायी समाजों में जातिगत विषमता की यह प्रणाली कैसे बची रह गई। पहले इस्लाम और ईसाइयत आई, फिर आधुनिक सेकुलर और समतामूलक विचारधाराएँ आईं, लेकिन जन्मना सामाजिक दर्जे पर आधारित श्रेणीक्रम के खिलाफ होने के बावजूद ये तमाम परिवर्तन जातिप्रथा को नहीं उखाड़ पाए। जाहिर है कि जाति में अपने वजूद को मिलने वाली चुनौतियों का मुकाबला करने की दृढ़ता है, और वह नए हालात के मुताबिक खुद को समायोजित और अनुकूलित भी कर लेती है। इस प्रश्न का उत्तर तलाशने में हमें आसानी होगी, अगर हम जाति को एक ऐसे सिक्के के रूप में देखें जिसके दो पहलू होते हैं।

जाति के दो चेहरे

जाति को समझने में आम तौर से सबसे बड़ी गलती तो यह होती रही है कि उसका केवल एक ही चेहरा है यानी जाति की हर श्रेणी अंतिम रूप से निर्धारित है और जाति की अस्मिता हर हालत में उस श्रेणी के तहत प्राप्त सामाजिक दर्जे पर निर्भर है। दरअसल, जाति का एक दूसरा चेहरा भी है। जाति के इस दूसरे चेहरे का नाम है समुदाय। इस तरह जाति के अस्तित्व के दो आयाम हैं : श्रेणीगत और समुदायगत। अगर जाति के इन दो चेहरों को समझ लिया जाएगा तो यह समझने में आसानी रहेगी कि दुनिया में श्रेणीक्रम पर आधारित सभी व्यवस्थाओं में जातिप्रथा क्यों सबसे ज्यादा समय से टिकी हुई है।

श्रेणीबद्ध विन्यास के रूप में जाति : जाति का यह पहलू हमें बताता है कि एक समूह अपने जन्मना दर्जे से निकल कर अपने से ऊँचे समूह में जा सकता

है, या फिर नीचे जा कर कमतर समूह में पहुंच सकता है। ऊँचे पायदान पर चढ़ने से उसकी सत्ता और विशेष सुविधाओं में वृद्धि हो जाएगी, और निचले पायदान पर फिसलने से उसकी सत्ता और विशेष सुविधाओं का क्षय हो जाएगा। इससे स्पष्ट है कि सत्ता और विशेष सुविधाएँ सामाजिक दर्जे से जुड़ी हुई हैं, न कि किसी विशेष जाति से। चाहे राजनीतिक / फौजी सत्ता हो, ज्ञान की सत्ता हो या फिर आर्थिक सत्ता हो; ये सभी दर्जों से संबंधित हैं। कुछ जातियाँ ऐतिहासिक कारणों से ऐसे सत्तासीन और विशेषसुविधा सम्पन्न दर्जों पर काबिज रहने के कारण ही पूरी प्रणाली पर हावी रहते हुए अपने प्रभाव की वैधता कायम रख पाईं। समूहों / समुदायों और सामाजिक दर्जे के बीच का यह संबंध हालाँकि जन्मना गुणों की विचारधारा के माध्यम से पुष्ट होता रहा, पर ऐतिहासिक रूप से जन्मना श्रेष्ठता या निम्नता के इस विचार को प्रगतिकांक्षी जातियों के आंदोलनों द्वारा हमेशा चुनौती मिलती रही। इन्हीं आंदोलनों के कारण कुछ जातियाँ समय-समय पर अपने जन्मना दर्जे को छोड़ कर नया दर्जा प्राप्त करने में सफल होती रहीं। अतीत में जैन धर्म, बुद्ध धर्म, तंत्रवाद और भक्ति आंदोलन के कारण श्रेणीबद्ध व्यवस्था में समूहों के सामाजिक दर्जे में फेरबदल की मिसालें मिलती हैं। इन परिवर्तनों ने कई तरह के संरचनागत प्रभाव जरूर डाले, पर समाज पर प्रभुत्व जमाए बैठे समूहों की सत्ता कायम बनी रही। इसके लिए इन समूहों ने कभी-कभी पुनः परिभाषा का सहारा लिया, तो कभी कर्मकांड आधारित भेद सख्ती से लागू करने वाले नियमों में ढील दी। आधुनिकता के आगमन से फर्क यह पड़ा कि पहली बार पुराने श्रेणीबद्ध विन्यास को न केवल संरचनागत चुनौतियों का सामना करना पड़ा, बल्कि उसे साथ में विचारधारात्मक चुनौतियाँ भी मिलीं। इसके कारण परिवर्तन हुए, पर फिर भी प्रभुत्वशाली समूहों की सत्ता में बहुत ज्यादा कमी नहीं आई। सिर्फ इतना हुआ कि अब इन समूहों को अपनी सत्ता की वैधता साबित करने के लिए कर्मकांडीय श्रेष्ठता का हवाला देना जरूरी नहीं रह गया। पारंपरिक रंग-रुतबे के धनी समूहों ने देखा कि वे पुरानी विचारधारा का दामन छोड़ सकते हैं, और नए विचारधारात्मक संदर्भों के जरिए अपने सामाजिक दर्जे की श्रेष्ठता के लिए तर्कों की जुगाड़ कर सकते हैं।

जातीय समुदायों के नेटवर्क के रूप में जाति : यहाँ यह समझना जरूरी है कि श्रेणीबद्ध व्यवस्था में भेदभाव करने वाले और भेदभाव के शिकार समुदायों के बीच भी सत्ता के दो ध्रुव नहीं थे। विषमता की स्तरित संरचना समुदायों को एक-दूसरे से अलग ही नहीं करती थी, बल्कि उन्हें इस तरह जोड़ भी देती थी कि सत्ता के छोटे-छोटे अंश समुदायों तक तक रिस-रिस कर पहुँचते रहते थे। इससे कोई फर्क नहीं पड़ता था कि किसी समुदाय की श्रेणीक्रम में क्या स्थिति

है। सत्ता के इस रिसाव से हर समुदाय को श्रेणीबद्ध व्यवस्था में अपनी अहमियत का एहसास होता रहता था। सबसे नीचे के पायदान पर पड़े पूर्व-अछूतों या अ-वर्णों को छोड़ कर बाकी सभी समुदायों के लिए अपने से कमतर दर्जे वाले किसी न किसी समुदाय पर प्रभुत्व जमाने का मौका था। प्रभुत्व कायम रखने का तरीका केवल सत्ता का उपभोग ही नहीं, बल्कि समुदायों की एक-दूसरे पर निर्भरता और परस्पर कर्तव्य-बंधन भी था। इस व्यवस्था ने कभी सांस्कृतिक समरूपीकरण नहीं किया और न ही किसी एक राजनीतिक समुदाय की रचना करने की कोशिश की, पर इसने एक समान प्रतीकात्मक समझ जरूर तैयार की और उसे कायम रखा जिसके जरिए समुदायों के बीच और श्रेणियों के बीच संवाद होता रहा। किसी समुदाय की सांस्कृतिक अस्मिता किसी दूसरे समुदाय से पूरी तरह स्वायत्त नहीं थी। वह हमेशा ही सापेक्ष थी। इस तरह कोई भी समुदाय समग्र व्यवस्था से खुद को अलग करके स्वतंत्र और स्वायत्त रूप में नहीं देख सकता था।

जाहिर है कि इस तरह के विन्यास में समुदायों का वजूद केवल उनकी स्थानीय सीमाओं में ही सीमित नहीं रह सकता था। ऐसा मान लेना एक सरलीकृत व्याख्या ही होगी कि उनकी अस्मिता का विधेयक तत्त्व केवल उनका सामाजिक दर्जा ही था। सबसे ऊँचे पायदान पर बैठे समुदाय के पास भी सर्वोच्च सत्ता के उपभोग का अधिकार नहीं था। हर प्रभुत्वशाली समूह एक ही किस्म की सत्ता पर (बौद्धिक हो, या आर्थिक या राजनीतिक) काबिज रह सकता था। फिर उस सत्ता का उस जैसे अन्य समुदायों तक नीचे रिसाव भी होता था। इस बंदोबस्त के कारण श्रेणीगत भेदों के बावजूद कई समुदाय एक-दूसरे के साथ अन्योन्यक्रिया कर पाते थे। यह अन्योन्यक्रिया स्तंभीय नहीं, बल्कि क्षैतिज दायरों में होती थी। इसमें एक हद तक पारस्परिकता और सहयोग का भाव रहता था।

श्रेणीबद्धता की इस व्यवस्था में हर समुदाय एक साथ अपने सामाजिक दर्जे के अधीन भी था, और अपने आप में एक स्वायत्त समुदाय भी था। हर समुदाय के पास अपनी एक सामाजिक पूँजी थी। विडंबना यह थी कि यह सामाजिक पूँजी हर समुदाय श्रेणीक्रम द्वारा अपने लिए निर्धारित भूमिका का निर्वाह करते हुए खास तरह के कौशल और दस्तकारी के रूप में हासिल करता था। इसी पूँजी का विकास करते-करते हर समुदाय का सांस्कृतिक मानस बनता था जिससे उसकी शिनाख्त अलग से की जा सकती थी, और समझा जा सकता था कि वह किस तरह की सामाजिक गतिशीलता से सम्पन्न है। समुदाय की यह पहचान अक्सर उसके सामाजिक दर्जे से स्वतंत्र होती थी। यही सांस्कृतिक मानस समुदायों को अपने अलग 'इतिहास' गढ़ने की तरफ ले जा सका। उन्होंने अपने

लिए दृष्टांत और किंवदंतियाँ रचीं, जिनके माध्यम से वे अपने लिए स्तंभीय के बजाय क्षैतिज दायरे में गरिमापूर्ण स्थान की दावेदारी कर सके।

हर समुदाय अपने लिए भीतरी दायरों में एक हद तक राजनीतिक और सामाजिक शासन भी चलाता था जिसके माध्यम से आपस के और दूसरे समुदायों के साथ विवाद सुलझाए जाते थे। समुदाय से बाहर रहने वाले राजनीतिक प्राधिकार (चाहे वह राजा हो, शासक परिषद हो या फिर पंचायत हो) की भूमिका मुख्यत: नकारात्मक होती थी, यानी वह समग्र व्यवस्था के सर्वमान्य मानकों की अवज्ञा या उल्लंघन को रोकने का काम करता था। यह राजनीतिक प्राधिकार ख़याल रखता था कि कोई एक समुदाय दूसरे के खिलाफ सत्ता का निर्मम इस्तेमाल न कर पाए या ऐसा कोई प्रभुत्व न थोप पाए जिसकी इजाजत न हो। कुल मिला कर कहा जा सकता है कि परंपरा प्रदत्त श्रेणीक्रम के नियमों के अधीन रहते हुए भी समुदायों को उन्हें तोड़ने-मोड़ने का मौका मिलता रहता था जिसके कारण उन्हें बड़ी-बड़ी सामाजिक-आर्थिक गुंजाइशें मिल जाती थीं और वे अपने लिए अलग सांस्कृतिक अस्मिताएँ बना लेते थे।

समुदायों की इस श्रेणीबद्ध दुनिया में किसी भी समुदाय की अस्मिता एकायामी नहीं रही। जिस श्रेणीक्रम को अनम्य माना जाता है, वह दरअसल लचीला था। शायद इसीलिए जातिप्रथा बाहर से आने वाले या आक्रमण करने वाले जातीय समूहों के लिए अपने भीतर गुंजाइश निकाल सकी। नए-नए पेशागत समूह उभरते रहे, और श्रेणीबद्ध व्यवस्था में अपने लिए स्थान बनाते रहे। इस विशेषता के कारण ही कुछ समुदायों ने स्तंभीय ऊर्ध्वगति भी कर पाई, और इस हद तक ऊपर चढ़े कि शासक समुदाय बन गए। जातिप्रथा के तहत समुदायों का निवास अस्मिताओं के कारागार में नहीं था। समुदायों द्वारा सामाजिक दर्जे पकड़ने और छोड़ने की प्रक्रिया लगातार जारी रहती थी। इसी तरह वे पुरानी अस्मिताएँ छोड़ कर नयी अस्मिताएँ ओढ़ लेते थे। दिक् और काल में उनकी गति बनी रहती थी।

नए मध्यवर्ग का उदय

जाति-व्यवस्था, वर्ग रचना और लोकतांत्रिक राजनीति

शहरीकरण, उद्योगीकरण और आधुनिक शिक्षा के प्रसार ने धीरे-धीरे जातियों को उनके कर्मकांड-आधारित ऊँच-नीच की जकड़ से मुक्त कर दिया है। आधुनिक राजनीति के क्षैतिज धरातल पर सत्ता के लिए होड़ करती हुई जातियाँ कौटुंबिक समुदाय के रूप में जीवित रह गयी हैं। इसमें आरक्षण की नीति ने प्रमुख भूमिका निभायी है। दरअसल, आरक्षण ने विभिन्न जातियों की भागीदारी वाले व्यापक और बड़े-बड़े सामाजिक समूहों को जन्म दिया है। जाति-व्यवस्था में हुए इस परिवर्तन से भारतीय मध्यवर्ग में बड़े पैमाने पर निचली जातियों के प्रवेश का रास्ता खुल गया है। मध्यवर्ग का यह नया रूप भारतीय लोकतंत्र के लिए एक निर्णायक परिघटना है जिसके कारण लोकतंत्र को एकदम नया तात्पर्य और नयी प्रकृति मिली है जिसे न तो जाति की वर्ण-आधारित समझ के आधार पर व्याख्यायित किया जा सकता है और न ही वर्ग-ध्रुवीकरण की विचारधारा के आधार पर जो भारतीय संदर्भों में आधारहीन है।

हजारों साल पुरानी जाति-व्यवस्था को उसका यह नाम केवल पाँच सौ वर्ष पहले मिला था। मालाबार के तट पर उतरनेवाले पुर्तगालियों द्वारा किया गया यह नामकरण भारतीय समाज के 'प्रत्यक्ष अनुभव' का नतीजा था।[1] पुर्तगालियों ने शब्द 'जाति' की व्युत्पत्ति पुर्तगीज भाषा के शब्द 'कास्टा' से की थी। तभी से संपूर्ण वर्ण-जाति-व्यवस्था को वर्णित करने के लिए इस

'कास्ट' अथवा 'जाति' नामक शब्द का सामान्यत:, इस्तेमाल होने लगा। इसके प्रयोग से इस व्यवस्था में अंतर्निहित विभिन्न नियमों, प्रथाओं और इकाइयों को भी अभिव्यक्ति मिल जाती है। लेकिन, पुर्तगालियों ने जाति की केवल 'खोज' ही नहीं की। एक यूरोपीय समुदाय के रूप में उन्हें वर्ण-जाति-व्यवस्था के संचालन का विस्तृत ब्योरा पहली बार पेश करने का श्रेय भी है। सोलहवीं शताब्दी के एक पुर्तगाली दुआर्ते बरबोसा द्वारा दिया गया जाति का विवरण सर्वाधिक बोधगम्य और तथ्यात्मक साबित हुआ।

बरबोसा ने जाति के पाँच प्रमुख तत्त्वों की शिनाख्त की : (अ) उसने जाति को एक श्रेणीबद्ध व्यवस्था बताया जिसके शीर्ष पर ब्राह्मण और सबसे नीचे 'अछूत' थे, (ब) उसने अस्पृश्यता को 'अपवित्रीकरण' के विचार से जोड़ कर देखा, (स) नाना प्रकार की जातियों के बीच में भिन्नता की पहचान बरबोसा ने सजातीय और सगोत्रीय विवाह, व्यवसाय और सहभोज के आग्रह के आधार पर की, (द) बरबोसा ने जातियों द्वारा अपने रीति-रिवाजों और नियम-कानूनों को कायम रखने के लिए तरह-तरह की पाबंदियाँ लगाने का जिक्र किया, (ध) उसने जाति के राजनीतिक संगठन के साथ संबंध को भी देखा।

हालाँकि बरबोसा ने जाति-वर्ण-व्यवस्था का कोई 'क्रमिक' वृत्तांत नहीं लिखा, लेकिन आज भी जाति की हर परिभाषा उसके द्वारा खोजे गये जाति के मूल तत्त्वों के आस-पास ही घूमती है। बरबोसा ने जाति का जो ब्योरा बताया, उसमें कुछ खास विशेषताएँ भी थीं। पहली बात तो यह थी कि उसकी जाति-संबंधी रपट का आधार जमीनी स्तर पर तैयार किया गया जाति का आँखों-देखा काम-काज था और उसने अपने तथ्य आम लोगों से उनकी भाषा में बातचीत करके जमा किये थे। दूसरे, उसने जाति-संबंधी जानकारी के लिए धर्मशास्त्रों को सूचना के स्रोत के रूप में इस्तेमाल नहीं किया था इसलिए उसने अपने वर्णन में जाति के किसी वर्ण-सिद्धांत का हवाला नहीं दिया। तीसरे, उसने संपूर्ण व्यवस्था के संचालन के साथ न जोड़ कर अस्पृश्यता की प्रथा का संबंध 'अपवित्रीकरण' के विचार से जोड़ा। चौथी खूबी यह थी कि बरबोसा ने जाति को सिर्फ कर्मकांडों (धर्म-विधियों) और उनसे जुड़े दर्जे के चश्मे से न देख कर नाना प्रकार के 'स्वशासित' सांस्कृतिक समुदायों के रूप में देखा। पाँचवीं विशेषता यह थी कि बरबोसा ने जो देखा और जो सुना, उसी को तथ्यात्मक विवरण के रूप में पेश कर दिया। उस पुर्तगाली ने जाति-व्यवस्था पर कोई नैतिक टिप्पणी करने अथवा उसे सही-गलत ठहराने से परहेज किया।

औपनिवेशिक विमर्श

अगले ढाई सौ वर्षों तक कई और यूरोपियन अध्येता जाति के बारे में जानकारियाँ देते रहे। लेकिन इन रपटों में उन्होंने कोई खास नया योगदान नहीं किया। असल में जाति की दूसरी 'खोज' तब तक नहीं हुई जब तक भारत में अंग्रेजी शासन स्थापित नहीं हो गया। इसी के बाद प्राच्यविद्या के पश्चिमी विद्वानों, ईसाई मिशनरियों और ब्रिटिश प्रशासकों ने अपने अलग-अलग तरीकों से जाति की जटिल परिघटना को समझने की कोशिश शुरू की। इस तरह जाति-संबंधी औपनिवेशिक विमर्श सामने आया। औपनिवेशिक जमाने से पहले मिलनेवाले जाति के वर्णनों और इसमें महत्त्वपूर्ण फर्क था। इस विमर्श के कुछ खास पहलुओं का यहाँ उल्लेख करना आवश्यक है क्योंकि भारत को आजादी मिलने के कई दशक बाद भी जाति की परिघटना के अध्ययनों पर यही औपनिवेशिक समझ हावी बनी हुई है।

इस नये विमर्श का पहला तत्त्व यह निर्धारित करने का प्रयास था कि जाति-व्यवस्था भारतवासियों के लिए फायदेमंद है या उनके खिलाफ जाती है। प्राच्यविद्याविदों ने जाति को सकारात्मक रूप में देखा लेकिन मिशनरियों ने उसे पूरी तरह एक बुराई करार दिया। दूसरा तत्त्व यह था कि जाति के विरोधी हों या हमदर्द, दोनों ने ही इसे एक बेहद योजनाबद्ध मानते हुए एकांगी दृष्टिकोण से देखा। उनकी मान्यता थी कि जाति कर्मकांड संरचना (धर्मविधियों) पर आधारित सामाजिक दर्जों का नीचे से ऊपर तक जाता हुआ एक अनम्य श्रेणीक्रम है। बरबोसा ने अपवित्रीकरण के जिस विचार को अस्पृश्यता के संदर्भ से जोड़ा था, उसे औपनिवेशिक विमर्श में सामान्यीकृत करके पूरी व्यवस्था से जुड़ा हुआ मान लिया गया। इस दृष्टि में जाति-व्यवस्था कर्मकांडीय शुद्धता और अशुद्धता पर आधारित सामाजिक दर्जों के विचार के आस-पास केंद्रित थी। इस तरह जाति के यथार्थ को धर्मशास्त्रों में उसके वर्णन के आधार पर फिर से रचा गया। बरबोसा द्वारा प्रस्तुत जाति का अनुभवजन्य चित्र जाति की धर्मशास्त्रीय (विचारधारात्मक) वर्ण-दृष्टि से आच्छादित हो गया। तीसरा पहलू यह था कि प्राच्यविद्याविदों द्वारा हिंदू धर्मशास्त्रों की 'खोज' के साथ ही जाति-व्यवस्था एक ऐसा प्रिज्म हो गयी जिसके जरिये औपनिवेशिक शासक भारतवासियों और संपूर्ण भारतीय समाज को देखने लगे। जाति को भारतीय विश्वदृष्टि और भारत के सामाजिक-सांस्कृतिक जीवन की संपूर्णता का प्रतिनिधि समझा जाने लगा। जाति-व्यवस्था में हमेशा से कुछ गैरकर्मकांडीय ही नहीं, गैरधार्मिक तत्त्व भी मौजूद

थे जो अंतर्जातीय संबंधों के कुछ खास पहलुओं की जानकारी देते थे। औपनिवेशिक दृष्टि ने इन तत्त्वों को सैद्धांतिक रूप से जाति का अंग मानने से इंकार कर दिया।

औपनिवेशिक विमर्श का चौथा तत्त्व उस समय सामने आया जब राजस्व-प्रशासन स्थापित करते समय अंग्रेजों ने भारत के विभिन्न क्षेत्रों में कई तरह के भूमि और ग्राम-सर्वेक्षणों की शुरुआत की। ऐसे कई राजस्व-प्रशासक थे जो मानवशास्त्रीय अभिरुचियों से संपन्न विद्वत्ता से लैस थे। उन्होंने एक राजस्व इकाई के रूप में भारतीय ग्राम को अपने काम का केंद्र बनाया। इस तरह ग्राम को भारतीय समाज का एक छोटा नमूना मानने का विचार विकसित हुआ। गाँव भारतीय समाज के एक लघु ब्रह्मांड के रूप में उभरा जिसका सामाजिक, आर्थिक और राजनीतिक गठन जाति के आधार पर होता था और जाति की धार्मिक विचारधारा उसे वैधता प्रदान करती थी। जाति की इस ग्राम-आधारित दृष्टि में जाति के जरिये गाँव या गाँवों के किसी समूह का श्रेणीबद्ध समाज परिभाषित होता था। इस विचार ने गाँव की एक ऐसी छवि बनाने में योगदान दिया जिसमें वह स्थिर और अपरिवर्तनीय समाज-व्यवस्था मान लिया गया। बाद में भारतीय समाजशास्त्रियों ने जाति के नृवंशीय अध्ययन किये और वर्ण सिद्धांत को ठुकरा दिया लेकिन इसके बावजूद वे जाति-व्यवस्था को गाँव के धार्मिक और सांस्कृतिक संदर्भ में नीचे से ऊपर जानेवाले श्रेणीक्रम के रूप में ही देखते रहे।

औपनिवेशिक विमर्श का पाँचवाँ तत्त्व यह था कि ब्रिटिश अफसरों ने अपने प्रशासनिक और मानवशास्त्रीय सरोकारों के कारण प्राच्यविद्याविदों और मिशनरियों के आग्रहों का विरोध किया। इन अफसरों का रवैया उपयोगितावादी था। वे प्राचीन काल से सक्रिय इस दुर्जेय व्यवस्था को औपनिवेशिक राजतंत्र और अर्थतंत्र की जरूरतों के अनुसार इस्तेमाल करने के प्रशासनिक और राजनीतिक तरीके खोजना चाहते थे। अंग्रेजों की इस प्रवृत्ति के कारण जाति पर एक विचारधारात्मक बहस शुरू हो गयी जो एक तरह की राजनीतिक नफासत से भरपूर थी जबकि यह खूबी न तो प्राच्यविद्याविदों द्वारा जाति-व्यवस्था की प्रशंसा में दिखायी दी थी और न ही मिशनरियों द्वारा की गयी उसकी भर्त्सना में। इसी बहस के कारण जाति को देखने का एक नया आयाम प्रकाश में आया जो सैद्धांतिक और तुलनात्मक था। उसके अनुसार जाति को पश्चिमी समाजों के मूल्यगत और सामाजिक मानकों की कसौटी पर कसा जाने लगा। मूल्यगत मानकों में समता और व्यक्तिवाद वगैरह के मानक मुख्य थे और सामाजिक मानकों में भूसंपत्ति

(जागीर, आदि), प्रजाति, वर्ग आदि के मानक शामिल थे। आखिर में जब अंग्रेजी पढ़े-लिखे राष्ट्रवादी औपनिवेशिक विमर्श की शर्तों पर इस बहस में शामिल हुए तो जाति अनुदारवादियों और प्रगतिशीलों के बीच तथा परंपरावादियों और सुधारकों के बीच विवाद का केंद्र बन गयी। इस प्रकार जाति के मूल्यांकन के आधार पर एक-दूसरे को जाँचा-परखा जाने लगा।

औपनिवेशिक विमर्श का छठा पहलू ब्रिटिश प्रशासकों द्वारा किये गये जाति-संबंधी आख्यान का अनुभवजन्य तथ्यों पर आधारित होना था। उनकी यह प्रवृत्ति प्राच्यविद्याविदों से मेल नहीं खाती थी। अंग्रेजों ने जाति-व्यवस्था को केवल वर्ण की श्रेणियों के मुताबिक नहीं समझा। उन्होंने जातियों को अलग-अलग समुदायों के रूप में भी देखा जो अक्सर वंश, राजनीतिक संगठन और रीति-रिवाजों के आधार पर एक-दूसरे से भिन्न होते थे। परिणामस्वरूप अंग्रेजों ने जाति को उसके प्रजाति और जनजातीय उद्‌गम और चरित्र के आधार पर सिद्धांतबद्ध किया। उन्होंने जातियों को वर्गीकृत करने की जो बहुविधि और विस्तृत प्रणाली तैयार की, वह दरअसल विभिन्न ग्राम और जातीय सर्वेक्षणों के दौरान सरकारी तौर पर प्राप्त की गयी नृवंशीय सामग्री के आधार पर विकसित की गयी थी।[२]

औपनिवेशिक विमर्श का सातवाँ और महत्त्वपूर्ण पहलू था जाति और राज्य के बीच का रिश्ता। १९०१ में हुई जनगणना से औपनिवेशिक राज्य ने संपूर्ण भारतीय आबादी की जातिवार गिनती शुरू की। दशवार्षिक जनगणनाएँ न केवल हर दस साल में परिगणित जातियों की आबादी से संबंधित तथ्यों और आँकड़ों द्वारा संशोधित की जाती थीं, बल्कि उनका नाम, लेबल और दर्जा भी बदल दिया जाता था। इस जिम्मेदारी को अंजाम देने में जनगणना अधिकारी न केवल धर्मशास्त्रों की अपनी 'समझ' का इस्तेमाल करते थे वरन् स्थानीय जानकारियों और प्रथाओं को भी काम में लाते थे। लेकिन, जब कभी किसी जाति को दिया गया नाम, लेबल अथवा दर्जा विवादग्रस्त हो जाता था तो जनगणना अफसर संबंधित जाति के नेताओं द्वारा दिये गये प्रतिवेदनों की रोशनी में अपनी 'मानवशास्त्रीय' समझ के आधार पर ही फैसला करता था। इससे जाहिर होता है कि तरह-तरह की बहसों के बावजूद आखिर में 'एक जाति की दूसरी जाति पर सामाजिक श्रेष्ठता' की कसौटी अर्थात कर्मकांड के आधार पर बनी जाति-श्रेणी के धर्मशास्त्रीय सिद्धांत को अंग्रेजों ने साफ तौर पर और सरकारी तौर पर मान्यता दे दी थी।

इस प्रकार औपनिवेशिक विमर्श के जरिये ब्रिटिश राज को विभिन्न जातियों द्वारा कर्मकांडीय श्रेणीक्रम में अपनी स्थिति से जुड़े दावों को निपटाने

का एक माध्यम और एक तरह का वैध प्राधिकार मिल गया। जातियों की परिगणना और उनके नृवंशीय वर्णनों को राज्य द्वारा जमा करने के दौरान इस जानकारी पर भी प्रकाश पड़ा कि परंपरागत श्रेणीक्रम में किस प्रकार कुछ जातियों को सामाजिक और आर्थिक लाभ मिल रहा है और कुछ को नहीं। इसका नतीजा यह हुआ कि कई जातियाँ शैक्षणिक और व्यावसायिक लाभों के साथ-साथ राजनीतिक प्रतिनिधित्व के मामले में राज्य से विशेष मान्यता पाने की माँगें करने लगीं। इस बिंदु पर औपनिवेशिक राज्य ने दोहरी भूमिका अपनायी। एक तरफ वह ब्राह्मणों के भी ब्राह्मण की तरह पारंपरिक श्रेणीक्रम में हैसियत के लिए विवादरत जातियों का दर्जा निर्धारित और पुनर्निर्धारित करने लगा, और दूसरी तरफ वह एक न्यायप्रिय और आधुनिक शासक भी बना रहा जो अपनी कमजोर और गरीब प्रजा के अधिकारों और आकांक्षाओं को 'मान्यता' भी देना चाहता था। इस दोहरी भूमिका से ब्रिटिश राज्य को अपने औपनिवेशिक अर्थतंत्र को उदीयमान राष्ट्रवादी आंदोलन के हमले से बचाने में भी मदद मिली। कई नयी प्रवृत्तियाँ पैदा हुईं जिनमें एक यह भी थी कि लोग औपनिवेशिक शासन द्वारा निर्धारित शर्तों और तौर-तरीकों के आधार पर संगठित होने लगे ताकि जाति अस्मिताओं के तौर पर राजनीति में अपने हितों को प्रतिनिधित्व दे सकें और अर्थतंत्र में भागीदारी कर सकें।

कुल मिलाकर औपनिवेशिक विमर्श ने न केवल जाति पर एक नया विमर्श शुरू किया बल्कि जाति-व्यवस्था में ही कुछ परिवर्तनों का श्रीगणेश कर दिया। हालाँकि इन परिवर्तनों का एक बड़ा हिस्सा सायास न होकर अप्रत्यक्ष और औपनिवेशिक नीतियों का फलितार्थ था। ये परिवर्तन आधुनिकीकरण, जाति- सेकुलरीकरण और शहरीकरण की उन कहीं व्यापक ऐतिहासिक शक्तियों के परिणाम थे जिन्होंने उन्नीसवीं शताब्दी के अंत और बीसवीं शताब्दी की शुरुआत में भारतीय समाज पर अपना असर छोड़ना शुरू कर दिया था। लेकिन औपनिवेशिक शासन की कुछ खास नीतियों ने जाति-व्यवस्था पर सीधा असर भी डाला। परंपरागत रूप से समाज पर हावी प्रभु-वर्ग की सत्ता का क्षय करनेवाली इन नीतियों का लक्ष्य था ब्रिटिश शासन द्वारा अपने शासन के लिए समर्थन-आधार निर्मित करना। जैसे-जैसे औपनिवेशिक शासन अपने अंतिम दौर की तरफ बढ़ा, वैसे-वैसे इस तरह की नीतियों ने व्यापक ऐतिहासिक शक्तियों के साथ मिल कर जाति-व्यवस्था में गहरे और दूरगामी परिवर्तनों को अंजाम दिया।[३]

इन परिवर्तनों में सर्वाधिक महत्त्वपूर्ण था 'निचली जातियों' के बीच एक नये किस्म की अस्मिता का उदय। यह अस्मिता स्थानीय सीमाओं से परे जा

कर निचली जातियों में परंपरागत श्रेणीक्रम द्वारा उत्पीड़ित किये जाने की सामूहिक चेतना पैदा करती थी। इस चेतना के जन्म से पहले समाज पर हावी कर्मकांडीय श्रेणीक्रम के लिए अधिकारों का विमर्श अपने आपमें एक अजनबी चीज थी। जाति-व्यवस्था के संदर्भ में अधिकारों का विमर्श इस प्रक्रिया में पहली बार सामने आया। इसी के बाद 'सामाजिक न्याय' जैसे विचारधारात्मक आग्रह ने कर्मकांडीय शुद्धता और अशुद्धता के सामने सवाल खड़े करने शुरू किये। कर्मकांडीय शुद्धता के विचार के तहत ही ऊँच-नीच की परंपरागत प्रणाली आनुवंशिकता को आधार बना कर संपत्ति का अधिकार प्रदान करती थी या फिर वंचितों की स्थिति में रहने के लिए अभिशप्त कर देती थी। धीरे-धीरे स्थापित कर्मकांडीय श्रेणियों के मुकाबले 'उत्पीड़ित वर्गों' और 'उत्पीड़ित जातियों' जैसी नयी श्रेणियाँ खड़ी होने लगीं।[४]

दूसरा परिवर्तन यह था कि कमोबेश एक जैसे दायरों और विभिन्न स्थानीय श्रेणीक्रमों में स्थित कई जातियों ने खुद को विस्तृत रूप में संगठित करना प्रारंभ किया। इस प्रक्रिया के गर्भ से क्षेत्रीय और राष्ट्रीय स्तर की एसोसिएशनें और संघ निकले। इन जातियों के लिए ऐसा करना लगातार जरूरी होता जा रहा था क्योंकि उन्हें राज्य के साथ अपने हितों के समाधान के लिए बातचीत करनी थी और उस दौरान अपनी व्यापक सामाजिक अस्मिता और संख्यात्मक शक्ति का दावा पेश करना था।[५]

तीसरा परिवर्तन निचली जातियों द्वारा उच्चतर सामाजिक दर्जा प्राप्त करने का आंदोलन था। जाति-व्यवस्था के इतिहास में यह कोई नयी बात नहीं थी पर नये संदर्भों में इसने एक नया गुणात्मक आयाम प्राप्त कर लिया। इस आंदोलन ने जाति के कर्मकांडीय श्रेणीक्रम के विचारधारात्मक आधारों पर ही हमला करना शुरू किया। यह अतिक्रमण बौद्ध और भक्ति आंदोलन की भाँति एक तरह का आंतरिक विद्रोह न होकर न्याय और समता की भाषा में आधुनिक विचारधारात्मक रूप लिये हुए था।

औपनिवेशिक शासन के दौरान जाति-व्यवस्था में हुए परिवर्तन भारत को आजादी मिलने के बाद काफी तीव्र हो गये। उदार लोकतांत्रिक राज्य की स्थापना और स्पर्धात्मक प्रतिनिधित्वमूलक लोकतंत्र के विकास के साथ इन परिवर्तनों की रूपांतरकारी धार तीखी हो गयी और उन्होंने नये आयाम ग्रहण कर लिये। इस प्रक्रिया ने परंपरागत श्रेणीबद्ध प्रणाली में कुछ बुनियादी संरचनात्मक और व्यवस्थागत परिवर्तनों को जन्म दिया।[६]

हालाँकि भारत को आजादी मिलने के बाद भी ऊँच-नीच की समाज-व्यवस्था में कई गुणात्मक परिवर्तन हुए, लेकिन उनकी व्याख्या उसी पुरानी

औपनिवेशिक विचारधारा के मुताबिक मूल्य-निर्धारक शैली में की जाती रही। चाहे जाति का अध्ययन करनेवाले समाजशास्त्री हों या भारत को जाति-विहीन समाज बनाने का आग्रह रखनेवाले समाज-सुधारक और चिंतक हों, सभी ने इन परिवर्तनों का वर्णन औपनिवेशिक विमर्श से प्राप्त शब्दावली और विचार-श्रेणियों में किया। इसके कारण जाति-व्यवस्था में आये परिवर्तनों के बारे में दो परस्पर विपरीत विचार उभरे। दरअसल ये दोनों विचार एक-दूसरे के बरक्स खड़े थे। इनमें से एक विचार ने उन संरचनागत और सांस्कृतिक निरंतरताओं पर जोर दिया जिनकी अभिव्यक्ति आधुनिकीकरण की प्रक्रिया में हुई थी। यह विचार आजादी के बाद हुए जाति-संबंधी अध्ययनों पर अधिकांशतः हावी रहा है। यह विचार जाति-व्यवस्था में हुए परिवर्तनों को उसके द्वारा अपने बचे रहने और अनुरक्षण के लिए किये गये कामकाजी समायोजन के रूप में देखता है। दूसरा विचार आधुनिकीकरण को एक रैखिक और सार्वभौम ऐतिहासिक शक्ति के रूप में देखता है। यह मानता है कि आधुनिकीकरण जाति-व्यवस्था को आर्थिक वर्गों के रूप में ध्रुवीकृत संरचना में बदल रहा है। यह विचार हाल तक जाति-संबंधी राजनीतिक विचारधारात्मक विमर्श को गहराई से प्रभावित करता रहा है। कुल मिलाकर स्वतंत्र भारत में जाति-संबंधी बहस 'परंपरा' बनाम 'आधुनिकता' और 'जाति' बनाम 'वर्ग' के द्विभाजन में फँसी रही है।

I
जाति का सेकुलरीकरण

जाति-व्यवस्था में हुए परिवर्तनों को समझने की इस सीमित द्विभाजक दृष्टि का विद्वानों, नीति-निर्माताओं और राजनीतिक कार्यकर्ताओं पर एक-सा असर पड़ा। इसके प्रभाव में ये लोग उन प्रक्रियाओं को नहीं देख पाये जिनके कारण जाति में बदलाव आया और एक नये तरह का श्रेणीक्रम उभरा। इस प्रक्रिया को मोटे तौर पर जाति का सेकुलरीकरण कहा जा सकता है। इसने जाति को उसके कर्मकांडीय दर्जे से काट कर अलग कर दिया। साथ ही इस प्रक्रिया के कारण जाति को स्पर्धात्मक लोकतांत्रिक राजनीति में सक्रिय सत्ताकांक्षी समूह का चरित्र मिल गया। इस लिहाज से जाति के सेकुलरीकरण को दो भागों में बाँट कर समझा जा सकता है—कर्मकांडीयता से मुक्ति और राजनीतिकरण। इस बदलाव के जाति पर कई असर पड़े : (अ) जाति परंपरागत श्रेणीक्रम की सीमाओं से बाहर हो गयी, (ब) वह प्रतिनिधित्वमूलक सत्ता की नयी संरचना से जुड़ गयी, (स) इस परिवर्तन

का समग्र प्रभाव यह पड़ा कि विभिन्न जातियों के सदस्य व्यक्ति के रूप में नये आर्थिक हितों और सामाजिक-आर्थिक पहचान को ग्रहण कर पाये और उन्हें वर्गीय और जातीय अस्मिताएँ मिल पायीं। इस प्रकार कर्मकांडीयता से मुक्ति और राजनीतिकरण के जरिये सेकुलरीकरण ने जाति-व्यवस्था में एक तीसरे परिवर्तन की गुंजाइश पैदा कर दी। मैं इसे जाति द्वारा वर्ग का रूप लेना कहूँगा क्योंकि अभी इस परिवर्तन को व्यक्त करने के लिए उपयुक्त शब्दावली उपलब्ध नहीं है। इस आलेख के आगे के हिस्सों में मैंने इन तीनों परिवर्तनों की प्रक्रियाओं और उनके कारण उत्पन्न नये श्रेणीक्रम के उदय का वर्णन किया है।

कर्मकांडीयता से मुक्ति

आमतौर पर जाति को कर्मकांडीय दर्जे के आधार पर चलनेवाली ऐसी श्रेणीबद्ध व्यवस्था के रूप में देखा जाता है जिस पर किसी भी तरह का बाहरी प्रभाव नहीं पड़ता है और जो भारत की 'चिरस्थायी' धार्मिक संस्कृति में सन्निहित है। इसी सिलसिले में कर्मकांडीयता (अर्थात धार्मिक विचारधारा और प्रथाओं में जाति के व्यवहार और संगठन का निहित होना) को संपूर्ण जाति-व्यवस्था के मर्म के तौर पर माना जाता है। कर्मकांडीयता में रचे-बसे होने के कारण ही जाति को श्रेणीक्रम में अपनी स्थिति की स्वायत्तता और स्थायित्व को व्यापक समाज में हो रहे आर्थिक-सामाजिक परिवर्तनों के मुकाबले सुरक्षित रख पाने की क्षमता मिलती है। इस समझ के मुताबिक जाति इन परिवर्तनों को उसी हद तक समायोजित करती है जिस हद तक व्यवस्था उन्हें पचा सके और वह अपनी संरचनागत और सांस्कृतिक अखंडता अक्षुण्ण रख सके। समझा जाता है कि इन परिवर्तनों से निबटने के लिए जाति कुछ नयी जिम्मेदारियाँ ग्रहण कर लेती है और उसका मकसद होता है अपनी बुनियादी संरचना और अपने बुनियादी धर्माधारित विचार को कायम रखना। अतः जाति-व्यवस्था के प्रभावरोधी चरित्र की गारंटी हो जाती है क्योंकि वह कुछ निश्चित विचारधारात्मक संरचनागत संदर्भों से बँधी रहती है और ऐसा हर संदर्भ किसी-न-किसी तरह के कर्मकांड में व्यक्त होता है। इन संदर्भों को और अच्छी तरह इस प्रकार समझा जा सकता है :

(अ) कर्मकांडीय शुद्धता और अपवित्रीकरण की धार्मिक विचारधारा, (ब) धार्मिक रूप से मान्यताप्राप्त गाँव का प्रौद्योगिकीय-आर्थिक और राजनीतिक संगठन, विशेष कर उसकी खाद्य उत्पादन और वितरण व्यवस्था, (स) सैकड़ों सालों में बनी जातियों की परंपराएँ और उनके रीति-रिवाज।

जाति ने न केवल इन संदर्भों में अपना अनुरक्षण किया है बल्कि इन्हीं संदर्भों में विकसित होते हुए अपना प्रणालीगत ढाँचा प्राप्त किया है। इन्हीं संदर्भों ने जाति के कर्मकांडीय श्रेणीक्रम के लिए 'समर्थन आधार-तंत्र' की रचना की है।

मेरी मान्यता है कि विशेष तौर से उपनिवेशवाद से मुक्ति के बाद भारतीय समाज में आये परिवर्तनों के कारण जाति के कर्मकांडीय आधार का खात्मा हो गया है अर्थात जाति का कर्मकांडीयता के विभिन्न रूपों से संबंध टूट गया है जो उसे श्रेणीक्रम में एक स्थिर दर्जे, एक निश्चित व्यवसाय और सहभोज और सजातीय विवाह के तयशुदा रूपों से बाँध देते थे। मेरी दलील है कि कर्मकांडीयता के इस क्षय के कारण जाति के 'समर्थन आधार-तंत्र' का एक बड़ा हिस्सा ध्वस्त हो गया है। कर्मकांडीय रूप से निर्धारित विचारधारात्मक, आर्थिक और राजनीतिक संदर्भों से उखड़ जाने के बाद जाति श्रेणीक्रम में अपने कर्मकांडीय स्तर की इकाई नहीं रह गयी है। जाति अब एक ऐसे सांस्कृतिक समुदाय के रूप में जीवित है जो कुटुम्ब आधारित तो है लेकिन जो अलग तरह के सामाजिक श्रेणीक्रम में उदीयमान व्यवस्था के तहत सक्रिय रहता है।

भारतीय अर्थव्यवस्था के आधुनिकीकरण और भारतीय लोकतांत्रिक संस्थाओं के लोकतांत्रिकीकरण ने समाज में नयी आर्थिक और राजनीतिक सत्ता को जन्म दिया है। जातियों के श्रेणीबद्ध रूप में व्यवस्थित तबके अब क्षैतिज रूप से विस्तृत समूहों के रूप में समाज के संसाधनों पर कब्जे और सत्ता के लिए आपस में स्पर्धा करते हैं। संगठनात्मक ढाँचे में हुए इस परिवर्तन अर्थात नीचे से ऊपर तक स्तरित ढाँचे की बजाय नये क्षैतिज संगठन के कारण उसकी चेतना का रूप भी बदल गया है। अब किसी जाति के सदस्यों की चेतना सामुदायिक रूप में व्यक्त होती है, न कि श्रेणीक्रम की शब्दावली में। जाति-चेतना अब समूहों की राजनीतिक चेतना के रूप में सामने आती है। इसके तहत ये समूह बदली हुई सामाजिक-राजनीतिक संरचना में अपने लिए अवसरों की तलाश करते हैं और इस तरह उनके द्वारा सत्ता पर दावेदारी पेश की जाती है। यह एक भिन्न तरह की सामूहिक चेतना है, कर्मकांडीय दर्जे के आधार पर 'ऊँची' अथवा 'नीची' जाति की चेतना से सर्वथा भिन्न। इस नयी जाति चेतना के उदय से श्रेणीक्रम द्वारा स्थापित संबंध छिन्न-भिन्न हो गये हैं और जातियों के अंदर और उनके बीच प्रतियोगिता और टकराव ने जन्म ले लिया है। जाति-व्यवस्था को सुदृढ़ करने की बजाय 'जाति-चेतना' के इस स्पर्धात्मक चरित्र ने उसके प्रणालीगत

बिखराव में योगदान किया है। परंपरागत ऊँच-नीच की बिखरती हुई व्यवस्था पर सत्ता की नयी व्यवस्था बेहद हावी होती जा रही है और सत्ता की इस नयी व्यवस्था की रचना चुनावों और राजनीतिक दलों के साथ-साथ काफी हद तक राज्य द्वारा अपनायी गयी आरक्षण जैसी सामाजिक नीतियों द्वारा की गयी है।

समाज की व्यवसायमूलक संरचना में भी बुनियादी परिवर्तन हुए हैं। किसी जमाने में एक निश्चित व्यवसाय से बँधे समूहों में अब कई तरह के गैरपारंपरिक पेशे और नये तरह के सामाजिक संबंधों का बोलबाला होता जा रहा है। परिणामस्वरूप आनुवंशिकता, कर्मकांडीय दर्जे और व्यवसाय के बीच का सूत्र टूट गया है जबकि यह जाति-व्यवस्था को परिभाषित करनेवाले सूत्रों में से एक रहा है। अब अपने व्यवसाय को उसके साथ जुड़ी हुई कर्मकांडीय शुद्धता या अशुद्धता के मुताबिक न्यायोचित ठहराना किसी व्यक्ति के लिए अनिवार्य नहीं रह गया है। किसी के व्यवसाय की कर्मकांड-आधारित पवित्रता अथवा अपवित्रता महत्त्वपूर्ण नहीं रह गयी है। असली बात तो यह है कि कौन-सा व्यवसाय कितनी आमदनी देता है। ब्राह्मण चमड़े का धंधा कर सकता है और कभी अछूत रहा व्यक्ति हीरों का व्यवसाय कर सकता है। आज उनके इन पेशों को सामाजिक रूप से आपत्तिजनक व्यवहार की संज्ञा नहीं दी जा सकती। ब्राह्मणों द्वारा गैरपारंपरिक पेशों में लगे होने के उदाहरण ज्यादा मिलते हैं और इसकी वजह ब्राह्मणों के पास ज्यादा संसाधनों का होना है। इसके पीछे कर्मकांडीय प्रतिबंधों अथवा तत्संबंधित आग्रहों से जुड़ा कोई कारण नहीं होता। इसके अलावा एक महत्त्वपूर्ण तथ्य यह है कि पवित्रता और सफाई के आग्रह अब कर्मकांडीय अथवा नैतिक संदर्भों में न देखे जा कर शारीरिक और जैविक संदर्भों में देखे जाते हैं।[७]

हर जाति में संरचना के स्तर पर महत्त्वपूर्ण विभेद भी हो गये हैं। कर्मकांडों और रीति-रिवाजों से बँधी हुई एक जाति पारंपरिक रूप से अपना आंतरिक कार्य-व्यापार एक काफी-कुछ समता-आधारित समुदाय के रूप में चलाती थी। उसके सदस्यों में एक-दूसरे के प्रति विभेदीकरण नहीं था। अधिकारों का मामला हो या कर्तव्यों का, या फिर जीवन-शैली का मसला हो अर्थात भोजन, वस्त्र और घर के मामले में आमतौर पर विभेदीकरण नहीं दिखता था। जाति के अंदर अलग-अलग परिवारों की संपत्ति और कौटुंबिक हैसियत का आपसी अंतर शादी-ब्याह और अंत्येष्टि जैसे अवसरों पर अक्सर व्यक्त होता था लेकिन बड़े संकोच के साथ। जाति के अंदर समुदायों पर आपस में इस फर्क के जरिये अपनी चौधराहट थोपने की घटनाएँ बेहद विरल

थीं। आज स्थिति बदल गयी है। एक जाति के परिवार अपने पेशों, शिक्षा, आमदनी और जीवन-शैली के लिहाज से एक-दूसरे से भिन्न हो गये हैं और इसी भिन्नता के आधार पर उन्होंने अपनी जाति से बाहर समूहों और सामाजिक-आर्थिक आधारवाले तबकों में ऐसे गठजोड़ करने शुरू कर दिये हैं जिनकी जाति-व्यवस्था के परंपरागत दायरे में शिनाख्त नहीं की जा सकती।

सहभोज-संबंधी जातिगत नियम (अर्थात दूसरी जातियों से कच्चा अथवा पक्का भोजन स्वीकार करना या न करना) अब घर के बाहर पूरी तरह निष्प्रभावी हो गये हैं। घर के अंदर भी अब इन नियमों का ढीले-ढाले तरीके से ही पालन किया जाता है। जाति-भोजों में हालत यह हो गयी है कि मेजबान के ऐसे दोस्त और शुभेच्छु भी आमंत्रित किये जाने लगे हैं जो कर्मकांडीय रूप से किसी नीची या ऊँची जाति से संबंधित होते हैं। ऐसे मेहमानों को जाति-भोजों में बाकायदा साथ-साथ बिठा कर खिलाया जाता है। जहाँ कहीं भी जाति-पंचायतें हैं, वे अब ऐसे मामलों में यदा-कदा ही आपत्ति या पाबंदियाँ दर्ज करती हैं।

पारंपरिक श्रेणीक्रम में एक समान कर्मकांडीय दर्जेवाली कई जातियाँ आपस में सगोत्र विवाह के नियमानुसार उपजातियों अथवा उप-उपजातियों में बँटी होती हैं। अब ऐसी जातियाँ भी कहीं ज्यादा बड़े सजातीय विवाह के दायरों में पहुँचती जा रही हैं। कभी-कभी तो ऐसा भी हो रहा है कि उन्होंने विवाह के मामले में अपना दायरा एक क्षेत्र के तहत अपने वर्ण तक बढ़ा लिया है। इससे भी ज्यादा महत्त्वपूर्ण तथ्य यह है कि विभिन्न कर्मकांडीय तबकों के बीच अंतर्जातीय विवाह और वर्ण की सीमाओं को लाँघ कर होनेवाले विवाह भी अब अपवाद नहीं रह गये हैं। इस तरह की शादियों में एक-सी शिक्षा, व्यवसाय और वर-वधू और उनके माता-पिता की संपत्ति को आधार बनाया जाता है और उनके कर्मकांडीय दर्जे की उपेक्षा कर दी जाती है। ऐसी अंतर्जातीय शादियाँ अक्सर या तो माँ-बाप खुद ही करा देते हैं या फिर लड़के-लड़की द्वारा शादी कर लेने पर उन्हें माँ-बाप का आशीर्वाद मिल जाता है। इस तरह के मामले में परंपरा अभी भी शाकाहारी बनाम मांसाहारी के रूप में घुसपैठ करती है लेकिन यह द्विभाजन भी अब काफी धुँधला पड़ता जा रहा है। हो सकता है कि आँकड़ों के लिहाज से इस तरह के अंतर्जातीय विवाहों की संख्या काफी न हो, लेकिन निश्चित रूप से वे एक महत्त्वपूर्ण सामाजिक रुझान की तरफ इशारा अवश्य करते हैं। इस प्रकार की शादियाँ उस प्रक्रिया की परिचायक हैं जिसके कारण सजातीय

विवाह के जातिगत नियम कमजोर होते जा रहे हैं।

इन परिवर्तनों से जाहिर है कि पारंपरिक जाति-व्यवस्था की विचारधारा और संगठन का काफी हद तक क्षय हो गया है। श्रेणीक्रम में कर्मकांड-आधारित दर्जे के रूप में जाति-व्यवस्था का वजूद अपने सैद्धांतिक अर्थ खो चुका है।[८] क्षय की यह घटना शहरी इलाकों में तथा सामाजिक श्रेणीक्रम में समष्टिगत स्तर पर ही ज्यादा बड़े पैमाने पर घटित हो सकती थी। लेकिन इस तथ्य को भी नजरअंदाज नहीं किया जा सकता कि देहाती इलाकों में जातियों का स्थानीय श्रेणीक्रम उत्तरोत्तर इसी क्षय का शिकार हो रहा है।[९] गाँवों में भी परंपरागत सामाजिक संबंध आर्थिक शब्दावली में पुन:परिभाषित हो रहे हैं। पिछले तीस वर्षों में ग्राम का सामाजिक संगठन काफी हद तक बदला है और इस बदलाव का श्रेय 'हरित क्रांति' और उसके बाद खाद्य उत्पादन और उसकी वितरण-प्रणाली में राज्य और अन्य बाहरी एजेंसियों की भूमिका को जाता है। भारतीय राज्य अपनी सामाजिक-धार्मिक व्यवस्था के रूप को त्याग कर दिनोंदिन बुनियादी तौर पर एक आर्थिक संगठन में बदलता जा रहा है। पुरोहिताई करनेवाली, व्यापारी और सेवा करनेवाली जातियाँ अर्थात खेती के काम-काज से सीधे जुड़े न होनेवाले सामाजिक समूह या तो गाँव छोड़ते जा रहे हैं या फिर जब उनकी सेवाओं की जरूरत होती है तो वे पड़ोस के कस्बों और शहरों से आ कर उन्हें अंजाम देते हैं। इन जातियों के जो सदस्य अभी भी गाँव में रह रहे हैं वे अधिकांशत: जातियों की आर्थिक-सामाजिक परस्परनिर्भरता की ग्राम-व्यवस्था के दायरे से निकल चुके हैं। उनका कार्य-व्यापार उत्तरोत्तर राष्ट्रीय स्तर पर उभरती बाजार से जुड़ी ग्रामीण अर्थव्यवस्था के दायरे में होता जा रहा है। या फिर वे रोजगार के द्वितीयक और तृतीयक क्षेत्रों में चले गये हैं।

इस प्रक्रिया में हुआ यह है कि जाति ने संरचनागत रूप से अपने संबंध कर्मकांडीय कर्तव्यों और अधिकारों की उस व्यवस्था से तोड़ लिये हैं जो कभी उसके आर्थिक और सामाजिक वजूद को निर्धारित और कर्मकांडीय श्रेणीक्रम में उसे उसका दर्जा प्रदान करती थी। आज गाँव के अंतर्जातीय संबंध अधिक सरलीकृत रूप में आ गये हैं। अब भूस्वामी किसानों की जातियों और भूमिहीन मजदूरों की जातियों के आपसी संबंधों के रूप में इन रिश्तों को देखा जा सकता है। ये रिश्ते अक्सर दो अलग-अलग जाति-समूहों की उस राजनीतिक चेतना के संदर्भ में व्यक्त होते हैं जो गाँव की बदली हुई राजनीतिक अर्थव्यवस्था के तहत अलग-अलग आर्थिक हितों का प्रतिनिधित्व करती नजर आती है।

गाँवों के आर्थिक संबंधों में सामाजिक-धार्मिक तात्पर्य अब लगभग नहीं के बराबर रह गया है। ये पहलू अधिकाधिक संविदात्मक और तकरीबन पूरी तरह मुद्रीकृत हो गये हैं। पहले जातियों के बीच सामाजिक-कर्मकांडीय संदर्भ में आर्थिक विनिमय परंपरागत जजमानी प्रथा के जरिये होता था। अब इस प्रथा की जगह सेवायोजक और सेवक तथा पूँजी और उजरती श्रम के संबंधों ने ले ली है। जब कभी कोई जाति आर्थिक संबंधों के पारंपरिक सामाजिक और धार्मिक पहलुओं पर जोर देती है तो अक्सर उसका नतीजा गाँव में जाति-विग्रह और हिंसा में निकलता है। अब यह कहा जा सकता है कि गाँव के अंदर कायम खाद्यान्न उत्पादन की व्यवस्था को पुष्ट करनेवाले सामाजिक संबंधों का तानाबाना छिन्न-भिन्न हो गया है। इन संबंधों पर मुहर लगानेवाली व्यवस्थाजन्य और धर्म द्वारा प्रदत्त जातिगत भूमिकाएँ और उन्हें परिभाषित करनेवाले मानक भी अपनी शक्ति और आधार खो बैठे हैं।

जातियाँ कौटुंबिक रिश्तों और लगाव के आधार पर छोटे-छोटे समुदायों के रूप में जीवित तो हैं पर अब वे कर्मकांडीय श्रेणीक्रम की 'इकाइयों' के रूप में एक-दूसरे से संबंधित नहीं रह गयी हैं। लंबे अरसे से कर्मकांड-आधारित दर्जों की ऊँच-नीचवाली व्यवस्था के रूप में चलनेवाली जाति-व्यवस्था में अंत:विस्फोट हो गया है। खास कर औपनिवेशिक शासन से हुई मुक्ति के बाद भारतीय समाज में आये परिवर्तनों से न निबट पाने के कारण जाति एक 'व्यवस्था' के रूप में कर्मकांडीय श्रेणीक्रम के अपने उसूल की बिना पर अपना अनुरक्षण कर पाने में नाकाम रही है। वह अपनी घटक इकाइयों के बीच परस्पर निर्भरता और अंतर-सहयोग की नीचे से ऊपर जाती हुई अपनी शृंखला को भी कायम नहीं रख पायी है और न ही जातियों के बीच एक-दूसरे के प्रति कर्तव्यों और अधिकारों को निर्धारित करनेवाले नियमों का पालन करने में सक्षम रह पायी है।

जहाँ कहीं जातियों के बीच कर्मकांडीय संबंध अभी बाकी हैं, वहाँ उन्होंने संविदात्मक और अक्सर प्रतिद्वंद्वात्मक रूप ले कर जाति-व्यवस्था के श्रेणीबद्धतावाले पहलुओं को नकार दिया है। कुछ जातियों के सदस्य (जैसे पुरोहित और नाई) अभी भी कर्मकांड-आधारित भूमिकाएँ निभाते हैं। लेकिन अब उनकी यह भूमिका शादी अथवा अंत्येष्टि आदि खास मौकों पर भुगतान के बदले किये जानेवाले काम की रह गयी है। अब किसी जाति के कुछ सदस्यों द्वारा ऐसी भूमिकाएँ निभाने से समाज के बदले हुए स्तर-विन्यास में उस जाति का स्थान प्रभावित नहीं होता। लगता यह है कि अब ये परंपरागत भूमिकाएँ इस बदली हुई प्रणाली के बाहर हिंदू धार्मिक प्रथाओं का अंग बन

कर रह गयी हैं। जाहिर है कि पिछले कुछ वर्षों में हिंदू धर्म में इतने बड़े-बड़े परिवर्तन घटित हो गये हैं कि अब अंतर्जातीय संबंधों को कर्मकांड-आधारित धार्मिक प्रथाओं के आधार पर निर्धारित नहीं किया जा सकता। नये संप्रदायों, नये देवी-देवताओं और नये तीर्थस्थलों की लोकप्रियता बढ़ रही है। नये-नये गुरु और उपदेशक पैदा होते जा रहे हैं। अब हिंदू धार्मिक त्योहारों को कहीं बड़े सामाजिक और भौगोलिक पैमाने पर मनाया जाता है और उनमें विभिन्न क्षेत्रों और कर्मकांड-आधारित दर्जोंवाली नाना प्रकार की जातियों के सदस्य भाग लेते हैं। इन तमाम परिवर्तनों ने हिंदू धर्म के लोकप्रिय-सांस्कृतिक और राजनीतिक पहलुओं को मजबूत किया है। इनके कारण हिंदू धर्म के परंपरागत कर्मकांडीय और समाज-संबंधी संगठनात्मक पहलू में काफी कमजोरी आ गयी है। इस प्रक्रिया में अंतर्जातीय संबंधों के व्यवस्थामूलक संदर्भ ही नहीं, वरन काफी हद तक धार्मिक संदर्भ भी तिरोहित हो गये हैं। अब जातियों को नये उदीयमान सामाजिक स्तर-विन्यास में अपने दर्जे का दावा करना पड़ रहा है।

इस प्रकार जाति-व्यवस्था में एक साथ दो तरह के परिवर्तन पाये जा सकते हैं। एक तरफ जातियों का संबंध कर्मकांड-आधारित श्रेणीक्रम से टूट गया है और दूसरी तरफ प्रत्येक जाति के अंदर विभिन्न स्तरों के आर्थिक, सामाजिक और सांस्कृतिक विभेदीकरण उत्पन्न हो गये हैं। इन दो परिवर्तनों के कारण जातियों को तरह-तरह की सामाजिक-आर्थिक संरचनाओं का रूप लेना पड़ रहा है। ये संरचनाएँ नयी और कहीं ज्यादा व्यापक हैं। ये भारतीय समाज के नये स्तर-विन्यास के कारण उभरी हैं। इस आलेख के अगले हिस्सों में हम देखेंगे कि इन नयी संरचनाओं में से हर एक जातियों के राजनीतिकरण के दौरान विकसित हुई है। उन्होंने सामूहिक चेतना के नये रूप ग्रहण किये हैं और ये नये रूप कर्मकांड-आधारित दर्जे की चेतना से भिन्न हैं। साथ ही हम यह भी देखेंगे कि नवीन होने के बावजूद यह नयी चेतना ध्रुवीकृत वर्ग-व्यवस्था की भाँति 'वर्ग' की चेतना नहीं है। इन नयी संरचनाओं के सदस्यों की चेतना समान राजनीतिक हितों की पूर्ति और आधुनिक जीवन में ऊँची हैसियत प्राप्त करने की महत्त्वाकांक्षा से निर्धारित होती है। स्पष्ट है कि अलग-अलग जातियों की एकनिष्ठ चेतना इस प्रक्रिया में ज्यादा बड़े सामाजिक-आर्थिक विन्यास में बिखर कर विस्तारित हो जाती है और इस हालत में उसे न तो 'जाति' का लकब दिया जा सकता है, न 'वर्ग' का।

जातियों का राजनीतिकरण

आजादी के बाद तकरीबन बीस साल तक जाति-संबंधी राजनीतिक विमर्श पर वामपंथी-रेडिकल पार्टियाँ और उदारतावादी-आधुनिकतावादी बुद्धिजीवी छाये रहे। इन दोनों ने जाति-व्यवस्था में आये बदलाव को सरलीकृत रैखिक परिवर्तनों की तरह देखा। उनकी मान्यता यह बनी कि जाति-व्यवस्था में हुए परिवर्तन उसे ध्रुवीकृत आर्थिक वर्गों में रूपांतरित किये दे रहे हैं। इस तरह उन्होंने इस तथ्य को नजरअंदाज कर दिया कि कर्मकांड-आधारित दर्जे के रूप में अपना महत्त्व खोने के बावजूद जाति एक समुदाय के रूप में बची रह गयी है। ये लोग यह भी नहीं देख पाये कि जाति ने समान राजनीतिक हितों और चेतनावाले अपने ही जैसे समुदायों के साथ गठजोड़ बना लिये हैं। इसी मान्यता के आधार पर वामपंथी पार्टियाँ, चाहे कम्युनिस्ट हों या सोशलिस्ट, कमोबेश राजनीतिक मुद्दों को व्यक्त करने और चुनावी गोलबंदी की रणनीतियाँ बनाने में आर्थिक हितों को तरजीह देती रहीं, क्योंकि उनकी निगाह में यही हित भारत में सामाजिक वर्गों को विभक्त करते हुए दिखते थे।[१०] यही कारण था कि ये पार्टियाँ आजादी के समय गरीबों की सच्ची नुमाइंदगी करने और कांग्रेस पार्टी के मुकाबले विपक्ष के रूप में राजनीतिक हैसियत रखने के बावजूद अपने चुनावी आधार का पर्याप्त विस्तार कर पाने में नाकाम रहीं।

जाहिर है कि भारत की स्पर्धात्मक राजनीति माँग करती थी कि राजनीतिक दल व्यापक चुनावी आधार प्राप्त करने के लिए जातियों को न तो केवल विशुद्ध 'हितों' के नजरिये से देखें और न ही केवल 'अस्मिता' अथवा 'पहचान' के संदर्भ में समझें। जातियों की राजनीति में भागीदारी ने हितों और 'अस्मिता' को कुछ इस ढंग से गूँथ दिया था कि कई जातियाँ बड़े-बड़े सामाजिक-आर्थिक जमावड़ों के रूप में समान हितों और अस्मिताओं के दावे में सहभागिता करती नजर आती थीं। यह प्रक्रिया जातियों का राजनीतिकरण थी जिसके कारण स्पर्धात्मक राजनीति के रंग में रँग कर जातियों का आपसी ऊँच-नीच और अलगाववाला पहलू ज्यादा बड़े सामाजिक समुदायों के साँचे में ढल रहा था।[११] ये नये समुदाय वर्ण की श्रेणी से कतई मिलते-जुलते नहीं थे और न ही ये राजनीति में वर्गों की तरह ध्रुवीकृत हुई संरचनाओं के समान थे। जाहिर है कि भारतीय राजनीति में उभरी यह सामाजिक-आर्थिक परिघटना प्रचलित विश्लेषण के तौर-तरीकों को मुँह चिढ़ाती लग रही थी। इसे वर्ग-विश्लेषण बनाम जाति-विश्लेषण की सीमाओं में नहीं बाँधा जा सकता था। इस प्रकार कहा जा सकता है कि

लोकतंत्र की स्पर्धात्मक राजनीति का जाति-व्यवस्था पर एक सबसे बड़ा प्रभाव जातियों के बीच पुराने ऊँच-नीचवाले संबंधों के निष्प्रभावी हो जाने के रूप में पड़ा और परिणामस्वरूप जातियों के बीच नये क्षैतिज सत्ता-संबंध उभर कर आये।

जातियों के राजनीतिकरण ने कांग्रेस पार्टी की राजनीति के तहत धीरे-धीरे काफी नफीस शक्ल अख्तियार कर ली। इस पार्टी ने जान-बूझ कर वर्ग बनाम जाति की बहस पर कोई निश्चित सैद्धांतिक-विचारधारात्मक दृष्टिकोण नहीं अपनाय़ा। कांग्रेस खेतिहर संदर्भों में हो रहे परिवर्तनों को राजनीतिक रूप से समझती थी इसलिए उसने जातियों को ऐसे सामाजिक-आर्थिक समुदायों की तरह देखा जो पुराने कर्मकांड-आधारित दर्जे की जगह राजनीति के जरिये नयी पहचान प्राप्त करने की कोशिश कर रहे थे। एक तरफ वह चुनावी राजनीति के लिए जाति-समीकरण पर निर्भर रही और दूसरी तरफ उसने राजनीतिक मुद्दों को आर्थिक विकास और राष्ट्रीय एकता-अखंडता की शब्दावली में व्यक्त करना जारी रखा। इस प्रकार कांग्रेस ने जातियों की सीमाएँ लाँघते हुए टिकाऊ चुनावी आधार बना लिया और साथ ही सच्चे अर्थों में देश की एकमात्र राष्ट्रीय पार्टी की छवि भी बनाये रखी। 'जाति राजनीति' और 'राष्ट्रीय विचारधारा' का यह विजयी गठजोड़ लंबे अरसे तक चला और इसके जरिये कांग्रेस ने आजादी के बाद तकरीबन तीस वर्ष तक भारतीय राजनीति पर अपना वर्चस्व कायम रखा।[१२] कांग्रेस ने अपने राजनीतिक विमर्श में द्विज बनाम नीची जातियों अथवा पूँजीपति वर्ग बनाम मजदूर वर्ग जैसी द्विभाजक तुलनाएँ शायद ही कभी इस्तेमाल की हों। उसकी राजनीति तो अधिकांशतः नयी उदीयमान द्विज जातियों और अंग्रेजीभाषी 'राष्ट्रीय प्रभु-वर्ग' के शासन को निचली जातियों के समर्थन आधार से लंबवत् जोड़ने की रही। राजनीति में ऊपर से नीचे तक की जा रही इस सामाजिक संधि को वैधता प्रदान करनेवाली विचारधारा न तो जाति-विचारधारा थी और न ही वर्ग-विचारधारा। कांग्रेस ने यह काम 'राष्ट्र-निर्माण' की अवधारणा के तहत करना पसंद किया।

कांग्रेस पार्टी ने राष्ट्रीय स्तर पर अपनी नीतियों और कार्यक्रमों को भारतीय जनता की 'राष्ट्रीय आकांक्षाओं' की शक्ल में पेश किया। क्षेत्रीय स्तर पर कांग्रेस ने अपने सामाजिक आधार को संख्यात्मक दृष्टि से मजबूत और तेजी से प्रगति कर रहे दबदबेवाली लेकिन परंपरा के लिहाज से निचले दर्जेवाली भूस्वामी किसान-जातियों की सत्ता को मान्यता दे कर सुदृढ़ किया। उसने महाराष्ट्र से मराठों, आंध्र में रेड्डियों, गुजरात में पाटीदारों, उत्तर प्रदेश

में जाटों जैसी जातियों को अपना समर्थन दिया। इस प्रक्रिया में उसने चुनावी राजनीति में कुछ ऐसे संबंधों का ताना-बाना खड़ा किया जो संरक्षक और आश्रित के बीच होता है। यह संरक्षक और आश्रित के बीच असमान लेकिन विश्वसनीय लेन-देन का संबंध था। राजनीतिक संरक्षक की हैसियत थी सवर्णों और प्रभुत्वशाली मँझोली जातियों की और आश्रित की हैसियत थी अनगिनत निचली जातियों की जिन्हें कांग्रेस के वोट बैंक की तरह देखा जाता था। इस तरह आजादी के बाद पहले बीस साल तक श्रेणीबद्ध जाति-संबंध चुनावों के जरिये राजनीतिक रूप से संसाधित होते रहे और इसके माध्यम से कांग्रेस जातियों के बीच अपने पक्ष में एक राजनीतिक सहमति सुनिश्चित करती रही। यह इस सच्चाई के बावजूद होता रहा कि कांग्रेस के ऊपर थोड़े से सवर्णों की चौधराहट थी। अंग्रेजी शिक्षित अभिजनों ने उस क्षेत्रीय सामाजिक प्रभु-वर्ग के साथ गठजोड़ कर लिया जो कमोबेश भूस्वामी किसानों की ताकतवर जातियों के सदस्य थे। अंग्रेजी शिक्षित अभिजन खुद को 'राष्ट्रीय' मानते थे। उनकी आत्मछवि यह थी कि वे इस देश में आधुनिकीकरण के वाहक हैं। इस अभिजन को क्षेत्रीय अभिजन अक्सर संकीर्णता से भरे हुए और परंपरानिष्ठ छवि के लगते थे। लेकिन, इसके बावजूद यह गठजोड़ चलता रहा।

दो किस्म के अभिजनों की इस भागीदारी की कोख से समाज में प्रतिनिधित्व की एक नयी संरचना निकली जिसे केंद्र बना कर एक नया छोटा सा मध्यवर्ग विकसित हुआ। यह मध्यवर्ग शहरों में रहनेवाले द्विज राष्ट्रीय अभिजन, ताकतवर किसान-जातियों से आये ग्रामीण सामाजिक अभिजन और देहात में रहनेवाले सवर्णों से मिल कर बना था। राष्ट्रीय अभिजन वैसे तो 'द्विज' जातियों से निकलता था लेकिन वह अपने परंपरागत कर्मकांड-आधारित दर्जे और कार्य-व्यापार से कट चुका था। बदली हुई नियोजित अर्थव्यवस्था में उसके नये स्वार्थ पनप चुके थे। उसकी जीवन-शैली आधुनिक शिक्षा, गैरपारंपरिक पेशों और एक सीमा तक हुए पश्चिमीकरण के कारण बदल चुकी थी। क्षेत्रों में ताकतवर किसान-जातियों से आये हुए ग्रामीण अभिजन बेहतर सामाजिक दर्जा पाने की कोशिशों में अभी भी पश्चिमीकरण के मुकाबले संस्कृतीकरण पर ज्यादा निर्भर थे। लेकिन वे अपनी नयी पीढ़ी को अंग्रेजी माध्यम की आधुनिक शिक्षा लेने के लिए तथा नये व्यवसायों को अपनाने के लिए प्रोत्साहित कर रहे थे। यही थी वह प्रक्रिया जिसके कारण अपने 'शूद्र' उद्‌गम के बावजूद कई किसान समुदाय बदले हुए ग्रामीण अर्थतंत्र और राजनीति में सत्ता हस्तगत करने के कारण

मध्यवर्गीय द्विजों के समान ही सामाजिक दर्जा प्राप्त कर सके।

नतीजतन पाटीदारों, मराठाओं, कम्माओं, रेड्डियों और ऐसी ही अन्य जातियों को विभिन्न क्षेत्रों में सवर्णों की तरह देखा जाता है, न कि पिछड़ी जातियों की तरह। द्विज जातियों की ही तरह आधुनिक शिक्षा और नये (नियोजित) अर्थतंत्र के साथ अपने स्वार्थ जुड़े होने के कारण ये जातियाँ अपने लिए एक नया सामाजिक दर्जा और पहचान उपलब्ध कर पायीं अर्थात उन्हें मध्यवर्ग की सदस्यता मिल गयी।

इसका मतलब यह नहीं था कि इस 'मध्यवर्ग' की जातिगत पहचान पूरी तरह खत्म हो गयी थी। ये तबके आराम से अपनी द्विज हैसियत और मध्यवर्गीय पहचान को एक साथ बनाये रहे क्योंकि दोनों श्रेणियाँ उनके लिए सहभागी साबित हो रही थीं। द्विज राष्ट्रीय अभिजन और क्षेत्रीय किसान अभिजन का गठजोड़ राजनीतिक स्तर पर कच्चा बना रहा लेकिन दोनों मिल कर व्यापक समाज में एक नये सत्ता-समूह की तरह काम करते रहे। अभिजन जातियों के सत्ता-समूह की तरह कार्यरत इस मध्यवर्ग की रचना और कार्यशैली में निश्चित रूप से वर्ग की भावना का समावेश था। सामाजिक दर्जा प्राप्त करने की इसकी कोशिशों में सत्ता की महत्त्वाकांक्षा का पहलू मुखर था। लेकिन, समस्या यह थी कि पारंपरिक जातिगत दर्जे के नयी सत्ता में रूपांतरण की यह प्रक्रिया कर्मकांड-आधारित श्रेणीक्रम के ऊपरी हिस्से तक ही सीमित रही। ऊपर से इन तबकों ने शेष समाज पर अपनी जाति सरीखी चौधराहट थोपने के लिए भी इस सत्ता का इस्तेमाल किया। सत्ता और परंपरा से प्राप्त हैसियत का यही गठजोड़ भारत में आधुनिकीकरण और लोकतंत्र की रूपांतरकारी संभावनाओं को कमजोर करनेवाला साबित हुआ।

उधर एक और प्रक्रिया चली। परंपरा से प्राप्त हैसियत और नयी सत्ता से प्राप्त दर्जे ने अनगिनत गैरद्विज निचली जातियों के लिए एकदम अलग तरह की भूमिका निभायी। सवर्णों और मध्य जातियों के मुकाबले जब निचली जातियों ने सत्ता के सोपानों पर चढ़ना चाहा तो उनका जातिगत स्तर आड़े आ गया। पहली बात तो यह थी कि उनके गिरे हुए पारंपरिक दर्जे से जुड़े पेशे आधुनिक व्यवसायपरक प्रणाली में अप्रासंगिक हो गये थे या उनका महत्त्व बहुत कम हो गया था। चूँकि परंपरा ने उन्हें औपचारिक शिक्षा से भी वंचित कर दिया था इसलिए वे द्विजों की तुलना में आधुनिक शिक्षा भी बहुत धीमी गति से ग्रहण कर पाये। न ही उनके पास विरासत में मिली किसी संपत्ति का सहारा था क्योंकि जजमानी प्रथा से बँधे होने के कारण वे बेहद

गरीबी की हालत में जीवन गुजारने को बाध्य थे।

संक्षेप में कहा जा सकता है कि छोटे और सीमांत किसानों, कारीगरों और दलितों और अनगिनत जनजातीय समुदायों का निचला दर्जा उनके लिए आधुनिक दुनिया में प्रवेश के लिए असुविधाजनक साबित हुआ। परंपरागत व्यवस्था में उनके पास जो भी सामाजिक पूँजी और आर्थिक सुरक्षा थी उसे आधुनिकीकरण की प्रक्रिया खा गयी।

परंपरागत रूप से द्विज उनके खिलाफ अपनी श्रेष्ठता का मनमाना इस्तेमाल बिना रोक-टोक के नहीं कर सकते थे। नये जमाने में उन्हें इस तरह की सुरक्षा भी उपलब्ध नहीं रह गयी। आधुनिक क्षेत्र में गाजे-बाजे के साथ प्रवेश के लिए उनके पास संसाधनों का कतई अभाव निकला। वे ज्यादा-से-ज्यादा इस क्षेत्र की तलछट में सड़ते हुए पड़े रहनेवाले वर्गों की भूमिका अपना सकते थे। इस तरह वे दोनों श्रेणियों के सबसे निचले पायदान पर रहने के लिए अभिशप्त हो गये। चाहे वह कर्मकांडीय पवित्रता द्वारा निर्धारित होनेवाला श्रेणीक्रम हो या जाति-धर्म निरपेक्ष समझा जानेवाला वर्ग-स्तर-क्रम हो।

इन कारणों से राजनीति में एक खास तरह का विभाजन अवश्य हुआ जिसे प्रभु-वर्ग के स्तर पर और जनता के विभिन्न तबकों के स्तर पर हुए विभाजन के रूप में देखा जा सकता है। लेकिन, यह विभाजन भी समाज में सामाजिक-आर्थिक वर्गों के रूप में ध्रुवीकरण की संज्ञा नहीं पा सकता था। कुल मिलाकर इस वर्ग-आधारित राजनीति के लिए कोई गुंजाइश नहीं निकली। सच्चाई तो यह है कि वामपंथी दल निचली जातियों को सर्वहारा वर्ग के रूप में राजनीतिक तौर पर गोलबंद करने के अपने सभी प्रयासों में नाकाम रहे—चाहे वे प्रयास चुनावी राजनीति के लिए किये गये हों या क्रांतिकारी राजनीति के लिए। वर्ग-विचारधारा पर केंद्रित उनकी राजनीति राष्ट्रीय एकता और सामाजिक सद्‌भाव की नारेबाजी पर आधारित कांग्रेस के वर्चस्ववाली राजनीति के प्रभाव में कोई क्षय नहीं कर पायी। इसके उलट कांग्रेस सवर्णों के नेतृत्व में चलनेवाली अपनी मध्यवर्गीय राजनीति को निचली जातियों के वोटों की मुहर के जरिये स्थापित करती चली गयी। एक खास तरह का जाति-वर्ग समीकरण तैयार हुआ जिसमें द्विज जातियों ने शासक वर्ग या 'मध्य' वर्ग के रूप में भागीदारी की और निचली जातियाँ अपनी अलग जातिगत चेतना लेकिन वर्ग सरीखी महत्त्वाकांक्षाओं के साथ शामिल हुईं। इस समीकरण में कांग्रेस पार्टी के जरिये सवर्णों ने निचली जातियों के साथ क्षैतिज यानी समकक्षता के स्तर पर संबंध बनाने की बजाय

ऊर्ध्वाधर यानी ऊँच-नीचवाला संबंध कायम किया।

आरक्षण की राजनीति

आजादी मिलने के तीस साल बाद निचली जातियाँ कांग्रेस-प्रणाली के खिलाफ अपना असंतोष व्यक्त कर पायीं। किसानों, कारीगरों, दलितों और आदिवासियों ने संरक्षक और आश्रित की तर्ज पर कांग्रेस के साथ अपने जुड़ाव पर आपत्ति की। उनमें अपनी उस संख्यात्मक शक्ति का एहसास धीरे-धीरे बढ़ रहा था जिसके आधार पर वे राजनीतिक सत्ता में अपनी हिस्सेदारी बढ़ा सकते थे। उनके इस असंतोष ने राजनीतिक कार्यक्रमों और आंदोलनों का रूप लिया। अंग्रेजों के जमाने में निचली जातियों ने ऊँचा सामाजिक दर्जा प्राप्त करने तथा राजसत्ता में बड़े सामाजिक समुदायों के तौर पर हिस्सेदारी का दावा करने के लिए राजनीतिक तरीकों का इस्तेमाल करना शुरू किया था। परंतु आजादी के बाद उनकी यह चेतना कांग्रेस के दबदबेवाले साढ़े तीन दशकों तक सुस्त पड़ी रही।

सत्तर के दशक के मध्य के आस-पास राष्ट्रीय राजनीति पर द्विज दबदबे को गंभीर चुनौती मिलनी शुरू हुई। इसका ज्यादातर श्रेय राज्य की उन सामाजिक नीतियों को जाता है जिन्हें मोटे तौर पर हम आरक्षण के नाम से जानते हैं। हालाँकि इन नीतियों पर अमल में सुस्ती बरती गयी लेकिन फिर भी सत्तर के दशक के अंत तक कई राज्यों में आरक्षण नाम की चीज न होने के बावजूद प्रत्येक निचले जाति-समूह में एक छोटा, पर प्रभावी तबका उभर आया। इस तबके के सदस्यों को आधुनिक शिक्षा मिल चुकी थी और उसने नौकरशाही और अन्य गैरपरंपरागत व्यवसायों में प्रवेश पा लिया था। यही थी वह प्रक्रिया जिसके कारण निचली जातियों में एक छोटा पर बेहद मुखर राजनीतिक नेतृत्व पैदा हो गया।

जातियों के राजनीतिकरण की प्रक्रिया अस्सी के दशक की शुरुआत में ही अपने चरम पर पहुँच सकी। पिछड़ी जातियों के लिए बनाये गये दूसरे आयोग (मंडल आयोग) ने सभी राज्यों, केंद्रशासित प्रदेशों और केंद्र सरकार में अन्य पिछड़े वर्गों (छोटी किसान और कारीगर जातियाँ) के लिए भी नौकरियों और शिक्षा संस्थानों में आरक्षण करने की सिफारिश की। इन सिफारिशों का द्विज और मध्यम दर्जे की उन जातियों ने कड़ा विरोध किया जो एक अरसे से मध्यवर्ग की सदस्यता से जुड़े फायदे माँग रही थीं। उन्हें लगा कि राजनीति का नया स्वाद चखनेवाली निचली जातियाँ मध्यवर्ग में (खासतौर से लिखाई-पढ़ाईवाली नौकरियों में) जबरन घुस आना चाहती हैं

और इसके लिए वे प्रतियोगिता का जरिया न अपना कर जातिगत आरक्षण का माध्यम अपना रही हैं। इस तरह द्विज और मध्य जातियाँ निचली जातियों के टकराव में खड़ी हो गयीं। इसका नतीजा राष्ट्रीय राजनीति में निचली जातियों के जबर्दस्त उभार में निकला और मध्यवर्ग में प्रवेश की महत्त्वाकांक्षा के साथ निचली जातियों की राजनीति शुरू हुई। इसी आयाम को अंग्रेजी शिक्षित प्रभु-वर्ग हिकारत से 'राजनीति का मंडलीकरण' कहता है। राजनीति के मंडलीकरण यानी निचली जातियों के राजनीतिकरण की यह प्रक्रिया तभी से भारतीय राजनीति के सामाजिक आधार को आमूल-चूल बदलती जा रही है।

इसका पहला असर तो यह हुआ कि कांग्रेसी दबदबे का अंत हो गया। यह दबदबा अभी तक सवर्णों और अंग्रेजी-शिक्षित प्रभु-वर्ग की चौधराहट को कायम रखता था। अब कांग्रेस-प्रणाली के लिए पहले की तरह काम करते रहना नामुमकिन हो चुका था। अब वह क्षेत्रों और जातियों के ऊपर से नीचे की तरफ काम करनेवाले समीकरणों के आधार पर राजनीति नहीं चला सकती थी। इस प्रणाली के शीर्ष पर बैठे प्रभु-वर्ग ने महसूस किया कि अब वह निचली जातियों द्वारा नीचे से सत्ता में बेहतर हिस्से और ज्यादा भागीदारी के लिए डाले जानेवाले दबाव को संतुष्ट नहीं कर सकता। सत्तर के मध्य से पूरे अस्सी के दशक तक सामाजिक समूहों के बड़े-बड़े तबके कांग्रेस को छोड़ते चले गये। उन्होंने अपने अलग राजनीतिक दलों का गठन किया और बदलते हुए गठजोड़ों की राजनीति में लग गये। कांग्रेस का ऊपर से नीचे की तरफ काम करनेवाला क्षेत्र-जाति समीकरण ध्वस्त हो गया। कांग्रेस, भाजपा और कम्युनिस्ट पार्टियों सरीखे राष्ट्रीय दलों को राजनीतिक समर्थन प्राप्त करने के लिए अन्य पिछड़े वर्गों, अनुसूचित जातियों या जनजातियों के सामाजिक-राजनीतिक संगठनों या इनके द्वारा गठित क्षेत्र-जाति दलों के साथ सीधी बातचीत करना अनिवार्य हो गया।

दूसरा परिणाम यह निकला कि देश-भर के पैमाने पर उभरे नये स्तर-विन्यास में पिछड़े वर्गों, अनुसूचित जातियों व जनजातियों ने मजबूत सामाजिक और राजनीतिक तात्पर्य ग्रहण करके नयी-नयी सामाजिक संरचनाएँ बना लीं। ये तीनों श्रेणियाँ आरक्षण नीतियों को लागू करने के प्रशासनिक उद्देश्य से ही बनायी गयी थीं। और उनका कोई राजनीतिक मकसद नहीं था, लेकिन उनका जो नतीजा निकला वह पूरी तरह से राजनीतिक-सामाजिक था। अब ये तीनों श्रेणियाँ राजनीतिक रूप से आत्मसचेत सामाजिक-आर्थिक समूहों की तरह सक्रिय हो गयीं। वे द्विज

और मध्यवर्गीय प्रभु-वर्ग द्वारा दिये गये प्रतीकात्मक प्रतिनिधित्व से संतुष्ट होनेवाली नहीं थीं। वे तो राजसत्ता अपने हाथ में लेना चाहती थीं। इस तरह राजनीति ऊँच-नीचवाले समीकरणों में होने की बजाय अर्थात क्षैतिज समान स्तर पर प्रतिनिधित्व के लिए होनेवाली दौड़ के रूप में तब्दील हो गयी जिसमें आरक्षण की नीति के गर्भ से जन्मे सामाजिक समुदाय पहले से जमे बैठे सवर्णों और मध्यवर्ग से भिड़ रहे थे।[१३] इन समूहों ने विभिन्न पार्टियों से सौदेबाजी शुरू की या अपनी नयी पार्टियाँ बना लीं। अब पारंपरिक श्रेणीक्रम के जो भी रूप बचे थे, वे राजनीति में आ कर पूरी तरह ऊर्ध्वाधर की बजाय क्षैतिज हो गये।

तीसरा प्रभाव यह पड़ा कि मंडलीकृत राजनीति ने निचली जातियों में मध्यवर्गीय स्तर और जीवन-शैली के प्रति लगाव पैदा कर दिया जिससे वर्ग ध्रुवीकरण की प्रक्रिया रुक गयी। सामाजिक दायरे में इस राजनीति ने नयी विवशताओं को पैदा कर दिया। उच्च और मध्य जातियों की चौधराहटवाले मध्यवर्ग को मजबूरन अपना विस्तार करना पड़ा। अरुचि के साथ ही सही, उसे निचली जातियों के विभिन्न तबकों के लिए अपने अंदर गुंजाइशें निकालनी पड़ीं। उधर निचली जातियों ने राजनीति में गठजोड़ बनाते हुए सामाजिक स्तर पर मध्यवर्ग के बढ़ते हुए दायरे में प्रवेश पाने के लिए आपस में भी तीखी होड़ शुरू कर दी।

कुल मिलाकर कहा जा सकता है कि आरक्षण नीति ने जातियों के राजनीतिकरण को जबर्दस्त आवेग प्रदान किया। साथ ही अंतरजातीय संबंधों में कर्मकांडों का महत्त्व नगण्य हो गया। आरक्षण की नीति ने अनगिनत निचली जातियों के लिए शैक्षणिक और व्यवसायगत विशेष सुविधाएँ मुहैया करके उनके निम्न कर्मकांडीय दर्जे को उनके लिए नुकसानदेह की बजाय लाभकारी बना दिया। अब वे पारंपरिक जाति-व्यवस्था में अपनी निचली हैसियत के नाम पर नये सामाजिक स्तर-विन्यास में ऊँची जगह पाने का दावा करने लगे। शहरीकरण और उद्योगीकरण के विस्तार के साथ-साथ जातियों के राजीतिकरण ने समाज में एक नये किस्म के स्तर-विन्यास के उदय में योगदान किया। इस नये विन्यास में पुराना मध्यवर्ग न केवल संख्यात्मक रूप से विस्तृत हो चुका था बल्कि उसने नयी सामाजिक और राजनीतिक खूबियाँ ग्रहण करनी शुरू कर दी थीं।

जाति का वर्ग में रूपांतरण

'वर्ग में रूपांतरण' एक दिक्कततलब अवधारणा है। इसे जाति में हुए कुछ

खास तरह के परिवर्तनों को अभिव्यक्त करने के बेढंगे माध्यम के रूप में अपनाया जा चुका है। वर्ग-विश्लेषण की प्रचलित शब्दावली से ली गयी यह अभिव्यक्ति जाति में हुए परिवर्तनों को रैखिक और द्विभाजक नजरिये से पेश करती है। इसके अनुसार सिर्फ यह देखा जाता है कि जाति कैसे स्वयं को आर्थिक वर्गों की ध्रुवीकृत संरचना में बदल रही है। यह नजरिया यह सवाल नहीं उठाता कि जाति वर्ग में बदल भी रही है या नहीं। जिस तरह पश्चिमी समाज में होनेवाले वर्ग-विश्लेषण में गैर-वर्गीय तत्त्वों की उपेक्षा कर दी जाती है और लिंग-भेद, जातियाँ आदि पहलुओं पर विचार ही नहीं किया जाता, उसी तरह भारत में भी वर्ग-विश्लेषण वर्ग में जातिगत तत्त्वों और जाति में वर्गगत तत्त्वों का महत्त्व कम करके आँकने की प्रवृत्ति से ग्रस्त है। दूसरी तरफ जाति-विश्लेषण में व्यस्त ऐसे विद्वान भी हैं जिनके लिए जाति के वर्ग-रूपांतरण का कोई उपयोग ही नहीं है।

ये विद्वान जाति को स्थानीय श्रेणीक्रम के रूप में देखने के आदी हैं और जाति के अंदर हुए परिवर्तनों को उस व्यवस्था की अपनी विचारधारा और नियमों के संदर्भ में ही समझते हैं। वे जाति के अंदर आधुनिक शिक्षा, व्यवसायगत गतिशीलता, आर्थिक और राजनीतिक सत्ता जैसे वर्गगत तत्त्वों को जाति-व्यवस्था के लिए विजातीय मानते हैं। इन लोगों की समझ पर यह आग्रह हावी है कि जाति इन तत्त्वों को अपनी प्रणालीगत निरंतरता में कुछ परिवर्तनों के साथ खपा लेती है।

दरअसल जाति के वर्ग में रूपांतरण की प्रक्रिया न तो रैखिक होती है और न ही प्रयोजनमूलक। न ही यह प्रक्रिया जाति की संस्था द्वारा अपना जीर्णोद्धार करने के लिए इस्तेमाल होनेवाले उपादान की तरह होती है। मैं तो वर्ग में रूपांतरण की प्रक्रिया को दो तरह से देखता हूँ : (अ) यह प्रक्रिया सभी जातियों के सदस्यों को व्यक्ति के रूप में धार्मिक मान्यता प्राप्त व्यवसायगत और कर्मकांड-आधारित दर्जे अर्थात प्रौद्योगिकीय, आर्थिक और सामाजिक ग्राम्यावस्था की जकड़ से मुक्त करती है। यह जरूर है कि यह मुक्तिकारी प्रभाव अलग-अलग जातियों में भिन्न-भिन्न सीमाओं तक पड़ता है; (ब) यह प्रक्रिया जातियों के सदस्यों के निजी हितों और पहचान को आधुनिक राजनीति तथा शहरी-उद्योगीकृत व्यवस्था से निकली श्रेणियों से जोड़ देती है।

यह परिवर्तन न केवल शहरी क्षेत्रों में घटित होता है वरन् यह देहाती इलाकों में भी लगातार बढ़ता जा रहा है। वर्ग में रूपांतरण के ये दोनों पहलू न तो क्रमवार घटित होते हैं और न ही इनमें स्थानिक रूप से अलगाव है।

ये कभी एक-दूसरे की सीमाओं को लाँघते हैं, कभी मिलते हैं और कभी अलग हो जाते हैं। इनकी कोख से जो परिवर्तन निकलता है, वह हमें नये उदीयमान और सामाजिक स्तर-विन्यास की समाजगत व्यवस्था के रूप में दिखता है। इस प्रकार देखने पर वर्ग में रूपांतरण एक ऐसी प्रक्रिया है जिसके जरिये जातियाँ और उनसे भी ज्यादा उनके सदस्य निजी हैसियत में जाति से भिन्न किस्म के सामाजिक स्तर-विन्यास की श्रेणियों से अपने रिश्ते बनाते हैं।

यह नया उदीयमान सामाजिक स्तर-विन्यास अभी तक व्यवस्था का रूप नहीं ले पाया है। फिर भी समाज के हर स्तर पर नयी सामाजिक और आर्थिक श्रेणियाँ उभर आयी हैं जिनके कारण जाति अपना आकार और चरित्र खोती हुई नया रूप और विचारधारा प्राप्त कर रही है। जैसा कि हम ऊपर देख चुके हैं कि इन परिवर्तनों के कारण जाति का वजूद तो बचा रह गया है पर वह कर्मकांड-आधारित श्रेणीक्रम के एक दर्जे की बजाय कुटुंब-आधारित सांस्कृतिक समुदाय का रूप ले रहा है। आजकल जाति के सदस्य जिस तरह की आर्थिक और राजनीतिक गतिविधियों में लगे रहते हैं वे जाति-व्यवस्था द्वारा पारंपरिक रूप से चलायी जानेवाली गतिविधियों से कतई भिन्न किस्म की हैं।

पहले कर्मकांड द्वारा निर्धारित ऊँचे-नीचे दर्जों का समीकरण जातियों के बीच सद्भाव और सहयोग को बढ़ावा देता था। अब यह एक-दूसरे से समान स्तर पर (क्षैतिज रूप से) होड़ करते हुए सत्ताकांक्षी गुटों के टकराव में बदल गया है। पारंपरिक स्थानीय श्रेणीक्रम के हिसाब से अलग-अलग दर्जा रखनेवाली कई-कई जातियों से मिल कर ऐसा एक गुट बनता है। इस तरह समाज में समूचे पैमाने पर नयी सामाजिक-आर्थिक संरचनाएँ बन गयी हैं जिनमें कुछ जातीयता-आधारित भी हैं। इनमें समाज के आर्थिक, राजनीतिक और सांस्कृतिक संबंधों पर नियंत्रण को ले कर होड़ जारी है। समाज में ऊँचा दर्जा प्राप्त करने का विचार आजकल केवल नीची जातियों को ही नहीं बल्कि सभी जातियों के लोगों को अपील करता है और वे सामूहिक तौर पर भी और निजी तौर पर भी इसके लिए कोशिश करते हैं। ध्यान रखने वाली बात यह है कि आज इन जातियों को कर्मकांड-आधारित ऊँचा दर्जा प्राप्त करने की लालसा नहीं है। वे तो हर जगह संपत्ति, राजसत्ता और आधुनिक यानी (उपभोक्तावादी) जीवन-शैली की लालसा रखती हैं। अर्थात संक्षेप में यह कहा जा सकता है कि अतीत की भाँति जाति ने स्वयं का जीर्णोद्धार करना बंद कर दिया है।

II

नये मध्यवर्ग का उदय

इन तमाम परिवर्तनों ने देश-भर में व्याप्त श्रेणीक्रम की व्यवस्था को एक संरचनागत सुदृढ़ता प्रदान की है। ऐसी सुदृढ़ता इस व्यवस्था में पहले नहीं थी। चूँकि कोई केंद्रीकृत राज्यतंत्र नहीं था इसलिए पूरी प्रणाली वर्ण-श्रेणीक्रम की विचारधारा की तरह अधिरचनात्मक रूप से चलती थी। संरचनागत सुदृढ़ता से वंचित यह विचारधारा सभी के लिए 'एक जैसी सामाजिक भाषा' में व्यक्त होते हुए स्थानीय स्तर पर जातियों की नाना प्रकार की श्रेणियों को वैधता प्रदान करती थी।[१४] लेकिन, जब भारत उदारतावादी लोकतांत्रिक राज्य द्वारा शासित अखिल भारतीय राजनीतिक इकाई बन गया तो क्षेत्रों में और पूरे देश में नयी सामाजिक संरचनाएँ उभर आयीं। जैसा कि हम देख चुके हैं, ये संरचनाएँ नाना प्रकार के कर्मकांडीय दर्जों और धार्मिक समुदायों से मिल कर बनी थीं। आरक्षण की नीति के कार्यान्वयन के लिए बनाये गये सरकारी वर्गीकरण से इन समुदायों ने अपने-अपने नाम प्राप्त किये और देखते-देखते अगड़े अर्थात 'द्विज', पिछड़े अर्थात ओबीसी, दलित अर्थात अनुसूचित जातियाँ और आदिवासी अर्थात अनुसूचित जनजातियाँ महत्त्वपूर्ण हो गये।

जाति-व्यवस्था के कर्मकांड-आधारित घटकों के विपरीत ये नयी सामाजिक संरचनाएँ कहीं ज्यादा ढीली-ढाली और खुली इकाइयों की तरह कार्यरत रहती हैं। उनमें सत्ता के लिए आपसी प्रतियोगिता है। इस दौड़ में सवर्णों के पास उनके पुराने पारंपरिक ऊँचे दर्जे से जुड़े संसाधनों का सहारा है और निचली जातियों की संरचनाओं के पास सरकार की आरक्षण नीति से मिलनेवाला आलम्ब है। इस प्रकार नया उदीयमान स्तर-विन्यास पुराने कर्मकांड-आधारित श्रेणीक्रम और सत्ता की नयी व्यवस्था के मिले-जुले रूप की तरह उभरता है। दूसरे शब्दों में कहा जा सकता है कि अपने आप में बंद श्रेणियों की कर्मकांड-आधारित व्यवस्था की जगह काफी हद तक खुले और गतिशील सामाजिक स्तर-विन्यास ने ले ली है।

यह व्यवस्था अभी बनने के दौर में है। इसका वर्णन अभी न तो जाति की शब्दावली में किया जा सकता है, न ही शुद्ध वर्ग की शब्दावली में। यह जरूर है कि पिछले कुछ वर्षों में इस एक श्रेणी की महत्ता काफी कुछ स्पष्ट हो गयी है। इसे हम 'नया मध्यवर्ग' कह सकते हैं। यह 'नया' इसलिए है क्योंकि इसके उद्‌भव को सीधे-सीधे जाति-व्यवस्था के बिखराव से जोड़ा जा सकता है और इस नयेपन ने मध्यवर्ग को पहले से

कहीं अधिक विविध बना दिया है। पहले के मध्यवर्ग यानी आजादी के समय इस वर्ग पर सवर्णों की चौधराहट थी। इसके अलावा पारंपरिक श्रेणीक्रम में ऊँचे दर्जे को मानदंड बना कर इस पुराने मध्यवर्ग में प्रवेश पाया जा सकता था। इसकी 'संस्कृतीकृत' जीवन-शैली एक सांस्कृतिक संलक्षण की तरह उभरती थी। जबकि 'नये' मध्यवर्ग की रचना में कर्मकांडीयता और संस्कृतीकरण अप्रासंगिक हो गये हैं। नये मध्यवर्ग की सदस्यता नयी जीवन-शैलियों (आधुनिक उपभोग के तौर-तरीकों) के साथ-साथ कुछ खास तरह की आर्थिक परिसंपत्तियों के स्वामित्व और मध्यवर्ग के होने की आत्मचेतना पर निर्भर होती है। यह नया मध्यवर्ग विभिन्न जातियों के लिए खुला हुआ है। आधुनिक शिक्षा, गैरपारंपरिक व्यवसायों, ऊँची आमदनी और राजसत्ता से लैस होकर कोई भी जाति या उसका सदस्य इसमें प्रवेश प्राप्त कर सकता है।

इसके बावजूद इस नये मध्यवर्ग को विशुद्ध वर्ग करार नहीं दिया जा सकता। दरअसल विशुद्ध वर्ग वैचारिक हवाबाजी के अलावा कुछ नहीं है। जब भी कोई व्यक्ति अपनी जाति के सामूहिक, राजनीतिक और आर्थिक संसाधनों की बिना पर मध्यवर्ग में दाखिल होता है तो वह अपनी जाति के कुछ तत्त्व भी उस वर्ग में ले जाता है। मसलन, द्विज अपने साथ अपने परंपरागत ऊँचे दर्जे से जुड़ी सुविधाएँ और लाभ लाता है और निचली जाति का व्यक्ति इस प्रकार के संसाधनों से वंचित होने के कारण अपने प्रवेश के लिए सरकार द्वारा प्रदत्त आधुनिक विधिसम्मत आरक्षण के प्रावधानों का सहारा लेता है जिनका प्रश्रय उसे परंपरागत रूप से निचले दर्जे का होने के कारण मिला है। लगता तो यह है कि भारतीय मध्यवर्ग अपने अंदर उस सीमा तक जाति के तत्त्वों को बनाये रखेगा जहाँ तक उसे आधुनिक दुनिया में अपने दर्जे की तलाश करनी होगी और जब तक इस वर्ग के सदस्यों को निजी तौर पर इस लक्ष्य की प्राप्ति में अपनी जाति का सहयोग मिलता दिखायी देगा।

साथ ही इस मध्यवर्ग की रचना के लिए ये तथ्य काफी महत्त्वपूर्ण हैं कि : (अ) अपनी-अपनी जातियों के सामूहिक संसाधनों का इस्तेमाल करने के बाद भी जाति के सदस्य व्यक्ति के रूप में मध्यवर्ग में कदम रखते हुए वर्ग में रूपांतरण की प्रक्रिया से दो-चार होते हैं। वे अपनी जाति से जुड़ी हुई कर्मकांडीय भूमिकाओं और काम-काज से दूर होते चले जाते हैं; (ब) उन्हें अपनी जाति के अलावा मध्यवर्ग का होने की एक अन्य पहचान भी मिल जाती है; (स) उनके आर्थिक हित और जीवन-शैली अपने गैरमध्यवर्गीय जाति-भाइयों के मुकाबले मध्यवर्ग के अन्य सदस्यों से ज्यादा मेल खाती है।

जून-जुलाई १९९६ में दिल्ली के विकासशील समाज अध्ययन पीठ द्वारा किये गये नमूना सर्वेक्षण से भारत में मध्यवर्ग की रचना-प्रक्रिया से जुड़े तथ्य और आँकड़े प्राप्त हुए हैं। सर्वेक्षण का नमूना विभिन्न श्रेणियों से बेतरतीब क्रम से चुने गये व्यक्तियों से बनाया गया। इसमें संभाव्यता को आकार के समानुपात में रख कर ९६१४ भारतीय पुरुषों और स्त्रियों का सर्वेक्षण किया गया। जम्मू और कश्मीर को छोड़ कर बाकी सभी राज्यों के निवासियों का इसमें प्रतिनिधित्व था। सर्वेक्षण से प्राप्त आँकड़ों के विश्लेषण से मैंने नये मध्यवर्ग का मोटा-मोटा खाका तैयार किया है।[१५]

१. आजादी के समय मध्यवर्ग केवल अंग्रेजी शिक्षित सवर्णों से ही मिल कर बना था। बाद के तीस वर्षों में धनी किसानों की प्रगतिकांक्षी मजबूत जातियाँ भी इसमें शामिल हुईं जिससे इसका आकार बढ़ा। इस तरह इस अवधि में एक छोटे ग्राम आधारित मध्यवर्ग का उदय हुआ।

२. सर्वेक्षण ने मध्यवर्ग को आत्मगत और वस्तुगत चरों के संदर्भ में देखा। आत्मगत चरों का संबंध नमूने में शामिल व्यक्ति द्वारा स्वयं को मध्यवर्ग की पहचान से जोड़ने और 'श्रमिक वर्ग' की पहचान से खुद को पृथक करने पर निर्भर था। आत्म-पहचान को एक पूर्व शर्त मानते हुए कुछ वस्तुगत मानकों के आधार पर नमूने के सदस्य को 'मध्यवर्ग' में शामिल करने का फैसला लिया गया। इस तरह जितने व्यक्तियों ने स्वयं को मध्यवर्गीय माना, उन्हें तभी मध्यवर्ग की श्रेणी में शामिल किया गया जब उनमें निम्नलिखित चार में से दो लक्षण अवश्य पाये गये : (अ) कम-से-कम दस साल की स्कूली शिक्षा मिली हो; (ब) चार में से कम-से-कम तीन परिसंपत्तियाँ उसके पास हों—मोटर वाहन, टीवी, बिजली का पम्पिंग सेट और गैरखेतिहर जमीन; (स) ईंटों और सीमेंट से बने हुए पक्के घर में रहता हो; और (द) लिखा-पढ़ीवाली नौकरी करता हो। इन्हीं चार खूबियों की कसौटी पर करीब बीस फीसद लोग मध्यवर्गीय निकले।

३. सर्वे के विश्लेषण से पता चला कि आज भी भारतीय 'मध्यवर्ग' पर द्विज और धनी किसान-जातियाँ हावी हैं। इन दो सवर्ण श्रेणियों में द्विज सवर्ण और गैर-द्विज ताकतवर जातियाँ नमूना सर्वेक्षण की २५ फीसद थीं। लेकिन वे मध्यवर्ग की ५० फीसद निकलीं। लेकिन इसका अर्थ यह भी हुआ कि आज के मध्यवर्ग में सवर्णों का प्रतिनिधित्व घटा है क्योंकि पुराने मध्यवर्ग में तकरीबन सभी द्विज ही होते थे।

४. मध्यवर्ग की आधी सदस्यता निचली जातियों की विभिन्न सामाजिक संस्थाओं की निकली। इनमें दलित, आदिवासी, किसानों और कारीगरों के

पिछड़े समुदाय और धार्मिक अल्पसंख्यक आते हैं। ये जातियाँ नमूना सर्वेक्षण में २५ फीसद थीं। लेकिन इन्होंने मध्यवर्ग की ५० फीसद सदस्यता ही प्राप्त कर पायी अर्थात इनकी मध्यवर्ग में मौजूदगी द्विज और मध्य जातियों के मुकाबले कहीं कम निकली। लेकिन अगर इस उपस्थिति को इन जातियों के निचले कर्मकांडीय दर्जे के संदर्भ में देखा जाये तो उनका मध्यवर्ग में इतना रूपांतरण भी महत्त्वपूर्ण लगता है। इससे भी ज्यादा महत्त्वपूर्ण तथ्य यह है कि अछूत रह चुकी जातियों के सदस्यों को शिक्षा, संपत्ति, राजसत्ता, आदि के अवदान सामाजिक गतिशीलता के जरिये मिल जाते हैं तो निचली जातियों के सदस्यों को मध्यवर्ग में प्रवेश के रास्ते में उनका निचला कर्मकांडीय दर्जा बाधा नहीं बनता। इन लोगों को मध्यवर्ग के सदस्य की चेतना प्राप्त करने में भी कोई दिक्कत नहीं होती।

५. सर्वेक्षण से मिले तथ्यों के विश्लेषण से यह भी पता चला कि मध्यवर्ग के सदस्यों और आबादी के बाकी हिस्सों के राजनीतिक रवैये और प्राथमिकताओं के बीच भारी फर्क होता है। चाहे किसी पार्टी को समर्थन देने जैसा राजनीतिक मानक हो या कर्म-सिद्धांत में यकीन करनेवाला सांस्कृतिक मानक हो। मध्यवर्ग के निचली जाति के सदस्य और ऊँची जाति के सदस्य के बीच आपसी फर्क कम निकला। जबकि इन मध्यवर्गियों का अपनी ही जाति के गैरमध्यवर्गीय सदस्यों से इन मामलों में मतभेद कहीं ज्यादा था।

६. आज के भारतीय मध्यवर्ग में ग्रामीण सदस्यों की संख्या काफी है। इसका कारण शुरुआत में इसके दायरे में आयी गाँव-आधारित ताकतवर जातियाँ और हाल ही में प्रवेश पायीं वे निचली जातियाँ हैं जो आधुनिक अर्थतंत्र और प्रशासन में भागीदारी कर रही हैं। इससे स्पष्ट है कि आज का भारतीय मध्यवर्ग जनसंख्यामूलक दृष्टि से कोई एक निश्चित कर्मकांड-आधारित दर्जेवाली श्रेणी से नहीं निकला है। इसकी शक्ल तो सामाजिक-सांस्कृतिक किस्म की है। यह एक ऐसी संरचना है जिसके सदस्य विभिन्न जातियों और समुदायों से आते हैं। उन्होंने नये आर्थिक और राजनीतिक हित धारण कर लिये हैं। उनकी जीवन-शैली भी बदल कर इस वर्ग के अन्य सदस्यों जैसी हो गयी है। नये मध्यवर्ग में उसके सदस्यों की जातिगत पहचान बची तो रहती है लेकिन उसे मध्यवर्ग की समग्र पहचान के तहत ही रहना पड़ता है और इस तरह यह पहचान एक भिन्न संस्कृति और सांस्कृतिक तात्पर्य ग्रहण कर लेती है।

उपसंहार के तौर पर कहा जा सकता है कि जाति के सेकुलरीकरण की प्रक्रिया के साथ-साथ जाति के साथ तीन तरह की घटनाएँ भी हुईं। वह

कर्मकांडों की जकड़ से निकली, उसका राजनीतिकरण हुआ और उसका वर्ग में रूपांतरण हुआ। इस तरह जाति कुटुंब-आधारित एक लघु समुदाय में सीमित हो गयी। उसके सदस्यों के कदम एक नयी जमीन पर जम गये। उन्होंने नयी पहचान प्राप्त कर ली। यह नयी जमीन और नयी पहचान एक नये तरह के सामाजिक स्तर-विन्यास से निकली थी जिसके आधार में पारंपरिक श्रेणीक्रम से भिन्न उसूल कार्यरत थे। आज विभिन्न जातियों के सदस्य क्षैतिज स्तर पर बड़े-बड़े सामाजिक समूह बना कर मध्यवर्ग में प्रवेश की होड़ कर रहे हैं। नतीजतन निचली जातियों के सदस्यों ने मध्यवर्ग में भारी संख्या में प्रवेश प्राप्त कर लिया है। इसके कारण आजादी से पहले के मध्यवर्ग का चरित्र और संरचना बदलनी शुरू हो गयी है। उस समय का मध्यवर्ग तकरीबन पूरी तरह अंग्रेजी शिक्षित सवर्णों से ही बना था। नया और पहले के मुकाबले बहुत बड़ा मध्यवर्ग भारतीय आबादी के पाँचवें हिस्से के बराबर है। यह धीरे-धीरे ही सही पर राजनीतिक और सांस्कृतिक रूप से अधिक एकीकृत होता जा रहा है, साथ ही उसके सदस्यों के सामाजिक उद्‌गम में काफी विविधता है।

संदर्भ और टिप्पणियाँ

१. यहाँ दिये गये जाति के वृत्तांत और औपनिवेशिक विमर्श की चर्चा काफी कुछ बर्नार्ड एस. कॉन की रचना 'नोट्स आन द हिस्ट्री ऑन द इंडियन सोसाइटी एंड कलचर', *एन एंथ्रोपोलोजिस्ट एमंग द हिस्टोरियंस एंड अदर एसेज,* ऑक्सफोर्ड यूनिवर्सिटी प्रेस, दिल्ली, १९८७, पृष्ठ १३९-४० से ली गयी है।

२. *उपरोक्त,* पृष्ठ १४१-६२

३. भारत में ब्रिटिश हुकूमत के तहत जातियों में हुए परिवर्तनों और औपनिवेशिक नीतियों के जाति-व्यवस्था पर पड़े प्रभावों की विस्तार से चर्चा के लिए देखें, जी.एस. घुरिए, 'कास्ट ड्यूरिंग द ब्रिटिश रूल', संकलित *कास्ट एंड रेस इन इंडिया,* पापुलर प्रकाशन, बंबई, १९६२, पृष्ठ २७०-३०५, इसके अलावा मार्क गैलेंटर की रचना 'रिफार्म, मोबिलिटी एंड पॉलिटिक्स अंडर ब्रिटिश रूल' भी देखें। यह प्रबंध उनकी पुस्तक *कंपीटिंग ईक्वलिटीज, लॉ एंड बैकवर्ड क्लासेज इन इंडिया,* ऑक्सफोर्ड, दिल्ली, १९९४, पृष्ठ १८-४० में संकलित है।

४. निचली जातियों में कर्मकांडीय आधार पर ऊँची जातियों द्वारा सामाजिक और आर्थिक रूप से शोषित होने की चेतना और उसकी सांगठनिक अभिव्यक्ति के दृष्टांत बीसवीं सदी के शुरुआती वर्षों में मिलते हैं, जब इन जातियों ने ब्राह्मण विरोधी आंदोलन में भागीदारी की। देखें : गेल ऑम्वेड्ट, *कल्चरल रिवोल्ट इन ए कोलोनियल सोसाइटी— द नॉनब्राह्मण मूवमेंट्स इन वेस्टर्न इंडिया— १८७३ टु*

१९३०, साइंटिफिक सोशलिस्ट एजूकेशन ट्रस्ट, बंबई, १९७६। इसके अलावा देखें यूजेन फ्लिश्क, *पॉलिटिक्स एंड सोशल कांफ्लिक्ट इन साउथ इंडिया, द नॉनब्राह्मण मूवमेंट्स एंड तमिल सेपरेटिज्म १९१६-१९२९,* यूनिवर्सिटी आव कैलिफोर्निया, बर्कले, १९६९

५. गैलेंटर की निगाह में औपनिवेशिक काल में हुई इस घटना से जाति-व्यवस्था में महत्त्वपूर्ण परिवर्तन हुए; "जाति संगठन अपने साथ जातियों की प्रकृति में दो महत्त्वपूर्ण और संबंधित परिवर्तन भी लाये। महत्त्वपूर्ण समूह सगोत्रीय जातियों से बढ़ कर क्षेत्रवार गठजोड़ों में बदल गये। साथ ही गाँव के माहौल में संगठन और नेतृत्व की पारंपरिक संरचनाओं की जगह उन स्वायत्त एसोसिएशनों ने ले ली जिनके पदाधिकारी चुनावों के जरिये निर्धारित अधिकारों का उपयोग करते थे।" गैलेंटर पृष्ठ २३

६. हाल ही में ए.एम. शाह द्वारा दी गयी दलील पर नजर डालें जिसमें उन्होंने दावा किया है कि इन परिवर्तनों के बावजूद जाति-व्यवस्था अपनी व्यवस्थागत निरंतरता कायम रखने में सफल हुई है। ए.एम. शाह, 'ए रिस्पांस टु द क्रिटिक ऑन डिवीजन एंड हीरार्की', संकलित : ए.एम. शाह और आई.पी. देसाई, *डिवीजन एंड हीरार्की एन ओवरव्यू ऑव कास्ट इन गुजरात,* हिंदुस्तान पब्लिशिंग कार्पोरेशन, दिल्ली, १९८८, पृष्ठ ९२-१३३। शाह ने जातियों के क्षैतिज विभाजन को जाति-व्यवस्था के नैसर्गिक अंग के तौर पर देखा। उनकी मान्यता थी कि इस तरह का विभाजन बार-बार निरंतर चलनेवाली प्रक्रिया की तरह होता रहा है। यह परिवर्तन जाति के बचे रहने और उसके रख-रखाव की भूमिका निभाता है। दूसरी तरफ शाह के सहयोगी विद्वान आई.पी. देसाई का मानना था कि जाति के पहले से मौजूद क्षैतिज विभाजन जाति-व्यवस्था के कर्मकांडीय श्रेणीक्रम द्वारा अपने अंदर खपा लिये गये थे। अब ये विभाजन श्रेणीक्रम से वर्ग होकर क्षैतिज सामाजिक और राजनीतिक जमीन पर अन्योन्यक्रिया में संलग्न हैं। यहाँ देसाई क्षैतिज विभाजनों को उदीयमान स्तर-विन्यास के नये सिद्धांत के रूप में देखते हैं और उन्हें यह नया सिद्धांत जाति के कर्मकांडीय श्रेणीक्रम का क्षय करता हुआ लगता है। आई.पी. देसाई, 'ए क्रिटिक ऑव डिवीजन एंड हीरार्की', उपरिलिखित पुस्तक में, पृष्ठ ४०-४९।

७. कर्मकांड-आधारित दर्जे और व्यवसाय के बीच संबंधों में बदलाव और नये किस्म के स्तर-विन्यास के उदय से जुड़े उसके नतीजों की एक ज्ञानवर्द्धक चर्चा के लिए देखें : आई.पी. देसाई, 'शुड कास्ट बी द बेसिज फार रिकगनाइजिंग बेकवर्डनेस?', *इकनॉमिक एंड पालिटिकल वीकली,* खंड १९, क्रमांक २८, जुलाई १९८४, पृष्ठ ११०६-१६

८. कुछ समय से जाति में हुए प्रणालीगत परिवर्तन को समाजशास्त्रीय लेखन की मुख्यधारा में प्रतिनिधित्व मिलने लगा है। उदाहरणार्थ देखें : एम.एन. श्रीनिवास की ताजा रचना जिसमें उन्होंने जाति-व्यवस्था में हुए बदलावों की व्यवस्थागत प्रकृति स्वीकार की है—"*जब तक गाँव में उत्पादन-संबंधी जाति आधारित रहा तब तक संत-महात्माओं, सुधारकों और अन्य धर्मों द्वारा की गयी विषमता की*

भर्त्सना अपना असर नहीं डाल पायी। जाति में व्यवस्थागत परिवर्तन तभी हुए जब जाति पर विचारधारात्मक हमले के साथ-साथ शिक्षा और रोजगार सभी के लिए उपलब्ध हो गया और शहरीकरण और उद्योगीकरण का प्रसार हो गया (जोर मेरा); *कास्ट, इट्स ट्वेंटिथ सेंचुरी अवतार*, एम.एन. श्रीनिवास (संपादक), वाइकिंग, पेंग्विन इंडिया, नयी दिल्ली, १९९६ का 'परिचय'।

९. ग्रामीण इलाकों में जाति के स्थानीय श्रेणीक्रमों में हुए विस्तृत और व्यवस्थागत परिवर्तनों पर एक निगाह के लिए देखें, जी.के. कारंत, 'कास्ट इन कंटेम्परेरी रूरल इंडिया', संकलित एम.एन. श्रीनिवास, उपरोक्त पृष्ठ-८७-१०९. कारंत ने अपने आलेख का उपसंहार करते हुए लिखा है, "पहले तो अब देहाती इलाकों में जाति को 'व्यवस्था' की संज्ञा देना अब शायद उचित नहीं रह गया है। जातियाँ अलग-अलग समूहों के रूप में जीवित हैं पर वे एक प्रणाली के रूप में अपने हितों के साथ सामंजस्य भिड़ाती हुई एकीकृत नहीं रह गयी हैं।" (१०६)

१०. विख्यात समाजवादी नेता राम मनोहर लोहिया की राजनीति और लेखन वामपंथी पार्टियों की राजनीतिक गोलबंदी-संबंधी रवैये का अपवाद है। लोहिया की मान्यता थी कि वर्ग ध्रुवीकरण की राजनीति के विपरीत सामाजिक न्याय के मुद्दे पर निचली जातियों की क्षैतिज गोलबंदी की रणनीति में भारत के गरीबों और वंचितों को संगठित करने की ज्यादा संभावनाएँ हैं! लोहिया का विचार था कि भारत में वर्ग विचारधारा का तथ्यगत और सामाजिक लिहाज से आधार कमजोर है। देखें : राम मनोहर लोहिया, *द कास्ट सिस्टम* (राम मनोहर लोहिया समता विद्यालय न्यास, हैदराबाद, १९६४)। इसके अलावा देखें : डी.एल. शेठ, 'राम मनोहर लोहिया आन कास्ट इन इंडियन पॉलिटिक्स', *लोकायन बुलेटिन* (खंड १२, क्रमांक ४, जनवरी-फरवरी १९९६), पृष्ठ ३१-४० और देखें डी.एल. शेठ, 'राम मनोहर लोहिया आन कास्ट, क्लास एंड जेंडर इन इंडियन पॉलिटिक्स', *लोकायन बुलेटिन* (खंड १३, क्रमांक २, सितंबर-अक्तूबर १९९६), पृष्ठ १-१५

११. 'जातियों के राजनीतिकरण' की अवधारणा सबसे पहले रजनी कोठारी ने सत्तर के दशक में इस्तेमाल की थी और इसके जरिये लोकतांत्रिक राजनीति में भागीदारी के कारण जाति-व्यवस्था में हुए परिवर्तनों को व्याख्यायित किया था। देखें : अध्याय १, परिचय, *कास्ट इन इंडियन पॉलिटिक्स* (२२) पृष्ठ ३-२५

१२. कांग्रेसी राजनीति के इस पहलू को सबसे पहले देखने का श्रेय रजनी कोठारी के कांग्रेस पर किये गये काम को है। स्थानीय राजनीति को क्षेत्रीय स्तर पर इस्तेमाल करके कांग्रेस ने अपना सामाजिक आधार बढ़ाया और विकास और आधुनिकीकरण के मुद्दों पर राष्ट्रीय सहमति बनाने में सफलता प्राप्त की। कांग्रेस के दीर्घकालीन राजनीतिक और चुनावी वर्चस्व के लिए यह रणनीति अत्यंत महत्त्वपूर्ण थी। देखें : रजनी कोठारी, 'द कांग्रेस सिस्टम इन इंडिया', *एशियन सर्वे* (खंड ४, क्रमांक १२, दिसंबर १९६४) पृष्ठ ११०१-७३. इसके अलावा देखें 'द कांग्रेस सिस्टम रिविजिटिड', संकलित : *पॉलिटिक्स एंड पीपुल, इन सर्च ऑव ह्यमेन इंडिया,* खंड १, अजंता पब्लिशर्स, दिल्ली, १९८९, पृष्ठ ३६-५८

१३. देखें डी.एल. शेठ, 'रिजर्वेशन पॉलिसी रिविजिटिड', *इकानॉमिक एंड पालिटिकल*

वीकली, नवंबर १०, १९९७, पृष्ठ १९५७-८७.

१४. एम.एन. श्रीनिवास, 'वर्ण एंड कास्ट', संकलित : *कास्ट इन माडर्न इंडिया एंड अदर एसेज*, एशिया पब्लिशिंग हाउस, बंबई, १९६२, ६३-६९. इसके अलावा देखें : आंद्रे बेते, 'वर्ण ऑर जाति', *सोशियोलॉजिकल बुलेटिन*, खंड ४५, क्रमांक ७, मार्च १९९६, पृष्ठ १५-२७

१५. यहाँ पेश किये गये निष्कर्ष सर्वेक्षण से निकाले गये शुरुआती परिणाम ही हैं। यह लेखक और अध्ययन पीठ का अनुसंधान दल मध्यवर्ग की सदस्यता के सूचकांक को सटीक बनाने की प्रक्रिया चला रहा है। हो सकता है कि अंत में मध्यवर्ग में शामिल होनेवाली सामाजिक संरचनाओं का प्रतिशत आँकड़ा कुछ बदल जाये और साथ ही मध्यवर्ग का आकार भी कुछ बदले। यह फर्क एक से दो फीसद तक पड़ सकता है। मैंने जो आँकड़े दिये हैं वे अनुसंधान कार्य में से उठा कर दिये हैं। इसे मध्यवर्ग की संरचना का संपूर्ण विश्लेषण नहीं समझा जाना चाहिए। यह जल्दी ही एक अलग शोध प्रबंध के रूप में सामने आयेगा। इस लेख में तो मध्यवर्ग के नये उदीयमान रूप का मोटे तौर पर और कुछ-कुछ अंदाजे के आधार पर बनाया गया खाका ही पेश किया गया है।

दलित प्रश्न और गैर-दलित समाज

ब्राह्मणवाद से मनुवाद तक

'विशुद्ध' दलित विमर्श बनाम सत्ता की दलित राजनीति

दलित आंदोलन का विकास ब्राह्मणवाद विरोध से आगे चल कर मनुवाद विरोध तक हो चुका है। यह एक ऐसा वैचारिक परिवर्तन है जिसमें विशुद्ध विमर्श की राजनीति करने वाले दलित बुद्धिजीवी दिलचस्पी दिखाने के लिए तैयार नहीं हैं। यह अवधारणात्मक नवाचार स्पर्द्धामूलक लोकतांत्रिक राजनीति की देन है। ब्राह्मणीय विचारधारा को मनुवाद के रूप में व्यक्त करने से व्यांख्यात्मक मकसद भी बेहतर हल होगा, और सामाजिक अन्याय और विषमता की भारतीय समस्या का निराकरण भी बेहतर ढंग से हो सकेगा। मनुवाद सामाजिक अन्याय के विभिन्न रूपों और सामाजिक बहिर्वेशन पर मुहर लगाने वाली समकालीन जातिप्रथा को कहीं अच्छी तरह निरूपित कर सकता है। ब्राह्मणवाद मुख्यत: जातियों के कर्मकांडीय संबंधों को व्यक्त करता है। मनुवाद के जरिए न केवल ब्राह्मणों द्वारा की जाने वाली नाइंसाफी पर रोशनी पड़ती है, बल्कि राजपूतों, बनियों, रंग-रुतबे वाली किसान जातियों, और कुछ खास तरह की तथाकथित 'निचली जातियों' द्वारा थोपे जाने वाले उत्पीड़न की संरचनाएँ भी स्पष्ट होती हैं। इसी तरह दलित सरोकारों के हमराही छोटे-छोटे समूह ऊँची जातियों में पैदा होने के बावजूद मनुवादी न होने का दावा करके जन्मना ब्राह्मण होने से अपनी राजनीति को अलग कर सकते हैं।

दलित आंदोलनों की राजनीति और दलित जनता की आकांक्षाएँ भूमंडलीकरण के इस जमाने में नयी करवट ले रही हैं। जनता और आंदोलन,

दोनों उस निर्णायक मोड़ पर पहुँच गए हैं जहाँ उनके लिए कई मुद्दों पर लीक से हट कर मुद्रा अपनाना जरूरी हो गया है। दलित नेतृत्व वाली राजनीतिक पार्टियाँ ऐसे तत्त्वों को पहले से ज्यादा गुंजाइशें दे रही हैं जिनका पहले उनके दायरे में आम तौर पर स्वागत नहीं होता था, और उनका रवैया कहीं अधिक सहमतिमूलक होता जा रहा है। जहाँ तक दलित विमर्श का सवाल है, डरबन कान्फ्रेंस से निकली नस्ल बनाम जाति संबंधी बहस का सफर डायवर्सिटी (यानी अमेरिकी तर्ज पर उद्योग-धंधों में दलित भागीदारी सुनिश्चित करने के मकसद से नीति-निर्माण) पर हो रही मौजूदा बहस तक पहुँच गया है। व्यावहारिक रूप से दलित राजनीति पारंपरिक सामाजिक खाइयों को लाँघते हुए नए-नए राजनीतिक गठजोड़ों के रास्ते पर चल रही है।

नब्बे का दशक अगर भूमंडलीकरण का दशक समझा जाए, तो एक बात दिखाई पड़ सकती है कि इस दौरान ऐसी बहुत सी बातें हुई हैं जिनकी उम्मीद नहीं थी, और ऐसी बहुत सी बातें नहीं हुई हैं जो होनी चाहिए थीं। मसलन, दलित आंदोलन जिन मुद्दों को जोर-शोर से उठाता रहा है, पर जो मुद्दे अस्सी के दशक तक चर्चा के केंद्र में नहीं आ पाए थे, उन पर व्यापक नागरिक समाज के विभिन्न हिस्सों में अचानक सक्रियता के स्तर की सकारात्मक दिलचस्पी दिखने लगी है। नब्बे के दशक की इसी अवधि में दलितों की शक्ति और प्रभाव में जबरदस्त बढ़ोतरी हुई है। दलित नेताओं ने कभी सोचा भी नहीं था कि सरकारी और नौकरशाही हल्कों में उनकी ताकत इतनी बढ़ जाएगी। उत्तर प्रदेश में कांशीराम-मायावती के नेतृत्व की परिघटना द्वारा बहुजन समाज पार्टी (बसपा) के रूप में खुद को व्यक्त करना, और ऊँचे स्तर पर सत्ता में साझेदारी की कामयाब राजनीति करके दिखाना इसका सबूत है।

खास बात यह है कि इस घटनाक्रम को नागरिक समाज के कुछ हल्कों ने काफी चिंता की दृष्टि से देखा है। उसका ख़याल है कि 'सत्ता की यह दलित भूख' लोकतंत्र के लिए नुकसानदेह हो सकती है। विडम्बना यह है कि बसपा द्वारा बार-बार सत्ता में साझेदारी कर पाने के कारण मिले मानसिक उछाल के बावजूद कई दलित बुद्धिजीवी और आंदोलनों से जुड़े कार्यकर्ता पार्टी के राजनीतिक नेतृत्व को उपदेश देने में लगे हुए हैं। उनका कहना है कि बसपा और उसके नेतृत्व ने अपने रवैये से दलित आंदोलन के दीर्घकालीन लक्ष्यों को पूरा करने का सुनहरा मौका गँवा दिया है। सत्ता के लिए शॉर्टकट अपनाया जा रहा है, और सत्ता मिल जाने के बाद संकीर्ण दलगत फायदों के लिए उसका इस्तेमाल हो रहा है। इस तरह दलित विमर्श

के दो सिरे बन गए हैं : एक सिरे पर आंदोलनों की राजनीति से जुड़ा डरबन से डायवर्सिटी का विमर्श खड़ा है, और दूसरे सिरे पर कांशीराम से मायावती तक की सत्ता-उन्मुख दलगत राजनीति का विमर्श है। फिलहाल दलित राजनीति की सबसे बड़ी चुनौती विमर्श के इन दोनों सिरों के बीच की खाई भरना है।

मेरा ख़याल है कि आजादी के समय दलितों की जो स्थिति थी, वह अब काफी-कुछ बदल चुकी है। नयी परिस्थिति से निबटने के लिए जिस तरह के आंदोलनों और व्यूहरचना की आवश्यकता है, वह डॉ. आंबेडकर के राजनीतिक चिंतन और अनुभव का सतही और यांत्रिक अनुपालन करके पूरी नहीं हो सकती। आंबेडकर के सामाजिक और राजनीतिक दर्शन की अहमियत है और रहेगी, पर उनकी व्यावहारिक राजनीति के आधार पर बनने वाले विमर्श के आगे जाना होगा। दरअसल, आज के जमाने में दलित समस्या

छुआछूत के सत्तामूलक आयाम

डॉ. भीमराव आम्बेडकर जाति को कर्मकांडीय दर्जे के आधार पर बने श्रेणीक्रम का नतीजा मानते थे। इसीलिए उन्होंने छुआछूत को हिंदुओं के कर्मकांड संबंधी आचरण से जोड़ कर देखा। जहाँ तक छुआछूत के विचार के उद्‌गम का सवाल है, उनका यह विचार सही था। छुआछूत कर्मकांडीयता का अभिन्न अंग है, क्योंकि उसके जरिए व्यक्तियों और समूहों के बीच शुद्धता/अशुद्धता और पवित्रता/अपवित्रता के संदर्भ में शारीरिक दूरी परिभाषित होती है। इस तरह का फासला कुछ परिस्थितियों में पति और पत्नी या माँ और बच्चे के बीच भी रखा जाता है। मासिक रजोचक्र से गुजर रही स्त्री इसका उदाहरण है। किसी जमाने में अपेक्षित वर्णगत आचरण संहिता का पालन न करने वाले ब्राह्मण भी अपवित्रता के दायरे में डाल दिए जाते थे। लेकिन, इस तरह की कर्मकांडीय छुआछूत अस्थायी प्रवृत्ति की होती थी। कर्मकांडों के दायरे में जो अपवित्र था उसका कर्मकांडों के जरिए ही पवित्रीकरण किया जा सकता था। सवाल यह है कि छुआछूत के विचार को स्थायित्व कैसे मिला? समाज के एक निश्चित तबके को हमेशा-हमेशा के लिए अछूत कैसे मान लिया गया? ऐसा लगता है कि स्थायी अस्पृश्यता का स्रोत इसके अस्थायी संस्करण से भिन्न है।

कुछ विद्वानों ने इसी अस्थायी और संदर्भगत 'अस्पृश्यता' की तुलना द्विज जातियों द्वारा समूचे समुदायों को ही सदियों तक स्थायी रूप से छुआछूत का शिकार बनाने से करने की गलती की है। किसी अछूत जाति की अस्पृश्यता तो जन्मना और एक पीढ़ी से दूसरी पीढ़ी को विरासत में दिए जाने वाले दर्जे से संबंधित होती है।

पर नए सिरे से विचार करने की जरूरत है। कहना न होगा कि यह जरूरत केवल आंबेडकर और दलित आंदोलन के बारे में ही नहीं है, बल्कि किसी भी अन्य मुद्दे या राजनीतिक परिघटना या किसी भी महान चिंतक और आजादी के आंदोलन के किसी भी बड़े नेता के संदर्भ में भी इस जरूरत पर जोर दिया जाना चाहिए। अगर हम समस्याओं के तैयारशुदा हल से चिपके रहने के दिमागी आलस्य को त्याग दें, तो हमें आसानी से दिख जाएगा कि हमारे महान नेताओं के विचारों और राजनीतिक व्यवहार में नए तात्पर्यों और व्याख्याओं का समावेश करना कितना आवश्यक हो गया है। हालाँकि दलित आंदोलनों के बारे में होने वाली बहस में आज भी पुरानी शब्दावलियों का प्रयोग हो रहा है, पर इस विमर्श की दुनिया बदल चुकी है। इस परिवर्तन को दो खास मिसालों के जरिए समझा जा सकता है।

पहली बात तो यह है कि बीस के दशक से लेकर पचास के दशक तक

जैसा कि आम तौर पर माना जाता है कि इस तरह की अस्पृश्यता का ताल्लुक दैहिक रूप से अस्वच्छ होने या कथित 'अछूतों' द्वारा गंदे-संदे रहने से नहीं है। इन जातियों के मामले में तो धारणा यह है कि अस्पृश्यता उनके अस्तित्व का अभिन्न अंग है, उनकी देह में अंतर्निहित है। इन लोगों की अशुद्धता उनके गंदे काम की वजह से नहीं होती, बल्कि वे जिस काम को हाथ लगाते हैं वही अशुद्ध हो जाता है। जिस वस्तु को वे हाथ लगाते हैं और जहाँ उनकी छाया तक पड़ती है उसे अशुद्ध मान लिया जाता है। इस लिहाज से स्थायी छुआछूत कर्मकांडीयता का एक अतिवादी रूप तो है ही, साथ ही कुछ और भी है।

प्रचलित समझ है कि कर्मकांडीय आचरण अगर पवित्र और शुद्ध रहेगा तभी उसे करने वाले को लोकोत्तर शक्तियाँ और सिद्धियाँ प्राप्त हो सकेंगी। केवल तभी उसे वे शक्तियाँ (कॉस्मिक पॉवर्स) प्राप्त हो सकेंगी जिनके जरिए उसकी पहुँच देवों तक हो सकती है। इसके साथ मान्यता यह जुड़ी है कि जब तक कर्मकांड करने वालों को विशुद्ध देह की प्राप्ति नहीं होगी, वे जीवन और जगत को नियंत्रित नहीं कर पाएँगे। इसी कारण और इसी तरह के आग्रहों के कारण कर्मकांडीयता पवित्र स्पेस की परिघटना बनती चली गई। उस स्पेस पर विभिन्न स्तरों पर ब्राह्मण, क्षत्रिय और वैश्य जैसी द्विज जातियों का एकाधिकार हो गया। इसी के चलते यह भी मान लिया गया है कि पवित्रता और विशुद्धता इन्हीं जातियों में मूर्तिमान हो सकती है। ऐसा लगता है कि ऐतिहासिक रूप से ज्ञान के क्षेत्र में मीमांसकों और स्मृतिकारों के प्रभुत्व की अवधि में कर्मकांडीय शुद्धता को परा-सिद्धियों के साथ जोड़े जाने की धारणा ने जड़ पकड़ी होगी। इसी जमाने से गैर-द्विजों के बहिर्वेशन ने संस्थागत रूप ले लिया होगा। कर्मकांडीय शुद्धता और उसके नतीजे के तौर पर छुआछूत एक खास तरह के नैतिक आचरण की तरह ग्रहण किया जाने लगा होगा।

प्रत्येक विमर्श (चाहे वह दलित विमर्श हो, पिछड़ी जातियों का विमर्श हो, या फिर धार्मिक अल्पसंख्यकों का विमर्श हो) में एक तीसरा पक्ष मौजूद रहता था। अपने आप में तटस्थ समझा जाने वाला और पंच की भूमिका में अख्तियार करने वाला यह तीसरा पक्ष था ब्रिटिश शासन। इसी तीसरे पक्ष की मौजूदगी के कारण पिछड़ों, दलितों और अल्पसंख्यकों की राजनीति औपनिवेशिक हुकूमत का फायदा उठाने के चक्कर में रहती थी, और औपनिवेशिक हुकूमत इस राजनीति का अपने पक्ष में ज्यादा से ज्यादा दोहन करना पसंद करती थी। १९५० में आजाद भारत का संविधान लागू होते ही हालात बदल गए, क्योंकि यह तीसरा पक्ष बीच में नहीं रह गया। संविधान आधारित सेकुलर-लोकतांत्रिक राज्य स्थापित हो गया, पर मुश्किल यह हुई कि तीसरे पक्ष की खाली जगह इस राज्य द्वारा नहीं भरी जा सकी। पिछड़े वर्गों को तो नए भारतीय राज्य के लाभ मिले, पर ऐतिहासिक रूप से अधिकार वंचित उत्पीड़ित समुदायों के लिए यह राज्य तटस्थ तीसरे पक्ष की भूमिका निभाने में नाकाम रहा। यही कारण है कि दलित राजनीति और

प्राचीन काल में द्विजों के बीच आत्मसात के अयोग्य समझे जाने वाले 'पराजित' शूद्रों (जैसे, चांडालों) को समाज की मुख्यधारा से काट कर अलगाव में डाल दिया गया था। तत्कालीन सत्ता समीकरणों के कारण दंडस्वरूप थोपा गया इन जातियों का यह अलगाव या बहिर्वेशन सदियों तक चला। इन लोगों के साथ छुआछूत की परिघटना बाद में जुड़ी। इस बात को आम्बेडकर भी मानते हैं। लेकिन, छुआछूत प्रथा की उनकी व्याख्या यह नहीं बताती कि किस तरह सत्ता के आयामों के कारण अस्थायी प्रकृति की कर्मकांडीय अस्पृश्यता इन्हीं तिरस्कृत जातियों के संदर्भ में स्थायी रूप ग्रहण करती चली गई। हमारे सामाजिक इतिहास के इस पहलू पर बहुत कम काम हुआ है।

इतिहास के इस अध्याय को अगर उलटा-पलटा जाएगा तो पता लग सकता है कि किस तरह द्विजों द्वारा कर्मकांडीय शुद्धता के उत्तरोत्तर बढ़ते हुए आग्रह के कारण अछूत जातियों की संख्या में बढ़ोतरी होने लगी। परिणाम यह निकला कि कई तरह के आर्थिक, उत्पादक और सेवा संबंधी व्यवसायों को अस्पृश्य घोषित किया गया और उनसे जुड़े लोग व्यक्तिगत और दैहिक रूप से अपवित्र मान लिए गए। चांडालों की तरह जिन समुदायों ने अपनी अधीनता का प्रतिरोध किया उन्हें जातिप्रथा के दायरे से बाहर कर दिया गया। जिन समुदायों ने जाति संगठन की कर्मकांडीय संहिता का उल्लंघन करना जारी रखा (जैसे कुत्ते का मांस खाना या मरे हुए जानवरों की खाल उतारना आदि), उन्हें भी अछूत घोषित करके दंडित किया गया। इस तरह स्थायी अस्पृश्यता का ढाँचा खड़ा करने की प्रक्रिया में कर्मकांडीयता के साथ सत्ता के आयाम जुड़ गए जिन्हें वैधता देने के लिए धार्मिक और कर्मकांडीय तर्कों का

अल्पसंख्यक राजनीति द्वारा ऐसे तीसरे पक्ष की तलाश या तो किसी अन्य राष्ट्र में स्थित राष्ट्रेतर प्राधिकार में की जाती है, या फिर भूमंडलीय नागरिक समाज की अस्थायी संरचनाओं या मंचों में उस तरह की वैधता और तटस्थता ढूँढ़ी जाती है। इसका एक कारण यह भी है कि संयुक्त राष्ट्र अपनी अंतर्राष्ट्रीय संरचना के बावजूद किसी राष्ट्र-राज्य के भीतरी मामलों में तीसरे पक्ष की भूमिका निभाने में क्षमता होते हुए भी हिचकता है। वैसे भी यह विश्व-संस्था काफी जर्जर हो चुकी है।

इस परिस्थिति का नतीजा एक खास तरह की बुद्धिजीवीकृत दलित राजनीति के उदय में निकला है जो दलितों की समस्या उठाने और उसका हल खोजने के लिए अक्सर भूमंडलीय मंचों की तलाश में रहती है। यह विशुद्ध विमर्श की राजनीति है जो सत्ता की वास्तविक राजनीति से एकदम अलग रहते हुए उसके समांतर चलती है। सत्ता की वास्तविक राजनीति चुनावों, पार्टियों, गठजोड़ों और विधायिकाओं के दायरे में सक्रिय है। वह

इस्तेमाल किया गया।

आज आधुनिकीकरण और सेकुलरीकरण की प्रक्रिया के कारण जाति का कर्मकांडीय आयाम बहुत कमजोर हो गया है। हालाँकि दलितों के सवर्ण जातियों के साथ संबंधों में अभी कर्मकांडीयता के कुछ आयामों के अवशेष मौजूद हैं, लेकिन गैर-दलित जातियों में कर्मकांडीय दर्जा अपनी प्रासंगिकता खो चुका है। इसी की वजह से छुआछूत की प्रथा अपना नैतिक और कर्मकांडीय तर्क खो चुकी है। अब यह सिर्फ ताकतवर जातियों द्वारा कमजोरों को दबाने और कुचलने का महज औजार रह गई है। ताकतवर जातियाँ दलितों को बंधुआ बनाए रखने के लिए इसका इस्तेमाल करना चाहती हैं और दलित अपने आंदोलनों और आरक्षण की नीतियों के जरिए आत्मसम्मान प्राप्त करके इस तरह की कोशिशों का विरोध करते हैं। इसलिए छुआछूत के प्रश्न के आसपास होने वाली हिंसा और टकराव को सत्ता के बदलते संबंधों के आईने में ही देखा जाना चाहिए।

दलितों के लिए आम्बेडकर एक और लिहाज से प्रासंगिक हैं। यह है पूर्व-अछूत जातियों की एकता का संदर्भ। बाबा साहेब के जीवन में ये जातियाँ कभी एक नहीं हो पाईं, पर उनके बाद उनके विचारों पर आधारित आंदोलन और राजनीति का परिणाम दलित एकता में निकला है। इस प्रक्रिया में 'दलित' पहचान एक जातीय-वर्ग किस्म की राजनीतिक-सांस्कृतिक श्रेणी बन गई है। दलित समुदाय को न तो जातियों का एक राजनीतिक एकत्रीकरण कहा जा सकता है, और न ही आर्थिक रूप से समरूप वर्ग की संज्ञा दी जा सकती है। यह तो एक नई उत्तर जाति संरचना है जिसने जाति की तरह कोई अंतिम रूप नहीं लिया है। दोनों सिरों पर खुली हुई इस परिघटना के बारे में अभी अंतिम रूप से कुछ नहीं कहा जा सकता।

जमीनी स्तर के छोटे-छोटे संघर्षों और दलित आंदोलनों से जुड़ी हुई है। दलित नेतृत्व का जो हिस्सा इन गतिविधियों में शामिल नहीं है, वह कदम पीछे हटा कर विदेशी धन पर चलने वाले उन राष्ट्रीय और भूमंडलीय गैर-सरकारी संगठनों के दायरे में चला गया है जो सिर्फ नाम की राजनीति करते हैं। विडम्बना यह है कि इसी दायरे में ऊँची जातियों का वह हिस्सा भी सक्रिय है जो खुद को वास्तविक राजनीति के चलन से बाहर हो जाने के एहसास से ग्रस्त है। हालात के इस मोड़ ने नागरिक समाज की राजनीति में राष्ट्रवाद के प्रश्न को अहम बना दिया है। ध्यान रहे कि उदारतावादी और वामपंथी रेडिकल तत्त्व राष्ट्रवाद के प्रश्न से अपना पल्ला झाड़ कर उसे हिंदुत्ववादियों के हवाले कर चुके हैं। राष्ट्रवाद की इस उभरती हुई राजनीति ने दलित राजनीति को भी काफी स्पर्श किया है। एक तरफ एनजीओ किस्म का बुद्धिजीवी नेतृत्व है, और दूसरी तरफ दलगत राजनीति करने वाला दलित नेतृत्व है जिसे हमेशा लोकप्रिय समर्थन की जरूरत रहती है। विचारधारात्मक और लोकप्रिय राजनीति के इस द्विभाजन की जड़ संभवतः डॉ. आंबेडकर के राजनीतिक व्यवहार में देखी जा सकती है जिसके कारण विचारधारा आंबेडकर के साथ थी और बहुत बड़ी संख्या में दलित जनता कांग्रेस का समर्थन करती रही थी। यही प्रवृत्ति दलित राजनीति के दो विशाल क्षेत्रों में विकसित हो गई है। एक तरफ 'शुद्ध' और एकांगी किस्म की एनजीओ राजनीति है जो सिर्फ विमर्श चलाती है और कभी समझौता नहीं करती; दूसरी ओर 'अशुद्ध' करार दी जाने वाली अवसरवादी दलीय राजनीति है जिसे हमेशा समझौते करने पड़ते हैं। दलितों की इन दो दुनियाओं के बीच दलित आंदोलनों की राजनीति कहीं खो गई है। या तो ये आंदोलन एनजीओ बने जा रहे हैं, या फिर उनके नेता राजनीतिक दलों में अपने लिए संरक्षण और सुरक्षा तलाश रहे हैं।

अगर दलित आंदोलनों को साँसत से निकालना है और उनमें जान डालनी है तो पहले यह समझना होगा कि सामाजिक और राजनीतिक नजारा कैसे बदला है, और अन्य समुदायों की भाँति दलित भी किस तरह एक बड़े राजनीतिक-सांस्कृतिक समुदाय की पहचान ग्रहण करते जा रहे हैं। दलित एक ऐसा समुदाय है जो विभिन्न धार्मिक, भाषाई और सांस्कृतिक समूहों से मिल कर बना है। हालाँकि इस प्रक्रिया को व्यक्त करने के लिए हमें बेहतर शब्दावली की जरूरत है, पर फिलहाल काम चलाने के लिए हम इसे दलितों के एक हिस्से का मध्यवर्गीकरण कह सकते हैं। एक ओर दलितों में यह मध्यवर्ग उभर रहा है, और दूसरी ओर कुछ 'गैर-दलित' समुदायों में काफी

संख्या में विभिन्न कारणों से लोगों का दरिद्रीकरण हो रहा है। इस और अन्य कई घटनाक्रमों के कारण दलित नेतृत्व में चल रहे आंदोलनों के लिए लाजमी हो जाता है कि वे बहुआयामी बनें, और अपनी प्रकृति को गठजोड़ात्मक बनाएँ। जहाँ दलित हित और अस्मिता का सवाल है, आज पहले से कहीं ज्यादा उसका फायदा ऐसे कई गैर-दलित समूहों के साथ जुड़ने में है जो दलित प्रश्न के साथ जुड़ाव में अपना लाभ देखते हैं। अगर ऐसा नहीं होता तो अन्य राजनीतिक संरचनाएँ और आंदोलन अपने एजेंडे में दलित दावेदारियों को प्रभावी ढंग से शामिल नहीं करते। दलितों के साथ जुड़ने के लिए ऐसी ही एक उत्सुकता हिंदुत्ववादियों में दिखती है। वे दलितों को अपने साथ जोड़ कर दिखाना चाहते हैं कि उनका आंदोलन सर्व-समावेशी है। लेकिन, इस समावेशन के साथ ही हिंदुत्ववादी 'अन्य' अर्थात धार्मिक अल्पसंख्यकों का बहिर्वेशन भी करना चाहते हैं। हिंदुत्ववादियों के अलावा दूसरे राजनीतिकृत धार्मिक आंदोलनों का भी रवैया भी ऐसा ही है। मसलन, ईसाई और बौद्ध आंदोलन भी इसी तर्ज पर दलित हितों और अस्मिताओं की नुमाइंदगी का दावा करते हैं। दावों और प्रति-दावों की इस राजनीति को देखते हुए जरूरी हो गया है कि समुदायों की प्रचलित अस्मिता-राजनीति पर पुनर्विचार किया जाए। साथ-साथ भारतीय राज्य और संविधान को एक वैध और अंतिम प्राधिकार की निगाह से देखना शुरू हो। उसे लोकतांत्रिक मूल्यों और प्रक्रियाओं के आधार पर चलने वाला तटस्थ और इंसाफपसंद तीसरा पक्ष माना जाए। तीसरे पक्ष के रूप में भारतीय संविधान और राज्य इस देश की जनता के लिए विजातीय नहीं है, बल्कि उसके प्रति जवाबदेह है। इस बात को यूँ भी कहा जा सकता है कि हमें विमर्श के नए आधार बनाने होंगे ताकि नागरिकता और अस्मिताओं के अतंर्विरोधी लगने वाले पहलू एक-दूसरे के अनुकूल बनाए जा सकें। इससे होगा यह कि 'बहुसंख्यकवादी प्रभुत्व' और 'अल्पसंख्यकवादी ब्लेकमेल' की राजनीतिक भाषा किसी फतवे के जरिए समुदायों और सामूहिकताओं के नाम पर व्यक्तियों को उत्पीड़ित नहीं कर पाएगी। दरअसल, अस्मिताओं की राजनीति का खेल ऐसा है कि उसमें किसी की जीत नहीं होती। इस खेल से परे जा कर एक ऐसी नयी राजनीतिक भाषा गढ़ने की जरूरत है जो व्यक्तिगत और सामाजिक मुक्ति का मार्ग प्रशस्त कर सके।

दूसरी बात यह समझने की है कि पिछले पचास साल से दलित लोकतांत्रिक राजनीति में भागीदारी कर रहे हैं जिसके परिणामस्वरूप राष्ट्रीय-राजनीतिक संदर्भ में रेडिकल परिवर्तन आया है। मेरे विचार से चुनाव और

पार्टियों के दायरे में चलने वाली दलित राजनीति ने आरक्षण के लाभों की बुनियाद पर अपना शीराजा अच्छी तरह खड़ा किया है। यह राजनीति विशुद्ध विमर्श की राजनीति करने वाली ताकतों के मुकाबले वक्त की माँग बेहतर ढंग से पूरा कर रही है। चालीस साल से जारी आरक्षण के सहारे दलितों में एक शिक्षित और राजनीतिकृत अभिजन बन गया है जो सरकारी प्रशासन और अन्य पेशों में छोटी पर महत्त्वपूर्ण उपस्थिति रखता है। एक स्तर पर कांग्रेस के एक पार्टी वर्चस्व को खत्म करने में इस दलित अभिजन की भूमिका भी रही है। कांग्रेस ने कई दशकों तक अपनी राजनीति का बंदोबस्त कुछ इस तरह से किया कि दलितों को सत्ता में अप्रत्यक्ष भागीदारी ही नसीब हो पाई। इससे असंतुष्ट हो कर जब इन अभिजनों ने सत्ता में सीधी भागीदारी का दावा किया तो कांग्रेस के वर्चस्व को चोट पहुँची। बहुजन समाज पार्टी की शुरुआत और विकास को आरक्षण नीति के कारण हुए राजनीतिक-सामाजिक रूपांतरण की इसी रोशनी में देखा जाना चाहिए।

बहुजन समाज पार्टी और उसके नेतृत्व पर 'अध्ययन और संघर्ष' करने के आंबेडकरवादी ध्येयवाक्य से हटने और विकास संबंधी मुद्दों को नजरअंदाज करने के आरोप लगते हैं। दलित बुद्धिजीवियों ने इन प्रश्नों पर कांशीराम और मायावती की कठोर आलोचना की है। पर, यह भी मानना होगा कि बसपा की राजनीति ने उत्तर भारत की जनता में मानस के स्तर पर जबरदस्त उछाल पैदा किया है। सत्ता में समान स्तर पर भागीदारी के बसपाई आग्रह ने अभूतपूर्व मनो-राजनीतिक और सामाजिक सशक्तीकरण करने में मदद की है। इससे दलित एकता बहुत मजबूत हुई है। देश के अन्य भागों में चल रहे दलित आंदोलन दलित एकता के संबंध में ऐसी उपलब्धि करने का दावा नहीं कर सकते। जाहिर है कि ऊँची-नीची जातियों में बँटे भारतीय समाज में लोकतांत्रिक राजनीति की क्रांतिकारी भूमिका न समझ पाने के कारण ही हम सत्ता की दलगत दलित राजनीति की ऐसी क्षमताएँ कम करके आँकते हैं।

तीसरी बात यह है कि दलगत और चुनावी दलित राजनीति के कारण एक नयी गुंजाइश पैदा हुई है। यह राजनीति करते-करते दलित नेतृत्व अतीत की उन राजनीतिक श्रेणियों के बोझ से मुक्त हो गया है जो सामाजिक मुक्ति की नयी राजनीति विकसित करने के लिए नुकसानदेह साबित होने लगी थीं। हालाँकि ये राजनीतिक श्रेणियाँ तकलीफदेह अतीत की याद दिलाती रहेंगी, पर अब उनके आधार पर विभिन्न मुद्दों पर पहले जैसा टकरावमूलक विमर्श चलाना मुश्किल होता जा रहा है। आज का सामाजिक तजरुबा कल जैसा

नहीं है। अब ये राजनीतिक श्रेणियाँ रोजमर्रा के अनुभवों के जरिए पुष्ट नहीं होतीं। आंदोलनकारी दलित कार्यकर्ता अगर इन श्रेणियों का बार-बार इस्तेमाल करेंगे, तो भी वे दलित राजनीति को अधिक गठजोड़ात्मक और सहमतिमूलक होने से नहीं रोक पाएँगे।

इसी मुद्दे पर आगे विचार करने से साफ हो जाएगा कि पार्टी-पॉलिटिक्स करने वाले दलित नेताओं का काम अतीत में हुए जुल्मों की याद दिलाने के लिए छाती पीटने और नैतिक धिक्कार की भाषा बोलने से नहीं चल सकता। समय के साथ हुए परिवर्तनों के कारण इन स्मृतियों का संदर्भ तिरोहित हो गया है, और आज का वक्त उन्हें फिर से वैध बनाने के लिए आसानी से तैयार नहीं है। चूँकि इन दलित नेताओं को लगातार अपना समर्थन-आधार विस्तृत करते ही रहना है, इसलिए उन्हें जमीनी स्तर पर बदले हुए समीकरणों को स्वीकार करना ही पड़ता है, और दूसरी शक्तियों को गुंजाइश दे कर अपने विस्तार की राजनीति करनी पड़ती है। साथ ही वे अपने समर्थकों (यानी अपने समुदाय के लोगों) के हितों और अस्मिता संबंधी सरोकारों को भी नजरअंदाज नहीं कर सकते। इस तरह उन्हें अपने स्थायी समर्थकों और संभावित समर्थकों के बीच एक नाजुक संतुलन बना कर चलना पड़ता है। विशुद्ध विमर्श की राजनीति और पार्टी-पॉलिटिक्स की राजनीति के बीच तालमेल निकालने में दिलचस्पी रखने वालों के लिए जरूरी है कि वे इस प्रक्रिया को समझें।

गठजोड़ बनाना उस समय लाजमी हो जाता है जब कोई समूह या दल दो बातें समझ जाता है। पहली, उसकी समस्या दूसरे गुटों से विशिष्ट है; और दूसरी, वह समस्या तब तक हल नहीं हो सकती जब तक वह दूसरों के साथ मिल कर काम न करे। अर्थात गठजोड़ का आधार एक तरफ तो अस्मिता की भिन्नता होती है, और दूसरी तरफ परस्परव्यापी आर्थिक और सामाजिक हित होते हैं। विभिन्न सामाजिक समूह इन्हीं परिस्थितियों में एकताबद्ध होते हैं। उत्तर प्रदेश में बसपा की गठजोड़ राजनीति इसी रोशनी में देखी जानी चाहिए। यह पार्टी अपने पूर्व विरोधी राजनीतिक दलों से इसीलिए गठजोड़ बना पाई कि उनके साथ दलितों का सामाजिक समीकरण शहरीकरण और आधुनिकीकरण की प्रक्रियाओं के कारण बदल चुका था। मसलन, दलितों और ब्राह्मणों के बीच जमीनी स्तर पर पहले की तरह संघर्ष नहीं रह गया था, जबकि ताकतवर पिछड़ी जातियों के साथ दलितों का टकराव पहले से बढ़ गया था। इस परिवर्तन के कारण ही बसपा खुद को बहुजन के बजाय सर्वजन की पार्टी कहने का साहस कर पायी। नतीजतन मायावती दलितों के

साथ ब्राह्मणों का और मुसलमानों व अति-पिछड़ों के एक हिस्से का जोरदार चुनावी गठजोड़ निकाल पाईं।

हमें ध्यान रखना होगा कि आज जो गठजोड़ ऊपरी तौर पर अवसरवादी और तनावग्रस्त लग रहा है, उसकी जड़ में कोई नया और स्थायी सामाजिक गठजोड़ हो सकता है। हो सकता है कि इस गठजोड़ के हालात खासतौर से आजादी के बाद से ही जातियों के पारंपरिक श्रेणीक्रम में होने वाली तब्दीलियों के कारण बन रहे हों। इन परिवर्तनों ने समुदायों की सामाजिक स्थिति में रेडिकल किस्म के फेरबदल कर दिए हैं। समुदायों के बहुत से सदस्य अब खुद को अपने पारंपरिक दायरे से बाहर रख कर देख रहे हैं। इसी कारण से विभिन्न जातियों और समुदायों को अपने राजनीतिक-आर्थिक हितों की पुनः परिभाषा करनी पड़ रही है। ऐसे गठजोड़ बनाने पड़ रहे हैं, जिनके बारे में कुछ दशक पहले सोचना भी असंभव था। बहरहाल, यह भी एक हकीकत है कि इन परिवर्तनों के बावजूद अतीत की स्मृतियों का ऐतिहासिक बोझ विशुद्ध विमर्श चलाने वाले दलित बुद्धिजीवियों को हकीकत का सामना करने से रोक रहा है। इन परिवर्तनों के समकालीन राजनीतिक तात्पर्यों को न समझ कर ये बुद्धिजीवी उनसे उपजे नए समूहों और व्यक्तिगत अस्मिताओं को नहीं देख पा रहे हैं। न ही व्यक्तिगत और सामूहिक अस्मिताओं के बीच बदले हुए संबंधों पर उनकी निगाह पड़ पा रही है। परिवर्तन को न समझने की जिद के गर्भ से ही विशुद्ध दलित विमर्श की राजनीति निकली है जो अपने चरित्र में एकायामी और बहिर्वेशनकारी है। लेकिन, मायावती जैसे नेता का ऐसी राजनीतिक अंधता से भट्ठा ही बैठ जाएगा। स्पर्द्धामूलक लोकतांत्रिक राजनीति में गुजरे जमाने की कर्मकांडमूलक शुद्धता के लिए कोई जगह नहीं है। न ही यह राजनीति आज के जमाने की विचारधारात्मक शुद्धता को टिकने की गुंजाइश देती है। यह पुरानी बाधाएँ साफ करती है, और नयी बाधाएँ खड़ी करती है। इस प्रक्रिया में पुरानी एकताएँ खत्म हो जाती हैं। नयी एकताएँ और नए बिखराव पैदा होते हैं।

पहली नजर में कितना ही अजीब क्यों न लगे, पर पार्टी-पॉलिटिक्स की दलित राजनीति ने राजनीतिक विमर्श के क्षेत्र में भी एक उल्लेखनीय योगदान किया है। बसपा नेतृत्व पहले ब्राह्मणवाद को अपने हमले का निशाना बनाता था, पर अब वह इसकी जगह मनुवाद को अपना निशाना बना रहा है। दरअसल, नए सामाजिक गठजोड़ बनाने के लिए ऐसा करना जरूरी था। वैसे, यह बसपा का कोई मौलिक विचार नहीं है। दलित आंदोलन ने अपनी

शुरुआत से ही मनुस्मृति के खिलाफ हमलावर रवैया अपनाया है, क्योंकि यह हमेशा से ग्रंथ विचार और व्यवहार में ब्राह्मणीय बहिर्वेशन का उत्स रहा है। बसपा नेतृत्व ने मनुस्मृति के खिलाफ इसी आक्रामकता का नया सूत्रीकरण कर दिया है जिसे मेरी समझ में दलित विमर्श की राजनीति में एक महत्त्वपूर्ण अग्रगति का प्रतिनिधि समझना चाहिए। एक स्तर पर लग सकता है कि इस नए सूत्रीकरण के जरिए बसपा अपने पुराने नारे *तिलक, तराजू और तलवार / इनको मारो जूते चार* की नंगी आक्रामकता से होने वाले नुकसान का शमन करना चाहती है। लेकिन, एक अन्य स्तर पर यह एक अवधारणात्मक नवाचार है जिसके पीछे समाज के बदले हुए राजनीतिक समीकरण हैं। बसपा की चुनौती यह थी कि वह अपने विचारधारात्मक मर्म को कायम रखते हुए अपना समर्थन आधार कैसे विकसित करे। उसे विमर्श के नए आधार ईजाद करने थे। बसपा को सर्वजन की पार्टी कहने के साथ-साथ मायावती को यह भी दिखाना था कि उन्होंने अपनी विचारधारा नहीं त्यागी है। इसीलिए उन्होंने घोषणा की कि उनकी पार्टी किसी जाति विशेष के खिलाफ नहीं है, बल्कि उन सभी के खिलाफ है जो मनुवाद की विचारधारा पर चलते हैं।

मेरी मान्यता है कि ब्राह्मणवाद से हट कर मनुवाद पर आने में आज के दलित आंदोलन की कई अवधारणात्मक और राजनीतिक समस्याओं के हल की संभावना छिपी हुई है।

पहली बात तो यह है कि ब्राह्मणवाद जैसी अभिव्यक्ति हमेशा ब्राह्मणों को एक जाति के तौर पर निशाना बनाने की तरफ ले जाती है। इसका मतलब निकाल लिया जाता है कि जैसे किसी एक जाति की परंपराएँ, आचरण और चिंतन अर्थात सिर्फ ब्राह्मणों द्वारा अन्यों पर प्रभुत्व जमाने की विचारधारा ही दलित समस्या की जड़ में हो। दरअसल, यह अभिव्यक्ति अपने व्यापक अर्थों तक नहीं पहुँचने देती, और कुछ-कुछ गुमराह भी करती है। ब्राह्मणवाद का प्रयोग हमें एक संकीर्ण तथ्यगत-ऐतिहासिक दायरे में समेट कर रख देता है, और अभिव्यक्ति के इस्तेमाल के पीछे का इरादा पूरा नहीं हो पाता। यह पद उस विचारधारा के विभिन्न पहलुओं पर रोशनी नहीं डाल पाता जिनके कारण उसे सहस्राब्दियों से वैधता मिलती रही है। यह विचारधारा केवल एक जाति के हितों की ही पूर्ति नहीं करती, बल्कि जन्मना विषमता के आधार पर चलने वाली एक पूरी सामाजिक और आर्थिक व्यवस्था का आधारस्तंभ है। इस विचारधारा के दम पर ही अर्थ, राज्यव्यवस्था और संस्कृति जैसे अलग-अलग दायरों में मुट्ठी भर लोग बहुसंख्यक जनता के साथ भेदभाव

और बहिर्वेशन का नियोजित सिलसिला चला पाते हैं। एक विचारधारा तो विचारों, व्यवहारों, विधिक और अर्ध-विधिक कार्यान्वयनों के लंबे इतिहास से बनी एक जटिल संरचना होती है। उसे किसी एक जाति का पर्याय बना देने से होता यह है कि उसके तात्पर्य काफी हद तक क्षीण हो जाते हैं। ऐसा लगने लगता है कि ब्राह्मणवाद किसी एक सामाजिक वर्ग के फौरी हितों को हल करने वाली एक साजिश की तरह है, न कि सामाजिक सत्ता को वैध बनाने वाली एक व्यापक और दीर्घकालीन प्रणाली की तरह काम करता है। ब्राह्मणवाद पद के इस संकीर्ण उपयोग का नतीजा यह निकला है कि इसके कारण गैर-ब्राह्मण समुदायों द्वारा अपनाए जाने वाले 'ब्राह्मणवाद' के अन्य रूपों की अनदेखी करने की प्रवृत्ति पैदा हो गई है। कहने का तात्पर्य यह नहीं है कि ब्राह्मणवाद से ब्राह्मण जाति का हितसाधन नहीं हुआ है। यहाँ समझने की जरूरत तो यह है कि ब्राह्मणों के लिए हर परिस्थिति और हर युग में अपना विचारधारात्मक वर्चस्व कायम रखना नामुमकिन था, बशर्ते ब्राह्मणीय विचारधारा को समाज के भीतर से लगातार व्यापक समर्थन न मिलता। जब भी ऐसा समर्थन कम हुआ है, ब्राह्मणीय ताकत का भी क्षय हो गया है।

कुल मिला कर यह कहा जा सकता है कि अगर ब्राह्मणीय विचारधारा को मनुवाद के रूप में व्यक्त किया जाए तो व्याख्यात्मक मकसद भी बेहतर हल होगा, और सामाजिक अन्याय और विषमता की भारतीय समस्या का निराकरण भी बेहतर ढंग से हो सकेगा। मनुवाद एक अधिक स्पष्ट विचारधारात्मक अवधारणा है। वह सामाजिक अन्याय के विभिन्न रूपों और सामाजिक बहिर्वेशन पर मुहर लगाने वाली समकालीन जातिप्रथा की विचारधारा को कहीं अच्छी तरह निरूपित कर सकती है। इसके विपरीत ब्राह्मणवाद का पद इसी विचारधारा के उस पक्ष को निरूपित करता है जो मुख्यत: जातियों के कर्मकांडीय संबंधों की नियामक है। मनुवाद जैसे पद के इस्तेमाल के जरिए न केवल ब्राह्मणों द्वारा की जाने वाली नाइंसाफी पर रोशनी पड़ती है, बल्कि राजपूतों, बनियों, रंग-रुतबे वाली किसान जातियों, और कुछ खास तरह की तथाकथित 'निचली जातियों' द्वारा थोपे जाने वाले उत्पीड़न और प्रभुत्व की संरचनाएँ भी स्पष्ट होती हैं। इसी तरह व्यक्तिगत तौर पर दलित सरोकारों के हमराही और दलितों के साथ मिल कर संघर्ष करने वाले कई तरह के छोटे-छोटे समूह ऊँची जातियों में पैदा होने के बावजूद मनुवादी न होने का दावा करके जन्मना ब्राह्मण होने से अपनी राजनीति को अलग कर सकते हैं।

ध्यान रहे कि मनुस्मृति और कुछ अन्य स्मृतियाँ, जो जातिप्रथा आधारित

भेदभाव, बहिर्वेशन और अवमानना की प्रतीक बन चुकी हैं, जरूरी नहीं कि प्राचीन काल से चली आ रही हों। इनमें से कुछ इतनी प्राचीन भी नहीं हैं। अगर मनुवाद को ब्राह्मणवाद का मूर्तरूप माना जाए तो लोग जातिप्रथा की जारी समस्या को तो निशाना बना ही सकेंगे, साथ ही अपने क्लासिकल अतीत और अपनी सभ्यतामूलक धरोहर के समृद्ध और मुक्तिकारी पहलुओं से खुद को जोड़ कर देख भी सकेंगे।

अफसोस की बात है कि विशुद्ध विमर्श की राजनीति करने वाले दलित बुद्धिजीवी ब्राह्मणवाद से मनुवाद तक के इस वैचारिक परिवर्तन में कोई दिलचस्पी दिखाने के लिए तैयार नहीं हैं। मनुवाद का नया विचार बसपा की रोजमर्रा की राजनीति में परवान चढ़ा है। इसके सूत्रीकरण का श्रेय कांशीराम को जाता है, और इसे लोकप्रिय बनाने का काम मायावती ने किया है। मेरा ख़याल है कि अगर दलित बुद्धिजीवीगण इस पहलू पर प्रतिक्रिया करने की पहलकदमी करेंगे तो उनकी दुनिया और पार्टी-पॉलिटिक्स की दलित राजनीति के बीच संवाद स्थापित होगा।

स्पर्द्धामूलक लोकतांत्रिक राजनीति की वजह से हुए परिवर्तनों का महत्त्व अगर दलित बुद्धिजीवी आत्मसात करेंगे तो ऐसे सामाजिक आंदोलनों का उदय और नागरिक समाज के दायरे में विकास हो सकता है जिनका चरित्र व्यापक और स्थायी किस्म का होगा।

अंत में मैं यह साफ कर देना जरूरी समझता हूँ कि दलित पार्टियों के नेतृत्व को भी अपनी तरफ से दलित बुद्धिजीवियों के साथ संवाद स्थापित करने की पहलकदमी लेनी चाहिए। उसने भी ऐसे कई मौके गँवाए हैं। कहना न होगा कि मैंने दलित विमर्श में हुए इस परिवर्तन की व्याख्या पार्टी-पॉलिटिक्स के नजरिए से जरूर की है, पर इसका मतलब यह नहीं है कि मैं उस नेतृत्व के हर कदम या नीति से सहमत हूँ।

गैर-दलितों की नजर में दलित
वैज्ञानिक और निरपेक्ष दृष्टि की समस्या

जातिवाद-विरोध और प्रगतिशीलता का दावा करनेवाले गैर-दलित आज भी दलित समस्या को कमोबेश पुराने परिप्रेक्ष्य में रख कर ही पेश कर रहे हैं। इसके पीछे एक जाना-बूझा रवैया है जो कथित आधुनिक, वैज्ञानिक व निरपेक्ष दृष्टि की आड़ में दलितों की समाज में सांस्कृतिक भागीदारी रोक देता है। जैसे ही दलित मंच के नीचे से खड़े हो कर अपनी बात कहता है वैसे ही राजनीतिक मंच पर बैठे गैर-दलित 'व्यवस्था का प्रश्न' उठाने लगते हैं। दरअसल, कल की कर्मकांडीयता और आज की आधुनिकता दलित प्रश्न पर गठजोड़ में चली जाती है। परिणामस्वरूप दलित समस्या के निरूपण और समाधान की दो अलग-अलग दृष्टियों, आधारों और शब्दावलियों की रचना हो रही है। दोनों पक्ष अपना अलग-अलग राग अलाप रहे हैं। जरूरत इस बात की है कि दोनों रवैयों के बीच एक रागात्मक संवाद हो, दोनों परस्पर तादात्म्य स्थापित करें। ध्यान रहे कि जो समस्या सत्ता और न्याय की अन्योन्यक्रिया द्वारा सुलझने से इंकार कर देती है उसे हल करने का एकमात्र तरीका आपसी संवाद ही रह जाता है।

आजादी के बाद से अब तक हमारी कई समस्याओं के रूप में आमूल परिवर्तन आ चुका है लेकिन उनका समाधान अभी भी पुराने परिप्रेक्ष्य में ही ढूँढ़ा जा रहा है। वैसे भी सामाजिक-सांस्कृतिक समस्याओं का संपूर्ण समाधान तकरीबन नामुमकिन ही होता है। इसका कारण यह है कि समाधान की दिशा कभी एक सीधी रेखा में आगे नहीं बढ़ती। वह दूसरी समस्याओं के समाधानों के साथ

उलझी रहती है। हम सीधी रेखा में समाधान ढूँढ़ते रहते हैं और उधर समग्र सामाजिक-सांस्कृतिक परिप्रेक्ष्य बदल जाता है। लेकिन समस्या के मूल निरूपण और उसकी विचार-श्रेणियाँ पुरानी और शिथिल मालूम पड़ने के बावजूद पुराना राग अलापा जाता रहता है।

दलित समस्या भी इसी हालत से गुजर रही है। हमारे समाज में आधुनिकीकरण, उद्योगीकरण और शहरीकरण का कम से कम इतना प्रसार तो हो ही चुका है कि पचास के दशक के मुकाबले न केवल आँकड़ों की भाषा में ये प्रक्रियाएँ समाज-परिवर्तनकारी आयाम ग्रहण कर चुकी हैं बल्कि सर्वभारतीय पैमाने पर इनका असर देखा जा सकता है, बावजूद इसके कि लोग गाँव में ज्यादा हैं, शहरों में कम और कृषि और उससे संबंधित व्यवसायों की अपेक्षा उद्योगों से जुड़े लोगों की संख्या कम है।

बदला हुआ गाँव

दरअसल, गाँव आज पुराने अर्थ में गाँव नहीं रह गया है। अंतर्व्यावसायिक संबंध बदल चुके हैं। एक श्रेणीबद्ध समाज-व्यवस्था का प्रतीक समझा जानेवाला गाँव आज प्राथमिक रूप से आर्थिक संबंधों पर आधारित स्थानिक समुदाय का रूप प्राप्त कर रहा है। अंत:सामूहिक संबंध जो नीचे से ऊपर और ऊपर से नीचे की श्रेणियों में अवरुद्ध थे, अब क्षैतिज प्रसार की तरफ जा रहे हैं। इन्हीं संरचनागत परिवर्तनों के कारण दलित समेत गैरद्विज जातियाँ ग्रामीण क्षेत्र में अपने अधिकारों का दावा कर पा रही हैं। उन्होंने अपने ऊपर परंपरा द्वारा थोपी गयी आर्थिक-सामाजिक भूमिकाओं को ठुकरा दिया है। आज के जाति-संघर्ष इसी बदले हुए गाँव का सूचक हैं।

इस बदले हुए गाँव पर किसकी सत्ता चलेगी और इस सत्ता के सर्वमान्य आधार क्या होंगे, यह प्रश्न केवल विवाद के स्तर पर नहीं रह गया है। यह अब संघर्ष की प्रक्रिया में आ चुका है। एक जाति द्वारा पुराने ढंग से दबाव डाल कर दूसरी जाति पर सत्तासीन होना अथवा उससे मनमाना काम लेना संभव नहीं रह गया है। दूसरी जातियों को सत्ता की यह अभिव्यक्ति मंजूर नहीं है। दरअसल, इस प्रक्रिया के दौरान जातियों के अंत:संबध और खास कर दलितों के साथ अन्य जातियों के समीकरण बुनियादी तौर पर बदल चुके हैं। इससे सवाल उठता है कि आज की दलित समस्या के केंद्र में अस्पृश्यता है या कोई और मसला। कहीं यह गाँव पर नयी सत्ता कायम करने की प्रक्रिया से उत्पन्न व्यापक समस्या तो नहीं है?

नए समीकरणों में आज दलित कहाँ और किसके साथ रह कर संघर्ष करेंगे?

वे किन राजकीय, सामाजिक एवं सांस्कृतिक साधनों का उपयोग करेंगे? गाँव में उनकी सुरक्षा एवं उनकी आजीविका के साधन बने रहेंगे या उनके लिए शहरों की तरफ पलायन ही अकेला उपाय रह जाएगा? क्या उनके सामने असुरक्षा के माहौल में गाँव में रहना या अनाम किस्म का शहरी जीवन व्यतीत करना ही विकल्प रह गया है? ऐसे कई सवाल आज हमारे सामने खड़े हैं। ये सवाल कल मौजूद नहीं थे।

दूसरी ओर बृहद् समाज के परिवर्तन का प्रवाह अविरत आधुनिकीकरण की ओर है। व्यापक बहुजन समाज (कांशीराम की भाषा में नहीं) की जीवन-दृष्टि और शैली, रहन-सहन और मनोरंजन के साधन समेत कई बातों में परिवर्तन हो चुका है। एक लिहाज से आशा-आकांक्षा और उन्हें हासिल करने के स्तर पर लोगों में आज एक खास तरह की वैचारिक समानता दिखायी देती है। एक तरह की 'मास सोसाइटी' और 'मास कल्चर' जिसे सही अर्थ में बहुजन समाज कह सकते हैं, उभर रहा है।

इस बदले हुए परिप्रेक्ष्य में दलित-समस्या का पुनः निरूपण आवश्यक है। इससे यह नहीं समझ लेना चाहिए कि पुरानी दलित-समस्या अब नहीं रही या उसकी जगह बिलकुल नयी समस्या ने ले ली है। 'दलित-समस्या' जितनी नयी है, उतनी ही वह पुरानी भी है। पुरानी समस्या के कुछ पहलू आज भोथरे हो गये हैं, पर कुछ दूसरे पुराने पहलू अभी भी उतने ही धारदार हैं। ज्यादा महत्त्वपूर्ण यह है कि इस समस्या के कई बिलकुल नए पहलू उभर आए हैं। आज जिसे हम दलित-समस्या के तौर पर निरूपित करते हैं, वह कल हरिजनोद्धार का प्रश्न माना जाता था। उससे भी पहले अस्पृश्यता का प्रश्न इस समस्या के केंद्र में दिखाई देता था। आज अस्पृश्यता घटी है पर दलित-समस्या और बढ़ गयी है। इसका अर्थ यह नहीं है कि अस्पृश्यता आज की दलित-समस्या का पहलू नहीं रह गयी है। पर इस बात में व्यवहार से अधिक रवैये का महत्त्व है। आज दलित समस्या के समाधान के लिए मंदिर-प्रवेश अथवा समूह-भोज जैसे उपाय इतने कारगर नहीं हैं जितने पचास वर्ष पहले लगते थे। ऐसे कदम आज दलितों को उत्साहित कर पाने में असमर्थ हैं।

बहुध्रुवीय समाज

दलित संबंधी गैर-दलित समझ, चिंतन-प्रक्रिया और निराकरण के सुझावों से हमें दलित-समस्या की बहुत कम जानकारी मिल पाती है। हम यह जरूर पता लगा पाते हैं कि दलित-समस्या गैर-दलितों को कैसे-कैसे और कहाँ-कहाँ बेचैन करती है। इससे यह मतलब नहीं निकाल लेना चाहिए कि दलित-समस्या

को गैर-दलित समझ ही नहीं सकते और न ही मैं दलित-गैरदलित ध्रुवीकरण का तर्क दे रहा हूँ। दलितों को ऐसा लग सकता है कि गैर-दलित उन्हें नहीं समझ रहे हैं पर उसका कारण कोई 'ध्रुवीकरण' तो हरगिज नहीं है। इसका मुख्य कारण यह है कि गैर-दलित दलित-समस्या को एक खास तरह के पूर्वनिर्धारित दृष्टिकोण से देखते हैं।

जहाँ तक ध्रुवीकरण का सवाल है, भारतीय समाज में इतने अधिक और विविध द्वंद्व और ध्रुव हैं कि इनमें से किसी को प्राथमिक मान लेना कठिन होगा। किसी विचारधारा के प्रभाव में किसी एक ध्रुवीकरण को मुख्य माना जा सकता है पर वह दावा वास्तविकता से परे ही होगा। किसी भी ध्रुवीकरण को टटोलिए, उसका कोई न कोई सिरा किसी दूसरे ध्रुवीकरण से जुड़ता दिखाई देगा। कई ध्रुवों के गायब होने और कुछ नये ध्रुवों के उभरने का क्रम दिखायी देगा। ऐसे बहुध्रुवीय समाज में ध्रुवीकरण की कोशिश किसी सार्थक विश्लेषण और संश्लेषण तक नहीं पहुँचा सकती। ध्रुवीकरण की विचारधाराएँ काफी प्रयास करने के बाद भी अपने मकसद में नाकाम रहती हैं। धार्मिक हो, जातीय हो, जातिवादी हो या वर्ग-आधारित हो, एक सीमा के बाद इन विचारधाराओं की व्यावहारिक राजनीति परवान नहीं चढ़ पाती। खासकर दलित-समस्या के संदर्भ में ध्रुवीकरण की चर्चा मुझे और भी अप्रासंगिक लगती है। मैं जब दलित-गैरदलित दृष्टि-भेद की चर्चा करता हूँ तो मेरा उद्देश्य ध्रुवीकरण के बजाय इस समस्या को समझने के गैर-दलित नजरिए, उसके आधार और शब्दावली की छानबीन करके दोनों पक्षों के बीच संवाद स्थापित करने की संभावनाएँ और पद्धति की शिनाख्त करने का होता है।

समस्या के दो पहलू

दलितों की समस्या के दो स्रोत हैं : गैर-दलितों का दलित-संबंधी चिंतन एवं दलितों का अपना चिंतन। साफ तौर से कहें तो दलित-समस्या का आकलन आज दो अलग-अलग परिप्रेक्ष्यों में किया जा रहा है। गैर-दलितों द्वारा किया गया निरूपण, उसकी शब्दावली; और स्वयं दलितों द्वारा दलित-समस्या का निरूपण, उसे व्यक्त करनेवाली शब्दावली और दलितों द्वारा किया गया बृहद् समाज का आकलन। ये दो प्रवाह आज समानांतर चल रहे हैं। इन्हें अगर जोड़ा जा सके अथवा एक बृहद् (व्यापक) समस्या के दो पहलुओं की तरह परखा जा सके तो शायद समाधान की नयी दिशा स्पष्ट हो सकेगी।

स्वाभाविक है कि गैरदलित-समस्या को अपनी जमीन पर खड़े हो कर देखते हैं। उन्हें इतिहास ने एक विशिष्ट सामाजिक और कर्मकांड-आधारित

हैसियत प्रदान की है जिसके आधार आज वैध नहीं रह गये हैं। लेकिन इसी हैसियत की बिना पर उन्हें आधुनिकीकरण और पश्चिमीकरण में अगाऊ भूमिका भी मिली है। यह स्थिति उन्हें दलितों के बारे में एक खास तरह की समझ और शब्दावली रचने की तरफ ले जाती है। वे दलितों को 'अन्य' के रूप में देखते हैं और अपनी दृष्टि को 'वैज्ञानिक' एवं 'निरपेक्ष' मानते हैं।

दूसरों के लिए संवेदनशील होना अथवा उनके लिए अपनेपन का एहसास रखना इस आधुनिकतावादी दृष्टि के तहत अवैज्ञानिक नजरिया माना जाता है। इस प्रवृत्ति के जड़ जमाने के पीछे समाजविज्ञान के प्रचलित विचारधारात्मक आग्रहों की भी उल्लेखनीय भूमिका है। होता यह है कि गैर-दलित इरादतन या अनजाने में दलितों को इस कदर वस्तुनिष्ठ नजरिये से देखने लगते हैं कि उनकी निगाह में इस पूरे समुदाय का पदार्थीकरण हो जाता है। नतीजतन दलितों के प्रति उन्हें अपनत्व भाव अपनाने की जरूरत नहीं रह जाती। दूसरी तरफ गैर-दलित अपनी समस्या को आत्मगत दृष्टिकोण से देखते हैं जिसमें उनके लिए अपनी भावनाएँ ही प्रधान हो जाती हैं। कर्मकांडीय दृष्टि में जिन्हें 'पूर्व-अछूत' अथवा 'इतर वर्ग' माना जाता था, उन्हें आज वैज्ञानिक-निरपेक्ष दृष्टि के तहत 'अनुसूचित जाति' या 'पिछड़े वर्ग' की शब्दावली में परिभाषित करना बेहतर माना जाता है।

इस रवैये के तहत गैर-दलित अपने विचार और व्यवहार को मुख्यधारा घोषित कर देते हैं। 'अन्य' अर्थात दलितों की सोच-समझ को उपधारा क़रार दे दिया जाता है। ऐसा क्यों होता है? या तो इन लोगों की समस्या के समाधान में कोई दिलचस्पी नहीं है या उनकी नीयत में कोई खोट है। दरअसल, उनकी चिंता अपनी पुरानी कर्मकांडीय हैसियत बचाए रखने की उतनी नहीं है, जितनी बेचैनी अपने परंपरा-प्रदत्त रंग-रुतबे का इस्तेमाल करके 'मास सोसायटी' पर कब्जा करने और अपने उपभोग के अधिकार को बनाए रखने की है। वर्चस्व की इस होड़ में वे चाहते हैं कि 'अन्य' अर्थात दलितों को उनकी सस्ती मज़दूरी भी मिलती रहे और आधुनिक समाज में कुछ-कुछ जाति-समाज भी बना रहे ताकि वे अपना 'स्वाभाविक' अग्रिम स्थान बनाए रख सकें और उस अग्रगम्यता के फायदे उठाते रहें। यह कहना मुश्किल ही है कि जातिबंधन से मुक्त होने के दावे के साथ 'जाति पूर्वग्रह नहीं है' की घोषणा करनेवाले गैर-दलित प्रगतिशील आज अपने वर्गीय हित के प्रच्छन्न प्रवाह से भी मुक्त है। अगर यह हित सुरक्षित रहे तो वे ऊँची आवाज में दलित-कल्याण की बात करते रह सकते हैं। अपनी अग्रगामिता का एहसास करते रहने के लिए भी वह आवश्यक है।

इस दृष्टि से देखने पर 'शुद्धता' और 'छुआछूत' के दो पुराने छोर आज

भी नए सेकुलर रूप में सक्रिय हैं। समाज के भीतर दलितों के समावेशन और पृथक्करण की प्रक्रिया आर्थिक, सामाजिक एवं सांस्कृतिक भेदों के रूप में व्यक्त हो रही है। हमारे समाज में दलितों की सांस्कृतिक भागीदारी पहले तो निषिद्ध थी ही, वह आज भी निषिद्ध है। यह जरूर है कि इस निषेध ने दूसरा रूप ले लिया है। मास सोसाइटी के नए आयाम बने हैं, फिर भी दलित आज के मध्यवर्गीय सांस्कृतिक दायरे से बहिष्कृत हैं। जो कभी जाति-प्रथा के बाहर थे, वे आज के विकसित होते हुए व्यापक मध्यवर्गीय जन-समाज के हाशिये पर हैं। उनमें से कुछ डॉक्टर, वकील, शिक्षक व सरकारी अफसर भले ही बन गये हैं, पर हमारी मध्यवर्गीय संस्कृति में (जो मुख्यत: सवर्ण संस्कृति है) उनकी भागीदारी न के बराबर है। हाँ, हमारी अग्रगामिता की भावना को पुष्ट करनेवाले कुछ दलित नेता-कार्यकर्ता अगर हमारी चौधराहट में चल रहे दलित आंदोलनों में आते हैं तो शायद हमारे मध्यवर्गीय-सवर्ण सांस्कृतिक दायरे में उनका प्रवेश हो सकता है। पर केवल डॉक्टर, वकील-भर बन जाने से उनको सांस्कृतिक भागीदारी का हक अपने-आप नहीं मिलता। अगर हम अपने आधुनिक मध्यवर्गीय सांस्कृतिक संगठनों, संगीत, नाटक, साहित्य, विचारगोष्ठियों या अध्ययन-मंडलों का सर्वेक्षण करें और देखें कि जिन संगठनों के साथ 'दलित कार्यक्रम' नहीं जुड़ा है वहाँ कितने दलित हैं, तो मेरे इस दावे का प्रमाण मिल जाएगा।

आत्मलक्षी या तुलनात्मक?

इस विमर्श का दूसरा महत्त्वपूर्ण पहलू यह देखना है कि गैर-दलित बुद्धिजीवियों और सामाजिक कार्यकर्ताओं (जिनमें मैं भी शामिल हूँ) की मौजूदा दलित संबंधी समझ कैसे बनती है। सहजता से समझें तो यह समस्या ऐतिहासिक रूप से गैर-दलितों द्वारा संरचित एवं संवर्धित समस्या है। इस तथ्य को समझ कर यदि गैर-दलित अपने गिरेबान में झाँक कर देखें तो उनकी समझ में आ जाएगा कि दलित-समस्या बुनियादी तौर पर उन्हीं का उत्पाद है। शायद गाँधीजी ने इस समस्या को ऐसी आत्मलक्षी दृष्टि से देखने की कोशिश की थी। पर इस नजरिए में एक दोष है। इस इकतरफा आत्मलक्षी रवैए को अपनाने में शायद हम भूल सकते हैं कि दलितों का अपना भी कोई आत्मलक्षी नजरिया हो सकता है। बल्कि ऐसा होना भी चाहिए। यह बात गाँधीजी बहुत देर में समझ सके थे। आंबेडकर के साथ सतत संघर्ष में उलझने के बाद उन्होंने वर्ण-व्यवस्था के बारे में अपने पहले के विचारों में परिवर्तन किया। उन्होंने अंतर्जातीय विवाह की हिमायत की। नतीजतन, दलित-समस्या के प्रति गाँधीजी का नजरिया दलित-गैरदलित की दो

आत्मलक्षी दृष्टियों को पहचानने एवं उनमें समन्वय लाने का बन गया।

वास्तव में हम वैज्ञानिक दृष्टिकोण अपनाते हुए भी लगातार इस कोशिश में लगे रहे कि दलित-समस्या की अपनी जिम्मेदारी से कैसे बचे रहें। निरपेक्ष मीमांसक की भूमिका अपना कर हम फौरन भूल गये कि एक सवर्ण की हैसियत से इस समस्या को जन्म देने में एवं उसे टिकाने में परोक्ष रूप से हमारी ही भूमिका रही है। लेकिन उससे संबंधित कोई भी दोष हम अपने पर टिकने नहीं देना चाहते। लगता है कि कथित वस्तुनिष्ठता के जरिये हम अपने ही अपराध-बोध से मुक्त हो जाते हैं। शायद इसी वजह से आत्मलक्षी नजरिए के मुकाबले तुलनात्मक नजरिया हमें इन समस्याओं को समझने के लिए ज्यादा उपयुक्त लगता है। हम दलित-समस्या की कभी दास-प्रथा से तुलना करते हैं, कभी दक्षिण अफ्रीका के रंगभेद से तो कभी अमेरिका के कालों की समस्या के साथ। हम अगर मार्क्सवादी हैं तो दलित और सर्वहारा हमें एक से लगते हैं। अगर हम उदारतावादी हैं तो दलित हमारे लिए अन्य अल्पसंख्यकों की तरह एक राजनीतिक प्रश्न बन कर रह जाते हैं। संक्षेप में दलित-समस्या का हमारा निरूपण उधार की शब्दावली में और हमारी अग्रगामिता को सुरक्षित रखने के संदर्भ में ही होता है। ऐसा तुलनात्मक रवैया हमें वैज्ञानिक एवं निरपेक्ष होने का संतोष भी देता है, साथ-साथ इस समस्या के निर्माण और प्रसार में हमारे हाथ की बात भी ढँकी रहती है। इसीलिए इस समस्या के पीड़ितों की अपनी दृष्टि, उनका आक्रोश एवं बृहद् समाज का आकलन हमें आत्मगत और भावुक लगता है। आज के समाज में दलितों की अपनी आकांक्षाएँ एवं डर हमारी आधुनिक 'निरपेक्ष' मीमांसा में कभी व्यक्त नहीं हो पाते। उलटे 'निरपेक्षता' का दावा करने के बावजूद गैर-दलितों का डर और दबा हुआ गुस्सा हमारे पृथक्करण और टिप्पणियों में उभर आता है। अगर हम चार-पाँच समकालीन विवादों का जायजा लें और उनमें गैर-दलित बौद्धिकों की भूमिका जाँचें तो मेरी बात को समझना आसान हो जाएगा :

गाँधी बनाम आंबेडकर विवाद : गाँधीजी के समय में उनसे त्रस्त और आज उनका जल्द से जल्द विस्मरण करने की इच्छा रखनेवाले सवर्ण आज कुछ दलित नेताओं द्वारा गाँधी-निंदा से इतने उद्विग्न क्यों हो जाते हैं? गाँधी और आंबेडकर के विवाद को हिंदू गाँधी और दलित आंबेडकर के विवाद की तरह देखने के बजाय दो प्रतिमानों के विवाद के रूप में क्यों नहीं देखा जाता?

दलित-धर्मांतरण का प्रश्न : ऐसे कितने अध्ययन हुए हैं जिनसे हमें तथ्यात्मक जानकारी मिल सके कि धर्मांतरित दलित एवं हिंदू दलित में आर्थिक एवं सामाजिक स्थिति, रहन-सहन, सांस्कृतिक भागीदारी, आत्मगौरव की

भावना, इत्यादि में क्या अंतर है? ऐसे अध्ययन अगर नहीं हुए तो क्यों नहीं हुए? कहीं हमारी ऐसी मंशा तो नहीं है कि दलितों को हमेशा 'साँप-छछूंदर' जैसी स्थिति में ही रहना चाहिए। वैसे तो हम खुद को धर्म के मुद्दों से परे और सेकुलर मानते हैं पर जब मीनाक्षीपुरम् से ले कर बोधगया तक की घटनाएँ घटती हैं तब मीडिया में एक खास तरह की बेचैनी प्रकट हो जाती है। दलित-समस्या पर हमारे नजरिए के बारे में इससे क्या जानकारी मिलती है? सेकुलर होने की हैसियत से अथवा 'हिंदू' के रूप में धर्मांतरण की समस्या के बारे में हमारा क्या रुख है?

दलितों में जातिभेद : इस विषय पर हम टिप्पणियाँ कुछ इस भाँति करते हैं जैसे कि शेष भारतीय समाज से जातिप्रथा मिट चुकी हो और केवल दलितों में ही बाकी रह गयी हो। ये टिप्पणियाँ कुछ ऐसा जताने की कोशिश करती हैं कि जैसे दलितों में जातिगत विभेदों का गैर-दलितों की जातिप्रथा (जिसकी वह उपज है) के साथ कोई संबंध ही न हो। ऐसी टिप्पणियाँ क्यों होती रहती हैं?

दलितों में उभरता हुआ अभिजात वर्ग : यह स्थिति गैर-दलितों को सबसे अधिक परेशान करती है। हम एक ऐसी पूर्वधारणा से बात करते हैं कि दलितों में यह वर्ग बनना ही नहीं चाहिए। जैसे ही दलित मध्यवर्ग की रचना में प्रवेश करने लगते हैं, वैसे ही हमारी यह चिंता बढ़ने लगती है। हम आगे बढ़े हुए दलितों को अपने समुदाय के पीछे रह गये हिस्से के लिए काम करने की कसौटी पर कसने लगते हैं। ज्यादा से ज्यादा दलित मध्यवर्ग के दायरे में प्रवेश करें, ऐसा सोचने के बजाय हम चाहने लगते हैं कि उन्हें अपने दायरे में ही सिमट कर रहना चाहिए। दलित पढ़ा-लिखा हो तो उसे दलित-आंदोलन और दलितों की समस्या के बारे में ही बात और चिंता करते रहना चाहिए। वह अगर पर्यावरण के प्रश्न में अथवा नि:शस्त्रीकरण के प्रश्न में रुचि दिखाए तो हमें आश्चर्य होने लगता है। सवाल यह है कि हम गैर-दलित दलितों को केवल दलितों और उनकी समस्याओं तक ही सीमित क्यों रखना चाहते हैं?

दलित आक्रोश को प्रकट करनेवाले आंदोलनों और राजनीति के बारे में गैर-दलितों का प्रतिभाव : यह संभव है कि आक्रोश का राजनीतिकरण दलितों केलिए लंबे अरसे तक नुकसानदेह सिद्ध हो पर हम निरपेक्षता का दावा करने वाले क्या कभी ऐसा सोचते हैं कि इस आक्रोश के पीछे हमारे बिछाए हुए जाल में फँसे लोगों की तड़पड़ाहट भी हो सकती है? इस जाल को तोड़ने और नष्ट करने के लिए कौन-से ठोस कदम हमने सोचे हैं? दलितों पर होनेवाले अत्याचारों के कितने मामलों का निपटारा हुआ है? कितने दोषियों को सजा मिली है, अत्याचार की इन घटनाओं का कारण क्या था और उनके दोषियों को

बच निकलने का मौका कैसे मिला? ऐसे अध्ययन हमने कितने किए हैं?

ध्यान रहे गाँधी को दलित बनने और उसके साथ एकरूप होने में काफी हद तक कामयाबी मिली थी और इस लिहाज से वे गैर-दलित नहीं माने जा सकते। अपना मैला साफ करने से ले कर अगले जन्म में हरिजन महिला के रूप में पैदा होने की उनकी इच्छा इसका एक प्रमाण है। लेकिन गाँधी की यह अनूठी सफलता किसी व्यापक राजनीति को जन्म नहीं दे पायी। एकरूपीकरण के इस प्रयोग की राजनीतिक सीमाएँ उनके बाद साफ होने लगीं। हरिजनोद्धार के लिए प्रतिबद्ध गाँधीवादी संस्थाओं पर द्विज नेतृत्व हावी रहा और कोई दलित नेतृत्व नहीं उभर सका। इससे स्पष्ट होता है कि गैर-दलित दलितों की पीड़ा और समस्या को समझ तो सकते हैं पर एक सीमा के बाद अपनी समझ विकसित करने के लिए उन्हें दलित बनने की जरूरत पड़ती है। इसी जगह उनके लिए आंबेडकर और दलित आंदोलन का महत्त्व उभरता है। इसीलिए गैर-दलित बेहतर से बेहतर इरादा रखते हुए भी उन मुद्दों और प्रश्नों को नहीं उठा सकते जिन्हें दलित नेतृत्व स्वाभाविक रूप से उठा देता है। इसी जगह एक सतर्कता बरतना जरूरी है। 'अन्य' के वस्तुकरण और खुद के आत्मगत होने की यह प्रक्रिया दलितों के साथ भी चलती है। सिर्फ अपनी भावनाओं को तरजीह देते हुए दलित भी गैर-दलितों का दृष्टिकोण समझने से इंकार कर देते हैं। कुछ ऐसा लगता है कि वे उत्पीड़ित तो हैं पर उत्पीड़ित की श्रेणी से नहीं निकलना चाहते और उत्पीड़ित की आत्मगत स्थिति में बने रहना ही उनका मनोवैज्ञानिक और कभी-कभी भौतिक स्वार्थ बन जाता है। यही है वह तर्क जिसके आधार पर मैं आत्मलक्षीकरण और वस्तुकरण की पद्धतियों की आलोचना और दलित-गैरदलित पक्षों के बीच रागात्मक संवाद की आवश्यकता महसूस करता हूँ।

संक्षेप में इस समय स्थिति यह है कि दलित-समस्या के विश्लेषण की अपेक्षा गैर-दलितों के 'डर' और उनके लिए 'अन्यत्व बोध' को ही अभिव्यक्ति मिल रही है। समस्या को कहीं तो वस्तुकरण की शब्दावली में पेश किया जा रहा है या कहीं दलित और गैर-दलितों के अलग-अलग आत्म-संवादों का कोलाहल हो रहा है। अगर उचित आख्यान-मीमांसा की जाए तो दिख जायेगा कि समस्या के निरूपण और समाधान के दो अलग-अलग आधारों और शब्दावलियों का निर्माण किया जा रहा है जबकि आवश्यकता है समस्या के परस्पर और परिपक्व आत्मलक्षीकरण की और आत्मलक्षी नजरियों के आपसी समन्वय की। इन अन्योन्यक्रिया में दलितों की क्या भूमिका होगी, यह दलितों को स्वयं तय करना होगा। पर गैर-दलितों को दलित आक्रोश से निकलते यातना के स्वरों अथवा उनकी राजनीति से उपजी आशा, आकांक्षा एवं डर की

अभिव्यक्ति को दिल और कान खोल कर सुनना होगा।

गैर-दलितों के बीच अपने अनुकूल निरूपण एवं समाधान खोजने की प्रवृत्ति कब से जारी है, पर अब ज्यादा देर नहीं चल सकती। हम मंच की शोभा बढ़ाने और नीचे बैठे हुए लोगों को अपनी बात सुनाने के आदी हो गये हैं। जब ये लोग खड़े हो कर अपनी बात कहते हैं तब हमें 'व्यवस्था का प्रश्न' सूझने लगता है। संक्षेप में, हमने सुनना तो कब से बंद कर दिया है। शायद हमारी श्रवण इंद्रिय बेकार हो गयी है। हमारे समाधान दलितों को या तो यथास्थिति में रखने का बौद्धिक व्यायाम जैसे लगते हैं अथवा हमारे सुझावों को वे कुछ ज्यादा ही रेडिकल समझ लेते हैं। जब हमारे सुझाव का स्वागत दलितों द्वारा नहीं होता या तत्काल स्वीकार करने के बाद वे उन्हें छोड़ देते हैं तब हम क्रोध और निराशा में हाथ झाड़ कर अलग हो जाते हैं। हम कहते हैं कि हमारी अब कोई जिम्मेदारी नहीं है, क्योंकि वे तो हमारे सुझाव और उपायों को अपना ही नहीं रहे हैं। इससे दलितों-गैरदलितों के बीच का अंतर घटने के बजाय बढ़ता है। वैसे यह परिस्थिति केवल दलित-गैरदलित के बीच की ही नहीं है। मंच पर बैठे सुनने से अधिक सुनाने के आदी दलित नेताओं और आम दलितों के बीच भी यही परिस्थिति है। बधिरता चारों ओर जम-सी गयी है। सभी को कुछ कहना है, पर जो कहा जाता है उसे सुनने की किसी को फुरसत नहीं है। समस्या का उचित निरूपण और उसे हल करने के प्रभावशाली उपाय एक-दूसरे को सुने बगैर संभव नहीं है। सुनेंगे तो समझ में आएगा कि समस्याएँ बदल चुकी हैं और पुराने उपायों ने ही आज समस्या का रूप धारण कर लिया है।

नस्ल के आईने में जाति का अक्स

जाति को नस्ल की श्रेणी में रखने के बजाय जाति की श्रेणी में ही अंतर्राष्ट्रीय मंच पर पेश किया जाना चाहिए। जाति को नस्ल मानते ही उसका विमर्श बदल जायेगा। डेढ़ सौ साल के दौरान विकसित होते हुए मौजूदा मुकाम पर पहुँचे दलित-विमर्श पर नुकसानदेह असर भी पड़ सकता है। जाति के विमर्श के तहत दलितपन आगे चल कर विभिन्न प्रक्रियाओं के माध्यम से व्यापक भारतीय समाज में समाहित हो सकता है। इस तरह नागर समाज बनाने की तरफ जाने की संभावनाएँ प्रबल हो सकती हैं। लेकिन नस्लगत विमर्श में दलितों और गैरद्विज जातियों के अलग नस्ल बने रहने की समस्या कायम रहेगी। द्विज जातियाँ भी अंतर्राष्ट्रीय मान्यता के लोभ में नस्ल की तरह व्यवहार करना शुरू कर सकती हैं जिससे जातिगत भेदभाव के खिलाफ संघर्ष के समाज परिवर्तनकारी आयाम साँसत में फँस सकते हैं।

I

दलितों के उत्पीड़न को नस्ली भेदभाव का दर्जा दिए जाने की माँग के साथ ही दलित आंदोलन में एक नई बहस छिड़ गई है। जाति का अक्स नस्ल के आईने में दिखाने का भूमंडलीय अभियान शुरू हो गया है। पहले जिनेवा में इसके लिए एक बड़ा सम्मेलन हुआ जिसमें भारत के दलित संगठनों और बुद्धिजीवियों के अलावा कुछ सरकारी प्रतिनिधियों ने भी भाग लिया। इस सिलसिले को आगे बढ़ाते हुए अगस्त, २००१ में डरबन में नस्लवाद और विदेशी द्वेष के खिलाफ

एक विश्व कांग्रेस हुई जिसके निष्कर्षों के आधार पर संयुक्त राष्ट्र से अपील की जानी थी कि जातिगत उत्पीड़न को नस्ली भेदभाव मान कर उसके खिलाफ विश्व संस्था के तत्वावधान में अंतर्राष्ट्रीय मुहिम चलाई जानी चाहिए। इस सम्मेलन ने माहौल को खासा गर्मा दिया। जाति और नस्ल के आपसी संबंधों पर पक्ष-विपक्ष में दलीलें शुरू हो गयीं। दलितों की नुमाइंदगी करने वाले बहुजन समाज पार्टी और रिपब्लिकन पार्टी जैसे राजनीतिक दलों में से किसी ने इस विषय में अपनी राय व्यक्त नहीं की इसलिए यह मुहिम कमोबेश गैरसरकारी संगठनों के दायरे में बनी रही। खासतौर से इसमें चर्चों की विश्व कौंसिल से जुड़े संगठन ज्यादा सक्रिय रहे। इस मुहिम का नेतृत्व कर रहे संगठनों ने कई तरह से अनौपचारिक दावा भी किया कि वे जल्दी ही संसदीय जोड़तोड़ में फँस चुके मौजूदा दलित राजनीतिक नेतृत्व को दोयम दर्जे पर फेंक कर दलित आंदोलन की मुख्य कमान सँभाल लेंगे। एकतरफा सांगठनिक भागीदारी के कारण माहौल कुछ इस तरह का बन गया कि इन संगठनों के विचार से थोड़ा भी मतभेद रखने वाले व्यक्ति पर छुआछूत का समर्थक होने या ब्राह्मणवादी होने का बिल्ला लगाया जाने लगा। दलितों के पक्ष में खड़े हो कर सोचने वाले लोगों को भी बहस के इस एकतरफा रूप का खमियाजा उठाना पड़ा है।

सरकारी रवैया इस बारे में उसी तरह प्रतिक्रियामूलक है जैसे किसी भी स्थापित राष्ट्रीय संदर्भ के अंतर्विरोध में की जाने वाली हर माँग के बारे में होता है। मानवाधिकारों का मामला हो, बाल श्रम का मुद्दा हो या जनजातियों को मूलनिवासी करार देने का आग्रह हो, सरकार को ऐसी सभी माँगों से दिक्कत ही होती है। ऊपर से अगर किसी माँग के बारे में खुद उससे जुड़े सभी तबकों के बीच आम सहमति न हो तो सरकार को उस पर ध्यान न देने और उसकी उपेक्षा करने का तर्क मिल जाता है। लेकिन यह एक गंभीर मसला है और इसके प्रति किसी तरह की हथकंडेबाजी अपनाना उचित नहीं होगा।

मैं यहाँ स्पष्ट कर देना चाहता हूँ कि जाति की समस्या के अंतर्राष्ट्रीयकरण का किसी भी नजरिये से विरोध नहीं किया जाना चाहिए। जाति को भारत का अंदरूनी मामला बताने का तो किसी कीमत पर समर्थन नहीं किया जा सकता। इसका पहला कारण तो यह है कि जातिगत भेदभाव केवल भारतीय समाज की परिघटना ही नहीं है। मात्रा और रूप भले ही भिन्न हों लेकिन यह भेदभाव दक्षिण एशिया और पूर्वी एशिया के कई देशों में प्रचलित है। यहाँ तक कि वहाँ छुआछूत जैसी प्रथा भी मिलती है। जापान में एटा उर्फ बुराकुमों की किसी युग में चमड़े का काम करने के कारण आज भी लगभग वही स्थिति है जिसकी भारत में चमारों की स्थिति से तुलना की जा सकती है। इस सिलसिले में कोरिया के

पीकचोंगों और तिब्बत के राग्यप्पाओं के उदाहरण गिनाये जा सकते हैं। दूसरी बात यह है कि अगर छुआछूत मानवता के ख़िलाफ़ अपराध है तो समग्र मानवता भारतीय राष्ट्र-राज्य की सीमाओं में कैद कैसे रह सकती है? छुआछूत का उन्मूलन राष्ट्रवाद के दायरे का सवाल नहीं है बल्कि यह तो मानव होने के अधिकार का सवाल है। इसलिए इस मसले को सभी उपयुक्त और उपलब्ध मंचों पर उठाना जरूरी हो जाता है ताकि छुआछूत की विचारधारा और प्रथा का विरोध करने वाली राजनीति खड़ी की जा सके। इस प्रश्न पर एक सार्वभौम नैतिक विमर्श की रचना करने के लिए भी यह आवश्यक है।

मेरे ख़याल से जाति को नस्ल मानने या न मानने की बहस में पड़ना एक व्यर्थ की बौद्धिक कसरत ही होगी। सैद्धांतिक, समाजशास्त्रीय और वैज्ञानिक नजरिए से इस निष्कर्ष पर पहुँचना आसान है कि जाति की एशियायी परिघटना को नस्ल की पश्चिमी परिघटना के समकक्ष नहीं ठहराया जा सकता। नस्ल एक जैविक संरचना है और जाति एक सामाजिक-सांस्कृतिक संरचना है। इस संबंध में हुए सभी अध्ययन बताते हैं भारत के हर क्षेत्र में रहने वाले दलितों की नस्ल अगर कोई है तो उसे वह क्षेत्र ही निर्धारित करता है। हर क्षेत्र के दलित भिन्न-भिन्न नस्लों के हो सकते हैं और उन्हें किसी एक नस्ल के रूप में नहीं देखा जा सकता। यद्यपि जाति और नस्ल दोनों ही जन्मना होती हैं लेकिन जाति की पहचान नस्ल की भाँति सीधे-सीधे रंग के आधार पर न हो कर क्षेत्र, कर्मकांडीय दर्जे, पारंपरिक पेशे और सजातीय विवाह की मिली-जुली जटिल संरचना के आधार पर बनती है। इसीलिए नस्लभेद जातिभेद से अलग लेकिन रंगभेद का पर्यायवाची माना जाता है। वैसे भी किसी एक शुद्ध नस्ल और उसकी श्रेष्ठता या उसकी निकृष्टता के यूरोपियन दावे आज गलत साबित हो चुके हैं। लेकिन दलितों के नस्ल न होने का यह निर्विवाद तर्क इस तथ्य को नहीं छिपा सकता कि यूरोप, अमेरिका और अफ्रीका में प्रचलित रंगभेद के गर्भ से निकलने वाले अपमान और अन्याय के कई पहलू भारत में होने वाले जातिभेद जैसे ही दिखाई देते हैं। संभवत: इसीलिए दलित नेताओं की पिछली पीढ़ी ने कालों के ब्लैक पेंथर आंदोलन से प्रेरणा ले कर दलित पेंथर आंदोलन की नींव डाली। कई प्रतिष्ठित दलित साहित्यकार दलित चेतना की व्याख्या करने के सिलसिले में रंगभेद विरोधी विद्रोही चेतना के प्रत्ययों का सहारा लेते रहे हैं।

II

दरअसल जाति बनाम नस्लभेद का यह मुद्दा अकादमीय न हो कर राजनीतिक है और इसे इसी नजरिये से समझने की कोशिश करनी चाहिए। किसी भी राष्ट्रीय

समाज को तथ्यगत रूप से अलग-अलग नस्ली समूहों में विभाजित नहीं किया जा सकता क्योंकि विशुद्ध नस्ल का वजूद ही नहीं है फिर भी नस्ल के आधार पर होने वाला भेदभाव एक सच्चाई है जिससे इंकार नहीं किया जा सकता। नस्ल का विचार विज्ञानसम्मत न रह कर सामाजिक, सांस्कृतिक और राजनीतिक प्रथा में बदल गया है जिसके आधार पर आबादी के एक हिस्से को कमतर के रूप में परिभाषित कर दिया जाता है। इस तरह नस्ल आधारित 'हम' और 'वे' की धारणायें प्रचलित हो जाती हैं। इसके पीछे आमतौर पर वह सांस्कृतिक मान्यता होती है जिसके मुताबिक चमड़ी के खास रंग, नाक के खास आकार और खास तरह के बालों के कारण किसी समुदाय को कुछ विशेष जैव-शारीरिक गुणों के मामले में अक्षम करार दे दिया जाता है। जाहिर है कि यह सांस्कृतिक मान्यता कथित वैज्ञानिक तथ्यों की बिना पर खड़ा करने की कोशिश की जाती है जो वास्तव में विचारधारात्मक विश्वास के अलावा कुछ नहीं होता। इन मान्यताओं की आधारभूत वैधता नकार दिये जाने के बावजूद उनसे जुड़े विचारों और पूर्वग्रहों की संरचनायें समुदायों के आपसी संबंधों को प्रभावित करती रहती हैं। कुछ खास तबकों को अलगाव में डालने और सामान्य अधिकारों से वंचित करने का विमर्श पनपता रहता है। यही कारण है कि वैज्ञानिक रूप से गलत साबित कर दिये जाने के बाद भी नस्लवाद न केवल बचा रह जाता है वरन् विकसित भी होता है। इसकी अभिव्यक्ति किसी राष्ट्रीय समाज में समुदायों के आपसी संबंधों में तो होती ही है, साथ ही राष्ट्रों के बीच संबंधों में भी राजनीतिक रूप ले लेती है।

वैज्ञानिक रूप से आधारहीन हो जाने के बाद नस्ल की विचारधारा जाति के समान ही सांस्कृतिक-सामाजिक प्रत्यय रह गयी है। इस प्रत्यक्ष समानता के बावजूद अपने बुनियादी गठन में दलित समस्या अश्वेतों की समस्या से कतई अलग है और इसीलिए जाति को नस्ल की तरह परिभाषित नहीं किया जा सकता। अगर कुछ गैरसरकारी संगठनों और विदेशों में रहने वाले कुछ प्रमुख दलितों द्वारा किए जाने वाले ऐसे प्रयासों को संयुक्त राष्ट्र की मान्यता मिल गई और जातिभेद की पुनर्व्याख्या नस्लगत विमर्श के दायरे में होने लगी तो विचार, संगठन और सरकार के स्तर पर जाति-उन्मूलन के सामाजिक और लोकतांत्रिक आंदोलनों की शक्ल में कुछ ऐसे परिवर्तन आ सकते हैं जो न तो मुहिम चलाने वालों को स्वीकार्य होंगे और न ही उन्होंने इनके बारे में सोचा होगा।

यह सच है कि 'अंतर्राष्ट्रीय समुदाय' जाति के बजाय नस्ली भेदभाव को आसानी से समझ लेता है। जाति को उसकी समझ के दायरे में लाने के लिए अगर नस्ल की पदावली प्रचलित हो गयी तो हो सकता है कि भारत का सौ

साल से जारी जाति-विरोधी और छुआछूत-विरोधी आंदोलनों की उपलब्धियाँ हाथ से निकल जायें। डरबन सम्मेलन से उपजे विमर्श का एक लिहाज से अवश्य स्वागत किया जाना चाहिए कि उसके कारण दलितों के ऊपर किये जाने वाले अमानुषिक अत्याचारों और उनके मानवाधिकार उल्लंघनों की तरफ दुनिया का ध्यान आकर्षित हुआ है। लेकिन सवाल यह है कि जाति को नस्ल की भाँति देखने के विचारधारात्मक और अवधारणात्मक नतीजों का दलित आंदोलन के ऊपर क्या असर पड़ेगा? मोटे तौर पर एक प्रभाव तो यह पड़ सकता है कि दलित आंदोलन के लंबे तजुर्बे से विकसित हुए विचारों और धारणाओं की जगह नस्लवाद विरोधी आंदोलन में विकसित विचार और बनी बनायी धारणाएँ ले लें। उदाहरणार्थ, अभी तक होता यह है कि जातिवाद और छुआछूत की विचारधारा समुदायों के ऊँच-नीच के संदर्भ में व्यक्त होती है न कि जैव-शारीरिक भेद की शब्दावली में। जातिवाद और छुआछूत की विचारधारा नैतिक और धार्मिक भाषा का इस्तेमाल करती है। उसमें सामाजिक श्रेणीक्रम द्वारा निर्धारित दर्जे के आधार पर पवित्रता और अपवित्रता की सीमाओं का फैसला होता है। यह पूरी प्रणाली एक सामाजिक दर्जे का उसकी कर्मकांडीय श्रेणी के साथ संबंध का औचित्य बताने की भूमिका अदा करती है। जबकि नस्लवाद में ऐसा नहीं होता। नस्ली भेदभाव मानवीय समुदायों के बीच स्थायी और संपूर्ण अलगाव का कारक बन जाता है।

यह सही है कि श्रेणीक्रम आधारित व्यवस्था की तलछट में होने के कारण दलित निचली श्रेणियों में सबसे ज्यादा वंचित हैं और आज भी कमोबेश अधीनस्थता की स्थिति में जी रहे हैं। लेकिन वे इस व्यवस्था से बाहर नहीं हैं। लेकिन नस्लवाद की विचारधारा शारीरिक रूप से चिह्नित किये जा सकने वाले समुदायों को पूरी तरह से पृथक कर देती है। यह पृथक्करण 'शासक नस्ल' द्वारा अपनी सत्ता की ताकत के दम पर किया जाता है। हीन समझी जाने वाली नस्ल की अधीनस्थता को जारी रखने के लिए नैतिक-धार्मिक तर्क का सहारा नहीं लिया जा सकता। यही कारण है कि अश्वेतों का वजूद श्वेत समाज की नैतिक-वैचारिक सृष्टि और समाज व्यवस्था के बाहर बना रहता है। अधिकारों के लोकतांत्रिक विमर्श और संघर्ष से दोनों के बीच सिर्फ राजनीतिक सूत्र ही बन पाया है। जातिगत भेदभाव के मामले में 'नैतिक' मान्यता का इस्तेमाल करते हुए अधीनस्थ के सहयोग का दोहन भी किया जाता है। नस्लवाद बलपूर्वक प्रभुत्व के जरिये लागू किया जाता है जबकि जातिगत भेदभाव उत्पीड़ित की सहमति से एक वर्चस्वमूलक संरचना के रूप में जीवित रहता है। जातिवादी समाज कुछ समुदायों पर कुछ परिभाषाएँ इस तरह थोपता है जैसे वे खुद उनकी आत्म-

परिभाषाएँ हों ताकि वे अवमानना को एक स्वाभाविक स्थिति के रूप में स्वीकार कर लें। जातिगत उत्पीड़न की जड़ में पवित्रता-अपवित्रता की धारणा है जिसने समाज को छुआछूत की बीमारी से ग्रस्त कर दिया है। अतः छुआछूत में निहित अमानवीयता रंगभेद के किसी भी प्रचलित उत्प्रीड़न और अन्याय की अपेक्षा कहीं गहरे और जटिल अर्थों वाली समझी जानी चाहिए।

नस्ल और जाति में एक महत्त्वपूर्ण भेद यह भी है कि भारतीय समाज जातियों को कुछ खास परिस्थितियों में एक तरह के ऊर्ध्वगमन का मौका भी देता है। यद्यपि पंचम वर्ण की जातियों को व्यावहारिक रूप से इस तरह के अवसर उपलब्ध नहीं थे लेकिन कुछ दलित जातियों ने दावा किया कि कुछ विशेष ऐतिहासिक परिस्थितियों में हुए अधोगमन के कारण वे दलित स्थिति में पहुँची थीं। तमिलनाडु में आज के शक्तिशाली नाडार कभी अस्पृश्य शनान हुआ करते थे। केरल की राजनीति में निर्णायक रुतबा रखने वाले एडवा कभी अछूत समझे जाते थे। केवल पचास साल में ही इन दो जाति-समूहों में खेतिहर और कारीगर जाति-समूहों से भी कहीं ज्यादा व्यवसायगत विभेदीकरण देखा गया है। न केवल पूरे के पूरे समुदाय ताड़ी खींचने के अपने पारंपरिक जातिगत पेशे की जकड़ से निकल आये बल्कि उनके काफी सदस्य आधुनिक क्षेत्र के औद्योगिक और अन्य पेशों से जुड़ कर सामाजिक-आर्थिक प्रगति करने में सफल रहे। सफाई के पैतृक पेशे में लगे हुए लोगों में सामुदायिक रूप से न सही पर व्यक्तिगत रूप से बेहतर सामाजिक दर्जा हासिल करने की मिसालें मिलती हैं। इस संदर्भ में उत्तर प्रदेश के धोबियों और बनारस की डोम जाति का उदाहरण भी दिया जा सकता है। जाहिर है कि ऊर्ध्वगमन के दावे से सैद्धांतिक इंकार करना जाति-व्यवस्था में मुश्किल है जब कि नस्ल आधारित तर्क में किन्हीं दो नस्लों के भूत या भविष्य में एक होने की बात तथ्यहीन और तर्कहीन प्रतीत होगी। संविधान सम्मत आरक्षण के कारण धीरे-धीरे 'मध्य वर्ग' में शामिल होने की प्रक्रिया जाति के संदर्भ में भिन्न होती है और नस्ल के संदर्भ में भिन्न।

संभवतः यही कारण है कि भारत के दलितों ने पिछले पचास साल में अमेरिकी कालों को मिले हुए आरक्षण की अपेक्षा अपने संविधानसम्मत आरक्षण का बेहतर इस्तेमाल किया है। इस जरिये वे आधुनिक क्षेत्र में एक स्तर तक की हैसियत हासिल करके मध्य वर्ग में प्रवेश कर सके हैं। इस संभावना से कैसे इंकार किया जा सकता है कि पिछली सदी में हुई नाडारों और एडवाओं की प्रगति सरीखी परिवर्तनकारी घटनाएँ नयी सदी में देश के अन्य भागों के दलित समुदायों के साथ नहीं घटेंगी। जाहिर है कि उत्पीड़न का रूप भिन्न होने के कारण उसे खत्म करने के लिए उसके खिलाफ चलाए जाने वाले संघर्ष के भिन्न

रूप अपनाने पड़ेंगे। लोकतंत्रीकरण और आधुनिकीकरण की प्रक्रिया में नस्लवाद की अपेक्षा जाति-भेद के खात्मे की संभावना कई गुना ज्यादा है। जातिगत उत्पीड़न की शिकार बहुसंख्यक जनता के सामने जाति-प्रथा के दायरे से बाहर की विचार श्रेणियों का उपयोग करके इस प्रणाली को अंदर से उलटने की संभावना है।

दिलचस्प यह है कि संयुक्त राष्ट्र से जातिभेद को नस्लभेद के समकक्ष मानने की अपील कर रहे तत्त्व भी इन बुनियादी बातों को जानते हैं। फिर भी इस माँग को उठाने से जाहिर है कि उन्हें इससे दलितों के लिए कुछ ऐसे फायदे अर्जित कर लेने की उम्मीद है जो जाति भेद को परिभाषित करने वाले मौजूदा राजनीतिक और संवैधानिक प्रावधानों के जरिए नहीं मिल पा रहे हैं। शायद पहला बड़ा परिवर्तन तो यह होगा कि जाति के आधार पर किए जाने वाले अन्याय को अंतर्राष्ट्रीय रूप से पूर्वपरिभाषित नस्लगत भेदभाव के तहत समझा जाने लगेगा और फिर इस अन्याय को अंतर्राष्ट्रीय मंचों से उठाने में सुविधा होने लगेगी। तब शायद सरकार और प्रशासन के लिए जातिगत उत्पीड़न की अनदेखी करना और कठिन हो जाएगा क्योंकि मानवाधिकारों के हनन की तरह जातिगत उत्पीड़न के कारण भी अंतर्राष्ट्रीय प्रतिबंधों की नौबत आ सकेगी। इसके अलावा कुछ और भी छोटे-मोटे फायदे हो सकते हैं। हालाँकि इस मुहिम का नेतृत्व करने वाले इस सवाल का जवाब देने के लिए तैयार नहीं हैं कि अंतर्राष्ट्रीय मंचों पर मिलने वाली इस मान्यता और उसके लाभों का पिछली एक शताब्दी से भी ज्यादा समय से जारी दलितों और निचली जातियों के आंदोलन पर क्या असर पड़ेगा? कहीं ऐसा तो नहीं है कि भविष्य के गर्भ में छिपे कुछ अनिश्चित किस्म के लाभों के बदले दलितों को दीर्घकालीन संघर्ष के जरिए प्राप्त लाभों से वंचित हो जाना पड़े? इससे भी बड़ा अंदेशा यह है कि जाति की शुद्ध भारतीय श्रेणी को नस्ल के पश्चिमी खाँचे में फिट करने के चक्कर में कहीं दलितों के हाथ से उनका संपूर्ण मुक्तिकामी परिप्रेक्ष्य ही न फिसल जाए? जाति को नस्ल मानने के पक्ष में तर्क जुटा रहे समीक्षकों और बुद्धिजीवियों को चाहिए कि वे जाति को नस्ल मान लिए जाने के बाद आ सकने वाली समस्याओं का अंदाजा लगाएँ। जब जाति के आधार पर किया जाने वाला पक्षपात नस्लगत रूप से परिभाषित हो सकता है तो तमिलनाडु के ब्राह्मणों, कश्मीर के पंडितों, लद्दाख के बौद्धों और विभिन्न राज्यों में बसे धार्मिक और भाषायी अल्पसंख्यकों को अपने खिलाफ किए जाने वाले भेदभाव को भी नस्ल के संदर्भ में पेश करने का मौका क्यों नहीं मिल जायेगा? जब दलितों के साथ-साथ अन्य जातियाँ नस्ल के दायरे में आ जाएँगी तब दलित उत्पीड़न का खास भारतीय रूप तो बना रहेगा लेकिन उसकी पहचान इस

विशिष्ट रूप में होने के बजाय अंतर्राष्ट्रीय मुहावरे में होने लगेगी।

एक अन्य दृष्टि से भी इस मसले पर विचार किया जाना चाहिए कि जाति को नस्ल का दर्जा दिला देने का असर हिंदू समाज के बाहर की जाति संरचनाओं पर क्या पड़ेगा। भारत के लगभग सभी धार्मिक अल्पसंख्यक किसी न किसी प्रकार से जाति की समस्या के शिकार हैं। हिंदुओं के मुकाबले संपूर्ण समता का दावा और आश्वासन देने के बावजूद वे जाति की परिघटना से मुक्ति पाने में नाकाम रहे हैं। नीची जाति के हिंदुओं के बीच से हुए धर्म परिवर्तन के जरिए उनके धर्मावलम्बियों की संख्या तो बढ़ गई लेकिन इसका परिणाम यह हुआ कि उनके अंदरूनी दायरों में ऊँची या भूमिधर जातियों से बने ईसाइयों, मुसलमानों या सिखों के खिलाफ असंतोष के स्वर फूटने लगे। धर्म परिवर्तन उनकी समस्याओं का हल नहीं कर पाया। इसीलिए आज सभी तरह के धर्मांतरित अल्पसंख्यक दलित (जैसे, मजहबी सिख, रामगढ़िया सिख, मुसलमानों में हलालखोर और लालबेगी, दलित ईसाई आदि) आरक्षण प्राप्त करने की मुहिम चला रहे हैं। कुछ को तो यह सुविधा दुबारा मिल भी गयी है। कहीं ऐसा तो नहीं है कि जाति को नस्ल का दर्जा दिलाने में जुटे लोग अपने अल्पसंख्यक दायरों में जातिभेद के खिलाफ ध्रुवीकरण को विरल करने का मौका ढूँढ़ रहे हों और समूची अल्पसंख्यक राजनीति के नस्लीकरण का रास्ता खोलना चाहते हों। यह परिदृश्य अभी भले ही साफ न हो लेकिन जल्दी ही ये अंदेशे ठोस रूप से सामने आ सकते हैं। जाहिर है कि यह पूरी प्रक्रिया जाति संबधी विमर्श को ही निरर्थक बना सकती है।

मौजूदा दलित आंदोलन पर इसके असर को तात्कालिक और दूरगामी, दोनों दृष्टियों से आँका जाना चाहिए। दलितों को अंतर्राष्ट्रीय मंचों पर नस्ल का दर्जा मिलते ही भारत में पहली प्रतिक्रिया तो यह हो सकती है कि जातिगत भेदभाव के आधार पर उन्हें मिले संविधानसम्मत आरक्षण पर ही प्रश्न उठा दिया जाए। आरक्षण विरोधियों को एक बार फिर आरक्षण का मुद्दा कानूनी और राजनीतिक बहस के केंद्र में लाने का मौका मिल जाएगा। साथ ही छुआछूत की सामाजिक बुराई के खिलाफ उठने वाला नैतिक आवेग भी दलितों के खिलाफ नाइंसाफी को नस्लवाद के दायरे में मान लेने से कमजोर हो सकता है। जातिवाद विरोधी आंदोलन की समृद्ध समतावादी परंपराओं के कारण गैर-दलितों में बीजरूप से विकसित हुई रेडिकल चेतना को भी इस नए परिवर्तन से प्रभावित होना पड़ेगा। हो सकता है कि नस्ल का विचार इस चेतना के स्वाभाविक अग्रगमन में बाधक बन जाए। जातिभेद विरोधी विमर्श से निकला आंबेडकर द्वारा दलितों को दिया गया शिक्षित, संगठित और आंदोलित होने का संदेश नस्ल की

अवधारणा की रोशनी में फीका दिखाई देगा। बाबा साहेब द्वारा प्रवर्तित पूरा आख्यान एक विराट प्रश्न चिह्न का सामना कर सकता है क्योंकि आंबेडकर के चिंतन में दलितों को नस्लगत रूप से देखने की कोई जगह नहीं थी। आंबेडकर की मान्यता थी :

> *जाति प्रथा का मकसद न तो नस्लों के सम्मिश्रण को रोकना माना जा सकता है और न ही यह प्रथा रक्त की शुद्धता कायम रखने के माध्यम के रूप में समझी जा सकती है। सच तो यह है कि जब जाति प्रथा अस्तित्व में आयी उसके बहुत पहले ही भारत में रक्त और संस्कृति के मामले में विभिन्न नस्लों का मिश्रण हो चुका था। जातियों के भेद को इस तरह नस्लों का भेद मानना जैसे वे अलग-अलग नस्लें हों, तथ्यों को पूरी तरह विकृत करना ही होगा। पंजाब के ब्राह्मण और मद्रास के ब्राह्मण के बीच कौन सी नस्ली समानता हो सकती है? बंगाल के अछूत और मद्रास के अछूत में कौन सी नस्ली समानता हो सकती है? पंजाब के ब्राह्मण और पंजाब के चमार में कौन सी नस्ली समानता हो सकती है? मद्रास के ब्राह्मण और मद्रास के पारिया में कौन सी नस्ली समानता हो सकती है? जाति-प्रथा नस्लगत विभाजन नहीं करती। जाति प्रथा तो एक ही नस्ल के सामाजिक विभाजन का नाम है। (भीम राव आंबेडकर, एनिहिलेशन ऑव कास्ट, आनंद साहित्य सदन, अलीगढ़, १९८९, पृष्ठ ४०)*

बाबा साहेब दलितों को ऐसी किसी अस्मिता से लैस करने की परियोजना चलाने के पक्ष में नहीं थे जिसके कारण उनके समग्र भारतीय समाज से कट जाने का कोई ख़तरा हो। इस संबंध में धर्मपरिवर्तन का निर्णय करते समय आंबेडकर के ऊहापोह और सतर्कता की याद की जा सकती है जिसमें उनकी एक कसौटी यह भी थी कि कहीं दलित किसी ऐसी धार्मिक पहचान में न फँस जाएँ कि आगे चल कर उनके भारतीय मूल पर ही सवाल उठने लगें। आधुनिकीकरण और शहरीकरण की दीर्घकालीन प्रक्रिया के माध्यम से नागर समाज के साथ अंततः दलित पहचान के समरस हो जाने के लक्ष्य को भी इस नस्लगत परिप्रेक्ष्य के कारण ठेस लग सकती है क्योंकि एक सामाजिक और धार्मिक संरचना तो तिरोहित हो सकती है लेकिन नस्लगत संरचना हमेशा अपनी उपस्थिति का एहसास दिलाती रहती है।

III

जाति को नस्ल मनवाने की मुहिम के मौजूदा दलित आंदोलन के लिए कुछ संभावित परिणामों का सूत्रीकरण इस प्रकार किया जा सकता है :

□ दलित राजनीतिक कार्यकर्ताओं पर स्वयंसेवी संगठनों की संस्कृति हावी हो सकती है। परिणामस्वरूप पूरा आंदोलन दलगत और चुनावी राजनीति की

मुख्यधारा से भटक कर राजसत्ता में बराबरी का हिस्सा हासिल करने की संभावनाओं से वंचित हो सकता है। अगर ऐसा हुआ तो स्वयंसेवी संगठनों के अराजनीतिक चरित्र के कारण यह मुहिम अपना आंदोलनकारी चरित्र खो देगी।

□ यह नयी प्रवृत्ति अराजनीतिक, वैकासिक और विदेशी स्रोतों से मिलने वाले धन से जुड़े आग्रहों के आधार पर आंदोलन के लक्ष्यों और मूल दिशा को प्रभावित कर सकती है।

□ इससे दलितों के स्थायी अल्पसंख्यकीकरण की राजनीति निकल सकती है। इस राजनीति के तहत दलितों को ऐसे धार्मिक अल्पसंख्यकों की तरह देखा जाने लगेगा जो एक खास राजनीतिक-सांस्कृतिक सीमा में कैद रहते हैं।

□ गठजोड़ों की रचना में दलित राजनीति की घटी हुई भूमिका के कारण धीरे-धीरे दलित-बहुजन एकता की संभावनायें तिरोहित हो सकती हैं।

□ नस्लवाद विरोधी विमर्श की छाया में दलित विमर्श अपनी पारिवेशिकता में कैद हो सकता है जिसके नतीजे के तौर पर दलित बनाम पिछड़े वर्ग का ध्रुवीकरण होने का अंदेशा है। इसके नफीस बौद्धिक इशारे मिलने शुरू हो गये हैं जिनकी अभिव्यक्ति मंडलवादी राजनीति और दलित राजनीति को दो भिन्न-भिन्न मॉडलों की तरह पेश करने के रूप में हो रही है।

□ मुझे पूरा यकीन है कि द्विज जातियाँ नस्लवाद विरोधी विमर्श का समर्थन करेंगी क्योंकि इससे उन्हें आरक्षण की बहस को दुबारा उठाने का मौका मिल सकता है। इससे मंडल विरोधियों को राजनीति में नयी गुंजाइश मिल जायेगी।

□ धार्मिक अल्पसंख्यकों की राजनीति पर इसका असर उसके एक बार फिर पूर्ण सांप्रदायिकीकरण में निकलेगा। इसके सहारे अल्पसंख्यक राजनीति में जातिगत भेदभाव को छिपाया जा सकेगा।

□ मौजूदा जाति-विमर्श में दलितों के मध्यवर्गीकरण की प्रक्रिया चल रही है जो बदल कर जातीय आधार पर गोलबंदी की तरफ जा सकती है।

□ आज जो बहस **मनुवाद बनाम बहुजनवाद** के संदर्भ में चलती है वह **राज्य बनाम दलित** के रूप में परिवर्तित हो सकती है।

□ दलितों में सरकारी बनाम रेडिकल दलितों का एक नया विभेदीकरण विकसित हो सकता है। परिणामस्वरूप दलित आंदोलन का बिखराव बढ़ जायेगा।

□ इससे राजसत्ता में हिस्सेदारी की वास्तविक राजनीति की जगह प्रतीकात्मक राजनीति का महत्त्व बढ़ने की संभावना है। खतरा यह है कि इस प्रक्रिया में दलित राजनीति द्विज जातियों के उस विमर्श के फेर में आ सकती है जिसमें राज्य को अधिकारहीन करने और बाजार की ताकतों को अधिकारसम्पन्न

करने के आग्रह निहित हैं। ख़याल रहे कि द्विज जातियाँ मंडलवादी राजनीति के कारण राजसत्ता से दूर होती जा रही हैं और दलित समुदाय उसके नजदीक आते जा रहे हैं।

IV

इस पूरी बहस का सबसे तीखा सवाल यह है कि वह समय कब आएगा जब हम औपनिवेशिक मानसिकता को त्याग कर पश्चिमी श्रेणियों के जरिए भारतीय यथार्थ की व्याख्या करने का प्रयास बंद कर देंगे? यहाँ विचारों और अवधारणाओं के भूमंडलीकरण की आम तौर पर दृष्टि से ओझल रहने वाली प्रक्रिया पर भी ध्यान दिया जाना चाहिए। जाति एक दक्षिण एशियाई यथार्थ है जिसकी भारतीय अभिव्यक्ति सबसे सघन है। इस यथार्थ को तोड़-मोड़ कर नस्ल की यूरोपीय संरचना के दायरे में फिट करने के बजाय ऐसा क्यों नहीं हो सकता कि हम अमेरिका, कनाडा, अन्य पश्चिमी देशों, जापान, आदि में भेदभाव को जातिगत भेदभाव की श्रेणियों के जरिये समझने की कोशिश करें? ऐसा करने का सबसे बड़ा लाभ तो यह होगा कि तुलनात्मक समाजशास्त्र की सकारात्मक पद्धति और समृद्ध होगी। अभी तक इस पद्धति के नाम पर प्रायः हमें अपने समाज के अनुभवों को नजरअंदाज करने और ठुकराने की शिक्षा दी गयी है। हम वर्ग के आइने में जाति का और समतल समाजों के आईने में श्रेणीक्रम आधारित समाज प्रणाली का अक्स देखने की कोशिश करते रहे हैं। आज मौका है कि हम ज्ञान की इस इकतरफा राजनीति को संतुलित कर सकते हैं। बजाय इसके कि सिर्फ नस्ल के आईने में ही जाति को देखा जाये, हमें जाति के आईने में भी नस्ल को देखना चाहिए। नस्ली भेदभाव से पीड़ित समाजों के लिए नस्ल के जरिये जाति की प्रारंभिक समझ बनाने की कोशिश समझी जा सकती है, लेकिन यह मजबूरी हमारे ऊपर लागू नहीं होनी चाहिए। वस्तुतः अपना वैज्ञानिक-विचारधारात्मक आधार खो देने के बाद नस्लगत भेदभाव के रूप काफी कुछ जातिगत भेदभाव जैसे ही हो गये हैं।

दक्षिण अफ्रीका का उदाहरण इस मुद्दे को स्पष्ट कर सकता है। वहाँ के रंगभेद (अपार्थाइड) की जड़ में जाति को औचित्य प्रदान करने वाली ब्राह्मणवादी विचारधारा की तरह श्वेतांगों की श्रेष्ठता वाली एक विचारधारा है जो कानूनी रूप से उन्मूलित हो जाने के बाद भी छुआछूत की तरह व्यवहार में जारी रहती है और जनता के बहुलांश को उपमानव की हैसियत में कमतर कर देती है। इसी के साथ-साथ यूरोप में जिप्सियों के निरंतर उत्पीड़न पर भी ध्यान देना जरूरी है। आज अगर कोई सर्वेक्षण हो तो जिप्सी शायद दुनिया के सबसे ज्यादा

सताये गये समुदाय साबित होंगे। वे छुआछूत से तो पीड़ित नहीं हैं लेकिन उनके पास किसी तरह का अधिकार नहीं है। वे संपूर्ण रूप से बहिष्कृत और निष्कासित हैं। उन्हें किसी एक जगह टिकने नहीं दिया जाता है और उनके इस उत्पीड़न की कोई खास चर्चा भी नहीं होती। वे अंतर्राष्ट्रीय दलित हैं। जापान के बुराकुम समुदाय की उत्पत्ति तो भारत के अछूतों की ही तरह है। वे आधुनिक युग में अपने चमड़े के पारंपरिक पेशे को छोड़ने के बाद भी जापानी समाज में व्यावहारिक रूप से सामाजिक-नागरिक अधिकार हासिल नहीं कर पाये हैं। अगर भेदभाव के इन उदाहरणों को नस्ल के परिप्रेक्ष्य में देखने के बजाय जाति के परिप्रेक्ष्य में देखा जाये तो इनके कारणों और उनके उन्मूलन की समझ ज्यादा गहन हो सकती है। अंतर्राष्ट्रीय समुदाय भी तब भेदभाव के खिलाफ ज्यादा प्रभावी ढंग से पहल ले सकेगा। इसी नजरिये से अमेरिकी अश्वेतों और समूचे उत्तर-अमेरिका के मूल निवासियों की समस्या को समझने के लिए समुचित श्रेणियों की उपलब्धि की जा सकती है।

जातिगत अन्याय का अंतर्राष्ट्रीयकरण अपने आप में कोई आपत्तिजनक प्रयास नहीं है बशर्ते उसके कारण भारत में उसके खिलाफ की जाने वाली आंदोलनकारी और संस्थागत प्रयासों को हानि पहुँचने के बजाय मजबूती मिले। और ऐसा तभी हो सकता है जब अंतर्राष्ट्रीय मंच पर जाति को नस्ल की श्रेणी में जबरन फिट न करके जाति के रूप में ही पेश किया जाए और जातिगत भेदभाव के खिलाफ एक अंतर्राष्ट्रीय चार्टर को मान्यता दिलाने की कोशिश हो। पूरी संभावना है कि इस प्रयास से दुनिया के अन्य समाजों में होने वाले भेदभाव के उन रूपों को समझने की एक नई दृष्टि मिल पाएगी जो आज पुराने अभ्यास के कारण केवल नस्लवाद के संदर्भ में ही देखे जाते हैं। इस बात पर भी विचार किया जाना चाहिए कि डरबन के विमर्श से आखिर कौन सा बौद्धिक लाभ हुआ है, दलित आंदोलन से संबंधित समझ में क्या बढ़ोतरी हुई है और राजनीतिक लाभों के संदर्भ में इससे क्या मिला है? कहीं ऐसा तो नहीं है कि नस्ल के आईने में जाति को देखने की जिद के कारण दलित आंदोलन सत्ता में हिस्सेदारी के साथ-साथ अपनी राजनीति को बहुजन दायरे में विकसित करने के दीर्घकालीन लक्ष्यों से भटक जाये और सामाजिक मुक्ति के लिए उसके पास भूमंडलीकरण की ताकतों का मोहताज होने के अलावा कोई रास्ता न रह जाये।

आरक्षण के पचास साल

१

एक धर्म-जाति निरपेक्ष नीति के विविध आयाम

आरक्षण भारत की विशेष परिस्थितियों में धार्मिक और जातिगत निरपेक्षता से सम्पन्न एक ऐसी नीति है जिसके प्रभाव से हमारा समाज पहले के मुकाबले अधिक समावेशनकारी हुआ है। धीमी गति से अमल और कई तरह की बेईमानियाँ करने के बावजूद इस नीति के कारण न केवल दलितों, आदिवासियों और पिछड़ों को बल्कि पूरे राष्ट्र को लाभ पहुँचा है। आरक्षण ने भारतीय मध्यवर्ग की प्रकृति और संरचना बदल डाली है। निचली जातियों को प्रगति करने के लिए संस्कृतीकरण की जरूरत नहीं पड़ती। राजनीतिक व्यवस्था पर इसका असर गहरा और स्थायी है। इन सफलताओं के बावजूद इस नीति में कुछ निहित स्वार्थों ने घुसपैठ भी कर ली है जिसके कारण आरक्षण संबंधी बहस आज काफी-कुछ विकृत हो चुकी है। इसे ठीक से चलाने के लिए जरूरी है कि इसके विविध आयामों से जुड़े वास्तविक मुद्दों पर एक साफ निगाह डाली जाए।

जिन नीतियों को भारत में **आरक्षण** के नाम से जाना जाता है, दुनिया के अन्य देशों में उन्हीं से मिलती-जुलती नीतियों को **एफर्मेटिव एक्शन** (विशेष अवसरों के सिद्धांत पर आधारित नीतियाँ) का नाम दिया गया है।

जहाँ तक दक्षिण एशिया का सवाल है, भारत के अलावा कुछ ही देशों ने इन नीतियों का इस्तेमाल राष्ट्र-निर्माण की मुश्किलों का हल करने के लिए किया है। हर देश के हिसाब से इस नीति के अलग-अलग नतीजे निकले हैं। जिन देशों में इन नीतियों का मकसद निरंतर भेदभाव और विषमता के शिकार समुदायों और क्षेत्रों को इंसाफ दिलाने के लिए किया गया और इनका कार्यान्वयन जातीय रूप से तटस्थ लोकतांत्रिक राज्य के हाथ में रहा, वहाँ इनके कारण अधिक समाज अधिक समतामूलक बना। जिन देशों में इनका कार्यान्वयन जातीय-बहुसंख्यकवादी राज्य (भले ही वह लोकतांत्रिक पद्धति पर चलने वाला हो) ने किया, वहाँ आरक्षण का परिणाम हमेशा बहुसंख्यकों के तुष्टीकरण और अल्पसंख्यकों के साथ अन्याय में निकला, भले ही उस नीति के कारण बहुसंख्यकों के भीतर वास्तव में वंचित और पिछड़े समुदायों को आर्थिक और सामाजिक रूप से ऊपर उठने का मौका मिला हो।

पाकिस्तान में यह नीति आर्थिक और सांस्कृतिक किस्म के क्षेत्रीय असंतुलन को खत्म करने के लिए बनाई गई। इसके साथ ही इसका मकसद किसी एक क्षेत्र (जैसे सिंध के देहाती इलाके) के बहुसंख्यकों की सांस्कृतिक और आर्थिक बदहाली सुधारना भी था। इसके तहत पिछड़े इलाकों के बाशिंदों के लिए सरकारी नौकरियों में थोड़ा सा (उनकी आबादी के लिहाज से काफी कम प्रतिशत) प्रतिनिधित्व देने का प्रावधान किया गया। पाकिस्तान के इन इलाकों में जातीय-भाषाई अल्पसंख्यक रहते हैं। इसी तरह पूर्वी पाकिस्तान में बहुसंख्यक बंगालियों के लिए भी यही प्रावधान किया गया। चूँकि पाकिस्तानी राज्य अपनी प्रकृति में जातीय-बहुसंख्यक किस्म का था, इसलिए उसने सांस्कृतिक भिन्नताओं को स्वीकार करने के बजाय उन्हें दबाया और नजरअंदाज किया। उसका जोर इन नीति के लाभार्थियों की शिनाख्त करने के लिए भौगोलिक पैमाना अपनाने पर रहा। जबकि असलियत यह थी कि एक बृहत्तर इस्लामिक आगोश में लिपटे हुए पाकिस्तान के समुदाय जातीय-सांस्कृतिक और सामंती-श्रेणीक्रम पर आधारित पिछड़ेपन और भेदभाव के शिकार थे। नतीजा यह निकला कि इस नीति का आधे मन से और टुकड़ों में ही कार्यान्वयन हो सका। लाभार्थी लगातार असंतुष्ट रहे कि उन्हें इस नीति का उतना फायदा नहीं मिल रहा है जितना मिलना चाहिए था। इनमें जनजाति प्रधान उत्तरी इलाकों के लोग, सिंधी, बलूच, बंगाली और पाकिस्तानी काश्मीरी शामिल थे। बंगालियों ने इसका सबसे ज्यादा बुरा माना, क्योंकि पूर्वी पाकिस्तान में बहुसंख्यक होने के बावजूद उन्हें पाकिस्तान में सत्ता के केंद्र से दूर रखा जा रहा था।

आखिरकार उन्होंने आंदोलन किया और अपना अलग राष्ट्र-राज्य बना लिया। हालांकि आरक्षण नीति कमजोर किस्म की थी, पर उसका भी सत्ता पर हावी पंजाबी समुदाय और अविभाजित भारत से आए उर्दू भाषी मुहाजिरों ने जम कर विरोध किया। सत्ताधारियों ने इस नीति को भीतर से नुकसान पहुँचाने के लिए कई तरह के हथकंडे अपनाए। पिछड़े इलाकों के गैर-पिछड़े बाशिंदों को फर्जी आवासन प्रमाणपत्र जारी किए गए। विडम्बना यह रही कि पाकिस्तान के राजकीय धर्म इस्लाम ने अपने दायरे में सांस्कृतिक और जातीय अस्मिताओं की विविधता को मान्यता नहीं दी, पर उसकी प्रतिक्रिया में भेदभाव से नाराज लोगों के बीच उनकी जातीय पहचान और भी मुखर होती चली गई। इस नीति पर अमल का प्रशासनिक तरीका ऐसा था कि नीति के विरोध में खड़े खुशहाल समूह ही अंततः उसके लाभार्थी बने। हालाँकि इसी नीति के कारण कुछ अलगाववादी आंदोलन मंद हुए और उनके प्रादेशिक हितों को मुख्यधार में गुंजाइश मिली, लेकिन राष्ट्रीय एकता को मजबूत करने के बजाय इसने मुहाजिरों के जुझारू आंदोलन और बंगालियों के पृथकतावादी आंदोलन को जन्म दिया। साथ ही कई तरह के फिरकापरस्त और संकीर्णतावादी हिंसक आंदोलन शुरू हो गए।

लेकिन, इसका मतलब यह नहीं है कि पाकिस्तान में इस नीति पर कभी ठीक से अमल हुआ ही नहीं। बांग्लादेश बनने के बाद १९७३ से १९९३ के बीच इस नीति पर प्रभावी अमल हुआ और नीतिगत उद्देश्य भी हल हुए। सिंध का अलगाववादी आंदोलन इसी नीति के कारण अपनी धार खो बैठा क्योंकि इसके तहत विभिन्न भाषाई प्रांतों में शिक्षित अभिजनों को राजनीति और नौकरशाही की सत्ता-संरचनाओं में जगह मिल गई। थोड़ी बहुत ही सही, पर इस नीति से मिली प्रतिनिधित्व की गुंजाइशों के कारण यह आज भी अलगाववाद को कमजोर करने की भूमिका कमोबेश निभा रही है। लेकिन, १९७३ के बाद हुए इस कार्यान्वयन ने मुहाजिरों को काफी नाराज कर दिया और उनका आंदोलन और भी उग्र हो गया। यह नीति सरकार पर पंजाबियों के प्रभुत्व को भी कोई खास कम नहीं कर पाई। दरअसल, राष्ट्र-निर्माण के जातीय-बहुसंख्यक रवैये के कारण पाकिस्तान के शासक अभिजन इस नीति के संबंध में कोई भी ढंग का सबक सीखने में नाकाम रहे। वे इस नीति को एक स्थायी राज्य उपलब्ध करने और सांस्कृतिक और राजनीतिक रूप से एकजुट व समरस राष्ट्रीय समाज रचने के लक्ष्यों के लिए इस्तेमाल नहीं कर पाए।

श्रीलंका ने १९७० में सिंहली-बौद्धों के बहुसंख्यकवादी जातीय-

धार्मिक आंदोलन की पृष्ठभूमि में यह नीति अपनाने का फैसला किया। एक स्तर पर इस नीति का लक्ष्य था शैक्षिक अवसरों और नौकरशाही सत्ता के दायरे में शहरी-देहाती और जातीय असंतुलन दूर करना। ऐतिहासिक कारणों से तमिल अल्पसंख्यक इस असंतुलन का फायदा उठा रहे थे, और ऊँचे तबके के शहरी सिंहलियों (गोयिगामी) को भी इसका लाभ मिल रहा था। लेकिन, अमल के मामले में यह तमिल अल्पसंख्यकों के हितों को जानबूझ कर बहुत तेजी से निशाना बनाने वाली दुष्टतापूर्ण नीति साबित हुई। इससे जातीय संघर्ष भड़क गया, और सत्ता के लिए होड़ करने वाली पार्टियाँ इस नीति के जरिए बहुसंख्यकों का समर्थन पाने की हरसंभव कोशिश करने लगीं। श्रीलंका के लोकतांत्रिक पर जातीय-बहुसंख्यक राज्य ने इस नीति को जिस तरह बनाया और जिस तरह उस पर अमल किया, उससे सामाजिक अवसरों और सत्ता के दायरे में जातीय असंतुलन दुरुस्त होने के बजाय जातीय ध्रुवीकरण को ही प्रोत्साहन मिला।

पिछले कुछ वर्षों से **नेपाल** के अभिजनों को आरक्षण नीतियों की सुध आई है। नेपाल पर बहुन, क्षेत्री और नेवार जैसे पारंपरिक ऊँचे तबके के अभिजन हावी हैं। माओवादी विद्रोह की पृष्ठभूमि में उन्होंने अदृश्य और दमित रखे गए जातीय अल्पसंख्यकों और अछूत समुदायों पर ध्यान देना अब शुरू किया है। अभी यह कहा नहीं जा सकता कि नेपाली समाज को समतामूलक बनाने में इस नीति की क्या भूमिका होगी, और यह कि इस नीति पर वहाँ अमल होगा भी या नहीं।

अपने दक्षिण एशियायी पड़ोसियों के विपरीत **भारत** में लोकतांत्रिक और जातीय रूप से तटस्थ राज्य ने आरक्षण नीति का इस्तेमाल अनगिनत समुदायों को (जो बहुसंख्यक भारत की रचना करते हैं) सामाजिक विषमता और हाशियाकरण की स्थिति से निकालने के लिए किया है। भारतीय राज्य और लोकतंत्र के लिए यह एक स्थापित नीति है।

नीति के प्रावधान और मूलाधार

भारत में विशेष अवसर के सिद्धांत पर आधारित नीतियाँ एक विस्तृत पैकेज के रूप में पिछले पचास सालों से विकसित हो रही हैं। इनके तहत उन तबकों को हर स्तर पर विधायिकाओं में, सरकारी नौकरियों में और शिक्षा संस्थानों में आरक्षण का प्रावधान है जो सामाजिक और सांस्कृतिक रूप से हाशिए पर पड़े रहे हैं। कमजोर तबकों को सामाजिक और राजनीतिक रूप से मजबूत करने और उनके लिए आर्थिक अवसर बढ़ाने के लिए इसी

नीतिगत आग्रह ने कई कानूनों, सुधारक कार्यक्रमों और प्राथमिकता देने वाली योजनाओं को जन्म दिया है। इन नीतियों पर अमल राज्य सरकारें भी करती हैं, और केंद्र सरकार भी। हालाँकि भारत में इन नीतियों की शुरुआत बीसवीं सदी के पहले दशक में मैसूर राज्य द्वारा की गई थी (जिसके तहत सरकारी नौकरियों में विभिन्न समुदायों के लिए कोटे निर्धारित किए गए थे), पर मौजूदा नीतियों की विधिक हैसियत और वैधता का आधार भारतीय संविधान के प्रावधानों में निहित है।

इन नीतियों का लक्ष्य है :

१. छुआछूत का शिकार रही अनुसूचित जातियों (जो सामाजिक रूप से अलग-थलग डाल दी गई थीं, और जिन पर कर्मकांडीय बहिर्वेशन थोप दिया गया था); और अनुसूचित जनजाति कहे जाने वाले आदिवासियों (जो भौगोलिक और सांस्कृतिक अलगाव में डाल दिए गए थे) की सामाजिक और धार्मिक दुर्बलताओं को खत्म करना।

२. सामाजिक रूप से सभी कमजोर और वंचित समुदायों (जिनमें अनुसूचित जातियों और जनजातियों के अलावा अन्य पिछड़े वर्ग में आने वाली खेतिहर और दस्तकार जातियाँ शामिल हैं) को शिक्षा, सरकारी नौकरी और विधायिकाओं में प्रतिनिधित्व के मामले में प्राथमिकता दे कर भागीदारी के समान मौके प्रदान करना।

३. संविधान में सामाजिक रूप से वंचित और कमजोर वर्गों के रूप में वर्णित इन सभी समुदायों को अगर जरूरत हो तो विधायिकाओं द्वारा कानून बना कर और कार्यपालिका द्वारा आदेश जारी करके सभी तरह के सामाजिक अन्याय और शोषण से सुरक्षा की गारंटी करना।

संविधान सभा की बहसों पर नजर डालने से साफ हो जाता है कि हमारे संविधान निर्माता इन नीतियों के जरिए अंततः **सामाजिक समता के सिद्धांत पर आधारित सभी भारतीयों का राजनीतिक समुदाय** बनाने के लक्ष्य से प्रतिबद्ध थे।

अमल के दौरान इस नीति का दायरा विस्तृत हुआ है। ठोस रूप से आरक्षण तो इस विस्तृत दायरे का केवल एक पहलू है। अन्य पहलुओं में कई तरह के कानून बनाना शामिल है। इनमें छुआछूत के खिलाफ कड़े दण्ड की व्यवस्था करने वाला १९५५ का छुआछूत अपराध अधिनियम, १९७६ का नागरिक अधिकार सुरक्षा कानून और १९८९ का अत्याचार निवारक

कानून भी है। १९५२ के अपराधी जनजाति कानून को संशोधित किया गया है, ताकि कथित अपराधी जनजातियों की कानूनी दुर्बलताएँ खत्म की जा सकें और बेगार प्रथा समाप्त की जा सके। ऐसे कानून भी पास किए गए जिनके कारण आदिवासियों से गैर-आदिवासियों को जमीन स्थानांतरित होने पर रोक लगी, सूदखोरी को विनियमित किया गया और समाज के कमजोर वर्गों को ऋण-राहत और कानूनी सहायता के प्रावधान बनाने में मदद मिली। पिछड़े समुदायों को शारीरिक सुरक्षा और व्यवसायगत गतिशीलता प्रदान करने के लिए जमीनों का आबंटन, आवासन, छात्रवृत्तियों, आर्थिक रियायतों और कर्जों की व्यवस्था की गई। कुछ खास क्षेत्रों में आदिवासियों के लिए स्व-शासन देने के लिए विशेष कानून बनाए गए।

इस समग्र नीति का सबसे विवादास्पद पहलू आरक्षण का प्रावधान साबित हुआ। हालाँकि नीति के अन्य हिस्सों को जिन मूल्यों और मूलाधारों के बिना पर बनाया गया था, उन्हीं के आधार पर आरक्षण की नीति बनाई गई, पर लेकिन जो इसके लाभार्थी नहीं थे, उन पर इसका विपरीत असर पड़ा। वजह यह थी कि गैर-लाभार्थियों के लिए सत्ता की राजनीतिक और नौकरशाहाना संरचनाओं में स्पर्द्धा और तीखी हो गई। सामाजिक प्रगति करना उनके लिए और मुश्किल हो गया। ये ऐसे क्षेत्र थे जिनमें संसाधन हमेशा ही कम होते हैं, उन पर कब्जा करने की होड़ बड़ी जबरदस्त होती है।

लाभार्थी और लाभ

आरक्षण के लाभ पूर्व-अछूतों यानी दलितों, आदिवासियों और अन्य पिछड़े वर्गों को मिले। ये तीनों मिल कर **भारतीय समाज के ६५ फीसदी** का निर्माण करते हैं। *लाभार्थियों की श्रेणी में सिखों, बौद्धों, ईसाइयों और मुसलमानों जैसे धार्मिक अल्पसंख्यकों के वंचित और हाशिए पर पड़े हुए तबके भी शामिल हैं।* **इस लिहाज से आरक्षण की नीति धार्मिक और जातिगत निरपेक्षता से संपन्न यानी एक सेकुलर नीति है।**

दलित : हर प्रदेश में ऐसे छुआछूत से पीड़ित समुदायों की शिनाख्त की गई, उनकी गणना की गई और उन्हें सूचीबद्ध किया गया। ये सूचियाँ मिला कर संविधान की अनुसूची में शामिल की गईं। इसीलिए पूर्व-अछूतों को अनुसूचित जाति (एससी) कहा जाता है। औपचारिक रूप से भारत के राष्ट्रपति को अधिकार है कि वह केंद्र सरकार के आदेश के जरिए किसी भी समुदाय को इस अनुसूची में शामिल करवा सकता है। लेकिन, इस अनुसूची में से किसी समुदाय को निकालने का अधिकार केवल संसद के पास है।

ऐसी अनुसूचित जातियों में हिंदू, सिख और बौद्ध शामिल हैं। ये सब मिल कर भारतीय आबादी का १६ फीसदी हिस्सा बनाते हैं।

अब सार्वजनिक जीवन में एससी एक स्थापित सामाजिक श्रेणी बन चुकी है। इन समुदायों के सदस्य भी खुद की एससी के रूप में शिनाख्त करते हैं। एससी एक ऐसा लकब है जिसका चलन अक्सर देखा जा सकता है। इसके निहितार्थ सेकुलर और गैर-कर्मकांडीय किस्म के हैं। एससी के लिए दलित (कुचला हुआ, टूटा हुआ) शब्द का भी चलन है। पहले हरिजन शब्द प्रचलित था, पर उसके निहितार्थ कर्मकांडीय ध्वनि देते थे, इसलिए कालांतर में डॉ. आंबेडकर के नेतृत्व में चले सामाजिक न्याय और राजनीतिक अधिकारों के आंदोलन ने इसे दलित से प्रतिस्थापित कर दिया। धीरे-धीरे दलित शब्द सभी पूर्व-अछूत समुदायों की राजनीतिक-सांस्कृतिक अस्मिता और जातीय पहचान के लिए समान रूप से प्रयुक्त होने लगा है।

दलितों को आरक्षण से तीन तरह के लाभ हैं। राजनीतिक लिहाज से उन्हें संसद, विधानसभाओं और स्वेशासी संस्थाओं में अपनी आबादी के अनुपात में सीटों का आरक्षण प्राप्त है। नौकरियों के मामले में दलितों को सरकारी और पब्लिक सेक्टर में आबादी के अनुपात के अनुसार आरक्षण मिला हुआ है। इसी तरह कड़ी प्रवेश प्रतियोगिता वाले शिक्षा संस्थानों में भी उनके लिए आबादी के अनुपात में सीटें रिजर्व हैं।

आदिवासी : संविधान की अनुसूची में कुछ विशेष जनजातीय समुदायों को भी जोड़ा गया है। इसीलिए ऐसे आदिवासियों को आधिकारिक तौर से अनुसूचित जनजाति कहा जाता है। उन्हें अनुसूचित जातियों की ही भाँति अपनी आबादी के अनुपात में विधायिकाओं में, नौकरियों में और शिक्षा संस्थानों में आरक्षण मिला हुआ है। आदिवासी भारत की आबादी का आठ फीसदी यानी आठ करोड़ हैं। संविधान की अनुसूची में आदिवासियों को जोड़ने का आधार है उनका शारीरिक और सांस्कृतिक अलगाव। ये समुदाय हमेशा से पहाड़ी और जंगली इलाकों में बसे रहे हैं। किसी भी आदिवासी समुदाय का इस सूची में शामिल होना दलितों की ही तरह सरकारी आदेश से होता है, और केवल संसद ही किसी समुदाय को इस सूची से निकाल सकती है। अनुसूचित जनजातियों में कई धर्मों के लोग हैं। इनमें हिंदू, ईसाई, मुसलमान और देशज आदिवासी धर्मों का अनुपालन करने वाले समुदाय भी शामिल हैं।

जनजातीय श्रेणी के भीतर आंतरिक विभेदीकरण बढ़ता जा रहा है। इनमें एक तरफ तो ऐसे समुदाय हैं जो काफी अलगाव में पड़े रहने के कारण

शिक्षा के लाभों से पूरी तरह वंचित हैं। दूसरी तरफ ऐसे समुदाय हैं जिनमें साक्षरता की दर बहुत ज्यादा है, उनके काफी सदस्य विश्वविद्यालयों में पढ़-लिख कर मध्य और उच्चवर्गीय जीवन व्यतीत कर रहे हैं। उत्तर-पूर्व में तो आदिवासियों के बीच परंपरागत रूप से शासक-अभिजनों की श्रेणी में भी आते हैं। लेकिन, कुल मिला कर देखा जाए तो जनजातीय समुदाय आरक्षण से लाभान्वित होने के मामले में दलितों से पीछे हैं।

अनुसूचित जातियों और अनुसूचित जनजातियों से संबंधित सामाजिक नीतियों के कार्यान्वयन और असर पर नजर रखने के लिए एक स्थायी और स्वतंत्र आयोग बनाया गया है जो उनकी हालत में सुधार के लिए अपनी सिफारिशें संसद के सामने पेश करता है।

सामाजिक और शैक्षिक रूप से 'पिछड़े' समुदाय : आरक्षण नीति से लाभान्वित होने वाली पिछड़े वर्गों की श्रेणी संख्या में सबसे बड़ी और सर्वाधिक विविध है। भारत में इस मसले को लेकर छिड़ी बहस और उससे संबंधित राजनीतिक बेचैनी दरअसल पिछड़े वर्गों को दिए जाने वाले आरक्षण का ही परिणाम है। बहुसंख्यक होने के नाते पिछड़ों को विधायिकाओं में आरक्षण की जरूरत नहीं है। उन्होंने स्पर्द्धामूलक राजनीति की सामान्य प्रक्रियाओं के जरिये ही अपनी राजनीतिक ताकत बढ़ा ली है। इस तरह का आरक्षण प्राप्त किए बिना ही उन्होंने अपनी राजनीतिक ताकत के दम पर आजादी के बाद आरक्षण के दायरे में प्रवेश करने में सफलता प्राप्त की है, वरना संविधान में उनके लिए आरक्षण की स्पष्ट व्यवस्था नहीं है। पिछड़े वर्गों ने आरक्षण के प्रश्न पर दीर्घकालीन संघर्षों, आंदोलनों और प्रति-आंदोलनों के जरिए भारतीय राजनीति में अक्सर उथल-पुथल पैदा की है। देखा जाए तो आरक्षण का दायरा उत्तरोत्तर विस्तृत होने और उसमें सामाजिक रूप से वंचित और भेदभाव के शिकार लोगों के शामिल होने से भारतीय राज्य जातीय-बहुसंख्यकवादी चरित्र ग्रहण करने से कम से कम अब तक तो बचता ही रहा है। १९९१ में पहली बार पिछड़े वर्गों के लिए एक समरूप केंद्रीय नीति अपनायी गई, उनके लिए आरक्षण को केंद्र और राज्यों में संस्थागत रूप दिया गया। केंद्र ने दूसरे पिछड़ा वर्ग आयोग (मंडल आयोग) की रपट को अमल के लिए स्वीकार किया और बाद में सुप्रीम कोर्ट ने भी उस पर अपनी मुहर लगा दी।

पिछड़े वर्गों के लिए राष्ट्रीय और राज्य स्तर पर २७ फीसदी आरक्षण की व्यवस्था है जो उनकी आबादी के अनुपात में आधे से कुछ ज्यादा माना जा सकता है। १९९१ से पहले पश्चिम बंगाल, उड़ीसा, असम, राजस्थान

और केंद्र शासित प्रदेशों में पिछड़े वर्गों के लिए आरक्षण की कोई व्यवस्था नहीं थी। जिन राज्यों में आरक्षण का प्रावधान था भी, वहाँ उनका प्रतिशत दो से पंद्रह के बीच मनमर्जी से निर्धारित किया जाता था। प्रतिष्ठित शिक्षा संस्थानों में प्रवेश के लिए पिछड़े वर्गों को केवल मामूली छूट ही मिलती थी। उदाहरणार्थ, १९७९-८० और १९८३-८४ के बीच अहमदाबाद के एक मेडिकल कॉलेज में आरक्षण के तहत दाखिल पिछड़े वर्गों के छात्र बारहवीं में ७६ से ७९ फीसदी अंक प्राप्त करने वाले थे।

दक्षिण भारत में हालात शुरू से ही भिन्न रहे हैं। वहाँ किसी न किसी रूप में पिछड़े वर्गों के लिए आरक्षण पिछले पचास साल से जारी रहा है, और अब अंतिम हद तक पहुँच कर आबादी में उनकी संख्या के अनुपात में हो चुका है।

दलितों और आदिवासियों की तरह भारत की दशवार्षिकी जनगणना में पिछड़े वर्गों की किसी श्रेणी की शिनाख्त नहीं की जाती। इस श्रेणी में शामिल करने के लिए किसी भी समुदाय को संविधानगत नियुक्त आयोग की सिफारिश की जरूरत पड़ती है। दूसरे पिछड़ा वर्ग आयोग ऐसे समुदायों की आबादी ५२ फीसदी मानी है जो एक काफी उदारता के साथ बढ़ा-चढ़ा कर किया गया आकलन लगता है। अगर विकासशील समाज अध्ययन पीठ द्वारा किए गए सेम्पल सर्वे के मुताबिक चलें तो आरक्षण से लाभान्वित होने लायक पिछड़े वर्गों की संख्या कहीं ३८ से ४० फीसदी के बीच होगी। पिछड़े वर्गों के लिए किए जाने वाला आरक्षण के लाभार्थियों की सूची में शामिल होने का संवैधानिक मानदण्ड 'नागरिकों के किसी भी वर्ग का सामाजिक और शैक्षिक पिछड़ापन' है। व्यवहार में पिछड़े समुदायों की शिनाख्त की जा चुकी है, और अदालतों ने भी संविधानगत आयोग द्वारा कुछ विशिष्ट जातियों को 'सामाजिक और शैक्षिक रूप से पिछड़ा' मानने पर मुहर लगा दी है।

पिछड़े वर्गों का मोटे तौर पर मतलब है शूद्र समाज का निचला हिस्सा। अतीत में ये समुदाय अ-द्विजों पर लगाई जाने वाली कर्मकांडीय पाबंदियों को झेलते हुए सामाजिक और व्यवसायगत रूप से वंचित स्थिति में पड़े रहे हैं। शूद्रों के एक अन्य और अच्छा खासा हिस्सा मध्ययुग के आखिरी दौर में और फिर औपनिवेशिक युग में उल्लेखनीय सामाजिक प्रगति करके राजनीतिक और आर्थिक ताकत हासिल करने में कामयाब रहा। कुछ शूद्र जातियों को हरित क्रांति का भारी फायदा मिला है। ये वे जातियाँ हैं जो पहले अंग्रेजों के जमाने में रैयतवाड़ी की नीति के कारण और फिर आजाद भारत में हुए भूमि सुधारों से लाभान्वित हुई थीं। रेड्डी, कम्मा, मराठा, पाटीदार, जाट,

आदि समुदायों के उदाहरणों से यह बात समझी जा सकती है। इन समुदायों को पिछले कुछ दिनों तक पिछड़े वर्गों की सूची में शामिल नहीं किया गया था। लेकिन, शूद्र समुदायों की एक बहुत बड़ी संख्या कर्मकांडीय और सामाजिक भेदभाव के तले पिसती रही है। इन समुदायों के चेहरे पर इनके सामूहिक पिछड़ेपने की अभिव्यक्तियाँ साफ अंकित देखी जा सकती हैं। इसीलिए इन लोगों को आरक्षण से लाभान्वित होने योग्य पिछड़े वर्गों की श्रेणी में शामिल किया गया है। इस सूची में बहुत से मुसलमान, ईसाई और बौद्ध समुदाय भी शामिल हैं।

लेकिन, दक्षिण भारत में कुछ ऐसे समुदाय भी हैं जिन्हें आरक्षण नहीं मिलना चाहिए, फिर भी उससे लाभान्वित हो रहे हैं। जब सूची बनी थी, उस समय उनका उसमें शामिल होना जायज था, पर अब उनकी सामाजिक और शैक्षिक स्थिति इस हद तक सुधर चुकी है कि उन्हें सामाजिक और शैक्षिक रूप से पिछड़ा हुआ नहीं माना जा सकता। उत्तरी और पश्चिमी राज्यों में कुछ समुदायों को समाजशास्त्रियों 'प्रभुत्वशाली जातियों' के रूप में चिह्नित किया है। इन जातियों को अपने संख्या बल के आधार पर राजनीतिक रुतबा तो मिल गया है, पर सामाजिक और शैक्षिक रूप से वे अभी भी पिछड़ी हुई हैं। इन राज्यों में पिछड़े वर्गों के लिए आरक्षण एक नयी परिघटना ही है। पहले जो आरक्षण था भी, वह बहुत कम था, इसलिए उसका दक्षिण भारतीय राज्यों की भाँति पर्याप्त असर नहीं पड़ा।

राष्ट्रीय अथवा राज्य स्तर पर देखें तो दलितों या आदिवासियों के मुकाबले पिछड़े वर्गों की श्रेणी बहुत विविधतापूर्ण है। इसमें वे प्रभुत्वशाली खेतिहर जातियाँ भी शामिल हैं, जो उत्तर और दक्षिण दोनों जगह स्थानीय स्तर पर दलितों के साथ अक्सर संघर्ष में उलझी रहती हैं। इन जातियों में से कुछ ने अपनी पात्रता के बजाय चुनावी ताकत के दम पर आरक्षण सूची में जगह बना ली है, और कुछ उसमें घुसने की कोशिश कर रही हैं। लेकिन, यह मानना होगा कि इस सूची में अधिकतर सामाजिक और आर्थिक रूप से वंचित जातियाँ ही हैं जिन्होंने दलितों और आदिवासियों के मुकाबले ज्यादा नहीं तो कम कष्ट भी नहीं उठाए हैं। इनमें 'अपराधी' जनजातियाँ, घुमक्कड़ जनजातियाँ, इस्लाम और ईसाइयत कबूल कर चुकी निचले दर्जे की पूर्व-अछूत जातियाँ, सापेक्षिक छुआछूत की शिकार और जाति-आधारित लेकिन अब कारगर नहीं रह गए व्यवसायों से बँधी हुई बहुत सी छोटी-छोटी जातियाँ शामिल हैं। कुल मिला कर पिछड़े वर्गों की श्रेणी एक खुली श्रेणी है जिसमें कोई भी समुदाय शामिल होने का दावा पेश कर सकता है। उसे

राज्यों और केंद्रीय स्तर पर बनाए गए स्थायी आयोगों के सामने प्रतिवेदन पेश करना होता है। इन आयोगों को किसी समुदाय को बाहर निकालने का अधिकार भी प्राप्त है। अगर जाँच के बाद वे सूची में नाजायज़ शामिल किए गए समुदायों को पाते हैं, या उन्हें लगता है कि कोई समुदाय पिछड़ा नहीं रह गया है, तो वे इस अधिकार का उपभोग कर सकते हैं।

चूँकि पिछड़े वर्गों की श्रेणी खुली हुई है इसलिए वोट बैंक की राजनीति करने वाली पार्टियों के लिए और बहुसंख्यकवादी जातीय-धार्मिक राजनीति (हिंदुत्व) की ताकतों द्वारा उसके दुरुपयोग का खतरा बढ़ गया है। पिछड़े वर्गों के राजनीतिक समर्थन के लिए होड़ इतनी सघन और तीव्र हो चुकी है कि कभी-कभी तो आरक्षण की नीति के समतामूलक पहलुओं पर ही प्रश्नचिह्न लगता हुआ प्रतीत होता है। कुल मिला कर दो प्रक्रियाएँ काम कर रही हैं जिनकी अंतिम परिणति से ही तय होगा कि पलड़ा किस ओर झुकेगा।

१. **जातियों के राजनीतिक-जातीयकरण की प्रक्रिया** अर्थात इसके तहत अनगिनत निचली जातियाँ राजनीतिक स्पर्द्धा के लिए बड़ी-बड़ी जातीय-राजनीतिक गोलबंदी करने में लगी हुई हैं। वे इसके जरिए अपनी सांस्कृतिक अस्मिताओं को कायम रखते हुए राजनीतिक अधिकारों की दावेदारी कर रही हैं। यह प्रक्रिया सामाजिक न्याय उपलब्ध करने की तरफ ले जाएगी और मुट्ठीभर द्विजों की हुकूमत का तख्ता पलट जाएगा, लेकिन यह अभी साफ नहीं है कि इसका असर भारत के उदारतावादी लोकतंत्र के भविष्य पर क्या पड़ेगा।

२. **निचले दर्जे के समुदायों की राजनीतिक जातीय-बहुसंख्यकीकरण की प्रक्रिया** यानी हिंदुत्व के आंदोलन में शामिल हो कर ये जातियाँ अपने जातीय-सांस्कृतिक हितों और अस्मिताओं की दावेदारी मुल्तवी कर देंगी और 'हिंदू' एकता के नाम पर गैर-हिंदू अल्पसंख्यकों के खिलाफ जज्बाती ढंग से सांप्रदायिक गोलबंदी कर लेंगी। इसमें कोई शक नहीं कि निचली जातियों के समावेशन का यह बहुसंख्यकवादी मॉडल आरक्षण नीति को बहुसंख्यकवादी राजनीति के औजार में पतित कर देगा। यह प्रक्रिया समतामूलक समाज और जातीय रूप से तटस्थ लोकतांत्रिक राज्य बनाने की प्रक्रिया भंग कर देगी। दक्षिण एशिया के कई देशों में ऐसा पहले ही हो चुका है।

आरक्षण नीति की उपलब्धियाँ और परिणाम

पिछले पचास साल में आरक्षण नीति पर धीमी गति से अमल हुआ है। इसमें कई बार बेईमानियाँ भी बरती गई हैं। पर, इसके बावजूद इसकी उपलब्धियाँ उल्लेखनीय हैं। न केवल दलितों, आदिवासियों और पिछड़ों को बल्कि पूरे राष्ट्र को फायदा हुआ है।

पहली बात तो यह है कि आरक्षण ने भारतीय मध्यवर्ग की प्रकृति और संरचना बदल डाली है। अब वह अधिक समावेशी हो गया है। आजादी के समय भारतीय मध्यवर्ग एक जाति सरीखी छोटी सी सामाजिक संरचना थी। इसके तकरीबन सभी सदस्य अंग्रेजी शिक्षित, शहरी और द्विज होते थे। आरक्षण के कारण अब निचली जातियों के काफी सदस्यों ने मध्यवर्ग में प्रवेश पा लिया है। अध्ययन पीठ का हाल का अध्ययन दिखाता है कि भारतीय मध्यवर्ग में आरक्षण से लाभान्वित दूसरी और तीसरी पीढ़ी के लोग शामिल हैं।

दूसरे, आजादी के समय दलितों, आदिवासियों और पिछड़े वर्गों के लिए प्रगति की संभावनाएँ सीमित ही थीं। वे अपनी जाति की संरचना के भीतर ही सामूहिक तौर पर प्रगति कर सकते थे। आरक्षण के जरिए मध्यवर्ग के दरवाजे खुल जाने के कारण न केवल प्रगति की संभावनाएँ बढ़ी हैं, बल्कि प्रगति करने के लिए उन्हें जाति प्रथा द्वारा स्वीकृत कर्मकांडीय संस्तुति, जैसे कि संस्कृतिकरण, का सहारा भी नहीं लेना पड़ रहा है। इस परिघटना ने सामाजिक गतिशीलता का पैटर्न बदल दिया है। अब निचली जातियों के सदस्य व्यक्ति के तौर पर मध्यवर्गीय बन सकते हैं। इसी कारण से जातिप्रथा की आर्थिक और सांस्कृतिक जड़ें काफी हिल गई हैं। आज किसी का मध्यवर्गीय होना उसके कर्मकांडीय दर्जे से नहीं तय होता। मध्यवर्ग की शिनाख्त उपभोग के पैटर्न के आधार पर होती है, न कि संस्कृतिकरण की प्रक्रिया के तहत ब्राह्मणों की नकल के आधार पर।

तीसरे, पचास साल से चल रहे आरक्षण ने भारतीय राजनीतिक व्यवस्था पर गहरा और स्थायी असर डाला है। शैक्षिक और व्यवसायगत अवसरों की उपलब्धि ने उत्पीड़ित समुदायों में एक नये राजनीतिक नेतृत्व को जन्म दिया है। उत्तर भारत में दलितों की ताकतवर पार्टी बहुजन समाज पार्टी दलित और पिछड़े सरकारी कर्मचारियों को ट्रेड यूनियन की तरह संघबद्ध करने के प्रयासों का परिणाम है। आरक्षण के पचास सालों में तकरीबन सभी राज्यों में और हाल ही में केंद्र में राजनीतिक सत्ता की संरचना बदल गई है। अंग्रेजी

शिक्षित द्विजों की राजनीतिक हुकूमत तेजी से खत्म हो रही है। सभी स्तरों पर आरक्षण से लाभान्वित जातियों और समुदायों के सदस्य सत्तासीन हो रहे हैं, हालाँकि नौकरशाही में उनकी नियुक्तियाँ कुछ कम अहम पदों पर हैं। नतीजे के तौर पर निचले समुदायों द्वारा समर्थित कई पार्टियाँ राजनीतिक मंच पर दिखाई दे रही हैं। ये दल किसी भी पारंपरिक और जजमानी किस्म के राजनीतिक संबंध की कड़ी मुखालफत करते हैं। इस नए परिवर्तन से पहले भारतीय राजनीति में निचले तबकों और ग्रामीण समुदायों के नेतृत्व का संबंध अंग्रेजी शिक्षित द्विज अभिजनों से स्तंभीय या ऊँच-नीच वाला होता था। अब ऐसी बात नहीं रही। इन तबकों के नेता चुनावी अखाड़े में अपने हितों और अस्मिताओं की आक्रामक दावेदारी करते हैं। इसका एक मतलब यह भी निकाला जा सकता है कि आरक्षण से हुए इस सशक्तीकरण के जरिए इस नये राजनीतिक वर्ग ने सत्ता पर कांग्रेस की इजारेदारी तोड़ने में भारी योगदान किया है। आखिरकार कांग्रेसी इजारेदारी अपनी प्रकृति में द्विज और अभिजनोन्मुखी थी। आज यही राजनीतिक वर्ग विभिन्न जातीयता आधारित पार्टियों का नेतृत्व करते हुए एक साथ जातीयता और सामाजिक न्याय की राजनीति कर रहा है। परिणाम यह निकला है कि इस किस्म की राजनीति जातीय-बहुसंख्यकवादी हिंदुत्व आंदोलन के खिलाफ मुख्य ताकत के रूप में उभरी है। कुल मिला कर आरक्षण ने समाज के पुराने शक्तिसंतुलन को बदल दिया है, हिंसा का स्तर न्यूनतम रह गया है और नागरिक टकराव भी कम से कम दिखाई पड़ता है।

दीर्घकालीन नजरिए से देखने पर साफ हो जाता है कि अभी तक अलग-थलग पड़े रहे समूहों के राजनीतिक समावेशन की पहल सामाजिक नीति के जरिए हुई है, और इसे उपलब्ध करने में स्पर्द्धामूलक लोकतांत्रिक राजनीति की भूमिका रही है। इस समावेशन का नतीजा जाति के पुनरुत्पादन की प्रक्रिया भंग करने में निकला है, वरना जाति बीच-बीच में विचारधारात्मक रूप से पुष्ट सत्ता की जन्म आधारित संरचनाओं के रूप में अवतार लेती रहती। इसी जगह यह स्पष्ट करना जरूरी है कि इस नीति के ऐसे परिणाम नहीं भी निकल सकते थे, अगर उसका आधार स्पर्द्धामूलक लोकतांत्रिक राजनीति में न होता।

दरअसल, आरक्षण ने एक श्रेणी के रूप में व्यक्तियों को और उस प्रक्रिया में उनके परिवारों को विशेष रूप से लाभान्वित किया है। इसका सबसे ज्यादा निर्णायक असर यह पड़ा है कि सभी लाभान्वित श्रेणियों के लिए शिक्षा एक सामाजिक और सांस्कृतिक मूल्य बन गई है। उनकी निगाह

में अब शिक्षा एक ऐसा जरिया बन गई है जिससे वे आधुनिकता बन कर सामाजिक रूप से प्रगति कर सकते हैं। मध्यवर्ग में हाल में ही प्रवेश कर चुके लोग अपने माता-पिता के विपरीत अपने बच्चों को शिक्षित करने का भगीरथ प्रयास कर रहे हैं ताकि उनकी संतानें पढ़-लिख कर आरक्षण का फायदा उठा सकें और इस प्रकार बढ़ती हुई मध्यवर्गीय स्पर्द्धा में उनका भी स्थान बन सके। न केवल ऐसे लोगों की जीवन-शैली बदल गई है, बल्कि उन्होंने मध्यवर्ग की जाति सरीखी पारंपरिक संस्कृति को भी पुन:परिभाषित कर दिया है। अब इस वर्ग को गैर-कर्मकांडीय दर्जे के मुताबिक नापा जाता है। भले ही अशिक्षित हो, पर प्रगतिकांक्षी पीढ़ी नशेबाजी छोड़ती जा रही है और बचत करने पर ध्यान दे रही है। अवसरों के विस्तार से इन समुदायों को पहले से कहीं ज्यादा संख्या में ऊँची पेशागत हैसियत और पद प्राप्त हो रहे हैं, यद्यपि व्यापार और उद्योग क्षेत्रों में अभी तक इन समुदायों की पहुँच शुरू नहीं हो पाई है।

प्रत्येक ऊर्ध्वगामी समुदाय की ही तरह इन समुदायों में भी इस प्रक्रिया ने एक 'मलाईदार परत' को जन्म दिया है जिससे उम्मीद की जाती है कि वह न केवल समाज के अन्य सदस्यों के लिए उदाहरण बनेगी, बल्कि उन्हें व्यवस्था के भीतर प्रवेश करने के मौके भी मुहैया कराएगी। आरक्षण के लाभार्थियों का सत्ता के भीतर एक ऐसा ताकतवर नेटवर्क बनता जा रहा है जो द्विज अभिजनों के दावों को भी पराजित करने में सक्षम है। चूँकि नौकरशाही और राजनीतिक दायरे में बहुत बड़ी संख्या में आरक्षण से लाभान्वित लोग आ गए हैं, इसलिए अब उनके लिए अपने बिरादरानों का सत्ता के ढाँचे में प्रवेश कराना आसान हो गया है। इस मामले में गुजरात के सूरत जिले का उदाहरण द्रष्टव्य है। साठ के दशक में वहाँ चालीस फीसदी प्राइमरी अध्यापक आदिवासी समाज से आए थे। इस परिघटना ने दीर्घकालीन स्तर पर दक्षिण गुजरात के आदिवासियों के लिए सत्ता के द्वार खोल दिए। बीस साल में ऐसे कई आदिवासी आरक्षण का सहारा ले कर अध्यापक न केवल विधायक और सांसद बने, बल्कि राज्य के मंत्री और मुख्यमंत्री भी बन गए। जब सत्ता में उनकी खासी संख्या हो गई, तो उनके लिए सत्ता के अन्य सूत्रों के साथ जुड़ना संभव हो गया। वे निर्णय प्रक्रिया को प्रभावित करने लगे। भरती की प्रक्रिया भी इसमें से एक थी। इसका ताजा उदाहरण उत्तर प्रदेश की राजनीति में मायावती और बहुजन समाज पार्टी की राजनीतिक सफलताओं के सामाजिक प्रभाव के रूप में देखा जा सकता है।

इन लाभों के बावजूद आरक्षण की नीति अपने कुछ महत्त्वपूर्ण लक्ष्यों

को वेधने में पूरी तरह सफल नहीं मानी जा सकती। ऊँचे स्तर की सरकारी नौकरियों में आरक्षण का कोटा पूरा नहीं भरा जा सका है। बहुत से समुदाय आरक्षण के फायदे इसलिए नहीं उठा पाते हैं कि उनके पास शिक्षा का न्यूनतम स्तर है ही नहीं। आरक्षण के साथ-साथ उठाए जाने वाले पूरक कदम अभी तक कमोबेश नाकाफी ही हैं। जाहिर है कि इन खामियों के बावजूद आरक्षण की नीति ने उत्पीड़ित समुदायों की प्रगतिकांक्षाओं को ठोस आधार प्रदान किया है। आरक्षण की वजह से इन समुदायों को बेहतर साक्षरता और जीवन-शैली हासिल करने की प्रेरणा मिली है। पश्चिमी और दक्षिणी राज्यों में तो इस नीति के बेहतर कार्यान्वयन ने अनुसूचित जातियों और पिछड़े वर्गों का जीवन पहले के मुकाबले कहीं स्तरीय बना दिया है। यहाँ तक कि कई जगहों पर उनकी हैसियत द्विजों से तुलनीय हो गई है।

वैसे तो पिछड़े वर्गों का आरक्षण एक स्थापित नीति है, सभी पार्टियाँ उसे स्वीकार कर चुकी हैं, संसद उसका नवीकरण कर चुकी है एवं कानूनी व राजनीतिक रूप से उसके लिए कोई खतरा नहीं है, पर आरक्षित श्रेणियों में कुछ समुदायों ने नाजायज घुसपैठ कर ली है। अगर यह चलता रहा तो आरक्षण बेतुका और अर्थहीन हो कर रह जाएगा। यह दुष्प्रभाव चुनावी राजनीति और वोटबैंक की राजनीति का है। अपने संख्याबल के आधार पर कोई भी समुदाय अपने पारंपरिक रूप से शूद्र दर्जे का लाभ उठा कर आरक्षण की दावेदारी करने लगता है, जबकि आज के हालात में वह वास्तव में पिछड़ा नहीं होता। यहाँ तक कि उसकी हैसियत आर्थिक और सामाजिक रूप से आगे बढ़े हुए द्विजों जैसी होती है। दिल्ली और राजस्थान के जाट इसका उदाहरण हैं। इन दोनों जगहों पर जाटों को पिछड़ा वर्ग श्रेणी में शामिल कर लिया गया है। राजस्थान के जाटों में सभी पिछड़े नहीं हैं। वहाँ तो जाटों के राजपरिवार और राजवंश तक हैं। दिल्ली के जाट तो कतई पिछड़े नहीं हैं। शहरी इलाकों में रहने के कारण उन्हें बेहतर अवसर मिले हैं, शहरीकरण के प्रसार के कारण उन्हें अपनी जमीनों की बेहतर कीमत मिली है। साथ ही हरियाणा और उत्तरी दिल्ली के जाट आर्यसमाज आंदोलन से प्रभावित रहे हैं जिसके कारण भी उन्हें अपने पिछड़ेपन से मुक्ति पाने में मदद मिली है। दिल्ली जाट राजनीतिक रूप से ताकतवर और संख्याबल के धनी हैं। कुल मिला कर यह पिछड़ा बनने की स्पर्द्धा आरक्षण की नीति को भारी नुकसान पहुँचा सकती है।

हो सकता है कि कुछ जातियों में बीस या तीस फीसदी परिवार अभी भी पिछड़ी जीवन-स्थितियों में गुजर-बसर करने पर मजबूर हों। पर सवाल

यह है कि ऐसी जातियों के बीच से सामाजिक और शैक्षिक पिछड़े कैसे छाँटे जाएँ, इसका आधार क्या हो? शैक्षिक पिछड़ों की शिनाख्त किसी जाति में स्नातकों की संख्या या स्कूल जाने वाले या बीच में स्कूल छोड़ देने वाले बच्चों की संख्या के आधार पर एक हद तक की जा सकती है, पर सामाजिक रूप से पिछड़ों की शिनाख्त करना बहुत मुश्किल है। मंडल आयोग ने इस तरह के पिछड़ेपन को बाल विवाह के प्रचलन या विधवा विवाह के विरोध से जोड़ कर देखा था, लेकिन इसके बावजूद यह शिनाख्त अभी भी समस्याग्रस्त बनी हुई है।

१९९३ से १९९६ के बीच मैं पिछड़ा वर्ग आयोग का सदस्य था। मैंने देखा कि पिछड़े वर्गों की सूची में शामिल होने के लिए आयोग को लगातार प्रतिवेदन प्राप्त होते रहते थे। सुप्रीम कोर्ट के एक आदेश के बाद केंद्र और राज्यों में पिछड़ा वर्ग आयोगों के बनने से तकनीकी रूप से सभी जातियों को, चाहे वे ब्राह्मण हों या शूद्र, सुविधा हो गई है कि वे खुद के पिछड़े होने का दावा पेश कर सकती हैं। कानून के मुताबिक किसी समुदाय के पिछड़े होने या न होने का आयोग द्वारा किया गया निर्णय सरकार के लिए बाध्यकारी होता है। चूँकि राजनेता ही आयोग के सदस्यों को तीन साल के लिए नियुक्त करते हैं, इसलिए राजनीतिक मकसदों से आयोग को अपनी बात मानने के लिए मजबूर करने की मिसालें भी हैं। यह समस्या पिछड़ा वर्ग आयोगों को स्थायी संस्था के तौर पर कायम रखने पर भी प्रश्न चिह्न लगाती है। एक निश्चित अवधि के लिए आयोग बना कर उसका एजेंडा तय किया जाना चाहिए ताकि नीति को अधिक तर्कसंगत बनाया जा सके।

जहाँ तक पिछड़ेपन की सीमा से ऊपर उठ चुके समुदायों का सवाल है, वास्तव में पिछड़ेपन से जूझ रहे समुदाय आयोग के पास जा कर अपील कर सकते हैं कि अमुक समुदाय अब पिछड़ा नहीं रह गया है। वे तथ्य पेश कर सकते हैं कि उस समुदाय में इतने डॉक्टर, वकील, इंजीनियर और स्नातक हैं, इसलिए अब उसे पिछड़ा नहीं समझा जाना चाहिए। मसलन, आयोग के सामने अगर कोई यह दावा करे कि सैनी समुदाय अब पिछड़ा नहीं रह गया है, तो कोई ताज्जुब की बात नहीं होनी चाहिए। आयोग को ऐसे सभी प्रतिवेदनों पर ठीक से गौर करना होगा। यहाँ तक कि व्यक्ति के तौर पर या कोई भी गैर-सरकारी संगठन भी इस तरह का प्रतिवेदन दे सकता है।

यह ताज्जुब की बात है कि राष्ट्रीय पिछड़ा वर्ग आयोग ने आज तक अत्यधिक पिछड़े वर्गों की अलग से शिनाख्त नहीं की है। अतिपिछड़ों की शिनाख्त करके आयोग पिछड़े नहीं रह गए समुदायों को निकालने की

प्रक्रिया को अधिक सकारात्मक रूप से चला सकता है। अति-पिछड़ों की शिनाख्त करने में एक बात का ध्यान रखना होगा। दक्षिण और उत्तर की स्थिति में इस प्रश्न पर फर्क है। दक्षिण में आरक्षण नीतियों के दीर्घकालीन और बेहतर कार्यान्वयन के कारण बहुत से अति-पिछड़े समुदाय अब पिछड़े नहीं रह गए हैं, जैसे केरल के एझवा लोग। वे किसी जमाने में बहुत पिछड़े थे, पर विशेष अवसरों की प्राप्ति, आधुनिकीकरण और श्रीनारायण गुरु के धार्मिक सुधार आंदोलन के कारण आज यह समुदाय डॉक्टरों और वकीलों से भरा हुआ है। इसी तरह कर्नाटक के लिंगायतों का मामला है।

बहरहाल, इन तमाम खामियों के बावजूद विशेष अवसरों की नीति को जारी रखने और मजबूत करने की जरूरत आज पहले के मुकाबले अधिक है। अर्थव्यवस्था राज्य के नियंत्रणों से मुक्त होती जा रही है। ऐसे में सरकार के लिए लाजमी हो जाता है कि वह कमजोर वर्गों को बाजार की सर्वभक्षी प्रक्रियाओं से रक्षा करे ताकि वे उत्तरोत्तर फैलती हुई अर्थव्यवस्था में पूरी भागीदारी कर सकें। कोई भी आर्थिक सुधार तब तक कामयाब नहीं हो सकते जब तक दलितों, आदिवासियों और पिछड़े वर्गों की उनमें साझेदारी न हो। उदारीकरण का मतलब यह हरगिज नहीं हो सकता कि सरकार शासन करना बंद करके देश के गरीबों और कमजोरों को 'बाजार की शक्तियों' के रहमो-करम पर छोड़ दे। दुनिया की सबसे ज्यादा उदारीकृत अर्थव्यवस्थाओं में भी ऐसा नहीं है।

बाजार के जरिए अगर समरूपता हासिल करनी है तो सरकार को हर उस ज़गह पूरी होशियारी से बराबर के अवसर उपलब्ध कराने होंगे जहाँ वे उपलब्ध नहीं हैं। विशेष अवसरों का सिद्धांत और उस अमल की नीतियाँ इसका सबसे सक्षम औजार हैं। सरकार को पहलकदमी ले कर उन लोगों के लिए सामाजिक न्याय उपलब्ध कराना होगा जो बाजार अर्थव्यवस्था और नागरिक समाज के हाशिये पर पड़े हैं। न्यूनतम हस्तक्षेप में विश्वास करने वाला राज्य भी इस जिम्मेदारी से मुँह नहीं चुरा सकता। अगर वह ऐसा करेगा, तो न केवल आर्थिक सुधारों का कबाड़ा हो जाएगा, बल्कि राज्य का जातीय रूप से तटस्थ और लोकतांत्रिक चरित्र भी खतरे में पड़ जाएगा।

मौजूदा बहस

आरक्षण से संबंधित मौजूदा बहस इस समय दो प्रमुख मुद्दों पर केंद्रित है :

१. एक ऐसी नीति बनाना और उस पर अमल करना जो सावधानी से जाँच पड़ताल करके यह तय करे कि आरक्षण से लाभान्वित होने

वाले कौन-कौन से समुदायों को अब आरक्षण की जरूरत नहीं रह गई है। यानी उन्हें अब पिछड़ा नहीं समझा जाना चाहिए। इन समुदायों को आरक्षण की सूची से बाहर कर देने से उन अत्यंत पिछड़े समुदायों को लाभ मिलेगा जो दरअसल इन ताकतवर समुदायों द्वारा ज्यादातर लाभ हड़प लिए जाने के शिकार हैं। राष्ट्रीय पिछड़ा वर्ग आयोग से सुप्रीम कोर्ट ने ऐसी सूची बनाने के लिए कहा था, और उसके लिए एक समय सीमा भी निर्धारित की थी। पर, वह समय सीमा निकल जाने के बावजूद अभी तक इस सिलसिले में कोई गतिविधि नहीं दिखाई दे रही है।

२. कारपोरेट (निजी) क्षेत्र के लिए विशेष अवसरों के सिद्धांत पर आधारित नीतियाँ सूत्रबद्ध करना। यह एहसास बढ़ता जा रहा है कि निजी क्षेत्र में भी भरती से संबंधित नीतियाँ सामाजिक न्याय की जरूरतों के आधार पर बदलनी चाहिए। मुद्दा यह है कि निजी क्षेत्र के लिए ऐसी नीतियाँ अलग से बनाई जाएँ या फिर सरकारी क्षेत्र के लिए बनाई गई नीतियों के आधार पर ही उनका भी पैकेज तैयार किया जाए?

ये दोनों मुद्दे, प्रगति कर चुके समुदायों से आरक्षण के लाभ वापस लेना और निजी क्षेत्र में नौकरियों को सामाजिक न्याय की जरूरतों के मुताबिक बनाना, निकट भविष्य में भारतीय राजनीति को काफी गरम करने वाले हैं।

२

आरक्षण विरोधियों के तर्कों की असलियत

व्यावहारिक राजनीति की जमीन पर होने वाले आरक्षण विरोधी आंदोलन की विशेषता यह है कि वह शुरुआत तो आरक्षण नीतियों को बेहतर बनाने की माँग से करता है, पर जल्दी उस पर आरक्षण को सैद्धांतिक रूप से खारिज करने की माँग हावी हो जाती है। वैकल्पिक नीतियों की जगह आरक्षण का ही विकल्प खोजने का आग्रह होने लगता है। चुनावी आग्रहों के कारण राजनीतिक पार्टियाँ आरक्षण का समर्थन तो करती हैं, पर उनकी हमदर्दी आरक्षण विरोधियों के साथ बनी रहती है। आरक्षण पर चर्चा के इस खण्ड में आरक्षण के खिलाफ उठाए जाने वाले कुछ प्रचलित तर्कों पर गौर किया गया है।

पहले खंड में दिए गए विवरण से कमोबेश साफ हो जाता है कि विशेष अवसरों के सिद्धांत और उस पर आधारित नीतियों का दक्षिण एशियायी और भारतीय संदर्भ क्या है, उन नीतियों को किस प्रकार बनाया गया, उन पर अमल कैसे हुआ, उनकी क्या प्रासंगिकता है और उनकी समस्याएँ मोटे तौर पर क्या-क्या हैं? लेकिन, इससे पहले कि हम आरक्षण की प्रमुख समस्याओं पर विचार करें, हमें आरक्षण का विरोध करने वालों के तर्क पर विचार करना

होगा। यहाँ यह साफ कर देना जरूरी है कि पिछड़ी या दलित जातियों ने आरक्षण के समर्थन में कभी जवाबी आंदोलन नहीं चलाया। पिछड़ी जातियाँ अगर चाहतीं तो अपने प्रतिरोध से पूरी की पूरी गुजरात सरकार को ठप कर सकती थीं। उत्तर भारत में भी वे तकरीबन जाति युद्ध की स्थिति पैदा कर सकती थीं। पर उन्होंने ऐसा नहीं किया। इसका एक कारण यह भी हो सकता है कि जब सरकार उनके हितों का ख़याल कर ही रही है, तो उन्हें आंदोलन की जहमत क्यों उठानी चाहिए थी? लेकिन, इसका एक अधिक समझ में आने योग्य कारण यह भी हो सकता है कि जिसे हम अन्य पिछड़ा वर्ग कहते हैं, वह दरअसल एक राजनीतिक वर्ग नहीं है। वह तीन हजार जातियों का एक समूह है जिसे संविधान ने यह नाम दे दिया है। एक वर्ग के रूप में इसका विकास होना बाकी है, जबकि द्विज जातियों ने ऐतिहासिक रूप से स्वयं को मध्यवर्ग के रूप में विकसित कर लिया है। दूसरे, ऐसी कोई राजनीतिक पार्टी नहीं है जिसने खुल कर मंडल विरोधी आंदोलन का समर्थन किया हो। लेकिन, वे मुखर रूप से आरक्षण विरोधियों का विरोध नहीं करना चाहतीं।

समाजवैज्ञानिक नजरिए से विशेष अवसरों के सिद्धांत पर आई.पी. देसाई, आंद्रे बेते और उपेंद्र बख्शी जैसे समाजशास्त्रियों का विचार है कि आरक्षण तो होना चाहिए, पर जाति के बजाय उसका आधार तय करते समय आर्थिक पहलुओं को प्रमुखता मिलनी चाहिए। ये लोग जाति आधारित आरक्षण को प्रगति और समाज परिवर्तन में बाधक मानते हैं। कुल मिला कर आरक्षण पर चार तरह के रवैए देखने को मिलते हैं : पहला, किसी तरह का आरक्षण अवांछित है यानी आरक्षण न तो जाति के आधार पर होना चाहिए, न वर्ग के आधार पर और न ही लिंग के आधार पर। दूसरा, आरक्षण अपने आप में खारिज करने योग्य नहीं है, पर उसका आधार जाति न हो कर वर्ग होना चाहिए। तीसरा, दलितों और आदिवासियों को आरक्षण देना ठीक है, पर पिछड़े वर्गों को किसी कीमत पर आरक्षण के लाभ नहीं मिलने चाहिए। चौथा, भारत के विशिष्ट सामाजिक-ऐतिहासिक संदर्भ को देखते हुए आरक्षण आवश्यक है, उसे सामाजिक आधार यानी जाति के आधार पर तय करना चाहिए और यह सुविधा पिछड़े वर्गों को भी मिलनी चाहिए।

जहाँ तक अकादमीय हल्कों का सवाल है, इन तमाम रवैयों के बीच एक सार्थक बहस हो सकती है। बहस इस बात पर भी हो सकती है पिछड़ों के लिए आरक्षण का फैसला लेने के पीछे किस तरह की राजनीति काम कर रही थी? पचास के दशक से ही इस कदम को टालने के पीछे किस किस्म

की राजनीति थी? जब आरक्षण लागू किया गया तो क्या विश्वनाथ प्रताप सिंह की मंशा इसके जरिए अपने राजनीतिक संकट से निकलने की नहीं थी? क्या विश्वनाथ प्रताप सिंह के इस कदम की तुलना इंदिरा गाँधी के उन कदमों से की जा सकती है जब कांग्रेस के राजनीतिक संकट पर विजय पाने के लिए उन्होंने बैंकों के राष्ट्रीयकरण का फैसला किया था और *गरीबी हटाओ* का राजनीतिक नारा दिया था? ये सभी प्रश्न विचारणीय हैं। यहाँ तक कि व्यापक सहमति के माहौल में भी बहस के इन मुद्दों की प्रासंगिकता समाप्त नहीं मानी जा सकती।

लेकिन, दिक्कत यह है कि आरक्षण विरोधी आंदोलन व्यावहारिक राजनीति की जमीन पर होता है। उसकी विशेषता यह है कि वह शुरुआत तो आरक्षण नीतियों को बेहतर बनाने की माँग से करता है, पर जल्दी ही बहस पर आरक्षण को सैद्धांतिक रूप से खारिज करने की माँग हावी हो जाती है। वैकल्पिक आरक्षण नीतियों की जगह सामाजिक न्याय के लिए आरक्षण का ही विकल्प खोजने का आग्रह होने लगता है। पेचीदगी उस समय और बढ़ जाती है जब चुनावी आग्रहों के कारण राजनीतिक पार्टियाँ आरक्षण का समर्थन तो करती हैं, पर उनकी हमदर्दी आरक्षण विरोधियों के साथ बनी रहती है। आरक्षण पर चर्चा के इस खण्ड में आरक्षण के खिलाफ उठाए जाने वाले कुछ प्रचलित तर्कों पर गौर किया गया है।

आरक्षण के विरोध में पहला और सबसे प्रचलित सवाल इस तरह उठाया जाता है : *क्या सामाजिक न्याय सुनिश्चित करने का कोई और तरीका नहीं हो सकता? क्या नौकरियाँ आरक्षित करने के बजाय हमें दलितों, आदिवासियों और पिछड़ों के लिए शिक्षा की व्यवस्था करने पर जोर नहीं देना चाहिए, ताकि वे भी सामान्य श्रेणी के उम्मीदवारों से समान स्तर पर मुकाबला करने की पात्रता हासिल कर सकें?*

हम देख चुके हैं कि चाहे विधायिकाओं में सीटों का आरक्षण हो, नौकरियों का आरक्षण हो, या फिर शिक्षा संस्थानों में प्रवेश के मामले में आरक्षण हो, यह तो पूरे पैकेज का केवल एक हिस्सा है। सीटें आरक्षित करने और शिक्षा को एक दूसरे के खिलाफ रख कर पेश करने वालों के तर्क पाखंड से भरे हुए हैं। जब मंडल आयोग की सिफारिशों पर अमल का फैसला हुआ था, तो इन लोगों का तर्क था कि पिछड़ों को नौकरियों में नहीं बल्कि शिक्षा में प्रोत्साहन मिलना चाहिए। लेकिन, जब शिक्षा संस्थानों में सीटें आरक्षित करने का प्रस्ताव आया तो उसके विरोध में भी आंदोलन होने

लगा। अक्सर यह तर्क भी दिया जाता है कि आरक्षण देने से पहले सरकार को सार्वभौम शिक्षा की गारंटी करनी चाहिए। ये लोग अपने गिरेबान में मुँह डाल कर यह नहीं देखते कि भारत पिछले पचास साल से सार्वभौम प्राथमिक शिक्षा उपलब्ध क्यों नहीं करा पाया? क्या इसके पीछे जातिप्रथा नहीं है? आजादी के बाद शिक्षा नीति बनाने का जिम्मा उन लोगों के हाथ में था जो मुख्यत: द्विज और भूस्वामी शूद्र जातियों में से आए थे। इन समुदायों में पहले से ही सौ फीसदी साक्षरता थी। उनकी जरूरत प्राथमिक शिक्षा न हो कर उच्च शिक्षा थी, इसलिए उन्होंने सभी तरह के निवेश उच्च शिक्षा के मकसद से ही किए। बदले में प्राथमिक शिक्षा को या तो भुला दिया गया या फिर उस पर कम ध्यान दिया गया, जबकि प्राथमिक शिक्षा का पूरा लाभ दलित, आदिवासी और गरीब शूद्र जातियों को मिलने वाला था। समाज के मुट्ठी भर लोग रियायती दर पर उच्च शिक्षा प्राप्त करते रहे, क्योंकि उन्हें अपने अंतर्राष्ट्रीय करियर बनाने थे। निचली जातियों के बच्चों को प्राथमिक शिक्षा नहीं मिली। हमारे पास ऐसे प्रौद्योगिकी विशेषज्ञों की बहुतायत हो गई जिन्हें विदेशों में आराम से नौकरियाँ मिल सकती थीं, पर करोड़ों लोग पढ़ने और लिखने की मामूली योग्यताओं से भी वंचित रह गए। यही कारण है कि अति-पिछड़ी जातियों में ऐसे कई समुदाय हैं जिनके पास आरक्षण का लाभ उठाने लायक बुनियादी योग्यताओं का भी अभाव है। दरअसल, शिक्षा नीति भी हमारे देश की बस प्रणाली की तरह ही है। बसों के लिए नीति निर्माण करने वाले कभी उनमें सफर नहीं करते। वे कारों में चलते हैं और उन्हें कुछ पता नहीं होता कि बस यात्रियों की जरूरतें क्या हैं।

अगर कोई समझना चाहे तो आसानी से समझ सकता है कि पिछड़ापन केवल आर्थिक हैसियत से ही नहीं जुड़ा होता। उसके पीछे ऐतिहासिक और पारंपरिक कारण होते हैं। भारतीय समाज की संरचना विलक्षण किस्म की जातिप्रथा के आधार पर बनी है। इससे पैदा होने वाली समस्याओं से निबटने के लिए भी एक विलक्षण नजरिया अपनाना होगा। जातिप्रथा का मतलब ही है थोड़े से लोगों द्वारा बहुत से लोगों को न्याय और अधिकारों से वंचित रखने की विषमतामूलक प्रणाली। इसी प्रथा के कारण इस देश के बहुसंख्यक लोग शिक्षा और नौकरियों के दायरे से बाहर रहे हैं।

द्विज जातियों को एक खास तरह के सामाजिक दर्जे और नाते-रिश्तेदारों के नेटवर्क का फायदा आज भी मिलता है। एक अदेखा-अघोषित आरक्षण लगातार चलता रहता है। मसलन, यह पूछा जाना चाहिए कि एक बड़े राष्ट्रीयकृत बैंक में केवल ब्राह्मणों और बनियों को ही नौकरी क्यों मिलती

रही है? कोई दूसरी जाति वहाँ हाल तक क्यों नहीं दिखाई देती थी? दिल्ली में आरक्षण विरोधी आंदोलन का नेतृत्व कर रहे अखिल भारतीय आयुर्विज्ञान संस्थान के मेडिकल छात्रों से भी यह पूछा जाना चाहिए कि उन्हें अपने संस्थान के प्रतिष्ठित स्नातकोत्तर पाठ्यक्रमों में पच्चीस फीसदी आरक्षण किस बात का मिलता है। पहले यह आरक्षण तेतीस फीसदी तक था। बीस-बाईस फीसदी अंक पाने वालों को भी पीजी कोर्सों में सीटें मिल जाती हैं, जबकि बाहर से स्नातक परीक्षा में साठ फीसदी अंक प्राप्त करने वाले रह जाते हैं, भले ही वे अनुसूचित जाति और जनजाति के क्यों न हों? इस तरह के संस्थागत आरक्षण का प्रावधान संविधान में नहीं है। एक सवाल यह भी उठाया जाना चाहिए कि क्या कैपिटेशन फी दे कर डॉक्टर और इंजीनियर बनने वालों की संख्या इस देश में कितनी है? क्या यह भी पैसे के दम पर अपने लिए हासिल किया गया आरक्षण नहीं है? वंचित तबकों के बच्चे ऐसे माहौल में होड़ कैसे कर सकते हैं, जब तक उन्हें विशेष सुविधाएँ नहीं दी जाएँगी।

यह सही है कि आरक्षण प्रणाली में बहुत कुछ सुधार की आवश्यकता है, पर द्विज जातियों के पूर्वग्रह सुधार प्रक्रिया चलाने के बजाय गलत सूचनाएँ फैला कर आरक्षण की साख गिराते रहते हैं। ये लोग बुनियादी रूप से आरक्षण के खिलाफ हैं, इसीलिए ये केंद्र सरकार द्वारा संस्थानों में सीटें बढ़ाए जाने का भी विरोध कर रहे हैं। इन्हें लगता है कि भविष्य में प्रशिक्षित डॉक्टरों, मैनेजरों और इंजीनियरों की ज्यादा बड़ी संख्या बाजार में आ जाएगी, जिसके कारण द्विज जातियों को कहीं अधिक प्रतियोगिता का सामना करना पड़ेगा।

आरक्षण के खिलाफ दूसरा सर्वाधिक प्रचलित सवाल इस तरह उठाया जाता है : *सामाजिक पिछड़ेपन के बजाय आर्थिक पिछड़ेपन को क्यों न आरक्षण का आधार बनाया जाए? आखिरकार मंडल आयोग ने भी तो पिछड़ेपन की शिनाख्त करने के लिए कई आर्थिक मानकों को अपनाया था?*

यह कोई नया तर्क नहीं है। पचास के दशक से ही आरक्षण विरोधी पिछड़ेपन के सामाजिक आधार के बदले आर्थिक आधार की दलील देते रहे हैं। जिस समय संसद में संविधान के अनुच्छेद-१५ की धारा-४ में संशोधन के सवाल पर बहस हो रही थी, उसी समय देश के प्रथम प्रधानमंत्री जवाहरलाल नेहरू ने कहा था कि सामाजिक पिछड़ेपन को आर्थिक पिछड़ेपन से प्रतिस्थापित नहीं किया जा सकता। नेहरू का तर्क था कि भारत

में पिछड़ेपन की प्रकृति सामाजिक है, और उसका ताल्लुक समूहों और समुदायों से है जिनके साथ अतीत में नाइंसाफियाँ होती रही हैं। डॉ. आंबेडकर ने इसी बात को और सीधे शब्दों में कहा था कि अन्य पिछड़े वर्ग दरअसल एक आर्थिक वर्ग न हो कर 'जातियों का एक संग्रह' हैं। संविधान भी इस मामले में पूरी तरह स्पष्ट है कि पिछड़ेपन का आधार आर्थिक नहीं बल्कि अनिवार्यतः सामाजिक ही होना चाहिए। संविधान सामाजिक न्याय का संबंध गरीबी से नहीं जोड़ता।

आरक्षण विरोधियों की इस माँग से साथ एक बृहत्तर मुद्दा जुड़ा हुआ है। उनका कहना है कि द्विज जातियों के गुरबत के शिकार लोगों को भी आरक्षण मिले। इसीलिए उनके पैरोकार कुछ बुद्धिजीवियों का आग्रह है कि किसी भी सामाजिक नीति की इकाई के तौर पर संविधान को केवल व्यक्ति को मान्यता देनी चाहिए, न कि समुदायों को। वे चाहते हैं कि संविधान सामाजिक, आर्थिक और सांस्कृतिक रूप से परिभाषित हो सकने वाले किसी भी समुदाय के लिए समता और अधिकारों की अवधारणा लागू न करे। अगर इन लोगों की बात मान ली जाए तो अल्पसंख्यकों के सांस्कृतिक अधिकारों की संविधानप्रदत्त गारंटी समाप्त हो जाएगी।

कहना न होगा कि भारतीय संविधान पश्चिमी उदारतावाद की श्रेष्ठ परंपराओं से भी लाभ उठाता है, साथ ही भारतीय परिस्थिति के लिए विशेष प्रावधान भी करता है। वह व्यक्ति की अस्मिता को भी मान्यता देता है, और साथ में सामूहिकताओं के सांस्कृतिक अधिकारों को भी प्रोत्साहित करता है। वह व्यक्तियों के बीच समता स्थापित करने के लक्ष्य के साथ प्रतिबद्ध है, और साथ में सामाजिक समुदायों के बीच विषमता को हतोत्साहित भी करता है। इस देश में एक तरफ धार्मिक और सांस्कृतिक बहुलताएँ हैं, और दूसरी तरफ उत्पीड़नकारी जातिगत श्रेणीक्रम है। ऐसी परिस्थिति में संविधान अवसरों की समता के सिद्धांत को बुलंद करता हुआ सामाजिक अन्याय की समस्या को प्रति-भेदभाव के सिद्धांत के माध्यम से हल करने का प्रस्ताव करता है। इसलिए संविधान में ऐसे किसी प्रस्ताव के लिए गुंजाइश नहीं है जिसमें समता और अधिकारों की एक अवधारणा के बदले दूसरी अवधारणा अस्वीकार कर दी गई हो। यही कारण है कि संविधान किसी व्यक्ति की गरीबी और किसी परिवार की गरीबी को आरक्षणयोग्य होने का मानक नहीं मानता। जब किसी व्यक्ति के सामाजिक पिछड़ेपन में उसके समूह के शैक्षिक और आर्थिक पिछड़ेपन की हकीकतें जुड़ जाती हैं तो पिछड़ेपन की संरचनागत स्थिति बनती है जिसे खत्म करना ही विशेष अवसरों के सिद्धांत

का उद्देश्य है। आरक्षण का आधार आर्थिक पिछड़ेपन को बनाने के पीछे दरअसल संविधान के बुनियादी आधारों को बदलने की माँग निहित है।

इस रोशनी में देखने से साफ हो जाता है कि जाति या समुदाय को आरक्षण का बुनियादी मानक बनाने से नहीं बचा जा सकता। जहाँ तक पिछड़े वर्ग का सवाल है, मेरे ख़याल से पहले आरक्षण से लाभान्वित होने योग्य जाति-समूह चुनना होगा, फिर उसके भीतर आरक्षण मिलने लायक लोगों की शिनाख्त करने के लिए आमदनी, शिक्षा और व्यवसाय आदि के मानक इस्तेमाल किए जा सकते हैं। मंडल आयोग ने भी जिन आर्थिक मानकों का इस्तेमाल किया था, उसका मकसद भी पिछड़े समुदायों की शिनाख्त करना था, न कि पिछड़े व्यक्तियों की। इस प्रकार मंडल आयोग ने उन जातियों को पहचाना जो न केवल बुरी जीवन स्थितियों में गुजर-बसर कर रही हैं, बल्कि सामाजिक और शैक्षिक पिछड़ेपन की भी शिकार हैं। भारत में गरीबी के सामाजिक आयामों को नजरअंदाज नहीं किया जा सकता। जहाँ तक दलितों और आदिवासियों का सवाल है, मेरी पक्की राय है कि वहाँ आर्थिक मानक के इस्तेमाल की कोई जरूरत ही नहीं है। ये समूह जिस हालत में हैं, उसमें तो सीधे-सीधे जाति के आधार पर ही आरक्षण दिया जाना चाहिए। भले ही इन समुदायों में किसी परिवार का कोई सदस्य मंत्री भी क्यों न बन गया हो। दलित और आदिवासी दर्जे के लिहाज के इतनी उत्पीड़ित स्थिति में हैं कि उन्हें ऊँचे पद प्राप्त हो जाने के बावजूद रोजमर्रा के जीवन में, दफ्तरों में और सामाजिक मंचों पर लगातार भेदभाव और अत्याचारों का शिकार होना पड़ता है। ये समुदाय गरीबी की रेखा पार करते ही नयी समस्याओं का सामना करने लगते हैं जिन्हें समझना द्विज बुद्धिजीवियों के अनुभव जगत के बाहर की बात है। एक जगजीवन राम, एक के.आर. नारायण और एक आंबेडकर बन जाने का मतलब यह नहीं निकाला जा सकता कि दलितों के साथ नाइंसाफी करने वाले सामाजिक पूर्वग्रह और छुआछूत का अंत हो गया है।

१९७७-७८ के कुछ आँकड़ों का विश्लेषण करने से यह बात और साफ हो जाती है कि अनुसूचित जातियों और जनजातियों के लिए गरीबी का मतलब अन्य जाति-समूहों के मुकाबले क्यों अलग है। इन समुदायों की ग्रामीण आबादी कुल मिला कर उस समय करीब २७ फीसदी थी। इनके बीच करीब सत्तर फीसदी लोग गरीबी के शिकार थे। अन्य समुदायों में जिनका अनुपात आबादी में ७३ फीसदी था, गरीबी के शिकार केवल ५४ फीसदी लोग ही थे। शहरी गरीबी के लिहाज से ये आँकड़े और भी चिंतनीय हैं। अनुसूचित समुदायों की १३ फीसदी आबादी में गरीबी साठ फीसदी है,

जबकि गैर-अनुसूचित ८७ फीसदी आबादी में गरीबी के शिकार केवल ४३ फीसदी लोग हैं। प्रति व्यक्ति उपभोग के आँकड़े भी इसी प्रकार के हैं। कहना न होगा कि आबादी और गरीबी के इस अनुपात में पिछले बीस साल में कोई बहुत बड़ी तब्दीली नहीं हो पाई है।

आरक्षण विरोधियों का तीसरा तर्क है : *आखिर आरक्षण कब तक जारी रहेगा? इसकी समय सीमा क्या होगी?*

मेरी मान्यता है कि आरक्षण जीवन के अधिकार या अभिव्यक्ति के अधिकार जैसा कोई मूलाधिकार नहीं है। इसलिए इसे हमेशा जारी नहीं रखा जा सकता। इसलिए आरक्षण की प्रणाली में जब तक अनारक्षण का बाकायदा प्रावधान नहीं होगा, तब तक वह अपूर्ण और बेतुकी रहेगी। यह सही है कि अनारक्षण के मानकों का विकास अभी किया जाना शेष है।

दिक्कत यह है कि आरक्षण प्रक्रिया की इस खामी का लाभ उठा कर आरक्षण विरोधी विशेष अवसरों के बुनियादी सिद्धांत को ही खारिज कर देना चाहते हैं। आर्थिक आधार और मैरिट का प्रश्न इसी अंदाज में उठाया जाता है। अच्छा, मान लीजिए आरक्षण की समय-सीमा दस साल के लिए निर्धारित कर दी गई। इस बीच में आरक्षण विरोधियों और व्यवस्थापोषकों या यथास्थितिवादियों के अड़ंगों के कारण आरक्षण ठीक से लागू ही नहीं हो पाया, तो क्या होगा? इस तरह से समय-सीमा निर्धारित करना सरासर धोखाधड़ी होगा। दरअसल, अनारक्षण का प्रावधान लक्ष्यों से बँधा होना चाहिए। अर्थात जब हम देखें कि किसी लाभान्वित समूह में व्यावसायिक रूप से पर्याप्त विविधता आ गई है, उसके सदस्यों की शिक्षा का स्तर राष्ट्रीय औसत से ऊपर हो चुका है और उसकी आमदनी का स्तर लगातार बढ़ रहा है, तो हम सुरक्षित रूप से कह सकते हैं कि वह समूह अब पिछड़ा नहीं रह गया है। हो सकता है कि ऐसे समूह में कुछ बहुत पिछड़े हुए और गरीब परिवार बाकी रह गए हों, लेकिन उन्हें अनारक्षित श्रेणी में चला जाना पड़ेगा क्योंकि तब उनकी आर्थिक दिक्कतों से गरीबी हटाओ कार्यक्रमों के तहत निबटा जा सकेगा।

आरक्षण विरोधियों ने इस प्रश्न पर कई आधारहीन बातें और धारणाएँ फैला रखी हैं। वे आरक्षण को जातिवाद की तरह पेश करते हैं, और दक्षिण भारत और उत्तर भारत की कुछ घटनाओं के हवाले से कहते हैं कि आरक्षित पिछड़े दलितों के ऊपर अत्याचार करते हैं। वस्तुस्थिति यह है कि आंध्र के कम्मा और रेड्डी, गुजरात के पाटीदार, उत्तर प्रदेश के जाट और महाराष्ट्र के

मराठा आरक्षण का लाभ पाने वालों में शामिल नहीं हैं। दरअसल, सभी शूद्र जातियों को आरक्षण नहीं दिया जाता है। इसी तरह आरक्षण चालीस से ज्याद मुसलमान समुदायों को भी दिया जाता है जो शैक्षिक और सामाजिक रूप से पिछड़ों की श्रेणी में आते हैं। जहाँ तक पिछड़े वर्गों की मलाईदार परत का सवाल है, हमें समझना होगा कि किसी भी समुदाय या समाज में विशेष सुविधाओं का पहला लाभ वही उठाते हैं जिनके पास पहले थोड़ी-बहुत शिक्षा, राजनीतिक सत्ता और अन्य क्षमताएँ होती हैं। इन लोगों द्वारा पूरे

आरक्षण नीति : एक पुन:संस्कार की आवश्यकता

संविधान अंगीकार किए जाते समय डॉ. आम्बेडकर ने प्रश्न उठाया था कि हर व्यक्ति को एक वोट के समान अधिकार के बिना पर हासिल की गई राजनीतिक समता समाज के धरातल पर समता में कब रूपांतरित होगी :

> जनवरी की २६ तारीख को हम अंतर्विरोधों के युग में प्रवेश करेंगे। राजनीति में समता और सामाजिक-आर्थिक जीवन में विषमता होगी। राजनीति में हम एक व्यक्ति की कीमत एक वोट के आधार पर आँकेंगे। लेकिन सामाजिक और आर्थिक जगत में विषमतामूलक संरचनाओं के कारण हम एक व्यक्ति-एक मूल्य के उसूल को नकारना जारी रखेंगे। अंतर्विरोधों की इस गिरफ्त में हम कब तक फँसे रहेंगे? सामाजिक और आर्थिक क्षेत्र में हम समता को कब तक ठुकराते रहेंगे? अगर हमने लंबे अरसे तक समता को अस्वीकार करना जारी रखा तो इसका नतीजा हमारे राजनीतिक लोकतंत्र के संकटग्रस्त होने में ही निकलेगा।

(कांस्टीटुएंट एसेंबली डिबेट, खंड-दस, ऑफीशियल रिपोर्ट, १९८९, पृष्ठ ९७९)

डॉ. आम्बेडकर के इस सवाल का जवाब देने में आरक्षण की नीति ने उल्लेखनीय सकारात्मक भूमिका निभाई है और आरक्षण नीति उन कई वजहों में से एक है जिसके कारण हमारा राजनीतिक लोकतंत्र कई तरह के अंदेशों से बच निकला है। आरक्षण की नीति के कारण ही भारतीय समाज के अंतर्विरोधों का काफी हद तक शांतिपूर्ण हल संभव हो पाया है। आरक्षण से संबंधित विवादों के कारण जो थोड़ी-बहुत हिंसा हुई है, उसे हमें गनीमत मानना चाहिए। वरना, हमारा समाज जिस तरह की ऊँच-नीच से ग्रस्त था, उसमें आधुनिकता के कारण पैदा हुए समतामूलक दबावों से बहुत बड़े पैमाने पर हिंसा की नौबत आ सकती थी। आरक्षण नीति ने इस समाज को बचा लिया है।

आज इस नीति पर अमल होते हुए आधी सदी से ज्यादा का वक्त गुजर चुका है। अपने शुरुआती स्वरूप के तहत इसी नीति के कारण भारतीय समाज आधुनिकीकरण, राजनीतिकरण और सेकुलरीकरण की एक मंजिल पर पहुँचने में कामयाब हुआ है। इस

समुदाय को मिलने वाले फायदे अनुपात में ज्यादा प्राप्त कर लेना स्वाभाविक ही है। इस प्रक्रिया को समझने के लिए बेहतर होगा कि आरक्षण विरोधी पहले पिछड़े वर्गों की क्षेत्रीय जटिलता और उनके बीच आरक्षण नीतियाँ लागू करने की विविधता पर गौर कर लें।

पिछड़े वर्गों को मोटे तौर पर तीन तबकों में बाँट कर देखा जा सकता है। पहला तबका उन पिछड़ों का है जिन्होंने हरित क्रांति और भूमि सुधारों से लाभान्वित हो कर तेजी से प्रगति की है। हालाँकि द्विजों जितने नहीं, पर ये लोग आर्थिक और राजनीतिक रूप से आगे बढ़े हुए हैं, पर सामाजिक

नीति में आज भी अभूतपूर्व संभावनाएँ हैं। अगर हम संविधान-निर्माताओं और अन्य राष्ट्र-निर्माताओं के सपनों को वास्तव में धरती पर उतारना चाहते हैं तो हमें आरक्षण की नीति में निहित रेडिकल, परिवर्तनकामी और समतामूलक आवेगों का ठीक से उपयोग करना होगा। इसके लिए हमें आरक्षण पर एक सिंहावलोकनात्मक निगाह डालते हुए कुछ नीतिगत परिवर्तनों का सूत्रीकरण करना चाहिए।

जहाँ तक आधारभूत सिद्धांत का सवाल है, आरक्षण की नीति में कोई खामी नहीं है। लेकिन, समस्या यह है कि पिछले दस-पंद्रह साल से सारे देश में रंग-रुतबे वाली मजबूत जातियों द्वारा वोट की राजनीति का लाभ उठा कर आरक्षण के फायदे हड़पने का योजनाबद्ध अभियान चलाया जा रहा है। इसमें राजनीतिक दलों की भूमिका भी है, फिर चाहे वे सत्ता में हों या विपक्ष में। राजनेता और उनके दल संकीर्ण राजनीतिक स्वार्थ के चलते समुदायों के सामने आरक्षण का चारा फेंक रहे हैं, भले ही संविधान के प्रावधानों और आरक्षण के सिद्धांत की बुनियादी समतामूलक भावना का उल्लंघन क्यों न होता हो। इसी रवैये के कारण आरक्षण की नीति विवादास्पद हुई है। सार्वजिनक जीवन में उस पर अक्सर प्रश्नचिह्न लगाए जाने लगे हैं। इस विषम परिस्थिति के कारण आरक्षण-नीति की समीक्षा अपरिहार्य बन जाती है। आरक्षण नीति का मौजूदा स्वरूप, उसके कार्यान्वयन की शैली और समुदायों के वोट बटोरने के लिए किया जाने वाला निष्ठुर राजनीतिक खेल अगर यूँ ही चलता रहा तो देश के विभिन्न भागों में आरक्षण के समर्थन या विरोध में विस्फोटक आंदोलन बीच-बीच में उभरते रहेंगे। नतीजे के तौर पर जाति-संघर्ष के हालात बनेंगे। जैसे ही हिंसा होती है और जाति संघर्ष का परिदृश्य उभरता है, वैसे ही माँग होने लगती है कि आरक्षण पर पुनर्विचार होना चाहिए। जबकि, किसी भी कोण से यह मसला आरक्षण सिद्धांत की खामियों का नहीं है।

आरक्षण नीति की समीक्षा और उसके व्यावहारिक पुनःसूत्रीकरण के पीछे मेरे मुख्यतः तीन तर्क हैं। पहला यह है कि कल तक जो समुदाय वास्तव में पिछड़े थे उनमें से कई समुदाय आरक्षण के कारण ही आज पिछड़े नहीं रह गए हैं। चूँकि आरक्षण का पात्र न रहते हुए भी उन्हें लगातार आरक्षण मिलता जा रहा है, इसलिए प्रावधान होते हुए भी कई वास्तव में अति-पिछड़े समुदायों तक आरक्षण का लाभ नहीं पहुँच पा रहा है। इससे इन समुदायों में वंचित होने का एहसास पैदा होता है। आरक्षण के संचित लाभों

और शैक्षिक रूप से पिछड़े हैं। ऐसे अधिकतर पिछड़े समूह आरक्षण से लाभान्वित होने वाली जातियों की सूची में शामिल नहीं हैं। इस श्रेणी में हाल ही में यादवों और कुर्मियों ने भी प्रवेश कर लिया है, पर उनकी हैसियत जाटों, पाटीदारों, मराठों या रेड्डी व कम्माओं जैसी नहीं है। इन जाति-समूहों ने निश्चित रूप से कुछ सम्पत्ति अर्जित कर पाई है, पर वे आज भी अन्य जातियों की तरह विविधीकृत नहीं हो पाए हैं। ऐसे कई जाति समूह दरअसल पिछड़ों के दूसरे तबके के ज्यादा नजदीक हैं। यादवों के मामले में कुछ मतभेद हो सकता है कि वे पहले तबके में आते हैं या दूसरे में, पर कोईरियों और कुर्मियों के बारे में कोई मतभेद नहीं हो सकता। यादवों को भी यदि शिक्षा, स्नातकों की संख्या और अन्य व्यवसायगत विविधताओं की कसौटी पर कसा जाए तो पता चलता है कि उन्होंने भी विशेष प्रगति नहीं की है।

के कारण अनुसूचित जातियों, अनुसूचित जनजातियों और पिछड़े वर्गों में मोटे तौर पर दो तबके बन गए हैं। ऐसा लगता है कि आरक्षण प्राप्त समुदायों की एक अपनी जाति प्रथा जैसी बन गई है जिसमें कुछ समुदायों ने विशेष ऐतिहासिक परिस्थितियों के कारण ऊँची हैसियत प्राप्त कर ली है। इन्हें आरक्षण का लाभ मिलता रहा है और अगर हालात बदले नहीं गए तो बिना किसी समीक्षा के इसी तरह मिलता रहेगा। दूसरी तरफ आरक्षण के लिहाज से कुछ समुदाय निचले दर्जे पर रहने के लिए अभिशप्त हो गए हैं। प्रावधान होते हुए भी ये समुदाय आरक्षण का लाभ नहीं उठा पा रहे हैं। स्थिति यह है कि ऐसे कई समुदायों में आरक्षण का लाभ उठाने लायक बुनियादी योग्यता का भी अभाव है। इनकी खराब दशा माँग करती है कि पहले कुछ विशेष तरह की योजनाएँ चला कर इन्हें आरक्षित समुदाय के भीतर कुछ ऊपर उठाया जाना चाहिए। मसलन, दलित जातियों में महाराष्ट्र के महार, उत्तर प्रदेश के जाटव, गुजरात के वणकर और आंध्र प्रदेश के माला ऊपरी तबके में पहुँच गए हैं। निचले तबके में वाल्मीकि, पासी, माडिगा, कसाई आदि जातियाँ हैं। पिछड़ी जातियों में यह स्थिति स्पष्ट रूप से मुखर है। इनके भीतर एक अति-पिछड़ा वर्ग (एमबीसी) है, जिसकी कुछ प्रदेशों में अलग से शिनाख्त भी की जा चुकी है।

जाहिर है कि पिछड़े न रह जाने वाले समुदायों का पता लगाने के लिए कुछ पूर्व-अंत्यज जातियों और कुछ जनजाति समुदायों की प्रगति-दर पर भी विचार किया जा सकता है। पर मुख्यतः यह समस्या पिछड़ी यानी ओबीसी श्रेणी में आने वाली उन जातियों के कारण पैदा हुई है जिनकी आरक्षण की पात्रता पूरी तरह खत्म हो चुकी है। यहाँ यह साफ कर देना जरूरी है कि पात्रता खो चुके अधिकतर समुदाय दक्षिण भारत के हैं जहाँ पिछड़ी समझी जाने वाली मँझोली जातियों को शुरुआत से ही आरक्षण की विशेष सुविधाएँ मिलती रही हैं। जहाँ तक उत्तर भारत का सवाल है, वहाँ यादव और लोधी जैसी उदीयमान जातियों में प्रगति का स्तर अभी भी असमान है। इन जातियों में इक्का-दुक्का परिवारों ने तो विकास की उछाल मारी है, पर पूरे समुदाय के स्तर पर उनका

तीसरा तबका अति-पिछड़ों का है जिन्हें बिहार में अलग से आरक्षण के लिए मान्यता प्राप्त है। कर्पूरी ठाकुर फार्मूले के तहत पिछड़ों को दो हिस्सों में बाँट कर अलग-अलग व्यवस्था की गई है। मंडल आयोग ने कानूनी राय लेने के बाद कर्पूरी फार्मूला इसलिए नहीं अपनाया कि संविधान में केवल तीन श्रेणियों, अनुसूचित जनजातियों, जनजातियों और अन्य पिछड़े वर्गों को मान्यता दी गई है। मंडल आयोग पिछड़ों को अगड़ों और पिछड़ों में बाँट कर चौथी श्रेणी नहीं बना सकता था। खास बात यह है कि इसके बावजूद बिहार में जमीनी स्तर पर आरक्षण लागू करने के लिए यह फार्मूला व्यवहार में लाया जा रहा है, और इसे कानूनी रूप से कोई चुनौती भी नहीं दी गई है। पिछड़े वर्गों में तरह-तरह की जातियाँ होने के कारण इस तरह के फार्मूले की व्यावहारिकता बनती है।

पिछड़ापन जारी है।

दूसरा तर्क यह है कि आरक्षण के दायरों में ऐसे समुदायों ने घुसपैठ कर ली है जो कभी पिछड़े थे ही नहीं। समाज में पहले से ताकतवर बने बैठे कुछ समुदायों के मुँह में तो आरक्षण का खून जैसा लग गया है। उनके लिए आरक्षण पाना एक तरह का सामाजिक-राजनीतिक निहित स्वार्थ बन गया है। आरक्षण के जरिए ताकतवर हुए समुदायों और संविधान को धोखा दे कर आरक्षण का फायदा हड़पने वाले समुदायों ने मिल कर तंत्र पर कुछ इस तरह से कब्जा कर लिया है कि उनकी चौधराहट खत्म करना बहुत कठिन हो गया है। ध्यान रहे कि ये समुदाय सत्ता प्रतिष्ठान में महत्त्वपूर्ण स्थानों पर बैठे हुए हैं, इसलिए इनकी पूरी कोशिश होती है कि उन्हें आरक्षण के लाभों से वंचित करने का आधार प्रदान करने वाले आँकड़े और हकीकतों को सामने न आने दिया जाए। यही कारण है कि आज तक राष्ट्रीय पिछड़ा वर्ग आयोग अति-पिछड़ों की शिनाख्त करने की नीति नहीं बना पाया है। इंदिरा साहनी के मुकद्दमे पर आया सुप्रीम कोर्ट का फैसला प्रगति कर चुके समुदायों को आरक्षण के दायरे से निकालने के बारे में है। पर सत्ता प्रतिष्ठान न तो यह करने के लिए तैयार है, और न ही अति-पिछड़ों को एक श्रेणी के रूप में चिह्नित करने की राष्ट्रीय नीति बनाना चाहता है। जैसे ही अति-पिछड़ों (एमबीसी) की शिनाख्त होगी और आरक्षण की प्राथमिकता का रुझान उनकी तरफ होगा, वैसे ही ताकतवर जाटों, वोकलिगाओं और लिंगायतों आदि को आरक्षण के फायदे हड़पने की सुविधा नहीं रह जाएगी। शिक्षा का अच्छा स्तर होने और समाज में प्रभावशाली स्थिति होने के कारण व्यावहारिक रूप से सारा आरक्षण इन समुदायों के सदस्यों के पास ही चला जाता है। करीब तीस फीसदी तथाकथित पिछड़े पूरे २७ फीसदी का उपभोग करते हैं। कमजोर समुदायों के एक-दो पढ़े-लिखे उम्मीदवारों को भी उसके लाभ नहीं मिल पाते। जब उनकी वाजिब आकांक्षाएँ भी पूरी नहीं होतीं, तो हालात विस्फोटक हो जाते हैं। कुल मिला कर यह समस्या एक मायने में गैर-द्विज लेकिन रंग-रुतबे वाली ताकतवर जातियों द्वारा आरक्षण के दायरे में की गई घुसपैठ का परिणाम है।

आरक्षण विरोधियों का कहना है कि *इस प्रावधान ने समाज में एक तरह से आरक्षण का लाभ उठाने की स्पर्द्धा ही शुरू कर दी है। अब हर कोई आरक्षण की माँग करने लगा है। स्त्रियाँ भी आरक्षण चाहती हैं, और लैंगिक आधार पर आरक्षण देने से तो द्विजों की स्त्रियों को भी आरक्षण मिल जाएगा। इसी तरह मुसलमान भी आरक्षण की माँग कर रहे हैं।*

यह सही है कि आरक्षण का लाभ पाने के लिए इस समय समाज के विभिन्न तबकों में होड़ है। ऐसा लगता है कि संसाधनों पर कब्जा करने के

सामाजिक और शैक्षिक रूप से पिछड़े समुदायों को राष्ट्रीय जीवन की मुख्यधारा में लाने के लिए बनाए गए इस लोककल्याणकारी प्रावधान को इनके शिकंजे से निकालना आज वक्त की माँग बन चुकी है।

इस चिंताजनक परिस्थिति की पेचीदगी समझने के लिए राजस्थान में गुज्जरों द्वारा चलाए गए आंदोलन पर गौर किया जा सकता है। यह आंदोलन जाटों (राजनीतिक रूप से नौसिखिया व्यक्ति भी बता सकता है कि राजस्थान के जाटों को आरक्षण नहीं मिलना चाहिए), मीणाओं (जो अनुसूचित जनजाति के तहत मिले आरक्षण के जरिए धीरे-धीरे एक ताकतवर समुदाय बन चुके हैं) और गुज्जरों (जो वास्तव सामाजिक और शैक्षिक रूप से पिछड़े हुए हैं) द्वारा आरक्षण की विभिन्न श्रेणियों के आधार पर फायदे सुनिश्चित करने की होड़ का उदाहरण है। मीणाओं और जाटों के बीच बेचारे गुज्जर फँसे हुए हैं। वे न तो इधर के हैं, और न उधर के। इसकी बुनियाद वोट की खातिर किए गए एक राजनीतिक निर्णय से पड़ी जिसके तहत जाट जैसी आर्थिक, सामाजिक और राजनीतिक रूप से अगड़ी जाति को आरक्षण दिया गया। आखिर राजस्थान के गुज्जरों को आंदोलन पर क्यों उतरना पड़ा? अगर विधानसभा के चुनावों में जाटों के वोट लेने के लिए तत्कालीन प्रधानमंत्री अटल बिहारी वाजपेयी की पहल पर उन्हें राजस्थान से संबंधित पिछड़े वर्गों की केंद्रीय सूची में न शामिल किया गया होता, और गुज्जरों को मिलने वाले पिछड़ा वर्ग आरक्षण के फायदे ताकतवर जाट समुदाय ने न हड़प लिए होते, तो शायद गुज्जरों की तरफ से अनुसूचित जनजाति में शामिल किए जाने की माँग इतना जोर न पकड़ती। राष्ट्रीय जनतांत्रिक गठजोड़ की केंद्रीय सरकार ने पहले तो जाटों के वोटों का फायदा उठा कर राजस्थान में अपनी सरकार बनाई, और फिर इसके दो साल बाद राजस्थान के मुख्यमंत्री ने ही लोकसभा चुनावों में वोट पाने के लिए गुज्जरों की इस माँग पर व्यक्तिगत स्तर पर ध्यान देने का आश्वासन दे दिया। इस तरह गुज्जर बिरादरी को अपनी माँग पर अड़ने का नैतिक आधार मिल गया। वोट की इस राजनीति का परिणाम यह निकला कि सामाजिक स्तर पर राजस्थान में जाट, मीणा और गुज्जर समुदायों का त्रिकोण बन गया। अनुसूचित जनजाति आरक्षण के तहत कई दशकों से तेज विकास कर रहे मीणाओं को लगा कि अगर गुज्जर भी जनजाति मान लिए गए तो वे भी आरक्षण के फायदों में हिस्सेदारी करने लगेंगे। उधर, जाटों का दाँव यह था कि अगर गुज्जर पिछड़ा वर्ग सूची से हट कर जनजाति सूची में चले जाएँगे, तो पिछड़े वर्ग के सभी

लिए हर कोई आरक्षण के प्रावधान का दोहन करना चाहता है। लेकिन, केवल इसलिए किसी नीति को खारिज नहीं किया जा सकता कि उसका दुरुपयोग हो सकता है या किया जा रहा है। आरक्षण के दुरुपयोग के खतरों के मुकाबले आरक्षण के लाभ हमारे समाज के लिए बहुत ज्यादा हैं। हमें आरक्षण के लिए किए जाने वाले हर दावे का सावधानीपूर्वक मूल्यांकन करना चाहिए। एक बार पिछड़ेपन के सामाजिक आधार को स्वीकार कर लेने के बाद यह मूल्यांकन करना आसान हो जाएगा। मसलन, स्त्रियों के आरक्षण और मुसलमानों के आरक्षण के प्रश्न पर दो अलग-अलग रवैये अपनाए जा

फायदों में उनका हिस्सा बढ़ जाएगा। आरक्षण के साथ किए जाने वाले इस तरह के खेल की मिसाल केवल राजस्थान में ही नहीं मिलती। दूसरे राज्यों के मुख्यमंत्री भी मुसलमानों समेत विभिन्न जाति समुदायों को अनुचित रूप से आरक्षण देने का वायदा कर चुके हैं। उन्होंने इस बात की कोई परवाह नहीं की है कि उनके फैसले न तो नीतिगत कसौटी पर खरे उतरेंगे और न ही अदालत में टिक पाएँगे। इसी तरह दक्षिण भारत की कई जातियाँ इतनी विकसित हो चुकी हैं कि सामाजिक और शैक्षिक रूप से पिछड़ी नहीं रह गई हैं। आरक्षण के फायदों की उन्हें कोई जरूरत नहीं है। दूसरी तरफ, साधन सम्पन्न और पढ़ी-लिखी मुसलमान जातियाँ अल्पसंख्यकों के पिछड़ेपन के नाम पर आरक्षण पाने की कोशिशों में लगी हुई हैं, जबकि मुसलमानों में पसमांदा यानी पिछड़ों को पहले से ही आरक्षण का प्रावधान है।

दूसरा नुकसान यह है कि आरक्षण के जरिए प्रगति के अवसरों को हड़पने की इस होड़ ने हमारी लोकतांत्रिक चुनावी राजनीति को अलोकतांत्रिक रुझानों से ग्रस्त कर दिया है। इसके कारण झूठे-सच्चे आश्वासन दिए जाते हैं, और अंततः समाज को तनावग्रस्त होना पड़ता है। बिरादरियों के बीच का भाई-चारा खत्म होता है। गुज्जरों को दिया गया आश्वासन तो एक उदाहरण है, मुसलमानों को धर्म आधारित आरक्षण देने के अध्यादेश तक जारी किए जा चुके हैं। हिंदू समाज की संरचना की जानकारी रखने वाला कोई भी प्रेक्षक जानता है कि प्रजापतियों (कुम्हारों) को समाज में अछूत या दलित नहीं माना जाता। लेकिन, पिछले दिनों उन्हें भी (उत्तर प्रदेश में प्रजापतियों को) अनुसूचित जाति का दर्जा देने का प्रयास किया जा चुका है।

अब अगर आरक्षण को उसकी राजनीति और कार्यान्वयन में की जाने वाली चालबाजियों से बचाना है तो हमें इस नीति का बुनियादी आधार कायम रखते हुए उसकी पुनः समीक्षा करनी होगी और एक नई निगाह से नीति के व्यावहारिक पहलुओं का सूत्रीकरण करना होगा। नीति का पुनः संस्कार करते समय दो बातों का विशेष ध्यान रखना होगा। पहली, आरक्षण की व्यवस्था मुख्यतः एक संक्रमणकालीन बंदोबस्त है। अगर इसे स्थायी और हमेशा के लिए मान लिया जाएगा तो हमारा लोकतंत्र समुदाय आधारित लोकतंत्र बन जाएगा, जबकि हमारा मकसद नागरिकता आधारित लोकतंत्र बनाना है। दूसरी, आरक्षण सामाजिक और शैक्षिक रूप से वंचित तबकों को आगे बढ़ाने

सकते हैं।

जहाँ तक **मुसलमानों के आरक्षण** का सवाल है, वह उन्हें मौजूदा प्रावधानों के तहत पहले से ही मिल रहा है। कई राज्यों और केंद्रीय सूची में मुसलमान समुदाय आरक्षण से लाभान्वित होने वाले अन्य पिछड़े वर्ग की सूची में दर्ज हैं। समय के साथ इनकी संख्या बढ़ती ही जा रही है। समझा जाता है कि करीब साठ फीसदी पिछड़े मुसलमान समुदाय इन प्रावधानों का लाभ उठा रहा है। यह तथ्य अपने आप में इस बात का सबूत है कि आरक्षण

का कार्यक्रम है और साथ ही भेदभाव के शिकार रहे तबकों को भी इसके जरिए प्रगति के अवसर मिल सकते हैं। पिछड़े वर्ग मुख्यत: वंचित रहे हैं। दलित वंचित भी रहे हैं और उनके साथ भेदभाव भी किया गया है। आरक्षित सूची में आने वाली मुसलमान जातियाँ भी भेदभाव की शिकार रही हैं।

इस लिहाज से तीन निम्नलिखित सूत्रों पर विचार किया जा सकता है :

१. इंदिरा साहनी मुकद्दमे का फैसला देते हुए सुप्रीम कोर्ट ने आदेश दिया था कि राष्ट्रीय और प्रादेशिक स्तर पर पिछड़ा वर्ग आयोग गठित किए जाएँ। कोर्ट ने इन आयोगों की जिम्मेदारियाँ भी निर्धारित कर दी थीं। मसलन, कोर्ट ने कहा था कि ये आयोग आरक्षण का अनुचित लाभ उठा रहे समुदायों (जैसे राजस्थान के जाट) की शिनाख्त करें और उन्हें आरक्षण के दायरे से निकाल बाहर करें। इससे भी ज्यादा अहम बात यह है कि कोर्ट ने आयोगों को ऐसे समुदायों की शिनाख्त करने की जिम्मेदारी सौंपी थी आरक्षण का लगातार लाभ उठाते हुए अगड़े समुदायों के समकक्ष हो गए हैं (जैसे, केरल के एडवा सामाजिक और शैक्षिक रूप से अब नायरों की हैसियत में आ गए हैं)। ऐसे समुदायों के लिए १९९६ तक एक निकास नीति पर अमल किया जाना था। पर, आयोगों ने इस जिम्मेदारी को नजरअंदाज करके अपनी नाकामी राज्यों के मत्थे मढ़ दी है। तर्क यह दिया जाता है कि राज्यों की तरफ से आवश्यक जानकारी ही नहीं दी जाती। कोर्ट के आदेश का फौरन पालन करके इस नीति को फौरन लागू किया जाना चाहिए। इसके लिए ऐसे समुदायों की शिनाख्त करने की प्रक्रिया चलानी होगी जो आरक्षण के लाभ वापस ले लेने से भी सामाजिक प्रगति के धरातल पर नुकसान में नहीं रहेंगे। शिनाख्त की इस प्रक्रिया में ध्यान रखना होगा कि किसी समुदाय की स्थिति पहली नजर में मजबूत लग सकती है, पर दरअसल प्रगति के लिहाज से उसमें पीढ़ीगत मजबूती नहीं भी हो सकती है। ऊर्ध्वगामी दलित समुदायों के मामले में यह फैसला लेते समय खास तौर से सावधानी बरती जानी चाहिए। दरअसल, आरक्षण की पात्रता खो चुके समुदाय ज्यादातर ओबीसी श्रेणी में और दक्षिण भारत में ही मिलने की ज्यादा संभावना है। ऐसे समुदायों को तो आरक्षण के दायरे से फौरन बाहर निकाल देना चाहिए जिन्हें राजनीतिक लाभ के नजरिए से आरक्षण दे दिया गया है।

२. जरूरत इस बात की है कि केंद्र और राज्य स्तर पर एक ऐसा मजबूत तंत्र बनाया जाए जो आरक्षण नीति संबंधी अनुसंधान और नीतिगत अमल पर निगाह रखने का काम करे। इसके लिए गठित संगठनों के पास प्रत्येक राज्य में पिछड़े वर्ग की

की व्यवस्था केवल हिंदू समाज के लिए ही नहीं है। यह एक सेकुलर कदम है और बहुधार्मिक देश और समाज के संदर्भ में सेकुलरीकरण की प्रक्रिया के तहत ही उसकी उपयोगिता देखी-समझी जानी चाहिए। मुसलमान ही नहीं, अन्य अल्पसंख्यक समुदाय भी आरक्षण प्राप्त कर रहे हैं।

पिछले कुछ वर्षों से मुसलमान नेतृत्व का एक हिस्सा धार्मिक आधार पर सभी मुसलमानों के लिए दस फीसदी आरक्षण की माँग कर रहा है। यह माँग नहीं मानी जा सकती। इसके सामने झुकते ही सामाजिक और शैक्षिक

जनसंख्या के नियमित आँकड़े होने चाहिए। यह जानकारी होनी चाहिए कि संख्या और प्रतिशत के आधार पर किसे और कहाँ आरक्षण मिला है, क्योंकि केवल तभी संविधान सम्मत उपयुक्त आरक्षण की गारंटी मिल सकती है। यह जानकारी जातिवार जमा की जानी चाहिए और वेबसाइट पर इसका नियमित प्रकाशन श्रेणीवार किया जाना चाहिए। इसके लिए तीन श्रेणियाँ बनाई जा सकती हैं : पिछड़े, कुछ कम पिछड़े और अति-पिछड़े। आज अगर अति-पिछड़ों की विधिवत श्रेणी होती, तो राजस्थान के गुज्जरों को यह आश्वासन आराम से दिया जा सकता था कि उन्हें अति-पिछड़ा का दर्जा दे कर आरक्षण में प्राथमिकता दी जाएगी। तब, राजस्थान में गुज्जरों, मीणाओं और जाटों का ऐसा संघर्ष न होता। ऐसी श्रेणियाँ कई राज्यों में हैं, मसलन बिहार में अति-पिछड़ों की अलग से श्रेणी है। उत्तर प्रदेश में इसे बनाने के लिए पंचायत स्तर पर सरकार एक सर्वेक्षण करा चुकी है। इसी प्रक्रिया को परवान चढ़ाने के लिए राज्य स्तर पर जनगणनाएँ आयोजित की जानी चाहिए। कर्नाटक के पिछड़े वर्ग आयोग द्वारा की गई इस तरह की जनगणना को एक मिसाल की तरह लिया जा सकता है। इस आयोग ने वोक्कलिगा समुदाय को आरक्षण की सूची से बाहर निकाल दिया था, लेकिन राजनीतिक दबाव के कारण यह समुदाय फिर से आरक्षण प्राप्त करने लगा। जनगणनाओं का मकसद यह है कि इनके जरिए राष्ट्रीय स्तर पर एक ऐसा आँकड़ा बैंक बन सकता है जिससे विभिन्न समुदायों की सामाजिक-शैक्षिक प्रगति की जानकारी मिलती रहेगी।

३. आरक्षण नीति का पुनः संस्कार करने के लिए आरक्षित समुदायों के बीच पूरे देश में न केवल राज्य स्तर पर बल्कि राष्ट्रीय स्तर पर अनिवार्य तौर से श्रेणियाँ बनाना उचित होगा। मसलन, अनुसूचित जनजातियों में माला और जाटव जैसे समुदाय हैं जो वाल्मीकियों और पासियों के मुकाबले बहुत आगे बढ़ चुके हैं। जनजातियों में संथालों और खासी जनजाति के लोगों को एक पलड़े पर रख कर नहीं तौला जा सकता। पिछड़े वर्गों में तो इस तरह के उपश्रेणीकरण की बहुत आवश्यकता है। मेरे विचार से आरक्षण की सूची में शामिल मुसलमान जातियों को भी अलग उपश्रेणी में रखा जाना चाहिए, क्योंकि आरक्षण का प्रावधान होते हुए भी वे दरअसल उसके लाभों से वंचित ही बनी रहती हैं। जब उपश्रेणियाँ बन जाएँगी तो आरक्षण की दौड़ में पिछड़ जाने वाले समुदायों के लिए आरक्षित प्रतिशत में से ही अलग से प्रतिशत निर्धारित किया जा सकता है।

उपश्रेणियाँ बनाने से यह भी पता लग सकेगा कि आरक्षण का लाभ उठाने से वंचित रह गई जातियाँ कौन-कौन सी हैं और अत्यधिक कमजोर जातियों को आरक्षण

पिछड़ेपन को अपना आधार बनाने वाली सेकुलर नीति का सांप्रदायिकीकरण हो जाएगा। साथ ही यह माँग मुसलमान समुदाय के भीतर समतामूलकता के आग्रह के खिलाफ भी जाती है। माँग करने वालों का तर्क है कि आजादी के बाद भारत में रहने वाले इस्लाम के सभी धर्मावलम्बी पिछड़े हो गए हैं। ये लोग मानते हैं कि आरक्षण का लाभ देने में प्राथमिकता अधिसूचित मुसलमान पिछड़े समुदायों को मिलनी चाहिए, और फिर कोटे का जो अंश रह जाता है, वह अन्य मुसलमानों के लिए इस्तेमाल किया जाना चाहिए। दरअसल, यह माँग उच्च वर्गीय मुसलमानों द्वारा अपने नेतृत्व की गिर चुकी साख को बचाने का एक तरीका है। हिंदुत्ववादियों के हाथों हुए बाबरी मस्जिद ध्वंस के बाद साधारण मुसलमानों ने शुरफा मुसलमानों का राजनीतिक नेतृत्व मानने से इनकार कर दिया है। गरीब और परंपरागत रूप से पिछड़े मुसलमान तबके इस माँग से भी चौंक रहे हैं। उनके सामने स्पष्ट है कि अगर सभी मुसलमानों के आरक्षण की माँग मान ली गई तो इस प्रावधान के अधिकतर फायदे रंग-

का लाभ उठाने के काबिल बनाने के कौन-कौन से कार्यक्रम चलाए जा सकते हैं। इस सिलसिले में जरूरी है कि गैर-आरक्षण सुविधाओं के लाभार्थियों की जानकारी भी उपलब्ध रहे। मसलन, यह पता रहना चाहिए कि वजीफे किसे मिल रहे हैं, छात्रावास की सुविधा का लाभ कौन उठा रहा है, विदेश जाने के लिए मिलने वाली आर्थिक मदद का उभपोग किसने किया है, और पिछड़ों की वित्तीय मदद करने के लिए बने संस्थान ने किन्हें लाभ पहुँचाया है। अगर इन पहलुओं पर जोर नहीं दिया जाएगा तो पूरी बहस आरक्षण के प्रतिशत के आस-पास ही सिमट कर रह जाएगी। पिछड़े वर्गों में घुस आए अगड़े समुदायों और उनके बीच बन चुके जातिगत कोटिक्रम का स्वार्थ यही है। अगर आरक्षण नीति को सर्वसमावेशनकारी नीति में बदलना है तो ऐसे समुदायों के उत्थान पर विशेष रूप से ध्यान देना होगा जो आधुनिकीकरण के दौर में अपने पारंपरिक पेशों से वंचित हो गए हैं। इन समुदायों के लिए आरक्षण नीति में विशेष व्यवस्था करनी होगी ताकि वे नए पेशे अपना सकें, उनका कौशल बेहतर हो सके और उन्हें आधुनिक शिक्षा दी जा सके। इसके लिए राज्य और केंद्र को समवेत प्रयास करने होंगे। कुछ योजनाएँ तो राज्य सरकारों को चलानी होंगी, पर कुछ केंद्र सरकार की निगरानी में रहेंगी।

राज्य स्तर पर पिछड़े वर्गों के लिए ही नहीं, बल्कि अनुसूचित जातियों, और जनजातियों के लिए भी स्थायी आयोग बने हुए हैं। ऐसा लगता है कि इनके जरिए आरक्षण नीति का पुनः संस्कार नहीं हो सकता। अब इन आयोगों का स्थायी चरित्र खत्म करने पर गौर किया जा सकता है। इनकी जगह हर दस साल में अर्धन्यायायिक शक्तियों से सम्पन्न निश्चित अवधि वाले आयोग बनाए जा सकते हैं जो अनुसंधान और निगरानी तंत्र द्वारा प्रदत्त जानकारियों के आधार पर आरक्षित समुदायों की सूची संशोधन करने की जिम्मेदारी निभा सकते हैं।

रुतबे मुसलमान ही हड़प ले जाएँगे। मुसलमान समुदाय के बीच से उभरा पसमांदा मुस्लिम महाज (पिछड़े मुसलमानों का मोर्चा) और उसकी लोकप्रियता पिछड़े मुसलमानों की इन बेचैनियों और उनकी लोकतांत्रिक आकांक्षाओं का प्रमाण है।

सभी मुसलमानों को आरक्षण देने की माँग धार्मिक समुदायों को सामाजिक-राजनीतिक रूप से एकाश्म मानने के रवैये पर आधारित है। यही वह रवैया था जिसके आधार पर विभाजन से पहले की राजनीति हुई थी। इसके विपरीत आरक्षण की नीति किसी एक धार्मिक समुदाय को एकाश्म मान कर नहीं चलती। वह उन्हें विविधीकृत रूप में देखती है। चाहे हिंदू हों या मुसलमान, आरक्षण की नीति की निगाहों में सभी के बीच महत्त्वपूर्ण सामाजिक, आर्थिक और सांस्कृतिक भेद हैं। इस हकीकत की अनदेखी करके जैसे ही किसी समुदाय के अभिजन यह माँग करते हैं कि उनके धर्मावलम्बी एकताबद्ध अभिन्न समुदाय हैं, वैसे ही समझ लेना चाहिए कि उनकी राजनीति अपने समुदाय के बहुलांश की सामाजिक और राजनीतिक प्रगति के खिलाफ जा रही है। इस मामले में मुसलमान अभिजनों की रणनीति वही है जो द्विज हिंदू अभिजनों की है। ये दोनों अभिजन अपने-अपने समुदायों की निचली पायदानों पर पड़े हुए तबकों के साथ ऐतिहासिक रूप से हुए अन्याय की भरपाई करने के लिए तैयार नहीं हैं, और इस तरह उन्हें राजनीतिक-सामाजिक रूप से एकाश्म बनाने पर तुले हुए हैं।

यह सही है कि मुसलमानों में पिछड़ेपन का आधार हिंदुओं की तरह धर्मतंत्रीय नहीं है। लेकिन, हकीकत में ज्यादातर मुसलमान समुदाय पीढ़ी-दर-पीढ़ी चले आ रहे वंशानुगत पेशों से बँधे हुए हैं, और उसी के मुताबिक उनकी सामाजिक प्रगति की गतिशीलता निर्धारित होती है। यह बात सभी गैर-हिंदू समुदायों के बारे में सही है। उप्र के मुसलमानों में ऐसे उदाहरण जुलाहों, कसाइयों, भिश्तियों, हलालखोरों और लालबेगियों के रूप में देखे जा सकते हैं। पंजाब के सिखों में इसकी मिसालें आदिधर्मियों, मजहबियों और रामगढ़ियों के रूप में देखी जा सकती हैं। ईसाइयों में मछली पकड़ने के पेशों से जुड़े हुए समुदाय ऐसी ही स्थितियों के शिकार हैं। बौद्धों में नव-बौद्ध समुदायों की पृष्ठभूमि यही है। इसी तरह इन अल्पसंख्य समुदायों में ऊँचे तबके भी हैं। मुसलमानों में सैयद, शेख, पठान, थंगल, अरबी, अरक्कल, कोया आदि समुदाय वही हैसियत रखते हैं जो हिंदुओं में द्विजों की है। सिखों में खत्री और जाटों का यही रुतबा है; और ईसाइयों में सीरियायी क्रिश्चियनों की हैसियत मोटे तौर पर ब्राह्मणों सरीखी ही मानी

जाएगी।

जहाँ तक **स्त्रियों के लिए आरक्षण** की माँग का सवाल है, मेरी समझ में वे पुरुषों के मुकाबले लैंगिक भेदभाव के कारण सामाजिक नहीं तो शैक्षिक रूप से अवश्य पिछड़ी हुई हैं। मंडल आयोग ने स्त्रियों के लिए अलग से आरक्षण पर विचार नहीं किया था। उस समय शायद यह मुद्दा बहस के लिए मौजूद भी नहीं था। दूसरे, इसके रास्ते में कानूनी अड़चनें भी थीं। विधि आयोग पिछड़ों की भी दो श्रेणियाँ बनाने के खिलाफ था। चूँकि स्त्रियाँ एक वर्ग का निर्माण नहीं करतीं, इसलिए उनके लिए पिछड़ों, दलितों और आदिवासियों के एक विशेष कोटे की व्यवस्था की जा सकती है। वहाँ वे सामाजिक रूप से तो पिछड़ी हुई हैं ही, शैक्षिक रूप से अधिक पिछड़ी हुई हैं। लेकिन, इन समुदायों में उनकी साक्षरता की दर बहुत नीची होने के कारण उनके लिए इन प्रावधानों का लाभ उठाना मुश्किल होगा। चूँकि वे इस कोटे को नहीं भर पाएँगी, इसलिए उनके लिए तयशुदा जगहों पर उन्हीं के समुदायों के पुरुषों का कब्जा हो जाएगा। लेकिन, केवल इस वजह से दलित, आदिवासी और पिछड़ी स्त्रियों के लिए अलग कोटे के विचार को हमें नहीं त्यागना चाहिए। मेरा ख़याल है कि अगर आरक्षण के प्रावधान के साथ-साथ पिछड़ी, दलित और आदिवासी स्त्रियों के लिए छात्रावासों की व्यवस्था की जाए, उन्हें आर्थिक मदद मिले, उन्हें वजीफे दिए जाएँ और उनकी पढ़ाई-लिखाई के विशेष इंतजाम किए जाएँ तो बहुत अच्छे परिणाम निकल सकते हैं। कुछ राज्यों में ऐसा किया जा चुका है।

आरक्षण विरोधी आम तौर से आरोप लगाते हैं कि *जातिगत आधार पर आरक्षण करने से समाज टूटता है, उसकी समरसता टूटती है, जाति-द्वेष बढ़ता है, और जाति-चेतना कमजोर होने के बजाय मजबूत होती है।*

यह धारणा समाज के विखंडन और उसकी बहुलता को एक-दूसरे का पर्याय मान लेने के कारण पैदा होती है। बहुलता हिंदू समाज का सार है। यह एक सकारात्मक पहलू है जो बहुसंख्यकवादी अधिनायकवाद या बहुसंख्यकवादी राष्ट्रवाद के खिलाफ काम करता है। जिस चीज को हिंदुत्ववादी समरसता कहते हैं, वह दरअसल बहुसंख्यकवाद का ही एक नाम है जो उसकी बदसूरतियों को छिपा लेता है। विशेष अवसरों का सिद्धांत बहुलता को प्रोत्साहित करता है, एक ऐसी बहुलता को जो समतामूलकता और न्याय के सिद्धांत पर आधारित होगी। इसके विपरीत विखंडन हिंसा और लंपटीकरण के लिए उपजाऊ जमीन मुहैया कराता है। समुदायों के विखंडन

में दिलचस्पी रखने वाली किसी भी परियोजना का समर्थन नहीं किया जा सकता, चाहे वह समुदाय हिंदुओं का हो, मुसलमानों का हो, या फिर ईसाइयों का। भले ही वह परियोजना सेकुलरवाद या राष्ट्रवाद के नाम पर चलाई जा रही हो। आरक्षण का समर्थन लोकतंत्र और आधुनिकीकरण के मकसद से किया जाना चाहिए। इससे किसी समुदाय के सदस्यों को अपने जातिगत पेशे के बंधन से निकल कर विभिन्न पेशों से जुड़ने की सुविधा होगी। लोगों को विविध अवसर मिलेंगे, जिससे उन्हें वास्तव में नागरिकता के दायरे में आने का मौका मिलेगा। पेशों का विविधीकरण और व्यक्ति को नागरिक अधिकारों से संपन्न करने की प्रक्रिया अंत में जाति-चेतना को बदलते हुए कमजोर करती चली जाएगी।

आरक्षण का विरोध करने के पीछे हिंदू राष्ट्रवालों के दिमाग को समझना मुश्किल है। हिंदू राष्ट्र के समर्थकों को तो मंडल की जम कर पैरोकारी करनी चाहिए। विभिन्न मंचों और विभिन्न मुद्दों पर द्विज जातियों ने मंडल आयोग की रपट पर जिस तरह बहस की है, उससे दलितों, पिछड़ों और जनजातियों के पास एक तरह का संदेश गया है कि उन्हें राजनीतिक रूप से फुसलाने के लिए तो हर कोई तैयार है, पर सामाजिक रूप से और एक नागरिक के रूप में उन्हें मुख्यधार में नहीं आने दिया जा रहा है। हिंदू दायरे में उन्हें द्विजों के समकक्ष जगह नहीं दी जा रही है। इसका मतलब यह नहीं निकाल लेना चाहिए कि पिछड़े खुद को हिंदू नहीं मानते। वे मंदिर जाना बंद नहीं करेंगे, कर्मकांड करना बंद नहीं करेंगे, सत्यनारायण की कथा करवाना बंद नहीं करेंगे। पर जब अधिकारों का प्रश्न आएगा तो वे अपना झंडा भी बुलंद करेंगे जिसका मतलब यह कैसे निकल सकता है कि समाज टूट रहा है। हिंदुत्ववादियों ने रामजन्मभूमि आंदोलन के दौरान और उसके बाद दलित और शूद्र जातियों की जिस अंदाज में गोलबंदी की, जिस तरह उन्हें प्रोत्साहन दे कर अपने कदम खींचे, और पिछड़ी जातियों के नेताओं के साथ संगठन के भीतर जैसा सुलूक किया गया, उससे संदेश जाता है कि वे निचली जातियों का केवल राजसत्ता हासिल करने के लिए दोहन करना चाहते हैं।

बहुत से दूरगामी दृष्टि रखने वाले और प्रगतिशील हिंदुओं ने मंडल आयोग की सिफारिशों का स्वागत किया है। लेकिन, ऐसे धार्मिक नेता भी हैं जिन्होंने एकदम भिन्न कारणों से पिछड़ों को आरक्षण का समर्थन किया है। वे सभी हिंदुओं की एक स्तम्भीय किस्म की एकता बना कर उनका बहुसंख्यकीकरण करना चाहते हैं ताकि अल्पसंख्यकों को बहुसंख्यक वर्चस्व के तहत किया जा सके। यहाँ आरक्षण का सांप्रदायिक इस्तेमाल करने का

इरादा दिखता है, जो आरक्षण की अंतर्निहित भावना उलट देता है।

आरक्षण के खिलाफ आंदोलित होने वाली द्विज जातियों को चाहिए कि वे उस अघोषित आरक्षण की तरफ ध्यान दें जो उन्हें लगातार मिलता रहा है, और आज भी किसी न किसी रूप में मिलता रहा है। यह कोई अनायास ही नहीं है कि मध्य प्रदेश में नौकरशाही के ऊपर कान्यकुब्ज ब्राह्मणों का कब्जा रहा है। बैंक ऑव बड़ोदा में हाल ही तक ब्राह्मणों और बनियों के अलावा किसी और को नौकरी मिलना नामुमकिन था। पश्चिमी रेलवे में गुजरात के अनाविल ब्राह्मणों को ही रोजगार मिलता था। डॉक्टरों के बेटे-बेटी और धनी लोगों के बेटे-बेटियों को निजी प्रभाव या केपिटेशन फी के चलते मेडिकल कॉलेजों में प्रवेश हमेशा मिल जाता है, भले ही उनका एकेडमिक रिकॉर्ड अच्छा हो या न हो। जाति के आधार पर आरक्षण जाति को मजबूत नहीं करता, बल्कि भारतीय मध्यवर्ग की भेदभाव पर आधारित द्विज संरचना जाति को मजबूत करती है। जब तक इस मध्यवर्ग का द्विज चरित्र नहीं टूटेगा, तब तक किसी सामाजिक समरसता की कल्पना भी नहीं की जा सकती। और, यह तभी हो सकेगा जब आरक्षण के सहारे निचली जातियों में मध्यवर्ग उभरेगा और व्यापार मध्यवर्ग के दरवाजे पर सदस्यता पाने के लिए दस्तक देगा।

३

अति–पिछड़ों और निजी क्षेत्र में आरक्षण का सवाल

आरक्षण की नीति का पुनरीक्षण जरूरी है। यह काम पिछड़ा वर्ग आयोग द्वारा अपने पिछले दस साल से ज्यादा के कार्यकाल के दौरान कर लिया जाना चाहिए था। उन समुदायों की सूची बन जानी चाहिए थी जो अब आरक्षण के लाभ पाने लायक 'पिछड़े' नहीं रह गए हैं। पिछड़ा वर्ग आयोग आरक्षण पा रहे समुदायों को ऊपरी और निचले हिस्सों में विभाजित भी नहीं कर पाया है। अगर यह तस्वीर साफ हो जाए तो पिछड़े वर्ग को मिलने वाले आरक्षण से जुड़े कई विवाद साफ हो सकते हैं। दूसरी तरफ, निजी क्षेत्र में आरक्षण के लिए कोई बेहतर 'लोकतांत्रिक आधार' अभी तक नहीं बन पाया है। लेकिन इस कमी के बावजूद उदारतावादी सिद्धांत सरकार को ऐसी नीतियाँ बनाने से नहीं रोकता जिसके तहत निजी क्षेत्र में भर्ती के लिए समतल मैदान की गारंटी की जा सके।

आरक्षण विरोधियों के तर्कों पर की गई इस चर्चा से स्पष्ट हो जाता है कि विशेष अवसरों का सिद्धांत किस तरह समतामूलक समाज की रचना के साथ प्रतिबद्ध सेकुलरीकरण को बढ़ावा देने वाला सिद्धांत है। इससे यह भी साफ हो जाता है कि संविधान निर्माताओं ने पिछड़ेपन की परिभाषा के आधार निर्धारित करने में

सामाजिक पहलुओं को प्रमुखता क्यों दी थी। बहस से यह जरूरत भी उभर आती है कि यद्यपि आरक्षण का सिद्धांत भारतीय समाज की मौजूदा स्थिति में अनुलंघनीय है, पर उसकी पद्धति की, खास तौर से पिछड़े वर्गों के संबंध में, बारीकी से समीक्षा करने की जरूरत बनी हुई है।

इस संबंध में सबसे पहली और समझने वाली जरूरी बात तो यह है कि दलितों और आदिवासियों के लिए आरक्षण के प्रावधान संविधान में अन्य पिछड़े वर्गों के लिए आरक्षण से अलग हैं। इसका कारण इन श्रेणियों की भिन्न-भिन्न सामाजिक स्थिति है। अनुसूचित जातियाँ और जनजातियाँ समाज में अल्पसंख्यक हैं, और उनकी हाशियाग्रस्त जिंदगी के कारण उनकी शिनाख्त करना आसान है। समाज में आम सहमति है कि उन्हें शिक्षा और नौकरियों में अलग से विशेष प्रोत्साहन दिए जाने चाहिए। आईआईटी और आईआईएम संस्थानों में उन्हें पहले से आरक्षण मिल रहा है। हालाँकि जब आरक्षण के बुनियादी आधार पर ही सवाल उठाए जाते हैं तो उन्हें दिए जाने वाले आरक्षण पर भी प्रश्न लग जाता है, पर हम यहाँ आरक्षण विरोधियों को संदेह का लाभ दे सकते हैं कि शायद वे दलितों और आदिवासियों को दिए जाने वाले आरक्षण के खिलाफ आंदोलन नहीं चलाएँगे। बहस मुख्यत: पिछड़े वर्गों को आरक्षण के संदर्भ में चलाई जाती है। दलितों और आदिवासियों के विपरीत अन्य पिछड़े वर्ग संख्यात्मक लिहाज से समाज के बहुसंख्यक तबके का निर्माण करते हैं। उनकी स्थिति दलितों और आदिवासियों की तरह एकसार भी नहीं है। उनमें दलितों से भी गई-गुजरी हालत वाले तबके भी हैं, और ऐसे तबके भी हैं जिनकी हैसियत कहीं-कहीं द्विजों से भी बेहतर है। इसीलिए संविधान ने उनके लिए 'सामाजिक और शैक्षिक रूप से पिछड़े' होने की शर्त लगा कर आरक्षण दिया है। साथ ही, संविधान ने यह भी साफ किया है कि जहाँ उनका पर्याप्त प्रतिनिधित्व न हो, वहाँ उन्हें नुमाइंदगी देने का बंदोबस्त किया जाए। ध्यान रहे कि संविधान ने उन्हें उनके संख्याबल के अनुपात में प्रतिनिधित्व देने का नहीं बल्कि 'पर्याप्त' प्रतिनिधित्व का प्रावधान किया है। चूँकि अन्य पिछड़े वर्गों से संबंधित इस नीति का कार्यान्वयन राज्यों की मंशा पर छोड़ दिया गया था इसलिए कुछ राज्यों में, खासकर दक्षिण भारत में पिछड़ों को आजादी के बाद से ही आरक्षण मिला हुआ है। कुछ राज्यों में, खासकर उत्तर भारत में इस नीति पर कार्यान्वयन का इतिहास पंद्रह साल पुराना ही है। लगातार आरक्षण के कारण दक्षिण के कई पिछड़े समुदाय (जैसे, एडवा, रेड्डी, कम्मा, लिंगायत, वोक्कलिगा, कापू आदि) आर्थिक, राजनीतिक और सामाजिक नजरिए से बहुत आगे बढ़ चुके हैं। समाज में उन्हें तकरीबन ऊँची जातियों जैसी ही प्रतिष्ठा और रंग-रुतबा हासिल हो चुका है। इसी तरह उत्तर

भारत के कुछ पिछड़े समुदाय लोकतांत्रिक राजनीति की गहनता और विस्तार के कारण राजनीतिक सबलीकरण की प्रक्रिया से लाभान्वित हुए हैं। विभिन्न कारणों से उनके भीतर एक मलाईदार तबका उभर आया है। लेकिन, इसके बावजूद समुदायगत रूप से वे अभी तक सामाजिक और शैक्षिक रूप से पिछड़ी समझी जाने वाली संविधानसम्मत श्रेणी में ही आते हैं।

यहाँ एक बार फिर साफ कर देना जरूरी है कि आरक्षण की नीति का पुनरीक्षण जरूरी है, पर उसकी बुनियादी सामाजिक उपयोगिता को पूरी मान्यता दे कर ही। दरअसल, पिछड़ा वर्ग आयोग द्वारा अपने पिछले दस साल से ज्यादा के कार्यकाल के दौरान यह काम अभी तक पूरा कर दिया जाना चाहिए था। आयोग द्वारा अभी तक उन समुदायों की सूची बन जानी चाहिए थी जिन्हें सामाजिक प्रगति के पर्याप्त अवसर मिल चुके हैं, और जो अब आरक्षण के लाभ पाने लायक 'पिछड़े' नहीं रह गए हैं। लेकिन, पिछड़ा वर्ग आयोग अपनी यह जिम्मेदारी निभाने में कामयाब नहीं हो सका है। दूसरे, पिछड़ा वर्ग आयोग आरक्षण पा रहे समुदायों को ऊपरी और निचले हिस्सों में विभाजित भी नहीं कर पाया है। ऊपरी हिस्से में वे समुदाय आते हैं, जो धीरे-धीरे आरक्षण की जरूरत से परे जाने की प्रक्रिया में बहुत आगे बढ़ चुके हैं। और, निचले हिस्से में वे समुदाय आते हैं जिन्हें अभी आरक्षण की बहुत दिनों तक जरूरत पड़ती रहेगी। अगर पिछड़ा वर्ग आयोग जैसी संस्था के प्रयासों से यह तस्वीर साफ हो जाए तो एक महत्त्वपूर्ण और दूरगामी महत्त्व वाली सार्वजनिक नीति के रूप में पिछड़े वर्ग को मिलने वाले आरक्षण से जुड़े कई विवाद साफ हो सकते हैं।

एक बार जब यह स्पष्ट हो जाएगा कि पिछड़ों में ज्यादातर छोटी जोतों वाले किसानों, बँटाईदारों और भूमिहीन किसानों वाले समुदाय कौन-कौन से हैं, तो सरकार उनके उत्थान के लिए अन्य नीतियाँ और कार्यक्रम भी अपना पाएगी। बेहतर भूमि सुधार, बेहतर खेतिहर मजदूरी, कृषि उपज के लिए बेहतर मूल्य नीति और बेहतर शैक्षिक अवसर उपलब्ध करके (जैसे पिछड़े वर्ग के बच्चों के लिए छात्रावासीय स्कूलों की व्यवस्था) सरकार आरक्षण की पूरक नीतियाँ बना सकती है। कई राज्यों में इस तरह के कदम उठाए गए हैं, पर ज्यादातर देखा गया है कि इस तरह के कार्यक्रमों के पास कोष की कमी रहती है।

पिछड़े वर्गों में दस्तकारी से पेट पालने वाले समुदायों की तकलीफें पिछले दिनों काफी बढ़ी हैं। सैकड़ों वर्षों से ये समुदाय किस्म-किस्म के पारंपरिक कला-कौशलों को सुरक्षित रखते हुए पीढ़ी-दर-पीढ़ी जीवनयापन करते रहे हैं। मशीनीकृत और बड़े पैमाने की उत्पादन प्रणालियों के कारण तेलियों, लुहारों और कुम्हारों जैसे समुदायों के पेशे अलाभकारी होते जा रहे हैं। इन समुदायों के

कुछ ही लोग उत्पादन और विपणन की नयी प्रणालियों के हिसाब से खुद को उन्नत करने में कामयाब हुए हैं। कुछ ने नए कौशल और शिक्षा प्राप्त कर ली है। लेकिन, ऐसी जातियों के ज्यादातर सदस्य छोटे-छोटे और हाशिए पर पड़े पेशों में बिखरने पर मजबूर हैं। या फिर वे अस्थायी श्रमिक बन गए हैं। शहरों में इमारती काम में लगे हुए हैं या फिर देहात में भूमिहीन मजूरी कर रहे हैं।

उन समुदायों की हालत तो और भी खराब है जिनके पारंपरिक पेशों को आधुनिकीकरण की प्रक्रिया में ऊँचे तबके के लोगों ने अपना लिया है। इस कारण ये जातियाँ आर्थिक और सामाजिक कसौटी पर और नीचे गिर गई हैं। जीवनयापन के पारंपरिक साधनों को खो कर इन जातियों का वजूद उदारीकृत बाजार द्वारा 'ठुकराए हुए' तत्त्वों के रूप में ही बच गया है। उदाहरण के लिए मछुआरे और धोबी समुदायों को देखा जा सकता है। आज मछली मारने का धंधा जबरदस्त पूँजी और मशीनीकृत ट्रॉलरों की माँग करता है। मछुआरे या तो ऐसे ट्रॉलरों पर काम करने वाले या फिर खाद्य प्रसंस्करण उद्योग उजरती मजदूर बन गए हैं। इसी तरह धोबियों की समस्या यह है कि कपड़े धोने के लिए उन्हें पानी कहाँ से मिलेगा और सुखाने के लिए जमीन कहाँ नसीब होगी। मशीनीकृत लांड्रियाँ यह काम कर रही हैं जिनके मालिक धोबी न हो कर ऊँची जाति के लोग हैं। चमड़े का काम करने वाले, सूत कातने वाले और कपड़ा बुनने वाले समुदायों की भी यही हालत है। एक जमाने में दो जून की रोटी की जुगाड़ कर लेने वाले ये लोग दरिद्रता के गर्त में धकेल दिए गए हैं। इस तरह अर्थव्यवस्था में बड़े पैमाने पर 'रोजगार न पाने योग्य' आबादी बन गई जिसमें ऐसे लोग शामिल हैं जिन्हें किसी जमाने में कौशलयुक्त माना जाता था लेकिन अब जिनका शुमार कौशलविहीन लोगों में है।

इन समुदायों का काम केवल आरक्षण से नहीं चलने वाला। इन्हें आरक्षण तो चाहिए ही, केंद्रीय स्तर पर और राज्य स्तर पर छोटी मेन्यूफेक्चरिंग और प्रोसेसिंग इकाइयाँ खोलने की योजना बनाने की जरूरत है। वित्तीय निगमों को ऐसे काम के लिए पूँजी जुटाने के लिए आगे आना होगा। इन समुदायों की युवा पीढ़ी के लिए शिक्षा के साथ-साथ व्यावसायिक शिक्षा की जरूरतें समझ कर उसकी विशेष व्यवस्था करनी होगी। इन समुदायों को केवल आरक्षण दे कर उनके आर्थिक-शैक्षिक उत्थान के कार्यभार से राज्य आँखें बंद नहीं कर सकता। साथ ही उनके उत्थान की आड़ में आरक्षण पाने के उनके अधिकार को भी नजरअंदाज नहीं किया जा सकता। कायदे से सरकार को आरक्षण के परे जाते हुए इन अति-पिछड़े समुदायों के लिए एकमुश्त आर्थिक-सामाजिक योजना बना कर उस पर अमल करना चाहिए, वरना सामाजिक न्याय का मकसद अधूरा ही

रह जाएगा।

इस मामले में स्वयंसेवी क्षेत्र से बड़ी उम्मीदें थीं। लेकिन, उसने केवल बातें कीं और संसाधन जुटाने के मामले में जमीनी स्तर के आर्थिक मुद्दे उठाने में नाकाम रहा। उधर बैंकों ने अपने चालीस हजार करोड़ रुपए अलाभकारी उद्योगों में फँसा रखे हैं। ये सब सामुदायिक संसाधन ही हैं, जिन्हें पता नहीं किसने बरबाद कर दिया है। न वित्त मंत्री के रूप में और न ही प्रधानमंत्री के रूप में मनमोहन सिंह कर्जा ले कर पचा जाने वाले लोगों की सूची संसद के सामने रखने के लिए भी तैयार नहीं हैं। इससे शक होता है कि कुछ बड़े औद्योगिक घराने भी काली सूची में शामिल निकलेंगे। इस तरह की कहानियाँ आसानी से सुनी जा सकती हैं कि किस तरह अग्रिम वेल्यू एडिड लाइसेंस स्कीम का बेजा इस्तेमाल लाखों डालरों का हवाला करने में किया गया है।

ध्यान रहे कि इनमें से बहुत सी जातियों के पारंपरिक पेशों का संबंध भूमि, जल, वन और जैव विविधता जैसे प्राकृतिक संसाधनों के संरक्षण से रहा है। प्राकृतिक संसाधनों की राजनीति न केवल इन जातियों के लिए बल्कि पूरे भारत के आर्थिक-सामाजिक स्वास्थ्य के लिए महत्त्वपूर्ण है। पिछड़ी जातियों के आधे हिस्से की शिनाख्त प्रौद्योगिकीय जातियों के रूप में की जाती है। पिछले ढाई सौ साल से उनकी तकनीक धीरे-धीरे बाजार, उद्योगीकरण और आधुनिकता के हाथों नष्ट हो रही है। ध्यान रहे कि इन शूद्र जातियों में हिंदू शूद्र भी हैं, और मुसलमान शूद्र भी। वे हजारों साल से हमारी प्रौद्योगिकीय परंपरा के वाहक रहे हैं। क्या हम ग्लोबल बाजार से प्रौद्योगिकी खरीदने की होड़ में इन लोगों को पूरी तरह भूल जाएँगे? पीपुल्स पेट्रियोटिक साइंस एंड टेक्नॉलॉजी फाउंडेशन, आल इंडिया पीपुल्स साइंस नेटवर्क, आईआईटी, कपार्ट और क्विक के ग्रामीण प्रौद्योगिकी विभाग इन समुदायों के कौशलों और प्रौद्योगिकी को संरक्षित, उन्नत और विपणन योग्य बनाने में लगे हुए हैं। मौजूदा सरकार ही नहीं, हर सरकार सामाजिक न्याय के उद्देश्य के साथ अपनी प्रतिबद्धता व्यक्त करती है। इसलिए, हर राजनीतिक पार्टी या गठजोड़ के शासन की पहली प्राथमिकता भ्रष्टाचार में कटौती करते हुए संसाधनों की बरबादी रोक कर सामाजिक न्याय के लक्ष्य को वेधने की कोशिश होनी चाहिए। स्वयंसेवी क्षेत्र, योजना आयोग, विभिन्न सरकारी और गैर-सरकारी एजेंसियों को मिलजुल कर अति-पिछड़ी जातियों के सशक्तीकरण के लिए प्रयास करने चाहिए।

निजी क्षेत्र में आरक्षण का प्रश्न

नब्बे के दशक की शुरुआत में हुए आरक्षण विरोधी आंदोलन के बाद इस संबंध में विवादों की दूसरी लहर उस समय आई जब सन् २००६ में केंद्र की संयुक्त प्रगतिशील गठबंधन सरकार में मानव संसाधन मंत्री और वरिष्ठ कांग्रेसी नेता अर्जुन सिंह ने उच्च शिक्षा के संस्थानों में अन्य पिछड़े वर्गों के लिए २७ फीसदी सीटों के आरक्षण का प्रस्ताव किया। दिल्ली के मेडिकल छात्रों ने इसका कड़ा विरोध किया और मई के मध्य भाग से जून के पहले हफ्ते तक आरक्षण विरोधी आंदोलन चलाते रहे। यह आंदोलन मंडल सिफारिशों के खिलाफ चले पहले आंदोलन की तरह व्यापक आधार वाला नहीं था। हालाँकि समाचार माध्यमों के आरक्षण विरोधी पूर्वग्रह ने इसे लगातार सुर्खियों में बनाए रखा, पर देश के विभिन्न भागों से इसे छिटपुट समर्थन ही मिला। सरकार ने आंदोलनकारियों की चिंताओं को समझते हुए बीच का रास्ता निकाला और करीब आठ हजार करोड़ रुपए खर्च करने का प्रावधान करते हुए शिक्षा संस्थानों में सीटें बढ़ाने का निर्णय ले लिया। आरक्षण विरोधी मेडिकल छात्रों ने इसका भी विरोध किया। संभवत: उन्हें लग रहा होगा कि जब इन संस्थानों में सीटें बढ़ जाएँगी, तो आरक्षित छात्र और सामान्य श्रेणी के छात्रों समेत प्रौद्योगिकी, चिकित्सा और प्रबंधन में प्रशिक्षितों की संख्या बढ़ जाएगी। नौकरियों के लिए प्रतियोगिता और सघन हो जाएगी। आरक्षण विरोधी छात्रों का यह अंदेशा गलत भी साबित हो सकता है और सही भी। यह गलत इसलिए साबित हो सकता है कि जब तक नये प्रशिक्षित लोगों की खेप बाजार में आएगी, उस समय तक बाजार की प्रक्रियाएँ भी अवसरों को बढ़ा चुकी होंगी। यह सही इसलिए साबित हो सकता है कि तब तक निजी क्षेत्र में भी आरक्षण के प्रावधान हस्तक्षेप कर चुके होंगे।

मानव संसाधन मंत्री अर्जुन सिंह जब कहते हैं कि आरक्षण लागू करके वे संविधान के प्रावधानों का ही पालन कर रहे हैं, तो उनकी बात का यह पहलू समर्थन के काबिल होता है। पर उनसे यह भी पूछा जाना चाहिए कि सरकार पिछड़ा वर्ग आयोग को उसकी ये जिम्मेदारियाँ पूरी करने का निर्देश क्यों नहीं देती जिनके तहत पिछड़े नहीं रह गए समुदाय आरक्षण की सूची से निकलने चाहिए। इसे सुनिश्चित करवाना भी सरकार का ही कर्तव्य है। बजाय इसके कि कांग्रेस पार्टी न्यायसम्मत ढंग से आरक्षण की नीति लागू करते हुए दिखे, वह पिछड़ी जातियों को वोट बैंक के रूप में फुसलाती हुई दिखती है, जिससे उसके इरादों पर संदेह बढ़ता है और आरक्षण विरोधियों को इस नीति पर आक्रमण करने का एक मौका और मिल जाता है। दूसरी तरफ, आरक्षण विरोधियों का पाखंड और छल इतना नंगा हो चुका है कि उसे अंधा भी देख सकता है। पहले

जब नौकरियों में आरक्षण दिया गया था तो उनका तर्क था कि इसके बजाय पिछड़ों को शिक्षा में प्रोत्साहन दिया जाना चाहिए। आज जब उन्हें शिक्षा में प्रोत्साहन का प्रस्ताव रखा जा रहा है, तो पहले दिए जाने वाले इस तर्क को पूरी तरह भुला दिया गया है। आरक्षण विरोधी पैरोकार आईआईटी और आईआईएम की साख के साथ देश की साख जोड़ते हैं, पर वे बहुत सुविधाजनक तरीके से भारतीय सामाजिक यथार्थ के उन पहलुओं की तरफ से आँखें बंद कर लेते हैं जिसके तहत जातिगत विभेद समाज के बहुत बड़े हिस्से को समान नागरिकता के अधिकारों का उपभोग करने लायक ही नहीं छोड़ते। ऐसे आरक्षण विरोधी तो इतने दृष्टिहीन हैं कि सिर पर मैला ढोने वाली कुप्रथा की तरफ से भी आँखें बंद कर लेते हैं, जैसे कि इस प्रथा से देश की साख अंतर्राष्ट्रीय स्तर पर बेहतर हो रही हो। जाहिर है कि आरक्षण पर चल रही मौजूदा बहस आरक्षण विरोधियों के पाखंड और राजनीतिक दाँवपेच की संकीर्णताओं के कारण बेहद विकृत हो गई है। इसकी विकृति की सीमा यहाँ तक बढ़ गई है कि ओबीसी की संविधानसम्मत श्रेणी के अस्तित्व पर ही चालाकी से प्रश्नचिह्न लगाए जाने लगे हैं। इस बहस को सकारात्मक बनाने के लिए नागरिक समाज की शक्तियों को अलग से पहलकदमी ले कर कुछ विशिष्ट हस्तक्षेप करना होगा ताकि समतामूलक समाज बनाने का एजेंडा जड़ता का शिकार न हो जाए।

आरक्षण के सवाल पर विवादों के ज्वालामुखी से निकलने वाला लावा ठीक वैसा ही है जैसा उस समय निकला था जब पहली बार मंडल आयोग की सिफारिशें लागू करने का फैसला किया गया था। ठीक पहले की ही तरह सामाजिक-आर्थिक रूप से स्थापित अभिजनों की तरफ से आरक्षण नीति की वैधता और उपयोगिता पर सवाल उठाए जा रहे हैं, और ठीक पहले की ही तरह राजनीतिक ताकतें इस नीति का लाभ उठा कर अपनी गोटी लाल करने की फिराक में हैं। समतामूलक समाज बनाने के लिए अपनायी जाने वाली संविधानसम्मत और न्यायिक दृष्टि से निर्विवाद इस नीति के साथ जो बदसलूकी नब्बे के दशक के शुरुआत में की जा रही थी, वैसी ही स्थिति एक बार फिर बनती हुई दिख रही है। एक तरफ मैरिट के नाम पर आरक्षण को प्रगति-विरोधी विचार के रूप में पेश किया जा रहा है, दूसरी ओर राजनीतिक दाँव है जो समान अवसरों और समान नागरिकता की संभावनाएँ साकार करने के बजाय ज्यादा से ज्यादा राजनीतिक फायदे हड़पने के चक्कर में है। अभिजनों को लग रहा है कि अगर आईआईटी और आईआईएम संस्थानों में पिछड़े वर्गों के लिए आरक्षण बिना विरोध के स्वीकार कर लिया गया तो अगला नंबर निजी क्षेत्र में आरक्षण की पेशकश का होगा। आरक्षण विरोधी मोर्चेबंदी के पीछे यही अंदेशा काम कर

रहा है।

दूसरे आरक्षण विरोधी आंदोलन के थक कर खत्म हो जाने का मतलब यह नहीं निकाला जाना चाहिए कि अब इस तरह का आंदोलन दोबारा नहीं होगा। आरक्षण विरोधी मेडिकल छात्रों और उनके समर्थकों के सरोकारों से साफ था कि वे सामाजिक न्याय के सिद्धांत के बंधनों में बाजार की शक्तियों को बाँधने की किसी भी पेशबंदी को भाँप गए हैं। वे समझ गए हैं कि सरकारी क्षेत्र में आरक्षण जितना हो सकता था, उतना हो चुका है। अब निजी क्षेत्र की बारी है। सरकार और निजी क्षेत्र के बीच इसकी चर्चा शुरू हो चुकी है।

खास बात यह है कि इस बहस से अभी तक कोई कारगर नीतिगत प्रस्ताव निकल कर नहीं आ पाया है। सरकार बीच-बीच में जिस नीति के कार्यान्वयन के दावे करती रहती है, कोई नहीं जानता कि वह नीति दरअसल क्या है। कांग्रेस के नेतृत्व वाली सरकार के चुनावी वायदों में यह शामिल था और न्यूनतम कार्यक्रम में भी निजी क्षेत्र में आरक्षण लागू करने का जिक्र है। लगता है सरकार यह मान कर चल रही है कि कोई नयी नीति बनाने की जरूरत नहीं है और केवल पहले से चली आ रही नीति को ही निजी क्षेत्र में कार्यान्वित किया जाना काफी होगा। आरक्षण के निजी क्षेत्र में विस्तार की माँग करने वाले दबाव समूहों का रवैया भी इसी किस्म का है। उन्हें तो लगता है कि सिर्फ राजनीतिक इच्छा शक्ति की कमी है, वरना आरक्षण के मौजूदा प्रावधान निजी क्षेत्र से मनवाना कठिन नहीं होगा। दूसरी तरफ बाजार की ताकतों पर भरोसा करने वाले वे जड़ उदारतावादी हैं जो सब कुछ कारपोरेट सेक्टर की सदिच्छा पर ही छोड़ देना चाहते हैं। इसके लिए कारपोरेट सामाजिक जिम्मेदारी के सिद्धांत का सहारा लिया जा रहा है, लेकिन जिसका निजी क्षेत्र के व्यवहार और आचरण में कहीं कोई प्रमाण नहीं मिल रहा है। ये उदारतावादी चाहते हैं कि विशेष अवसरों के सिद्धांत पर क्षेत्रवार अमल की कोई नीति न बनाई जाए और उसे अलग-अलग कारपोरेट फर्मों की इच्छा पर छोड़ दिया जाए। इस तरह की नीति का परिणाम यह होगा कि इस नीति के कार्यान्वयन की निगरानी करने की जिम्मेदारी किसी को नहीं दी जाएगी। विभिन्न उद्योग संघ भी इस सिलसिले में केवल आँकड़े और अन्य जानकारी जमा करने के केंद्र बन कर रह जाएँगे। कुछ कंपनियाँ सामाजिक न्याय और डायवर्सिटी लागू करने की शोकेस बन कर रह जाएँगी, और ज्यादातर कंपनियाँ कर्मचारियों की भर्ती के मामले में अपनी पुरानी और भाई-भतीजावादी नीतियों पर चलती रहेंगी। दरअसल, उदारतावादियों की यह दलील अपने आप में एक हथकंडे की तरह है ताकि निजी क्षेत्र सामाजिक न्याय की लफ्फाजी करता रहे, पर उसे एक सुसंगत नीति का रूप न लेने दिया जाए।

इस हालत का फायदा सरकार भी उठा रही है, और निजी क्षेत्र को भी इसका लाभ हो रहा है। दोनों ने मिल कर निजी क्षेत्र में आरक्षण के प्रश्न को 'अनिर्णय बनाए रखने की सक्रिय नीति' के दायरे में धकेल दिया है। पार्टियाँ निजी क्षेत्र की अनिच्छा पर दोष मढ़ कर इस मुद्दे को राजनीतिक रूप से भुनाने की मंशा से ठंडे बस्ते में डाले हुए हैं। निजी क्षेत्र सोचता है कि इसमें जितनी देर हो उतना अच्छा है। चूँकि सरकार पुरानी नीति को ही निजी क्षेत्र में लागू करना चाहती है, इसलिए आरक्षण विरोधियों को एक बार फिर बदले हुए भूमंडलीय आर्थिक संदर्भ में विशेष अवसरों के सिद्धांत की प्रासंगिकता पर प्रश्न चिह्न लगाने का मौका मिल गया है।

वस्तुस्थिति यह है कि आरक्षण का सिद्धांत एक है, पर सरकारी क्षेत्र और निजी क्षेत्र में उसे लागू करने के लिए दो अलग-अलग नीतियाँ अपनानी होंगी। दोनों नीतियों के बीच फर्क करने के तीन मानक हो सकते हैं। पहला, निजी क्षेत्र में आरक्षण को न्यायसंगत ठहराने के लिए एक नए परिप्रेक्ष्य का विकास; दूसरा, नीतिगत कार्यान्वयन के आयामों का निर्धारण; और तीसरा, लाभार्थियों की शिनाख्त करने का तरीका। अगर सरकारी क्षेत्र में आरक्षण का सवाल राज्य द्वारा समाज में हो रही प्रतियोगिता के परिणामों में हस्तक्षेप से जुड़ा हुआ है, तो निजी क्षेत्र में इसका मतलब दूसरा है। वहाँ सामाजिक न्याय का अर्थ उदारतावादी लोकतंत्र के तर्क के मुताबिक लगाया जाना चाहिए। निजी क्षेत्र में आरक्षण का अर्थ होना चाहिए आर्थिक होड़ में सबके लिए समतल मैदान तैयार करना ताकि विभिन्न सामाजिक पृष्ठभूमियों से आए लोगों के साथ किसी तरह का भेदभाव न होने की गारंटी की जा सके।

इस संदर्भ में उदारतावादी लोकतंत्र की खामी यह है कि उसका पलड़ा अघोषित रूप से स्पर्द्धा में शामिल प्रतियोगियों के बीच से मजबूत प्रतियोगी के पक्ष में झुका रहता है। वह पहले से ताकतवर प्रतियोगी के उस फायदे को नजरअंदाज कर देता है जिसके तहत उसे स्पर्द्धा में बढ़त के साथ प्रवेश करने में कामयाबी मिलती है। उदारतावादी लोकतांत्रिक व्यवस्था जीवन के हर क्षेत्र में मुट्ठी भर अभिजनों का बोलबाला मानती है जिसके कारण वे अपनी श्रेष्ठतर समझी जाने वाली नैतिकता और शक्ति के दम पर स्पर्द्धा के नियमों को ही अपने पक्ष में कर लेते हैं। अभिजनों का दावा होता है कि यह सब वे क्रियाविधि संबंधी पारदर्शिता बनाए रखने के लिए कर रहे हैं। इस तरह राज्य के दायरे के बाहर के क्षेत्रों में मौजूद आर्थिक, सांस्कृतिक और सौंदर्याभिरुचि संबंधी असमानताएँ अभिजनों के पक्ष में ही काम करती रहती हैं। दरअसल, उदारतावादी लोकतांत्रिक सिद्धांत के पास राज्य की राजनीतिक ताकत और राज्य के दायरे से

बाहर की ताकतों के बीच संबंध का कोई संतोषजनक फार्मूला नहीं है। इन राज्येतर ताकतों को न केवल उदारतावादी राज्य मान्यता देता है, बल्कि उन्हें प्रोत्साहित भी करता है। यही है वह वजह जिसके कारण निजी क्षेत्र में आरक्षण के लिए कोई बेहतर 'लोकतांत्रिक आधार' अभी तक नहीं बन पाया है। लेकिन, यह भी एक हकीकत है कि इस कमी के बावजूद उदारतावादी सिद्धांत सरकार को ऐसी नीतियाँ बनाने से नहीं रोकता जिसके तहत निजी क्षेत्र में भर्ती के लिए समतल मैदान की गारंटी की जा सके।

आइए, पहले मुद्दे पर विचार करें। राजकीय क्षेत्र के मुकाबले निजी क्षेत्र में कहीं अधिक विविधता है। सैकड़ों-हजारों विभिन्न तरह के आर्थिक संगठन हैं। न केवल उनका आकार भिन्न है, बल्कि उनके सामाजिक, सांस्कृतिक और नीतिगत आयाम भी अलग-अलग हैं। ऐसे विविधतासंपन्न क्षेत्र के लिए कोई लागू करने लायक नीति तैयार कर पाना, उसके कार्यान्वयन की निगरानी और समीक्षा करना किसी भी तरह से आसान काम नहीं कहा जा सकता। जाहिर है कि ऐसी परिस्थिति में कोटा निर्धारित करने और लाभान्वितों की शिनाख्त करने वाली सबके लिए एक नीति बनाने से काम नहीं चल सकता। इसके लिए तो एक मार्गनिर्देशिका तैयार करनी होगी जिसके साथ-साथ विभिन्न तरह के लाभार्थियों की एक सामान्य सूची इस संदर्भ के साथ होगी कि एक खास इकाई कितने और कैसे लाभार्थियों को सामाजिक न्याय के सिद्धांत के तहत अपने यहाँ भर्ती कर सकती है। यानी सेवायोजक इकाई को कुछ गुंजाइश देनी होगी ताकि वह आमतौर से मार्गनिर्देशिका और सामान्य सूची के आधार पर अपने हिसाब से लाभार्थियों की संख्या और किस्म तय कर सके। लेकिन, जहाँ तक मार्गनिर्देशिका और सामान्य सूची के निर्माण और उसके कार्यान्वयन की देखरेख का सवाल है, राज्य को यह जिम्मेदारी उठानी होगी। यह जरूर है कि इस प्रक्रिया में उसे व्यापार जगत के प्रतिनिधियों और राज्येतर क्षेत्र के लोगों को बाकायदा शामिल करना होगा।

दूसरा सवाल है कि निजी क्षेत्र में आरक्षण का लाभार्थी कैसे तय होगा। यह काम भी सरकारी क्षेत्र के तर्ज पर नहीं हो सकता। इसका सबसे पहला कारण यह है कि कर्मकांडीय आधार पर राजसत्ता से विभिन्न समुदायों को तो ऐतिहासिक रूप से दूर रखा गया है, पर आर्थिक क्षेत्र से उन समुदायों को उस तरह बहिर्वेशित नहीं किया गया है। दूसरे, आर्थिक क्षेत्र में सामाजिक न्याय की अवधारणा समुदायों की उन कमजोरियों पर ध्यान दे सकती है जो गैरपारंपरिक किस्म की और नयी हैं। यानी आर्थिक क्षेत्र में भाषाई और धार्मिक अल्पसंख्यकों के साथ-साथ स्त्रियों और विकलांगों की समुदायगत वंचनाओं का परिष्कार हो

सकता है। चूँकि निजी क्षेत्र में आरक्षण के लाभार्थियों का प्रश्न एक से अधिक श्रेणियों से जुड़ा हुआ है, इसलिए कार्यान्वयन के तरीके भी एक से अधिक होंगे। लाभार्थियों की शिनाख्त अलग-अलग और विभिन्न स्थानीय संदर्भों में करनी होगी। लाभार्थी तय करते समय विषमता के ऐतिहासिक पहलुओं को भी ध्यान में रखना होगा, और भेदभाव के समकालीन आयामों को भी। अर्थात सामाजिक न्याय के पहलू और डायवर्सिटी के पहलू मिला कर ही निजी क्षेत्र की आरक्षण नीति बन सकती है। एक तरफ तो सेवायोजक इकाई को लाभार्थियों की कुछ निश्चित श्रेणियों और किसी निर्धारित कोटे से नहीं बाँधा जा सकता, दूसरी ओर सरकार को यह सुनिश्चित करना ही होगा कि यह नीति लक्ष्य आधारित हो और कुल मिला कर निजी क्षेत्र सामाजिक न्याय के लक्ष्यों को वेधता नजर आए।

अगर दलितों के उदाहरण पर गौर किया जाए तो साफ हो जाता है कि निजी क्षेत्र छुआछूत के शिकार रह चुके समुदायों की शिनाख्त सामाजिक न्याय के तर्क के आधार पर कर सकता है। वह खास तौर से उन दलित समुदायों को अपना लाभार्थी बना सकता है जिन्हें अभी तक सामाजिक प्रगति नसीब नहीं हो पाई है। ध्यान रहे कि पारंपरिक रूप से दलित समुदाय जातिप्रथा से बाहर रहे हैं। उन्हें समाज के उत्पादन और सेवाक्षेत्र में कोई तयशुदा भूमिका नहीं दी गई थी। जीवित रहने के लिए उन्हें स्थायी रूप से ऐसे काम करने पड़े जो उन समुदायों द्वारा भी अस्वच्छ और निकृष्ट माने जाते हैं जो जातिप्रथा के निचले पायदान पर पड़े हुए हैं। इसी तर्क के आधार पर जनजातियों को भी निजी क्षेत्र लाभार्थी बना सकता है। आदिवासी दलितों की भाँति कर्मकांडीय और सांस्कृतिक निकृष्टता के तो शिकार नहीं हैं, पर समाज ने उन्हें शारीरिक अलगाव में डाल रखा है। आधुनिक आर्थिक इकाइयों को चाहिए कि वे पहले आर्थिक और प्रौद्योगिकीय सहायता कार्यक्रमों के जरिए आदिवासियों तक पहुँचें, और फिर उन्हें सेवायोजन के जरिए अपने दायरे में ले लें।

जहाँ तक अन्य पिछड़े वर्गों का सवाल है, सरकारी क्षेत्र की ही भाँति निजी क्षेत्र में भी यह श्रेणी सैद्धांतिक और व्यावहारिक रूप से कुछ दिक्कततलब है। सिद्धांतत: यह कहा जा सकता है कि पिछड़े वर्ग समझे जाने वाले खेतिहर और कारीगर समुदाय आर्थिक रूप से अलगाव में पड़े हुए समुदाय नहीं समझे जा सकते। यह सही है कि द्विजों के वर्चस्व के कारण वे कर्मकांडीय और सामाजिक रूप से अलगाव में पड़े रहे, पर जातिप्रथा के आर्थिक पहलुओं का आधार यही समुदाय थे। प्राथमिक उत्पादन से जुड़े पिछड़े वर्गों के कई समुदाय विभिन्न कौशलों में पारंगत होने के कारण ऐसी सामाजिक पूँजी से सम्पन्न थे जिसके आधार पर आधुनिक अर्थव्यवस्था में जगह बनाना और इस प्रकार मध्यवर्ग में

प्रवेश करना उनके लिए अपेक्षाकृत आसान हो सकता है। भारत के प्रत्येक राज्य में ऐसी शूद्र जातियाँ हैं जो व्यापार की दुनिया में अपनी कामयाब उपस्थिति दर्ज करा चुकी हैं। इन शूद्र जातियों ने प्रगतिशील बड़े किसानों, भवन निर्माताओं, होटल संचालकों और छोटे-बड़े उद्यमियों के रूप में पैर जमा लिए हैं। गुजरात के पंचाल, दक्षिण भारत के चारी और भंडारी ऐसे उदाहरणों के रूप में देखे जा सकते हैं। दूसरी तरफ, यह भी सही है कि बहुत सी शूद्र जातियाँ अपने पारंपरिक कौशलों से वंचित हो कर भूमिहीन मजदूरी के चक्र में फँस गई हैं। ऐसे समुदायों के लिए निजी क्षेत्र को आदिवासियों की ही भाँति आर्थिक और प्रौद्योगिकीय सहायता कार्यक्रमों का सहारा लेना पड़ सकता है। जाहिर है कि दलितों और आदिवासियों के मुकाबले पिछड़े वर्गों के बीच से आरक्षित सेवायोजन करते समय लाभार्थियों की शिनाख्त करने के मामले में निजी क्षेत्र को काफी समस्याओं का सामना करना पड़ सकता है।

कुल मिला कर निजी क्षेत्र में आरक्षण का प्रश्न हल करने के लिए सरकार और कारपोरेट क्षेत्र इन आठ सुझावों पर गौर कर सकता है :

१. निजी क्षेत्र के लिए सामाजिक न्याय का सिद्धांत लागू करने हेतु नए चिंतन की आवश्यकता है। सरकारी क्षेत्र के लिए इस्तेमाल की जाने वाली पद्धति यहाँ नहीं चलेगी। नया चिंतन इस तर्ज पर होना चाहिए कि निजी क्षेत्र के लिए लाभकारी और समुचित नीतियों की सूत्रीकरण उदारतावादी लोकतंत्र के संस्थागत तर्क के दायरे में हो सके।

२. अगर सरकारी क्षेत्र के आरक्षण को ही निजी क्षेत्र में लागू कर दिया गया तो बहुत बड़ा नुकसान होगा। न केवल अर्थव्यवस्था को चोट पहुँचेगी, बल्कि सामाजिक न्याय की स्थापित नीति की साख भी गिरेगी।

३. निजी क्षेत्र के लिए लाभार्थियों की श्रेणियों को फिर से रचना होगा। लाभार्थियों की शिनाख्त करते समय सामाजिक न्याय के पहलू भी ध्यान में रखने होंगे, और डायवर्सिटी के भी। यानी पारंपरिक रूप से वंचित समुदाय (जैसे, दलित और आदिवासी) भी शामिल करने होंगे, और सांस्कृतिक-राजनीतिक रूप से हाशिए पर पड़े भाषाई व धार्मिक अल्पसंख्यक भी।

४. नीति का कार्यान्वयन करते समय सामाजिक, जनसंख्यामूलक और सांस्कृतिक विभेदों के प्रति संवेदनशील रहना होगा। मसलन, कोई समुदाय किसी इलाके में अल्पसंख्यक हो सकता है, पर किसी दूसरे भौगोलिक क्षेत्र में उसकी उपस्थिति बहुसंख्यक हो सकती है। स्थानीय और क्षेत्रीय पहलुओं का ध्यान रखने से किसी फर्म को सेवायोजन के अपने लक्ष्य निर्धारित करने में मदद मिल सकती है।

५. यह सही है कि कार्यान्वयन के स्तर पर नीति पूरे क्षेत्र पर एकसार ढंग से लागू नहीं हो सकती, पर उसे राज्य द्वारा कानून बना कर पूरे क्षेत्र के लिए घोषित किया जाना चाहिए, ताकि विभिन्न रूपों में और विभिन्न स्तरों पर पूरा क्षेत्र उसे लागू करने के लिए बाध्य हो।

६. नीति का जोर लाभ पहुँचाने पर होना चाहिए, न कि लाभार्थियों की स्थिर श्रेणी बनाने पर। नीति के तहत निजी क्षेत्र को ऐसी पहलकदमियाँ लेने के लिए प्रोत्साहित होना चाहिए जिससे आर्थिक और प्रौद्योगिकीय सहायता कार्यक्रम चला कर लाभार्थियों को सेवायोजन के योग्य बनाया जा सके और उनकी उद्यमशीलता बढ़ाई जा सके। नीति को इस दृष्टि से भी देखा जाना चाहिए कि उसके जरिए सामाजिक और सांस्कृतिक रूप से वंचित समुदाय आधुनिक अर्थव्यवस्था का अंग बन सकेंगे। साथ ही यह नीति निजी क्षेत्र की बहुत सी इकाइयों द्वारा अपनाए जाने वाले भेदभावपूर्ण और पुराने पड़ चुके सेवायोजन संबंधी रवैये को दुरुस्त करने की दृष्टि से भी देखी जानी चाहिए। मसलन, विभिन्न कंपनियों को चाहिए कि वे लाभार्थियों के लिए अधिकारी प्रशिक्षण के विशेष कार्यक्रम चलाएँ ताकि आवश्यक स्तर की डायवर्सिटी हासिल की जा सके।

७. निजी क्षेत्र की प्रकृति को देखते हुए यह नीति स्थायी रूप से निर्धारित लाभार्थी श्रेणियों को प्रतिनिधित्व देने की नहीं हो सकती, पर इसका मतलब यह नहीं निकाला जाना चाहिए कि राज्य निजी क्षेत्र की हर सेवायोजक इकाई में सांस्कृतिक विविधता की गारंटी न करे।

८. जरूरी नहीं कि इस नीति का रूप आरक्षण जैसा ही हो, पर इसका सामाजिक न्याय वाला चरित्र कमजोर नहीं किया जाना चाहिए। न ही राज्य को इस संबंध में अपनी जिम्मेदारी त्यागनी चाहिए।

लोकतंत्र की चुनौतियाँ

राष्ट्र-निर्माण और बहुजातीयता

न राष्ट्रत्व मिला और न राज्यत्व

राष्ट्र-राज्य के मॉडल में गैर-सेकुलर तरीके से राष्ट्रीय हितों की परिभाषा करने की इजाजत किसी को नहीं थी। इसके बावजूद यह मॉडल अल्पसंख्यकों के ऊपर बहुसंख्यकों के सांस्कृतिक प्रभुत्व को नहीं रोक सका। सांस्कृतिक विखंडन से पैदा होने वाली आर्थिक जड़ता, फिर आर्थिक जड़ता से पैदा होने वाले सांस्कृतिक विखंडन और दमनकारी और अधिनायकवादी राज्य की ताक में लगी बहुसंख्यक जातीयता के इस दुष्चक्र से कैसे निकला जा सकता है? अगर इस तरह के समाजों का प्रभु वर्ग राष्ट्र-राज्य द्वारा खुद को थमाये गए उस इतिहास और सिद्धांत से मानसिक छुटकारा प्राप्त कर ले तो राज्य को जातीय आधार पर परिभाषित तंत्र के बजाय एक नागरिक समाज के नियंत्रण में काम कर रही राजनीतिक इकाई के रूप में देखना संभव हो सकेगा। यह नागरिक समाज की तरफ से और उसी के लिए एक राज्य होगा न कि एक राष्ट्र-राज्य। तब लक्ष्य नागरिक समाज बनाने और उसके तहत एक राज्य स्थापित करने का हो जाएगा।

राष्ट्र और राज्य से संबधित किसी भी विचार-विमर्श का दायरा इस कदर पूर्वनिर्धारित हो गया है कि जब तक इन संस्थाओं के उद्‌गम, विकास और सार्वभौमीकरण की एक विशेष व्याख्या न मान ली जाए, तब तक बहस में भागीदारी मुश्किल ही रहती है। इतिहास की इस विशिष्ट व्याख्या के आधार पर ही इस आख्यान की रचना होती है। यह एक ऐसी व्याख्या है जो उल्टे पाँव चल कर राष्ट्र-राज्य के विकास क्रम का पता देती हुई १५ वीं शताब्दी के यूरोप में उसके उद्‌गम तक पहुँचती है। पश्चिम के वर्तमान राष्ट्र-राज्य इस विकास-क्रम

के ही परिणाम हैं। यह व्याख्या उनके ऐतिहासिक विकास को एक रैखिक गति में प्रदर्शित करती है। परिणामस्वरूप पश्चिम के लिए यह विकास क्रम ऐतिहासिक रूप से लौकिक होते हुए भी बाकी दुनिया के राष्ट्र-राज्यों के लिए एक सार्वभौम सिद्धांत का रूप ग्रहण कर लेता है। दुनिया को देखने की यह दृष्टि उसे पश्चिम और शेष विश्व में बाँट देती है, जिससे बाद में स्थापित होने वाले राष्ट्र-राज्यों का अस्तिव लौकिक रहने के बचाय वायुवीय हो जाता है। अर्थात, इन राष्ट्र-राज्यों के पास अपना इतिहास ही नहीं रहता। उन्हें केवल एक भविष्य मिलने का आश्वासन मिलता है, बशर्ते वे अपना अतीत भूल जाएँ और खुद को एक ऐसे इतिहास से जोड़ लें जो उन्हें संप्रभुता, राज्य और राष्ट्रत्व के सिद्धांत ने रेडीमेड थमा दिया है।

हो सकता है कि किसी परिघटना के स्रोत का पता लगाने की यह ऐतिहासिक पद्धति ठीक हो, लेकिन जब इसके जरिए किसी सिद्धांत को प्रामाणिकता दी जाती है तो इससे एक विशिष्ट यूरोपीय अनुभव का सार्वभौमीकरण हो जाता है। अर्थात, यह अनुभव उन लोगों पर भी थोप दिया जाता है जो कभी इससे नहीं गुजरे। फिर भी उनसे उम्मीद की जाती है कि वे वर्तमान अंतर्राष्ट्रीय व्यवस्था में कुछ इस तरह व्यवहार करेंगे जैसे कि उन्हें भी यह अनुभव हो चुका हो। यह पद्धति पहले से स्थापित राष्ट्र-राज्यों के नवोदित राष्ट्र-राज्यों पर नेतृत्व को भी वैधता देती है। ये स्थापित राष्ट्र-राज्य नवागंतुओं को उस विश्व-व्यवस्था का अंग बनने के लिए मजबूर कर देते हैं जो उन्होंने नए राष्ट्र-राज्य बनने से पहले खड़ी कर ली थी। यह प्रक्रिया कुछ इस तरह चलती है कि नवागत राष्ट्र बेहिचक इस विश्व-व्यवस्था की दिशा को अपनाने लगते हैं। बिना यूँ-चपड़ किए वफादारी से निर्देशों का पालन करने वालों को अंतर्राष्ट्रीय व्यवस्था की सदस्यता का पुरस्कार मिलता है और ना-नुकुर करने वालों को राज्य से वंचित राष्ट्र के रूप में रहने या ऐसे राज्य में रहने का दण्ड मिलता है, जो उनका अपना नहीं होता।

हमें सुनाई गई कहानी के अनुसार राष्ट्र-राज्यों का उदय करीब पाँच सौ साल पहले, यूरोप में साम्राज्यिक राज्य प्रणाली के बिखराव के साथ हुआ था। फिर सदियों तक चले आपसी युद्धों के बाद उन राजशाहियों के सामाजिक-राजनीतिक टुकड़ों ने राज्य संगठित करने के नए आधार ढूंढ़ निकाले। इस तरह जातीय-भाषायी और जातीय-धार्मिक समूह राष्ट्र के रूप में सामने आए। नए राष्ट्रीय समाज की आंतरिक सामाजिक-आर्थिक प्रणाली में सुधार के प्रयास में उन राष्ट्रों ने चर्च से खुद को अलग कर लिया। इस प्रक्रिया में पहला सबक यह निकला कि जनता को ऐसी जातीयता की तलाश करनी चाहिए जो राष्ट्र के

समतुल्य हो। और, अगर किसी भूभाग में दूसरे किस्म के लोग भी इसी के साथ अपनी जातीयता ढूंढ़ निकालें और किसी एक जातीयता को राष्ट्र का समतुल्य न माना जा सके तो एक जातीय बहुसंख्यक समाज की रचना कर दी जाए जो राष्ट्र होने का दावा कर सके। अगर यह भी न संभव हो तो यह प्रक्रिया तब तक जारी रहे जब तक हर जातीय समूह के पास अपना राज्य न हो जाए। लेकिन हर हाल में जातीयता और राष्ट्रत्व में समतुल्यता स्थापित किए बिना यह कहानी आगे नहीं बढ़ती। ऐसी समतुल्यता आने के बाद ही राज्य को अपने आधार और तात्त्विकता की प्राप्ति होती है, और वह राष्ट्र-राज्य बनता है। यह कहानी बताती है कि राज्य हर तरह के जन समूहों के लिए नहीं, बल्कि एक विशेष राष्ट्रीय समूह के लिए होता है। इस राज्य का कर्तव्य सिर्फ एक निश्चित ढाँचे के भीतर अपना-अपना जीवन जी रही विभिन्न जातीयताओं के बीच कानून और व्यवस्था बनाए रखने तक सीमित नहीं है, बल्कि वह जातीय आकांक्षाओं का वाहक और जातीय रूप से परिभाषित राष्ट्र के आर्थिक विकास का अग्रदूत है और स्वयं संचालित संस्था के रूप में काम करता है। बाद में इस कहानी का दूसरा रूप, मार्क्सवादी रूप, भी सामने आया। इसका कहना था कि राष्ट्र-राज्य को तात्त्विकता जातीयता से नहीं बल्कि वर्ग से मिलती है। लेकिन दोनों ही नजरियों में राज्य को समाज से स्वतंत्र इकाई समझा जाता है, जो अपने राजनीतिक आधार के तौर पर खुद के वर्ग या जातीयता की रचना करता है। यह व्याख्या जैसे-जैसे आगे बढ़ती है, हमें बताया जाता है कि ये राष्ट्र-राज्य यूरोप के अन्य राष्ट्र-राज्यों से राष्ट्रीय हितों की प्रतिस्पर्धा और टकराव के जरिए अपनी गतिशीलता हासिल करते हैं। इस प्रतिस्पर्धा का एक महत्त्वपूर्ण पहलू उन लोगों को मातहत या गुलाम बनाना था जिनके पास सिर्फ राज्य था राष्ट्र नहीं, या वे ऐसे लोग थे जिनके पास कोई केंद्रीकृत राज्य या राजनीतिक सत्ता थी ही नहीं।

साम्राज्यिक राज्यों के विपरीत राष्ट्र-राज्य राष्ट्र को समाहित करने वाली एक निश्चित भौगोलिक सीमा में बँधे होते हैं। वे अपना विस्तार भू-भाग पर कब्जा जमाने या साम्राज्य जैसा शासन कायम करने के लिए नहीं करते, बल्कि उनका मकसद दूसरे भू-भाग के लोगों की कमाई हड़पने के लिए उन्हें अधीन बनाना होता है। इस प्रक्रिया पर अक्सर मानवतावादी शब्द जाल और महान विश्व-सभ्यता के विचार का मुलम्मा चढ़ाकर पेश किया जाता है। उपनिवेशवादी देशों ने भी उपनिवेश बनाने के लिए आम तौर पर इसी तर्क का इस्तेमाल किया था। लेकिन पाँचवें दशक के मध्य में जब अधीन बनाने की यह प्रक्रिया खर्चीली और अव्यावहारिक हो गई तो उन्होंने किसी भू-भाग पर सीधे शासन करने के बजाय उन देशों की लूट दूसरे रूपों में जारी रखी। सन् १९४४ में ब्रेटन वुड्स में

ये स्थापित राष्ट्र-राज्य अपने लिए अंतर्राष्ट्रीय व्यवस्था कायम कर ही चुके थे। इस व्यवस्था ने पश्चिमी राष्ट्र-राज्यों को अपनी संप्रभुता बरकरार रखकर आपस में सहयोग का मौका दिया और साथ में वे विश्व-पटल पर उभर रहे नए राष्ट्र-राज्यों पर अपनी चौधराहट भी कायम कर सके।

सार्वभौम मॉडल

आइए, अब इस कहानी का तीसरा भाग सुनें। उपनिवेशवाद से मुक्त हुए जनसमूहों के सामने अनुसरण के लिए एक मॉडल, राष्ट्र-राज्य का आदर्श सार्वभौम मॉडल, रख दिया गया। यह वही मॉडल था जिसकी संपूर्ण रचना यूरोप के पुराने राष्ट्र-राज्यों ने युद्धों, रक्त-रंजित राष्ट्रवादी क्रांतियों और उपनिवेशीकरण के दौर से गुजर कर की थीं। इस मॉडल के लिए इन देशों ने भारी कीमत चुकाई थी। पर यही मॉडल यूरोप ने दूसरों के लिए इस तरह पेश किया कि जैसे उन्हें इसकी कोई कीमत नहीं चुकानी पड़ेगी।

लेकिन इस राष्ट्र-राज्य बनाने की राजनीतिक प्रौद्योगिकी के हस्तांतरण की रॉयल्टी व्यापार और सुरक्षा समझौतों के रूप में वसूली गई। ये समझौते किसी संरक्षक और आश्रित के बीच होने वाले समझौते की तरह ही थे। उपनिवेशवाद से मुक्त हुए जनगण जैसे-जैसे अपने राष्ट्र-राज्य इसी नमूने पर बनाते गए, वैसे-वैसे यह रॉयल्टी घटती गई। इस विश्व-व्यवस्था के तहत उन जनगणों को बहुत नुकसानदेह स्थिति में रखा गया जो राष्ट्र-राज्य बनाने की टेक्नॉलॉजी अपनाने के लिए तैयार नहीं थे। इन जनगणों को किसी राजनीतिक पहचान से ही वंचित कर दिया गया। इस अंतर्राष्ट्रीय व्यवस्था में 'राष्ट्र-राज्य' के अलावा किसी और पहचान को मान्यता नहीं थी। यह अलग बात है कि इस टेक्नॉलॉजी का इस्तेमाल कई उपभोक्ता काफी कीमत अदा कर चुकने और अभी भी उसका भुगतान जारी रखने के बावजूद अपनी जनता के फायदे के लिए नहीं पा कर रहे हैं।

संक्षेप में, हमारे जैसे इन नए जनगणों को संयुक्त राष्ट्र की सदस्यता भी मिल गई पर वास्तव में यह सदस्यता हमें राष्ट्र-राज्य के अपनाये हुए ढाँचे के जरिए ही मिली। इससे भी अधिक निर्मम वास्तविकता तो यह है कि तीसरी दुनिया के कई देशों की सदस्यता लगातार उनके सत्तारूढ़ प्रभु वर्ग के पास ही रहती है। यह प्रभु वर्ग उस राज्य के नाम पर इसका इस्तेमाल करता है जिसे अपने ही समाज में वैधता हासिल नहीं है। फिर भी यह वर्ग अंतर्राष्ट्रीय व्यवस्था में उस देश के आधिकारिक प्रतिनिधि के तौर पर वैधानिक और निर्णायक भूमिका निभाता है और अपनी जनता के भविष्य के एकमात्र निर्णायक के तौर पर काम करता है। बहुजातीय समाजों पर राष्ट्र-राज्य थोपने का यह तर्क

दरअसल तीसरी दुनिया के कई देशों में उस राज्य की वैधता को ही कमजोर कर देता है। अंतर्राष्ट्रीय व्यवस्था में इस प्रभु वर्ग की आधी शताब्दी से चली आ रही 'भागीदारी' के नतीजे देखने के बाद तीसरी दुनिया की जनता का उसकी भूमिका से मोहभंग हो चुका है, और उसे विश्व-नागरिक के रूप में अपनी कोई भूमिका नजर नहीं आ रही है,। आमतौर पर यह जनता उस राज्य की पक्षधर नहीं रह गई है, जिसका प्रतिनिधित्व उसका प्रभु वर्ग करता हैं। उनके लिए तो राष्ट्र मृग मरीचिका भर रह गया है।

मैं इस आलेख में तीसरी दुनिया के उन नए राष्ट्र राज्यों के अनुभव पर चर्चा करने की कोशिश करूँगा जिन्होंने पश्चिम के बताए रास्ते को अख्तियार तो कर लिया पर अपने समाज में जातीय संघर्षों की वजह से आज वे वैधता के गंभीर संकट का सामना कर रहे हैं। अपने विश्लेषण के दौरान मैं यह दिखाने की कोशिश भी करूँगा कि इस कहानी अर्थात इतिहास और सिद्धांत का कौन सा हिस्सा उनके लिए गड़बड़ साबित हुआ, उसके क्या कारण थे, और कौन सा सही निकला। अब उन्हें कौन सा सबक भूल जाना है और कौन सा सबक सीखना है। और यह कि अगर इस मॉडल के आधार पर नए राष्ट्र-राज्यों का आगे बढ़ पाना मुश्किल हो रहा है तो क्या वे अपना कोई नया मॉडल खड़ा कर सकते हैं?

मुझे यह मानने में कोई हिचक नहीं है कि राष्ट्र-राज्य की यह कहानी उपनिवेशवाद से मुक्त हुए या परिधि पर रह रहे जनगणों के लिए काफी लुभावनी थी। वे इस मॉडल को स्वीकार ही कर सकते थे, ठुकरा नहीं सकते थे। इस मॉडल ने उनके स्वाधीनता संग्राम में विकसित नवजात राष्ट्रवाद की अभिव्यक्ति के लिए एक तरह का राज्य उनके लिए निर्मित ही कर दिया था। इस किस्म के राज्य से उन्हें आंतरिक शांति-व्यवस्था का आश्वासन ही नहीं, बल्कि तेज आर्थिक विकास और उसकी भौगोलिक सीमाओं में रहने वाले सभी नागरिकों के विकास का भी भरोसा मिला था। इससे भी आगे बढ़कर इस मॉडल ने बहुजातीय समाजों के लिए एक राजनीतिक सुसंगति का वायदा भी किया, शर्त केवल यह थी कि ये राज्य पारंपरिक समूहों के प्रति अपने जुड़ाव से मुक्त होकर राष्ट्र नामक समुदाय के अमूर्त बोध के प्रति अपना विश्वास जताने लगें। राष्ट्र-राज्य के मॉडल में अंतर्निहित इस आश्वासन पर भरोसा करने के लिए उन जनगणों को थमाई गई इतिहास की व्याख्या ने ही प्रेरित नहीं किया, बल्कि ड्यूश के सामाजिक गोलबंदी के सिद्धांत से मिलते-जुलते एक सिद्धांत ने भी अपनी भूमिका निभाई। इस सिद्धांत के अनुसार एक बार राष्ट्र और राज्य निर्माण की प्रक्रिया शुरू करने पर एकरूपीकरण का क्रम हावी हो जाता है और

आधुनिकीकरण की चक्की में सभी परस्पर विरोधी जातीय विभिन्नताएँ पिस जाती हैं।[1] कहना न होगा कि यह पश्चिमीकरण की पुरानी अवधारणा की ही एक और अधिक सार्वभौम अभिव्यक्ति थी।

अब वक्त आ गया है कि आधी सदी के अनुभवों का सिंहावलोकन करके देखा जाए कि इस थमाए गए इतिहास और सिद्धांत ने तीसरी दुनिया के समाजों को आधुनिक राष्ट्र-राज्य निर्माण के प्रयास में कहाँ पहुँचा दिया है। इस सिलसिले में मैं तीसरी दुनिया के देशों के अनुभवों का सिर्फ सामान्य जिक्र करूँगा और मेरा जोर विशेष तौर पर दक्षिण एशियाई समाजों में बढ़ते हुए जातीय संघर्षों पर रहेगा। ऐसा मैं इसलिए भी करूँगा क्योंकि प्रथम और द्वितीय विश्व के देशों की अपेक्षा तीसरी दुनिया के देश एक जैसी दुर्गति के शिकार होते हुए भी अपने ऐतिहासिक अनुभवों और सभ्यतामूलक संदर्भों में एक दूसरे से काफी भिन्न हैं और उनकी राजनीतिक प्रणालियाँ भी अलग-अलग हैं। आधुनिक विश्व में राष्ट्र-राज्य बनने की प्रक्रिया में उनकी यही विभिन्नताएँ उनकी समस्याओं को विशिष्टता प्रदान कर देती हैं।

एकीकरण और विखंडन

आज की दुनिया में दो विपरीत शक्तियाँ काम कर रही हैं जिनके कारण तीसरी दुनिया के समाजों द्वारा राष्ट्र-राज्य निर्माण के प्रयत्नों के हानिकारिक परिणाम निकल रहे हैं। ये शक्तियाँ एकीकरण और विखंडन की हैं। एक तरफ ये शक्तियाँ तीसरी दुनिया के देशों को स्थापित विश्व-अर्थव्यवस्था और संस्कृति से 'एकीकृत' होने के लिए प्रेरित कर रही हैं अर्थात इस व्यवस्था में ये देश भागीदारी कर सकते हैं, लेकिन असमान शर्तों पर ही। दूसरी तरफ एकीकरण की यही शक्तियाँ तीसरी दुनिया को इस तरह प्रभावित करती हैं कि इन देशों के संप्रभु राष्ट्र-राज्य के रूप में अस्तित्व के लिए ही चुनौती बन जाती हैं और वे देश अपनी राजसत्ता का इस्तेमाल आर्थिक विकास के लिए जरूरी स्वायत्तता के साथ नहीं कर पाते, जबकि यह स्वायत्तता उनके आर्थिक विकास के लिए आवश्यक होती है। जब तक ये देश अपने लिए राष्ट्र-राज्य के निर्माण में लगे रहेंगे तब तक संप्रभुता और आर्थिक विकास की स्वायत्तता के तत्त्व उनके अस्तित्व के लिए बहुत आवश्यक रहेंगे। पर दिक्कत यह है कि ये महत्त्वपूर्ण आवश्यकताएँ स्थापित अंतर्राष्ट्रीय व्यवस्था के अंतर्विरोध में चली जाती हैं। इस तरह तीसरी दुनिया के देशों का विश्व-व्यवस्था से एकीकरण सिर्फ उनकी संप्रभुता के क्षय की कीमत पर ही हो सकता है। मैं यहाँ बताऊँगा कि यह एकीकरण उनके समाजों, अर्थव्यवस्थाओं, राजनीतिक प्रणालियों, सभ्यताओं

और यथार्थ जीवन की व्यवस्थाओं में विघटन पैदा करके ही संभव है। संक्षिप्त और सतही रूप से ही सही, मैं यह दिखाने की कोशिश भी करूँगा कि विघटन की जड़ें उसी ऐतिहासिक प्रक्रिया में निहित हैं जिसने १५वीं और १७वीं शताब्दी में यूरोप में राष्ट्र-राज्य जैसी सामाजिक-राजनीतिक इकाइयों को जन्म दिया था। पश्चिमी इतिहास लेखन द्वारा उस प्रक्रिया के लिए किए गए खास तरीके के सैद्धांतीकरण और बाद में विकास और राजनीति के तुलनात्मक सिद्धांतों में भी उस विघटन का उद्गम निहित है।

तीसरी दुनिया के प्रभु वर्ग के हाथ में इतिहास और सिद्धांत की यह व्याख्या जैसे ही आई, उसने इसे आस्था की वस्तु बना दिया। नतीजा यह निकला कि उस प्रभु वर्ग ने अपने समाजों में यूरोपीय राष्ट्र-राज्यों की फूहड़ नकल खड़ी कर दी, जबकि इतिहास उस समय तक काफी आगे बढ़ चुका था। यह अलग बात है कि पश्चिमी दुनिया के पुराने राष्ट्र-राज्य संप्रभुता और स्वायत्तता की अवधारणा पर आज-कल फिर से विचार कर रहे हैं। वे अपने लिए अंतर्राष्ट्रीय सहयोग का एक ढाँचा खड़ा करने की कोशिश कर रहे हैं। एक ऐसा ढाँचा जिसका एक जमाने में उनके द्वारा तैयार किए गए राज्य के सिद्धांत पर दूरगामी असर पड़ सकता है। ज्यादा स्पष्ट तरीके से कहा जाए तो कहना होगा कि वे इस सिद्धांत को ठुकराने की तरफ जा रहे हैं। लेकिन तीसरी दुनिया के देश १९वीं सदी के राज्य सिद्धांत से इक्कीसवीं सदी के शुरुआती दशक में भी चिपके हुए हैं। मेरे ख़याल से इस बंधन से मुक्ति के लिए जरूरी है कि तीसरी दुनिया के देश इस प्राप्त इतिहास और सिद्धांत की पुनः समीक्षा करें और अपने लिए ऐसी राजनीतिक व्यवस्था तैयार करें जो उनके अपने इतिहासों से सुसंगत हो और आधुनिक विश्व-व्यवस्था में उनकी भागीदारी के लिए उपयुक्त हो।

पश्चिमी मॉडल

तीसरी दुनिया के देश जातीयता की समस्या को मोटे तौर पर राष्ट्र-निर्माण की व्यापक समस्या का अंग समझते हैं। इस समस्या की परिभाषा के लिए भी जो शब्दावली अपनाई गई है, वह भी जातीयता की सगस्या से निबटने के दौरान हुए पश्चिमी अनुभव पर आधारित मॉडल से ली गई है। यह मॉडल पश्चिम में आधुनिक राष्ट्र-राज्य निर्माण के अनुभव की कुछ व्याख्याओं से निकले सिद्धांत पर टिका है। यह सिद्धांत जातीयता की अपकेंद्रीय शक्तियों के साथ राष्ट्रत्व का तालमेल बिठाने की कोशिश करता है, और उस प्रक्रिया में राष्ट्र निर्माण के लिए राज्य को केंद्रीय भूमिका प्रदान कर देता है।

पश्चिम में साम्राज्यिक राज्य प्रणाली के बिखराव के कारण राष्ट्र-राज्य

निर्माण को मान्यता हासिल हो गई थी। एकल राष्ट्रत्व को समाज का दर्जा देने का विचार और उसका संचालन करने वाला केंद्रीकृत राज्य इसी प्रक्रिया से पैदा हुआ था। सन् १६४८ की, द पीस ऑफ वेस्टफैलिया, ने यूरोप के राष्ट्र-राज्यों की स्थिति के बारे में कई तरह की संदिग्धताएँ दूर कर दी थीं। इसने जनता की संघर्षरत लेकिन कई जगह आपस में घुली-मिली धार्मिक और सांप्रदायिक अस्मिताओं के बीच एक राष्ट्रीय समाज के विकास के लिए भौगोलिक अस्तित्व का सिद्धांत प्रतिपादित किया। उसने धर्म के ऊपर राज्य की सांगठनिक वरीयता दर्ज की। उसने राष्ट्र-राज्य के नागरिकों की धार्मिक आस्थाओं को राष्ट्रीय पहचान पर हावी होने से रोका। इस संधि ने हस्ताक्षार करने वाले दो या दो से ज्यादा राज्यों के बीच धार्मिक संघर्ष पर पांबदी लगाई। इसने एक राष्ट्र-राज्य के धार्मिक कट्टरपंथियों पर दूसरे राज्य में रहने वाले उन्हीं के धर्मावलम्बी अल्पसंख्यकों की माँगों का समर्थन करने पर भी रोक लगाई। राज्य की हैसियत से किसी भी राज्य को गैरसेकुलर तरीके से राष्ट्रीय हित की परिभाषा करने की इजाजत नहीं दी गई। लेकिन इस संधि ने किसी राष्ट्र-राज्य के भीतर संख्यात्मक रूप से प्रबल (बहुसंख्यक) धार्मिक समुदाय को धार्मिक या सांप्रदायिक अल्पसंख्यकों पर सांस्कृतिक रूप से हावी होने से नहीं रोका। राष्ट्रत्व के सांस्कृतिक प्रतीकवाद को अक्सर बहुसंख्यक जातीय समुदाय के लोकाचार और रुचियों के रूप में पेश किया गया। लेकिन, ऐसा दबदबा बनाने के लिए बहुसंख्यक जातीय समूह सीधे या राज्य के माध्यम से हिंसा का प्रयोग कतई नहीं कर सकता था। यह प्रभुत्व राजनीति, शिक्षा और संचार की अप्रत्यक्ष प्रक्रियाओं के माध्यम से ही हासिल किया जाना था।[२] मैक्स वेबर ने इस धारणा को यूँ पेश किया है कि व्यक्तियों और समूहों के रिश्तों के नियमन के लिए सिर्फ राज्य ही हिंसा का वैधानिक औजार के रूप में इस्तेमाल कर सकता है, कोई धार्मिक या सांस्कृतिक संगठन नहीं। अतः समाज की सत्ता का निर्णायक और स्वायत्त केंद्र एक जगह यानी राज्य में केंद्रित हो गया।[३] सत्ता के बचे-खुचे केंद्र (जैसे चर्च) और बाद में उभरे केंद्र (जैसे व्यावसायिक फर्म और अन्य आर्थिक संगठन) भी अपनी वैधता राज्य के जरिए ही हासिल करने लगे। धार्मिक पहचान, जिसकी पहुँच राष्ट्रीय अस्मिता से बन रहे राष्ट्र-राज्य की भौगोलिक सीमाओं के परे भी जाती थी, पर प्रतिबंध लगा दिए गए। उनके कारण राज्य राष्ट्रीय अर्थव्यवस्था के एकीकरण, एकरूप राष्ट्रीय बाजार की स्थापना, अंतर्राष्ट्रीय व्यापार और वाणिज्य प्रणाली में हिस्सेदारी और सांप्रदायिक व धार्मिक भेदभाव के बिना सभी नागरिकों को समान अधिकार दिलाने की स्थिति में आ गया। यह राज्य राष्ट्रीय समाज में राजनीतिक व्यवस्था कायम करने का ही साधन नहीं था, बल्कि यह

यूरोप में चल रही वैज्ञानिक और औद्योगिक क्रांतियों का वाहक भी था और आर्थिक विकास व सामाजिक प्रगति का अग्रदूत था। राज्य और राष्ट्र के संबंधों के इस सिद्धांत में नागरिक समाज (सिविल सोसाइटी) की अवधारणा अंतर्निहित थी। इस ढाँचे के भीतर जातीय अल्पसंख्यकों को ऐसा सामाजिक दर्जा दिया गया जिसके तहत वे अपनी अलग जीवन शैली, खानपान और परिधानों की विशेषता को संरक्षित रख सकते थे। पर वे ऐसे समूह और समुदाय के रूप में सक्रिय नहीं रह सकते थे जो अपने विचारों और परंपराओं पर आधारित राजनीतिक शासन और सांस्कृतिक संगठनों की बुनियाद पर खड़े हों।

नागरिक समाज के इस सिद्धांत में अल्पसंख्यक वास्तव में सुरक्षित थे। राज्य ने उन्हें ऐसे विशेष अधिकार दिए थे जिनसे राष्ट्रीय जीवन की मुख्यधारा में उनकी आर्थिक-राजनीतिक भागीदारी को प्रोत्साहन मिल सकता था और उनके नागरिक अधिकारों के निष्पादन में आने वाली बाधाएँ दूर हो सकती थीं। लेकिन जातीय और अन्य विभिन्नताओं के राष्ट्रीय एकरूपीकरण के दीर्घकालीन लक्ष्य में बाधक बनने वाली सांस्कृतिक और जातीय अल्पसंख्यकों की गतिविधियों को राज्य सहन नहीं करता था। एकरूपीकरण की यह परियोजना दो स्तरों पर चली। प्रत्यक्ष स्तर पर राज्य ने बाजार और नागरिकता के विस्तार के माध्यम से जातीय विभिन्नताओं को नागरिक समाज में बदलने की कोशिश की। दूसरे स्तर पर, जो काफी समय तक अप्रत्यक्ष रहा, लेकिन अब खुल कर सामने आ रहा है, राज्य ने जातीय बहुसंख्यकों को एकीकृत करने की कोशिश की। लेकिन दोनों स्तरों पर राज्य के ये प्रयास नागरिक समाज और राष्ट्रीय समाज का अंतर्विरोध दूर करने में सफल नहीं हो सके। यह द्वंद्व बहुत दिनों तक निश्चेष्ट रहा, लेकिन अब यह पश्चिम में एक बार फिर सिर उठा रहा है। तीसरी दुनिया के नवागत राज्यों के विपरीत पश्चिमी राष्ट्र-राज्यों के जातीय उभारों को एक तरफ क्षेत्रीय एकता के नए ढाँचे बना कर सँभाला जा रहा है, और दूसरी तरफ नागरिक या राष्ट्रवादी समाज की जगह पर राष्ट्रीय आर्थिक उपभोक्ता समाज की अवधारणा को मान्यता दिलाई जा रही है।[४] असल में ये राज्य अपने सदस्यों को नागरिक या उपभोक्ता के अलावा और कोई राजनीतिक पहचान बनाने की इजाजत देने के लिए तैयार नहीं हैं। लेकिन द्वितीय विश्व-युद्ध के उपरांत काफी बाद में बने और काफी कमजोर राष्ट्र-राज्यों की स्थिति बहुत अलग है। किसी जादूगर के प्रशिक्षु की भाँति वे आज भी राष्ट्र-राज्य के ऐसे अटल सिद्धांत से सम्मोहित हैं जिसमें हर जातीय इकाई अपने लिए राज्य तंत्र चाहती है।

मुझे यहाँ बता देना चाहिए कि सभी गैर-पश्चिमी देशों में जातीय समूहों द्वारा अलग राज्य की माँग की समस्या नहीं है। ऐसे गैर-पश्चिमी आधुनिक

राष्ट्र-राज्य, जो पहले के साम्राज्य के नए रूप हैं (जैसे, चीन) या ऐसे पुराने राज्य जिनका शासन एक निश्चित भौगोलिक क्षेत्र में सीमित रहा (जैसे, थाईलैंड) या वे जिन्हें उपनिवेशीकरण का कोई प्रत्यक्ष अनुभव नहीं है (जैसे, जापान), जातीयता की समस्या से इस कदर गंभीर रूप से पीड़ित नहीं हैं। इनमें से ज्यादातर देशों ने राष्ट्र-राज्य बनने से पहले ही या तो जातीय समस्या हल कर ली थी या उन्हें सँभालना सीख गए थे। हालाँकि चीन में 'राष्ट्रीयता' की समस्याएँ हैं, पर वे श्रीलंका, पाकिस्तान और भारत जितनी गंभीर नहीं हैं।

तुलनात्मक राजनीतिक विकास और राष्ट्र-निर्माण

तीसरी दुनिया में राज्य और राष्ट्र-निर्माण पर तुलनात्मक विकास और तुलनात्मक राजनीति के सिद्धांत के तहत छठें और सातवें दशक में काफी विचार-विमर्श हुआ था।[५] छठें दशक में इस तरह के सिद्धांत की रचना इसलिए जरूरी हो गई थी क्योंकि आज तीसरी दुनिया कहे जाने वाले कई समाजों ने उसी दौरान अपना स्वतंत्र राज्य हासिल किया था, और स्वतंत्र होने के बाद उनकी हैसियत संयुक्त राष्ट्र के सदस्य से ज्यादा नहीं थी। उस सिद्धांत के मुताबिक उन्हें अभी संप्रभु राज्य बनना था और नए बने राज्यों की भाषाई, सांस्कृतिक और धार्मिक विभिन्नताओं के बीच से एक राष्ट्रीय समाज का निर्माण करना था। इसी बीच अपने उपनिवेशों से हाल ही में वंचित हुए पर द्वितीय विश्वयुद्ध के अनुभव से समृद्ध पुराने राष्ट्र-राज्यों ने, जिनमें ज्यादातर यूरोपीय थे, अपने लिए नई अंतर्राष्ट्रीय व्यवस्था तैयार कर ली। वे नवोदित राज्यों को इस युद्धोपरांत अंतर्राष्ट्रीय व्यवस्था में शामिल कर लेना चाहते थे। तीसरी दुनिया के समाज भी यूरोपीय तरीके का राष्ट्र-राज्य बनाने में दिलचस्पी रखते थे। इसके लिए राष्ट्र-राज्य निर्माण के यूरोपीय अनुभव के विखंडित व जटिल इतिहास को सरल सूत्रों में बाँधना और नए राज्यों के लिए भविष्य की मार्गदर्शिका बन सकने वाली एक हिदायत सूची तैयार करना जरूरी हो गया। इस सैद्धांतिक पैकेज में राष्ट्र-राज्यों के ऐतिहासिक विकास क्रम को समष्टिगत बताने की कोशिश की गई थी। उस सचाई की उपेक्षा करके कि दुनिया के हर राष्ट्र-राज्य का विशिष्ट इतिहास रहा है और उनके समाज की जरूरत के अनुसार उनमें भीतर से परिवर्तन की जरूरत पड़ती है दुनिया के सभी राष्ट्र-राज्यों को एक ही किस्म का बना कर पेश कर दिया गया। फिर सिद्धांतकारों ने उन राष्ट्र-राज्यों में उसी आधार पर तुलना और अंतर बताना शुरू किया। इस तुलना से तीसरी दुनिया के समाजों द्वारा अनुकरण करने के लिए एक आदर्श मॉडल निकल कर आया। यह भौगोलिक राष्ट्रीय समाज का मॉडल था जो संप्रभु राज्य के माध्यम से अपनी जैसी अन्य इकाइयों

के साथ बाहरी तौर पर प्रतियोगिता करता था और अंदरूनी तौर पर ऐसी समरस व्यवस्था कायम करता था जिसे अपनी वैधता और स्थिरता बहुसंख्यक जातीयता के संदर्भ में परिभाषित राष्ट्रीय समाज से हासिल होती थी।

राजनीतिक समरसता के लिए गोलबंदी के तौर-तरीके अपनाने की जरूरत थी। किसी और माध्यम से हासिल समरसता राष्ट्र-राज्य के लिए लाभकारी नहीं हो सकती थी। दूसरी तरफ, राष्ट्र-राज्य के लिए राजनीतिक समरसता अपने आप में कोई लक्ष्य भी नहीं हो सकती थी। यह गोलबंदी तो राष्ट्र-राज्यों के अराजक विश्व में टिकने और भीतरी स्तर पर आर्थिक समृद्धि और विकास के अलावा सामाजिक प्रगति अंजाम देने के उद्देश्य से राजनीतिक व आर्थिक शक्ति लगातार जुटाने के लिए होनी थी। इस तरह तीसरी दुनिया में राजनीतिक और सामाजिक गोलबंदी के माध्यम से राष्ट्रीय समाज की रचना राज्य और राष्ट्र-निर्माण मॉडल का केंद्रीय रूप बन गई।

इस सिद्धांत के मुताबिक गोलबंदी का मतलब जनता को आधुनिकीकरण को शक्तियों द्वारा प्रस्तुत नई गतिविधियों के लिए तैयार करना और उनमें शामिल करना था। पर, तीसरी दुनिया के कई समाजों के इतिहास और बहुजातीय संरचना देखते हुए इन समाजों में गोलबंदी जातीय ढर्रे पर ही संभव हो सकी। राष्ट्रवाद को बहुसंख्यक जातीयता में एक आसान आधार मिल गया। अन्य जातीय समुदाय राजनीतिक दबाव न डाल पाने के कारण राष्ट्रीय उद्यम में हिस्सेदारी के दावे से वंचित होने की स्थिति में आ गए और अल्पसंख्यक बन गए। नतीजतन इन समाजों के इतिहास में पहली बार विभिन्न जातीय समूहों द्वारा अपनी विभिन्नताओं को राजनीतिक विरोध के रूप में देखा जाने लगा। जातीय-भाषायी, जातीय-धार्मिक और आदिवासी समूहों का हर स्तर पर राजनीतिकरण होना ही था। ये सभी एक दूसरे से होड़ में जुट गए। लेकिन दूसरे स्तर पर अपने लिए राजनीतिक स्वायत्तता हासिल करने के लिए वे राज्य से भी टकराते रहे। इसकी चरम अभिव्यक्ति उनके लिए स्वतंत्र राज्य की माँग के तौर पर सामने आई।

इस तरह राष्ट्र-निर्माण का कार्यभार बहुजातीय समाज को राष्ट्रीय समाज में बदलने का हो गया। इसमें जातीय समूहों के पुराने समीकरण पुनर्व्यवस्थित करना भी शामिल था। राज्य का काम नागरिक समाज अर्थात कई सामाजिक श्रेणियों द्वारा एक राजनीतिक प्रणाली में हिस्सा ले पाने की व्यवस्था कायम करने के बजाय जातीय समूहों में मध्यस्थता करना रह गया। जातीय अल्पसंख्यकों को कभी फुसलाने और कभी धमकाने के जरिए जातीय बहुसंख्यकों के लिए बने राजनीतिक-सांस्कृतिक सिद्धांत पूरे राष्ट्र के लिए सार्वभौमिक बनाने की कोशिश की गई।

तीसरी दुनिया के कई देशों के शासक वर्ग को बहुत जल्दी यह अहसास हो गया कि समान राष्ट्रत्व और नागरिकता हासिल करने के लिए लगातार मध्यस्थता और खींचतान की विकट प्रक्रिया से गुजरना होगा जिससे आर्थिक विकास संभव नहीं हो पाएगा। उन्होंने यह भी देखा कि स्थिर या धीमी विकास दर वाली अर्थव्यवस्था से जातीय व राजनीतिक असंतोष पैदा होते हैं जिससे उनके शासन को ही खतरा हो जाता है। इसलिए वे आर्थिक विकास की समस्याओं से निबटने के लिए अधिनायकवादी, यहाँ तक तानाशाही समाधानों पर भी यकीन करने लगे। राज्य को समाज से ऊपर और परे स्थापित करते हुए उन्होंने एक नए तरह का राज्यवाद ईजाद कर लिया जो पश्चिम की केंद्रीकृत राज्य व्यवस्था और यहाँ तक कि समाजवादी राज्यों की व्यवस्था से भी काफी अलग थी। इसका चरित्र घोषित तौर पर वंशवादी और सैनिक तानाशाही वाला था। ऐसे राज्य अंतर्राष्ट्रीय व्यवस्था से तुरत-फुरत जुड़ने में सफल हो सकते थे पर वे उतनी ही जल्दी अपने समाजों की नागरिक व्यवस्था भी नष्ट कर सकते थे।

तीसरी दुनिया के समाजों में से कुछ में राजनीतिक लोकतंत्र बरकरार रहा। राष्ट्रीय समाज के निर्माण के साधन के तौर पर नागरिकता का विस्तार भी हुआ। पर वे भी कोई बेहतर उपलब्धि नहीं कर पाए। कमजोर राज्य के सहारे लोकतांत्रिक प्रणाली चलाने की कोशिश में ये समाज दुष्चक्र में फँस गए। उनके सामने एक तरफ निम्न विकास दर थी और दूसरी तरफ बढ़ता हुआ जातीय संघर्ष था। ये दोनों परिघटनाएँ एक दूसरे को बढ़ावा देती हुईं आंतरिक तौर पर राज्य की वैधता का क्षय कर रही थीं। वे अंतर्राष्ट्रीय व्यवस्था में अपने लिए निर्णय की स्वायत्तता के सिद्धांत पर टिके हुए थे, लेकिन वह व्यवस्था उन्हें भागीदारी का समुचित लाभ देने को तैयार नहीं थी। कथित स्वायत्तता का उनका यह दावा उन्हें एकीकृत विश्व-अर्थव्यवस्था के नुकसानदेह परिणामों से बचाने के लिए काफी नहीं था। वे निरंतर बढ़ते कर्ज के दलदल में फँसते चले गए। प्राथमिक उत्पादों का निर्यात करते हुए उन्होंने अपने गरीबों के लिए उपयोगी संसाधन भंडार खाली कर दिए। प्रदूषक उद्योगों को न्यौता देकर पर्यावरण की बरबादी का रास्ता खोल दिया और पश्चिमी अर्थव्यवस्थाओं की मंदी के साथ ही उनकी विकास दर भी गिरने लगी। ऐसी स्थिति में तीसरी दुनिया के राज्यों के लिए संप्रभुता का ज्यादा मतलब नहीं रह गया। यह सही है कि आज उत्तरोत्तर छोटी होती चली जाती दुनिया में पुराने और स्थापित राष्ट्र-राज्यों की संप्रभुता भी तेजी से क्षीण हो रही है, पर अंतर यह है कि तीसरी दुनिया के देशों की संप्रभुता का ह्रास तो उसकी उपलब्धि से पहले ही होने लगा है जबकि पुराने स्थापित राष्ट्र-

राज्य अपनी मर्जी से जनता के व्यापक हित में अपनी संप्रभुता घटा रहे हैं। दोनों के बीच का फर्क वही है जो वंचित और परितृप्त के और अभाव ग्रस्त और संतुष्ट के बीच होता है। हर हालत में थमाए गए सिद्धांत और इतिहास के आधार पर आधुनिक राष्ट्र-राज्य खड़ा करने की कोशिश में तीसरी दुनिया के देश दोनों तरफ से चूक रहे हैं। वे राष्ट्रत्व और राज्यत्व हासिल करने के पहले ही गँवाए दे रहे हैं।

इस तरह हम देखते हैं कि राष्ट्र-राज्य के इस महासिद्धांत की अकादमीय साख अब गिर चुकी है। पर तीसरी दुनिया के शासक अभी भी राज्य और राष्ट्र-निर्माण की प्रक्रिया रैखिक नजरिए से ही देख रहे हैं। वे अपने देश को विश्व-प्रणाली से जोड़ने के लिए अंतर्राष्ट्रीय व्यवस्था के मठाधीशों से सक्रिय सांठगांठ में लगे हैं। यह जानते हुए भी कि इस प्रक्रिया में उनके समाज का ही विघटन हुआ जा रहा है, वे अभी भी इस थमाए गए मॉडल से चिपके हुए हैं। जनता में उनके शासन की वैधता के क्षरण के बावजूद, यही उनके सत्ता में बने रहने का अचूक तरीका है, क्योंकि अंतर्राष्ट्रीय व्यवस्था को किसी राज्य की घरेलू वैधता की कोई परवाह नहीं है। उसे तो अपने विस्तार और एकीकरण के लिए राष्ट्र-राज्य के रूप में कानूनी प्रतिनिधियों की जरूरत है, चाहे उनकी राजनीतिक प्रणालियों को उनकी जनता मान्यता देती हो या न देती हो।

राष्ट्र-राज्य का सिद्धांत राज्य को किसी खास राजनीतिक प्रणाली से जोड़कर नहीं देखता। यह संस्था राजशाही से लेकर तानाशाही और कल्याणकारी से लेकर समाजवादी राजनीतिक प्रणाली के साथ रह सकती है। अंतर्राष्ट्रीय व्यवस्था को यह खूबी उपयोगी लगती है और एकीकरण के लिए वह सिर्फ राज्य के वैधानिक स्तर को तरजीह देती है। उसे राज्य के जनगणों की मान्यता होने या न होने की तनिक भी परवाह नहीं है। अंतर्राष्ट्रीय व्यवस्था केवल इतना चाहती है कि नए राज्य उनकी आबंटित हैसियत में रहें और आबंटित भूमिका ही निभाएँ।

दक्षिण एशियाई समाज

आइए, अब दक्षिण एशियाई समाजों के विशिष्ट अनुभवों पर गौर करें। ये समाज जातीयता और राष्ट्रत्व में समतुल्यता स्थापित करने की कोशिश में और इस उम्मीद में कि स्वतंत्रता के बाद उन्हें अपने नवगठित राज्य के लिए सांस्कृतिक आधार मिल जाएगा, जातीय संघर्ष की उग्र और अंतहीन प्रक्रिया में फँस गए। आधुनिक राष्ट्र-राज्य बनने की उनकी योजना गड़बड़ा गई। इसके अलावा राष्ट्र-राज्य के तर्क ने अपने लिए राज्य तंत्र हासिल करने में जुटी जातीयताओं को भी

हवा दी और इस तरह जातीय संघर्ष की प्रक्रिया और तेज़ हो गई। विभिन्नताओं वाले एक सभ्यतामूलक समाज में राज्य के आधार के तौर पर जातीयता की तलाश प्याज के छिलके उतारने जैसी साबित हुई। पुराने जमाने में इस सभ्यतामूलक व्यवस्था में जातीयताएँ समाहित थीं। राज्य के प्रतिमान के अंतर्गत संचालित होने के बजाय वे समाज से संचालित होती थीं। राष्ट्र-राज्य ने उनका राजनीतिकरण कर दिया और वे उस सभ्यतामूलक ढाँचे से कट गईं जिसके भीतर वे विकसित हुई थीं और जिसमें उन्हें अपनी अर्थवत्ता मिली थी। राज्य प्रेरित परिवर्तन की इस प्रक्रिया में वे सांस्कृतिक रूप से स्थिर और राजनीतिक रूप से व्यवहार्य इकाई नहीं रह गईं।

आइए, इस मुद्दे की तीन दक्षिण एशियाई देशों— पाकिस्तान, श्रीलंका और भारत के उदाहरण से समझा जाए। पाकिस्तान का निर्माण ब्रिटिश शासन के दौरान हिंदुओं और मुसलमानों के बीच धार्मिक और उसके कारण हुए व्यापक और भयावह खूनी दंगों के बाद हुआ। रातों-रात पाकिस्तान और भारत जैसे दो राष्ट्र-राज्य बनाना जरूरी हो गया। यह माना गया कि इस प्रक्रिया में हुई अपार जनहानि की भरपाई इन देशों के नवगठित जातीय-धार्मिक आधार पर टिके राष्ट्र-राज्यों की राजनीतिक समरसता से हो जाएगी। पाकिस्तान ने इस प्रक्रिया में और आगे बढ़ कर अपने को इसलामी राष्ट्र घोषित करके न्यायिक वैधता प्राप्त कर ली। जनता का धर्म उसके राष्ट्रत्व का एक मात्र आधार बना दिया गया। पाकिस्तान के निर्माताओं को उम्मीद थी कि नवगठित राज्य के भीतर इस तरह की धार्मिक राष्ट्रवादी भावना सभी जातीय विभेदों को खत्म कर देगी। यह विश्वास इतना पक्का था कि इसके सामने राष्ट्र-राज्य की समान और संबद्ध भू-भाग की शर्त ही गौण बना दी गई। नतीजतन, विचित्र भूगोल का निर्माण हुआ और पाकिस्तान का सबसे बड़ा जातीय भाषायी समूह राज्य के राजनीतिक केंद्र से हजारों मील दूर पड़ गया। पाकिस्तान के इन दोनों टुकड़ों के बीच भारत का विशाल भू-भाग फैला हुआ था। धर्म के अलावा वे हर मामले में अलग थे। जातीयता, भाषा, खान-पान और भूगोल, किसी भी स्तर पर उनमें समानता नहीं थी। धार्मिक राष्ट्रवाद की अकेली साझा पहचान जल्दी ही राष्ट्रवाद का एक और आधार जन्म देने लगी। पाकिस्तान के बंगालियों ने जातीय-भाषायी पहचान पर जोर देना शुरू किया और अंत में नए राष्ट्र-राज्य बांग्ला देश का उदय हुआ। यह नया राष्ट्र भी संयुक्त राष्ट्र की सदस्यता का हकदार बन गया। बांग्ला देश का राष्ट्रवाद धार्मिक-राष्ट्रवादी अभिव्यक्ति के बजाय जातीय-भाषायी रूप में परिभाषित हो रहा था। लेकिन यह प्रक्रिया यहीं खत्म नहीं हुई। एक केंद्रीकृत शासन और भौगोलिक रूप से एक बचे हुए पाकिस्तान के भीतर भी अन्य

जातीय-भाषायी समूहों की आकांक्षाएँ तीव्र हो उठीं। यह कहानी अभी जारी है। ये क्षेत्रीय जातीय समूह अपने राष्ट्र-राज्य का निर्माण कर पाएँगे या नहीं, यह अभी देखा जाना है। अगर कभी ऐसा हुआ तो उनके, वंश, कबीले या धार्मिक पंथ के आधार पर राष्ट्रत्व की व्याख्या के लिए जातीयता का एक और सिद्धांत सामने आ सकता है। दरअसल, हमारे समाजों में जातीयता एक स्थिर सांस्कृतिक इकाई नहीं रह गई है। यही कारण है कि जातीयता द्वारा अपने लिए राज्य की तलाश और एक अंतहीन कुएँ की थाह लेने की कोशिश में कोई फर्क नहीं है। लेकिन यह कोशिश चाहे जितनी निरर्थक हो, जारी रहेगी, क्योंकि इसे जातीय राष्ट्रवाद के आधार पर स्थापित राष्ट्र-राज्य के अटल तर्क से प्रोत्साहित और बरकरार रखा जा रहा है।

राष्ट्र-राज्य हासिल कर चुके बंगाली जातीय राष्ट्रवाद को अब अहसास हो रहा है कि सिर्फ बंगाली जातीय भाषायी पहचान से राष्ट्रत्व का ठोस आधार नहीं बनता और न ही इसके सहारे शासन का सिद्धांत निकल सकता है। बंगाली सांस्कृतिक-जातीय पहचान अपने दायरे में अन्य जातीय आकांक्षाएँ को पूरी तरह समायोजित नहीं कर सकी। यहाँ तक कि वह बंगाली हिन्दुओं और चकमा बौद्धों की हिफाजत भी नहीं कर पाई। इस तरह बांग्ला देश का राज्य, जिसने कभी जातीय-भाषायी राष्ट्रवाद के मुकाबले धार्मिक-राष्ट्रवाद ठुकरा दिया था, फिर अपनी धार्मिक पहचान का दावा करने लगा। इस राज्य ने अपने राष्ट्रत्व की व्याख्या के लिए धार्मिक बहुसंख्यावाद का सिद्धांत अपनाया और बाद में खुद को इसलामी राज्य घोषित कर दिया। लेकिन, समस्या फिर भी हल नहीं हुई। अब सवाल यह आ गया है कि बिहारी मुसलमानों (या गैर-बंगाली मुसलमानों) का क्या होगा?

इस्लामी पाकिस्तान उन्हें किसी कीमत पर वापस लेना नहीं चाहता और बांग्ला देश अपने इस्लामी राज्य में उन्हें समायोजित नहीं कर सकता। इस कहानी से यही सीख निकलती है कि धार्मिक पहचान एक राजनीतिकृत जातीय-भाषायी पहचान पर न तो हावी हो सकती है और न ही उसे अपने भीतर समाहित कर सकती है। जातीय-भाषायी पहचान भी धार्मिक पहचान पर हावी नहीं हो सकती। राष्ट्र-राज्य एक तरफ पैर जमाने की कोशिश करता है, तो दूसरी तरफ उसके पैर उखड़ जाते हैं, यानी वह दो जातीय पैरों पर नहीं खड़ा हो सकता। श्रीलंका के उदाहरण से राजनीतिकृत जातीयताओं की सांस्कृतिक स्थिरता और राजनीतिक व्यवहार्यता का संकट ज्यादा गहराई से स्पष्ट हो जाता है। श्रीलंका की समस्या उसके लोकतांत्रिक राज्य के प्रारंभ के साथ ही शुरू हुई। आर्थिक विकास के लिए राज्य और राष्ट्र में संतुलन बनाने की खातिर बहुसंख्यक सिंहली

जातीयता गोलबंद करने की कोशिश की गई। इसी चक्कर में श्रीलंका के जातीय समुदायों के पुराने समीकरण बिगड़ गए। श्रीलंका के तमिल अपने लिए अलग स्वायत्त राजनीतिक ईलम की माँग करने लगे। नतीजतन गृहयुद्ध शुरू हुआ जो अभी तक जारी है। भविष्य में अगर तमिलों के लिए अलग राजनीतिक व्यवस्था संभव हुई तो भी तमिल प्रभुत्व वाले क्षेत्र में सिंहली अल्पसंख्यकों की अच्छी खासी संख्या बची रहेगी और दूसरी तरफ सिंहली प्रभुत्व वाले क्षेत्र में तमिल अल्पसंख्यक रह जाएँगे। जातीयता का सवाल फिर भी बना रहेगा। कारण यह है कि जातीय-धार्मिक-भाषायी मतभेदों के आधार पर राजनीतिक रूप से विभाजित इकाइयाँ अपने संप्रभु क्षेत्र में अल्पसंख्यकों को समायोजित नहीं कर पातीं।

भारतीय उदाहरण

भारत का मामला और ज्यादा जटिल है। इसके उदाहरण से पूरी तरह साफ हो जाता है कि एक सभ्यतामूलक आयामों वाले समाज द्वारा राष्ट्र-राज्य का सिद्धांत अपनाने पर क्या हालत हो जाती है। भारतीय राज्य इस उपमहाद्वीप में हुए एक बड़े जातीय-धार्मिक विभाजन का नतीजा था। इन परिस्थितियों में अगर भारत ने ज़ातीय राष्ट्रत्व के आधार पर राज्य का गठन किया होता तो वह विभाजन की तार्किक परिणति होती। लेकिन तर्क और इतिहास की इस दौड़ में जीत इतिहास की हुई। और तो और, जातीय-धार्मिक विकल्प पर गंभीरता से विचार ही नहीं किया गया। भारत में अस्सी फीसदी हिंदुओं का भारी बहुमत था, लेकिन दूसरी तरफ मुसलमान अल्पसंख्यकों की भी अच्छी-ख़ासी (१० फीसदी) संख्या थी। कुछ मुसलमान तो देश छोड़कर चले गए और कुछ जबरदस्ती पाकिस्तान भेज दिए गए। पर ज्यादातर अपनी जन्मभूमि में ही रह गए। भारत में धार्मिक, भाषायी, क्षेत्रीय, कुल, जाति और पंथ से संबंधित समूहों से मिला-जुला जातीयता का एक जटिल तानाबाना था। उनकी सांस्कृतिक सीमाएँ एक-दूसरे की सीमाओं में घुली-मिली थीं। सदियों से वे एक सभ्यतामूलक संरचना में एक-दूसरे से जुड़े हुए थे। किसी राजनीतिक व्यवस्था के माध्यम से उनका जुड़ाव कभी-कभी और आंशिक रूप से ही होता था। आश्चर्यजनक रूप से जटिल यह समाज धर्म या जातीयता के किसी अन्य सिद्धांत के आधार पर राज्य की स्थापना कभी नहीं कर सकता था। उसने ऐसा किया भी नहीं। लेकिन इसी के साथ उसने अपने लिए राष्ट्र-राज्य से अलग कोई राजनीतिक व्यवस्था भी नहीं गढ़ी, हालाँकि भारत संभवतः ऐसा कर सकता था। उसका प्रकटतः सेकुलर गैरजातीय राज्य जातीयता की ताकतों को वश में नहीं रख सका। वे राष्ट्र-राज्य

के सिद्धांत में अंतर्निहित जो थीं।

संभवतः भारतीय राज्य के निर्माताओं को एक बहुलवादी समाज में राष्ट्र-राज्य निर्माण के सामने आने वाली दिक्कतों का अहसास था। संविधान सभा ने इसीलिए नए राज्य की स्थिरता और वैधता के लिए राजनीतिक बहुसंख्या निर्मित करने के धार्मिक, भाषाई या किसी जातीय आधार को मंजूर नहीं किया। भारतीय राज्य ने स्वतंत्रता संग्राम में जन्मी राजनीतिक शक्तियों और उपनिवेशवादी शासकों द्वारा तैयार किए गए ढाँचे और संस्थाएँ जारी रखीं। भारत के नए शासकों ने आधुनिक राज्य के लिए आवश्यक राष्ट्रीय समाज के निर्माण का लक्ष्य धार्मिक भाषाई और जातीय आधार पर विभाजित लोगों को जोड़ने वाली विशाल राजनीतिक व्यवस्था के तौर पर लिया। अंग्रेजी शासन में यह विभाजन और तीखा हो गया था। यह व्यवस्था गैर-एकात्मक भारतीय संघ के रूप में परिकल्पित की गई, जिसमें अर्धसंघवाद के सिद्धांत के तहत कई प्रांतीय राज्यों का गठन किया गया।

लेकिन नया संविधान अपनाने के पाँच साल के भीतर ही प्रमुख भाषाई समूहों की बढ़ती जातीय आकांक्षाओं को समायोजित करने के लिए भाषाई आधार पर राज्यों का पुनर्गठन करना पड़ा। इस तरह प्रमुख भाषायी समूहों की अलग-अलग क्षेत्रीय पहचान स्थापित हो गई। यह प्रक्रिया अभी तक पूरी नहीं हो सकी है। कई अन्य बड़े जातीय-भाषायी और धार्मिक समूह अपने लिए अलग प्रांत के दर्जे की माँग कर रहे हैं। लेकिन कुछ समूह इससे भी आगे जाकर भारतीय संघ के बाहर अपने लिए संप्रभु और स्वतंत्र राष्ट्र-राज्य की माँग कर रहे हैं। इस समस्या पर मैं थोड़ी देर के बाद आऊँगा।

भारतीय राज्य ने राष्ट्रत्व का जातीय सिद्धांत न मानते हुए अपनी वैधता को भारतीय समाज के लिए पूरी तरह से नए सेकुलर, जनहितवादी और राजनीतिक समता के राजनीतिक विचारों पर आधारित करने की कोशिश की। सार्विक मताधिकार के माध्यम से सभी को नागरिकता का समान अधिकार देकर ये लक्ष्य हासिल किए जाने थे संविधान ने विश्वास दिलाया कि राज्य धार्मिक आस्था, जातीयता, वंश, जाति, उपजाति या लिंग के आधार पर नागरिकों से भेदभाव नहीं करेगा। स्वतंत्रता आंदोलन के अनुभव से इसने अपनी जनता के राष्ट्रीय जीवन के लिए नए मूल्य विकसित करने की कोशिश की। स्वाधीनता के पहले दो दशकों की नीतियों में राष्ट्रीय अखंडता और लोकतांत्रिक भागीदारी मूलमंत्र के रूप में अपनाई गई और आर्थिक विकास को उतनी वरीयता नहीं दी गई। इस तरह भारत ने अपनी वैधता विखंडित जातीय संरचना या हिंदू राजनीतिक बहुसंख्यावाद के लुभावने सिद्धांत पर आधारित करने के बजाय नागरिक समाज

के सहगामी राष्ट्र-राज्य खड़ा करने की कोशिश की। आखिर में इस कोशिश ने चुनावी राजनीति के जातीयतावादी दबावों के आगे घुटने टेक दिए। विरोधाभास देखिए कि इसी चुनावी राजनीति के माध्यम से उसने समाज के जातीय विभेदों को धीरे-धीरे जज़्ब कर लेने वाला राष्ट्रीय राजनीतिक समुदाय बनाने की उम्मीद की थी।

अपकेंद्रीय जातीय दबाव

आजादी की आधी सदी के बाद भारतीय राज्य की यह कोशिश गड़बड़ा गई लगती है। सांस्कृतिक बहुलता को एक विशाल राजनीतिक व्यवस्था में बाँध कर राष्ट्र-राज्य बनाने की कोशिश अब पूरी तरह उलट गई है। बढ़ते हुए जातीय और अन्य दबावों के आगे राज्य और ज्यादा केंद्रीकृत और दमनकारी होता चला गया है। उसके संघीय चरित्र में काफी ह्रास हुआ है। लोकतांत्रिक संस्थाएँ निष्प्रभावी हो गई हैं। जातीय अस्मिताओं को नागरिकों की राष्ट्रीय अस्मिताओं में बदलने की परियोजना आज समाज के अपकेंद्रीय जातीयतावादी खिंचावों की शिकार हो चुकी हैं। इसीलिए राज्य और उसके प्रभु वर्ग का एक हिस्सा बहुसंख्यक जातीयता को राष्ट्रवाद के नए और स्थायी आधार के रूप में देखना शुरू कर चुका है। नतीजतन, जातीय अल्पसंख्यक आज पहले से भी ज्यादा असुरक्षित महसूस कर रहे हैं।[६] उनमें से कुछ अपने लिए एक स्वायत्त राजनीतिक बंदोबस्त की माँग कर रहे हैं और कुछ ने पूर्ण स्वतंत्रता की माँग ही उठा दी है।

दरअसल, कोई राष्ट्र-राज्य सिर्फ एक राजनीतिक बंदोबस्त यानी विभिन्न जातीयताओं को संभालने वाली इकाई के रूप में ज्यादा दिनों तक नहीं चल सकता। देर-सबेर उसे जातीय सामंजस्य कायम करने के स्थान पर आर्थिक विकास को वरीयता देनी ही पड़ेगी। लेकिन यह बदली हुई वरीयता विभिन्न जातीय समूहों का राजनीतिक समीकरण बिगाड़ देती है। विकास की प्रक्रिया में अनिवार्य रूप से पैदा होने वाली असमानताएँ इसी आधार पर देखी जाने लगती हैं। असल में ये असमानताएँ इसी आधार पर पैदा होती भी हैं। विकास की प्रक्रिया में जातीयता का सांस्कृतिक आधार कमजोर हो जाता है और अपनी माँगों की पूर्ति के लिए जातीय समूह राजनीतिक पहचान बनाने लगते हैं। जातीय समूहों के हित सेकुलर आर्थिक हितों में अपना दावा जमा लेते हैं और राष्ट्रीय समृद्धि में अपनी हिस्सेदारी की माँग होने लगती है भले ही वह समृद्धि सबको हिस्सा देने के लिए काफी हो या न हो। महत्त्वपूर्ण मुद्दा यह है कि ये हित जातीयता की भाषा में खुद को अभिव्यक्त करते हैं और जातीय आकांक्षाओं और जातीय समूहों द्वारा अपने विकास की आकांक्षाओं की पूर्ति के लिए राजनीतिक

स्वायत्तता या अलग राज्य की माँग उठाने लगते हैं। राजनीतिकृत जातीयताओं के लिए दोनों माँगें अभिन्न रूप से जुड़ी होती हैं। हालाँकि उनकी शब्दावली आर्थिक के बजाय धार्मिक और सांस्कृतिक ज्यादा होती है।

भारत में आज यही हो रहा है। विकास की प्रक्रिया में कुछ अल्पसंख्यकों ने बहुसंख्यकों से बेहतर उपलब्धियाँ हासिल कर ली हैं। बेहतर उपलब्धि करने वालों को लगता है कि अगर एकल राज्य में उनका भविष्य औरों से न बँधा होता तो वे और प्रगति कर सकते थे। विकास की दौड़ में पिछड़ गए लोग भी इसी तरह का समाधान ढूँढ़ते हैं। वे समझते हैं कि अगर उनका अपना राज्य होता और विकास के फायदों को हड़प लेने वाले दूसरे जातीय समूह उसमें न होते तो वे अच्छी प्रगति कर सकते थे दूसरी तरफ बहुमत अल्पसंख्यकों की इन कोशिशों को राष्ट्रीय हित के लिए घातक समझता है। इसलिए वह अपना राजनीतिक और सांस्कृतिक दबदबा कायम करके अल्पसंख्यकों पर नए समीकरण थोपने की कोशिश करता है।[७]

मैं यहाँ सभी तरह के जातीय संघर्षों को आर्थिक संदर्भ में व्याख्यायित नहीं करना चाहता।[८] मैं तो उस विलक्षण दुविधा का विश्लेषण कर रहा हूँ जो आर्थिक विकास के दौरान एक नए बहुजातीय राष्ट्र-राज्य को झेलनी पड़ती है। अगर राज्य की नीति जातीय सद्भाव बनाए रखना ही हो जाए तो आर्थिक विकास पिछड़ जाता है। फिर यह तरीका भी ज्यादा दिनों तक नहीं चल पाता, क्योंकि जातीय आकांक्षाओं के भी आर्थिक पहलू होते हैं। दूसरी तरफ अगर अंतर्राष्ट्रीय व्यवस्था के दबावों के तहत आर्थिक विकास के कार्यक्रमों पर जोर दिया जाए तो उनसे जातीय समूहों का टकराव तेज हो जाता है। दोनों हालतों में एक दूसरे से टकरा रही राजनीति का जातीयकरण और विकास का राजनीतिकरण राज्य को कमजोर करता है।

भारतीय राज्य के सामने इस समय चुनौती है कि लोकतांत्रिक ढाँचे के भीतर राज्य और राष्ट्रीय समाज में समतुल्यता कैसे स्थापित की जाए। जब तक सच्चे संघवाद और विकेंद्रीकरण के आधार पर राज्य का पुनर्गठन नहीं किया जाता तब तक जातीय संघर्ष राष्ट्र-राज्य की, जनता के वास्तविक प्रतिनिधि के रूप में, वैधता और आर्थिक विकास की क्षमताओं का क्षय करते रहेंगे। शासक वर्ग द्वारा प्रतिक्रियात्मक दमन यानी राज्य की शक्तियों का अधिकतम केंद्रीकरण जातीय समस्या हल करने वाला नहीं है। दरअसल ऐसी प्रतिक्रिया न सिर्फ अल्पसंख्यकों के बल्कि सभी नागरिकों के मानवाधिकारों और नागरिक स्वतंत्रताओं में कटौती करेगी। फिर ऐसे केंद्रीकृत राज्य को अपनी वैधता के लिए लगातार जातीय बहुसंख्यकों की भावनाओं और हितों पर निर्भर होकर शासन

का अधिनायकवादी तरीका अपनाना पड़ेगा। ऐसा हुआ तो एक सभ्यतामूलक बहुल समाज में राष्ट्र-राज्य खड़ा करने का भारतीय प्रयोग अंतिम रूप से असफल हो जाएगा।

तीसरी दुनिया के अन्य देशों की कहानी इससे अलग नहीं है। ईरान जैसा देश भी, जिसके पास केंद्रीकृत राजशाही चलाने का लंबा अनुभव रहा है, आज राष्ट्र-राज्य के संदर्भ में जातीयता की समस्याओं को सुलझाने में दिक्कत महसूस कर रहा है। शाह ने ईरान में आधुनिक राष्ट्र-राज्य के निर्माण के लिए एक तरफ राज्य की वैधता का स्रोत प्राचीन फारसी साम्राज्य में तलाशने की कोशिश की और दूसरी तरफ इसके इस्लामी आधार का अवमूल्यन करना चाहा। उनका यह प्रयास पूरी तरह विफल हो गया। यह जरूर कहा जा सकता है कि शाह को इस कोशिश में ईरान के भाषायी और कबीलाई अल्पसंख्यकों (देश की आबादी के ४५ फीसदी) का समर्थन मिला, पर इस्लाम के अवमूल्यन ने ईरानी राज्य की स्थिरता खतरे में डाल दी। नतीजतन, जन क्रांति के जरिए राज्य का फिर से इस्लामीकरण हुआ।[९] कुछ लोगों को लग सकता है कि अयातुल्ला खुमैनी द्वारा की गई धार्मिक-राष्ट्रवादी गोलबंदी से एकीकृत राष्ट्रीय समाज का निर्माण हो जाएगा और ईरानी राज्य को वैधता और स्थिरता प्राप्त हो जाएगी। लेकिन अगर मेरा विश्लेषण सही है तो दूरगामी तौर पर यह संभावना अधिक है कि गैर-फारसी भाषायी और कबीलाई अल्पसंख्यक अपनी जातीयता के गैर-धार्मिक आयाम पर जोर देंगे और जातीय आकांक्षाओं की पूर्ति के लिए राजनीतिक स्वायत्तता की माँग करेंगे।[१०] इसी तरह अफगानिस्तान में भी सोवियत सेना के वापस जाने के बाद विशेषकर अफगान शहरी मध्य वर्ग यह सोच कर इस्लाम का आह्वान कर रहा है कि धर्म जातीय और कबीलाई समूहों का विभाजन दूर कर देगा।[११] लेकिन पाकिस्तान, बांग्लादेश और ईरान के अनुभव इस उम्मीद को सही नहीं साबित करते। आधुनिक राष्ट्र-राज्य के निर्माण में लगे बहुजातीय समाजों में धर्म और जातीयता एवं राज्य और धर्म का अंतर्विरोध हल नहीं हो सका है। भारत का अनुभव बताता है कि नागरिकता और बाजार भी एक बहुजातीय समाज में राष्ट्र-राज्य का आधार तैयार करने में समर्थ साबित नहीं हुए हैं। अगर ऐसे समाजों को आधुनिक विश्व में रहना और प्रभावशाली भूमिका निभानी है तो उन्हें बिल्कुल अलग राजनीतिक व्यवस्था का गठन करना पड़ेगा।

वैकल्पिक शासन प्रणाली की ओर

राष्ट्र-राज्य का मॉडल तीसरी दुनिया के ज्यादातर देशों में जातीयता और विकास की समस्या हल करने में अनुपयुक्त साबित हो रहा है। पश्चिमी इतिहास लेखन

और तुलनात्मक सिद्धांत से उन्होंने जो मॉडल प्राप्त किया था, उसने उन समाजों में नैरंतर्य और परिवर्तन की जरूरतों के मुताबिक अलग तरह के राज्य के आविष्कार की संभावना समाप्त कर दी है। उन्हें ऐसी प्रक्रिया के साथ बाँध दिया है जो उनके इतिहास, अनुभव और जरूरतों के लिए अनुभवातीत हैं। उनका ऐसी राज्य प्रणाली से सामना पड़ा है जो मूलरूप में पश्चिमी राजनीति कला की देन हैं थीं और राज्य के ऐसे सिद्धांत पर आधारित थीं जो अपने ही शासन अनुभव की वैधता छीन लेता है। तीसरी दुनिया के अधिकांश समाजों की दृष्टि में राज्य की भूमिका अराजकता के बीच व्यवस्था कायम करने वाले तंत्र के रूप में ही नहीं थी। इन समाजों में तो राज्य के अस्तित्व में आने से पहले ही एक तरह की व्यवस्था मौजूद थी। राज्य की भूमिका तो वह व्यवस्था कायम रखने वाले सहायक और जनता के लिए समृद्धि के वाहक के रूप में थी।

राज्य समाज के निर्देशों पर चलता था न कि समाज राज्य के निर्देशों पर। दरअसल अतीत में इन समाजों में कई राजनीतिक व्यवस्थाएँ रही हैं और एक दूसरे से होड़ भी करती रही हैं। पर वे एक बृहत्तर सभ्यता के अंग के रूप में थीं। जिसमें राज्य राजनीतिक रूप से शासन चलाने के ठेकेदार के रूप में परिभाषित नहीं किया जाता था। उस समाज में राज्य एक सभ्यतामूलक समाज में रची-बसी सामाजिक व्यवस्था का प्राथमिक ढाँचा समझा जाता था।

बाहरी शक्तियों के माध्यम से राष्ट्र-राज्य के आगमन से इन समाजों की सामाजिक, राजनीतिक और आर्थिक प्राथमिकताएँ उलट-पुलट हो गईं। नई राज्य प्रणाली के साथ काम करने के दौरान इन समाजों ने अपनी अंतर्भिमुखता खो दी। इसी के साथ सामाजिक बदलाव और आर्थिक कायाकल्प की समस्याओं से निपटने की उनकी क्षमता भी नष्ट हो गई। वे आंतरिक विखंडन और बाहरी अधीनता की शक्तियों के भी शिकार हो गए। कई समाजों ने अपनी अंतर्भिमुखता अर्थात व्यवस्था और परिवर्तन की आंतरिक शक्तियों की स्वायत्तता और उन पर नियंत्रण खो कर खुद को १५वीं सदी के दौरान पश्चिम में उभरी शक्तियों के हाथ में मिट्टी के लोंदे की तरह रख दिया। ये शक्तियाँ उन्हें मनमाने तरीके से गढ़ने में लग गईं। द्वितीय विश्व-युद्ध के बाद राष्ट्र-राज्य के ढाँचे को पूरी दुनिया के समाजों के लिए एकमात्र प्रणाली बनाने वाला सार्वभौम सिद्धांत इसीलिए प्रतिपादित किया जा सका, क्योंकि तीसरी दुनिया के समाज पहले ही अपनी अंतर्भिमुखता खो चुके थे। अंतर्भिमुखता के अभाव में इन समाजों के सामने स्वाधीन होने के समय सिर्फ राष्ट्र-राज्य के मॉडल के अलावा कोई चारा न था।

अगर इन समाजों को राजनीतिक और सांस्कृतिक विखंडन और आधुनिकीकरण की भीतरी समस्या और अंतर्राष्ट्रीयकरण की बाहरी समस्या से

निपटना है तो उन्हें अपने लिए शासन की एक वैकल्पिक प्रणाली विकसित करनी पड़ेगी। ऐसी प्रणाली जो उनकी ऐतिहासिक और परिवर्तन की सामयिक जरूरतों के अनुरूप हो। हालाँकि वे न तो आधुनिकता की शक्तियों से छुटकारा पा सकते हैं और न ही राष्ट्र-राज्य संबंधी दुनिया के यथार्थ से लेकिन उन्हें राष्ट्र-राज्य की किताबी परिभाषा में नहीं फँसे रहना चाहिए। इस मॉडल में कई संशोधन और सुधार संभव ही नहीं बल्कि जरूरी भी हैं। दरअसल, इस तरह के सुधार पहले से स्थापित राष्ट्र-राज्य अपने अनुभव और जरूरतों के मुताबिक कर भी रहे हैं। नए राज्य इन परिवर्तनों की उपेक्षा करके नुकसान ही उठाएँगे।

शासन की नई प्रणाली की तरफ पहला कदम अंतर्भिमुखता की बहाली होगा। इसका मतलब यह कतई नहीं लिया जाना चाहिए और न ही इसका अर्थ यह है कि पुरानी व्यवस्थाओं की पुनः रचना की जाए। लेकिन इसका मतलब यह जरूर है कि इन समाजों में व्यवस्था और परिवर्तन की आंतरिक ताकतों की स्वायत्तता और उन पर नियंत्रण को फिर से स्थापित किया जाए। ये समाज दुनिया में अपनी भूमिका नहीं निभा सकते अगर वे राजनीतिक और आर्थिक रूप से इस कदर महत्त्वहीन होकर बाहरी विश्व के दबावों से प्रभावित होते रहेंगे। सबसे बुरी स्थिति तो यह होगी कि जब इन राज्यों का शासक वर्ग भी अपनी वैधता का आधार अपने समाज में नहीं बना पाएगा तो शासन के मुख्य औजार के रूप में सैन्यीकरण, आतंरिक दमन और बहुसंख्यक जातीयता का इस्तेमाल करेगा।

जिन तर्कों के आधार पर इस क्षेत्र में राष्ट्र-राज्य बनाए थे, वे तर्क आज भी राष्ट्र-राज्य के नए अर्थों के साथ जारी हैं। जिस तरह राष्ट्र-राज्य सभ्यतामूलक व्यवस्था से कट कर अलग हुए थे, उसी तरह जातीयताएँ राष्ट्र-राज्य की राष्ट्रीय व्यवस्था से छिटक रही हैं। हर जातीयता अपनी आंशिक पहचान पर जोर देती है। कभी वह पहचान धार्मिक, कभी जातीय-भाषायी और कभी क्षेत्रीय-सांस्कृतिक समूहों की होती है। दक्षिण एशिया की राजनीतिकृत जातीयताएँ खुद राष्ट्र-राज्य बनने की कोशिश कर रही हैं। जरूरी नहीं कि वे इस कोशिश में कामयाब हो ही जाएँ, लेकिन फिर भी राज्य सांस्कृतिक रूप से एक अस्थिर और राजनीतिक रूप से अव्यावहारिक इकाई ही बना रहेगा।

सांस्कृतिक विखंडन से पैदा होने वाली आर्थिक जड़ता और फिर आर्थिक जड़ता से पैदा होने वाले सांस्कृतिक विखंडन और दमनकारी और अधिनायकवादी राज्य की ताक में लगी बहुसंख्यक जातीयता के इस दुष्चक्र से कैसे निकला जाए। स्पष्ट रूप से हमें क्षेत्रीय स्तर पर और इन समाजों के भीतर, दोनों स्तरों पर नई शासन प्रणाली चाहिए। मौजूदा राष्ट्र-राज्य भंग करके नए सिरे से नई राजनीतिक व्यवस्था खड़ा करने का वक्त निकल चुका है, और आज ऐसा

सुझाव बचकाना ही लग सकता है। लेकिन अगर उन समाजों का प्रभु वर्ग राष्ट्र-राज्य के खुद को थमाये गए उस इतिहास और सिद्धांत से मानसिक छुटकारा प्राप्त कर ले, जिसके आधार पर वह इतने दिनों से काम कर रहा है, तो काफी कुछ हो सकता है। अगर ऐसा हुआ तो राज्य को जातीय आधार पर परिभाषित तंत्र के बजाय एक नागरिक समाज के नियंत्रण में काम कर रही राजनीतिक इकाई के रूप में देखना संभव हो सकेगा। यह नागरिक समाज की तरफ से और उसी के लिए एक राज्य होगा न कि एक राष्ट्र-राज्य। तब लक्ष्य नागरिक समाज बनाने और उसके तहत एक राज्य स्थापित करने का हो जाएगा। फिर ये इकाइयाँ अपने क्षेत्र में कई नए राजनीतिक गठजोड़ बना सकेंगी। मसलन ये राष्ट्र-राज्य अन्योन्यक्रिया और सहयोग का क्षैतिज ढाँचा बना सकेंगे। मैं कोई सार्क जैसे संगठन बनाने की बात नहीं कर रहा हूँ। मैं तो महासंघ या सहयोगियों के संगठन की तर्ज पर किसी गठजोड़ का सुझाव दे रहा हूँ। लेकिन महासंघ जैसे सुझाव तब तक नई शीशी में पुरानी औषधि जैसे ही साबित होते रहेंगे जब तक ये समाज खुद को नागरिक समाज में नहीं बदल लेते और उस सभ्यतामूलक ढाँचे में खुद को स्थापित नहीं कर लेते जिससे वे कभी निकल गए थे। उस ढाँचे के भीतर ही उस बृहत्तर सभ्यता के सदस्यों में आपसी बंधन, सहअस्तित्व और सहयोग की प्रणाली विकसित भी करनी होगी, जिससे वे कभी जुड़े रहे थे। इस तरह का समांतर चिंतन कुछ एशियाई समाजों में शुरू हो गया है। यह संयोग ही नहीं है चीन जैसा राज्य भी चीनी सभ्यता के भीतर एक से ज्यादा राजनीतिक प्रणालियों को समाहित कर सकने वाले मॉडल पर विचार कर रहा है। हालाँकि इसके पाछे चीन की परिणामवादी सोच भी है। तीसरी दुनिया के देश अब अपने क्षत-विक्षत राष्ट्र-राज्यों के साथ २१वीं सदी में प्रवेश कर चुके हैं। उन्हें अपनी समस्याओं से निपटने के लिए नई देशज व्यवस्थाएँ अपनाने की चुनौती स्वीकार करनी ही पड़ेगी।

संदर्भ और टिप्पणियाँ

१. कार्ल डब्लू ड्यूश, 'सोशल मोबिलाइजेशन एंड पॉलिटिकल डिवेलपमेंट,' *अमेरिकन पॉलिटिकल साइंस रिव्यू*, १३ सितंबर, १९६१

२. अंर्स्ट गेलनर ने किसी समाज में राज्य द्वारा सांस्कृतिक आधार ग्रहण करने संबंधी तर्क सबसे अच्छी तरह से पेश किया है। उनकी दलील है कि आधुनिक राज्य खुद को राष्ट्र से जोड़ कर सांस्कृतिक आधार प्राप्त करता है, और यह सांस्कृतिक आधार उसे उद्योगवाद की उच्च संस्कृति के जरिए मिलता है। इसमें राज्य न केवल हिंसा के इस्तेमाल पर एकाधिकार कर लेता है बल्कि मेक्स वेबर के विश्लेषण के मुताबिक

शिक्षा और संचार पर भी इजारेदारी कर लेता है। ड्यूश और गेलनर द्वारा प्रस्तुत आधुनिकीकरण के ये सिद्धांत आधुनिकीकरण की प्रक्रिया से निकली समाज के अंदर चल रही सत्ता की राजनीति की उपेक्षा कर देते हैं। होता यह है कि बहुसंख्यक जातीयता राज्य से जुड़कर इस उच्च संस्कृति पर हावी हो जाती है और न केवल हिंसा के प्रयोग का दूसरा माध्यम बन जाती है बल्कि शिक्षा और संचार पर भी कब्जा कर लेती है। फिर सामाजिक गोलबंदी की राजनीति आधुनिकीकरण की विचारधारा के तहत न होकर समाज में सत्ता के मौजूदा संबंधों के तहत सम्पन्न होती है। परिणामस्वरूप बहुसंख्यक समाज का सांस्कृतिक प्रतीकवाद अकसर राष्ट्रवादी शब्दावली में पेश किया जाने लगता है जिसके अंतर्गत अल्पसंख्यक जातीय अस्मिता संकीर्ण अथवा परंपरागत और अंततः राष्ट्र विरोधी के तौर पर देखी जाने लगती है। राष्ट्र-निर्माण के आधुनिकतावादी नजरिए के लिए देखें, अंर्स्ट गेलनर, *नेशंस एंड नेशनलिज्म,* आक्सफोर्ड, बेसिल ब्लैकवैल, १९८५, और देखें, कार्ल डब्लू ड्यूश, *नेशनलिज्म एंड सोशल कम्युनिकेशन,* कर कैंब्रिज, मास, एमआईटी प्रेस, १९६२ (दूसरा संस्करण)।

३. मैक्स वेबर, *इकॉनॉमी एंड सोसाइटी,* संपादन : गुंथर राथ और क्लास विट्च, न्युयार्क, १९६८, खण्ड १, पृष्ठ ५४-५६

४. तीसरी दुनिया में एक ऐसा विकल्प आसियान द्वारा दक्षिण-पूर्व एशियाई देशों के क्षेत्रीय सहयोग के रूप में सामने आया है। आसियान देशों ने जातीय समूहों की राजनीतिक गतिविधियों को अपने सदस्यों के बीच जातीय-राजनीतिक मुद्दों को राष्ट्रीय सीमाओं के परे जाने से रोक कर काफी हद तक सीमित कर दिया है। इस सिलसिले में विस्तृत तर्कों के लिए देखें जावेद लईक, 'इथनोपॉलिटिकल इशूज इन साउथ-ईस्ट एशिया', *ईपीडब्ल्यू,* ३० अप्रैल, १९८८

५. पचास और साठ के दशक में कई अमेरिकी समाज विज्ञानियों ने, खासकर कमेटी ऑन कम्परेटिव पॉलिटिक्स के सदस्यों ने कई तरह का लेखन किया था। इन लेखकों द्वारा व्याख्यायित राष्ट्र-निर्माण का सिद्धांत नए राज्यों में राजनीति के जातीय आयामों की हर जगह उपेक्षा करता है और नए राज्यों में राष्ट्र-निर्माण के तरीकों की जानकारी देने वाली ऐतिहासिक निरंतरता की तरफ से बेपरवाह रहता है। इन लेखकों में देखें- गेब्रियल अलमोंड और जेक्स एस कोलमेन, द *पॉलिटिक्स ऑफ डिवेलपमेंट एरियाज* (प्रिंसटन, १९६६); लूसियन पी (सं.), *कम्युनिकेशन एंड पॉलिटिकल डिवेलपमेंट* (प्रिंसटन, १९६३); जी. अलमोंड और सी. बिंघम पावेल, *कम्परेटिव पॉलिटिक्स : ए डिवेलपमेंटल एप्रोच* (बोस्टन, १९६६); डेविड एप्टर, *पॉलिटिक्स ऑफ मॉडर्नाइजेशन* एंड नेशन *बिल्डिंग,* न्यूयार्क, १९६६)।

६. भारत में जातीयता और राज्य के बीच अन्योन्यक्रिया की विस्तृत व्याख्या के लिए देखें: रजनी कोठारी, *इथनिसिटी रिथिंकिंग डेवलपमेंट : इन सर्च ऑफ ह्यूमन आल्टरनेटिव्ज,* दिल्ली : अंजता, १९८०, पृष्ठ १९१-२२४.

७. जब कोई जातीय बहुसंख्या राजकीय नीति के जरिए जातीय अल्पसंख्या के जबरन आत्मसातीकरण की कोशिश करती है तो आत्मसातीकरण की सामान्य प्रक्रिया, अर्थात बाजार, नागरिकता और अंतर-सांस्कृतिक संवाद को धक्का लगता है। तब असुरक्षित

जातीय गुट अपने लिए अलग और स्वायत्त राजनीतिक बंदोबस्त की माँग करते हैं। असम के संबंध में इस प्रक्रिया की विस्तृत विवेचना के लिए देखें, 'इथनिक प्रोसोसिज इन नार्थ ईस्टर्न इंडिया', *ईपीडब्ल्यू,* २१ मई, १९८८.

८. दुर्भाग्य से जातीय संघर्ष और उसके कारणों के संबंधों पर पर्याप्त आँकड़ों की खोज नहीं हुई है लेकिन इस विषय में सैद्धांतिक और विचारधारात्मक काम काफी उपलब्ध है। अनुसंधान की इस दिशा में शुरुआत के लिए देखें, एडना वोनासिक, 'ए थियरी ऑफ इथनिक एंटगुनिज्म : स्प्लिट लेबर मार्केट', *अमेरिकन सोशियालॉजीकल रिव्यू,* १९७२ (अक्टूबर), १९५-९७, पृष्ठ ५४७-५५९

९. क्रांति पश्चात ईरानी इस्लामिक गणराज्य में जातीय संरचना और जातीय-धार्मिक से जातीय-भाषाई पहचान की तरफ जाने के नतीजों के लिए देखें, पैट्रीशिया जे हिग्गिंस, 'माइनॉरिटी-स्टेट रिलेशंस इन कंटेम्प्रेरी ईरान' संकलित—अली बनौजिजी और माइरन वीनर (सं.), द *स्टेट, रिलीजन एंड इथनिक पॉलिटिक्स : पाकिस्तान, ईरान एंड अफगानिस्तान,* लाहौर : वेंगार्ड बुक्स, १९८७.

१०. अयातुल्ला खुमैनी ने राज्य को अपरिपक्व रूप से स्थापित करने में जानबूझकर देर की और क्रांतिकारी परिवर्तन की प्रक्रिया जारी रखी। इससे उन्हें जातीय पहचानों के ऊपर धार्मिक पहचान स्थापित करने में मदद मिली। लेकिन जैसे ही स्थापित होने के बाद राज्य आर्थिक विकास की समस्याओं से जूझना शुरू करता है और अंतर्राष्ट्रीय व्यवस्था में उसकी सामान्य गतिविधियाँ शुरू होती हैं वैसे ही जातीय-धार्मिक चरित्र जातीयता के दबावों का शिकार हो जाने के खतरे से ग्रस्त हो जाता है। इस मुद्दे की विस्तृत व्याख्या के लिए देखें, शाहरुख अखवी, 'स्टेट फोर्मेशंस एंड कंसोलिडेशन इन ट्वंटियथ सेंचुरी ईरान', संकलित : अली बनोजिजी और माइरन वीनर (सं.), *स्टेट, रिलीजन एंड इथनिक पॉलिटिक्स,* उपरोक्त।

११. अफगानिस्तान में नई राष्ट्रवादी अस्मिता के लिए पुरुत्थानवादी इस्लामिक आंदोलन को आधार बनाने के सिलसिले में देखें एडन नेवी, 'चेंजिंग रोल ऑफ इस्लाम एज द यूनिफाइंग फोर्स इन अफगानिस्तान', संकलित, उपरोक्त में।

राजनीतिक प्राधिकार की वैधता का क्षय

हर समस्या संकट नहीं होती। लेकिन अगर समस्याएँ लंबे अरसे तक हल न की जायें तो वे जमा होकर संकट का रूप ले लेती हैं। तब उन्हें संरचनागत परिवर्तनों के जरिये ही निबटाया जा सकता है। भारतीय लोकतंत्र भी सत्तर के दशक की शुरुआत से ही लगातार इस प्रकार के संकट का शिकार है। समाज और अर्थव्यवस्था में बड़े पैमाने पर हुए संरचनागत परिवर्तनों के मुकाबले उसकी राजनीतिक व्यवस्था असंगति की शिकार हो गयी है। चुनाव और अन्य लोकतांत्रिक संस्थाएँ पूरी अवधि तक सरकार चलाने लायक जन-वैधता की आपूर्ति कर पाने में अक्षम हैं। ऐसे विकट हालात में क्या हमारे लोकतंत्र को अपनी दलीय और निर्वाचन प्रणाली से परे जाकर नागरिक समाज की गैरचुनावी और गैरदलीय संरचनाओं के जरिये वैधता की कमी की भरपायी नहीं करनी चाहिए?

पचास साल गुजर चुके हैं और भारत की राजनीतिक प्रणाली अभी तक टिकी हुई है। उसकी यह क्षमता निश्चित रूप से प्रभावित करनेवाली है। दिक्कत यह है कि यह टिकाऊपन इसके कामकाज की जीवंतता का पर्याय न होकर किसी-न-किसी प्रकार इस तंत्र के बचे रहने का प्रमाण-भर है। जाहिर है कि भारतीय राजनीतिक प्रणाली शिथिलता की शिकार है और उसकी इसी समस्या पर मैंने इस लेख में गौर किया है।

मेरी मान्यता है कि इस प्रणाली ने सत्तर के दशक के बीच के वर्षों में संकट के उस लाइलाज दौर में कदम रखा था जिससे वह अभी तक उबरी नहीं है। प्रस्तुत अध्ययन से यह जाहिर होता है कि देश की सामाजिक संरचना में हुई तब्दीलियों के साथ तालमेल न बिठा पाने के कारण राजनीतिक प्रणाली का संकट

और गहरा हो गया है। दसियों साल से चलते हुए इस सिलसिले के कारण पूरी व्यवस्था के राजनीतिक प्राधिकार की वैधता का क्षय इतना ज्यादा हो गया है कि संकट की यह अवस्था तकरीबन स्थायी जैसी हो चली है। मुझे उम्मीद है कि अपने इस प्रयास में संकट की प्रकृति और उद्‌गम का विश्लेषण करके मैं इसके शमन के उपायों की शिनाख्त में मदद करूँगा।[१]

I

राजनीतिक संकट : एक परिभाषा

पिछले कई वर्षों से यह एक आम रवैया बन चुका है कि देश के सामने जैसे ही कोई समस्या आती है, वैसे ही उसका नामकरण 'संकट' कर दिया जाता है। किसी एक समस्या या कुछ मिली-जुली समस्याओं को समझने के लिए अपनाया जानेवाला यह तरीका गंभीर विश्लेषण के लिए किसी अवधारणात्मक औजार का काम नहीं कर पाता।

असल में इसी रवैये के कारण राजनीतिक संकट की अवधारणा का हुलिया बिगड़ गया है। स्थिति यह है कि अगर हम किसी गंभीर समस्या या परिस्थिति से निबटना नहीं चाहते या उसमें दिमाग नहीं खपाना चाहते, तो उस पर संकट का ठप्पा लगा कर बचने की कोशिश करने लगते हैं। यह प्रवृत्ति राजनीतिक लिहाज से कुछ-कुछ उपयोगी भी साबित होती है। इससे एक खास तरह की मन:स्थिति बनती है जिसके तहत लोग उस संकट को एक ऐसी प्राकृतिक दुर्घटना की तरह लेते हैं जो अचानक पूर्व चेतावनी के बिना किसी गैबी ताकत की करामात से हम पर टूट पड़ी हो। इसी चिंतन के कारण हम समझने लगते हैं कि यह आफत जैसे आयी है, वैसे ही गुजर भी जायेगी और हमारे हाथ लगाने से इसमें कुछ फर्क नहीं पड़ेगा। जाहिर है कि किसी समस्या के कारणों की जिम्मेदारी से बचने की कोशिश में ही राजनीतिक नेतृत्व अक्सर किसी समस्या को 'संकट' अथवा 'प्रणालीगत असफलता' की तरह परिभाषित करने की कोशिश करता है।

किसी राजनीतिक प्रणाली में समस्याएँ रोज-ब-रोज उभरती ही रहती हैं। लेकिन राजनीतिक संकट इससे कहीं बड़ी घटना है। समस्याओं और उनकी परिस्थितियों को अलग-अलग विशिष्ट संदर्भों में समझ कर संवैधानिक संस्थाओं के दायरे में उनके हल के उपाय किये जा सकते हैं। अगर समस्याओं को जमा होने दिया जाये तो वे मिल कर संकट का रूप धारण कर लेती हैं और संकट की स्थिति में वे अपने विशिष्ट संदर्भों में हल होने से इंकार कर देती हैं। तब अलग-अलग करके उन्हें किसी नीति अथवा कार्यक्रम के जरिये निबटाने की सुविधा नहीं रह जाती। इस लिहाज से संकट सामाजिक-आर्थिक ढाँचे में गहरी जड़ें जमा

लेता है और एक ऐसी बीमारी का रूप ले लेता है जो पूरी प्रणाली को आक्रांत कर डालती है।

अगर हालात वास्तव में संकटग्रस्त हैं तो किन्हीं खास समस्याओं को अलग से हल करने की कोशिश ज्यादा-से-ज्यादा आग को और न भड़कने देने जैसी ही होगी। होना यह चाहिए कि समूचे संकट का निबटारा करने के लिए उस समय संस्थाओं, संरचनाओं और मूल्यों के आपसी संबंधों की व्यवस्था में व्यापक समाज में हुए बदलाव के मुताबिक आमूल परिवर्तन की कोशिश की जाये। संकट के हालात में समस्याएँ हल करना प्रशासनिक-प्रबंधकीय कौशल से बाहर की चीज हो जाती है। दरअसल, उसके लिए सतत राजनीतिक और सामाजिक हस्तक्षेप की जरूरत होती है और अक्सर यह हस्तक्षेप उस राजनीतिक प्रणाली की स्थापित संस्थागत व्यवस्था के दायरे के परे जा कर करना पड़ता है।

मैं समझता हूँ कि इस परिभाषा के अनुसार भारतीय राजनीतिक प्रणाली इस समय संकट का सामना कर रही है और यह संकट १९७५ में लागू और १९७७ में उठाये गये आपात्काल से ही जारी है। आपात्काल को संभवत: दो तरह से देखे जाने की प्रवृत्ति मौजूद है। जनता उसे एक दु:स्वप्न की तरह याद करती है और आशावादी राजनीतिक प्रेक्षक उसे ऐसे झटके की तरह लेते हैं जिसे 'मजबूत' भारतीय राजनीतिक तंत्र पचा गया। बहरहाल, बाकायदा एक ऐतिहासिक और संरचनागत नजरिये से देखने पर आपात्काल भारत के संस्था-आधारित लोकतंत्र के जीवन में आया एक गंभीर व्याघात लगता है। आपात्काल ने राजनीतिक व्यवस्था को ऐसे संकट की स्थिति में धकेल दिया जिससे वह अभी तक नहीं उभर पाया है।

कहना न होगा कि मैं यहाँ आपात्काल की अकेली घटना को केंद्र बना कर ही संकट का विश्लेषण नहीं करने जा रहा हूँ। मैं तो यह कहना चाहता हूँ कि आपात्काल ने सत्ता की व्यापक संरचना के साथ जनता की लोकतांत्रिक आकांक्षाओं की बढ़ती हुई असंगति चरम पर पहुँचा दी थी। यह संकट जब भी तीव्र हुआ, बीच-बीच में सतही तौर पर इसका शमन किया जाता रहा। इससे व्यवस्था बिखराव से तो बची रही लेकिन ऐसी कोई नयी जमीन नहीं तोड़ी जा सकी जिससे राजनीतिक प्रणाली पर हावी रुग्णता को खत्म किया जा सकता। आग पर पानी फेंकने से हर बार व्यवस्था को कुछ साँसें तो मिलीं लेकिन जीवन-शक्ति प्राप्त नहीं हुई। आपात्काल ने जिन कमजोर पहलुओं को उभारा था, वे उन खामियों की तरफ इशारा करते रहे जिनके कारण राजनीतिक व्यवस्था ढह सकती थी। इसीलिए जरूरी है कि हम इस व्यवस्था और उदारतावादी लोकतंत्र के रूप में इसकी मौजूदगी को एक ऐतिहासिक नजरिये से देख कर संकट के

स्रोतों की शिनाख्त करें। इस सिलसिले में हमारा परिप्रेक्ष्य केवल संस्थागत ही न होकर व्यापक समाज से जुड़ा हुआ होना चाहिए।

आपात्काल के बाद राजनीतिक हालात पर हुई चर्चा में या तो व्यक्तियों या फिर फौरी और सतही राजनीतिक घटनाओं पर जोर दिया जाता रहा है। आपात्काल के विश्लेषण में भावनात्मक और नैतिक मुद्दों को इस तरह तरजीह दी जाती रही है कि जैसे राजनीति का कोई ताल्लुक समाज में न मूल्यों से और न ही और सत्ता के बँटवारे से रह गया हो। यानी मामला सिर्फ इतना ही हो कि किस नेता ने कितना और कैसे हड़प लिया। व्यक्तियों के बारे में गपशप, पर्दे के पीछे की घटनाएँ और नेताओं की नैतिक फिसलन भले ही किसी राजनीतिक विश्लेषक के लिए महत्त्वपूर्ण हो लेकिन इससे संकट के स्वभाव के बारे में कोई खास जानकारी नहीं मिलती।

राजनीतिक विश्लेषण की एक अन्य धारा भी है। यह रोजमर्रा की राजनीति को बड़ी अहंमन्यता से नकार देती है। मानो वह सामाजिक और आर्थिक परिवर्तन की ऐतिहासिक रूप से नियत प्रक्रिया से ध्यान बँटाने-भर के लिए हो। विश्लेषण की यह पद्धति राजनीति को सामाजिक और आर्थिक ढाँचे की परिघटना-भर मानती है। इस पद्धति से निकले विचार-विमर्श और लेखन में ऐसे सार्वभौम सामान्यीकरणों की भरमार रहती है जो एक तरह के ह्रासमान क्रम में एक तयशुदा सैद्धांतिक और विचारधारात्मक परिप्रेक्ष्य को ही विस्तारित करते रहते हैं। इस प्रवृत्ति को मोटे तौर पर अतिसरलीकृत मार्क्सवादी रवैया कहा जा सकता है।[२]

यह धारा भारतीय राजनीति की ठोस तथ्यात्मक प्रक्रिया को नकारती हुई चलती है, सिर्फ इस वजह से कि यह उसके विश्लेषण और विवेचन के पूर्वनिर्धारित खाँचों में फिट नहीं बैठती। और यह रवैया कुछ विशृंखल अवधारणाओं की भरमार पैदा कर देता है। बनी-बनायी अवधारणाओं को भारतीय यथार्थ पर यांत्रिक और घिसे-पिटे ढंग से आजमाने के कारण इन लोगों की निगाह राजनीति की उन व्यावहारिक शक्तियों की द्वंद्वात्मकता पर केंद्रित नहीं हो पाती जो आर्थिक और सामाजिक संरचनाओं का सतत अतिक्रमण करती रहती हैं।

दरअसल, हमें ऐसे राजनीतिक विश्लेषण की जरूरत है जो तथ्यात्मक रूप से आर्थिक-सामाजिक संरचनाओं की अन्योन्यक्रियाओं की जाँच कर सके। साथ ही इन संबंधों के बारे में संकीर्ण नैतिकतावादी और ह्रासमान नियतत्त्ववादी नजरिये से बच सके। इसका एक तरीका यह हो सकता है कि वर्तमान राजनीतिक संकट के आख्यान की शुरुआत उसकी प्रकृति के वर्णन से की जाये

और फिर देखा जाये कि उसके इस वक्त और इस रूप में फूट पड़ने के पीछे सामाजिक और आर्थिक संरचनाओं में आये बदलावों का कितना योगदान है।

II
संकट की प्रकृति

मौजूदा राजनीतिक संकट अपने बुनियादी अर्थों में राजनीतिक प्राधिकार की वैधता का संकट है।[3] हुआ यह है कि इस व्यवस्था में चुनाव-प्रक्रिया के साथ सरकार और दलीय प्रणाली की असंगति बहुत ज्यादा बढ़ गयी है। चुनाव के जरिये शासन करने का जनादेश नहीं मिल पा रहा है। नतीजतन सरकार और पार्टियों के ऊपर ऐसे दबाव और हित हावी हो जाते हैं जिनके कारण लोकतांत्रिक प्रतिनिधित्व का उसूल ही साँसत में पड़ जाता है। परिणामस्वरूप राजनीतिक प्राधिकार को प्रतिनिधित्वमूलक प्रणाली में आवश्यक आधार नहीं मिल पाता। एक तरफ परंपरा के गर्भ से निकलीं सामाजिक और आर्थिक प्रभुत्व की संरचनाएँ राज्य को प्रभावी ढंग से काम करने लायक स्वायत्तता नहीं मिलने देतीं और दूसरी तरफ जनता के मन में अब इन संस्थाओं के लिए कोई लिहाज नहीं रह गया है। जनता की निगाह में परंपरा से उद्‌भूत इन संरचनाओं में जनादेश को पैदा करने लायक मध्यस्थता करने की शक्ति नहीं रह गयी है। जनता अब इनके जरिये मिले जनादेश को ऐसे हथकंडे के रूप में देखती है जो उसकी लोकतांत्रिक महत्त्वाकांक्षाओं को दरकिनार करने के लिए अपनाया जा रहा है। इसका नतीजा यह निकलता है कि 'स्वतंत्र और निष्पक्ष' चुनाव के जरिये सरकार बनने के बावजूद राजनीतिक प्राधिकार पर जन-वैधता की महत्त्वपूर्ण मुहर नहीं लग पाती। कहने का मतलब यह नहीं है कि चुनाव अब महत्त्वपूर्ण व्यवस्था-परिवर्तन का प्रभावी माध्यम नहीं रह गया है या लोगों का चुनाव से यकीन उठ गया है। असल बात यह है कि चुनाव के जरिये मिलनेवाले राजनीतिक प्राधिकार की जनता के बीच मान्यता लगातार नाकाफी होती जा रही है। इसके कारण वह प्राधिकार न तो व्यवस्था के अंदर से अपने खिलाफ़ हो रहे संरचनागत प्रतिरोध का सामना कर पाता है और न ही इस प्रक्रिया में अपनी आकांक्षाओं की तुष्टि न हो पाने के कारण लोगों द्वारा बाहर से किये जा रहे विरोध से निबट पा रहा है।

वैधता हासिल करने की इस प्रक्रिया का कमजोर पड़ना साठ के दशक से शुरू हुआ था और तभी से यह कमजोरी बढ़ती ही जा रही है।[4] तभी पहली बार सरकार का काम-काज भारतीय राजनीति का एक सजीव मुद्दा बना। तभी से सरकार द्वारा किये-अनकिये कामों की जिम्मेदारी लोग सरकार के अनाम

अस्तित्व पर डालने की बजाय 'सत्ताधारी दल' पर डालने लगे। साठ के दशक के मध्य तक आर्थिक गिरावट साफ दिखने लगी थी। १९६७ में मतदाताओं ने कांग्रेस पार्टी और उसके नेतृत्व को इसका जिम्मेदार ठहराया।

इसी वर्ष हुए चुनाव में वोटरों की यह नयी समझ कांग्रेस पार्टी को ठुकराने में व्यक्त हुई। इसका राजनीतिक व्यवस्था पर गंभीर असर पड़ा। कांग्रेस ने आर्थिक स्तर पर असफल होने से हुई वैधता की क्षति की भरपायी राजनीतिक क्षेत्र में सस्ते लोकलुभावन तरीकों का सहारा ले कर करने की कोशिश करके की।[५] आखिर साबित यह हुआ कि यह रणनीति व्यवस्था को ज्यादा-से-ज्यादा फौरी लाभ ही पहुँचा सकती थी लेकिन व्यवस्था के लिए इसके दूरगामी परिणाम निकले। विकास के लक्ष्य वेधने की जगह सस्ती लोकप्रियता का सहारा लेने से उन सामाजिक-आर्थिक समूहों का चेहरा उघड़ गया जो राष्ट्रव्यापी रूप से सत्ता पर लंबे अरसे से काबिज थे। ये तत्त्व सरकार के नामहीन चेहरे के पीछे छिपे रहते थे और वैधता के सवाल को आम जनता से दूर सिर्फ राजनीतिक-शासकीय प्रणाली के दायरे में ही बनाये रखने में सफल थे।[६] लोकलुभावन पैंतरों के बावजूद जब कामयाबी या नाकामी के मुद्दे एकबार जनता के बीच पहुँच गये तो वैधता को किसी पार्टी के करिश्माई नेता द्वारा प्रदत्त आकर्षक नारेबाजी के जरिये कायम रखना नामुमकिन हो गया। राजनीतिक प्राधिकार को समाज की निचली सतह से उठनेवाली माँगों और पड़नेवाले दबावों का सीधे सामना करना पड़ा। लोकलुभावन रणनीति का नतीजा यह निकला कि जनता और सत्तारूढ़ राजनीतिकों के बीच का 'बफर' गायब हो गया। संस्थाओं के इसी 'बफर' की मध्यस्थ भूमिकाओं के कारण राजनीतिक प्राधिकार जनता की माँगों और दबावों से बचा रहता था।

जाहिर है कि राजनीतिक प्राधिकार द्वारा वैधता हासिल करना अर्थव्यवस्था और जनता की राजनीतिक जागरूकता के बीच संरचनागत विभेद के अपेक्षाकृत कम होने की स्थिति में मुश्किल नहीं था। लेकिन १९६७ के चुनाव के बाद यह सुविधा खत्म हो गयी और अर्थव्यवस्था और व्यापक जनता को संरचनात्मक रूप से अलग-अलग रखना उत्तरोत्तर कठिन होता चला गया। वैधता की होड़ राजनीतिक-शासकीय प्रणाली के दायरे से निकल गयी। राजनीति एक पार्टी के वर्चस्व के तहत प्रभु-वर्ग की आपसी स्पर्धा नहीं रह गयी। चुनाव एक ऐसा अखाड़ा बन गया जिसमें प्राधिकार के दावे सीधे-सीधे निबटाए जाने लगे। राजनीति पहले से कहीं ज्यादा स्पर्धात्मक होकर व्यापक समाज में फैल गयी। राजनीतिक मुद्दे चुनाव के अलावा भी महत्त्वपूर्ण लगने लगे और लोकतांत्रिक राजनीति में 'सीधी कार्रवाई' करनेवाले आंदोलनों ने अपने कदम जमा लिए।

बढ़ते हुए लोकलुभावनवादी दबावों ने संस्थागत राजनीति को अस्थिर कर दिया।

१९६७ के बाद की राजनीति का चरम आपात्काल में दिखायी पड़ा। कांग्रेस-विभाजन से शुरू हुई यह प्रक्रिया १९७१ के मध्यावधि चुनाव से होती हुई लोकलुभावनवादी राजनीति तक पहुँची थी। चुनाव में भारी बहुमत प्राप्त करने के बावजूद १९६७ के चुनाव से पैदा हुई प्रवृत्तियों ने कांग्रेस के लिए पूरी अवधि तक शासन करना कठिन बना दिया। शासक प्रभुओं ने रेडिकल नारेबाजी का सहारा ले कर वैधता की क्षतिपूर्ति करनी चाही लेकिन वह नाकाम रहा। उसे आपात्काल लगा कर विपक्ष द्वारा प्रति-वैधता के दावों को जबरन दबाना पड़ा। इस लिहाज से आपात्काल कांग्रेस के एक हताश कदम की तरह सामने आता है क्योंकि उस समय कांग्रेस की जनता के बीच साख पर गंभीर प्रश्नचिह्न लग चुका था। १९७७ में आपात्काल उठा लिया गया लेकिन अब तक राजनीतिक संस्थाओं और प्रतिरोध आंदोलनों के बीच संबंध भंग हो चुका था और यह प्रवृत्ति प्रतिनिधित्व की प्रणाली के दायरे में भी पहुँच चुकी थी। जातीय, धार्मिक, सांप्रदायिक और क्षेत्रीय शक्ति समूहों की स्पर्धात्मक राजनीति ने प्रतिनिधित्वमूलक रूप ग्रहण कर लिया था। यही कारण था कि राष्ट्रीय स्तर पर प्रतिनिधित्व की व्यवस्था किसी एक पार्टी अथवा गठजोड़ के लिए राजनीतिक बहुमत प्रदान करने में असफल होने लगी।

कुल मिलाकर हालत यह हो गयी कि सर्वोच्च स्तर पर होनेवाली प्रभु-वर्ग की राजनीति के जरिये प्राधिकार मिलना नामुमकिन साबित होने लगा। यह समस्या चुनावी राजनीति से भी नहीं सुलझी। सरकार के लिए जनादेश निर्धारित करने में चुनावी परिणाम की भूमिका नहीं रह गयी। यहाँ तक कि सरकार के नीतिगत कदम भी कार्यपालिका द्वारा किये गये अस्थायी उपायों की तरह लगने लगे और उनका विरोध करनेवाली पार्टियों की छवि वैधता और प्राधिकार से वंचित शक्ति-समूहों जैसी हो गयी।

सरकारी कामकाज और नीति-निर्धारण से जुड़ी वैधता के दावों को चुनावी और वैधानिक चौखटों के बाहर चुनौती दी जाने लगी। मैं इस स्थिति को संकट की खास पहचान के रूप में देखता हूँ। इसकी तीव्रता इस बात से जानी जा सकती है कि आपात्काल हटने के बाद राजनीतिक प्राधिकार किसी भी चुनाव से वैधता हासिल करने में कामयाब नहीं हुआ, बावजूद इसके कि आपात्काल के बाद पहले तीन चुनावों में किसी-न-किसी राजनीतिक दल को विशाल बहुमत प्राप्त हुआ था। दो-तीन साल के भीतर इन सरकारों को बड़े पैमाने पर जन-प्रतिरोधों का सामना करना पड़ा। इस प्रकार चुनाव अपने बुनियादी यानी राजनीतिक प्राधिकार के वैधता के दावों का निबटारा करने के मामले में

निष्प्रभावी हो गये।

राजनीतिक पार्टियाँ आमतौर पर समूहों और समुदायों की अधकचरी आकांक्षाओं को राजनीतिक मुद्दों में रूपांतरित करती हैं। पर यही पार्टियाँ समाज में जातिवादी और साम्प्रदायिक जज्बात उभारने में लग गयीं। राजनीतिक प्राधिकार हासिल करने के लिए ज्यादा-से-ज्यादा बाजार के चक्र का सहारा लिया जाने लगा और समाज के ढाँचे में आयी रुकावटों को हटाने के लिए सीधे नीतिगत उपाय अपनाने का तरीका त्याग दिया गया। इससे शहरी और नये ग्रामीण प्रभु-वर्ग के जमे हुए हितों की ही पूर्ति हुई। नतीजतन न किसी आर्थिक नीति का असर गरीबों और हाशिये पर पड़े लोगों तक पहुँचा और न ही सरकार की सामाजिक नीतियों का।

सत्ताधारी प्रभु-वर्ग राज करने की वैधता को ले कर चिंतित तो था पर उसने इसे सामाजिक संरचना में बदलाव के जरिये हासिल नहीं करना चाहा, जबकि इस बदलाव की ताकतें जमीनी स्तर पर पहले से ही उभर रही थीं। उसके लिए यह सिर्फ कानून और व्यवस्था को दुरुस्त करने का सवाल बन कर रह गया या वह उसे विदेशी पूँजी-निवेश या अंतर्राष्ट्रीय कर्जों के जरिये राहत कार्यक्रम चलाने का मसला मानता रहा। मुखर मध्यवर्ग की आकांक्षाओं को तृप्त करने के लिए ज्यादा-से-ज्यादा नीतियाँ बनवाने की वकालत होने लगी। इस वर्ग में अधिकांशतः सवर्ण जातियाँ थीं। बजाय इसके कि अभी तक बाहर पड़े हुए सामाजिक-आर्थिक समूहों को भी इस वर्ग में शामिल किया जाता, इन नीतियों ने मध्यवर्ग में इन समूहों की भागीदारी को और कठिन बना दिया।

इसका नतीजा यह निकला है कि मध्यवर्ग और बाकी जनता के बीच खाई लगातार बढ़ती गयी। इस स्थिति ने उन्हें सिर्फ आर्थिक और सामाजिक ही नहीं, बल्कि सांस्कृतिक स्तर पर भी अलग-थलग कर दिया वे जीवन की सामान्य समझ या तौर-तरीकों के स्तर पर भी सार्वजनिक जीवन से जुड़े नहीं रह गये। यही कारण है कि वैधता हासिल करने का आधार एक साथ प्रभु-वर्ग और जनता को रास आना बंद हो गया। संकट को और गहराई से समझने के लिए जरूरी है कि भारतीय राजनीतिक व्यवस्था के उस संकटविहीन दौर को फिर से देखा और परखा जाये जो अपेक्षाकृत लंबे समय तक चला। यह अवधि इतनी लंबी थी कि समाज में परिवर्तन की उस समय की वास्तविक शक्तियों को देखते हुए इसका जारी रहना अजीब लगता है। इस पड़ताल से उस राजनीतिक नेतृत्व की भूमिका भी सामने आ जायेगी जिसने नियोजित ढंग से संकट की स्थितियों को आगे खिसकाया या टाल दिया, और इस तरह वर्ग-ध्रुवीकरण के सिद्धांत में निहित पूर्व-नियतत्त्ववाद को भी झुठला दिया।

III

कांग्रेस-प्रणाली की वैधता

जिसे मैं भारतीय राजनीति की संकटविहीनता की स्थिति कहता हूँ, ऐतिहासिक रूप से उसे कांग्रेस-प्रणाली का दौर कहा जा सकता है। मैंने अध्याय के शुरू में ही कहा था कि संकट के न होने का अर्थ यह नहीं है कि समस्याएँ और यहाँ तक कि वैधता की समस्या भी उस समय व्यवस्था में मौजूद नहीं थीं। इसका अर्थ सिर्फ यह है कि जो भी समस्याएँ थीं, वे व्यवस्था के ढाँचे के भीतर ही हल होने लायक या कम-से-कम टल जाने लायक लगती थीं।

कांग्रेस-प्रणाली की समस्याओं से निबटने में कामयाबी की एक वजह यह थी कि उसने नौकरशाही और विधायी प्रक्रियाओं से सार्वजनिक जीवन की संरचनागत दूरी बनाये रखी थी। सार्वजनिक जीवन के राजनीतिकरण की डिग्री कम ही बनाये रखने के कारण राजनीतिक प्राधिकार को प्रशासनिक और वैधानिक फैसले लेने की छूट मिलती रही और उसकी यह स्वायत्तता जनता के बीच से उठनेवाली माँगों से सीधे प्रभावित होने से बच गयी। राजनीतिक चेतना की इस कमी के कारण जनता राजनीतिक प्राधिकार के प्रति एक बिखरी-सी निष्ठा महसूस करती रही जिससे कांग्रेस-प्रणाली का जनमानस में स्थान बना रहा।

उस जमाने में भी सार्वजनिक जीवन के दायरे में हितों की दिशाएँ एक-दूसरे से भिन्न होती थीं। लेकिन विभिन्न गुटों में इसके प्रति जागरूकता बहुत कम थी। ऐसा समझा जाता था कि कांग्रेस-प्रणाली के तहत राज्य नीति-निर्माण के उद्देश्यों के लिए इन हितों का सामान्यीकरण कर लेगा, विधायी और नौकरशाही दायरे में निर्णय-प्रक्रिया के मोटे-मोटे मान्यता-प्राप्त लोकतांत्रिक नियमों को माना जाता रहेगा और जब-जब सरकार की जनता के प्रति जवाबदेही का सवाल उठता तब-तब संसद में या उससे बाहर प्रशासनिक और विधायी स्वायत्तता को 'जनहित' में करार देने की दलील दी जाती रहेगी। इस मायने में कांग्रेस-प्रणाली समस्याओं से भरपूर होने के बावजूद राजनीतिक वैधता के किसी गंभीर संकट से दो-चार होने से बच जाती थी।[७]

बहरहाल, यह कहना पर्याप्त नहीं होगा कि कांग्रेस-प्रणाली की वैधता सिर्फ जनता में राजनीतिकरण के अपेक्षाकृत कम स्तर के कारण थी। राजनीतिकरण के स्तर का संबंध हमेशा समाज के भीतर संरचनागत विभेदों से होता है। यह कहते हुए मैं मानता हूँ कि कांग्रेस-प्रणाली का ऐसा विश्लेषण बहुत कम उपलब्ध है जो इस संबंध के संदर्भ में उसकी वैधता के उद्गम की सीधी जाँच करता हो। हाँ, इस प्रणाली के काम करने के कुछ बेहतरीन ब्योरे और इसके काम करने

की भीतरी राजनीतिक गतिशीलता को बतानेवाले कुछ प्रारंभिक विश्लेषण जरूर मौजूद हैं।[6] लेकिन यह प्रणाली सामाजिक और आर्थिक संरचनाओं में कैसे विकसित हुई और किस प्रक्रिया के जरिये इसे वैधता मिली, इसके बारे में बहुत कम जानकारी उपलब्ध है। समय-समय पर कुछ विद्वानों और राजनीतिक दलों के सिद्धांतकारों ने कांग्रेस-प्रणाली की वैधता के स्रोतों पर टिप्पणी की है और फिलहाल हमें इन्हीं की समीक्षा से संतोष करना होगा।

एक नजरिये के अनुसार कांग्रेस-प्रणाली सामंती सामाजिक और आर्थिक संरचनाओं पर ऊपरी परत के रूप में थोप दी गयी थी जिससे इसके जरिये परंपरागत (जाति-आधारित, अशास्त्रीय) सामाजिक प्राधिकार और उत्पादन के सामंती संबंधों को एक राजनीतिक वैधता मिल गयी थी। मेरी नजर में यह विचार आपत्तिजनक है। स्वतंत्रता-प्राप्ति के समय आर्थिक और सामाजिक संरचनाओं में परिवर्तन की तथ्यात्मक प्रक्रिया से जुड़े बिना कोई राजनीतिक प्राधिकार वैधता प्राप्त नहीं कर सकता था। परिवर्तन की इस प्रक्रिया का एक अटूट हिस्सा बन कर ही कांग्रेस-प्रणाली को ऐसी सशक्त राजनीतिक वैधता मिल सकी थी।

इस व्याख्या के अनुसार कहा जा सकता है कि कांग्रेस ने समाज में सामंती तत्त्वों की हैसियत प्रत्यक्ष रूप से घटाते हुए सत्ता का नया आधार बनाया और फिर उसे राजनीतिक प्रक्रिया के जरिये वैध बनाने की कोशिश की। कांग्रेस का यह राजनीतिक रवैया उन दो सामाजिक संरचनात्मक परिवर्तनों के प्रति था जो समाज में पहले ही हो चुके थे।

पहला परिवर्तन था श्रेणीगत जाति-संरचना का कमजोर होना और उसके विभाजक और क्षैतिज पहलू का मजबूत होना। इसके साथ ही समाज पर कर्म-सिद्धांत की नियामक पकड़ भी ढीली हो गयी थी। इस परिवर्तन से उस जाति-व्यवस्था का टूटना शुरू हुआ जो पूरे भारत के सामाजिक संगठन की विचारधारा बन चुकी थी। इस टूटन से जातियाँ क्षेत्रीय शक्ति-समूहों में बदल गयीं। इसने व्यक्तिगत उपलब्धियों और आचरण को नये सामाजिक स्तर-विन्यास की विचारधारा के रूप में प्रोत्साहित किया।

दूसरी तरह का परिवर्तन व्यवसाय यानी पेशागत संरचना में आया। यह परिवर्तन इसलिए बढ़ता चला गया क्योंकि समाज में उन व्यवसायों का उदय हो गया था जो किसी जाति से नहीं बँधे थे और जिनके कारण ग्रामीण और शहरी, दोनों क्षेत्रों में काफी कुछ एक क्षैतिज व्यवसायगत गतिशीलता आ गयी थी।

कांग्रेस-प्रणाली ने इन विकासमान संरचनाओं में अपने आधार की शिनाख्त की, ग्रामीण क्षेत्र में उसने भूमिधर किसान (सामंती जमींदार नहीं) को चुना और शहरी इलाके में विकसित हो रहे अर्थव्यवस्था के तृतीयक क्षेत्र को। इसके साथ-

साथ खेतिहर-मजदूरों, जातीय अल्पसंख्यकों और अनुसूचित जातियों और जनजातियों को कुछ हद तक शासकीय नीतिगत प्रक्रिया के जरिये और कुछ हद तक दलीय संरचना में राजनीतिक गोलबंदी के जरिये राजनीति से जोड़ा।

कांग्रेस-प्रणाली के बारे में दूसरा नजरिया कांग्रेस की सामंती संरचना के आधार को नकारता है। इसके अनुसार कांग्रेस ने उभरते हुए पूँजीवादी वर्ग का राजनीतिक औजार बन कर वैधता प्राप्त की। मेरे विचार में यह एक बेहद जटिल प्रक्रिया को समझने का एक अत्यंत सरलीकृत तरीका है। वास्तविकता यह है कि कांग्रेस ने इस बात का खास ध्यान रखा कि उसे किसी एक वर्ग के हितों का पर्याय न समझा जाये, बावजूद इसके कि उस जमाने में जनता को हितों की विभिन्न दिशाओं का एहसास होना शुरू भी नहीं हुआ था।

कांग्रेसी नीतियों से पूँजीपति वर्ग के विकास की प्रक्रिया को नुकसान ही पहुँचा। न तो शहरी क्षेत्र के औद्योगिक या व्यापारिक उद्यमियों को और न ही ग्रामीण क्षेत्र के पूँजीपति किसानों को ही इनसे कोई महत्त्वपूर्ण फायदा हुआ। उलटे कांग्रेसी नीतियों ने बाजार-प्रक्रिया के स्वाभाविक विकास को सीमित करके और दूसरी तरफ अनाज उत्पादन के लिए कुछ खास क्षेत्र निर्धारित करके और अनाज की कीमतों पर नियंत्रण करके चुनिंदा बड़े और स्थापित औद्योगिक और व्यापारिक घरानों को ही संरक्षण दिया।

इन नीतियों की विचारधारात्मक अभिव्यक्ति समाजवादी लफ्फाजी में हुई। कांग्रेस वास्तव में शहरी और ग्रामीण, दोनों क्षेत्रों में उदीयमान पूँजीवादी उद्यमियों से इतनी सतर्क थी कि उसने उत्पादन का स्वाभाविक विकास भी नहीं होने दिया। परिवर्तन से उत्पन्न दबावों को टालने के लिए विस्तार की जगह नियंत्रण को सर्वोत्तम नीति माना गया। उत्पादन-प्रक्रिया की मंदी को 'आयात-प्रतिस्थापन' की नीतियों से ढँका गया। नतीजतन उपभोक्ता वस्तुओं का उत्पादन चुनिंदा बड़ी औद्योगिक इकाइयों का एकाधिकार हो गया। कृषि-क्षेत्र में उत्पादन मंदी को पीएल-४८० अनुबंध के अंतर्गत अनाज के आयात से प्रतिसंतुलित कर दिया गया। इस तरह कांग्रेस राजनीतिक स्थिरता कायम रखने में सफल रही पर उसने न तो पूँजीवादी अर्थतंत्र का विकास होने दिया और न ही पूरी तरह समाजवादी अर्थतंत्र को बढ़ावा दिया।

समय के साथ कांग्रेस-प्रणाली ने विकास का एक ऐसा नौकरशाह ढाँचा स्थापित कर लिया जो न तो समाजवादी था, न ही पूँजीवादी। अगर ऐसे ढाँचे को व्याख्यायित करना हो तो उसे अनजाने में दुर्घटनावश पूँजीवादी होते जाना और समाजवाद के नाम पर धोखा-धड़ी करना कहा जा सकता है।

कांग्रेस-प्रणाली द्वारा वैधता हासिल करने का यह कार्यक्रम भी किसी

दीर्घकालीन परिप्रेक्ष्य पर आधारित नहीं था। अगर उसके पास ऐसा कोई परिप्रेक्ष्य होता तो वह आर्थिक इजारेदारी को खत्म करके और भूमि-सुधार तथा दलों और सरकार की निर्णयकारी संरचनाओं के प्रगतिशील लोकतंत्रीकरण को प्रोत्साहित करके उदारतावादी लोकतंत्र को मजबूत करती। पर कांग्रेस ने ऐसा कुछ नहीं किया। उसने जो भी किया, वह था जनता को संरचनात्मक स्तर पर सफलतापूर्वक विधायी और नौकरशाह दायरे से बिलकुल असंबद्ध रखना ताकि चुनाव के दौरान या राजनीतिक आंदोलन के जरिये वैधता के दबाव सिर ही न उठा सकें।

ऐसा वह बहुत कुशलता से और बहुत लंबे समय तक करती रही। संभवत: किसी अन्य परिस्थिति में आर्थिक और सामाजिक संरचना के भीतर उभरती विभेदीकरण की ताकतें इतने लंबे वक्त तक ऐसा नहीं होने देतीं। इस कार्यक्रम का एक और असर पड़ा। वर्ग-ध्रुवीकरण की प्रक्रिया नहीं चली। उसकी बजाय अभिजात वर्ग और आम लोगों के बीच का द्विभाजन उभर आया। इसने लंबे समय तक सामाजिक और राष्ट्रीय एकता को ही राजनीति का केंद्रीय मुद्दा बनाये रखा और इस तरह सरकार का काम-काज वास्तविक मुद्दा नहीं बन सका। ऊपर से इसने ग्रामीण समाज के उभरते संघर्षों को पार्टी के अंदर ही गुटीय संरचना की इजाजत दे कर जज्ब कर लिया। संक्षेप में, कांग्रेस ने राजनीतिक व्यवस्था को आर्थिक और सामाजिक संरचनाओं में घटित हो चुके और घट रहे परिवर्तनों से अलग करके अपनी वैधता बनाये रखी।

इस चर्चा से दो बातें सामने आती हैं। पहली यह कि कांग्रेस-प्रणाली ने वैधता प्राप्त करने की प्रक्रिया का आधार परंपरागत प्राधिकार-प्रणाली और सामंती संरचना को न बना कर स्वतंत्रता आंदोलन के कारण राजनीतिक क्षेत्र में उत्पन्न गोलबंदी की प्रवृत्ति और सामाजिक-आर्थिक व्यवस्था की बदलती श्रेणीगत और व्यवसायगत संरचना को बनाया। ऐसा करके उसने अपरिपक्व राजनीतिक व्यवस्था को जनता की बढ़ती माँगों से अलग करने में कामयाबी हासिल की और नतीजतन वैधता हासिल करने के मुद्दे ने उसे परेशान नहीं किया।

अर्थात कांग्रेस ने अफसरशाही और राजनीतिक क्षेत्र में फैसला लेने के लोकतांत्रिक तरीकों और प्रक्रियाओं को कायम रखा जो कि नयी राजनीतिक व्यवस्था की वैधता को स्थापित करने के लिए एक अनिवार्य कदम था। लेकिन, दूसरी तरफ, कांग्रेस सार्वजनिक दायरे में लोकतंत्र के सारतत्त्व को निर्धारित और उसकी अभिपुष्टि करने से बचती रही। इस तरह उसने सामाजिक और आर्थिक संरचनाओं में हो रहे बदलावों को व्यापक जनता के बीच से वैधता प्राप्त करने की प्रक्रिया को प्रभावित करने से काफी हद तक रोक दिया।

दूसरी बात का संबंध भारतीय राजनीतिक-नौकरशाह प्रभु-वर्ग की प्रकृति से है जिसके हाथ में कांग्रेस-प्रणाली का संचालन था। इस वर्ग की सामंती या पूँजीवादी हितों का प्रतिनिधित्व करनेवाले वर्ग के रूप में शिनाख्त करना उसे बहुत सीमित तौर पर व्याख्यायित करना होगा। वास्तव में इस तरह की व्याख्या भ्रांतिकारी भी हो सकती है। इस प्रभु-वर्ग का चरित्र न तो पूँजीपतियों की तरह विस्तारवादी था, न ही उसमें पूँजीवाद की कार्य-संस्कृति थी और न ही उसमें सत्ता की सामंतवादी समझ थी। यह तो राजनीतिक रूप से मिला-जुला वर्ग था। उसके पास एक लंबी और विशिष्ट परंपरा की विरासत थी, यह थी ब्राह्मणवादी सांस्कृतिक परंपरा जिसे समाज को खानों में विभक्त करने की महारत हासिल थी न कि विस्तार या अधीनस्थता की प्रक्रिया में।

इस तरह भारतीय राजनीतिक प्रभु-वर्ग अपने शासन का इस्तेमाल टकराव के अंदेशों से ग्रस्त हितों को आपस में बाँटने और उन पर एक पितृतुल्य नियंत्रण रखने में माहिर था। उसकी यह प्रवृत्ति पहलकदमी को प्रोत्साहित करने की बजाय रोकती थी। इस वर्ग के लोग किसी भी तरह के विस्तार के खिलाफ थे। यहाँ तक कि वे उस विस्तार के भी खिलाफ थे जिसे व्यवस्था के अस्तित्व के लिए जरूरी समझा जाता था। समान रूप से वे उन तत्त्वों को जबरन अधीनस्थ बनाने के भी खिलाफ थे जो इनके खयाल से उनके द्वारा चलायी जा रही व्यवस्था को चुनौती दे सकते थे। इसकी बजाय उन्होंने तरह-तरह की विभिन्नताओं और विरोधाभासों के प्रति बेहद सहिष्णुता दिखलाते हुए उन्हें समायोजित करने के लिए तरह-तरह के तरीके ईजाद किये। यही कांग्रेस-प्रणाली की ताकत थी और कमजोरी भी।

कुल मिलाकर कहा जा सकता है कि कांग्रेस-प्रणाली हिंदू समाज-व्यवस्था का एक राजनीतिक लघु रूप थी। मसलन, ऐतिहासिक रूप से हिंदू प्रणाली ने अपनी वैधता के मुकाबले उठे दावों को लगातार तितर-बितर करके अपने अंदर समा लेने का तरीका अपनाया था (जैसे कि बौद्ध धर्म की चुनौती)। उसने हाशिये पर पड़ी शक्तियों को अधीनस्थ करने की कोशिशों (जैसे कि दास-प्रथा को संस्थागत रूप देना) की बजाय वर्ण-जाति की अखिल भारतीय विचारधारा के जरिये नियंत्रित करने की विधि अपनायी थी। कांग्रेस-प्रणाली के रूप में फिर से जन्म ले कर इसने समाजवाद की वैचारिक लफ्फाजी अपनायी। इसने राजनीतिक-नौकरशाह प्रभु-वर्ग (नवब्राह्मण वर्ग?) द्वारा प्रबंधित 'मिश्रित अर्थव्यवस्था' के जरिये व्यवस्थाओं के अंदर लगातार उठनेवाले प्रति-वैधता के दावों को विरल करने में कामयाबी हासिल की।

IV
संकट का संरचनात्मक आधार

राजनीतिक सत्ता द्वारा वैधता हासिल करने की यह प्रक्रिया जिस पर कांग्रेस-प्रणाली ने महारत हासिल कर ली थी, अब कारगर नहीं रह गयी है। और, इसके साथ ही कांग्रेस-प्रणाली का स्वाभाविक अंत भी हो गया है। अब राजनीतिक व्यवस्था को जनता के स्तर पर हो रहे परिवर्तनों से अलग करना संभव नहीं रह गया है। अगर इस संकट को महज राजनीतिक और नौकरशाह दायरे का संकट ही माना जाता रहा और पूरी व्यवस्था के संकट के तौर पर इसकी शिनाख्त न की गयी तो इसका सामना करने के लिए राजनीतिक और आर्थिक स्तर पर कदम नहीं उठाये जा सकेंगे। हमें यह मानना ही होगा कि कांग्रेस-प्रणाली वास्तव में परिवर्तनों को रोकनेवाली प्रक्रिया थी जो इतने लंबे वक्त तक सफलतापूर्वक चलती रही क्योंकि सामाजिक और आर्थिक संरचना में हो रहे परिवर्तन ताकतवर होकर इतने नहीं फैल पाये थे कि आम जनता के स्तर पर विभेदीकरण की शुरुआत कर सकते। लेकिन साठ के दशक के अंत में और सत्तर की शुरुआत में सार्वजनिक जीवन के दायरे में इन बदलावों का असर दिखना शुरू हो गया और इससे भारतीय राज्यतंत्र की वैधता पर सवाल उठाये जाने लगे। आइए, अब हम १९५० और १९७० के दशकों के बीच आये परिवर्तनों की एक त्वरित लेकिन सोदाहरण समीक्षा करें और देखें कि वैधता की समस्या पर उनका क्या प्रभाव पड़ा और हमारी राजनीतिक व्यवस्था सत्तर के दशक से लगातार वैधता प्राप्त करने की चुनौती को कैसे टालती रही और किस तरह आज भी इसी प्रवृत्ति की शिकार है।

हमारी जनसंख्यामूलक संरचना में आधारभूत परिवर्तन ५० और ७० के दशकों के बीच आये। १९५१ से १९७१ के बीच जनसंख्या वृद्धि की ऊँची दर के बावजूद साक्षरता १६ फीसद बढ़ गयी (१८ से ३४ फीसद)। महत्त्वपूर्ण बात यह थी कि आबादी में साक्षरों का अनुपात (चार साल की उम्र के ऊपर) ग्रामीण क्षेत्रों के लिए लगभग दोगुना (१४ से २७.३ फीसद) और ग्रामीण महिलाओं के लिए तिगुना हो गया (५ से १५ फीसद)। १९५१ में ४० प्रतिशत और १९६१ में ५४ फीसद की तुलना में कुल शहरी साक्षरता ६० फीसद हो गयी। १९७१ तक लगभग ७० फीसद शहरी पुरुष और ४८ फीसद शहरी स्त्रियाँ साक्षर थीं। जनसंख्या में साक्षरों की विशुद्ध संख्या में वृद्धि बहुत अधिक थी, जो इन दरों से जाहिर नहीं होती, १९६१ में ८,३०,००,००० लोग साक्षर थे जो १९७१ में बढ़ कर १६ करोड़ हो गये।

पूरी जनसंख्या की प्रतिशत वृद्धि में, शहरी जनसंख्या में २ प्रतिशत वृद्धि हुई

(१९६० में १८ और १९७१ में २० प्रतिशत)। विशुद्ध संख्या में यह वृद्धि १९६१ में ८ करोड़ से १९७१ में १०,९०,००,००० हो गयी। ग्रामीण और शहरी बस्तियों की संरचना में परिवर्तन और भी अधिक महत्त्वपूर्ण था। २०,००० की आबादीवाले शहर १९६१ में ७३५ से बढ़ कर [illegible] ९१३ हो गये।

१९६१ से १९७१ के दौरान जनसंख्या-वृद्धि ल[illegible]तार शहरों में ज्यादा रही। यह बढ़ोतरी दस लाख की आबादीवाले शहरों में ५२ फीसद, २० से ५० हजार की आबादीवाले शहरों में ४५ फीसद और १० से २० हजार की आबादीवाले कस्बों में २० फीसद थी। खास बात यह है कि छोटी शहरी बस्तियों में जहाँ जनसंख्या १० हजार से नीचे थी, वहाँ जनसंख्या वृद्धि नकारात्मक रही। पाँच से दस हजार की जनसंख्यावाले कस्बों में ८.८ फीसद और पाँच हजार से कम जनसंख्यावाले कस्बों में २२.९ फीसद।

ग्रामीण बस्तियों की रचना में भी ऐसे ही परिवर्तन हुए। बड़े गाँवों की संख्या में वृद्धि हुई जबकि छोटे गाँवों की संख्या या तो समान रही या कम हो गयी। १९७१ में ५० फीसद से ज्यादा ग्रामीण जनसंख्या एक हजार से ज्यादा जनसंख्यावाले गाँवों में बसी थी जबकि इसका केवल छठा हिस्सा ऐसे गाँवों में था जिनकी संख्या ५०० से कम थी। इसके विपरीत १९५१ में एक तिहाई ग्रामीण जनसंख्या ऐसे गाँवों में बसी थी, जिनकी संख्या ५०० से कम थी। इस तस्वीर में वे परिवर्तन भी शामिल किये जाने चाहिए जो १९५२ से १९७७ के बीच भारतीय निर्वाचक समूह की संरचना में आये।[१०] सिर्फ संख्या के स्तर पर ही निर्वाचक समूह १९५२ के प्रथम आम चुनावों में १,७३,००,००० से बढ़ कर ३,६०,००,००० हो गया। १९७७ में निर्वाचक समूह का तीन चौथाई हिस्सा वे मतदाता थे जो स्वतंत्रता के बाद जन्मे थे या मतदान की उम्र तक पहुँच गये थे। इनमें एक चौथाई लोग तो १९४७ के बाद ही जन्मे थे। समग्र रूप से यह एक ऐसे परिवर्तन की तस्वीर थी जो एक बहुत ही भिन्न सामाजिक, आर्थिक और राजनीतिक शक्ति-समूहों का प्रतिनिधित्व कर रही थी। जाहिर है कि ७० के दशक से संबंधित राजनीतिक विश्लेषणों के साथ जुड़ी और आज तक चालू मान्यताओं को राजनीतिक संकट की बेहतर समझ के लिए उपयुक्त ढंग से संशोधित करना होगा।

यह बात और भी स्पष्ट हो जायेगी अगर हम समाज के संरचनात्मक परिवर्तनों की प्रकृति पर ध्यान दें। पहला परिवर्तन तो जाति के श्रेणीबद्ध ग्रामीण सामाजिक ढाँचे के तेजी से मजदूरी और पूँजी की आर्थिक शक्तियों पर आधारित जाति-वर्ग की आपस में संघर्षरत संरचनाओं में ध्रुवीकरण के रूप में हो रहा था। उदाहरण के तौर पर १९६१ में ६० फीसद ग्रामीण श्रमिक किसान और सिर्फ १९

फीसद खेतिहर मजदूर थे। १९७१ तक यह स्थिति तेजी से बदली और खेतिहर मजदूरों में १२ फीसद की वृद्धि हुई तथा किसानों में १० फीसद की कमी। इस तरह १९७१ तक ग्रामीण श्रम-शक्ति का ८२ फीसद हिस्सा किसान और खेतिहर मजदूर था जिसमें करीब ५२ फीसद किसान थे और ३१ फीसद खेतिहर मजदूर।

ग्रामीण श्रम-शक्ति की अन्य श्रेणियाँ सामान्य तौर पर सामंती व्यवस्थागत संरचना पर निर्भर करती थीं—यहाँ हम उन शहरी व्यवस्थागत श्रेणियों को नजरअंदाज करेंगे जो ग्रामीण क्षेत्रों में लगभग न के बराबर थीं जैसे घरेलू उद्योग, पशुपालन, वानिकी, मछलीपालन और अन्य सेवाएँ १९६१ में ग्रामीण श्रम-शक्ति का १६ प्रतिशत थीं। १९७१ में यह संख्या कम होकर १० फीसद रह गयी। इस तरह वह व्यवसायगत संरचना जो एक समय में ग्रामीण व्यवस्था के सामाजिक संगठन से संचालित थी, अब तेजी से सिकुड़ती जा रही थी और इससे मजदूरी और पूँजी पर आधारित अर्थव्यवस्था के लिए जगह बन रही थी।

दूसरे, जजमानी-आधारित उत्पादन-संबंधों का मौद्रिकीकरण हो रहा था। व्यवस्था के सामाजिक संगठन के भीतर काम करनेवाली और संरक्षक जाति पर निर्भर और उनके सामाजिक रुतबे के अधीन रहनेवाली कारीगर और अन्य कामगार जातियाँ समाज के इस ताने-बाने से अलग हो गयी थीं।

इस प्रकार ग्रामीण अर्थव्यवस्था का सेवा-क्षेत्र अब सिर्फ कृषि पर निर्भर नहीं रहा बल्कि तेजी से अर्थव्यवस्था के एक ऐसे स्वतंत्र क्षेत्र के रूप में विकसित होने लगा जो ग्रामीण अर्थव्यवस्था से नहीं, बल्कि राष्ट्रीय अर्थव्यवस्था से जुड़ा हुआ था। अब इस क्षेत्र में व्यावसायिक संबंध कर्मचारी और सेवायोजक (मालिक) के ज्यादा थे, संरक्षक और सेवक के कम। उदाहरण के तौर पर अगर हम ग्रामीण क्षेत्र की गैरकृषि श्रम-शक्ति पर एक नजर डालें तो पायेंगे कि १९६१ में इस क्षेत्र के ४४ फीसद लोग कर्मचारी-सेवायोजक संबंध के तहत आ चुके थे। १९७१ में यह दर बढ़ कर ६० फीसद हो गयी।

१९६१ में इसमें ४२ फीसद कर्मचारी थे और ३ फीसद सेवायोजक पर १९७१ तक कर्मचारी संख्या बढ़ कर ५५ फीसद हो गयी जबकि सेवायोजकों का प्रतिशत समान रहा। एकल स्वरोजगारवाले मजदूरों और गैरकृषि ग्रामीण-श्रम में घरेलू मजदूरों के अन्य दो क्षेत्रों में भी महत्त्वपूर्ण परिवर्तन आये, स्वरोजगारवाले श्रमिकों की संख्या ४५ फीसद से घट कर ३४ फीसद हो गयी जबकि घरेलू मजदूर ११ फीसद से घट कर ८ फीसद रह गये।

इससे भी महत्त्वपूर्ण तथ्य यह है कि ग्रामीण अर्थव्यवस्था में पगार पर काम करनेवालों का प्रतिशत भी अपेक्षाकृत तेजी से बढ़ा। १९६१ से १९७१ के दौरान शहरी और ग्रामीण, दोनों क्षेत्रों में सेवायोजकों का प्रतिशत समान बना रहा

जबकि कामगारों की संख्या में वृद्धि शहरों में ५ फीसद तथा ग्रामीण क्षेत्रों में १५ फीसद तक रही। बहरहाल इस बात पर भी ध्यान देना होगा कि श्रम-शक्ति की औद्योगिक श्रेणी में खदान मजदूरों, घरेलू उद्योग के कर्मचारियों और अन्य क्षेत्रों में शहरी मजदूरों की संख्या बढ़ी। इससे शहरी औद्योगिक व्यावसायिक संरचना में आये महत्त्वपूर्ण बदलाव का पता चलता है।

हालाँकि श्रम-शक्ति में आये ये सभी परिवर्तन कुछ हद तक मजदूर की परिभाषा बदलने से और १९७१ की जनगणना में व्यावसायिक श्रेणियों के वर्गीकरण से भी प्रभावित हुए लेकिन शहरी और ग्रामीण, दोनों अर्थव्यवस्थाओं में मजदूरी और पूँजी के उभरते अंतर्विरोधों की प्रवृत्ति इससे बिलकुल स्पष्ट हो जाती है।

इस तरह के संरचनात्मक परिवर्तनों के साथ सामाजिक और राजनीतिक जागरूकता में भी बदलाव आया। मसलन दिल्ली के *विकासशील समाज अध्ययन पीठ*[११] द्वारा किये गये १९७१ के बाद भारतीय नागरिकों की राजनीतिक प्रवृत्तियों के एक अध्ययन के अनुसार (यह ३८०० नागरिकों के प्रतिनिधि-राष्ट्रीय नमूने पर आधारित था) जनसंख्या के लगभग एक चौथाई उत्तरदाताओं ने अपने गिरते हुए जीवन-स्तर के लिए भाग्य अथवा भगवान की बजाय सरकारी नीतियों और उन दलों को जिम्मेदार ठहराया, जो उनके विचार में उनके हितों के खिलाफ थे।

विभिन्न राजनीतिक मुद्दों पर जनता के इस प्रतिनिधि नमूने के जिन लोगों ने अपने विचार व्यक्त किये (कुल प्रतिनिधियों का लगभग ७० प्रतिशत) उनमें से २६ प्रतिशत ने सरकार और उन आर्थिक-सामाजिक समूहों, जो उनके विचार में उनके खिलाफ थे, के विरुद्ध प्रत्यक्ष कार्रवाई का पुरजोर समर्थन किया। २७ फीसद लोग हालाँकि सरकारी नीतियों को प्रभावित करने के लिए प्रत्यक्ष कार्रवाई के खिलाफ थे पर उन्होंने संवैधानिक तरीकों से संरचनात्मक परिवर्तनों की तरफदारी की। इस आमूलवादी परिवर्तन का नजदीकी संबंध गरीबी से था (जिसे मासिक घरेलू आय के रूप में मापा गया)। जाति-धर्म वगैरह के फर्क का खयाल किये बिना गरीबों में एक स्पष्ट आमूलवादी प्रकृति दिखायी दी। लेकिन अपनी खुशहाली में बाधक बनी हुई संरचनाओं के खिलाफ आमूलवादी रुझान के रूप में राजनीतिक-सामाजिक चेतना की उपलब्धि की संभावना इन लोगों में बढ़ती हुई साक्षरता, शहरीकरण और अपने आवासीय क्षेत्रों के विकास पर निर्भर निकली।[१२]

सामाजिक और आर्थिक ढाँचों में बदलाव और नागरिकों की राजनीतिक जागरूकता की यह समीक्षा हालाँकि बहुत सतही है फिर भी इस तथ्य को

उजागर करने के लिए काफी है कि ७० के दशक की शुरुआत में कांग्रेस व्यवस्था का सामना न केवल राजनीतिक प्रक्रिया में आ रहे बदलाव से बल्कि पूरे सामाजिक संगठन के सिद्धांत से भी हुआ था।

इन परिवर्तनों का अर्थ न समझ पाने की वजह से या इन्हें स्वीकार करने की इच्छा न होने की वजह से राजनीतिक नेतृत्व ने इन संरचनात्मक परिवर्तनों को या तो विशुद्ध रूप से राजनीतिक जोड़-तोड़ समझा या फिर कानून और व्यवस्था की समस्या। इन बदलावों के प्रति उचित राजनीतिक और आर्थिक अनुक्रिया करने में राजनीतिक नेतृत्व की असमर्थता ने वैधता खोते जाने की प्रक्रिया को और भी तेज कर दिया और अंततः यह प्रणाली वाकई एक प्रणालीगत संकट में पड़ गयी।[१३]

V
संकट के विभिन्न पहलू

१९७० के दशक के जिन संरचनात्मक बदलावों की प्रक्रिया ने कांग्रेस-प्रणाली की वैधता का क्षय किया वे अब काफी विस्तार और शक्ति अर्जित कर चुके हैं। नतीजतन, पूरी राजनीतिक प्रणाली एक संकट का सामना कर रही है। इस संकट को समझने और इससे निबटने के तरीकों के लिए मैं निम्नलिखित निष्कर्षों को पेश करना चाहूँगा।

१. केंद्र और इसकी परिधियों का संबंध पहले 'आधुनिक-राजनीतिक संस्थाओं' और 'परंपरागत' सामाजिक-सांस्कृतिक व्यवस्था के बीच का संबंध माना जाता था। अब उसे सामाजिक-आर्थिक परिधियों (ऐसे सामाजिक-आर्थिक समूह जो शैक्षिक और व्यावसायिक तौर पर एकीकृत नहीं हैं) और राष्ट्रीय अर्थव्यवस्था के अनोन्यक्रियात्मक संबंध की तरह देखा जाता है। सामाजिक व्यवस्था में नये समीकरण बैठाने की इस प्रक्रिया में राजनीति अब एक दबाव-क्षेत्र बन कर रह गयी है। वृहत राजनीति के क्षेत्र में अब 'राष्ट्रीयता' को पुन:परिभाषित करने या राष्ट्रीय समाज के एकीकरण के उपाय खोजने की होड़ हो रही है। इस प्रकार १९८० के दशक के विभिन्न आंदोलनों जैसे 'धरती के पुत्र' आंदोलन, भाषा, जाति और संप्रदाय को ले कर पैदा हुए तनावों, जातीय अस्मिताओं और विभिन्न उपराष्ट्रीयताओं के पनपने को अब समाज की गैरधर्मनिरपेक्षता या पुरातनपंथी भावनाओं का यकायक भड़कना नहीं माना जा सकता। ये आंदोलन तो सामाजिक-आर्थिक एकीकरण के नये प्रणालीगत दबावों से उठनेवाले राजनीतिक संघर्षों का प्रतिनिधित्व करते हैं और सामाजिक-आर्थिक समूहों द्वारा

अपने ऊपर पड़े राष्ट्रीय अर्थव्यवस्था में आये बदलावों के विपरीत प्रभावों के कारण आपसी संबंधों के पुन: सहयोजन की माँग भी पेश करते हैं। मूल रूप से यह संकट समाज में आये बदलाव से उत्पन्न वैधता के क्षय का राजनीतिक व्यवस्था द्वारा सामना न कर पाने की वजह से आया है।

२. चूँकि राजनीति की मुख्य संस्थाएँ—दल, विधायिका वगैरह ने अब इस प्रक्रिया के प्रति अनुक्रिया करने की पहल ही खो दी है, इसलिए पुन: परिभाषा और पुन:सहमति के ये मुद्दे संस्थागत राजनीति से बाहर ही उठाये जा रहे हैं और इन पर संघर्ष किया जा रहा है। अत: जरूरत इस बात की है कि सामाजिक और राष्ट्रीय एकता के मुद्दे को सिर्फ विभिन्न मूल्यों, आस्थाओं और संस्कृतियों से जुड़े संप्रदायों की भावनात्मक एकता की समस्या के रूप में ही न देखा जाये बल्कि हितों को परस्पर समायोजित न कर सकनेवाले समूहों के रूप में भी देखा जाये। पूरी व्यवस्था अपने संगठन के सिद्धांत में ही बुनियादी परिवर्तन का सामना कर रही है, जो समाज के विभिन्न समूहों और व्यक्तियों को अपने कामों और हितों की स्थानिकता को सिरे से निर्धारित करने के लिए दबाव डाल रही है। यह प्रक्रिया एक ऐसी उभरती हुई राष्ट्रीय अर्थव्यवस्था में चल रही है जो खुद को अंतर्राष्ट्रीय अर्थव्यवस्था में मिला देने की कोशिश में है।

३. यह धारणा भी बदली जानी चाहिए कि भारतीय व्यवस्था बहुलताओं का एक जमावड़ा-भर है। हालाँकि यह सच है कि परंपरागत सांस्कृतिक तत्त्वों के सामाजिक-आर्थिक विभेदीकरण में लगी धर्मनिरपेक्षता जैसी ताकतें समाज के आधार में सक्रिय हैं और इस बदलाव में मध्यस्थ की भूमिका के रूप में राजनीति के लिए गुंजाइश अब भी बची हुई है, फिर भी यह नहीं भूलना चाहिए कि सामाजिक संरचनागत बदलावों से निकलती ताकतें राजनीतिक प्रणाली को भी तोड़ सकने की ताकत रखती हैं। समाज में धर्मनिरपेक्षीकरण का नतीजा ध्रुवीकृत वर्ग-संरचना के रूप में नहीं निकला है जबकि सैद्धांतिक आधार पर ऐसी ही उम्मीद थी। बल्कि उसने पहले से मौजूद बहुलताओं का द्विभाजन कर दिया है। हो यह रहा है कि उनके धर्मनिरपेक्ष आर्थिक हित राजनीति में शुद्ध पहचान के रूप में उभारे जा रहे हैं। चूँकि हिंदू-मुसलमान, सिख-हिंदू, ग्रामीण-शहरी, स्थानीय-बाहरी, आदिवासी-गैरआदिवासी और सवर्ण-दलित जैसे विभाजनों को ठोस आर्थिक हितों के विस्तार में आधार तो मिला है लेकिन उनकी राजनीतिक अभिव्यक्ति आत्मगत सामाजिक-सांस्कृतिक और जातीय शब्दावली में है। इसलिए संस्थागत राजनीति में उन्हें एक-दूसरे से जोड़ पाना और आर्थिक वर्गों के रूप में उनकी संरचना नहीं हो पा रही है।

४. सामाजिक-सांस्कृतिक अस्मिताएँ सत्ता में हिस्सेदारी के लिए आपस में

होड़ करते और टकराते हुए अपने अंदर आर्थिक रूप से विभेदीकृत हो जाती हैं। आर्थिक आयाम में आंतरिक विभाजन की शिकार इन सांस्कृतिक अस्मिताओं द्वारा प्रतिनिधित्व और सत्ता के दावों को मौजूदा दलीय प्रणाली नहीं सँभाल पाती। संस्थागत राजनीति के माध्यम से वंचित ये दावे अक्सर स्वयं को सीधी कार्रवाई के जरिये व्यक्त करते हैं। इससे स्थापित राजनीतिक प्राधिकार को वैधता मिलने की प्रक्रिया का क्षय होता है। उस राजनीतिक प्रक्रिया का उभार भी रुक जाता है जो सबको जोड़ती हुई ऐसे राष्ट्रव्यापी आंदोलन की शक्ल ग्रहण करने की संभावनाएँ रखती है जो प्रति-वैधता के दावों को कामयाबी से व्यक्त कर सकता है। चौतरफा चल रही अस्मिताओं की राजनीति और राजनीतिक प्राधिकार के बीच का यह गतिरोध अगर जारी रहा तो व्यवस्था एक नये संकट में फँस सकती है। यह नया संकट सामाजिक विखंडन और राजनीतिक बिखराव ले कर आयेगा। अगर बिखराव की तरफ यह फिसलन जारी रही तो उससे यह व्यवस्था वैधता के मौजूदा संकट से राष्ट्रीय एकता के एक बहुत बड़े संकट में पहुँच जायेगी यानी एक राष्ट्र के रूप में भारत का अस्तित्व ही खतरे में पड़ जायेगा।

५. समाज में हो रहे परिवर्तनों के सफल राजनीतिक प्रबंधन के लिए एक स्थिर दलीय व्यवस्था अनिवार्य है। ऐसी कोई संस्थागत संभावना नजर नहीं आती है कि फिर से एक दल के वर्चस्व की प्रणाली उभर सके। इस या उस दल को भारी बहुमत मिल जाने से भी ऐसा मुमकिन नहीं होगा। इसकी वजह यह है कि सार्वजनिक जीवन का दायरा अपनी संरचना और चरित्र में बदल चुका है। क्षेत्रीय और सांस्कृतिक अस्मिताओं की राजनीति ने 'राष्ट्रीय राजनीतिक दायरे' में कदम रख दिया है और वह उसे पुनःपरिभाषित कर रही है। पचास और साठ के दशक की भाँति अब 'राष्ट्र' के विचार को उसके सामाजिक और सांस्कृतिक घटकों से अलग करके एक पृथक राजनीतिक श्रेणी के रूप में सूत्रबद्ध करना मुमकिन नहीं रह गया है। जनता राजनीति में रँग चुकी है। एक-दूसरे से भिन्न नाना प्रकार के हित धर्मनिरपेक्ष पहलुओं की उपेक्षा करके सांस्कृतिक अस्मिताओं के आधार पर अलग-अलग सामाजिक-धार्मिक संरचनाओं के तहत दबाव डाल रहे हैं। पहले से ही कमजोर हो चुका राजनीतिक-नौकरशाह प्राधिकार इन दावों से नहीं निबट सकता। एक अर्थ में यह संकट प्रतिनिधित्व की प्रणाली का संकट है : अर्थात किसी एक पार्टी, व्यक्तित्व अथवा सामाजिक गठजोड़ द्वारा 'राष्ट्रीय प्रतिनिधित्व' करने का विचार जातीयताओं और क्षेत्रों की संख्यात्मक समानुपातिकता में तार-तार हो गया है।

अब यक्ष प्रश्न यह है कि क्या मौजूदा दलीय और निर्वाचन-प्रणाली में इतना दम बाकी रह गया है कि उसके सहारे समूचा राजनीतिक तंत्र इस संकट को हल

कर सके? संस्थागत प्रतिनिधित्व की प्रणाली में तो ये संभावनाएँ कम-से-कम दिख रही हैं। १९७१ के बाद से हर सरकार की राजनीतिक वैधता का ग्राफ गिरा है। चुनाव के जरिये सरकारें बनने के बावजूद जाहिर है कि दलीय प्रणाली चुनाव के रास्ते से भारतीय समाज में हो रहे भारी संरचनागत बदलावों के साथ राजनीतिक तालमेल नहीं बिठा पायी है। जाहिर है कि दलीय और निर्वाचन प्रणाली को अब गैरदलीय और गैरचुनावी संगठनों और आंदोलनों के सहारे की जरूरत है। इसके लिए संस्थागत लोकतंत्र को अपना आधार पार्टियों और चुनाव के परे नागरिक समाजों में भी विकसित करना होगा। व्यापक सार्वजनिक दायरे में विकसित हुए उन नये तरह के संगठनों से वैधता प्राप्त करनी होगी जो समाज के संरचनागत परिवर्तनों की माँग के कारण उभरे हैं।

दूसरे, चुनाव के पहले या बाद में विभिन्न राजनीतिक दलों में कामचलाऊ गठबंधन तो बनते रह सकते हैं लेकिन यह संभावना लगभग नहीं है कि दलों का एक खुला गठबंधन सरकार बनाये, उसे चला भी ले और पूरी अवधि के लिए सत्ता में टिकने लायक वैधता भी हासिल कर ले। ऐसा इसलिए है क्योंकि दल अपने समर्थकों की सामाजिक-सांस्कृतिक पहचान को ही उत्तरोत्तर सामने ला रहे हैं। वे उन हितों को जोड़ने के लिए काम नहीं करते जो उनके बीच साझा हैं और जिन पर राजनीतिक स्तर पर समझौता हो सकता है। ऐसा लगता है कि किसी गठबंधन का सफलता से चलना तभी मुमकिन होगा जब राज्यतंत्र अर्थव्यवस्था की समस्याओं को बुनियादी तौर पर सुलझा लेगा ताकि राजनीति अर्थव्यवस्था के दबावों से मुक्त हो सके और अर्थव्यवस्था खुद को सँभालने में सक्षम बने। दूसरे शब्दों में गठबंधन तभी सफल और टिकाऊ हो सकते हैं जब परिस्थितियाँ परिपक्व हो जायें और आर्थिक नीतियों के बारे में बहस परिणामवादी नजरिये से की जाने लगे न कि प्रतिमानवादी नजरिये से। तीसरे, यह उम्मीद भी पूरी नहीं हो सकी है कि प्रशासनिक और आर्थिक सुधारों के कार्यक्रम अर्थव्यवस्था की सफलता-असफलता के दबावों से राजनीतिक व्यवस्था को मुक्त कर देंगे। बजाय इसके 'सुधार' एक विवादग्रस्त राजनीतिक मुद्दा बने हुए हैं और अर्थतंत्र की अनसुलझी समस्याएँ सीधे-सीधे स्पर्धात्मक और आंदोलनात्मक राजनीति का केंद्र बनायी जा रही हैं।

अर्थव्यवस्था की सापेक्ष स्वायत्तता बनाये रखने के लिए सरकार द्वारा किये गये आर्थिक उपायों का परिणाम अभी तक स्पष्ट नहीं हो पाया है। सामाजिक संरचनागत गतिरोधों की वजह से राज्य-प्रबंधित अर्थतंत्र में विकास के फायदे व्यापक जनता तक नहीं पहुँच पा रहे हैं। इसी बाधा के कारण नयी बाजार अर्थव्यवस्था में गरीबी की रेखा के नीचे गुजर-बसर कर रहे सामाजिक रूप से

वंचित तबकों का प्रवेश नहीं हो पा रहा है। आज वर्तमान राजनीतिक प्रशासनिक कार्यसूची की माँग यह है कि ये संस्थागत गतिरोध हटाये जायें और उनके लिए मौजूदा आर्थिक-राजनीतिक संरचनाओं के लोकतंत्रीकरण और विकेंद्रीकरण का कार्यभार संपन्न किया जाये।

क्या संकटग्रस्त भारतीय राज्य और उसकी संस्थाएँ ऐसी कार्यसूची बना कर लागू कर सकती हैं? फिलहाल अपराध और भ्रष्टाचार राजसत्ता द्वारा हल किये जा सकनेवाली बाहरी समस्याएँ न रह कर सत्ता का आधार ही बन गयी हैं। ऐसे में यह सोच पाना मुश्किल है कि तमाम अच्छे इरादों और कानूनों के बावजूद राजनीतिक और दलीय व्यवस्था में वास्तविक सुधार या राजनीतिक और आर्थिक सत्ता के विकेंद्रीकरण की सच्ची कोशिशें राजनीतिक-अफसरशाही के स्तर पर हो सकती हैं। इस परिस्थिति में एक दूसरी संभावना भी निहित है। अभी हमने जिन संरचनात्मक बदलावों की चर्चा की है उनसे निकली हुई ताकतों ने मौजूदा दलीय व्यवस्था के बाहर 'गैरपार्टी' और 'गैरचुनावी' संगठनों और आंदोलनों की राजनीति को जन्म दे दिया है। चूँकि संकट का स्रोत राजनीतिक प्राधिकार द्वारा समाज में हो रहे परिवर्तनों से तालमेल कर पाने की अक्षमता में निहित है इसलिए उस संकट का शमन, राज्य-व्यवस्था के बाहर से उपलब्ध होने की पूरी संभावना है। अर्थात नागरिक समाज की राजनीति इस संकट के समाधान का एक रास्ता बन सकती है।

संदर्भ और टिप्पणियाँ

१. इस आलेख में मैंने *सेमिनार*, १९८० में प्रकाशित अपने लेख 'सोशल बेसिस ऑव पालिटिकल क्राइसिस' की सामग्री का काफी इस्तेमाल किया है।

२. अतिसरलीकृत मार्क्सवाद का मतलब यहाँ मार्क्सवादी विश्लेषण की उस विधा से है जो इतिहास के विश्लेषण को सामाजिक-आर्थिक बदलावों की प्रक्रिया में से उभरनेवाले सतही स्वत:सिद्ध विरोधाभासों पर आधारित करती है। यह विश्लेषण समाज के संगठन के आंतरिक नियमों में परिवर्तन को नहीं देखता जबकि यह परिवर्तन इन विरोधाभासों के पीछे होता है। अक्सर ऐसा विश्लेषण वैज्ञानिक विश्लेषण की बजाय शुद्ध विचारधारात्मक माँगों की वजह से किया जाता है। ठीक इसी अर्थ में मार्क्स ने 'वलगर' शब्द का इस्तेमाल उस राजनीतिक अर्थशास्त्र की आलोचना करने के लिए किया था, जिसकी इतिहास की व्याख्या किसी विचारधारा की उतरन लगती है, वैज्ञानिक विश्लेषण का औजार नहीं।

ई.जे. हाब्सबाम के लेख 'कार्ल मार्क्स'स कंट्रीब्यूशन टु हिस्टोरियोग्राफी', राबिन ब्लैकबर्न (सं) में संकलित, *आइडियोलाजी इन सोशल साइंस*, पृष्ठ २६५-३०५, फोंटाना कालिंस, (पेपरबैक) लंदन, १९७२ में अतिसरलीकृत मार्क्सवाद की

निम्नलिखित विशेषताएँ दी गयी हैं (पृष्ठ २७०-२७१) :

१. यह आर्थिक मुद्दे को मूलभूत मुद्दा मानता है और उस पर अन्य सभी मुद्दों को निर्भर कर देता है।
२. यह 'आर्थिक आधार' और 'अधिरचना' के बीच प्रभुत्व और निर्भरता का सीधा संबंध बतलाता है।
३. उसकी सारी ऐतिहासिक व्याख्याएँ इसी सूत्र-वाक्य से निकलती हैं कि 'सारे समाजों का अभी तक का इतिहास वर्ग-संघर्ष का इतिहास है।' इस दृष्टि का अनुमोदन 'कम्युनिस्ट घोषणा-पत्र' के पाठ से किया जाता है।
४. यह इतिहास के नियमों के बारे में उच्चस्तरीय और दीर्घकालीन सामान्यीकरणों को एक यांत्रिक नियतत्त्ववाद तक सीमित कर देता है, यह जतलाते हुए कि इतिहास में कोई विकल्प नहीं मिलता।
५. विषय-वस्तु और खोज-बीन के मुद्दों में यह उन विषयों पर तो निर्भर करता है जो मार्क्स की रुचि के थे, पर इनका अध्ययन करने के लिए मार्क्स द्वारा प्रयोग की गयी पद्धति में उनकी कोई दिलचस्पी नहीं होती। अपने विश्लेषण में यह मार्क्स द्वारा यूँ ही की गयी टिप्पणियों का ज्यादा सहारा लेता है, मार्क्स के विचार की एकात्मक संपूर्णता का नहीं।

हाब्सबाम के अनुसार हालाँकि अतिसरलीकृत मार्क्सवाद ने 'पारंपरिक इतिहास के गढ़ों में उनके महत्त्वपूर्ण हिस्सों को ध्वस्त करने के लिए तैयार किये गये बौद्धिक विस्फोटक मुहैया कराने में ऐतिहासिक भूमिका निभायी है', पर मार्क्सवादी इतिहास-दर्शन पर इसका प्रभाव अब कम हो रहा है। इसलिए हाब्सबाम अतिसरलीकृत मार्क्सवाद के प्रभाव से 'मार्क्स की परिपक्व विचारधारा' को अलग करने का पुरजोर समर्थन करते हैं।

३. इस विश्लेषण में हेबरमास द्वारा विकसित 'वैधता प्राप्त करने की समस्याएँ' और 'वैधता प्राप्त करने के संकट' की अवधारणा का प्रयोग किया गया है। आधुनिक राज्य के सामने आयी इस समस्या पर हेबरमास का विश्लेषण मैक्स वेबर की राजनीतिक वैधता की धारणा के एक महत्त्वपूर्ण विकास का प्रतिनिधित्व करता है और यह संकटग्रस्त राजनीतिक प्राधिकार की समस्याओं को समझने के लिए विश्लेषण का एक ज्यादा उपयोगी ढाँचा है। (युरगन हेबरमास, 'लेजिटिमेशन प्राबलम्स इन माडर्न स्टेट', संकलित *कम्युनिकेशन एंड द इवोल्यूशन आफ सोसाइटी* में पृष्ठ १७८-२०५, हइनमान, लंदन, १९७९), ४, ५, ६, नंबर की टिप्पणियाँ देखें जिनमें हेबरमास की 'वैधता' प्राप्त करने की समस्या की धारणा का विस्तार किया गया है।

४. 'वैधता का अर्थ है राजनीतिक व्यवस्था द्वारा सही और न्यायपूर्ण होने के दावे के समर्थन में पर्याप्त तर्कों का होना।' इस अर्थ में हेबरमास आगे कहते हैं, 'वैधता एक ऐसा दावा है जिसकी अभिपुष्टि पर विचार किया जा सकता है, और वैधता प्राप्त करना वह प्रक्रिया है जिसमें एक पक्ष अपनी वैधता पर जोर देता है और दूसरा पक्ष इससे इंकार करता है। इस तरह से वैधता की समस्या एक राजनीतिक व्यवस्था की स्थायी समस्या बन जाती है। (हेबरमास, उपरोक्त, पृष्ठ १७८-१७९) हम वैधीकरण की प्रक्रिया में आयी कमजोरी की बात तब करते हैं जब ऐसी स्थिति आ जाती है कि

राजनीतिक सत्ता को मिलनेवाली वैधता की आपूर्ति लगातार कम होती जाती है और उसके द्वारा किया गया वैधता का दावा स्वतः स्वीकार्य नहीं रह जाता।

५. आर्थिक समस्याओं को हल करने में लगातार असफलता से राजनीतिक प्राधिकार की वैधता का दावा कमजोर पड़ जाता है। जब शासन करनेवाला प्रभु-वर्ग यह अहसास करता है कि आर्थिक समस्याएँ उनके अपने स्थापित हितों को खतरे में डाले बगैर हल नहीं की जा सकतीं, तो वैधता के लिए वह जिस चाल का सहारा लेता है, वह है आर्थिक मुद्दों का राजनीतिकरण। तब वह परिवर्तनकामी लफ्फाजी का सहारा लेता है ताकि उसकी वह असमर्थता या अनिच्छा छिप जाये जिसकी वजह से वह उन महत्त्वपूर्ण प्रशासनिक और आर्थिक कदमों को उठाने में नाकाम हो रहा है जिनसे उसके पूर्व स्थापित हितों को क्षति पहुँचने का अंदेशा होता है।

६. जैसा कि हेबरमास ने कहा है—वैधता की प्रक्रिया पर अमल का क्षेत्र राजनीतिक व्यवस्था ही है, इसलिए राजनीतिक सत्ता की वैधता राजनीति के दो स्तरों से मिलनी चाहिए—राजनीतिक नौकरशाही (आर्थिक प्रभु-वर्ग) और व्यापक जन समाज। वैधता की समस्याएँ तभी उठती हैं जब राजनीतिक सत्ता के वैधता के दावे को किसी एक या दोनों स्तरों से चुनौती मिलती है। वैधता की समस्या तब संकट बन जाती है जब राजनीतिक सत्ता को दोनों हलकों से वैधता पानी होती है और वैधता पाने के उसके आधार, उच्च-वर्ग और आम जनता, दोनों ही क्षेत्रों में एक साथ प्रभावशाली नहीं रह सकते।

७. यह एक निर्णायक बिंदु है जहाँ राजनीतिक सत्ता को सिर्फ प्रभु-वर्ग की मुहर उसकी अपनी वैधता को सही ठहराने के लिए नाकाफी लगने लगती है। इस बिंदु पर वैधता की समस्या आमतौर पर संकट का रूप धारण कर लेती है। इसका सीधा कारण यह होता है कि अब प्रभुवर्गीय दायरों और व्यापक जन समुदाय, दोनों से एक साथ वैधता हासिल करना जरूरी होता है। जब राजनीतिक प्राधिकार इस नयी परिस्थिति का मुकाबला नहीं कर पाता और नयी वैधता पाने के लिए अपने आधार नहीं बदलता तो ऐसे में सामान्य वैधता की प्रक्रिया निरर्थक हो जाती है। ऐसे में वह या तो फौरी शक्ति के आधारों से खुद घिर जाता है जो बजाय जनता की वफादारी जीतने के राजनीतिक शक्ति की जोड़-तोड़ करते हैं या उस राजनीतिक-अफसरशाह उच्च-वर्ग के दबाव में आ जाता है जो वैधता के क्षय को अपने शिकंजे में फँसी राजसत्ता द्वारा दमन के तौर-तरीकों से पूरा करने की कोशिश करते हैं। एक तीसरी संभावना, जो फिलहाल कहीं नजर नहीं आती, यह है कि अब तक चुपचाप स्थापित राजसत्ता की वैधता को चुनौती दे रहा कोई लोकप्रिय क्रांतिकारी आंदोलन सामने आये और इस प्रक्रिया में वैधता और नतीजतन राजनीतिक सत्ता हासिल करे।

८. रजनी कोठारी, 'द कांग्रेस सिस्टम इन इंडिया', *एशियन सर्वे ४ (१२)*, दिसंबर १९६४, 'द कांग्रेस सिस्टम आन ट्रायल', *एशियन सर्वे* ७ (२), फरवरी १९६७, 'द कांग्रेस सिस्टम रिविजटेड, ए डिसेनियल रिव्यू', *एशियन सर्वे १४ (१२)*, दिसंबर १९७४. रामाश्रय राय का 'डायनामिक्स आफ वन पार्टी डामिनेंस इन एन इंडियन स्टेट', *एशियन सर्वे ८ (७)*, जुलाई १९६८, गोपाल कृष्ण का 'वन पार्टी डामिनेंस, डेवलपमेंट एंड ट्रेंड्स' *पर्सपेक्टिव्स १२(१)* १९६६ भी देखें।

९. इस खंड में आँकड़े पूर्ण संख्याओं में दिये गये हैं। ये सिर्फ मुद्दे को रेखांकित करने के लिए इस्तेमाल किये गये हैं। चुनावी आँकड़ों के अलावा इस खंड के बाकी आँकड़ों को एक बेहद उपयोगी पुनर्रचना से लिया गया है जिसे आशीष बोस ने अलग-अलग स्रोतों से जुटाया है (खासतौर पर जनगणना की लघु पुस्तिकाओं से)। *इंडियाज अरबनाइजेशन १९०१-२००१*, (दूसरा संस्करण), टाटा मेकग्रा हिलस लिमिटेड, नयी दिल्ली, १९७८

१०. यह निष्कर्ष सबसे पहले बशीरुद्दीन अहमद ने निकाला था कि भारतीय निर्वाचक मंडल का सामाजिक-जनसांख्यिकीय चरित्र क्रांतिकारी ढंग से बदल चुका है और इस परिवर्तन के राजनीति की प्रक्रिया पर दूरगामी असर होंगे। उनका 'द इलेक्टोरेट', *सेमिनार,* अप्रैल १९७७ देखें। निर्वाचक मंडल के बदलाव के बारे में आँकड़े इसी लेख से लिए गये हैं।

११. राजनीतिक प्रवृत्तियों के बारे में जो आँकड़े दिये गये हैं, वे विकासशील समाज अध्ययन पीठ, दिल्ली के १९७१ के चुनावों के अध्ययन के आँकड़ों की फाइलों से हैं। इस अध्ययन को भारतीय समाज विज्ञान अनुसंधान परिषद के आर्थिक सहयोग से किया गया था और इसे बशीरुद्दीन अहमद और धीरूभाई शेठ ने मिल कर संचालित किया।

१२. इन आँकड़ों के विस्तृत विश्लेषण के लिए देखें : *ईपीडब्ल्यू* के वार्षिकांक, संख्या ५-६-७, १९७५ में प्रकाशित मेरा लेख 'स्ट्रक्चर ऑव रेडिकलिज्म'।

१३. व्यवस्थागत संकट मुख्य तौर पर तब पैदा होता है जब शासन करने की संस्थागत संरचनाओं, अर्थव्यवस्था और समाज में हुए संरचनागत परिवर्तनों में असंगति बढ़ती चली जाती है। इसकी शुरुआत सत्तर के दशक के प्रारंभ में हुई थी और तभी से यह प्रक्रिया न केवल जारी है वरन् और गहरी हुई है। १९७७ और १९८९ में गैरकांग्रेस पार्टियों की जीत ने भी इस पर कोई असर नहीं डाला। संकट की व्यवस्थागत प्रकृति का पता तब चलता है जब १९७१ के बाद से सरकारें बदलने और दलीय प्रणाली में आये महत्त्वपूर्ण परिवर्तनों के बावजूद राजनीतिक प्राधिकार को आवश्यक वैधता नहीं मिल पाती। इस तरह १९७१ के बाद की सभी सरकारें न केवल इस संकट का शिकार दिखती हैं वरन् इसे गहन करने में योगदान करती हुई भी लगती हैं। इन अर्थों में यह संकट किसी एक पार्टी की कारस्तानी नहीं है। मैंने १९७१ से १९९१ के बीच संकट के तीव्र होने की इस प्रक्रिया का विस्तृत वर्णन *सेमिनार* के सितंबर १९९१ के अंक ३८५ में प्रकाशित अपने लेख 'क्राइसिस ऑव रिप्रेजेंटेशन' में किया है।

भाषा विवाद बनाम लोकतंत्रीकरण

अंग्रेजी का वर्चस्व खत्म होना चाहिए, पर कैसे?

अंग्रेजी को सभी राज्यों के स्कूलों में शुरुआती स्तर से ही एक विषय के रूप में ढंग से पढ़ाया जाए लेकिन शिक्षा के माध्यम के रूप में उसका इस्तेमाल हतोत्साहित करते हुए अंततः खत्म कर दिया जाना चाहिए। दरअसल, हिंदी के बजाय हमें अंग्रेजी पर एक राष्ट्रीय नीति बनानी चाहिए। अगर यह नीति ऊपर बताई गई दिशा में हुई तो राजनीतिक अथवा शिक्षा शास्त्रीय आधार पर अनौचित्यपूर्ण दोहरी शिक्षा प्रणाली को काफी हद तक कमजोर ही नहीं करेगी, बल्कि उसे खत्म भी कर देगी। अंग्रेजी रहेगी, पर एक कामकाजी भाषा के रूप में न कि आभिजात्य वर्गीय वर्चस्व के औजार के रूप में। साथ-साथ अन्य क्षेत्रों की भांति हिंदी पट्टी में भी हिंदी द्वारा अंग्रेजी को प्रतिस्थापित किया जाना चाहिए।

राज्यों में सरकारी कामकाज क्षेत्रीय भाषाओं में होता है और स्कूली शिक्षा का माध्यम भी क्षेत्रीय भाषाएँ ही हैं यह एक स्थापित नीति है। भारतीय संघ के सभी राज्यों में थोड़े बहुत अंतर के साथ इसी का पालन किया जाता है। १९९० में उत्तर प्रदेश के मुख्यमंत्री के रूप में मुलायम सिंह यादव ने यही नीति दृढ़तापूर्वक लागू करने की घोषणा की। इसके जवाब में देश के शक्तिशाली अंग्रेजी प्रेस ने उनके ऊपर जोरदार हमला बोल दिया। यह एक स्थापित राष्ट्रीय नीति को एक राज्य में लागू करने के खिलाफ चलाई गई मुहिम थी। मैं अपनी टिप्पणी में अंग्रेजी प्रेस की इस भूमिका तक ही सीमित न रहकर इस विषय पर अधिक

व्यापक बहस सामने लाना चाहता हूँ। दरअसल यह बहस आजादी के चार दशक बाद देश में अंग्रेजी भाषा के भविष्य को लेकर उठी और मुलायम सिंह के निर्णय ने इसे केंद्र में ला दिया। भाषा नीति को राष्ट्र-निर्माण का माध्यम मानने वाले दो खेमों में बँट गए। एक तरफ अंग्रेजी के विरोधी थे तो दूसरी तरफ उसके समर्थक।

दोनों धड़े राजनीति में एक दूसरे से आगे बढ़ने में लगे सामाजिक समूहों के बदलते हुए आपसी संबंधों और अलग-अलग परिप्रेक्ष्यों का प्रतिनिधित्व करते हैं। यह परिघटना नीतिगत मुद्दों से भी अधिक महत्त्वपूर्ण हो गई है। इसलिए इस आलेख का उद्देश्य सामाजिक परिवर्तन की राजनीति के संदर्भ में भाषाई बहस की व्याख्या करना है ताकि राष्ट्र-निर्माण के माध्यम के रूप में जनवादीकरण की प्रक्रिया के तहत इस समस्या का हल निकाला जा सके और भाषा को छोटे से शासक वर्ग की राजनीतिक चौधराहट कायम रखने का औजार बने रहने से रोका जा सके।

१

अंग्रेजी प्रेस ने जिस शत्रुभाव से मुलायम सिंह की आलोचना की उससे कोई आश्चर्य नहीं होना चाहिए। इस प्रेस ने देहात से निकल कर महानगरीय दुनिया में कदम रखने वाले राजनारायणों और देवीलाल जैसे ताऊओं को कभी नहीं बख्शा। इस मीडिया के लिए कोई भी यादव नेता, चाहे मुलायम सिंह हो या लालू प्रसाद, उसी देहाती दुनिया का अंग है जहाँ देशी भाषाएँ बोली जाती हैं। मुलायम सिंह विरोधी अभियान में एकदम विपरीत विचारधारात्मक पृष्ठभूमियों के बावजूद तकरीबन सभी तरह के टिप्पणीकार अंग्रेजी भाषा के समर्थन में एक राय हो गए थे। राजनीतिक मतांतरों से आक्रांत इस देश में अन्य किसी मुद्दे पर इतनी प्रबल एकता पिछले दिनों देखने में नहीं आई। यहाँ तक कि सती प्रथा, मानवाधिकार उल्लंघन, तथाकथित विकास योजनाओं के कारण पर्यावरण को नुकसान के अंदेशों और गरीबों की छिनती हुई रोजी अथवा भोपाल जैसी महादुर्घटना के मुद्दों पर भी अंग्रेजी प्रेस में इतना मतैक्य नहीं बन पाया था जितना अंग्रेजी भाषा के महत्त्व के सवाल पर दिखाई दिया। एक-दो आवाजें इस धारा के विपरीत भी सुनाई दीं, लेकिन अधिकांश अंग्रेजी प्रेस आज तक यही साबित करने में जुटा हुआ है कि आधुनिक भारत में अंग्रेजी भाषा को ही अन्य सभी भारतीय भाषाओं, विशेषकर हिंदी के ऊपर क्यों श्रेष्ठता मिलनी चाहिए।

जाहिर है कि अंग्रेजी प्रेस ने यह असाधारण एकता किसी काल्पनिक खतरे की प्रतिक्रिया में नहीं दिखाई। दरअसल, मुलायम सिंह उत्तर प्रदेश में एक

स्थापित नीति पर अमल करने तक की सीमित नहीं रहे, बल्कि उन्होंने उसे प्रभावी ढंग से लागू करने का इरादा भी प्रदर्शित किया और इस दिशा में कुछ ठोस कदम भी उठाए। पहले इस नीति से किसी को नुकसान नहीं हो रहा था। लेकिन उन्होंने इसे जिस ढंग से लागू करना चाहा, वह तरीका भी उत्तर प्रदेश में अथवा किसी अन्य राज्य में इस नीति पर किए गए अमल से एकदम अलग था।

पहले हिंदी के 'प्रोत्साहन' की आकर्षक घोषणाएँ तो की जाती थीं लेकिन उनसे शिक्षा प्रणाली और लोक जीवन में अंग्रेजी भाषा के वर्चस्व पर जरा भी आँच नहीं आती थी। यही था राज्यों में इस नीति पर 'अमल' का सार तत्त्व। मुलायम सिंह ने इस से हट कर हर उस जगह हिंदी के इस्तेमाल का दावा पेश किया जहाँ अंग्रेजी का प्रयोग होता था, चाहे वह शिक्षा का माध्यम हो अथवा सरकारी कामकाज। उन्होंने अपने राज्य और केंद्र सरकार के बीच और अन्य राज्यों के साथ चिट्ठी-पत्री के माध्यम बतौर भी अंग्रेजी को प्रतिस्थापित कर दिया। अंतर्राज्यीय संवाद में उन्होंने अंग्रेजी को माध्यम न बना कर एक राज्य की भाषा से सीधे दूसरे राज्य की भाषा में अनुवाद का आग्रह किया। मुलायम सिंह के इन कदमों के नतीजों का अनुमान लगाना मुश्किल नहीं था।

भाषाई राज्यों की रचना के तीस साल गुजर चुके हैं। लेकिन कई राज्य भाषा नीति पर अमल के जरिये क्षेत्रीय भाषाओं को अपने यहाँ शिक्षा और सरकारी कामकाज की एकमात्र भाषा बनाने में नाकाम रहे हैं। आधे मन से किए गए इस आंशिक अमल के कारण ही क्षेत्रीय भाषा नीति पर बाजार हावी होता चला गया जहाँ अंग्रेजी की माँग सबसे ज्यादा थी और उसकी कीमत भी सबसे ज्यादा मिल रही थी। हर राज्य में दोहरी शिक्षा प्रणाली खड़ी हो गई। कथित 'पब्लिक स्कूल' प्रणाली पहली कक्षा से ही अंग्रेजी को माध्यम बना कर उन बच्चों को शिक्षित करने लगी जिनके माँ-बाप मोटी फीस चुका सकते थे। इस प्रणाली के नर्सरी स्कूलों में भी अंग्रेजी को पहली भाषा के रूप में चलाया गया। बच्चों को घर में बोली जाने वाली भाषा अपने साथियों के बीच बोलने के लिए हतोत्साहित किया गया। प्राथमिक शिक्षा के शास्त्रीय सिद्धांतों में मातृभाषा को ही पढ़ने-पढ़ाने के माध्यम के रूप में उचित माना जाता है। लेकिन पब्लिक स्कूल प्रणाली ने इसकी तिरस्कारपूर्ण उपेक्षा की। इसी के समानांतर भारतीय लोक जीवन में एक दूसरी दुनिया भी थी जिसमें कम साधन-संपन्न जनता के लिए यही सिद्धांत ठीक माना जा रहा था। उसके बच्चों के लिए मातृभाषा या क्षेत्रीय भाषा को शिक्षा का माध्यम मानने वाली दूसरी प्रणाली बनी। राज्यों के सभी सरकारी और नगरपालिका स्कूल इसी प्रणाली के अंग हैं। अधिकांश माता-पिताओं के सामने अपने बच्चों को इन स्कूलों में भेजने के अलावा कोई चारा नहीं है।

अंग्रेजी वालों को लगा कि अगर मुलायम सिंह का फार्मूला वास्तव में लागू हो गया तो कम से कम उत्तर प्रदेश में तो दोहरी शिक्षा प्रणाली का अंत हो ही जाएगा। लेकिन खतरा केवल इतना ही नहीं था। मुलायम सिंह ने उत्तर प्रदेश की क्षेत्रीय भाषा के रूप में सरकारी कामकाज व शिक्षा में हिंदी के प्रयोग संबंधी सुनिश्चित नीतिगत घोषणाएँ ही नहीं कीं, वरन आजादी के चार दशक बाद देश में अंग्रेजी की हैसियत और भूमिका के संबंध में अपने विचारों को बेबाकी से रखा। उन्होंने लोक जीवन में अंग्रेजी के वर्चस्व का लगातार समर्थन करते रहने वाले वर्ग के निहित स्वार्थों का हवाला दिया। उसकी जीवन शैली और इरादों पर विस्तार से रोशनी डाली। खुद को 'आधुनिक भारत का निर्माता' मानने वाले वर्ग को यह बात बड़ी नागवार गुजरी। उन्होंने इसे क्षेत्रीय दुनिया से निकले एक नेता की अनधिकार चेष्टा माना। स्वघोषित राष्ट्र निर्माताओं का यह वर्ग न केवल अंग्रेजी के समर्थन में बल्कि अन्य किसी भी मुद्दे पर वर्तमान और भविष्य के 'राष्ट्र हित' की सुरक्षा की दलील की आड़ में अपनी बात सही ठहराता है। इस वर्ग को पूरा यकीन है कि राष्ट्रीय एकता और विकास के महान उद्देश्य के लिए अंग्रेजी का समर्थन आवश्यक है। यह 'उदात्त' तर्क स्वीकार न करने वाला व्यक्ति उनकी निगाह में न केवल राष्ट्रीय परिप्रेक्ष्य से वंचित है, बल्कि क्षेत्रीयतावाद, परंपरावाद और पुरातनपंथ जैसी पिछड़ी हुई भयावह विचारधाराओं का भी शिकार है।

अंग्रेजी प्रेस का एक बड़ा हिस्सा खुद को सेकुलरवाद का प्रवक्ता मानता है लेकिन अपने प्रथम मुख्यमंत्रित्व के आखिरी दिनों में सेकुलरवाद की झंडाबरदारी करने के बावजूद मुलायम सिंह यादव इस मीडिया और महानगरीय प्रभुवर्ग से अपने संबंध नहीं सुधार पाए। दरअसल इसी कारण से मुलायम सिंह के पहले मुख्यमंत्रित्व का अंत भी हुआ।

मुलायम सिंह को अभी बहुत दिन राजनीति करनी है। शायद इसीलिए मुलायम सिंह अपने मुख्यमंत्रित्व के दूसरे और तीसरे दौर में इस मसले को उसी तीव्रता के साथ उठाने में हिचक रहे होंगे। लेकिन अपने पहले शासन काल में भाषा नीति पर उन्होंने जिस बहस को जन्म दिया उसने उन मुद्दों को उभार दिया है जो साठ के दशक की भाषाई बहसों के बावजूद ठंडे पड़े हुए थे। पहले की तरह इस बार बहस अंग्रेजी पढ़ने-पढ़ाने की शैक्षणिक समस्याओं पर केंद्रित नहीं है। न ही यह बहस इस बार लोक जीवन और विभिन्न पेशों से संबंधित उन क्षेत्रों के निर्धारण के लिए चिंतित है जिनमें एक हिस्से के लिए तो अंग्रेजी का इस्तेमाल जरूरी होगा और दूसरे हिस्से में अंग्रेजी का स्थान क्षेत्रीय भाषा या हिंदी ले लेगी। मातृभाषा अथवा क्षेत्रीय भाषा को सरकारी कामकाज और शिक्षा का

माध्यम बनाने के अनुभव का मूल्यांकन करने में भी इस बहस की कोई रुचि नहीं है। असलियत यह है कि भाषाई मुद्दे पर होने वाले विमर्श के बुनियादी मुद्दों में ही मूलभूत बदलाव आ गया है।

२

भाषा नीति पर मौजूदा आख्यान मुख्य रूप से एक राजनीतिक आख्यान है। पचास के दशक के आखिरी और साठ के दशक के शुरुआती वर्षों में एक समझ बनी थी भाषाई-सांस्कृतिक पहचान को अंग्रेजी से खतरा है। लेकिन, आज बहस इस मुद्दे पर केंद्रित नहीं है। अब जनता की सांस्कृतिक पहचान के सर्वोच्च प्रतीक के रूप में धर्म ने भाषा का स्थान ले लिया है। भाषाई विवादों को पहले जैसा शब्दाडंबर त्याग कर स्पष्ट और निःसंकोच शैली में राजनीतिक लाभ से जोड़ कर अभिव्यक्त किया जा रहा है। परिणामस्वरूप भाषा विवाद आरक्षण जैसे महत्त्वपूर्ण मुद्दों की ही तरह दो तरह के अभिजात्य समूहों के बीच जारी सत्ता की होड़ में प्रतिबिंबित होने लगा है। इनमें से एक अंग्रेजी शिक्षा प्राप्त वर्ग है जो पूरे भारत में फैला हुआ है, लेकिन जिसका मुख्य केंद्र महानगरीय सभ्यता में निहित है। इस अभिजात्य तबके के मुकाबले एक दूसरा नया और उदीयमान प्रभु वर्ग सामने आया है। अंग्रेजी शिक्षा के ताम-झाम से वंचित होने के बावजूद यह तबका राष्ट्रीय मंच पर जगह बनाता जा रहा है।

अंग्रेजी पढ़े-लिखे तबके ने आजादी के बाद से राजसत्ता के सूत्रों पर अपनी पकड़ उत्तरोत्तर मजबूत की हैं। वह सत्ता के गलियारों में छाया हुआ है और नौकरशाही, सशस्त्र सेनाओं, कारपोरेट घरानों और विभिन्न पेशों में उसकी तूती बोलती है। इसके विपरीत गैर-अंग्रेजी भाषी समूह ने लोकतांत्रिक राजनीति के जरिये क्षेत्रीय स्तर पर प्रभुत्व हासिल किया है। पिछले तीस साल से वह प्रदेशों में सत्ता की बागडोर थामे हुए है। अब उसकी कोशिश राष्ट्रीय स्तर पर सत्ता में भागीदारी की है। इस प्रभु वर्ग को क्षेत्रीय अभिजात्य वर्ग, ग्रामीण अभिजात्य वर्ग, मुफस्सिल, वर्नाकुलर, देशी भाषा-भाषी वर्गों के बीच उनके शहरी-देहाती आधार अथवा जातिगत पृष्ठभूमि के आधार पर चिह्नित किया जाता रहा है। आर्थिक ताकत के संदर्भ में इनके बीच कुछ समानताएँ पाई जा सकती हैं लेकिन सामाजिक-सांस्कृतिक पहलू से भाषा इनके बीच मुख्य विभाजन रेखा है। पहले वर्ग की दुनिया में अंग्रेजी की भूमिका केंद्रीय है, जब कि दूसरे वर्ग के लिए अंग्रेजी ज्यादा से ज्यादा हाशिये पर है।

अंग्रेजी पढ़ा-लिखा अभिजात्य वर्ग ही अभी तक हर बिंदु पर 'राष्ट्रीय परिप्रेक्ष्य' का प्रतिनिधित्व करते हुए बहसों के मुद्दों को तय करता रहा है। वास्तव

में क्या 'राष्ट्रीय' है और क्या नहीं—यह निर्णय भी यही वर्ग करता है। लेकिन अपने समर्थकों की बहुसंख्या के दम पर अब क्षेत्रीय प्रभु वर्ग भी पूरे यकीन के साथ अपना दावा पेश कर रहा है। वह न केवल भाषा विवाद पर बहस के मुद्दों को अपने पक्ष में लाना चाहता है, वरन् वह भारतीय लोक जीवन में अंग्रेजी भाषा-भाषियों द्वारा आजादी के बाद से निभाई जा रही नियामक और नेतृत्वकारी भूमिका को भी चुनौती देना चाहता है।

दोनों वर्गों के बीच संघर्ष का यह आयाम अन्य सभी आयामों, यहाँ तक कि आरक्षण और सांप्रदायिकता की समस्याओं पर भी छा गया है। यह कोई आकस्मिक और संयोग से हुई परिघटना नहीं है। यह तो एक दीर्घकालीन प्रक्रिया का उपसंहार है जिसके तहत खुली राजनीतिक होड़ और कई अन्य कारक सामाजिक शक्ति संतुलन बदल रहे थे। इसलिए इस बहस को केवल दो प्रभु वर्गों के टकराव तक सीमित कर देना गलत नतीजों तक ले जाएगा। इस विवाद की जड़ में तो दरअसल भारतीय राज्य शासन के जनवादीकरण की परिघटना निहित है।

भारत के संविधान द्वारा सार्विक मताधिकार की व्यवस्था करने के साथ इसकी शुरुआत हुई थी। धीरे-धीरे इस अधिकार का प्रयोग करने वालों की संख्या ज्यादा से ज्यादा होती चली गई। सार्विक मताधिकार ने उन समूहों को भी राजनीतिक दायरे में ला दिया जो शताब्दियों से उसके किनारे पड़े थे। मसलन मंडल आयोग की परिभाषा में कल के शूद्र आज अनगिनत खेतिहर और मध्यवर्ती जातियों में बदल चुके हैं। वे आबादी के ५२ फीसदी से भी कुछ ज्यादा हैं। अपनी संख्यात्मक ताकत और सामुदायिक एकजुटता की परंपराओं का लाभ उठाते हुए ये समूह न केवल चुनावी गठजोड़ करने में कामयाब रहे हैं, वरन विधायिकाओं और राजनीतिक निर्णयकारी संस्थाओं में अच्छी-खासी संख्या में पहुंच चुके हैं।

इससे पहले वाले दौर में भी इन समूहों की प्रगति पूरी तरह नहीं रुकी हुई थी। 'कांग्रेस प्रणाली' की निगरानी के तहत राजनीतिक भागीदारी और सामंजस्य की क्षैतिज दलबंदी के कारण यह प्रगति अलबत्ता नियंत्रित और क्रमबद्ध रूप से हो रही थी। कांग्रेस प्रणाली की यही विशेषता थी। कांग्रेस प्रणाली के शीर्ष पर नेहरूयुगीन आभिजात्य वर्ग बैठा हुआ था। इस तथ्य को इस प्रणाली के विश्लेषक अक्सर भुला देते हैं। आजादी के तुरंत बाद हुए सत्ता संघर्ष में यही वर्ग जीता था और उसने राष्ट्रीय राजनीति पर अपनी चौधराहट कायम कर ली थी। इस अभिजात्य वर्ग ने अपने प्रभुत्व के जरिये लोकतंत्र की नाजुक संस्थागत संरचना स्वाधीनता संग्राम में उभरी जनआकांक्षाओं के सैलाब से तो बचा ली

लेकिन इस चक्क र में आम जनता और अभिजात्य वर्ग के बीच भारी अंतराल आ गया जिसे आज 'इंडिया बनाम भारत' की शब्दावली में अभिव्यक्त किया जाता है।

यह जरूर है कि नेहरूयुगीन अभिजात्य वर्ग ने शासन करने के लिए ताकत का अनियंत्रित इस्तेमाल नहीं किया। उसने आजाद भारत में राष्ट्रीय विमर्श के मुद्दों को अपने ढंग से परिभाषित करके राजनीतिक प्रभुत्व स्थापित किया। अपने शासन को मान्यता दिलाने में उसने कुछ अन्य शक्तियों की सहायता भी ली। अपना मुख्य नारा लोकतंत्र (और आधुनिकीकरण) बनाने के बावजूद यह प्रभु वर्ग नव-शिक्षित और अशिक्षित ग्रामीण जनता के ऊपर राष्ट्र-निर्माण की मेहरबानी सी करता हुआ ही दिखाई दिया। जनता के इस विशाल हिस्से के पास आजाद भारत के राष्ट्रीय विमर्श में भागीदारी करने लायक न तो सहज योग्यता थी, और न ही भाषा। इसलिए नेहरूयुगीन प्रभु वर्ग ने इस जनता पर पुराणपंथी परंपराओं में डूबे रहने और बदलाव का प्रतिरोध करने वाले जनसमुदाय का बिल्ला चिपका दिया। स्थिति यह बनी कि बेचारी जनता अवमानित होकर और आधुनिकीकरण में जुटे प्रभु वर्ग को बिना शर्त अपना रक्षक मान कर ही स्वयं को आधुनिकता का पात्र साबित कर सकती थी।

आगे चल कर साबित हो गया कि भारतीय किसान की परिवर्तन विरोधी प्रकृति का आधुनिकीकरण की नाकामी से कोई लेना-देना नहीं था। इस कृषक वर्ग ने जिस तत्परता से वैज्ञानिक खेती की नई विधियों और ग्रामीण अर्थव्यवस्था का बाजारीकरण अपनाया, उसने नेहरूयुगीन प्रभु वर्ग द्वारा किसानों के बारे में गढ़े गए 'परिवर्तन विरोधी प्रकृति' का सिद्धांत गलत साबित कर दिया। लेकिन, इन किसानों ने 'आधुनिकीकरण', 'सेकुलरवाद' और 'समाजवाद' जैसे अमूर्त विचारों की कोई परवाह नहीं की। उनकी निगाह में इन हवाई विचारों का यथार्थ जीवन में कोई आधार नहीं था। ये विचार धरती पर तभी उतारे जा सकते थे जब उनका आख्यान भारतीय जनता के सामान्य जीवन और मूल्य प्रणाली से जुड़ी शब्दावली में रचा जाता। लेकिन ऐसा नहीं किया गया। उनका विवरण और उनकी परिभाषाएँ ऐसे शब्दों और भाषा में दी गईं जो जनसाधारण की व्यावहारिकता और समझ से परे थी। जाहिर है, अपने मूलार्थों के कारण नहीं, बल्कि एक खास तरह की भाषा और मुहावरे के कारण परिवर्तन और आधुनिकीकरण के विचार विजातीय बन कर रह गए। स्वातंत्र्योत्तर भारत में आधुनिकीकरण अभिजात्यवर्गीय आख्यान में सीमित रह गया। इसका एक बड़ा कारण इस आख्यान का अंग्रेजी में या अनुवाद की भाषा में होना था। अंग्रेजी आधुनिकों और आधुनिकता की भाषा हो गई, और देशी भाषाओं को इस निगाह

से देखा जाने लगा मानो वे परंपरावादी, यहाँ तक कि पुराणपंथी विचारों और जीवन शैली की वाहक हों।

अधीनस्थ समूहों को भारतीय नागरिक के रूप में अपनी पहचान पुन: प्राप्त करने में करीब पंद्रह साल लग गए। इसके बाद उन्होंने नेहरूयुगीन राष्ट्रीय प्रभुवर्ग और अपने बीच मालिक-नौकर वाले संबंधों पर नाराजगी जतानी शुरू कर दी। हालाँकि निर्वाचन व दलगत राजनीति में जनभागीदारी के साथ ही पचास के दशक में यह प्रक्रिया चालू हो गई थी, लेकिन ६० और ७० के दशकों में इसने काफी गति पकड़ी। इसी दौरान देहाती-शहरी और जाति-वर्ग विभाजन को ठोस सामाजिक-राजनीतिक अर्थ और तत्त्व मिला। कई किसान आधारित क्षेत्रीय पार्टियाँ उभरीं। इनमें से कुछ कांग्रेस से टूट कर बनी थीं। पहले से चली आ रही कुछ पार्टियों को नया राजनीतिक महत्त्व मिला। केवल एक पार्टी के प्रभुत्व का अंत हो गया। कई राज्यों में गैर-कांग्रेसी दल सत्ता में आ गए। उन्होंने मिल-जुल कर केंद्र में कांग्रेस के वर्चस्व के लिए गंभीर खतरा पैदा कर दिया। पहली बार १९६७ में उभरा यह खतरा १९७७ के निर्वाचन में वास्तविकता बन गया। राज्य-शासन के आधार अर्थात जनसाधारण की आकांक्षाओं के कारण बने दबाव से तालमेल बैठाने में कांग्रेस नाकाम हो गई, और उसने राष्ट्रीय स्तर पर कार्यरत 'प्रणाली' का दर्जा खो दिया। वह 'राष्ट्रीय' पार्टी तो बनी रही, पर क्षेत्रीय राजनीति में कभी मजबूत रही उसकी जड़ें उखड़ गईं। सत्तर के दशक में हुए इन परिवर्तनों के आधार में संस्थागत जनवादीकरण की तेजी से विस्तृत होती हुई वह प्रक्रिया थी जो अपने पहले ज्वार में ही किसानों और मध्यवर्ती जातियों को राजनीति के केंद्रीय मंच पर ले आई। इनमें से अधिक उदीयमान समूहों ने इस प्रक्रिया से न केवल राजनीतिक रुतबा हासिल किया, वरन अर्थव्यवस्था के जरिये अपनी सत्ता का आर्थिक आधार भी बना लिया। इस परिवर्तन से समाज का शक्ति संतुलन काफी हद तक बदल गया।[१]

यह सही है कि इस दौर की राजनीति से दलित और आदिवासी जैसे समाज के सबसे निचले हिस्सों के लिए सत्ता के गलियारे नहीं खुले, लेकिन उनके लिए सवर्णों के साथ चुनावी गठजोड़ों की गुंजाइश जरूर बन गई। १९७१ के निर्वाचन में यह गठजोड़ देखने में आया। इसके बाद ही इन तबकों ने सत्ता के दरवाजे पर ज्यादा जोर से दस्तक देनी शुरू की। अब वे अपनी शर्तों पर राजनीतिक प्रक्रिया में आना चाहते थे। बहुजन समाज पार्टी जैसे दल बना कर उन्होंने अपनी संख्यात्मक ताकत को टिकाऊ राजनीतिक आधार में बदलने का प्रयास किया। यह और बात है कि इसके बाद भी भारत में नागरिकता के सभी आयामों का विस्तार नहीं हो पाया। और न ही राजनीतिक प्रणाली के केंद्र पर इसका पूरा

असर दिखाई पड़ा। केवल इतना हुआ कि देशी भाषा-भाषी प्रभु वर्ग क्षेत्रीय और स्थानीय स्तरों पर मजबूती से सत्ता में जम गया।

अस्सी का दशक खत्म होते-होते क्षेत्रीय प्रभु वर्ग ने कांग्रेस को एक बार फिर केंद्र से सत्ताच्युत कर दिया। वह राष्ट्रीय स्तर पर सत्ता के सूत्रों पर कब्जा करने की स्थिति में पहुँच गया। लेकिन नब्बे के दशक में कदम रखने के साथ-साथ कांग्रेस फिर सत्तासीन हो गई। हालाँकि, इस परिवर्तन में देशी भाषा-भाषियों के उदय की प्रक्रिया उलटने का दम नहीं था। उल्टे कांग्रेस पार्टी को ही सत्ता में बने रहने के लिए भाषा, आरक्षण राज्य और कृषि नीति संबंधी अपने नेहरूयुगीन आग्रहों को छोड़ने की नौबत का सामना करना पड़ा। इससे साबित होता है कि भाषा विवाद के रूप में प्रभुवर्ग का टकराव राजनीतिक जनवादीकरण की प्रक्रिया की पैदाइश है। इसकी माँग है कि दूसरी आर्थिक और सामाजिक नीतियों की तरह भाषा नीति को भी बदलते हुए सामाजिक शक्ति संतुलन के मुताबिक बदलना होगा।

३

क्षेत्रीय भाषा नीति ने अपेक्षित अथवा अनपेक्षित रूप से हमारे लोक जीवन, विशेषकर शिक्षा पद्धति पर दूरगामी प्रभाव डाला। इसके कई नतीजे निकले जिनमें से एक अंग्रेजी संबंधी यथास्थिति का कायम न रह पाना था।[२]

यह नीति जिस तरह लागू की गई, उसका एक प्रमुख लेकिन अनपेक्षित नतीजा स्कूली शिक्षा के सभी स्तरों— प्राथमिक, नर्सरी, माध्यमिक अथवा उच्च-माध्यमिक पर अंग्रेजी माध्यम के स्कूलों की बाढ़ आ जाना था। इससे पब्लिक स्कूल प्रणाली से कटे हुए लोगों को सवाल उठाने का मौका मिल गया कि अंग्रेजी के समर्थक इस परिस्थिति की ईमानदारी से समीक्षा क्यों नहीं करते? वे सारे देश में पब्लिक, गैर-पब्लिक, निजी अथवा सरकारी स्कूलों में, प्राथमिक से विश्वविद्यालय स्तर तक अंग्रेजी को शिक्षा का माध्यम बनाने की सिफारिश क्यों नहीं करते? अगर अंग्रेजी राष्ट्रीय एकता और विकास के लिए इतनी ही जरूरी है, तो उसे कुछ लोगों तक ही सीमित क्यों रखा जा रहा है? अंग्रेजी के समर्थकों को यह सुझाव पसंद नहीं आया। उन्होंने इसे 'अव्यावहारिक' और अनर्गल तक करार दे दिया। संभवत: भारत में अंग्रेजी शिक्षा के सार्विकीकरण के विचार से उनकी शिक्षा शास्त्रीय और राष्ट्रवादी अनुभूतियों को ठेस लगी होगी। अंग्रेजी से संबंधित यथास्थिति बनाए रखने से न केवल उनकी इन 'उदात्त' अनुभूतियों को संतोष मिलता था, वरन चुनने की स्वतंत्रता की उदारतावादी कसौटी पर भी यही परिस्थिति खरी उतरती थी। यह अलग सवाल है कि भारतीय

जनता की विशाल बहुसंख्या चुनने की इस स्वतंत्रता का वास्तविक उपभोग करने की स्थिति में कभी आ भी सकती है या नहीं। बहरहाल, अंग्रेजी माध्यम स्कूलों के उत्तरोत्तर फैलाव के बाद भी ज्यादात्तर भारतीय बच्चे क्षेत्रीय भाषा को माध्यम बना कर ही शिक्षा ग्रहण करते रहे। इससे साबित हो गया कि भारत में अंग्रेजी जन-शिक्षा की वाहक कभी नहीं बन सकती।

क्षेत्रीय भाषा नीति का दूसरा परिणाम शिक्षित युवकों की उन कतारों के रूप में निकला जो अंग्रेजी ज्ञान में या तो कोरे थे या जिन्हें बहुत मामूली अंग्रेजी आती थी और जिनके माता-पिता या तो अशिक्षित थे या स्वयं अशिक्षित माता-पिता की संतान थे। इस पीढ़ी ने विषय के रूप में अपनी शिक्षा-दीक्षा के बाद के वर्षों में यूँ ही कुछ-कुछ अंग्रेजी पढ़ी थी। लेकिन उन्हें अपने सीमित अंग्रेजी ज्ञान का उपयोग करने में संकोच होता था। वे अंग्रेजी अटक-अटक कर बोलते और उनके उच्चारण पर क्षेत्रीय प्रभाव होता। इस वजह से वे महानगरीय दुनिया में अपने आप मुफस्सिल तबके के रूप में छँट गए। उन्हें 'पब्लिक स्कूल' की अंग्रेजी शिक्षा प्राप्त महानगरीय युवकों के लुभावने जगत में कदम रखने का मौका नहीं मिल पाया। उनमें से ज्यादातर के लिए अंग्रेजी पर महारत असंभव हो गई, लेकिन अंग्रेजी ज्ञान को शिक्षा का प्रतीक मानने वाले समाज में सामजिक प्रगति के लिए असमान होड़ का सामना करने से वे नहीं बच सके।

आज कालेजों और विश्वविद्यालयों से स्नातक बन कर निकलने वाले ८० फीसदी छात्र क्षेत्रीय भाषाओं के माध्यम से पढ़े हैं। नौकरियों या प्रौद्योगिकीय व अन्य पेशों के संस्थानों की 'प्रवेश परीक्षाएँ' अथवा कथित 'क्वालीफाइंग टेस्ट' और इन्टरव्यू अंग्रेजी में ही होते हैं। हिंदी और अन्य भारतीय भाषाओं में टेस्ट देने की इजाजत मिल जाने पर भी अंग्रेजी के प्रभुत्व के नीचे दबे माहौल में अच्छी नौकरियों और ऊँचे पदों की गुंजाइश न के बराबर ही होती है। कुछ प्रतिभाशाली युवक इन्हें हासिल कर लेते हैं, लेकिन ज्यादातर शिक्षित युवकों की सामाजिक और भौतिक प्रगति में अंग्रेजी बाधा ही साबित होती है। ऐसे युवक अंग्रेजी बोलना सिखाने वाली कक्षाओं में हाजिरी लगाने अथवा 'रेपिडेक्स' इंगलिश स्पीकिंग कोर्स जैसी किताबें पढ़ कर यह कमी दूर करने की दयनीय कोशिश करते हैं। अपनी पढ़ाई-लिखाई के आखिरी वर्षों में किया गया यह प्रयास अंग्रेजी पर अधिकार प्राप्त करने के लिए नाकाफी होता है। प्रतियोगिताओं की प्रवेश परीक्षाएँ पास करने लायक बनने की जगह इस प्रक्रिया में वे गुजरे जमाने के रईसों की तरह सामाजिक उपहास के पात्र बन जाते हैं।

हो सकता है कुछ लोगों को यह एकांगी विचार लगे लेकिन इसमें कुछ न कुछ सच्चाई जरूर है कि भारत में अंग्रेजी के प्रभुत्व की निरंतरता के कारण गैर-

अंग्रेजी शिक्षित युवकों का राष्ट्रीय मुख्य धारा से भावात्मक अलगाव हो गया है। महानगरीय और देशी भाषा-भाषी युवकों के बीच की यह खाई दोहरी प्रणाली की देन है, और इसने भाषा के मुद्दे को एक नया मोड़ दे दिया है। क्षेत्रीय इलाकों से आए गैर-अंग्रेजी भाषी शिक्षित युवकों की विशाल संख्या का भविष्य अब संदिग्ध हो गया है। अंग्रेजी के अज्ञान के कारण समाज में उनके टिकने की गुंजाइश कम रह गई है। अपनी सामाजिक हैसियत को लेकर उनकी तीव्र कुंठा और बेचैनी भाषाई और क्षेत्रीय उग्रवाद में राजनीतिक अभिव्यक्ति पाने लगी है। इसी कारण से वे अक्सर, विशेषकर अहिंदी भाषी युवकों में, क्षेत्रीयतावादी और अलगाववादी आंदोलनों की बुनियाद डालते या उनका समर्थन करते पाए जाते हैं। हिंदी भाषी इलाकों में उनकी यह बेचैनी अंग्रेजी के वर्चस्व के तीव्र विरोध और हिंदी को उसकी जगह देने की माँग में अभिव्यक्त होती है। इनमें से कुछ महत्त्वाकांक्षी युवक गिरोहबंद अपराधों या राजनीति की दुनिया में कूद पड़ते हैं। कुछ युवक बजरंग दल या शिव सेना जैसे संगठनों में शामिल हो जाते हैं जिनमें आगे बढ़ने के लिए अंग्रेजी का ज्ञान फायदेमंद होने के बजाय नुकसानदेह होता है। इन परिघटनाओं के कारण ऐसा लगने लगा है कि अंग्रेजी संबंधी वर्तमान नीति राष्ट्रीय एकता का आधार बनने के बजाय उसके विघटन का कारण बनती जा रही है।

किसी जमाने में, विशेषकर स्वाधीनता संग्राम के दिनों में, राष्ट्रीय नेतृत्व और क्षेत्रीय नेतृत्व की जीवन शैलियों और महत्त्वाकांक्षाओं के बीच एक तरह की अविच्छिन्नता पाई जाती थी। इस निरंतरता ने लंबे अरसे तक राष्ट्रीय और क्षेत्रीय राजनीति के बीच सूत्र कायम रखा, लेकिन पिछले तीस वर्षों में इसका क्षय हुआ है। आजादी के बाद उभरे नवऔपनिवेशिक प्रभु वर्ग ने पहले से कहीं ज्यादा और केवल अपने लिए अंग्रेजी शिक्षा को सुरक्षित करके नई तकनीकी-प्रबंधकीय कुशलता उपलब्ध कर ली है। इस प्रक्रिया में उसकी जड़ें महानगरीय भारत में गहराई तक पैठ गई हैं। उसकी जीवन शैली और आकांक्षाएँ अंतर्राष्ट्रीय पूँजीवाद के नेतृत्व में विकसित हो रही विश्वव्यापी महानगरीय दुनिया से जुड़ी हुई हैं और अधिकाधिक उसी के अनुकूल होती जा रही हैं। इससे तथाकथित राष्ट्रीय और क्षेत्रीय अभिजात्य वर्गों के बीच की खाई और चौड़ी हो गई है। इस खाई का चरित्र अब राजनीतिक ही नहीं बल्कि सामाजिक और सांस्कृतिक भी है।

महानगरीय प्रभु वर्ग राष्ट्रीय स्तर पर क्षेत्रीय प्रभुओं को हाशिए पर रखे हुए है। दूसरी ओर क्षेत्रीय राजनीति उच्च वर्णीय और अंग्रेजी पढ़े-लिखे वर्ग को इलाकों में सत्ता के केंद्रों से धकेले दे रही। इस परिघटना का सबसे प्रभावी

उदाहरण महाराष्ट्र और दक्षिणी राज्यों में अक्सर उठने वाली ब्राह्मणवाद विरोधी लहरों में देखा जा सकता है। ऐसे आंदोलन आजादी के पहले भी होते थे, लेकिन स्वातंत्र्योत्तर भारत में उनकी प्रकृति काफी बदल गई है। पहले समाज पर ब्राह्मणों के वर्चस्व के खिलाफ ये आंदोलन दमन व शोषण विरोधी प्रतीक चिह्नों का सहारा लेकर प्रतिरोध की भावनाएँ पैदा करते थे। साठ के दशक की शुरुआत में इनका चरित्र ऐसा नहीं रह गया। जो जातियाँ कभी ब्राह्मणवाद विरोध के हिरावल में थीं अब तक राज्यों में सत्तारूढ़ हो चुकी थीं। वे आर्थिक ताकत प्राप्त करके शिक्षा प्रणाली हाथ में लेकर और सरकारी नौकरियों पर कब्जे के जरिये अपने पैर जमाने में व्यस्त थीं। अब वे प्रतिरोध की नहीं, बल्कि सत्ता की भाषा और प्रतीकों का इस्तेमाल कर रही थीं।

नतीजा यह निकला कि राज्यों के उच्चवर्णीय प्रभुओं का एक बड़ा हिस्सा अंग्रेजी शिक्षा से लैस होकर राष्ट्रीय स्तर पर संक्रमण के लिए मजबूर हो गया। उनमें से कुछ अमीर देशों में जाकर बस गए। इस वर्ग का बाकी हिस्सा उदीयमान मध्य जातियों द्वारा राजनीति के क्षेत्रीयकरण से हुए सत्ता-क्षय से असंतुष्ट होकर छटपटाता रहा। जिन राज्यों में ब्राह्मणवाद विरोधी आंदोलन नहीं था, वहाँ क्षेत्रीय राजनीति पर जातिवादी और अन्य संकीर्ण मुद्दे छा गए। इन राज्यों में रंग-रुतबे वाली मध्य जातियाँ काफी हद तक उच्च वर्णीय अंग्रेजी भाषी अभिजात्य वर्ग को सत्ता के केंद्रों से और एक हद तक लिखा-पढ़ी वाली नौकरी से प्रतिस्थापित करने में कामयाब रहीं।

यह प्रक्रिया अभी जारी है और अलग-अलग राज्यों में अलग-अलग ढंग से चल रही है। पंजाब और कश्मीर जैसे प्रांतों में इसकी अभिव्यक्ति धार्मिक पक्षपात के आरोप में होती है। असम जैसे राज्य में यही बात 'भाषाई और सांस्कृतिक अस्मिता' बचाने के संदर्भ में कही जाती है। हर हालत में स्वातंत्र्योत्तर क्षेत्रीय राजनीति के इस घटनाक्रम के नतीजे सभी राज्यों में एक से निकलते हैं यानी हर जगह एक खास तरह का प्रभु वर्ग सत्ता से हटा दिया जाता है, और सत्ताच्युत होकर उसका एक बड़ा हिस्सा विकासमान महानगरीय दुनिया में पलायन कर जाता है। पिछड़े वर्गों के लिए आरक्षण की नीति लागू होने के साथ ही उत्तरी, पश्चिमी और पूर्वी भारत के कई प्रांतों में यह प्रक्रिया और तीव्र होने की संभावना है। आरक्षण के पूरी तरह लागू होने के बाद इन राज्यों के कालेजों में दाखिलों और नौकरियों में आरक्षित स्थानों की संख्या ५० फीसदी से भी ज्यादा हो जाने वाली है।

विगत दशकों के इस घटनाक्रम ने न केवल क्षेत्रीय प्रभु वर्ग को महत्त्वपूर्ण बनाया है, वरन् राष्ट्रीय प्रभु वर्ग के चरित्र और संरचना में, उसके केंद्र को छोड़

कर, आमूल परिवर्तन किया है। केंद्र में अभी पुराना नवऔपनिवेशिक उच्चवर्णीय अभिजात्य वर्ग ही है। इसके पास शासक वर्ग की भाषा में शिक्षा पाने की लंबी परंपरा है। कभी यह भाषा संस्कृत या फारसी हुआ करती थी। आज अंग्रेजी है। लेकिन इस केंद्र के चारों तरफ गोलबंद शक्तियों ने स्वातंत्र्योत्तर भारत में अंग्रेजी शिक्षा प्राप्त द्विज वर्ण के कई नए समूहों समेत नए-नए तबकों को आकर्षित करके अपना विस्तार भी किया है। नए द्विजों को शिक्षा देने वाले अंग्रेजी माध्यम स्कूलों के प्रसार से यह संभव हो सका है। अपने इस प्रसार और क्षेत्रों से सत्ताच्युत होकर पलायनरत राजनीतिक-सामाजिक शक्तियों के संयोग से राष्ट्रीय प्रभु वर्ग ने न केवल अपनी संख्यात्मक ताकत बढ़ाई है, वरन समाज में अपने काम करने के तरीके भी बदले हैं। इन अर्थों में आजादी की लड़ाई का नेतृत्व करने वाली शक्तियों से यह वर्ग प्रभु वर्ग भिन्न है। उसकी नई संरचना में समाज के विभिन्न हिस्सों से लिए गए नए और पुराने दोनों तरह के तत्त्व शामिल हैं। अंग्रेजी का वर्चस्व बनाए रखने के प्रति प्रतिबद्धता ही इन विविध पृष्ठभूमियों वाले तत्त्वों को एक करने वाली शक्ति है। इस प्रवृत्ति ने राष्ट्रीय मंच पर नए अखिल भारतीय प्रभु वर्ग को एक दृष्टिकोण और भूमिका प्रदान की, लेकिन साथ ही उन्हें क्षेत्रीय राजनीति और संस्कृति से काट भी दिया। हिंदी के बजाय अंग्रेजी को अपने प्रदेशों में दूसरी भाषा का दर्जा दिए जाने का समर्थन करने वाले क्षेत्रीय भाषा-भाषी प्रभु वर्ग को राष्ट्रीय स्तर पर कार्यरत इस नए प्रभु वर्ग के साथ जोड़ कर देखना ठीक नहीं होगा। दरअसल, उनकी प्रतिबद्धता अंग्रेजी नहीं अपनी क्षेत्रीय भाषा ही है। उनका विश्व-दृष्टिकोण अंग्रेजी को मातृभाषा से भी अधिक महत्त्वपूर्ण मानने वाले वर्ग से एकदम भिन्न है।

समाजशास्त्रीय रूप से इन नए प्रभु वर्ग में अपने-अपने क्षेत्रों से बहिष्कृत समूहों के लोग दिखाई पड़ेंगे। इनमें पंजाबी हिंदू, कश्मीरी पंडित और दक्षिण भारतीय ब्राह्मण हैं। इनके बाद फिर परंपरागत रूप से शहरोन्मुख पेशेवर जातियों के लोग आते हैं। इनमें गुजरात के नागर, महाराष्ट्र के चितपावन और चंदसेनी कायस्थ प्रभु और उत्तर भारत के कायस्थ हैं। यह जरूर है कि ये अपने इलाकों से धकेले न जाकर प्रभु वर्ग द्वारा जरूरतों के मुताबिक अपनी ओर खींचे गए समूह हैं। औपनिवेशिक शासन के दौरान उभरे और स्पष्ट सेकुलर व राष्ट्रवादी रुझानों वाले पुराने अभिजात्य तबके, जैसे प्रवासी और भद्रलोक बंगाली, पारसी, मुसलमानों और ईसाइयों के ऊपरी हिस्से भी इसी प्रभु वर्ग के दायरे में समा गए हैं।

अधिकांशत: अपनी जमीन से उखड़े ये लोग मिलजुल कर एक हद तक समरूप अखिल भारतीय समूह बन गए हैं। इसलिए इनका राष्ट्रवाद सामान्यत:

एकात्मक और इनका राज्य संबंधी नजरिया केंद्रीकृत और प्रभुत्ववादी है। ज्ञान और सत्ता के बीच नजदीकी रिश्ता मानते हुए इन लोगों ने अंग्रेजी को अपने लिए विशेष सामाजिक दर्जा हासिल करने के औजार की तरह अपनाया है। इसी औजार से उन्हें वह सांस्कृतिक प्रभुत्व हासिल हुआ जिसके जरिये संख्या में कम होते हुए भी वे संख्यात्मक बहुमत से नियंत्रित राजनीति में राष्ट्रीय स्तर पर सत्तासीन बने रह पाए।

हालाँकि इन लोगों में अपने राष्ट्रीय प्रभुवर्ग होने का आत्मगत अहसास रहता है लेकिन उनमें शासन करने का आत्म-चेतना, विचार-धारात्मक संगति और मजबूत इच्छा शक्ति का अभाव है। उनकी बुनियादी प्राथमिकता समाज में हो रहे अनुत्क्रमणी लगने वाले परिवर्तनों के दबाव के मुकाबले भारतीय राज्य पर अपनी पकड़ किसी तरह बचाए रखने की ही लगती है। उनकी जीवन शैली और आकांक्षाएँ विश्वव्यापी महानगरीय रुझानों से ग्रस्त हो चुकी हैं, और उनमें स्वाधीनता संग्राम के दिनों के किसी गाँधी, रवींद्रनीथ अथवा तिलक की भाँति द्विभाषी होने की योग्यता भी नहीं है। यह शासक वर्ग भारत सरीखे बहुजातीय समाज और उसका राष्ट्र-राज्य चलाने के लिए अनिवार्य इस मूल क्षमता से वंचित है। इस वर्ग की राजनीतिक सत्ता के पीछे कोई सांस्कृतिक आधार नहीं है।[३] उसके पास केवल कृत्रिम रूप से संश्लेषित एक संस्कृति है, जिसके जरिये वह आधुनिकतावाद के नाम पर अपने शासन का औचित्य साबित करता रह सकता है। लेकिन, व्यापक भारतीय समाज में उसकी मान्यता का निरंतर क्षय हो रहा है।

इस शासक वर्ग में कुछ-कुछ द्विभाषीपन अगर शेष भी है तो वह उसका स्वतंत्रता आंदोलन के नेताओं की तरह इस्तेमाल नहीं करता। ये नेता तत्कालीन राष्ट्रीय आख्यान के मुद्दों को क्षेत्रीय भाषाओं पर अपनी महारत के जरिये जनता तक पहुँचाते थे और क्षेत्रीय क्षमताओं का राष्ट्र-निर्माण में इस्तेमाल कर लेते थे। इस संदर्भ में ध्यान रखना होगा कि उस समय के राष्ट्रीय नेताओं ने अंग्रेजी को अध्यवसायपूर्वक सचेत रूप से विदेशी भाषा के रूप में सीख कर निहित उद्देश्यों से विकसित किया था। लेकिन उनकी जिंदगी और सक्रियता भी अधिकांशतः क्षेत्रीय भाषा व संस्कृति के दायरों में ही व्यतीत हुई। उन्होंने ज्ञान के विभिन्न क्षेत्रों में देशी भाषाओं के माध्यम से सृजनात्मक योगदान किया। उनका राष्ट्रीय आख्यान समाज सुधार और राजनीतिक स्वतंत्रता की समस्याओं को क्षेत्रीय भाषाओं में पेश करता था। इस प्रक्रिया में उन्होंने इन भाषाओं का विकास भी किया। मसलन, गाँधी द्वारा 'मेरे सत्य के साथ प्रयोग', रवींद्रनाथ द्वारा 'गीतांजलि' और तिलक द्वारा 'गीता रहस्य' मूलतः गुजराती, बांग्ला और मराठी

में रचा जाना कोई संयोग नहीं था।[४] दूसरी तरफ स्वातंत्र्योत्तर भारत का प्रभु वर्ग क्षेत्रीय भाषा और संस्कृति से दूर होता चला गया और अंग्रेजी उसकी प्रथम भाषा बन गई। मातृभाषा अथवा क्षेत्रीय भाषा का इस्तेमाल उनके लिए केवल बाजार अथवा घर तक सीमित रह गया। उनके किसी भी गंभीर विचार-विमर्श में मातृभाषा की उपस्थिति लगभग नहीं के बराबर थी। यहाँ तक कि संवादरत व्यक्तियों के एक ही क्षेत्रीय भाषा से संबंधित होने पर भी अंग्रेजी में ही बातचीत करने का अभ्यास और परंपरा पड़ गई। नतीजतन 'राष्ट्रीय' और क्षेत्रीय वर्ग के बीच पहले से मौजूद खाई और बढ़ी। उसने सामाजिक-सांस्कृतिक आयाम ग्रहण कर लिए। उसका जाति-वर्ग और शहरी-ग्रामीण विभाजन भाषाई विभाजन के सामने दब गया। 'राष्ट्रीय' प्रभु वर्ग अधिकांशतः अंग्रेजी में सक्रिय रहा[५] और क्षेत्रीय प्रभु वर्ग अपनी-अपनी क्षेत्रीय भाषाओं में।

४

भाषाई आधार पर गठित राज्यों का सामाजिक और भाषाई मानचित्र आज काफी बदल चुका है। पचास के दशक के अंत और साठ के दशक के मध्य में राज्य-निर्माण के इस आधार ने ऐसी राजनीतिक इकाइयों को जन्म दिया जो विशाल भाषाई अस्मिताओं के अनुकूल थीं। इन राज्यों की प्रांतीय सीमाओं के निर्धारण में एक भाषा बोलने वालों की बहुसंख्या और उनके सांस्कृतिक वर्चस्व का ध्यान रखा गया था। उस भाषा को राज्य की आधिकारिक भाषा का दर्जा देने से राजनीतिक भाषाई अस्मिताओं के लिए मजबूत और टिकाऊ सांस्कृतिक आधार तैयार हो गया, लेकिन इस प्रक्रिया में उन क्षेत्रों की अन्य लघु भाषाएँ और संस्कृतियाँ हाशिए पर चली गईं। भाषाई राज्यों की गैरअधिकारिक भाषाएँ आज किसी तरह जीवित जरूर हैं पर 'बोली, उपभाषाएँ, अथवा लोक-संस्कृति के रूपों की अभिव्यक्ति' मात्र रह गई हैं। औपचारिक शिक्षा या राज्यों के सरकारी कामकाज में उनकी भूमिका लगभग खत्म हो गई है।[६]

यही वह प्रक्रिया थी जिसके तहत क्षेत्रीय भाषाएँ जनता की साक्षरता, औपचारिक शिक्षा और जनता के आपसी संवाद की वाहक बनीं। लेकिन यह हैसियत प्राप्त करते-करते खुद्र उनमें भी भारी परिवर्तन आ गया। जिन सामाजिक-सांस्कृतिक समूहों को हाल तक औपचारिक शिक्षा बहुत कम या कतई नसीब नहीं थी उन्होंने एक आधिकारिक रूप से मान्यता प्राप्त भाषा के माध्यम से शिक्षा का अच्छा-खासा स्तर उपलब्ध कर लिया। ये समूह अब क्षेत्रीय भाषाओं के विकास में योगदान करने लगे। ये भाषाएँ उन मुहावरों और परिप्रेक्ष्यों

से समृद्ध होने लगीं जिनसे स्वातंत्र्यपूर्व द्विभाषी नेतृत्व के युग में वे वंचित रह गई थीं। उन दिनों इस नेतृत्व के बुद्धिजीवी सदस्यों का साहित्य पर एकाधिकार होता था और वह इन भाषाओं के 'विकास' के लिए केवल संस्कृत अथवा अंग्रेजी के स्रोतों का सहारा लेता था। इस परिवर्तन का एक महत्त्वपूर्ण सूचक कई क्षेत्रीय भाषाओं में विकसित दलित साहित्य है। इसी के साथ क्षेत्रीय भाषाओं की पत्र-पत्रिकाओं के प्रकाशन में जबरदस्त वृद्धि हुई। इससे कई लाभ हुए, जिनमें नई साक्षर पीढ़ी को अपने क्षेत्र में जन राजनीति के लिए आवश्यक प्रतीकों और चिन्हों की रचना में मिली मदद भी शामिल थी।[७]

इस तरह के विकास ने क्षेत्रीय भाषाओं को सार्वजनिक विचार-विमर्श का वाहक बनने लायक ग्रहणशीलता प्रदान करने में महत्त्वपूर्ण योगदान किया। औपचारिक मान्यता प्राप्त भाषाओं ने अपने इलाके की छोटी भाषाओं के साथ-साथ अंग्रेजी पर भी प्रधानता हासिल कर ली। दोहरी शिक्षा प्रणाली के कारण अंग्रेजी बनी तो रही पर सांस्कृतिक और राजनीतिक वर्चस्व की भाषा के तौर पर उसकी भूमिका क्षेत्रीय स्तर पर लगातार कम होती चली गई। दूसरी तरफ क्षेत्रों की कई अन्य 'मातृभाषाओं' अथवा पूर्ण रूप से विकसित भाषाओं के लिए गुंजाइश भी खत्म हो गई, क्योंकि एक मुख्य क्षेत्रीय भाषा औपचारिक शिक्षा और राज्य प्रशासन की भाषा की तरह स्थापित हो चुकी थी। राजनीतिक दृष्टि से यह भारतीय इतिहास की अभूतपूर्व घटना थी। इसी वजह से आज के भाषाई राज्यों में राजनीतिक-सांस्कृतिक एकीकरण हो पाया और भारतीय राज्य संघ प्रणाली की प्राथमिक इकाइयाँ बने।[८] इनमें से कई इकाइयाँ आबादी और क्षेत्र की दृष्टि से कई यूरोपीय देशों से भी बड़ी हैं।

इस विशिष्ट घटना क्रम का देश में हिंदी के भविष्य पर दूरगामी प्रभाव पड़ा। हिंदी को छह भारतीय राज्यों और केंद्र शासित दिल्ली में आधिकारिक मान्यता प्राप्त भाषा का दर्जा मिल गया। इनमें से चार राज्य—उत्तर प्रदेश, बिहार, मध्य प्रदेश और राजस्थान देश के सर्वाधिक आबादी वाले राज्य हैं। हरियाणा, दिल्ली और हिमाचल प्रदेश अपेक्षाकृत छोटी इकाइयाँ हैं। मिल कर ये सातों प्रांत १९९१ की जनगणना के अनुसार देश की ४३.३६ फीसदी आबादी का प्रतिनिधित्व करते हैं। अगर इन राज्यों के गैर-हिंदी भाषियों को न गिना जाए तो भी १९८१ की जनगणना में देश के ४० फीसदी लोगों ने हिंदी को ही अपने प्रयोग की भाषा घोषित किया था। हिंदी के इस जबरदस्त विस्तार के मुकाबले अंग्रेजी का जनगणना संबंधी आँकड़ा नहीं के बराबर है। पूरे भारत के केवल ५२ हजार घरों अर्थात कुल आबादी के ०.०४ फीसदी ने अंग्रेजी का इस्तेमाल घरेलू रोज-ब-रोज की भाषा के रूप में स्वीकार किया। अन्य ०.५ फीसदी ने अंग्रेजी को द्वितीय

भाषा के रूप में माना।

दुर्भाग्य से हमारे पास लोगों द्वारा इस्तेमाल की जाने वाली तृतीय भाषा के आँकड़े नहीं हैं। यह एक प्रचलित तथ्य है कि कई कारणों से स्वातंत्र्योत्तर भारत हिंदी का प्रचार-प्रसार बहुत तेजी से हुआ है। इन कारणों में अंतर्राज्यीय आवागमन, खास तौर पर देश के अन्य भागों के लिए हिंदी पट्टी से हुआ गमन, इलेक्ट्रॉनिक मीडिया (रेडियो और टीवी) द्वारा हिंदी इलाके के बाहर भी बेहद लोकप्रिय हिंदी कार्यक्रमों का प्रसारण, हिंदी सिनेमा का प्रसार और सामान्यतः बाजार की प्रक्रिया शामिल है। तीसरी भाषा के रूप में हिंदी का इस्तेमाल या बाजार में संवाद की बोली के तौर पर इसका प्रयोग काफी प्रचलित है। हिन्दी एक ऐसी भाषा के रूप में उभर चुकी है जिसे ज्यादातर भारतीय समझते और प्रयोग करते हैं हालाँकि विभिन्न क्षेत्रों में इसका स्तर अलग-अलग है। कहीं ज्यादा तो कहीं कम, लेकिन देश के लगभग सभी हिस्सों में हिंदी की मौजूदगी एक तथ्य बन चुकी है। यह अलग बात है कि इस फैलाव में हिंदी प्रचारकों अथवा हिंदी से संबंधित कथित राष्ट्रीय नीति की भूमिका बहुत कम है।

अंग्रेजी का भी हाल के वर्षों में खासा प्रसार हुआ है, हालाँकि जनगणना के आँकड़ों में यह वास्तविकता ठीक से नहीं झलकती। अंग्रेजी को पहली अथवा दूसरी भाषा बताने लोगों की संख्या ०.५५ फीसदी तक गिनी गई है। इसमें ०.५१ फीसदी घरों में इसका दूसरी भाषा की तरह और केवल ०.०४ घरों में पहली भाषा के रूप में इस्तेमाल होता नजर आया। इनमें तीसरी भाषा की तरह अंग्रेजी का प्रयोग करने वाली विशाल आबादी शामिल नहीं है। जैसे एक अंग्रेजी शिक्षित कुर्गवासी मातृभाषा के रूप में अपनी पहली भाषा कुर्गी और दूसरी कन्नड़ घोषित करेगा पर तीसरी भाषा के रूप में वह अंग्रेजी में भी प्रवीण होगा। इसी तरह से अंग्रेजी शिक्षा प्राप्त मराठी, गुजराती अथवा पंजाबी व्यक्ति अपनी मातृभाषा अंग्रेजी न जानने वाले व्यक्तियों की तरह अंग्रेजी के बजाय हिंदी को अपनी दूसरी भाषा बताएगा, क्योंकि वह अपनी दैनंदिन बोल-चाल अन्य भाषा-भाषियों के साथ अक्सर हिंदी में करता है। अंग्रेजी का प्रसार उसके अखबारों और पत्रिकाओं की हाल ही में बढ़ी संख्या और इलेक्ट्रॉनिक मीडिया पर प्रसारित होने वाले अंग्रेजी समाचार और टीका टिप्पणियों में वृद्धि से भी समझा जा सकता है। हालाँकि उसके पाठकों की संख्या में बढ़ोतरी कुछ कम ही हुई है। अंग्रेजी को विषय के रूप में पढ़ने वाले हाईस्कूल और कॉलेज छात्रों की बड़ी संख्या इन पाठकों और श्रोताओं में शामिल है। पर्यटन और होटल व्यवसायों में लगे लोगों में से कुछ लोग अंग्रेजी का थोड़ा बहुत ज्ञान प्राप्त कर लेते हैं। लेकिन इन तमाम आँकड़ों को मिलाने के बावजूद भारत में अंग्रेजी का प्रयोग करने वाले

उर्दू प्रयोग करने वालों के ५.३ फीसदी से भी काफी कम हैं।

इस परिस्थिति के कारण भाषाई मुद्दे पर बहस का परिप्रेक्ष्य और दृष्टिकोण बदलना आवश्यक हो गया है। तीन बातें यह जरूरत पेश कर रही हैं— हिंदी वालों का जबरदस्त संख्या बल, अंग्रेजी के साथ जुड़ा छोटा सा लेकिन ऐतिहासिक रूप से शक्तिशाली राष्ट्रीय प्रभु वर्ग और तेजी से साक्षर होती हुई जनसंख्या में अंग्रेजी के जरिये प्रगति की आकांक्षा। अंग्रेजी समर्थकों को मानना चाहिए कि प्रांतों की राजनीति और संस्कृति का क्षेत्रीय भाषाओं ने नीचे से ऊपर तक समरूपीकरण कर डाला है। उन्हीं के माध्यम से देश में जन-शिक्षा आगे बढ़ रही है। अर्थात् अब पहले की तरह हमारे राष्ट्रीय जीवन पर अंग्रेजी का वर्चस्व और श्रेष्ठता कायम नहीं रह सकती। दूसरी तरफ हिंदी समर्थकों को भी अपनी प्राथमिकताएँ बदलते हुए अपनी भाषा के प्रसार की अपेक्षा उसे समृद्ध करने पर जोर देना चाहिए। ये लोग अपने आंदोलनकारी आवेगों और सृजनात्मक ऊर्जा को हिंदी के मानकीकरण और विकास में लगा कर उसकी बेहतर सेवा कर पाएँगे। उन्हें हिंदी पट्टी से बाहर इस भाषा के प्रसार का काम वहाँ की जमीनी ताकतों के लिए छोड़ देना चाहिए, क्योंकि उनका रुझान पहले से ही हिंदी की तरफ है। हिंदी समर्थक उसे राष्ट्रभाषा के रूप में तो बढ़-बढ़ कर पेश करते हैं, लेकिन वे भारत की ४३ फीसदी आबादी की क्षेत्रीय भाषा के रूप में उसे विकसित करने की खास परवाह नहीं करते। हिंदी को अपने क्षेत्र के सभी प्रांतों में जनता की समान भाषा और गंभीर विचार-विमर्श का माध्यम बनाने के लिए जरूरी है कि इस पट्टी में औपचारिक साक्षरता का भारी प्रसार हो और साथ-साथ उच्च और व्यावसायिक शिक्षा का काम तेजी से आगे बढ़े।

इस समय उत्तर प्रदेश की केवल ४१.७१ फीसदी आबादी साक्षर है। यह ५२.११ फीसदी के राष्ट्रीय औसत से ग्यारह फीसदी कम है। मध्य प्रदेश, राजस्थान और बिहार की साक्षरता दर क्रमशः ४३.४५, ३८.८१ और ३८.५१ फीसदी है। कुल ३१ राज्यों और केंद्र शासित प्रदेशों के साक्षरता सूचकांक में मध्य प्रदेश का नंबर २६वाँ और उत्तर प्रदेश का २७वाँ और राजस्थान व बिहार का काफी नीचे तीसवाँ और ३१वाँ है।[१]

हिंदीभाषी इलाकों की इस हालत का कारण इन प्रांतों के प्रशासन, स्कूलों और सरकारी मीडिया द्वारा हिंदी प्रयोग और 'मानकीकरण' की शैली में खोजा जा सकता है। इन राज्यों में प्रशासन की बुनियादी शब्दावली के लिए कोई एक समान नीति नहीं है। स्कूली पाठ्य पुस्तकों में अंग्रेजी व अन्य भाषाओं से लिए गए शब्दों व अवधारणाओं के अनुवाद करने के लिए भी कोई समान निर्देशिका नहीं है। हर राज्य में मानकीकरण ऊपर से तदर्थ शैली में थोप दिया गया है।

इसमें संस्कृत से समानार्थक शब्द लेकर हिंदी में जड़ दिए गए हैं। पहले से आम इस्तेमाल में आ रहे शब्दों पर ध्यान नहीं दिया गया है। इस प्रक्रिया में हर राज्य ने अपनी अलग-अलग शब्दावली गढ़ ली है।[१०] यह परिस्थिति इस कारण और भी विचित्र हो गई क्योंकि आधिकारिक हिंदी ने प्रशासन में प्रयोग की सीमाएँ तोड़ कर पाठ्य पुस्तकों और कक्षाओं पर भी हमला बोल दिया है। इसी भाषा को साक्षरता की भाषा समझने की गलती भी की जाती है। अपनी शब्द संपदा का आधार संकीर्ण होने के बावजूद आधिकारिक हिंदी घरों और हिंदी पट्टी के समुदायों में बोली जाने वाली भाषा के 'गैर-मानक स्रोतों' से शब्द लेने से इनकार करती है। इससे स्कूली हिंदी और घरेलू हिंदी में भारी अंतर आ गया है। इसी कारण से हिंदी जन-साक्षरता की वाहक नहीं बन पा रही है। १९८१ की जनगणना के मुताबिक हिंदी पट्टी के घरों के अंदर ४८ प्रकार की हिंदी बोली जाती है। अगर हिंदी राज्यों में हिंदी के जरिये जन-शिक्षा का काम किया जाना है तो उसका मानकीकरण प्रशासनिक आदेशों की बजाय क्रमिक विकास की प्रक्रिया के जरिये करना पड़ेगा।[११] पहले कदम के रूप में स्कूली और घरेलू हिंदी के बीच के फर्क को तो कम से कम कर ही देना होगा।

स्वाधीनता के बाद से हिंदी का विकासक्रम अन्य भारतीय भाषाओं के विकासक्रम और औपनिवेशिक शासन के दौरान स्वयं हिंदी के विकासक्रम से गुणात्मक रूप से भिन्न रहा है। किसी जमाने में हिंदी एक खास भाषाई संस्कृति से जुड़ी हुई थी, लेकिन उसका स्वातंत्र्योत्तर विकास उससे कट कर हुआ। इससे फायदे और नुकसान दोनों ही हुए। एक ओर हिंदी ज्यादा बड़ी जनसंख्या द्वारा अपना ली गई (हिंदी पट्टी), दूसरी ओर उसने अपनी वह सांस्कृतिक अस्मिता खो दी जो अधिकांशत: पश्चिमी उप्र और पूर्वी उप्र के कुछ हिस्सों की देन थी और जिसमें हिंदी का भाषाई रूप उर्दू से समस्वर था।[१२] नतीजे के तौर पर आज लिखी और बोली जाने वाली हिंदी किसी एक स्पष्ट पहचान वाले भौगोलिक-सांस्कृतिक समुदाय की भाषा नहीं रह गई है। उसका विकास ऊपरी भाषा के रूप में हुआ है जिसने कई राज्यों की कई भाषाओं को अपने नीचे दबा लिया है। इन पीड़ित भाषाओं में अवधी, भोजपुरी, ब्रज, मारवाड़ी, हरियाणवी, मैथिली और उर्दू शामिल है। हालाँकि इन पर हिंदी का वर्चस्व अधिकांशत: ऐतिहासिक और राजनीतिक प्रक्रिया की देन है। दूसरी तरफ हिंदी अपनी सांस्कृतिक अस्मिता की खोज में है जो उसे अपने क्षेत्र की किसी स्थानीय संस्कृति में नहीं मिल सकती। इसीलिए हिंदी आज राजनीतिक मुद्दों की भाषा बन गई है। पूरी हिंदी पट्टी में जन-गोलबंदी करने के लिए हिंदी में अन्तर्निहित संभावनाओं को टटोला जाता रहता है। क्षेत्रीय संस्कृति में आधार

न मिलने के कारण उसने इस क्षेत्र की राजनीतिक संस्कृति में आधार खोज लिया है। इसके बावजूद अपनी अलग भाषाई संस्कृति उसे नहीं मिल पाई है। इसे हिंदी के माध्यम से दी जाने वाली उच्च शिक्षा के विकास के जरिये ही उपलब्ध किया जा सकता है। अपने इलाके की एकमात्र भाषा बनने और देश के दूसरे हिस्सों की दूसरी व तीसरी भाषा बनने के लिए हिंदी को अपने विस्तृत इलाके की अन्य भाषाओं के साथ सामंजस्य स्थापित करना होगा। उनसे कुछ न कुछ ग्रहण करना होगा। यह काम ठीक से हो पाए इसके लिए साक्षरता का व्यापक प्रसार तो आवश्यक है ही, साथ-साथ हिंदी पटल के विभिन्न इलाकों और संस्कृतियों से आने वाले साक्षरों को अपनी मातृभाषाओं के मुहावरों और कहावतों से हिंदी को समृद्ध करने की गुंजाइश भी देनी होगी। ये भाषाएँ पहले से ही हिंदी के काफी निकट हैं। भाषाई राज्यों के निर्माण के बाद से अन्य क्षेत्रीय भाषाओं का भी विकास इसी ढंग से हुआ है।

इस तरह की भाषाई गतिशीलता उपलब्ध करके हिंदी अपने विशाल भूखंड के बाहर की साक्षर जनता के लिए भी ग्राह्य बन जाएगी। दरअसल हिंदी का विरोध उसकी भाषाई क्षमता या अक्षमता को लेकर ही नहीं है। इसका काफी कुछ ताल्लुक अन्य भारतीय भाषाओं के प्रति हिंदी वालों के रवैये को लेकर भी है। इसका पता हमें हिंदी इलाके में एक भाषाभाषियों की सबसे ज्यादा संख्या होने से चलता है। देश भर में १३.५४ फीसदी लोग औसतन द्विभाषी हैं, लेकिन हिंदी इलाके में इनकी संख्या केवल ४.७४ फीसदी है। एक भाषाभाषी होने के इस 'रिकार्ड' के आसपास केवल बंगाली ही आते हैं। उनमें केवल ५.६४ फीसदी लोग ही द्विभाषी हैं।[१३]

कुल मिला कर कहा जा सकता है कि पिछले तीस वर्षों में भाषाई मुद्दे के सामाजिक-राजनीतिक संदर्भ में आमूल परिवर्तन आया है। लेकिन, अभी तक उस पर बहस के आयाम नहीं बदले हैं। एक बात साफ है कि इस परिवर्तन ने अंग्रेजी का वर्चस्व कायम रखने में जुटे राष्ट्रीय प्रभु वर्ग के लिए गुंजाइशें बहुत कम कर दी हैं। दूसरी तरफ इसने हिंदी वालों के लिए भी चुनौती पेश की है जिसके अनुसार हिंदी को भारत की संपर्क भाषा बनाने की इच्छा रखने वालों को न केवल छह राज्यों में उसे क्षेत्रीय भाषा के रूप में विकसित करना होगा, वरन साथ-साथ गैर हिंदी भाषी इलाकों में उसे दूसरी या तीसरी भाषा के रूप में स्वीकृत भी करना होगा। वे इस लक्ष्य को केवल अपने संख्या बल के आधार पर नहीं वेध सकते। इस आलेख में आगे इसी कारण की विवेचना की गई है।

५

देशी भाषा-भाषी वर्ग लोकतंत्रीकरण की प्रक्रिया के जरिये ही लगभग सभी राज्यों में अपने संख्या बल को राजनीतिक सत्ता में रूपांतरित कर पाया है। अब राष्ट्रीय स्तर पर सत्ता की दावेदारी वह इसी संख्या बल के आधार पर करना चाहता है। हिंदी बोलने वाले प्रभु वर्ग को तो यकीन लगता है कि संख्या ही लोकतंत्र का सारतत्त्व है और इसलिए वे राष्ट्रभाषा के सवाल का फैसला इसी दम पर करा लेंगे। संभवत: उन्हें अंदाजा नहीं है कि भारत में सत्ता का खेल दूसरी ही तरह खेला जाता है। इस खेल में संख्या का तर्क निर्णायक नहीं होता। शासक वर्ग को अपनी सत्ता की वैधता व्यवस्था के स्थापित मूल्यों और प्रक्रियाओं के माध्यम से हासिल करनी पड़ती है। संख्याएँ इसमें एक महत्त्वपूर्ण, लेकिन केवल पूरक भूमिका अदा करती हैं। यही वजह है कि जाति-गणित में महारत हासिल करके देशी भाषा-भाषी वर्ग ने १९७७ और १९८९ में दो बार चुनाव जीता, लेकिन अपने शासन की निरंतरता कायम रखने लायक वैधता की उपलब्धि नहीं कर सका। जाहिर है कि निर्वाचन में जीत को राष्ट्रीय स्तर पर टिकाऊ बनाने के लिए बहुमत आवश्यक होता है। लेकिन सब कुछ यही नहीं होता।

सच्चाई यह है कि राष्ट्रीय स्तर पर सत्ता न तो बहुमत में बसती है, और न ही सरकार बनाने वाली पार्टी में। सत्ता तो राज्य-तंत्र में निहित है जिसकी बागडोर नवऔपनिवेशिक नेहरूयुगीन प्रभु वर्ग के हाथों में है। आजादी के बाद इस वर्ग को ही सत्ता सौंपी गई थी। अपनी वैधता के लिए यह वर्ग संख्या बल पर केवल अप्रत्यक्ष रूप से ही टिका है। इसका सबसे बड़ा कारण यह है कि किसी भी मुद्दे पर बहुमत की राय पूरे देश में कभी एकजुट होकर पलड़ा एक पक्ष में नहीं झुका पाती। वह आंतरिक मतभेदों की शिकार होकर बिखर जाती है। भाषा विवाद में संपर्क भाषा के सवाल पर अंग्रेजी विरोधियों का तीखा मतभेद इसका प्रमाण है। दूसरी ओर शासक वर्ग के बुद्धिजीवी अक्सर हर मुद्दे को परिभाषित करने वाले सूत्र अपने हिसाब से पेश करते हैं। इसमें चालाकी यह चली जाती है कि मुद्दों के महत्त्व और उनके समर्थकों की संख्या का संबंध आम तौर पर साफ नहीं होने दिया जाता।

निस्संदेह मुद्दों के महत्त्व और उसके समर्थकों की संख्या के बीच संबंध कायम करके लोकतांत्रिक नेतृत्व किसी भी समाज में भारी परिवर्तन ला सकता है। लेकिन भारत का शासक वर्ग यह संबंध कायम करने से कतराता है। बजाय इसके वह राष्ट्रीय विमर्श के लिए व्यापक मानदंड तय करता है, और राष्ट्रीय राजनीति में उभर आए मुद्दों को अपने ढंग से परिभाषित करता है। यह है वह

तरीका जिसके माध्यम से यह अल्पसंख्यक अभिजात्य वर्ग सत्ता अपने हाथ में रखते हुए उसके लिए वैधता प्राप्त कर लेता है। दरअसल तमाम मुद्दों पर चर्चा इस वर्ग द्वारा परिभाषित दायरे में ही रह जाती है। राष्ट्रीय विमर्श संख्या के तर्क पर आश्रित नहीं रहता, उलटे स्वयं बहुमत के सिद्धांत को शासक वर्ग द्वारा स्थापित मूल्यों और आवश्यकताओं के अनुकूल बनना पड़ता है। ऐसा नहीं है कि लोकतंत्र में क्रांतिकारी परिवर्तन के क्षण आते ही न हों, लेकिन ऐसा तभी हो पाता है जब कोई महत्त्वपूर्ण मुद्दा बहुसंख्या को आकर्षित कर रहा हो अथवा बहुसंख्या को ही कभी महत्त्वपूर्ण मान लिया गया हो। भारतीय राजनीति को अभी भी ऐसे क्षण की प्रतीक्षा है। अभी तो शासक वर्ग की राष्ट्रीय स्तर पर स्थापित सत्ता ही ऐसे सभी मुद्दों को 'निपटाने' और परिभाषित करने की भूमिका अदा कर रही है जो उसकी नजर में राष्ट्रीय महत्त्व के हैं। सत्ता की यह राजनीति ऐसे किसी भी मुद्दे को संख्या द्वारा मिलने वाले महत्त्व से काटे रखने की है। भाषा विवाद पर भी यही हथकंडा आजमाया जाता है।

किसी प्रभु वर्ग द्वारा सामाजिक-सांस्कृतिक विशिष्टता हासिल करने और इसके जरिये शासन करने के लिए भाषा को औजार की तरह इस्तेमाल करना भारतीय इतिहास में कोई नई बात नहीं है। प्राचीन युग में यह भूमिका संस्कृत ने निभाई थी। स्वर्ग में देवताओं और पृथ्वी पर उनके प्रतिनिधियों की यह भाषा को सीखने का अधिकार केवल दो उच्च वर्णों—ब्राह्मणों और राजन्यों को ही था। गंभीर विचार और विद्वत्ता का एकमात्र माध्यम संस्कृत ही मानी जाती थी। धर्म के जिन नियमों के मुताबिक आम जनता को अपना जीवन चलाना होता था, वे नियम तक जनता की समझ में आने वाली भाषा के बजाय संस्कृत में थे। ब्राह्मण और राजन्यों की मध्यस्थता के बिना आम आदमी धार्मिक जगत में सक्रिय नहीं रह सकता था, क्योंकि संस्कृत में होने के कारण धर्म के नियमों की व्याख्या और कार्यान्वयन इन्हीं दोनों वर्णों के हाथ में रह गया था। यही दोनों संस्कृति जानते थे, आम लोग नहीं। इसका मुखर उदाहरण संस्कृत के शास्त्रीय नाटकों में मिलता है जिनमें देवता, ब्राह्मण और राजन्य (उनमें भी केवल पुरुष) ही संस्कृत बोलते हैं। बाकी सभी प्राकृत में संवाद करते हैं। प्राचीन भारत के इस प्रभु वर्ग द्वारा विकसित गहन विचारों और ऊँचे आदर्शों का उसके सत्ताच्युत होते ही तिरोहित हो जाना कोई आश्चर्य की बात नहीं थी, क्योंकि उन विचारों और आदर्शों का माध्यम जनता की भाषा नहीं थी। इसी तरह हमारे इतिहास में फारसी और अंग्रेजी की भूमिका भी मुख्यत: अभिजात्यवर्गीय शासन के हित में रही है।

अभिजात्यवर्गीय भाषा के जरिये ज्ञान और सत्ता पर एक वर्ग की इजारेदारी

को भारतीय इतिहास में दो बार, एक बार बौद्ध आंदोलन द्वारा और दूसरी बार भक्ति आंदोलन द्वारा, आमने-सामने की चुनौती मिली। लेकिन ये दोनों आंदोलन भी अभिजात्य भाषा और ज्ञान की रचना और इस्तेमाल के बीच और ज्ञान और सत्ता के बीच के गठजोड़ तोड़ने में नाकाम रहे। बौद्ध मत ने संस्कृत ठुकरा कर लोकभाषा पाली को अपनाया और जैन मत ने अर्ध मगधी को मान्यता दी। दोनों धर्मों ने लोकभाषाओं को ही गंभीर विचार-विमर्श का माध्यम भी बनाया। बौद्ध मत भारत में शताब्दियों तक फला-फूला। उसने संस्कृत को विशिष्ट वर्ग की भाषा तक सीमित रखने वाले वर्ग के शासन को गंभीर चुनौती भी दी। लेकिन बौद्ध धर्म के पतन के साथ ही संस्कृत एक बार फिर स्वयं बौद्ध विचार और अधिभूतवाद के गंभीर आख्यानों के लिए प्रयोग की जाने लगी। इसी परिघटना ने अंतत: वेदांत विचार की मुख्य धारा में बौद्ध धर्म के विलय का रास्ता खोला। भक्ति आंदोलन ने भी अपने आख्यान के लिए स्थानीय भाषाओं का प्रयोग करते हुए धार्मिक जगत के द्वार जन साधारण के लिए खोले। उसने आध्यात्मिक ज्ञान पर ब्राह्मणों के एकाधिकार तथा कर्मकांडों और संस्कारों में उनकी मध्यस्थता से संघर्ष किया। लेकिन इससे कोई आमूल परिवर्तन नहीं आ सका, क्योंकि भक्ति आंदोलन तो असल में वेदांत के आख्यान और सामाजिक आचार संहिता को ही आम जनता की भाषा और प्रतीकों के रूप में व्यक्त कर रहा था। यह जरूर है कि भक्ति आंदोलन ने शासक वर्ग और जनसाधारण के बीच से ऊपर से नीचे तक एकता बनाने में मदद की। एक जमाने में धार्मिक आख्यान की भाषा संस्कृत होने के कारण यह एकता टूट गई थी। भक्ति आंदोलन ने इसे (ब्राह्मण-शूद्र एकता) दोबारा जोड़ा। इसके अलावा भक्ति आंदोलन कुछ नहीं कर पाया। यह आंदोलन हिंदू समाज की संरचना का विचारधारात्मक आधार हिलाने में आंशिक रूप से ही सफल रहा। वर्णव्यवस्था के कर्मकांडीय श्रेणी विभाजन को इस विचारधारा द्वारा ही सामाजिक मान्यता प्राप्त थी। इसकी बुनियादी अवधारणा कर्मफल के सिद्धांत में निहित थी।

आज हम एक तीसरा आंदोलन देख रहे हैं। जिसे लोकतंत्रीकरण का नाम दिया जा सकता है। यह आंदोलन देशी भाषा-भाषियों को उभार रहा है। यह आंदोलन दोनों विगत आंदोलनों से भिन्न है। इसका ताल्लुक ज्ञान की रचना और उसके वितरण से है। यह आंदोलन सत्ता के सामाजिक संबंधों और समाज में सत्ता के बँटवारे के तरीके बदलना चाहता है। यह आंदोलन न केवल कर्म के प्रचलित सिद्धांत को चुनौती देता है, वरन वर्णजाति आधारित आधुनिक अभिजात्य वगीर्य व्यवस्था को भी झकझोरने पर आमादा है। जाहिर है कि इस लक्ष्य और उसे वेधने के तरीके में उसे अनिवार्यत: अभिजात्य वर्गीय अंग्रेजी की

टक्कर में आना पड़ेगा। निश्चित रूप से यह एक महत्त्वपूर्ण ऐतिहासिक घटना है और इसने भारत में अंग्रेजी के वर्चस्व को मुश्किल में डाल दिया है। लेकिन अभी इसी प्रश्न का उत्तर दिया जाना शेष है कि अंग्रेजी हटाने से उत्पन्न शून्य कैसे भरा जाएगा? हम देख चुके हैं कि जनवादी राजनीति का यथार्थ काफी जटिल है और उसे केवल संख्या के माध्यम से नहीं समझा जा सकता। यह सच है कि लोकतंत्र में संख्या की उपेक्षा नहीं की जा सकती, लेकिन लोकतांत्रिक प्रक्रिया उस समय विफल हो जाती है जब संख्याबल व्यापक व्यवस्थामूलक बोध से नहीं जुड़ पाता।

हिंदीभाषी अंग्रेजीभाषियों की चौधराहट तोड़ने के लिए भाषा विवाद का निपटारा अपने संख्या बल के आधार पर इसलिए भी नहीं कर सकते क्योंकि हिंदी समर्थकों की संख्या कमोबेश कुछ इलाकों में ही सीमित है। अगर हिंदी अपने समर्थकों की बहुसंख्या के कारण गैर-हिंदी भाषा राज्यों पर थोपी गई तो उसका हित होने के बजाय देश की एकता को ज्यादा नुकसान होगा। यह खतरा इसलिए भी है कि 'संपर्क' भाषा के सवाल पर देशी भाषा-भाषी प्रभु वर्ग आंतरिक रूप से बँटा हुआ है। एक तरफ हिंदी बोलने वाले हैं जो कमोबेश एक भाषा-भाषी हैं और 'एक भाषा सूत्र' पेश करते हुए हिंदी को अकेली 'संपर्क भाषा' बनाने पर जोर देते हैं। दूसरी तरफ गैर-हिंदी भाषी प्रभु वर्ग अपने-अपने क्षेत्रों में अंग्रेजी का प्रभाव कम करने में जुटा हुआ है, लेकिन राष्ट्रीय स्तर पर संपर्क भाषा के रूप में वह केवल अंग्रेजी ही चाहता है। वह इस मसले को लेकर हिंदी के सामने एक कदम भी पीछे नहीं हटना चाहता। आजकल माहौल तो यह है कि वह उसे अंग्रेजी के बाद दूसरी संपर्क भाषा के रूप में भी नहीं देखना चाहता। क्षेत्रीय प्रभुवर्गों का यह अंतःसंघर्ष देशी भाषा-भाषियों को राष्ट्रीय स्तर पर आपस में नहीं जुड़ने देता। इसका फायदा उठा कर अंग्रेजी को अपनी प्रथम भाषा बना चुका महानगरीय प्रभु वर्ग अपनी बेहद कम संख्या के बावजूद कहीं ज्यादा समर्थन जुटा लेता है। इस समर्थन का एक और स्रोत है शिक्षितों की निरंतर बढ़ती हुई संख्या। ये नवशिक्षित अंग्रेजी को अपनी सामाजिक प्रगति की सीढ़ी के रूप में देखते हैं। हालाँकि इस प्रक्रिया में इस श्रेणी के कुछ लोग ही अंग्रेजी का आवश्यक ज्ञान प्राप्त करके आगे बढ़ पाते हैं। लेकिन फिर भी अंग्रेजी भाषी प्रभु वर्ग को आशा-आकांक्षा की राजनीति में वरीयता भाषाई होड़ के जरिये मिल पाती है। यही प्रक्रिया राष्ट्रीय आख्यान में क्षेत्रीय भाषाओं की भूमिका को हाशिए पर डाल देती है। सामाजिक संवाद का माध्यम न बन कर यह आख्यान प्रभुत्व और वर्चस्व का राजनीतिक प्रयास बन कर रह जाता है।

राष्ट्रीय स्तर पर अंग्रेजी विरोध को स्वर देने के लिए हिंदी भाषी प्रभु वर्ग को अन्य क्षेत्रीय भाषी-भाषी प्रभु वर्ग के साथ एकता के बिंदु तलाशने होंगे। इसके लिए उन्हें अपना एक भाषा-भाषी होने का चरित्र छोड़ना होगा। संख्या बल पर भरोसा करने और संकुचित दायरे में इस मुद्दे को परिभाषित करने का रवैया त्यागना और भी जरूरी है।

भाषा विवाद को संपूर्ण राष्ट्रीय विमर्श के परिवर्तित चरित्र और प्रकृति की कहीं व्यापक समस्या के साथ जोड़ना पड़ेगा। केवल तभी उस तथाकथित विशिष्ट राष्ट्रीय विमर्श की पोल खुल पाएगी। जिस पर अंग्रेजी भाषी प्रभु वर्ग कब्जा जमा बैठा है। वक्त का तकाजा है कि हिंदी और गैर-हिंदी भाषी प्रभु वर्ग न केवल भाषा के सवाल पर बल्कि राष्ट्रीय महत्त्व के सभी सवालों पर ज्यादा बेहतर और दीर्घकालीन अन्योन्यक्रिया करे। इस दौरान यह वर्ग अंग्रेजी भाषियों के मुकाबले एक प्रति-प्रभु वर्ग अथवा एक 'नए' राष्ट्रीय प्रभु वर्ग की आत्म-चेतना भी हासिल कर सकता है। अभी वह राष्ट्रीय स्तर पर भूमिका तो निभा रहा है लेकिन उसकी प्रवृत्तियाँ क्षेत्रीय राजनीतिकों जैसी ही हैं।

भाषाई मुद्दे की व्याख्या अंग्रेजी बनाम हिंदी के अभिजात्यवर्गीय टकराव के रूप में करने के बजाय बहुसंख्यक भारतीयों को लोकतंत्र, विकास और आधुनिकता से लाभान्वित करने वाले के माध्यम के रूप में की जानी चाहिए। पहला काम राष्ट्रीय जीवन से अंग्रेजी का बोलबाला खत्म करने का होना चाहिए, क्योंकि इसी में छोटे से वर्ग की ताकत निहित है जो हमारी राष्ट्रीय प्राथमिकताओं और लक्ष्यों को विकृत करता रहता है। हिंदी की राष्ट्रीय भूमिका का मुद्दा प्राथमिकता में दूसरे नंबर पर होना चाहिए।

अगर राष्ट्रीय स्तर पर अंग्रेजी की जगह हिंदी लाने का समस्याग्रस्त आग्रह एक बार छोड़ दिया जाए और हिंदी को अन्य क्षेत्रीय भाषाओं के साथ एक क्षेत्रीय भाषा की ही तरह राष्ट्रीय मंच पर अपनी जगह तलाशने दी जाए तो भारत में अंग्रेजी की भूमिका के बारे में कई तरह के सवाल अपने आप उठ खड़े होंगे।

मसलन यह पूछना शुरू कर दिया जाएगा कि साहित्य के क्षेत्र में हमारी उपलब्धियाँ कई अविकसित देशों से भी गई बीती क्यों हैं? क्या इसका कारण भी शिक्षा प्रणाली में अंग्रेजी का वर्चस्व है? क्या अंग्रेजी के वर्चस्व ने हमारी शिक्षा संबंधी प्राथमिकताओं को विकृत नहीं कर दिया है जिसके कारण प्राथमिक शिक्षा की कीमत पर अंग्रेजी में उच्च और व्यावसायिक शिक्षा के लिए आवश्यकता से अधिक रकम खर्च की जाती है? क्या इससे वास्तव में ज्ञान के विभिन्न क्षेत्रों में श्रेष्ठता अर्जित की जा सकी है या इससे केवल एक छोटे से प्रभु वर्ग की ही अंतर्राष्ट्रीय प्रगति हुई है जिसकी कीमत राष्ट्रीय संसाधनों के रूप में

कहीं ज्यादा चुकानी पड़ी है?

इनके अलावा कुछ और भी सवाल हैं— जैसे, क्या आधुनिकीकरण में व्यस्त प्रभुओं के अत्यंत प्रिय लक्ष्यों को बेधने में अंग्रेजी के वर्चस्व ने मदद की है? क्या देश में विज्ञान का प्रसार करने, तकनीकी कुशलता विकसित करने और जनता को 'वैज्ञानिक मानसिकता' से लैस करने में अंग्रेजी ने कोई सहायता दी है? क्या इन लक्ष्यों की प्राप्ति के लिए अंग्रेजी के प्रभाव को कम करना और राष्ट्रीय महत्त्व के सभी प्रश्नों पर विमर्श को जनता की भाषा में अंजाम देना जरूरी नहीं है? (केरल शास्त्र साहित्य परिषद जैसे संगठनों की गतिविधियाँ लोक जीवन में इस तरह के कदमों की प्रभावोत्पादकता का प्रमाण हैं)। क्या अंग्रेजी के निरंतर वर्चस्व ने राष्ट्रीय एकता में कोई योगदान किया है या उसके कारण महानगरीय भारत और ग्राम्य भारत में तथा केंद्र और राज्यों में अंतराल ही बढ़ा है? अगर भाषाई विवाद एक वास्तविक राष्ट्रीय परिप्रेक्ष्य में देखा जाए तो इन प्रश्नों की प्रासंगिकता और महत्त्व में जबरदस्त वृद्धि हो सकती है। इसके विपरीत अंग्रेजी शिक्षित वर्ग इन सवालों से कतराता हुआ अपने संकीर्ण परिप्रेक्ष्य को ही राष्ट्रीय परिप्रेक्ष्य के रूप से पेश करता रहेगा।

६

इस संदर्भ में राष्ट्रीय भाषा नीति द्वारा अंग्रेजी का वर्चस्व घटाना पहली आवश्यकता बन जाता है। जाहिर है कि इसका अर्थ अंग्रेजी खत्म करना नहीं होगा, हालाँकि अंग्रेजी समर्थक यह इल्जाम लगाने के बड़े शौकीन हैं। न ही इसका अर्थ यह है कि अंग्रेजी स्कूलों और कॉलेजों में विषय के तौर पर नहीं पढ़ाई जानी चाहिए। उच्च शिक्षा में कुछ खास विषयों के माध्यम के रूप में भी उसके इस्तेमाल पर भी हमें आपत्ति नहीं है। अगर शिक्षाशास्त्री एक राय से मानते हैं कि कुछ विषय अंग्रेजी में ज्यादा अच्छे पढ़ाए जा सकते हैं, जैसे कि गणित में बिना अंग्रेजी ज्ञान के महारत नहीं हासिल की जा सकती, तो इन पाठ्यक्रमों में दाखिले के लिए अंग्रेजी ज्ञान की शर्त रखी जा सकती है। लेकिन किसी भी तरह उच्च शिक्षा प्राप्त करने के लिए अंग्रेजी ज्ञान को अनिवार्य शर्त बनाने की नीति को मान्यता नहीं दी जानी चाहिए।

दरअसल मुद्दा कुछ और ही है—क्या दोहरी शिक्षा प्रणाली को किसी शिक्षा शास्त्रीय या राजनीतिक आधार पर औचित्यपूर्ण ठहराया जा सकता है? इस शिक्षा प्रणाली में एक किस्म के स्कूलों में नर्सरी से विश्वविद्यालय तक अंग्रेजी का प्रयोजन तकरीबन नहीं के बराबर होता है। एक विषय के रूप में अंग्रेजी का प्रवेश इस धारा में काफी देर बाद और कुछ गैर-गंभीर ढंग से ही होता है।

मध्यम और निम्न मध्यम वर्ग के बीच अंग्रेजी माध्यम के स्कूलों के प्रति रुचि इसलिए भी बढ़ती जा रही है क्योंकि गैर-अंग्रेजी माध्यम के स्कूलों में सामान्य अध्यापन और खास कर अंग्रेजी शिक्षण का स्तर बहुत खराब है।[१४] उनकी इस रुचि के पीछे अपने बच्चों के लिए अंग्रेजी माध्यम का स्कूल तलाशना ही एकमात्र आग्रह नहीं है, हिंदी स्कूलों का खराब स्तर भी उन्हें उसी दिशा में धकेलता है। यह समस्या दूर करने के लिए आवश्यक है कि अंग्रेजी को सभी राज्यों के स्कूलों में शुरुआती स्तर से ही एक विषय के रूप में ढंग से पढ़ाया जाए लेकिन शिक्षा के माध्यम के रूप में उसका इस्तेमाल हतोत्साहित करते हुए अंततः खत्म कर दिया जाना चाहिए। हाँ, जिन थोड़े से भारतीयों की मातृभाषा अंग्रेजी है, वे अंग्रेजी में शिक्षा लें। ठीक उसी तरह जैसे तुलू मातृभाषा वाले लोगों को तुलू में शिक्षा लेने का हक है।

निष्कर्ष यह है कि हिंदी के बजाय हमें अंग्रेजी पर एक राष्ट्रीय नीति चाहिए। अगर यह नीति ऊपर बताई गई दिशा में हुई तो राजनीतिक अथवा शिक्षा शास्त्रीय आधार पर अनौचित्यपूर्ण दोहरी शिक्षा प्रणाली को काफी हद तक कमजोर ही नहीं करेगी बल्कि उसे खत्म भी कर देगी। अंग्रेजी रहेगी, पर एक कामकाजी भाषा के रूप में न कि अभिजात्य वर्गीय वर्चस्व के औजार के रूप में। साथ-साथ अन्य क्षेत्रों की भांति हिंदी पट्टी में हिंदी द्वारा अंग्रेजी को उत्तरोत्तर प्रतिस्थापित किया जाना चाहिए। पता नहीं क्यों हिंदी इलाके में अंग्रेजी की जगह हिंदी लाने की कोशिश हमारे राष्ट्रीय प्रभु वर्ग को एकता के लिए खतरा लगने लगती है। हम पहले ही कह चुके हैं कि हिंदी के बाहर हिंदी का प्रसार उसके अपने विकास, राजनीति और बाजार की जमीनों ताकतों के हवाले छोड़ देना चाहिए। यह कार्यभार संपूर्ण करने में कई अगर-मगर आएँगे और कई हेर-फेर भी करने होंगे, लेकिन हमें नीति की मुख्य दिशा के बारे में स्पष्ट रहना होगा।

भाषा विवाद के नीति विषयक पहलुओं के बारे में स्पष्टता तब तक हासिल नहीं की जा सकती जब तक पिछले तीस वर्षों के अनुभव के मद्देनजर इस मुद्दे का सूत्रीकरण एकदम नई शैली से नहीं किया जाता। अगर इसे वर्चस्व की लड़ाई के संदर्भ में ही समझा जाता रहा तो यह मुद्दा हिंदी बनाम अंग्रेजी के ध्रुवीकरण और दो अभिजात्य वर्गों के टकराव की संकीर्णता से नहीं उबर पाएगा। हिंदी बनाम अंग्रेजी का यह सूत्रीकरण क्षेत्रीय भाषाओं की भूमिका से निरपेक्ष रहता है। हालाँकि हिंदी स्वयं सबसे बड़ी क्षेत्रीय भाषा है। फिर भी अन्य भाषाओं को काट कर अलग कर देने से इस लड़ाई में आधुनिकीकरण और समाज परिवर्तन का राष्ट्रीय विमर्श व्यापक जनता तक नहीं पहुँच पाता। बजाय इसके भाषाई मुद्दे को सच्चे राष्ट्रीय संदर्भों में व्याख्यायित किया जाना चाहिए और ये संदर्भ

सामान्यत: जनवादी राजनीति की आवश्यकताओं और विशेषत: शिक्षाशास्त्रीय सिद्धांतों के अनुकूल होने चाहिए।

(इस आलेख में वर्नाकुलर अथवा देशी भाषा-भाषी अथवा ग्राम्य अथवा देहाती, आदि शब्दों का प्रयोग दो अर्थों में किया गया है : भाषाई अर्थों में और सांस्कृतिक अर्थों में। भाषाई अर्थों में इन शब्दों का मतलब है सभी गैर-अंग्रेजी भारतीय भाषाएँ जो भारत में अंग्रेजी के वर्चस्व का एक विखंडित प्रति-यथार्थ हैं। इन भाषाओं में संवैधानिक रूप से मान्यता प्राप्त बांग्ला, गुजराती, मराठी, तमिल आदि भाषाएँ शामिल है। इन्हें सामान्यत: 'क्षेत्रीय भाषाएँ' कहा जाता है। हमने हिंदी को भी इसी श्रेणी में रखा है हालाँकि यह भाषा राष्ट्रीय स्तर पर एकमात्र संपर्क भाषा बनने के लिए अंग्रेजी से होड़ कर रही है। अन्य भारतीय भाषाएँ और कथित बोलियाँ जैसे डोगरी, तुलू, आदि को अभी तक संवैधानिक मान्यता नहीं मिली है, लेकिन वे भी अंग्रेजी के प्रति-यथार्थ के रूप में खड़े देशी भाषा-भाषी परिदृश्य का ही अंग हैं। व्यापक सांस्कृतिक अर्थों में इन शब्दों का प्रयोग उस राजनीति, उस जनता और उस सामाजिक राजनीतिक प्रभु वर्ग के लिए किया गया है जिनकी शिनाख्त राजनीतिक आख्यान में अंग्रेजी का प्रयोग न करने वाले के रूप में की जाती है। ये लोग अथवा ये प्रवृत्तियाँ या तो अक्षमता के कारण अथवा सचेत रूप से अंग्रेजी के प्रयोग से इनकार करती हैं। जब कि अखिल भारतीय आख्यान में अंग्रेजी का प्रयोग न करना निरपवाद रूप से संस्कारहीनता, संकीर्णता और सांस्कृतिक रूप से अविकसित होने का पर्याय माना जाता है। इसका नतीजा भारतीय भाषाओं में की गई सभी गतिविधियों और अभिव्यक्तियों को सच्चे राष्ट्रीय परिप्रेक्ष्य और आधुनिकतावादी सार से रहित मानने में निकलता है। इसी चिंतन की प्रतिक्रिया में अंग्रेजी का प्रयोग न करने वाले सामाजिक आर्थिक रूप से मजबूत तबकों और अन्य जनता की राजनीति में एक प्रति-सांस्कृतिक अस्मिता जन्म लेती है। इन तत्त्वों और प्रवृत्तियों को ही क्षेत्रीय, प्रांतीय, ग्राम्य, मुफस्सिल, देशज अथवा वर्नाकुलर कहा जाता है।)

संदर्भ और टिप्पणियाँ

१. राजनीति में उदीयमान ग्रामीण समुदायों की उत्तरोत्तर भागीदारी से आए परिवर्तन के विशद विश्लेषण के लिए १९६७ के निर्वाचन के आसपास प्रकाशित रजनी कोठारी की रचनाएँ देखें। इनमें 'कांग्रेस सिस्टम अंडर स्ट्रेन' और 'इंडियाज पॉलिटिकल ट्रांजीशन' उल्लेखनीय हैं। उन्हें कोठारी की रचनाओं के संकलन *पॉलिटिक्स एंड द पीपुल : इन सर्च ऑफ ए ह्यमन इंडिया,* खंड-१, अजंता, दिल्ली, १९८९ में शामिल किया गया है।

२. राज्यों में क्षेत्रीय भाषा नीति के कार्यान्वयन से शिक्षा प्रणाली पर हुए असर के लिए देखें बीएच कृष्णमूर्ति, 'द रीजनल लेंग्वेज विज-अ-विज इंगलिश एज द मीडिया ऑफ इंस्ट्रक्शन इन हाइर एजुकेशन : द इंडियन डाइलेमा', संकलित : डीपी पटनायक, *मल्टीलिंगुइज्म इन इंडिया, मल्टीलिंगुअल मैटर्स,* ६१, फिलाडेल्फिया, क्लेरंडन, पृष्ठ १५-२४१

३. भारत में स्कूल-कॉलेजों में नाम लिखाने वाले साढ़े अठारह करोड़ छात्रों में २१.६२ फीसदी यानी चार करोड़ छात्र अंग्रेजी माध्यम से पढ़ते हैं। आँकड़ों के लिए देखें मैरी एस जुरबकेन, 'वाइपिंग आउट इंगलिश', *सेमिनार,* अंक ३९१, मार्च, १९९२, दिल्ली, पृष्ठ ४८

४. पैगी मोहन ने भी यही कहा है कि भारत में अंग्रेजी का ज्ञान प्राप्त करने की समस्या विदेशी भाषा सीखने के रूप में नहीं समझी जाती। इसे तो एक विशिष्ट अभिजात्य वर्ग के अत्यंत आरक्षित दायरे में प्रवेश की तैयारी के रूप में देखा जाता है। हो सकता है कि कामकाज के लिए पढ़ाई-लिखाई के बाद के दौर में अंग्रेजी सीखना शिक्षाशास्त्रीय दृष्टि से ठीक हो, लेकिन अंग्रेजीभाषी वर्ग के दायरे में प्रवेश पाने की रणनीति के रूप में इससे लाभ नहीं होता। देखें, पैगी मोहन, 'पोस्टपोनिंग टु सेव टाइम्स', *सेमिनार,* अंक ३२१, मई, १९८६

५. इसके विपरीत भारत में अंग्रेजीभाषी महानगरीय प्रभु वर्ग के पितामह जवाहरलाल नेहरू ने अपनी पुस्तकें 'मेरी कहानी' और 'भारत की खोज', मूलतः अंग्रेजी में लिखी थीं। द्विभाषी प्रभु वर्ग के नेतृत्व में औपनिवेशिक आख्यान के तहत उभरी देशी भाषा के माध्यम वाली शैक्षणिक संस्कृतियों के लिए और अभिजात्य वर्गीय सत्ता और राष्ट्रीय आख्यान के अंतर्संबंधों के लिए देखें, सुदीप्त कविराज, 'ऑन द कंस्ट्रक्शन ऑफ कॉलोनियल पावर', *डिसकोर्स,* हेलेली, *ऑकेजनल पेपर्स ऑन हिस्ट्री एंड सोसाइटी,* सेंकड सीरीज,अंक ३५, सेंटर फॉर कंटम्प्रेरी स्टडीज, नेहरू मेमोरियल म्यूजियम एंड लाइब्रेरी, नई दिल्ली, १९९१

६. सरकारी मान्यता प्राप्त भाषाओं द्वारा उत्तरोत्तर समरूपीकरण के कारण अस्तित्व बचाने के लिए जूझ रही भाषाओं के तकलीफदेह संघर्ष के लिए देखें, सुमि कृष्ण, *इंडियाज लिविंग लेंग्वेजिज़,* एलाइड, नई दिल्ली, १९९१।

७. क्षेत्रीय भाषाओं में पत्र-पत्रिकाओं के विकास के लिए देखें, सुमि कृष्ण, उपरोक्त, पृष्ठ १३९-१५३।

८. भाषाई आधार पर अर्थात एक बड़ी भाषा के आधार पर बनाए गए राज्यों में आंतरिक भाषाई-सांस्कृतिक समरूपता के चरम पर पहुँचने का सबसे बड़ा प्रमाण यह है कि १९८१ की जनगणना में ९५.५८ फीसदी लोगों ने संविधान की आठवीं अनुसूची में दर्ज केवल १५ भाषाओं या उनकी किस्मों को ही अपनी भाषा माना, जब कि ४.४२ फीसदी भारतीयों ने अन्य १०६ भाषाओं को अपनाया जो इस सूची में नहीं थीं। (ये आँकड़े १९८७ की सीरीज १, पेपर १ से लिए गए हैं)। गारो, वांचो और खासी को छोड़ कर असूचित भाषाओं के सभी बोलने वालों में द्विभाषी होना सबसे ज्यादा पाया गया, अर्थात १३.३४ फीसदी के द्विभाषियों के राष्ट्रीय औसत से भी ज्यादा, भारत की जनगणना से आँकड़े, सिरीज, *पाप्युलेशन बाई बाईलिंगुइलिज्म,* (तालिका सी-८), रजिस्ट्रार जनरल एंड सेंसस कमिश्नर।

९. साक्षरता के आँकड़े, *सेंसस ऑफ इंडिया १९९१,* प्रोवीजनल पोप्युलेशन टोटल्स, पेपर १, (रजिस्ट्रार जनरल एंड सेंसस कमिश्नर, इंडिया), पृष्ठ ६२

१०. सुमि कृष्ण, *उपरोक्त,* पृष्ट ५८-६८।

११. भारतीय भाषाओं के मानकीकरण की समस्याओं के लिए देखें, वीएच कृष्णमूर्ति,

उपरोक्त।

१२. कृष्ण कुमार 'क्वेस्ट फॉर सेल्फ आइडेंडिटी, कल्चरल कांशसनेस, एंड एजुकेशन इन हिंदी रीजन, १९८०-१९८६', *ईपीडब्ल्यू,* खंड १५, जून १९९०, पृष्ठ १२४७-१२५५।

१३. सेंसस ऑफ इंडिया १९८१: सीरीज १, *पाप्युलेशन बाई बाईलिंगुइलिज्म,* तालिका-सी-८, रजिस्ट्रार जनरल एंड सेंसस कमिश्नर, इंडिया

१४. भारत में अंग्रेजी के पढ़ने-पढ़ाने की समस्याओं पर एक दिलचस्प बहस के लिए देखें मुलजी रोज़ेलीन, 'थाट्स', *सेमिनार,* अंक ३२१, मई, १९८६, नई दिल्ली।

गुजरात के बाद हिंदुत्व और राज्य का सेकुलरत्व

नई सेकुलर राजनीति की रचना

गुज़रातीपन और जातीय-बहुसंख्यक अस्मिता को जोड़ कर संघ परिवार ने पूरे देश के सामने मिसाल पेश की है कि राज्य के सेकुलरत्व को नष्ट करके हिंदू राष्ट्र बनाने का फारमूला क्या हो सकता है। लोकतांत्रिक बहुमत को बहुसंख्यकवाद में परिवर्तित करने की इस राजनीति के पीछे असल में संघ परिवार की एक विशेष सत्ता-दृष्टि है। राज्य के सेकुलरत्व को बचाने और सेकुलरीकरण की प्रक्रिया ज़ारी रखने के लिए हमें समझना होगा कि आजादी से पहले और बाद के सेकुलरवाद में क्या फर्क है। कौमी एकता के रूप में जो सेकुलरवाद धार्मिकता का विलोम नहीं था, कैसे आजादी के बाद आधुनिकतावादी-राज्यवादी हो कर एक छोटे से शासक वर्ग को वैधता दिलाने वाली विचारधारा बना। नतीजतन, इस सेकुलरवाद ने बहुसंख्यक भारतीय समाज को हिंदुत्ववादियों के हाथों में खेलने के लिए छोड़ दिया। आज यदि राज्य का सेकुलरत्व बचाना है तो हमें संविधान में विशेष प्रावधान की व्यवस्था करनी होगी, ताकि कोई राज्य अपने सेकुलर दायित्वों से पल्ला न झाड़ सके। राजनीतिक और सार्वजनिक जीवन में मुसलमानों और अन्य अल्पसंख्यकों की भागीदारी सचेत रूप से बढ़ानी होगी। हिंदुओं के धार्मिक जीवन के प्रति अपेक्षाकृत कठोर रवैया अपनाने की अवांछित प्रवृत्ति से बचना होगा। साथ ही साथ सेकुलर विमर्श को भूमंडलीय स्तर तक ले जा कर भारतीय राज्य को इस्लाम विरोधी बनाने के प्रयासों का भी प्रतिकार करना होगा। निचली जातियों की राजनीति के लोकतांत्रिक और सेकुलर आयामों का महत्त्व नये सिरे से समझना होगा।

गुजरात आज हमारे देश में एक द्वीप की तरह है। गुजरात जो कभी 'गाँधी का गुजरात' कहलाता था, वह उदार लोकतांत्रिक भारत में हिंदू राष्ट्र का एक द्वीप सा बन गया है। वहाँ हिंदू राष्ट्र उन्हीं अर्थों में बन चुका है, जिन अर्थों में राष्ट्रीय स्वयंसेवक संघ इस देश को हिंदू राष्ट्र बनाना चाहता है। वैसे भाजपा की सरकार देश में कई जगह है और वहाँ पर भी उसकी राजनीति के सांप्रदायिक या अल्पसंख्यक विरोधी पहलू साफ दिखायी पड़ते हैं, पर वहाँ हिंदू राष्ट्र बनने की स्थिति अभी नहीं बन पायी है। जाहिर है कि केवल चुनावी समर्थन या जीत भाजपा की राजनीति के लिए जरूरी तो है, पर केवल उसी से हिंदू राष्ट्र नहीं बन सकता। गुजरात की खास बात यह है कि वहाँ की धरती पर पिछले बीस वर्ष में संघ परिवार द्वारा किये गये सांप्रदायिक राजनीति के प्रयोगों के कारण चुनावी समर्थन के साथ हिंदुत्व की विचारधारा जुड़ गयी है *(देखें इसी लेख के खंड २ और खंड ३)*।

संघ परिवार ने अपना यह लक्ष्य वेधने के लिए सबसे पहले गुजरात की क्षेत्रीय अस्मिता को हिंदू अस्मिता की तरह परिभाषित किया। इसके दो नतीजे निकले। क्षेत्रीयता के जरिये एक ओर तो वह पिछड़ों, दलितों और आदिवासियों का राजनीतिक हिंदुत्व के दायरे में समावेशन कर पाया; और दूसरी ओर उसने अल्पसंख्यकों का बहिर्वेशन कर दिया। गुजराती अस्मिता के हिंदूकरण से हालत यह हो गयी कि गुजरात में देश के दूसरे हिस्सों से आये गैर-गुजराती हिंदू ज्यादा गुजराती मान लिये गये, जबकि पिछली कई सदियों से गुजरात में रह रहे धार्मिक अल्पसंख्यकों को गैर-गुजराती समझा जाने लगा। ध्यान रहे कि गुजरात एक ऐसा प्रांत था जहाँ आधुनिकीकरण, शहरीकरण और उद्योगीकरण के जरिये सेकुलरीकरण की प्रक्रिया देश के कई हिस्सों के मुकाबले ज्यादा रफ्तार से चल रही थी। गुजराती मुसलमान और अन्य अल्पसंख्यक समुदाय अपनी बस्तियों में सीमित रहने के बजाय आधुनिक पेशों से जुड़ कर व्यापक समाज के बीच सक्रिय हो रहे थे। संघ परिवार ने गुजराती मुसलमानों और अन्य अल्पसंख्यकों की इस नयी खेप को अपना निशाना बनाया जिससे वे एक बार फिर अपनी बस्तियों के दायरे में बंद हो गये। सेकुलरीकरण के माध्यम से समाज और राजनीति की मुख्यधारा में उनकी उत्तरोत्तर बढ़ती नियमित भागीदारी की प्रक्रिया को धक्का लगा। नयी सांप्रदायिक गुजराती अस्मिता के वाहकों ने संघ परिवार के नेतृत्व में चल रही सरकार के सुरक्षा कवच के तहत २००२ के चुनाव से पहले ही अल्पसंख्यकों के खिलाफ हिंसा आयोजित करके उन्हें अलगाव में डालने की रणनीति को अमली जामा पहना दिया था।

आज गुजरात बहुसंख्यक-जातीयतावादी लोकतंत्र की एक ऐसी

प्रयोगशाला बन गया है जिसमें राज्य की संस्था अल्पसंख्यकों के एक खास हिस्से को परोक्ष रूप से पहले तो आतंकित करती है और फिर उससे बड़े भाई जैसा सुलूक करते हुए उसे अपने वर्चस्व के दायरे में समेट लेती है। ऐसे राज्य में अल्पसंख्यकों के साथ दोयम दर्जे के नागरिक की तरह व्यवहार होता है। ऐसे समाज में सहमे हुए अल्पसंख्यकों की सांस्कृतिक अभिव्यक्तियाँ बहुसंख्यकों के सांस्कृतिक-राजनीतिक शोरगुल में दब जाती हैं। नतीजतन, सांस्कृतिक विविधता पर बहुसंख्यकीय वर्चस्व छा जाता है। बहुसंख्यकों के मेहरबानी से भरे हुए हाथ के बिना वे अपने सांस्कृतिक अधिकारों का सामान्य इस्तेमाल नहीं कर पाते। सरकार ने अपने रोजमर्रा के कामकाज के साथ हिंदू धार्मिक प्रतीक चिह्नों या कर्मकांडों को इस तरह जोड़ लिया है जैसे वे उसके स्वाभाविक अंग हों। चुनावी बहुमत से बनी हुई सरकार का नियंत्रण होने के कारण ऐसे राज्य को तकनीकी रूप से तो लोकतंत्र कहा जायेगा, पर उसका सारतत्त्व किसी भी तरह से उदारतावादी नहीं रह जाता। ऐसा राज्य क्रमशः अपना सेकुलरत्व[१] खो देता है और चुनावी रास्ते से ही वह पूरे तंत्र को बहुसंख्यक-जातीय आधार वाले फासीवाद की ओर ले जाता है।[२]

हमारे संविधान-निर्माता यह मान कर चले थे कि इस संविधान के तहत संस्थापित राज्य किसी एक समुदाय के पक्ष या किसी एक के खिलाफ नहीं होगा। शायद इसीलिए उन्होंने संविधान की किताब में ऐसे किसी भी प्रयास को हतोत्साहित करने के किसी प्रावधान के बारे में सोचा तक नहीं। लेकिन गुजरात में ऐसा हो गया है। वहाँ की सरकार ने उदारतावादी लोकतंत्र के बुनियादी आग्रहों को ठुकरा कर कोई और राह ही पकड़ ली है। भाजपा चाहती है कि गुजरात का यह मॉडल सारे देश के लिए अनुकरणीय बन जाये और सभी जगह बहुसंख्यक-जातीयतावादी राजनीति को मौन सहमति दे दी जाए। संविधान अपनी जगह बना रहे और किसी घोषित धर्मतंत्रीय राज्य के बिना बहुसंख्या के समर्थन से गुजरात में बने हिंदू राष्ट्र के द्वीप की सीमाएँ सारे देश में फैलती चली जाएँ।

मेरे इस लेख का पहला सरोकार यही है कि देश में बहुदलीय चुनाव प्रणाली होने के बावजूद गुजरात में ऐसा क्यों हुआ। यह देखना जरूरी है कि आखिर गुजरात में ही हिंदू राष्ट्र का पहला द्वीप क्यों बना। इस प्रश्न पर विचार करना भी जरूरी है कि क्या गुजरात के लोग देश के अन्य इलाकों के मुकाबले हिंदुत्ववादी विचारधारा को ज्यादा अहमियत देते हैं?

इन्हीं प्रश्नों के उत्तर तलाशने के लिए यह लेख गुजरात की घटनाओं की रोशनी में राष्ट्र-निर्माण की भारतीय परियोजना का जायजा ले कर राज्य के

सेकुलरत्व की समस्याओं पर विचार करता है। लेकिन, इन दोनों सरोकारों पर आने से पहले जरूरी है कि भारतीय सेकुलरवाद की उस दुविधा पर विचार कर लिया जाये जिसके कारण यह समस्या पैदा हुई है और राज्य का सेकुलरत्व ही खतरे में पड़ गया है। आखिर सेकुलरवाद की प्रचलित भारतीय किस्म इसका प्रतिकार क्यों नहीं कर पायी? सवाल यह भी है कि बहुसंख्यकवाद को लोकतंत्र का पर्याय मानने की मौन सहमति क्यों और कैसे बन रही है? क्या सेकुलरवाद के सिद्धांत और सेकुलरवाद की राजनीति कहीं अलग-अलग दिशाओं में तो नहीं जा रही हैं? अब यह उम्मीद की जा सकती है कि शालिग्रामी किस्म के सेकुलर विमर्श में डूबे लोग भी अपने गिरेबान में झाँक कर देखने के लिए मजबूर हो जाएँगे। उनकी इयत्ता उनसे खुद पूछेगी कि सेकुलर प्रयोग के पचास साल बाद भी सेकुलरवाद सामान्य लोकतांत्रिक मानस का अंग क्यों नहीं बना? और ऐसा न हो पाने में उनकी अपनी सेकुलर राजनीति की भूमिका क्या रही? आत्मालोचना करना एक कठिन और तकलीफदेह काम होता है इसलिए आमतौर पर या तो लोग असलियत को अस्वीकार करते हुए उससे कतराते रहते हैं या फिर आत्मालोचना का अभिनय करके अपने कर्तव्य की इतिश्री मान लेते हैं। लेकिन, गुजरात के बाद इन प्रश्नों को टालना मुश्किल हो गया है। इनका सामना करना अनिवार्य होता जा रहा है।

१

भारतीय सेकुलरवाद की स्थायी दुविधा

गुजरात में अपनी सफलता से संतुष्ट हिंदुत्ववादी मेरे इस दावे को अस्वीकार करेंगे कि गुजरात में हिंदू राष्ट्र बन गया है। अपनी राष्ट्रीय व्यूह रचना के लिहाज से भला वे ऐसा क्यों मानेंगे कि उन्होंने लोकतंत्र के संस्थागत आधार में सेंध लगा दी है। इस विषय में वे तब तक ऐसी ही सामरिक चुप्पी कायम रखे रहेंगे और गुजरात को हिंदू राष्ट्र का द्वीप कहने से स्वयं परहेज करते रहेंगे जब तक सारा देश बहुसंख्यकवाद को ही लोकतंत्र का पर्याय नहीं मान लेता। संविधान तब भी अपनी जगह बना रहेगा। सेकुलरवादी विमर्श सिर्फ किताबों में सिमट जायेगा और बहुलतावादी एक भारतीय किस्म का लोकतंत्र बनाने के अपने स्वप्न के ऐसे हश्र पर अफसोस करते हुए रह जाएँगे। यह नौबत न आए इसलिए जरूरी है कि गुजरात की रोशनी में भारतीय सेकुलरवाद के सिद्धांत और व्यवहार पर एक गंभीर निगाह डाली जाये।

भारतीय सेकुलरवाद के तहत भारत में सभी धार्मिक और अन्य समुदायों को सार्वजनिक जीवन में अपनी सांस्कृतिक अभिव्यक्तियों के साथ भागीदारी का

अधिकार दिया गया है। संविधान भारतीय राज्य को विशेष हिदायत देता है कि वह अल्पसंख्यक समुदायों के इन अधिकारों की रक्षा करे। जाहिर है कि ये अधिकार केवल अपनी धर्म-विधियों के अनुसार पूजा-अर्चना करने के सीमित अधिकारों से कहीं ज्यादा और व्यापक हैं। संविधान व्यक्तियों के साथ-साथ समूहों के सांस्कृतिक हकों को मूलाधिकारों के तौर पर मान्यता देता है। संविधान निर्माताओं का यह सोच जायज था कि प्रतिनिधित्व की सामान्य लोकतांत्रिक राजनीति के जरिये अल्पसंख्यकों के सांस्कृतिक अधिकारों को नेपथ्य में धकेल कर उन पर बहुसंख्यकवादी वर्चस्व थोपा जा सकता है। इसीलिए उन्होंने व्यवस्था की थी कि अल्पसंख्यकों को सामूहिक सांस्कृतिक पहचान व्यक्त करने और उसी के मुताबिक जीने का अधिकार न केवल दिया जाना चाहिए, बल्कि राज्य द्वारा उस अधिकार की हिफाजत भी की जानी चाहिए।

लेकिन, संविधान निर्माता तत्कालीन परिस्थितियों में संभवतः यह पूर्वानुमान नहीं लगा पाये कि अल्पसंख्यक अधिकारों की यह संवैधानिक मान्यता पहचान की राजनीति करने वालों को मौका दे देगी कि इन अधिकारों का सांप्रदायिक-जातीयतावादी राजनीति की भाषा में सूत्रीकरण करके उसके आधार पर सत्ता पर दावेदारी की जाए। संभवतः उस समय यह सोच पाना भी मुश्किल था कि इसी आधार पर बहुसंख्यकों की सांप्रदायिक राजनीति को भी प्रोत्साहन मिलेगा। अगर ऐसा न होता तो संविधान निर्माता इससे पैदा होने वाली समस्याओं के निवारण का अवश्य कोई प्रावधान करते। इससे होता यह है कि जैसे ही अल्पसंख्यक जातीयतावादी राजनीति प्रभावी होती है, वैसे ही सेकुलर राज्य का कामकाज उत्तरोत्तर कठिन होता चला जाता है। उसे कदम-कदम पर समस्याओं का सामना करना पड़ता है। सबसे बड़ी और विनाशकारी अंदेशों से भरी समस्या उस समय सामने आती है जब इसी किस्म की राजनीति का झंडा बहुसंख्यक समुदाय में पहचान की राजनीति करने वाले तत्त्व उठा लेते हैं। तब वे सवाल ले कर आते हैं कि अल्पसंख्यकों की सांस्कृतिक पहचान बचाने के लिए जो अधिकार उपलब्ध हैं, वे बहुसंख्यकों के लिए क्यों नहीं होने चाहिए। वे सेकुलरवाद को सभी धर्मों से बराबर दूरी के सिद्धांत के रूप में पेश करते हुए दावा करते हैं कि अल्पसंख्यकों और बहुसंख्यकों के साथ एक सा सुलूक होना चाहिए। अगर अल्पसंख्यक अपने सांस्कृतिक अधिकारों को जातीय अधिकारों की तरह ले सकते हैं, तो बहुसंख्यक क्यों नहीं? इसमें यह दावा भी निहित है कि बहुसंख्यकों की भी तो अपनी सांस्कृतिक पहचान होती है जिसे बाकायदा मान्यता क्यों नहीं मिलनी चाहिए। इस तरह बहुसंख्यक-जातीयतावाद सेकुलरवादी आवरण ओढ़ लेता है। चूँकि वह पहले से ही बहुसंख्यक है,

इसलिए लोकतांत्रिक बना रहना भी उसके लिए सुविधाजनक होता है। नतीजे के तौर पर सेकुलर राजनीति विभिन्न सांप्रदायिकताओं की होड़ की राजनीति में बदल जाती है।

भारतीय सेकुलरवाद की यह एक सैद्धांतिक और व्यावहारिक दुविधा है जिससे समुदायों के बीच परस्पर बहिर्वेशन की राजनीति शुरू हो जाती है। आज भारतीय सेकुलरवाद इस दुविधा का शिकार है कि अल्पसंख्यकों के सांस्कृतिक अधिकारों को कायम रखते हुए राजसत्ता के लिए सांप्रदायिक आधार पर होने वाले दावों का मुकाबला कैसे किया जाये। इसी उलझन में से यह विकट समस्या निकलती है कि भूमंडलीय पैमाने पर सक्रिय इस्लामी आतंकवाद की ताकतों की रोकथाम के लिए उठाये गये सरकारी कदमों को आम मुसलमानों के खिलाफ दिखने से कैसे रोका जाये। जब राज्य धार्मिक आतंकवाद के खिलाफ कार्रवाई करते हुए पूरे समुदाय के खिलाफ दिखने लगता है, तो आतंकवाद को समुदाय के भीतर लोकप्रिय जमीन मिल जाती है। प्रतिक्रियास्वरूप बहुसंख्यक-सांप्रदायिक रुझान खुद को लोकतंत्र और राष्ट्र का असली रक्षक बता कर अल्पसंख्यकों के खिलाफ विद्वेष भड़काने में इस हद तक कामयाब हो जाते हैं कि बहुसंख्यकों के बीच 'हिंदू बोलबाला' एक सामान्य समझ के रूप में जड़ जमा लेता है। इस समस्या को समझना और इसका समाधान तलाश करना सेकुलरवादी विमर्श और सेकुलर राज्य की कार्रवाइयों के स्तर पर एक गंभीर चुनौती है। गुजरात की चिंताजनक घटनाओं की रोशनी में इस चुनौती का सामना करने की तरफ आगे बढ़ने के लिए निम्नलिखित दो मुद्दों पर एक कारगर समझ बनना जरूरी है :

□ सेकुलरवाद के सैद्धांतिक और राजनीतिक विमर्श के बीच क्या संगति बैठायी जाये? पिछले पचास साल के प्रयोग के बावजूद सेकुलरवाद जन-मानस का स्थायी अंग क्यों नहीं बन पाया?

□ सेकुलरवाद के तहत समुदायों के सांस्कृतिक अधिकारों की अवधारणा कैसे और कब जातीयतावादी राजनीति के लिए इस्तेमाल होने लगती है? अस्मिताओं के क्षेत्रीय, भाषायी और सांस्कृतिक रूप किस तरह सांप्रदायिक रूप ले लेते हैं? ऐसा होने पर राज्य की संस्था के सेकुलरत्व का क्या मतलब रह जायेगा?

२

'गाँधी का गुजरात' : महाजनी-गाँधीवादी संस्कृति के आयाम

गुजरात की छवि आमतौर पर 'गाँधी के गुजरात' के रूप में पेश की जाती रही है। गुजरात से बाहर माना जाता है कि वहाँ मूलतः ऐसे लोग रहते हैं जो खान-

पान में शाकाहारी, मद्यपान न करने वाले, टकराव से बचते हुए धंधे-पानी में यकीन रखने वाले हैं। लेकिन गुजराती समाज का यथार्थ इस सीधी-सरल छवि से जटिल है। लोग तो यह साधारण तथ्य भी भूल जाते हैं कि गुजरात ने गाँधी को ही पैदा नहीं किया था, वहाँ मुहम्मद अली जिन्ना भी पैदा हुए थे। दूसरे, गुजरात के बहुसंख्यक लोग मांसाहारी हैं, न कि शाकाहारी। मोटे तौर पर १५ फीसदी आदिवासी, आठ फीसदी दलित, दस फीसदी मुसलमान और करीब बीस फीसदी अतिपिछड़ी जातियों के समुदाय (जिनमें चूँवालिया, कोली, ठाकरडा और वागरी वगैरह आते हैं) तो पारंपरिक रूप से मांसाहारी हैं ही, कुलीन राजपूत और आधुनिकीकरण के तहत शाकाहार से मांसाहार के दायरे में आए ऊँची जातियों के लोग भी इसी श्रेणी में शामिल हो गये हैं। तीसरे, गुजरात में शराब बंदी होने के कारण बहुत बड़े पैमाने पर लोग अवैध शराब के धंधे में लगे हुए हैं। यह हजारों करोड़ रुपये का कारोबार है। अगर गुजरात में शराब की खपत का अंदाजा लगाया जाये तो पता चलेगा कि प्रति व्यक्ति शराब की खपत वहाँ काफी ज्यादा है। इसके साथ ही आदिवासी समुदायों और अतिपिछड़ी जातियों के बीच शराब बनाने और उसका सेवन करने की पुरानी परंपराएँ हैं जिन्हें उन्होंने सरकारी बंदिश के बावजूद त्यागा नहीं है। गुजरात के आदिवासियों को अपने मद्यपान की परंपराओं के कारण बड़े पैमाने पर 'गाँधीवादी हिंसा' झेलनी पड़ी है। मोरारजी देसाई के नेतृत्व में गुजरात ने जैसे ही शराबबंदी अपनायी, तमाम आदिवासी रातोंरात अपराधी बन गये क्योंकि वे ताड़ी और शराब बनाने और पीने से परहेज करने के लिए तैयार नहीं थे। शराबबंदी के उल्लंघन के आरोप में प्रत्येक दिन आदिवासी गाँवों से गिरफ्तार करके शहरों की अदालतों में लाये जाने लगे। इनमें से कइयों ने तो जीवन में पहली बार शहर के दर्शन किये थे। उनकी समझ से बाहर था कि उन्हें क्यों पकड़ा गया है और इस आफत से बचने के लिए उन्हें क्या करना है। कानून की जकड़ में वे डरे हुए आदिवासी ऐसे लगते थे जैसे कि किसी भूखे-प्यासे जानवर को पिंजरे में बंद करके चिड़ियाघर ले जाया जा रहा हो। उन भयभीत आदिवासियों और आज के आदिवासियों में बहुत अंतर है जो अन्य शहरियों से लूट और आगजनी में मुकाबला कर सकते हैं। गुजरात के यथार्थ का चौथा पहलू यह है कि वहाँ के समाज में औरतों और मर्दों का अनुपात लगातार बिगड़ रहा है। १९९१ में वहाँ १००० मर्दों पर ९३४ औरतें थीं जो २००१ तक घट कर ९२० रह गया। यह आँकड़ा बताता है कि महिलाओं की मरण-दर, औरतों की आत्महत्या की दर, पत्नी-दाह की दर और बालिका शिशुओं की हत्या की दर वहाँ अपेक्षाकृत ज्यादा है। गुजराती समाज का एक और बेचैन कर देने वाला पहलू है दलितों पर किये

जाने वाले अत्याचारों की संख्या जो कुछ दूसरे प्रांतों के मुकाबले कहीं ज्यादा है।

यह सही है कि आजादी के आंदोलन से साठ के दशक तक कुछ ऐसे पहलू थे जिनके कारण इस प्रदेश को गाँधी का गुजरात कहना उचित होगा। प्रतिरोध और शासन की जो संस्कृति इस अवधि में पनपी, वह कमोबेश सेकुलर राष्ट्रवाद के मूल्यों की पुष्टि ही करती थी। राष्ट्रवादी आंदोलन उपनिवेशवाद के विरोध के नये-नये रास्ते अपनाने से नहीं हिचका और न ही उसमें आक्रामकता की कमी थी पर उसने राजनीतिक गोलबंदी की कुछ बुनियादी संहिताओं का उल्लंघन नहीं किया। अलग भाषायी राज्य बनाने के लिए चलाये गये महागुजरात आंदोलन और सत्तर के दशक में चले नवनिर्माण आंदोलन में भी इसकी मिसाल देखी गयी है। इस अवधि में सरकार चलाने की प्रक्रिया हो या प्रतिरोध के आंदोलन हों, दोनों ही लोकतांत्रिक सीमाओं का उल्लंघन करने से बाज आते थे। जबकि अस्सी और नब्बे के दशक में सामाजिक असंतोष की सामूहिक अभिव्यक्तियों के रूप में हुए राजनीतिक आंदोलन ऐसे नहीं थे। इन आंदोलनों में बहुसंख्यात्मक राजनीति की ताकत के इस्तेमाल का आग्रह साफ देखा जा सकता था।

लेकिन लोकतांत्रिक मूल्यों के पालन के साथ-साथ गुजरात में साठ के दशक तक एक और परिघटना उभर चुकी थी। यह थी ऊँची जातियों और मध्य वर्ग की मिली-जुली राजनीतिक और सांस्कृतिक चौधराहट। इसके तहत हुआ यह था कि गुजराती राजनीति की गाँधीवादी धारा पहले से चली आ रही ऊँची जातियों के वर्चस्व वाली अभिजन संस्कृति के मातहत होती चली गयी थी। जैन-वैष्णव परिवेश में पली-बढ़ी इसी अभिजन संस्कृति को कुछ विश्लेषकों द्वारा महाजन संस्कृति कहा गया है।[३] लेकिन, जब १९६० में गुजरात राज्य बना तो उसने जिस संस्कृति को अपनाया वह केवल महाजनी न हो कर महाजनी-गाँधीवादी संस्कृति थी। इसमें गाँधीवादी विचार और आचरण के कुछ पहलू अवश्य थे। जैसे कि यह अहिंसा और सादगी में यकीन रखती थी। यह समाज सेवा और रचनात्मक काम के लिए संस्थाओं को भी खड़ा करती थी। जैन-वैष्णव प्रभाव के कारण यह जीवदया, नशे से दूर रहने, बचत, किफायत के साथ-साथ टकराव से बचने और निपटाने की सुस्थापित परंपराओं को भी अपनाती थी।

एक तरह से यह महाजनी-गाँधीवादी संस्कृति व्यवहार-कौशल और मेल-मिलाप पर निर्भर थी। लोग या समूह अपनी राजनीति को राज्य के विरोध में परिभाषित न करते हुए भी अपने निजी या सामाजिक जीवन में उसे घुसपैठ नहीं करने देते थे। इस समाज में जीवन का आदर्श आधुनिक अर्थों में आदर्श नागरिक

बनने के बजाय सद्‌गृहस्थ बनना ज्यादा था। यह सद्‌गृहस्थ टकराव से बचना चाहता था और दूसरों की सद्‌भावनाएँ अर्जित करते हुए समाज के गरीबों और वंचितों के प्रति उदार माई-बाप वाला रवैया रखता था। इस संस्कृति ने गुजरात की राजनीति में ऊँची जातियों की सांस्कृतिक पकड़ तो मजबूत की पर उसने ऐसे किसी राजनीतिक आचरण को गुंजाइश नहीं दी जो समाज की शांति को भंग करता या सांप्रदायिक ध्रुवीकरण की इजाजत देता हो। इस संस्कृति ने जनता के किसी भी हिस्से के खिलाफ हिंसा नहीं होने दी। इसके तहत 'प्रगति' का मतलब था निजी तौर पर संपत्ति जमा करना और सार्वजनिक तौर पर ट्रस्ट, सहकारी संस्थाएँ और गुजरात के उदीयमान शहरी औद्योगिक समाज की जरूरतें पूरी करने के लिए संस्थाएँ खड़ी करना। हालाँकि किसी समाज का यथार्थ उसके सांस्कृतिक अभिजनों के विचारों का ही पर्याय नहीं होता पर लोकमानस में उस समाज की छवि बनाने में इन विचारों और आग्रहों की काफी भूमिका होती है। समाज नीति भी इन्हीं अभिजनों द्वारा गढ़ी जाती है। यही लोग सामाजिक प्रतीकों में अपने हिसाब से अर्थ भरते हैं और समाज के दूसरे तबकों को अपनी सामाजिक-सांस्कृतिक कसौटियों पर खरे उतरने की कोशिश करने के लिए मजबूर करते हैं। जाहिर है कि गुजराती अभिजनों द्वारा व्यक्त इस महाजनी-गाँधीवादी संस्कृति ने गुजरात की प्रचलित छवि ही नहीं गढ़ी बल्कि समाज के अन्य हिस्सों को अपने परिवेश के मुताबिक आचरण करने की तरफ भी ले गयी।

पिछले तीन दशकों में यह संस्कृति आमूलचूल बदल गयी है। आज के गुजरात की सांप्रदायिक हिंसा को समझने के लिए सांस्कृतिक और ऐतिहासिक जड़ों को टटोलने से बेहतर यह होगा कि हम महाजनी-गाँधीवादी संस्कृति के क्षय और उसकी जगह लेने वाले सांप्रदायिक ध्रुवीकरण के सामयिक कारणों का एक जायजा लें।

३

बदलता गुजरात और हिंदुत्व की प्रयोगशाला

विभाजन से पहले और बाद में जब सारा देश सांप्रदायिक आग में झुलस रहा था, गुजरात उस समय अपेक्षाकृत शांत था। विभाजन के समय भी गुजरात में छोटे पैमाने पर सांप्रदायिक हिंसा हुई थी। छिटपुट दंगे केवल अहमदाबाद और सौराष्ट्र के वेरावल (यहाँ सोमनाथ मंदिर है) में हुए थे। सिर्फ गोधरा ही ऐसी जगह थी जहाँ की सांप्रदायिक हिंसा को उल्लेखनीय कहा जा सकता था। लेकिन इन सांप्रदायिक वारदातों का कारण भी 'गुजराती' न हो कर 'राष्ट्रीय' था। इनके पीछे हिंदुओं और मुसलमानों के बीच की कोई गहरी खाई न थी। अपनी आस्था

और आचरण में आधे हिंदू और आधे मुसलमान समझे जाने वाले पिराना जैसे कई समुदाय थे जिनके बीच उस समय तक न तो तबलीगी जमात वाले पहुँचे थे और न ही हिंदुत्व के प्रचारक।

गुजरात में सांप्रदायिक ध्रुवीकरण की प्रक्रिया वास्तव में १९६९ में हुए अहमदाबाद के दंगों से शुरू हुई। तब से अब तक गुजरात के किसी न किसी शहर में दंगों का सिलसिला जारी है। संकीर्ण राजनीतिक लाभों के लिए भड़काये जाने वाले इन दंगों में १९६९ से अब तक तकरीबन ७,००० लोग मारे जा चुके हैं और हजारों करोड़ रुपये की संपत्ति का नुकसान हो चुका है। सांप्रदायिकता पर आधारित अल्पकालीन चुनावी राजनीति ने दूरगामी सांप्रदायिक ध्रुवीकरण को जन्म दिया है। १९८५ में दलितों को अपना निशाना बनाने से शुरू हुए आरक्षण विरोधी आंदोलन का अंत भी हिंदू-मुसलमान दंगों में हुआ।

इस ध्रुवीकरण में अप्रत्यक्ष योगदान देने वाले कई पहलुओं में एक है पिछले पचास साल में हुआ गुजरात का शहरीकरण। आज के कई छोटे-मँझोले कस्बे कभी गाँव हुआ करते थे। जो छोटे शहर थे वे अब बड़े शहरों का रूप ले चुके हैं और अहमदाबाद, सूरत, राजकोट और बड़ोदरा जैसे बड़े शहर महानगरीकरण की तरफ चल पड़े हैं। शहरीकरण की इस दर से भी ज्यादा महत्त्वपूर्ण है शहरीकरण का पैटर्न। हालत यह है कि गुजरात की आदिवासी पट्टी समेत हर जिले में कम से कम दो-एक ठीक-ठीक शहर और कई छोटे-मँझोले कस्बे विकसित हो गये हैं। गाँवों का आकार भी पहले के मुकाबले काफी बढ़ गया है। इस तरह से देहाती गुजरात का एक बड़ा हिस्सा शहर जैसा हो चुका है। शहर और गाँव के बीच न केवल आर्थिक बल्कि सामाजिक, सांस्कृतिक और राजनीतिक आदान-प्रदान की प्रक्रिया काफी तेज हो गयी है और उसकी बारंबारता भी बढ़ चुकी है। अर्थात देहाती गुजरात की राजनीतिक संस्कृति शहरी गुजरात से कोई बहुत ज्यादा अलग नहीं रह गयी है। गुजराती अखबारों में सबसे ज्यादा प्रसार संख्या वाले अहमदाबाद से प्रकाशित दो दैनिकों के पाठकों में ग्रामीणों की खासी संख्या है। इससे न केवल अहमदाबाद के अखबारों की ताकत में बढ़ोतरी हुई है बल्कि सभी तरह के पढ़े-लिखे गुजरातियों के नजरिये और रवैये में एक तरह की समरूपता आयी है। गुजराती अखबारों और पत्र-पत्रिकाओं के साथ-साथ गुजराती टीवी चैनलों और केबल नेटवर्क ने सांस्कृतिक और राजनीतिक संचार का नीचे से ऊपर तक एक ऐसा परस्पर सूत्र बनाया है जिस पर बहुसंख्यकवादी हिंदू मूल्य काफी हद तक हावी हैं।

इन सभी कारणों से मूलतः स्थानीय और ग्रामीण प्रकृति का हिंदू समाज अपने आचरण में एक लोकप्रिय हिंदूवाद का रूप लेता जा रहा है जिस पर

बाजारी मनोरंजन का असर तो है ही, एक तरह की गुमनाम शहरी अस्मिता की छाप भी देखी जा सकती है। नवरात्रि जैसे पारंपरिक त्योहारों के ग्रामीण चरित्र में आमूलचूल परिवर्तन देखा जा सकता है। पहले जो पूजा और कर्मकांड केवल घरों और सगे-संबंधियों के बीच ही सीमित रहता था, वह अब सार्वजनिक समारोहों और जुलूसों में बदल गया है। 'पूनम भरना' जैसी गतिविधियाँ अब व्यक्तिगत धार्मिक न रह कर सामूहिक धार्मिक कार्य का रूप ले चुकी हैं। अब पहले के मुकाबले कहीं ज्यादा लोग बहुत दूर पैदल चल कर यह कर्मकांड करने जाते हैं और सेकुलर राज्य के लिए इस मौके पर सारी सुविधाओं का इंतजाम करना जरूरी हो जाता है। इनमें से कई गतिविधियाँ ऐसी हैं जिन्हें हिंदुत्ववादी संगठन नियोजित रूप से न केवल प्रोत्साहित करते हैं, बल्कि नये प्रसंग भी बनाते हैं। इस सिलसिले में हनुमान जयंती जैसे नये गढ़े गये पर्व का उदाहरण दिया जा सकता है। इसके जुलूस पूरे तामझाम के साथ निकलते हैं। उनके लिए चंदा जमा करने के काम में युवक-मंडलों को सक्रिय किया जाता है। इस परिवर्तन का एक असर यह भी हुआ है कि इस लोकप्रिय हिंदूवाद के गुमनाम और बाजारोन्मुख चरित्र ने आदिवासियों और दलितों की भागीदारी के लिए गुंजाइशें पैदा की हैं। लेकिन, साथ ही इस लोकप्रिय हिंदूवाद को राजनीतिक हिंदुत्व ने अपने आगोश में समेट लिया है।

गुजराती गाँव का चरित्र भी काफी बदल गया है। खेती को छोड़ कर सभी तरह की आर्थिक, सामाजिक और सांस्कृतिक गतिविधियों का घटनास्थल गाँव से हट कर पास के कस्बों में चला गया है। अब औसत गाँव का मतलब ऐसी आबादी से है जिसका जमीन से नाता सिर्फ खेती के जरिये ही जुड़ता है। कई बड़ी-बड़ी बस्तियों को गाँव कहा तो जाता है, पर वे आकार और पेशागत संरचना के लिहाज से कस्बों जैसी ही हैं। उनमें कई तरह की शहरी प्रवृत्तियाँ देखी जा सकती हैं। अब नाई, दर्जी और लुहार से काम लेने के लिए गाँव के लोग पास के कस्बे में जाते हैं। कर्मकांड कराने वाला पुरोहित तक शहर में मिलता है और ब्याह, बरात, शादी, जन्म और मृत्यु के संस्कार कराने के लिए मोटरसाइकिल पर शहर से गाँव के दौरे पर आता है।

पिछले तीस सालों में गुजरात के शहरी केंद्रों को भी जनसंख्या की दृष्टि से काफी बड़े दो प्रमुख परिवर्तनों से गुजरना पड़ा है। इनमें पहला तो यह है कि गुजरात के शहरों और कस्बों में पिछड़े वर्ग के लोगों, दलितों और आदिवासियों की भारी संख्या आयी है। दूसरा यह है कि वहाँ के शहरी केंद्रों में गैर-गुजराती लोग भारी संख्या में आ-आ कर बस गये हैं। पहले परिवर्तन के परिणामस्वरूप दलितों, पिछड़ों और आदिवासियों को एक नये तरह का शहर आधारित नेतृत्व

मिला जिसने कांग्रेस पार्टी के महाजनी-गाँधीवादी नेतृत्व को चुनौती दी और उसके मुकाबले क्षत्रियों (पिछड़े वर्गों), हरिजनों, आदिवासियों और मुसलमानों का समीकरण तैयार किया जिसे हम खाम के नाम से जानते हैं। खाम के जरिये राजनीति में निम्नवर्ग की जबरदस्त भागीदारी बढ़ी जिसकी प्रतिक्रिया में गुजराती अभिजनों को राजनीतिक अस्थिरता के अंदेशे सताने लगे।

उधर, गैर-गुजरातियों की उपस्थिति बढ़ने से गुजराती मध्यवर्ग की बेचैनियाँ बढ़ती चली गयीं और शहरी तनाव के हालत बनते चले गये। गैर-गुजरातियों ने अंग्रेजी भाषा पर अपने बेहतर अधिकार के कारण कारपोरेट क्षेत्र और सरकारी महकमों में बहुत से ऊँचे पदों पर कब्जा जमाने में कामयाबी हासिल की। विश्वविद्यालयों में पढ़ने के बाद भी मध्यवर्गीय गुजरातियों ने अंग्रेजी पर महारत हासिल नहीं कर पायी थी। इस बीच में राजस्थान, उत्तर प्रदेश और मध्य प्रदेश के व्यापारी समुदायों ने गुजराती व्यापार जगत पर अपना सिक्का जमा लिया। विभाजन के बाद सिंधी व्यापारी पहले से ही इस क्षेत्र में अपनी जगह बना चुके थे। हालाँकि गुजरात में गैर-गुजराती केवल दस फीसदी के आसपास ही हैं पर शहरों में उनकी मौजूदगी उनकी उपस्थिति को काफी दृश्यमान बना देती है। ओडीशा, महाराष्ट्र और कर्नाटक के साथ-साथ राजस्थान, मध्य प्रदेश और उत्तर प्रदेश के मजदूरों का शहरी श्रम बाजार में भारी मात्रा में प्रवेश हुआ। इन तमाम कारणों से अहमदाबाद, सूरत, बड़ोदरा, राजकोट और दूसरे कई अपेक्षाकृत छोटे शहरों का गुजराती चरित्र बदला हुआ दिखने लगा। निर्वाचित प्रतिनिधियों की जातीय संरचना में भी इस परिवर्तन को देखा जा सकता था। नगर पालिकाओं, नगर निगमों, विश्वविद्यालयों, छात्र संघों और ट्रेड यूनियनों में गैर-गुजरातियों की मौजूदगी कोई असामान्य बात नहीं रह गयी।

हालाँकि गुजराती और गैर-गुजराती भाषायी समूहों के बीच ऊपर से शांति और भाईचारा ही दिखायी देता है, पर भीतर ही भीतर गुजराती व्यापारियों, दूकानदारों और छोटे धंधों में लगे लोगों के साथ-साथ विभिन्न पेशों में लगे गुजरातियों और बुद्धिजीवियों में गैर-गुजरातियों के प्रति अरुचि की एक अंतर्धारा महसूस की जा सकती है। खास बात यह है कि यह असंतोष भाषा, जीवन-शैली और धर्म की सांस्कृतिक भिन्नता को ले कर नहीं है। पिछले दो दशकों में यह असंतोष गुजराती युवकों में पनपी आर्थिक असुरक्षा और कुंठा से पनपा है। उन्हें लगता है कि गैर-गुजरातियों ने उन्हें आर्थिक गतिविधियों के उन दायरों से बाहर कर दिया है जिन पर पारंपरिक रूप से उन्हीं का बोलबाला था। राजस्थान के मारवाड़ियों और उत्तर प्रदेश के अग्रवालों और गुप्ताओं के खिलाफ इस तरह की भावनाएँ अक्सर व्यक्त होती रहती हैं। इसी तरह से ऊँची नौकरियों की

दुनिया में दक्षिण भारतीयों को अंग्रेजी पर उनकी बेहतर महारत के कारण इसी निगाह से देखा जाता है।

शहरी गुजरात में बाहरी–भीतरी का विभाजन हमेशा से जातीय टकराव के संभावित कारणों में से एक माना जाता रहा है, पर उसकी अभिव्यक्ति कभी उभर कर नहीं आयी। गुजरात में कभी धरती पुत्रों का आंदोलन नहीं हुआ। राजनीतिक संस्कृति पर हावी महाजनी–गाँधीवादी संरचनाओं और राष्ट्रवादी सोच के कारण इस तरह के टकराव को बढ़ावा नहीं मिल सकता था। इस तरह का टकराव आज भी उभरने की संभावना नहीं है। लेकिन, अब उसकी वजह दूसरी है। हिंदुत्ववादी ताकतें इसे हिंदू एकता के लिए घातक मानती हैं। वे तो दस फीसदी गैर–गुजरातियों को वोट बैंक के रूप में अपना कर उन्हें पार्टी और सत्ता में जगह देने की राह पर चल रही हैं। देखने की बात यह है कि गैर–गुजरातियों को अपनी कतारों में शामिल करके हिंदुत्ववादियों ने ९–१० फीसदी मुसलमानों के वोटों की भरपायी कर ली है। नब्बे के दशक में संघ परिवार द्वारा की गयी हिंदू एकता की राजनीति ने महाराष्ट्र जैसे जातीय टकराव की संभावनाओं को एकदम खत्म कर दिया है। भाजपा ने मुख्यतः उत्तर भारत से आये गैर–गुजरातियों को अपने नेतृत्व में जगह दी है और गुजरातियों की जातीय भावनाओं को धार्मिक अल्पसंख्यकों के खिलाफ मोड़ दिया है। ये लोग गुजराती मुसलमानों से ज्यादा गुजराती समझे जाने लगे हैं, और गुजराती मुसलमान गुजराती अस्मिता से वंचित कर दिये गये हैं। गुजरात में पहली बार क्षेत्रीय अस्मिता भाषायी और सांस्कृतिक पहचान से हट कर सांप्रदायिक पहचान का आधार ग्रहण करती हुई दिखी है।

इस तरह गुजरात में सांप्रदायिकता का एक नया पहलू उभरा। यह सेकुलरवाद की नयी पराजय भी है। भाषायी अस्मिता की सेकुलर और बहुलतावादी भित्ति के इस क्षरण का एक कारण क्षेत्रीय पहचानों का सांप्रदायिकीकरण बन गया है। गुजरात के बाद कोई भी क्षेत्रीयतावादी गोलबंदी राजनीतिक सुविधा के लिहाज से तेजी से हिंदू गोलबंदी में तब्दील हो सकती है और उदारतावादी लोकतंत्र के विशाल मैदान में राजनीतिक हिंदुत्व के कई द्वीप बन सकते हैं। ध्यान रहे कि क्षेत्रीयतावाद और सांप्रदायिकता का यह संबंध केवल हिंदुत्ववादी राजनीति की देन नहीं है। आजकल प्रचलित सांप्रदायिक राजनीति की सभी किस्में इसी परिणति पर पहुँचती हैं। इसे काश्मीर के उदाहरण से भी समझा जा सकता है। कश्मीरियत की भावना के आधार पर चलाया जाने वाला आंदोलन शुरू में सांप्रदायिक न हो कर सांस्कृतिक था। पर, कालांतर में वह इस्लामिक होता चला गया जिसका नतीजा गैर–मुसलमान काश्मीरी पंडितों के राज्य से निष्कासन में निकला। कुछ ऐसी ही परिस्थिति उत्तर–पूर्व में ईसाई

बहुसंख्यकवाद के कारण बन रही है। पिछले कुछ वर्षों में भारत के पड़ोसी देशों में क्षेत्रीय अस्मिता के सांप्रदायिकीकरण की मिसालें देखी जा सकती हैं। बांग्ला देश में भाषा और संस्कृति के आधार पर सूत्रबद्ध हुई सेकुलर अस्मिता पूरी तरह से इस्लामिक रूप ले चुकी है। बांग्लादेश का इस्लामी राज्य अब चकमा, गारो और हिंदू अल्पसंख्यकों के साथ बराबरी का व्यवहार नहीं करता।[४] श्रीलंका में भी लोकतांत्रिक राज्य होने के बावजूद बौद्ध-सिंहल बहुसंख्यकों का रवैया इसी प्रकार का है।

भाजपा की हिंदुत्व राजनीति ने **धार्मिक** बहुसंख्या को **राजनीतिक** बहुसंख्या में बदल कर सिर्फ हिंदू वोटों के जरिये न केवल चुनावी बहुमत खड़ा करने की प्रक्रिया को वैचारिक आधार प्रदान किया, बल्कि अपनी राजनीति का समर्थन करने के लिए एक सामाजिक-सांस्कृतिक संरचना भी खड़ी कर दी। नब्बे के दशक की हिंदुत्व राजनीति ने पुरानी महाजनी-गाँधीवादी राजनीतिक संस्कृति को प्रभावहीन तो किया ही, उसने उसकी उत्तराधिकारी खाम (पिछड़ों, दलितों, आदिवासियों और मुसलमानों का गठजोड़) की राजनीति को भी बेअसर कर दिया। इसके लिए भाजपा ने पिछड़ों, दलितों और आदिवासियों को सत्ता और संगठन में जगह देने में कोई हिचक नहीं दिखायी। उसने दलितों और आदिवासियों की विशेष सांगठनिक शाखायें भी गठित कीं। विश्व हिंदू परिषद और बजरंग दल में इन सामाजिक ताकतों की बड़े पैमाने पर सीधी भर्ती की गयी।

भाजपा द्वारा राजनीति में अहमियत दिये जाने के कारण पिछड़ों, आदिवासियों और दलितों में सामाजिक ऊर्ध्वगामिता और प्रगति का एहसास पैदा हुआ। भाजपा ने कुछ गाँधीवादी संस्थाओं, ट्रस्टों और गैर-सरकारी संगठनों पर कब्जा करने में कामयाबी हासिल की। उसने नागरिक समाज के विस्तृत नेटवर्कों में भी घुसपैठ की। सहकारी संस्थाओं, शैक्षिक ट्रस्टों, ट्रेड यूनियनों, युवकों और महिलाओं के संगठनों में भाजपा की उपस्थिति धीरे-धीरे बढ़ती चली गयी। नागरिक समाज के एक बड़े हिस्से पर भाजपा के कार्यकर्ता छाते चले गये। कांग्रेस राजनीतिक लाभ पहुँचाने के जिस विशाल नेटवर्क को वर्षों से संचालन और इस्तेमाल कर रही थी, उस पर भाजपा का कब्जा हो गया। खाम गठजोड़ ने ऊँची जातियों और मध्यवर्ग के लिए राजनीति अस्थिरता का जो अंदेशा पैदा किया था, उनका अंत हो गया! भाजपा ने मुसलमानों को पूरी तरह किनारे फेंक कर विहिप और बजरंग दल के जरिये खाम में शामिल अन्य समुदायों को राजनीति और सत्ता के लाभों में भागीदारी दी और इसके जरिये ऊँची जातियों और मध्यवर्ग के राजनीतिक बोलबाले को फिर से स्थापित किया।

सांस्कृतिक-ऐतिहासिक परिप्रेक्ष्य में देखने पर लगता है कि कांग्रेस अपने महाजनी-गाँधीवादी चरित्र का महाजनी पहलू कभी नहीं छोड़ पायी। यह चरित्र सैद्धांतिक रूप से तो सेकुलर-राष्ट्रवादी था, पर व्यवहार में इसका रवैया ऊँची जातियों के हिंदू रवैये से ही मेल खाता था। यही कारण था कि खाम (क्षत्रिय यानी पिछड़ी जातियाँ, हरिजन, आदिवासी और मुसलमान) जैसा शक्तिशाली और सफल राजनीतिक समीकरण बिखर गया। कांग्रेस ने बातें तो बहुत कीं, पर वह खाम समीकरण में शामिल समुदायों, खासकर दलितों और मुसलमानों, के राजनीतिक और आर्थिक हितों को पूरा नहीं कर सकी। सत्तर और अस्सी के दशकों में कांग्रेस को इसी खाम समीकरण ने भारी चुनावी जीतें दिलवाई थीं। कांग्रेस के विपरीत भाजपा सरकार ने संघ परिवार को खुली छूट दी ताकि वह दलितों और आदिवासियों के हिंदुत्वकरण की कार्ययोजना पर जम कर अमल कर सके। कुल मिला कर कहा जा सकता है कि नब्बे के दशक में संघ परिवार द्वारा की जाने वाली सांप्रदायिक ध्रुवीकरण की राजनीति ने जातीय और जातिगत टकरावों को सांप्रदायिक टकराव में परिवर्तित करने में सफलता प्राप्त की जिससे भाजपा के पक्ष में हिंदू वोट बैंक बनता चला गया। नतीजतन भाजपा ने गुजरात में लगातार दो चुनाव भारी बहुमत से जीते। इस लिहाज से गुजरात को हिंदुत्व की प्रयोगशाला कहा जा सकता है।

बहरहाल, इन कामयाबियों के बाद भी संघ परिवार की दिक्कत यह है कि गुजरात की राजनीति में वह खुद को पूरी तरह सुरक्षित नहीं कर पा रहा है। इसका कारण यह है कि गुजरात की चुनावी राजनीति में खाम का कोई नया संस्करण कांग्रेस या किसी तीसरी शक्ति की अगुआई में भाजपा को चुनौती देने के लिए कभी भी खड़ा हो सकता है। दूसरे, राज्य को बेहतर शासन देने में बुरी तरह नाकाम रहने के कारण भाजपा के प्रति जनता की नाराजगी भी संघ परिवार की चिंताओं में वृद्धि करती रहती है। शहरी और देहाती क्षेत्रों की स्वशासी संस्थाओं के चुनावों में भाजपा की पिटाई, विधानसभाई और संसदीय उपचुनावों में भाजपा की हार के साथ-साथ उत्तर प्रदेश के चुनावों में भाजपा की करारी पराजय ने संघ परिवार को बुरी तरह डरा ही दिया था। ऐसे में गोधरा कांड उनके लिए दैव-प्रदत्त अवसर की तरह आया जिसका फायदा उठा कर संघ परिवार के कार्यकर्ताओं ने अल्पसंख्यकों को निशाना बनाते हुए सांप्रदायिक ध्रुवीकरण का खेल खेला। ऊपर बतायी गयी पृष्ठभूमि के कारण गुजरात में उनके लिए इस तरह की योजना पर अमल करना आसान था।

गुजरात के २००२ के विधानसभा चुनावों में गैर-भाजपा ताकतों की करारी हार ने प्रचलित सेकुलरवाद पर गंभीर सवालिया निशान लगा दिया है। कुछ ऐसा

प्रतीत होता है कि सेकुलरवाद की इस खास तरह की राजनीति के कारण भी भाजपा को हिंदू वोट बैंक बनाने में मदद मिली और वह कुशासन के बाद भी चुनाव जीतने में सफल हुई। २००४ के लोकसभा चुनाव के नतीजों को देख कर यह आशा बनती है कि अगर ध्रुवीकरण की राजनीति के कारण बनने वाली असामान्य परिस्थितियों के प्रभाव से चुनावों को बचाया जा सके तो संघ परिवार द्वारा गुजरात को सांप्रदायिकता की प्रयोगशाला बनाने की कोशिशों के मुकाबले इसे सेकुलर लोकतंत्र और गाँधीवादी शांतिपूर्ण सहअस्तित्व की प्रयोगशाला बनाने का प्रयास भी किया जा सकता है। लेकिन अब लगता है कि इसके लिए प्रचलित सेकुलरवाद के उसूल और व्यवहार की फिर से जाँच करके उसमें व्यापक और गहन संशोधन करने होंगे। केवल तभी सेकुलरवाद में संघ परिवार की हिंदू एकता की राजनीति का मुकाबला करने की सामर्थ्य पैदा हो पायेगी। इस जाँच पड़ताल की शुरुआत सेकुलर राष्ट्र-निर्माण के इतिहास पर एक समीक्षात्मक नजर डालने से की जा सकती है।

४

राष्ट्र-निर्माण और सेकुलरवाद की बहस

भारत की राष्ट्रीय-सामाजिक स्थिति एक तरफ अपनी बहुजातीयता के कारण और दूसरी तरफ आधुनिक राष्ट्र-राज्य द्वारा शासित होने के कारण खासी पेचीदा है। एक अरब की आबादी, १८ से भी ज्यादा प्रमुख भाषाएँ बोलने वाले लोग (१९७१ की जनगणना में १६०० जुबानें दर्ज की गयी थीं जिनमें से ३३ के बोलने वालों की संख्या एक-एक लाख से ज्यादा थी), जाति के आधार पर परिभाषित होने वाले ३००० से ज्यादा समुदायों और आबादी के आठ फीसदी का निर्माण करने वाले ३५० से भी ज्यादा आदिवासी समुदायों के अलावा इस देश में हिंदू, इस्लाम, ईसाई, जैन, बौद्ध, सिख, यहूदी, पारसी और अनेक आदिवासी धर्मों के अनुयायी पाये जाते हैं। इनमें से हिंदू, जैन, बौद्ध और सिख धर्म का जन्म भारत में ही हुआ है। करीब अस्सी फीसदी लोग हिंदू धर्म मानते हैं जो अपने-आप में तरह-तरह की आस्थाओं और धर्मविधियों का आगार है। १२ फीसदी से ज्यादा इस्लाम के अनुयायी हैं। संख्या की दृष्टि से भारत में अपने इस्लामी पड़ोसियों पाकिस्तान या बांग्लादेश से भी ज्यादा मुसलमान रहते हैं। ईसाइयत के कदम भारत की धरती पर पहली सदी में ही पड़ गये थे, जबकि उस समय पश्चिम को इस धर्म के बारे में कुछ पता ही नहीं था।

आधुनिकता से पहले के भारत में जाहिर है कि आज के जमाने जैसे राष्ट्र-राज्य के विचार से भारतवासियों का परिचय नहीं था। लेकिन, इसका मतलब

यह भी नहीं लगाया जा सकता कि भारतवासियों के पास शासन चलाने की कोई पद्धति ही नहीं थी। दरअसल, भारत की धरती पर रहने वाले नाना प्रकार के समुदाय कभी एक-दूसरे से कट कर नहीं रहे। न ही एक-दूसरे के मुकाबले इन्हें पूर्ण स्वायत्तता प्राप्त रही। सभी एक प्रतीकात्मक समझ से जुड़े रहे जो उनके बीच विभिन्न स्तरों पर एक सांस्कृतिक धारा के रूप में बहती रही। हर समुदाय अपना सामाजिक बंदोबस्त अपने-अपने ढंग से करता रहा, उसके पास विवाद सुलझाने और टकराव निपटाने के अपने तौर-तरीके रहे। लेकिन, वे सभी एक राजनीतिक शासन-प्रणाली से नियंत्रित होते थे जो खुद को एक बृहत्तर सामाजिक-आर्थिक संहिता कायम रखने तक सीमित रखती थी। अलग-अलग अस्मिताएँ जिस राजनीतिक हुकूमत के अधीन रहती थीं, वह अपनी शासनकारी वैधता एक सर्वमान्य धार्मिक व्यवस्था के तहत हासिल करती रही।[५] इस तरह शासन का काम प्रायः न्यूनतम रूप से परिभाषित होता रहा यानी सरकार का काम स्वशासी सामाजिक इकाइयों को सामाजिक-आर्थिक संहिताओं का उल्लंघन रोकना या फिर किसी समुदाय द्वारा सहअस्तित्व और सहजीवन के उसूल के लिए हानिकारक स्वार्थ-सिद्धि को हतोत्साहित करना रह गया।

कहना न होगा कि यह समाज भी समय-समय पर विभिन्न सामाजिक और वैचारिक संघर्षों के साथ-साथ वर्चस्वों और अधीनताओं के दौर से भी गुजरता रहा। कभी ब्राह्मणों का वर्चस्व रहा, तो कभी इस्लाम के धर्मावलंबियों का। लेकिन, इन अवधियों में भी शासन सहजीवन पर ही आधारित रहा। सामाजिक संगठन की बुनियादी संहिताओं को संकटग्रस्त कर देने वालों को भी इस देश में कभी निष्कासन, सफाये और जातीय संहार का सामना नहीं करना पड़ा। ऐसी ऐतिहासिक परिस्थितियों में समस्या का हल लोगों और समुदायों को श्रेणीक्रम (ऊँच-नीच) पर आधारित समाज व्यवस्था के तहत अधीनस्थ हैसियत में डाल कर किया गया। लेकिन, ऐसा करते हुए उन समुदायों के आंतरिक स्वशासन और सांस्कृतिक अभिव्यक्ति के लिए भी काफी गुंजाइश छोड़ी गयी।

सबको समेट कर चलने वाली यह व्यवस्था ऊँच-नीच पर आधारित जरूर थी पर उसमें परस्पर अन्योन्यक्रिया और तरलता का खासा प्रावधान था। इसका परिणाम यह निकला कि ऊपर से नीचे जाने वाली स्तंभीय सामाजिक संरचनाओं का दाएँ से बाएँ खासा क्षैतिज प्रसार हुआ। बहिरागत समूहों और व्यावसायिक समुदायों को सामाजिक संरचना में जगह मिल सकी। उनमें से कई श्रेणीक्रम में ऊपर चढ़ने में भी कामयाब रहे। इस तरह व्यवस्था ने बहुलताओं की सांस्कृतिक अभिव्यक्ति के लिए ही नहीं, बल्कि अपने दायरे में तरह-तरह की परस्पर-व्यापी शासन प्रणालियों के पनपने की गुंजाइश भी छोड़ी। राजनीतिक रूप से

व्यवस्था ने बहुलताओं को किसी एक राज्य में बाँधने के बजाय एक राजनीतिक-सभ्यतामूलक प्रणाली में बाँधा।[६]

मैं भारत के राष्ट्र-निर्माण की जो कहानी यहाँ सुनाने जा रहा हूँ उससे साफ हो जायेगा कि कैसे एक सभ्यतामूलक समाज को औपनिवेशिक शासन ने एक भू-क्षेत्रीय राज्य के खाँचे में फिट किया और 'राष्ट्रीय समाज' बनने की इस प्रक्रिया में यह क्रमशः तीन हिस्सों में बँट गया यानी भारत, पाकिस्तान और बांग्लादेश के तीन राष्ट्र-राज्य बने। यह कहानी यहीं खत्म नहीं होती, बल्कि बताती है कि किस तरह आजादी के बाद भारत में राष्ट्र-निर्माण की प्रक्रिया ने एकदम नया आयाम ग्रहण कर लिया। भारत ने एक तरफ तो सांस्कृतिक बहुलतावाद की सुदीर्घ परंपराओं में आस्था कायम रखी, और दूसरी तरफ लोकप्रिय संप्रभुता, समान नागरिकता पर आधारित राजनीतिक समता और लोक-कल्याण के जरिये नये राष्ट्र की बुनियाद रखी। अंग्रेजों के जमाने में चली राजनीतिक बहस की लंबी उथल-पुथल भरी प्रक्रिया के साथ-साथ सामाजिक टकराव और सांस्कृतिक समुदायों की आत्म-परिभाषा में आये बदलावों के माध्यम से भारत में राष्ट्र-निर्माण को आधुनिक विचारधारात्मक आधार मिला।

भारत में राष्ट्र-निर्माण के विमर्श का जन्म उन्नीसवीं सदी में औपनिवेशिक राज्य की रचना और स्वतंत्रता आंदोलन के द्वंद्व से हुआ। अंग्रेज भारत के भू-क्षेत्र को जीतने और अधीनस्थ करने से ही संतुष्ट नहीं थे। वे जानते थे कि जब तक उन्हें भारतीयों की वफादारी हासिल नहीं होगी, तब तक वे अपनी मुट्ठी भर संख्या के दम पर इस महाद्वीपीय आकार के देश पर कब्जा कायम नहीं रख सकते। इसी मकसद से उन्नीसवीं सदी के आखिरी वर्षों में उन्होंने एक अखिल भारतीय भू-क्षेत्रीय राज्य को मजबूत करने और अपनी हुकूमत के लिए राजनीतिक वैधता हासिल करने की कोशिश शुरू की। उनकी वैधता के दावे का आधार यह था कि भारत कभी कोई 'राष्ट्र' नहीं था, बल्कि वह तो नाना प्रकार के धर्मों, भाषाओं और जातीयताओं में बँटा हुआ एक समाज-भर था। उन्होंने तर्क दिया कि सामाजिक संहिताओं और रिवाजी कानूनों से संचालित और मनमानी करने वाले हुक्मरानों (राजाओं) द्वारा प्रशासित इस समाज को ऐसे 'विधिसम्मत शासन' की जरूरत है जिसका संचालन एक निर्वैयक्तिक राज्य के हाथों में हो। उन्होंने घोषित किया कि भारत को ऐसा शासन उपलब्ध कराना उनका दायित्व है और ऐसे राज्य से शासित होना भारतवासियों का कर्तव्य है।

इसके लिए जरूरी था कि अंग्रेज भारत की सामाजिक-सांस्कृतिक एकता और शासन प्रणाली के पारंपरिक रूपों को चुनौती देते। अंग्रेजों के इन्हीं दावों के मुकाबले स्वतंत्रता आंदोलन ने राष्ट्र-निर्माण का विमर्श शुरू किया। उसूलन

माना जाता है कि राज्य-रचना और राष्ट्र-निर्माण की प्रक्रिया एक-दूसरे की पूरक होती है, पर भारत में ऐतिहासिक रूप से ये दोनों काम एक-दूसरे के खिलाफ चले। अंग्रेज राज्य को स्थापित करते हुए भारत को राष्ट्रत्व देने से इंकार करते रहे और स्वतंत्रता आंदोलन राष्ट्रत्व की माँग करते हुए विदेशी राज्य की वैधता पर सवालिया निशान लगाता रहा। इस टकराव के केंद्र में भारत के अतीत को लेकर एक विवाद उभरा। भारत के अतीत को नयी रोशनी में परिभाषित करने की इस प्रक्रिया ने समाज को एक नयी सांस्कृतिक और ऐतिहासिक चेतना का अवदान दिया। भारतीय उपमहाद्वीप में राष्ट्रों के बनने और बिगड़ने की प्रक्रिया में इस चेतना की बेहद महत्त्वपूर्ण भूमिका रही है।

इतिहास-रचना की इस राजनीति में शुरुआती योगदान उन थोड़े से अंग्रेजी शिक्षित भारतीय अभिजनों ने दिया जो पश्चिमी इतिहास लेखन की परंपराओं में रचे-बसे थे।[७] उन्होंने भारत और भारतवासियों को विदेशी गुलामी की जंजीरों में जकड़े हुए दिखाया। ब्रिटिश अधीनस्थता की ओर उनका इशारा करने वाले उनके इतिहास में स्पष्ट चित्रण मुसलमान आक्रांताओं और उनका मुकाबला करने वाले बहादुर राजपूत राजाओं का होता था। यह जरूर है कि अधीनस्थता और उसके प्रतिरोध को धार्मिक-भाषायी संदर्भ में ज्यादा दिखाया जाता था। इस इतिहास में भारत नाम का एक भू-क्षेत्र और एक सांस्कृतिक इकाई नहीं उभरती थी। इतिहास का यह आख्यान कहानी के रूप में था, लेकिन उसमें सिकंदर की सेनाओं के खिलाफ लड़ने वाले राजा पोरस और मुगल सम्राट अकबर की फौजों से टकराने वाले राणा प्रताप जैसे ऐतिहासिक व्यक्तित्वों की प्रधानता होती थी। इन नायकों की स्मृति जनमानस में लोकगाथाओं, वीरगाथाओं और वंशावलियों के रूप में मौजूद थी, लेकिन औपनिवेशिक इतिहास लेखन इन स्रोतों को अनैतिहासिक करार देता था।[८] बहरहाल, ऐतिहासिकता के विवाद के बाद भी इन कहानीनुमा ब्योरों के जरिये भारत की छवि एक आक्रांत धरती की बनती थी जिसके पराक्रमी वीर विदेशी हमलावरों और विदेशी शासकों के खिलाफ संघर्षरत दिखते थे। इस प्रकार एक ऐसी 'ऐतिहासिक चेतना' की नींव पड़ी जो भारतवासियों के लिए एकदम नयी थी।[९] भारतवासियों के सामने एक ऐसा विचार उभरने लगा जिसके तहत उन्हें लगा कि वे एक समान सांस्कृतिक बंधन में बँधे हुए हैं और इस सांस्कृतिक सूत्र के उल्लेखनीय धार्मिक पहलू भी थे। इस सूत्र में एक चीज गैरहाजिर थी और वह थी राजनीतिक **केंद्र** का विचार जिसके आस-पास गोलबंद हो कर लोग हमलावरों का मुकाबला करते दिखते। कुछ ऐतिहासिक आख्यानों में इस केंद्र की अनुपस्थिति पर अफसोस भी व्यक्त किया गया और इसी कमी को उन पराक्रमी वीरों की पराजय का कारण बताया

गया।

उन्नीसवीं सदी के मध्य में इस चेतना की शक्ल-सूरत **राजनीतिक** बननी शुरू हुई। १८८५ में भारतीय राष्ट्रीय कांग्रेस की स्थापना हुई जो शुरू में ब्रिटिश शासन की प्रजा की शिकवे-शिकायतों का माध्यम-भर थी, पर १९२० आते-आते उसी अनुपस्थित राजनीतिक केंद्र की भरपायी करने लगी। यही वह मुकाम था जब एक भू-क्षेत्रीय सीमाबद्धता और ऐतिहासिकता से युक्त सांस्कृतिक इकाई के रूप में **भारतीय राष्ट्र** की छवि जनमानस में लोकप्रिय होने लगी। जनता को यह एहसास होने लगा कि यह राष्ट्र ब्रिटिश गुलामी के बंधनों में जकड़ा हुआ है। बेड़ियों में जकड़ी भारतमाता की मूर्ति उपनिवेशवाद के खिलाफ संघर्ष का प्रेरणादायी प्रतीक बन गयी। यह रणनीति मूर्ति के जरिये प्रतीकांकन के भारतीय स्वभाव के अनुकूल थी। आजादी के आंदोलन के नेताओं ने एक नया दावा करना शुरू किया कि भारत ऐतिहासिक रूप से एक राष्ट्र है जिसका एक भू-क्षेत्र है। जवाब में उपनिवेशवादियों ने इस दावे को इतिहास सम्मत नहीं माना। उनके लिए तो भारत सांस्कृतिक और राजनीतिक रूप से बँटे हुए जनसमुदायों का एक समुच्चय-भर था। ऐसा बहुभाषी और बहुधार्मिक समाज तो ऐतिहासिक और सैद्धांतिक रूप से राष्ट्रत्व की दावेदारी करने के काबिल था ही नहीं। अंग्रेजों की निगाह में इसकी राजनीतिक वैधता संदिग्ध थी, क्योंकि भारत यूरोप के राष्ट्रों जैसा नहीं था। वह सांस्कृतिक रूप से समरूप नहीं था और न ही उसके ऊपर ऐतिहासिक रूप से किसी एक राजनीतिक प्राधिकार का शासन रहा था। अजीब बात यह थी कि अंग्रेजों की इस आपत्ति का कुछ राष्ट्रवादी इतिहासकारों और इतिहास की ताकत में यकीन रखने वाले राजनेताओं ने भी समर्थन किया। उन्हें लगा कि जब तक भारत की सांस्कृतिक एकता को भू-क्षेत्रीय और राजनीतिक निरंतरता के संदर्भ में साबित नहीं किया जायेगा तब तक आजादी का दावा कमजोर रहेगा।

इस तरह एक नयी परियोजना शुरू हुई जिसके तहत भारत के राष्ट्रत्व को इतिहास में तलाश करना था। इस कोशिश के गर्भ से एक लंबा विवाद पैदा हुआ जिसमें एक तरफ औपनिवेशिक इतिहासकार थे और दूसरी तरफ राष्ट्रवादी इतिहासकार। इसी के चलते विभिन्न धार्मिक, भाषायी और जातीय समुदायों के बीच अपनी ऐतिहासिकता साबित करने की होड़ मच गयी। खुद को एक अलग सांस्कृतिक और राजनीतिक इकाई दिखाने के चक्कर में इन समुदायों ने हिंसक संघर्षों से भी परहेज नहीं किया। अपने अतीत के सांस्कृतिक सहजीवन को भुलाते हुए ये समुदाय खुद को पृथक 'राष्ट्रीयताओं' के रूप में परिभाषित करने लगे। हर एक ने दावा किया कि उसकी ऐतिहासिक चेतना दूसरे से अलग है।

इसी प्रक्रिया के गर्भ से राजनीतिक रूप से अधिक मुखर जातीय-सांप्रदायिक राष्ट्रीयता उभरी और साथ-साथ सेकुलरवाद की बहस भी। उन्नीसवीं सदी के आखिरी वर्षों में कांग्रेस के भीतर और बाहर के मुसलमान नेताओं ने इस राष्ट्रीयता को वाणी दी। आगे चल कर हालात ऐसे बने कि जिन्ना जैसे नेता इसी प्रवृत्ति के मुख्य पैरोकार बन गये। दूसरी तरफ सावरकर के नेतृत्व में बहुसंख्यक-जातीय राष्ट्रीयता भी व्यक्त हो रही थी।

गाँधी ने बीसवीं सदी के दूसरे दशक में कांग्रेस का नेतृत्व संभाला। उस समय तक औपनिवेशिक परियोजना सफल हो चुकी थी जिसके चलते भारतवासियों की आत्म-परिभाषा पृथक-पृथक जातीय-राजनीतिक इकाइयों में बँट चुकी थी। यह विकासक्रम औपनिवेशिक शासकों के विचार के अनुरूप था। गाँधी ने इसका समर्थन करने से इंकार कर दिया। उन्होंने राष्ट्र-निर्माण के एक नये विमर्श की नींव डाली। १९२४ में उन्होंने इतिहास के जरिये अतीत रचना का विरोध किया और कहा :

> मुझे यकीन है कि इतिहास से वंचित राष्ट्र सुख से जीते हैं। इस तथ्य में मैं सैद्धांतिक आयाम देखता हूँ कि हमारे हिंदू पूर्वजों ने यह सवाल इतिहास की प्रचलित समझ दरकिनार करके हल कर लिया था। उन्होंने छोटी-छोटी घटनाओं के आधार पर एक दार्शनिक संरचना खड़ी की थी। महाभारत एक ऐसी ही संरचना है। मेरी निगाह में गिब्बन और मोटली महाभारत के कमतर संस्करण ही हैं।[१०]

गाँधी पश्चिमीकृत इतिहास के आधार पर अतीत-रचना को भारतीय राष्ट्रवाद के अनुकूल नहीं मानते थे। वे इतिहास पर हो रही बहस से कतरा कर गैरयूरोपियन मुहावरे में भारतीय राष्ट्र को व्यक्त करना चाहते थे। उन्होंने सभ्यतामूलक चेतना को ऐतिहासिक चेतना के ऊपर तरजीह दी और वास्तव में राष्ट्रीय पैमाने पर आजादी के आंदोलन को गोलबंद किया। उनकी इस व्यूह रचना ने राष्ट्रीय आंदोलन के जातीय विभाजन को तो रोक दिया, पर इससे मुस्लिम लीग की पृथकतावादी राजनीति नहीं रुक पायी। भारत को सांस्कृतिक दृष्टि से एक राष्ट्र मानने की गाँधी की दृष्टि आजादी मिलने तक द्वि-राष्ट्र सिद्धांत की कामयाबी के रूप में पराजित हो चुकी थी। लेकिन, इसे दो बड़ी कामयाबियाँ मिल चुकी थीं : पहली, इसने हिंदू महासभा के आंदोलन को लगभग स्थायी रूप से कमजोर कर दिया था; और कांग्रेस भारत को एक विविधतामूलक राष्ट्र मान चुकी थी। इससे कांग्रेस को बड़े पैमाने पर हिंदुओं, मुसलमानों और अन्य समुदायों को गोलबंद करने की सुविधा मिली। लेकिन, कांग्रेस और मुस्लिम लीग के बीच में जातीय-धार्मिक राष्ट्रवाद के मुद्दे पर ध्रुवीकरण न रुक सका। तीस के दशक के उत्तरार्ध और चौथे दशक में यह ध्रुवीकरण और गहन हुआ और राष्ट्रवाद का विमर्श राज्यवादी रुख लेता चला गया।

जिन्ना के नेतृत्व में मुस्लिम लीग का दावा था कि भारत के मुसलमान एक अलग राष्ट्र हैं और उन्हें एक 'स्वायत्त और संप्रभु' भू-क्षेत्रीय राज्य की जरूरत है। गाँधी सभ्यतामूलक खयाल के हामी होने के कारण मुस्लिम लीग और हिंदू महासभा द्वारा प्रतिपादित जातीय-धार्मिक राष्ट्रीयता के विरोध में खड़े थे। लेकिन, कांग्रेस का नेतृत्व नेहरू की अगुआई में राज्यवादी रुख अपना कर भारत को आधुनिक-सेकुलर और उदारतावादी-लोकतांत्रिक राज्य बनाना चाहता था।[११] बजाय इसके कि राष्ट्रवाद पर चल रही बहस के जरिये नये भारतीय राज्य की रचना होती, कांग्रेस की दिलचस्पी आजादी मिलते ही पहले राज्य को हस्तगत करने और फिर सेकुलर राष्ट्र-निर्माण की प्रक्रिया आगे बढ़ाने में थी। इसलिए उसने गाँधी की गैर-ऐतिहासिक सांस्कृतिक ज्ञानमीमांसा को गंभीरता से न लेकर उनके बहुजातीय राष्ट्रत्व के विचार को गैर-सांस्कृतिक सेकुलर शब्दावली में व्यक्त किया।

आजादी मिलने की संभावनाएँ देख कर गाँधी ने भी अपने सभ्यतामूलक विचार को स्थगित कर दिया। कुछ हिचक और वेदना के साथ वे आधुनिकतावादी-राज्यवादी नेताओं के साथ खड़े हो गये। उन्हें उम्मीद थी कि आजाद भारत में संभवतः मुस्लिम लीग की पृथकतावादी जातीय-धार्मिक राजनीति के साथ तालमेल बैठा लिया जायेगा। लेकिन जब आजादी मिली तो राष्ट्र-निर्माण के लिए सांस्कृतिक समरूपता को अनिवार्य मानने वाली दलील हावी हो गयी। परिणामस्वरूप देश को धर्म के आधार पर दो राज्य-राष्ट्रों, भारत और पाकिस्तान, में बाँट दिया गया।

विभाजन और आबादी का तबादला काफी हिंसक और रक्तरंजित साबित हुआ। भारत और पाकिस्तान के बीच इसकी कड़वी यादों के साथ-साथ कई अनसुलझे मुद्दे रह गये। भारत आज भी दो आमने-सामने खड़े इतिहासों से जूझ रहा है। एक तरफ उसका सभ्यतामूलक इतिहास है, जिसमें धार्मिक-सांस्कृतिक समुदायों के सहजीवन की परंपराएँ हैं, दूसरी तरफ जातीय स्पर्धा और टकराव का राजनीतिक इतिहास है। कोशिश यह की जा रही है कि इन संघर्षरत धार्मिक-सांस्कृतिक अस्मिताओं को एक राष्ट्र-राज्य की बृहत्तर अस्मिता में लपेट लिया जाय। इस प्रयास पर दो प्रवृत्तियाँ हावी रहीं : आजादी के आंदोलन के दौरान पनपी एकतामूलक और समावेशी प्रवृत्ति; और विभाजन से निकली विभेदी और संघर्षमूलक प्रवृत्ति। हालाँकि विभाजन के बाद भारत में हिंदू-मुसलमान आबादी का प्रतिशत अस्सी के मुकाबले दस था, पर पाकिस्तान के विपरीत भारत ने धर्म आधारित या संविधान-सम्मत बहुसंख्यक-जातीय राज्य (हिंदू राष्ट्र) बनाने की कोशिश नहीं की।[१२] आज भारत में पूर्वी पाकिस्तान के बांग्लादेश बन जाने के

बाद बचे हुए इस्लामी पाकिस्तान से ज्यादा मुसलमान रहते हैं। आजाद भारत के नेतृत्व ने धर्म को राज्य-निर्माण या राष्ट्र-निर्माण का आधार मानने से इंकार कर दिया। इसकी बजाय उसने लोकतांत्रिक संविधान द्वारा शासित उदारतावादी राज्य पसंद किया। विभिन्न अस्मिताओं और हितों की नुमाइंदगी करने वाली संविधान सभा ने जनवरी १९५० में संविधान पारित किया, जिसने भारत को एक संप्रभु लोकतांत्रिक राष्ट्र-राज्य करार दिया था। संविधान ने सभी नागरिकों को व्यक्तिशः नागरिक अधिकार दिये। इसके साथ-साथ संविधान में सांस्कृतिक अस्मिताओं और धार्मिक आजादी कायम रखने के बुनियादी सामुदायिक अधिकारों का प्रावधान भी था। फिर भी राजनीतिक और नागरिक अधिकारों के मामले में धर्म, जाति, लिंग, सामाजिक हैसियत, आदि आधारों को मान्यता नहीं दी गयी थी। संविधान स्वीकार किये जाने के बाद से ही राष्ट्रीय और प्रांतीय विधायिकाओं के साथ-साथ स्थानीय स्वशासी संस्थाओं के चुनाव भी भरसक नियमित रूप से होते रहे।

नये भारतीय राज्य की स्थिरता और वैधता के लिए जरूरी था कि उसके पीछे मजबूत राजनीतिक बहुमत हो पर इसकी संरचना के लिए धर्म, भाषा और कोई भी अन्य जातीय मानदंड अपनाने की इजाजत नहीं दी गयी। संविधान ने जिस भारतीय संघ की रचना की, वह सांस्कृतिक-भाषायी आधार पर गठित प्रांतों को सत्ता के बँटवारे को मान्यता नहीं देता था। इस तरह भारत संघ नामक एक ऐसे राज्य की रूपरेखा बनी जिसमें संघात्मकता और केंद्रात्मकता का मिश्रण था। बड़े-बड़े बहुजातीय और बहुभाषीय प्रांत इसके राजनीतिक-प्रशासनिक घटक माने गये। लेकिन, संविधान स्वीकार किये जाने के दस साल के भीतर ही प्रांतों को जातीय-भाषायी आधार पर पुनर्गठित करना पड़ा। लेकिन इससे प्रांतों और भारतीय संघ यानी केंद्र के बीच शक्तियों का संतुलन प्रभावित नहीं हुआ। केंद्र काफी ताकतवर बना रहा। आज भी प्रांतों को ज्यादा स्वायत्तता का प्रश्न भारतीय राजनीति की एक प्रमुख चुनौती बना हुआ है। स्थिति यह है कि जातीय-भाषायी और जातिगत अस्मिताएँ भारतीय राज्य के उदारतावादी चरित्र के लिए कोई खतरा नहीं रह गयी हैं। पचास और साठ के दशकों में भाषायी राज्यों की रचना करके इस समस्या से छुटकारा प्राप्त कर लिया गया है।[१३] कहा जा सकता है कि साठ के जिस दशक को सेलिग हेरिसन ने भारतीय लोकतंत्र के लिए सर्वाधिक खतरनाक दशक करार दिया था, उसमें से भारत और मजबूत हो कर निकला।[१४] चुनावों की खुली स्पर्धामूलक राजनीति के कारण आज जातिगत अस्मिताएँ प्रतिनिधित्वमूलक लोकतंत्र की सामान्य राजनीति का अंग बन गयी हैं।[१५] राष्ट्र-निर्माण की प्रक्रिया साठ के दशक के अंत तक जिस चुनौती का सामना कर रही

थी वह आज जाति और भाषा की न रह कर मुख्यतः जातीय-धार्मिक राजनीति की बची हुई समस्या है।

कुल मिला कर यह कहा जा सकता है कि भारतीय 'राज्य' को सांप्रदायिक और जातीय तौर पर निरपेक्ष माना गया, और भारतीय 'राष्ट्र' को नागरिकों के एक ऐसे समुदाय के रूप में संकल्पित किया गया जिसकी निश्चित भू-क्षेत्रीय सीमाएँ थीं। इस बंदोबस्त ने व्यवहार में राज्य को राष्ट्र के निर्माण की एजेंसी के तौर पर मान्यता दे दी। एक ऐसे राष्ट्र के निर्माण का प्रयास शुरू किया गया जिसमें एक-दूसरे से अलग सांस्कृतिक पहचान वाले समुदाय आपस में राजनीतिक एकता रखते हुए एक सभ्यतामूलक समाज के हिस्से बने रह कर अपना-अपना विकास भी कर सकते थे। भारतीय राज्य के सेकुलरत्व का यही विधेयक आधार और मर्म था जिसे आज बहुलवाद की संज्ञा दी जाती है।

राज्य आधारित राष्ट्र का यह भारतीय मॉडल निरंतर आधुनिकीकरण को भी बढ़ावा देता रहा और देश का आर्थिक और प्रौद्योगिकीय विकास राज्य का विचारधारात्मक लक्ष्य बन गया। इसने राज्य की जड़ें समाज के विभिन्न क्षेत्रों में गहराई से रोप दीं। राज्य की कल्याणकारी नीतियों के कारण आबादी के विभिन्न हिस्से खुद को एक राष्ट्र के रूप में महसूस करने लगे। इस तरह लोकतंत्र, विकास और सेकुलरवाद की विचारधाराओं के जरिये भारतीय राष्ट्र-राज्य बड़े पैमाने पर जन-वैधता हासिल करने में कामयाब हुआ।[१६] इस प्रकार **राज्य** का सेकुलरत्व और **राष्ट्र** का बहुजातीय चरित्र बनाने में आजादी के आंदोलन और संविधान सभा की बहस के विमर्श का योगदान रहा। हालाँकि कश्मीर और उत्तर-पूर्व ने भारतीय राज्य का दमनकारी चेहरा ही देखा है, पर इन अपवादों को छोड़ कर आज तक यह मॉडल ठीक से काम करता रहा है।

निष्कर्षतः, राष्ट्र-निर्माण की लंबी प्रक्रिया में से भारतीय सेकुलरवाद की तीन परिणतियाँ उभरती हैं : पहली, भारतीय राज्य की बुनियाद सेकुलरवाद के आधार पर रखने की राजनीतिक सहमति बनी। दूसरी, सेकुलरवाद की भारतीय अवधारणा की रचना हुई जिसके आधार में बहुलतावाद था और जो धर्म विरोधी नहीं था। गाँधी और नेहरू में जो भी मतभेद रहे हों, इस मसले पर दोनों के बीच चालीस के दशक में सहमति बन चुकी थी, इसलिए सेकुलरवाद के इस भारतीय रूप को गाँधी-नेहरू की संयुक्त रचना कहा जा सकता है।[१७] तीसरी, इसके हाशिये पर आधुनिकतावादी और पश्चिमीकृत सेकुलरवाद था जो खुद को धर्म का विलोम समझता था। साथ ही हाशिये पर हिंदुत्ववादी विचार भी था जो राष्ट्रवाद के मर्म से सेकुलरवाद को हटा कर बहुसंख्यकवाद को बैठाना चाहता था।

५

सेकुलरवाद : आजादी के बाद

राष्ट्र-निर्माण के इस सिक्के का दूसरा पहलू भी था। नव-स्थापित भारतीय राज्य द्वारा जातीय विविधता के मुद्दे का नागरिकता के संस्थागत चौखटे के साथ संवैधानिक मेल बैठाया गया। यह व्यवस्था अल्पसंख्यकों के सामूहिक सांस्कृतिक अधिकारों को भी मान्यता देती थी, और साथ-साथ आधुनिकता के तहत वैयक्तीयन की प्रक्रिया भी चलाती थी। अब भारतीय अभिजन राज्य को माध्यम बना कर आर्थिक विकास, सामाजिक रूपांतरण और सांस्कृतिक संघटन का सिलसिला चला सकते थे। लेकिन, विडंबना यह रही कि इस पहलकदमी के दौर में आधुनिकतावादी भारतीय नेतृत्व ने समाज के बहुजातीय चरित्र को एक जीवंत सिद्धांत के रूप में देखने से इंकार किया। उसने बहुजातीयता को एक सुषुप्त सांस्कृतिक 'संदर्भ' में ही देखा। उसे उम्मीद थी कि नागरिकता के अधिकार प्राप्त करके और लोकतांत्रिक राजनीति की खुली होड़ में भागीदारी करके सांस्कृतिक विविधताएँ अपने भीतर और भारतीय राज्य के साथ संबंधों के संदर्भ में नये नागरिकत्व आधारित राजनीतिक-सामाजिक समीकरणों को जन्म देंगी। वे अपनी विशिष्ट सांस्कृतिक पहचानों को भी कायम रखेंगी और उनके सदस्य नागरिक के रूप में अपने व्यक्तिगत अधिकारों का उपभोग भी करेंगे। उम्मीद यह थी कि इस तरह जातीयता की पहचान का धीरे-धीरे क्षय हो जायेगा और व्यक्ति आधारित पहचान उभरेगी यानी सेकुलर समाज बनेगा। उनके इस यकीन का आधार उद्योगीकरण और आधुनिकीकरण की ताकत में उनकी आस्था पर टिका था। लेकिन, ऐसा नहीं हुआ। सेकुलरवाद का विचार अंततः राज्य के साथ जड़सूत्रीय रूप से जुड़ी हुई एक अभिजन विचार-श्रेणी की तरह रह गया। भारतीय सेकुलरवाद की अन्य धाराओं से उसका संपर्क टूट गया। ये धाराएँ बहुलतावाद की जीवंत परंपराओं पर आधारित थीं और मूलतः गाँधी-विचार की उपलब्धियाँ थीं। आजादी के पहले कांग्रेस आंदोलन द्वारा विकसित हुई सेकुलरवाद की साझी गाँधी-नेहरू विरासत इस मुकाम पर आ कर दो हिस्सों में बँट गयी। एक हिस्सा अगर गाँधी के सभ्यतामूलक बहुलतावाद से प्रेरित था, तो दूसरा हिस्सा नेहरूवादी राज्याश्रित आधुनिकतावादी सेकुलर दृष्टि से संचालित था।

हम ऊपर चर्चा कर चुके हैं कि आजादी के पहले सेकुलर विचारधारा राष्ट्रवाद के संदर्भ और शब्दावली में व्यक्त होती थी। तब सेकुलरवाद कौमी एकता और धार्मिक सहिष्णुता का पर्याय था। उसके आधार में एक सांस्कृतिक अंतर्धारा बहती रहती थी। आजादी के बाद गाँधी और नेहरू के सेकुलरवाद संबंधी विचारों में जो फर्क दिखाया जाता है, वह व्यावहारिक रूप से आजादी

से पहले नहीं दिखता। दोनों ही नेता भारतीय सभ्यता की उन खूबियों पर जोर देते नजर आते हैं जो सांस्कृतिक और राजनीति समावेशन की तरफ ले जाती हैं। उनका मानना था कि हमारे यही सभ्यतामूलक पहलू हिंदुओं और मुसलमानों को भारतीयता के व्यापक छाते के नीचे शांतिपूर्ण सहअस्तित्व में रहने की गुंजाइश प्रदान करते रहेंगे। इस विचार के मुताबिक भारतीय होने या खुद को भारतीय कहने से किसी भी समुदाय की सांस्कृतिक अस्मिता का क्षय नहीं होगा। गाँधी और नेहरू का यह स्वातंत्र्य-पूर्व परिप्रेक्ष्य 'सेकुलर' को 'धार्मिक' के विलोम की तरह कल्पित नहीं करता था। लोगों की धार्मिक पहचान को वैध और नैतिक रूप से वांछित समझा जाता था। यह माना जाता था कि विभिन्न धर्मों के विभिन्न लोग अपनी-अपनी आस्थाओं के मुताबिक जीवन गुजारने के लिए स्वतंत्र रहेंगे और राज्य की संस्था अपनी नीतियों के दायरे में धार्मिक रूप से तटस्थ रहेगी।

आजादी के बाद सेकुलरवाद का यह विमर्श आमूल बदल गया। इसके मोटे तौर से दो कारण थे :

पहला, द्विराष्ट्र सिद्धांत के तहत देश के विभाजन के कारण बहुतों की निगाह में कांग्रेस द्वारा प्रवर्तित कौमी एकता के विचार पर नाकामी का ठप्पा लग गया। यानी स्वातंत्र्य-पूर्व सेकुलर विमर्श की साख वैसी नहीं रह गयी। आजादी के बाद सेकुलरवाद का नया विमर्श चालू हुआ जिसने भारत के राष्ट्रत्व को पश्चिम में विकसित हुए राष्ट्रवाद की रोशनी में दोबारा देखना शुरू किया। यह विविधता को मान्यता देने वाले विचार की जगह समरूपता थोपने वाले राष्ट्रत्व को प्राथमिकता देता था। इस प्रवृत्ति ने नेहरू द्वारा सांस्कृतिक विविधताओं में खोजे गये भारत, और गाँधी द्वारा इतिहास की पश्चिमी समझ को नकारते हुए उभारे गये भारत के सभ्यतामूलक अस्तित्व के महत्त्व को स्वीकार नहीं किया, बावजूद इसके कि गाँधी और नेहरू राष्ट्रवाद को किसी सामुदायिक या धार्मिक अस्मिता के मुताबिक व्यक्त करने के सख्त खिलाफ थे। सेकुलरवाद को राष्ट्रवाद के नये विमर्श ने राज्य की संस्था के साथ जोड़ दिया। अब सेकुलरवाद उस राज्य की विचारधारा बन गया जिसने देश का सामाजिक, सांस्कृतिक और आर्थिक रूपांतरण करने का विचारधारात्मक जिम्मा अपने कंधों पर उठा लिया था।

दूसरा, नए स्वातंत्र्योत्तर भारतीय राज्य को देश और समाज के रूपांतरण की अपनी परियोजना चलाने के लिए वैधता की जरूरत थी। राज्य पर अंग्रेजी शिक्षित, द्विज, आधुनिक पेशों में पारंगत और शहर आधारित छोटे से शासक वर्ग का कब्जा था। इस वर्ग में उदारतावादी मुसलमान और दूसरे अल्पसंख्यक समुदायों के उच्च वर्गीय सदस्य भी शामिल थे। यह शासक वर्ग वैचारिक रूप से उदारतावादी, आधुनिकतावादी, फेबियन-समाजवादी और राज्यवादी किस्म

का था। नेहरू के नेतृत्व में कांग्रेस पर यही लोग हावी थे। इसी तरह गैर-कांग्रेस पार्टियों, जैसे कम्युनिस्ट और समाजवादी पार्टियों पर भी कमोबेश इन्हीं का वर्चस्व था। यानी कुल मिला कर शासक दल और विपक्ष में एक जैसे लोग ही थे। राज्य की आधुनिकतावादी, समतामूलक और रूपांतरणकारी नीतियों के जरिये इन लोगों ने अपने वर्चस्व को न्यायोचित ठहराने की कोशिश की। इसका पहला महत्त्वपूर्ण परिणाम यह हुआ कि अवधारणात्मक और राजनीतिक लिहाज से सेकुलरवाद का राष्ट्रवाद से अभिन्न नाता पहले कमजोर हुआ और अंततः टूट गया।

नये शासकों को लगा कि अगर कौमी एकता बनाम द्विराष्ट्र सिद्धांत की बहस चलायी गयी तो नये राज्य की आधुनिकतावादी परियोजना को नुकसान होगा। विभाजन के बाद जो उदारतावादी लोकतांत्रिक भारत बना, उसमें संख्यात्मक रूप से शक्ति-संतुलन हिंदुओं के पक्ष में बहुत ज्यादा झुका हुआ था। इसलिए खतरा यह था कि कौमी एकता बनाम द्विराष्ट्र सिद्धांत का विमर्श कहीं राजनीति का सांप्रदायिकीकरण न कर दे। कहीं बहुसंख्यकवादी वर्चस्व को वैधता न मिल जाये। इसी डर से आजादी के बाद सेकुलरवादी विमर्श ने हिंदू सांप्रदायिकता को खास तौर से निशाना बनाया और न केवल अल्पसंख्यक सांप्रदायिकता के प्रति नरम हो गया, बल्कि कई बार उसे प्रोत्साहित करता हुआ भी लगा। कुछ हिंदुओं ने 'सेकुलर' राजनीति को एक तरह से अल्पसंख्यक सांप्रदायिकता के लिए गुंजाइश छोड़ने वाली राजनीति के रूप में देखना शुरू कर दिया।

नये शासक वर्ग ने आजादी के आंदोलन द्वारा प्रोत्साहित कई आकांक्षाओं को अपनी रूपांतरकारी परियोजना के लिए नुकसानदेह माना। उसकी मान्यता थी कि गाँधीवादी आदर्श औपनिवेशिक हुकूमत की प्रवृत्तियों के खिलाफ एक तरह की जनाधारित लोकप्रिय राजनीति और परंपरा के प्रति जिस लगाव को व्यक्त करता है, उससे राज्य की गरिमा को नुकसान पहुँच सकता है और राजनीतिक अस्थिरता पैदा हो सकती है। तीसरी दुनिया के कई देशों में ऐसा हुआ भी था। संभवतः यह भी एक कारण था कि इसी खतरे से बचने के लिए कांग्रेस के नेहरूवादी अभिजनों ने राज्य को सामाजिक रूपांतरण और समृद्धि के पुनर्वितरण की प्राथमिक और यहाँ तक कि एकमात्र एजेंसी माना। इन अभिजनों ने राजनीतिक स्थिरता और अपनी हुकूमत बनाये रखने के लिए औपनिवेशिक राज्य की कई परंपराओं, यहाँ तक कि उसके परिप्रेक्ष्य और उसकी बुनियादी दृष्टि को जारी रखने को एक प्रगतिशील कदम के रूप में देखा और ऐसा किया भी। खास कर शिक्षा प्रणाली और नौकरशाही के आधार में इन औपनिवेशिक पहलुओं को

देखा जा सकता था। मिश्रित अर्थव्यवस्था के क्षेत्र में औपनिवेशिक जमाने की सरकारी कंपनियों का विस्तार किया गया और पूरी कोशिश की गयी कि उद्योगपतियों को उनकी छत्रछाया से न निकलने दिया जाये।

सेकुलरवाद की विचाराधारा, विमर्श और राजनीति शासक अभिजनों के उक्त परिप्रेक्ष्य के तहत पुन:परिभाषित होने लगी। सेकुलर विचार राष्ट्रवाद से कट कर आधुनिकतावाद और राज्यवाद से जुड़ गया। पचास और साठ के दशकों में वैज्ञानिक मानस बनाने के आग्रहों, बड़े बाँधों के रूप में आधुनिक भारत के मंदिरों और भारतीय किसानों पर हावी परिवर्तन-विरोध की प्रवृत्ति पर हुई चर्चाओं में इसके प्रमाण देखे जा सकते हैं। आधुनिकतावाद और विकास के राज्यवादी विचारों के साथ-साथ सेकुलरवाद अंग्रेजी शिक्षित द्विजों की राजनीतिक-सांस्कृतिक श्रेष्ठता को वैधता दिलाने का साधन बन गया। इन मुट्ठी-भर सामाजिक-सांस्कृतिक अभिजनों का शासन ही 'राष्ट्र-हित' का पर्याय हो गया। राज्य की नीतियों के जरिये इसी के आधार पर मानक बने और समाज को गतिशील करने की कोशिशें हुईं। आधुनिकतावाद और सेकुलरवाद के विचारधारात्मक घटकों पर बार-बार जोर दिया जाता रहा, पर आधुनिकीकरण और सेकुलरीकरण के जमीन पर चल रही सामाजिक और राजनीतिक प्रक्रियाओं को न तो प्रोत्साहित किया गया, और न ही नीति-निर्माण में उनकी चिंता की गयी।

सेकुलरवाद शिक्षित, आधुनिक और प्रगतिशील भारतीय की शिनाख्त बन गया। यहाँ तक कि शिक्षित से मतलब था अंग्रेजी पढ़ा-लिखा होना। सेकुलरवाद ने धार्मिक होने को सांप्रदायिक होने का पर्याय बना दिया और धर्म को पिछड़ेपन और पोंगापंथ का स्रोत करार दे दिया गया। आजादी के आंदोलन में कांग्रेस और गाँधी का साथ देने वाली अंग्रेजी बोल और समझ न पाने वाले हिंदुओं और मुसलमानों की विशाल आबादी धर्म की अफीम के नशे में धुत्त मान कर यह शासक वर्ग उन्हें बचाने और उबारने का दावा करने लगा। आधुनिकतावाद से जुड़ कर सेकुलरवाद ठीक वैसे ही मानस का द्योतक हो गया जो अंग्रेजों का था और जिसके तहत वे भारतवासियों को सभ्यता का पाठ पढ़ाना अपना ऐतिहासिक दायित्व समझते थे।

स्थिति यह बनी कि अब एक तरफ सेकुलरवाद की विचारधारा में यकीन रखने वाले प्रगितशील और आधुनिक मुट्ठी-भर शासक अभिजन थे, और दूसरी तरफ विशाल निम्नवर्गीय बहुसंख्या थी जो राष्ट्रवाद और धार्मिकता को परस्पर विलोम के रूप में नहीं देखती थी। यह बहुसंख्या सहिष्णुता और सह-जीवन के आधार पर जीवन-निर्वाह कर रही थी। लेकिन, सेकुलरवादियों द्वारा उसे

सांस्कृतिक रूप से नीची निगाह से देखा जाता था। नतीजे के तौर पर एक विचारधारात्मक फाँक पैदा हुई। जिन गाँधी और नेहरू ने आजादी के आंदोलन के दौरान कौमी एकता का प्रतिमान मिल-जुल कर विकसित किया था, उन्हीं के नाम पाले के दोनों तरफ आमने-सामने खड़े हो गये। एक गाँधीवादी सेकुलरवाद हुआ जिसकी आधुनिकतावादियों ने हिंदूवादी विचार कह कर भर्त्सना की और दूसरा नेहरूवादी सेकुलरवाद हुआ जिसकी गाँधीवादियों ने राज्यवादी, अभिजन और परसंस्कृतिवादी विचारधारा के रूप में शिनाख्त की। सेकुलरवादी शासक अभिजनों ने सांप्रदायिकता और सांप्रदायिक राजनीति को पुनःपरिभाषित करके अपने विलोम में खड़ा कर लिया। इस संबंध में हिंदुत्व की राजनीतिक विचारधारा को नयी गुंजाइशें मिलीं जो पहले उपलब्ध नहीं थीं।

अगर आजादी के पहले की चुनौतियों का दुखद नतीजा देश के विभाजन में निकला था, तो लगभग वैसी ही गंभीर चुनौती राष्ट्र-निर्माण के इस मॉडल को आज हिंदुत्व के आंदोलन ने दी है। इसने सेकुलर-लोकतांत्रिक राज्य और बहुलतावादी राष्ट्रवाद की विचारधारा के बीच पनपे संस्थागत सूत्र को भंग करने का खतरा पैदा कर दिया है। हालाँकि आज भी अधिकांश हिंदू इसके पक्ष में नहीं हैं इसलिए इसे गठजोड़ की राजनीति का सहारा लेना पड़ रहा है। लेकिन इसे पूरी उम्मीद है कि भविष्य में यह हिंदुत्व की विचारधारा को भारतीय राज्य की विचारधारा के रूप में मान्यता दिलाने में कामयाब हो जायेगा। हिंदुत्व जातीय-धार्मिक बहुसंख्यकवाद को वैधता दिलाना चाहता है। अगर हिंदुत्ववादी संगठन हिंदुओं की बहुसंख्या का दीर्घकालीन राजनीतिक समर्थन पाने में कामयाब रहे तो भारतीय राष्ट्र-राज्य बहुसंख्यक-जातीय राज्य का चरित्र ग्रहण कर लेगा। तब भारत में भी अल्पसंख्यकों के साथ वही व्यवहार होना शुरू हो जायेगा जैसा उपमहाद्वीप के अन्य देशों में होता है। ऐसी हालत में राजनीतिक रूप से उदार और आधुनिक-बहुसांस्कृतिक राष्ट्र-राज्य बनाने की परियोजना विफल हो जायेगी।

६

सतही सेकुलरवाद का हश्र

सवाल यह है कि यह नौबत क्यों आयी! इसका एक महत्त्वपूर्ण कारण सेकुलरवाद की विचारधारात्मक राजनीति का बोलबाला है। गाँधी के अवसान के बाद दो तरह के तत्त्वों ने सेकुलरवाद और राष्ट्रवाद के तालमेल पर प्रश्न उठाया था। इनमें एक तबका आधुनिकता की अतिसरलीकृत और बेहूदा समझ रखने वाला अभिजात वर्ग था। दूसरा हिंदुत्ववादियों का था जो सांगठनिक रूप

से संघ, हिंदू महासभा या जनसंघ में सक्रिय था, हालाँकि उसका वैचारिक प्रभाव काफी-कुछ कांग्रेस के भीतर भी देखा जा सकता था। सतही आधुनिकतावादियों के लिए भारत का इतिहास अंग्रेजों के आगमन के बाद शुरू होता था और हिंदुत्ववादियों को मुसलमानों के आगमन से पहले के इतिहास में कोई रुचि नहीं थी। इन दोनों श्रेणियों के प्रवक्ता इस सोच-विचार में फँसने के लिए तैयार नहीं थे कि प्राचीन भारत की विभिन्न अवधियों के इतिहास को अर्थात मुसलमानों से पहले के विगत को किस तरह परिभाषित किया जाये और आधुनिक भारतीय राष्ट्र के अतीत की संरचना में उसकी भूमिका किस तरह देखी जाये।

सतही आधुनिकतावादियों के पास राष्ट्रीय आंदोलन में भागीदारी की साख थी इसलिए राष्ट्रीय आंदोलन की मुख्य धारा से अलग रहे हिंदुत्ववादियों के मुकाबले उन्हें गाँधी प्रदत्त सेकुलरवाद, राष्ट्रवाद की परिभाषा पर हावी होने में सुविधा हुई। इस सतही आधुनिकतावादियों में कांग्रेस, कम्युनिस्ट और कुछ अपवादों के साथ अधिकांश वामपंथी शामिल थे। उनकी सेकुलर विचार-दृष्टि व्यावहारिक राजनीति में भारतीय अतीत को नीची निगाह से देखने के रूप में सामने आयी। इस दृष्टि ने राष्ट्रवाद को भारतीय संदर्भ में देखने से इंकार करते हुए देशभक्ति और राष्ट्रभक्ति के मनोभावों को धिक्कारा। ये लोग पश्चिमी संदर्भ में राष्ट्रवाद के फासीवाद में पतित होने के उदाहरण से डरे हुए थे। वे यह भूल गये कि आजादी के आंदोलन में विकसित हुआ भारतीय राष्ट्रवाद अपने और पराये के विभाजन के आधार पर न हो कर सभी तबकों को समाहित करने के आग्रह पर टिका हुआ था।

इस्लाम-पूर्व इतिहास को भी हिंदू सांप्रदायिक करार दे कर अतीत का अस्वीकार और उससे उपजी आत्महीनता औपनिवेशिक मानस का फलितार्थ थी। ठीक इसी तरह भारत को एक सांस्कृतिक इकाई और राष्ट्रीयता का धार्मिक आधार मानने और अल्पसंख्यकों के वजूद से भी इंकार करने का दुराग्रह रखने वाले हिंदुत्ववादी भी मूलत: राष्ट्रवाद के उस पश्चिमी ढाँचे से ही प्रेरणा ले रहे थे जहाँ बहुसांस्कृतिकता और सभ्यतामूलक एकता को अजनबी निगाह से देखा जाता था। सेकुलरवाद और राष्ट्रवाद की दो धारणाओं में गाँधी प्रदत्त विचार को ठुकरा दिये जाने के बाद सतही आधुनिकतावादी हिंदू राष्ट्रवादियों के आमने-सामने आ गये। हिंदू राष्ट्रवादियों ने पहले उन पर छद्म सेकुलरवादी होने का आरोप लगाया। कुछ वर्षों तक चली इस बहस में हिंदू राष्ट्रवादियों की जीत हुई। इसका कारण यह था कि सतही आधुनिकतावादी औपनिवेशिक प्रभाव में आम हिंदुओं को पिछड़ा और अंधविश्वासी ही करार नहीं देते थे, बल्कि उनके कर्मकांडों और रोजमर्रा की जीवन-शैली का मजाक भी उड़ाते थे। इन

आधुनिकतावादियों में 'अधिकारी थीसिस' के आधार पर पाकिस्तान बनाने का समर्थन करने वाले कम्युनिस्ट भी शामिल थे। संसदीय होड़ में मुसलमान वोटों के लालच ने इस मानस के साथ मिल कर आजादी के आंदोलन के दौरान उभरे सेकुलरवाद से उसका विशिष्ट भारतीय चरित्र छीन लिया। और, देखते-देखते यह सेकुलरवाद छद्म होने के आरोप का निशाना बनने लगा।

जल्दी ही हिंदू राष्ट्रवादियों ने सेकुलरवाद को छद्म घोषित करके उसे भारतीय राज्य के केंद्र से दूर करने की परियोजना शुरू कर दी। यह योजना उन्होंने दो चरणों में चलाई। पहले चरण में उन्होंने सेकुलरवादियों पर छद्म होने का आरोप लगा कर उन्हें रक्षात्मक पैंतरा लेने पर मजबूर कर दिया, और दूसरे चरण में वे अपने तथाकथित 'सच्चे' सेकुलरवाद को छोड़ कर खुले तौर पर हिंदुत्व का प्रतिपादन करने लगे। यही कारण है कि सेकुलरवाद पर बहस चला कर सत्ता में आने के बाद उन्हें बहस में कोई खास दिलचस्पी नहीं रह गयी। वे यह बहस जीत चुके थे और अब उनके लिए राज्य के मर्म में सेकुलरवाद की जगह सांस्कृतिक राष्ट्रवाद की वैचारिक प्रतिबद्धताओं को स्थापित करने का कार्यभार ही बाकी रह गया था। कई तरीकों का इस्तेमाल करके इस मकसद के लिए उन्होंने सत्ता का लाभ उठाया और आज सत्ता-च्युत होने के दौर में अपने उन्हीं प्रयासों से लाभान्वित हो रहे हैं।

सवाल यह है कि अगर सतही आधुनिकतावादी गाँधी के सेकुलरवाद और राष्ट्रवाद संबंधी विचार को अपनाते तो क्या ऐसा होता? निश्चित रूप से बहुसांस्कृतिक और सभ्यतामूलक राष्ट्रवाद के विचार को अभिव्यक्त करने वाली प्रतीक योजना पर बहुसंख्यक समाज के मिथकों और प्रतीकों की छाया होती। ठीक उसी तरह जैसे फ्रांस सरीखे सेकुलर राष्ट्र की प्रतीक योजना पर कैथोलिक और अमेरिका की प्रतीक योजना पर प्रोटेस्टेंट मिथकों और प्रतीकों की गहरी छाया है। फिर भी इन राष्ट्रों को कोई धर्म-आधारित राष्ट्र नहीं कहता और न ही वहाँ के अल्पसंख्यक तबकों में इन प्रतीकों को सेकुलर मानने पर कोई एतराज है। न ही उन्हें अ-राष्ट्रीय, गैर-राष्ट्रीय और साम्प्रदायिक रूप में देखा जाता है। गाँधी की भाषा-शैली और मुहावरा काफी-कुछ हिंदू प्रभाव लिये हुए था। गाँधी विचार के इस पहलू की निंदा करने वाले भूल जाते हैं कि इसी कारण से उनके सेकुलरवाद ने सांप्रदायिकता को केंद्र में नहीं आने दिया था और दूसरी तरफ इसी कारण से वे सतही आधुनिकतावादियों की भाँति आत्महीनता के शिकार नहीं हुए थे। सेकुलरीकरण के जरिये बहुसंख्यक समाज के प्रतीकों को राष्ट्र के प्रतीक की तरह आत्मसात करने की जो प्रक्रिया इस देश में स्वाभाविक रूप से चलनी चाहिए थी, उसे सतही आधुनिकतावादियों और हिंदुत्ववादियों ने अपने-

अपने ढंग से उपनिवेशवाद के प्रभाव में बाधित किया। यही कारण है कि संस्कृत भाषा आज सेकुलरवादियों द्वारा हिंदू सांप्रदायिकता के प्रतीक के रूप में देखी जा रही है। जबकि उसे क्लासिकल भारतीय अतीत की साझी विरासत के रूप में लिया जाना चाहिए था। यह सेकुलरवादी रवैया हिंदुत्ववादियों के अनुकूल है जिससे उन्हें ध्रुवीकरण की राजनीति का एक और तर्क मिल जाता है।

सेकुलर खेमा अपनी नाकामियों के बावजूद पश्चिमी वैचारिक प्रभाव से पल्ला नहीं छुड़ा पा रहा है। इसीलिए अल्पसंख्यकों से जुड़ी किसी भी समस्या पर वह बहुसंख्यकों को विश्वसनीय लगने वाली चर्चा कर पाने में आंशिक रूप से ही समर्थ है। चाहे बहिरागतों का सवाल हो, या धर्मांतरण का, या जिहादी आतंकवाद का, बहुसंख्यकों की दुनिया से कटते चले जाना उसकी उस विजय का दुखांत है जो उसने कभी गाँधीवादी सेकुलरवाद को हाशिये पर डाल कर हासिल की थी।

७

भारतीय राज्य का सेकुलरत्व : सेकुलरवाद की नयी राजनीति

गुजरात के कड़वे अनुभव की रोशनी में जरूरी है कि हम जातीय अस्मिताओं की मौजूदा राजनीति पर दोबारा सोचें और यह देखें कि इस तरह की राजनीति के बावजूद राज्य की संस्था नाना प्रकार के समुदायों की सांस्कृतिक अस्मिता और बहुलतावाद को कैसे अक्षुण्ण रख सकती है। इस सवाल का उत्तर देने के लिए कुछ विद्वानों ने राज्य को ही बहुजातीय रूप देना ठीक समझा है। मैं इस तरह के राज्य को खतरनाक मानता हूँ। मेरी मान्यता है कि बहुजातीय राज्य लोकतंत्र के तहत प्रच्छन्न रूप से बहुसंख्यकवादी ही होता है। उसके तहत आनुपातिक प्रतिनिधित्व का सिद्धांत बहुसंख्यकों के बोलबाले का वाहक बन सकता है। दरअसल, होना यह चाहिए कि राष्ट्र बहुजातीय रहे, पर राज्य को हर हालत में सेकुलर रखा जाये। उसका सेकुलरत्व कायम रखने से ही लोकतंत्र और बहुलतामूलक समाज सुरक्षित रह पायेगा।

गुजरात की घटनाओं से स्पष्ट है कि मौजूदा सेकुलर राजनीति की संरचनाएँ बहुसंख्यक-जातीयतावादी दावेदारियों को पराजित कर पाने में समर्थ नहीं रह गयी हैं। इस राजनीति का प्रभाव दो कारणों से मंद हुआ है : पहला, हिंदुत्व की राजनीति ने सेकुलर राज्य के दोषपूर्ण आचरण और सेकुलर विमर्श की भाषा का सहारा ले कर लगातार यह छवि बनायी है कि भारत का राज्य सच्चे सेकुलरवाद का पैरोकार कभी नहीं रहा। दूसरा, सेकुलरवाद को लेकर चली बहस या तो विभाजन-पूर्व की हिंदू बनाम मुसलमान वाली द्विराष्ट्रवादी उलझनों में फँसी रही

या फिर आजादी के बाद वह आधुनिकतावाद से जुड़े विवादों में फँस गयी। दरअसल, भारतीय सेकुलरवाद की समस्याओं पर ठोस राजनीतिक दृष्टिकोण से विचार किया जाना चाहिए। यह देखना चाहिए कि आखिर हमारे सेकुलरवाद के विमर्श में आजादी के बाद क्या-क्या परिवर्तन हुए हैं और उनके व्यावहारिक नतीजे क्या निकले हैं। दूसरे, सेकुलरवाद को साँसत में डालने वाली सांप्रदायिक राजनीति का चरित्र क्या है और राजसत्ता के बारे में उसका चिंतन देश की अन्य राजनीतिक ताकतों से किन मायनों में भिन्न है। यह भी देखना होगा कि सांप्रदायिक राजनीति द्वारा लोकतांत्रिक वैधता प्राप्त करने के स्रोत क्या हैं और उसे हमारी लोकतांत्रिक राजनीति में लोकप्रिय जनाधार कैसे मिलता है। इस संबंध में किये जाने वाले चिंतन का लक्ष्य लोकतंत्र के तहत सहजीवन की संभावनाओं को पुष्ट करने से जुड़ा होना चाहिए। इसके लिए आवश्यक है कि हम निम्नलिखित मुद्दों के आसपास अपना विमर्श गोलबंद करें।

१. हिंदुत्व की सत्ता-दृष्टि और राज्य का बहुसंख्यकवादी इस्तेमाल : राष्ट्रीय स्वयंसेवक संघ खुद को सांस्कृतिक संगठन बताता रहा है। पर, १९७७ में जनसंघ के जरिये जनता पार्टी बनाने के प्रयोग में भाग लेते समय उसे पहली बार केंद्रीय सत्ता का स्वाद मिला। लगता है कि इसी के बाद संघ परिवार ने अपने लक्ष्यों को वेधने के लिए राजसत्ता के इस्तेमाल की रणनीति सूत्रबद्ध की। जनता प्रयोग की नाकामी के बाद उसने भाजपा को अपनी विचारधारात्मक ताबेदारी में लेने के लिए चुनाव में कांग्रेस की मदद तक की। पराजित भाजपा पर अपना संपूर्ण वर्चस्व कायम करने के बाद उसके जरिये संघ परिवार ने जातीय-धार्मिक बहुसंख्यकवाद को विमर्श के स्तर पर लोकतंत्र का पर्याय साबित करने का प्रयास शुरू किया। उसने राज्य को अपनी विचारधारा लागू करने के औजार की तरह देखा। संघ परिवार की यही दृष्टि भाजपा की सत्ता-दृष्टि है। कांग्रेस का सत्ता संबंधी और राज्य संबंधी नजरिया परिवारवाद की विकृतियों के बावजूद भिन्न तरह का है। कांग्रेस अपने कई राजनीतिक भटकावों और चुनावी अवसरवाद के बाद भी बहुसंख्यकवाद की राजनीतिक निर्मिति के प्रयासों की वाहक नहीं है।

गुजरात में भाजपा के इसी नजरिये के आधार पर गुजरातीपन यानी क्षेत्रीय अस्मिता और हिंदुत्व का घोल तैयार किया गया। यह उसकी रणनीति का पहला हिस्सा था जिसके परिणामस्वरूप जातीय-धार्मिक बहुसंख्यकवाद का प्रांतीय संस्करण तैयार हुआ। इस रणनीति का दूसरा हिस्सा था राज्य की संस्था का सांप्रदायिक उद्देश्यों के लिए इस्तेमाल। बहुसंख्यकवाद को लोकतांत्रिक बहुमत करार दे कर नरेंद्र मोदी ने अल्पसंख्यक विरोधी अभियान को वैध ठहराने का प्रयास किया। मोदी की इस हरकत की पृष्ठभूमि समझना जरूरी है। १९८४ में

हुई सिख विरोधी हिंसा में राज्य की भागीदारी का कांग्रेसी नमूना सबके सामने आ चुका था। इसके अलावा, देश के दूसरे क्षेत्रों में कई गैरसांप्रदायिक सरकारें (जैसे, बिहार में लालू परिवार और उत्तर प्रदेश में मुलायम परिवार) बहुमत के नाम पर राज्य की संस्था का एकदम निजी संपत्ति की तरह इस्तेमाल करने की हद तक चली गयी थीं, इसलिए बहुमत का मतलब मनमानी होता जा रहा था। सेकुलर बने रहने के बदले भ्रष्टाचार और भाई-भतीजावाद चलाने की छूट का दावा गैर-सांप्रदायिक राजनीति की प्रमुख विकृति बन चुका है। दूसरी तरफ पश्चिम बंगाल जैसे उदाहरण भी हैं, जहाँ राज्य को क्रमिक और योजनाबद्ध तरीके से एक पार्टी के वर्चस्व के औजार में पतित कर दिया गया है। मुझे यह कहने में कतई संकोच नहीं है कि बहुसंख्यकवादी उद्देश्यों से राज्य का इस्तेमाल करने का एक सबक तो संघ परिवार और मोदी ने कांग्रेस, माकपा और लालू से ही सीखा है। स्पष्ट है कि राज्य के विचारधारात्मक, पार्टीगत या पारिवारिक इस्तेमाल की प्रवृत्तियाँ लोकतंत्र के लिए एक बहुत बड़े खतरे का संकेत हैं। गुजरात की घटनाओं ने स्पष्ट कर दिया है कि संकीर्ण विचारधारात्मक इरादों के लिए राज्य की संस्था का बेजा इस्तेमाल राज्य के सेकुलरत्व को पूरी तरह खतरे में डाल सकता है। अगर ऐसा हुआ तो राज्य खुद ही बहुसंख्यक-जातीय राजनीतिक अभियान की पैरोकारी करने लगेगा। ऐसी दुर्घटना रोकने के लिए संविधान में एक विशेष प्रावधान की आवश्यकता है जिसके तहत केंद्र-राज्य संबंधों को गड़बड़ाये बिना ऐसा करने वाली किसी भी राज्य सरकार के खिलाफ कार्रवाई करने का अधिकार चुनाव आयोग जैसी किसी स्वायत्त और संवैधानिक संस्था के पास होना चाहिए। यह संस्था इतनी अधिकारसंपन्न होनी चाहिए कि उस समय भी केंद्र सरकार पर दबाव डाल कर कार्रवाई करवा सके जब राज्य और केंद्र में एक ही पार्टी की सरकार हो, या जब केंद्र की सरकार अपनी निष्पक्षता खोती हुई लगे। गुजरात के बाद स्पष्ट हो जाना चाहिए कि राज्य का सेकुलरत्व बचाने का सीधा संबंध संविधान के बुनियादी ढाँचे के बचाने से जुड़ा है। इसलिए यह संवैधानिक प्रावधान अतिआवश्यक है।

२. चुनाव प्रणाली और सेकुलरवाद : पिछड़ी जातियों को अपनी ओर खींचने के साथ-साथ हिंदुत्ववादियों ने सांप्रदायिक ध्रुवीकरण करने के लिए लोकतांत्रिक दलीय प्रणाली का दोहन करने की रणनीति भी बनायी है। इन दोनों को मिला कर ही वे बहुसंख्यकवादी राजनीति कर सकते हैं। इसका पहला प्रयोग उन्होंने राज्यों की जमीन पर किया है। ऐसा करने के लिए भाजपा को द्विदलीय चुनाव प्रणाली और असामान्य किस्म के जज़्बाती मुद्दों की अनिवार्य तौर पर जरूरत पड़ती है। गुजरात में हिंदुत्व के बोलबाले के पीछे दो दलीय प्रणाली की

महत्त्वपूर्ण भूमिका रही है। अगर चिमनभाई पटेल ने जनता दल का कांग्रेस में विलय करके प्रदेश में त्रिदलीय प्रणाली को द्विदलीयता में सीमित न किया होता तो मेरी समझ में भाजपा राजनीतिक बहुमत को हिंदू बहुसंख्या के आधार पर रचे गये बहुमत में न बदल पाती। राज्य के स्तर पर द्विदलीय प्रणाली भाजपा की सांप्रदायिक परियोजना के लिए हमेशा मुफीद साबित होती है। गुजरात के साथ-साथ कर्नाटक और गोवा को भी भाजपा की ऐसी ही प्रयोगस्थलियों के रूप में देखा जा सकता है। गुजरात, मध्य प्रदेश, राजस्थान और गोवा जैसे प्रांतों में कांग्रेस के मुकाबले केवल भाजपा के होने के कारण ध्रुवीकरण का संकट हमेशा मौजूद रहता है। चुनाव के लिए होने वाले द्विदलीय ध्रुवीकरण में जब एक पक्ष भाजपा का होता है तो नतीजे के तौर पर आगे चल कर वह सांप्रदायिक ध्रुवीकरण में बदल जाता है।

जहाँ भाजपा द्विदलीय परिस्थिति नहीं बना पाती वहाँ वह तीन पार्टियों की राजनीति करके अपने लिए रास्ता बनाती है। वह दो में से एक किसी स्थानीय पार्टी के साथ गठजोड़ कर लेती है। ये गठजोड़ उसकी ताकत को सीधे नहीं बढ़ाते, लेकिन सांप्रदायिक ध्रुवीकरण की पूर्वपीठिका के तौर पर उसके लिए पूरक ताकत बटोरते हैं। इन पूरक वोटों के जरिये भाजपा मुसलमानों और दलित वोटों की भरपाई करती है जो आम तौर पर उसे नहीं मिलते। आंध्र में तेलुगू देशम पार्टी, ओडीशा में बीजू जनता दल और हरियाणा में चौटाला की पार्टी के साथ गठजोड़ इसकी मिसाल हैं। भाजपा की कोशिश होती है धीरे-धीरे वह इन पार्टियों को धता बता दे और राज्य में राजनीतिक ध्रुवीकरण करने के लिए दो दलीय स्थिति बन जाये।

भाजपा को बहुदलीय परिस्थिति में ठहराव या फिर पतन का सामना करना पड़ता है। उत्तर प्रदेश और बिहार जैसे प्रांतों में भाजपा की खस्ता हालत इसका प्रमाण है।

चूँकि सामान्य मुद्दों पर होने वाले चुनाव हिंदुत्ववादियों को सांप्रदायिक ध्रुवीकरण का मौका नहीं देते, इसलिए वे हमेशा असामान्य चुनावों की फिराक में रहते हैं। उनका मकसद हर समय ध्रुवीकरण होता है, इसलिए वे राष्ट्रीय स्तर पर हर समय जज़्बाती मुद्दों को उभारने की कोशिश करते रहते हैं। इसके लिए अगर दंगों की जरूरत हो तो उनकी इंजीनियरिंग की जाती है। और, अगर बिना दंगों के काम चल सकता है तो उन्हें दूसरे रास्ते अपनाने में भी कोई एतराज नहीं होता। मध्य प्रदेश और राजस्थान में भाजपा बिना दंगों के ही इस दिशा में बढ़ रही है। गुजरात की मिसाल बताती है कि अगर २००२ के विधानसभा चुनाव सामान्य मुद्दों पर होते तो भाजपा की पराजय निश्चित थी। गोधरा कांड

हिंदुत्ववादियों के लिए सुनहरा अवसर साबित हुआ। अगर, गोधरा कांड न होता तो राजनीतिक परिस्थिति को असामान्य बनाने के लिए उन्हें किसी और हथकंडे का सहारा लेने के बारे में सोचना पड़ता।

३. राष्ट्रीय राजनीति के आयाम : राष्ट्रीय स्तर पर भाजपा की रणनीति अपने नेतृत्व में गठजोड़ बनाने और अपने मुकाबले दूसरा गठजोड़ न बनने देने की रही है। भाजपा राष्ट्रीय स्तर पर अपने नेतृत्व में बनाये गये गठजोड़ के राजनीतिक वर्चस्व को उसी तरह स्थापित करने के मकसद से काम कर रही थी जिस तरह कभी दलीय प्रणाली पर कांग्रेस के रूप में एक पार्टी का वर्चस्व था।

सन् २००४ के चुनावों ने एक नयी संभावना के द्वार खोले हैं। इससे पहले ऐसा लग रहा था कि जैसे हमारी चुनावी राजनीति केवल एक पार्टी के नेतृत्व में चलने वाले राष्ट्रीय गठजोड़ से ही संचालित हो रही है। यह भी लगता था कि मीडिया समेत अधिकांश राजनीतिक शक्तियाँ जानबूझ कर या अनजाने में भाजपा की इसी डिजाइन को कामयाब करने के लिए काम कर रही हैं। संभवत: उनमें इसमें राजनीतिक स्थिरता का आश्वासन लग रहा होगा। भाजपा ने गठजोड़ बना लिया था और उसके मुकाबले बिखरी हुई राजनीतिक पार्टियों के पास राष्ट्रीय गठजोड़ बनाने की कोई रणनीति थी ही नहीं। लेकिन, इन चुनावों में कांग्रेस ने, हिचक के साथ ही सही, पर गठजोड़ बना कर भाजपा को सिर्फ पराजित ही नहीं किया, बल्कि राष्ट्रीय स्तर पर दो गठजोड़ों की दलीय प्रणाली की शुरुआत कर दी। इस प्रकार की बहुदलीय, दो गठजोड़ों वाली प्रणाली इस देश के बहुसांस्कृतिक स्वरूप के खास तौर से अनुकूल है। इसके तहत सेकुलर राज्य की संभावनाएँ और मजबूत होती हैं, क्योंकि राजनीति का स्वरूप संघात्मक हो जाता है और ध्रुवीकरण के अंदेशे कमजोर हो जाते हैं। दो मुख्य गठजोड़ विभिन्न हितों और आकांक्षाओं की लोकतांत्रिक नुमाइंदगी करते हैं। सीधी कार्रवाई की राजनीति को मिलने वाला तर्क कमजोर हो जाता है। दो गठजोड़ों की दलीय प्रणाली दो दलों की उस दलीय प्रणाली से बेहतर है जो नये राजनीतिक तत्त्वों को उभरने और अपनी दावेदारी पेश करने की गुंजाइश नहीं देती।

गठजोड़ों की राजनीति का चरित्र ही ऐसा है कि भाजपा गठजोड़ों की प्रतियोगिता में जितनी ज्यादा भागीदारी करेगी, संघ परिवार से उसे उतनी ही ज्यादा स्वायत्तता प्राप्त होती चली जायेगी। गठजोड़ों के लिए जरूरी समझौतों के खातिर उनकी विचारधारा तरल होती चली जायेगी। भाजपा संघ परिवार से जितनी दूर होगी, संघ परिवार के भीतर एक नयी पार्टी बनाने की माँग उतनी ही जोर पकड़ेगी। हमें नहीं भूलना चाहिए कि संघ परिवार ने अस्सी के दशक की शुरुआत में भाजपा को अपना सदस्य मानने से इंकार कर दिया था। भाजपा और

संघ परिवार के रिश्ते जितने कमजोर होंगे, राज्य का सेकुलरत्व उतना ही कम जोखिमग्रस्त होगा।

४. जाति-राजनीति का लोकतांत्रिक उभार : सेकुलर विमर्श में हुए परिवर्तन की राजनीतिक अभिव्यक्तियाँ भी हुईं। लोकतांत्रिक प्रक्रियाओं के परिणामस्वरूप निचली जातियों का बड़े पैमाने पर राजनीतिकरण हुआ। इस प्रक्रिया में उस शासक अभिजन (जो आजादी से पहले और उसके बाद कांग्रेस का नेतृत्व भी करता था) के खिलाफ निचली जातियों की गोलबंदी होने की संभावनाएँ परवान चढ़ीं। दूसरी ओर, सेकुलरवाद की विचारधारात्मक राजनीति का जातियों की राजनीति के खिलाफ इस्तेमाल करने की शुरुआत हुई। जातियों की इस राजनीति के लोकतांत्रिक पहलू भी थे। पिछड़ों, दलितों और आदिवासियों के राजनीतिकरण और दावेदारियों से लोकतंत्र की वैधता का आधार विस्तृत हुआ। शासकों के छोटे से तबके को अपना राजनीतिक वर्चस्व लोकतांत्रिक संख्याओं की इस राजनीति से खतरे में लगने लगा। इसलिए उसने इस राजनीति की जातिवादी और तर्क-बुद्धि विरोधी करार दे कर निंदा की। उदारतावादी और वामपंथी-कम्युनिस्ट बुद्धिजीवियों और उनकी पार्टियों की सेकुलर समझ में इस राजनीति का कोई स्थान नहीं था। इसका नतीजा यह हुआ कि भारतीय लोकतांत्रिक राजनीति की परिधियों पर नयी जाति आधारित पार्टियाँ उग आयीं जिनके पास वोट थे। यही वे पार्टियाँ हैं जो गठजोड़ राजनीति के इस जमाने में निर्णायक भूमिका निभा रही हैं।

राजनीति में जातियों की बढ़ती हुई भूमिका के कारण सेकुलरवाद की अभिजन राजनीति रक्षात्मक मुद्रा अपनाने के लिए मजबूर हो गयी है। एक-एक करके छोटी जातियों ने कांग्रेस का दामन छोड़ा और फिर मुसलमान भी कांग्रेस से अलग हो गये। यह जातियों के राजनीतिक उभार का पहला चरण था। इसकी चरम परिणति मंडल राजनीति में हुई। इस समय यह मंडल राजनीति अंग्रेजी शिक्षित पढ़े-लिखे अभिजनों के ही खिलाफ नहीं खड़ी हुई है, बल्कि यह हिंदुत्व की राजनीति का भी मुकाबला कर रही है।

जाहिर है कि लोकतंत्र में एक सांप्रदायिक दल अपने जातीय-बहुसंख्यकवादी उद्देश्यों के लिए संसदीय रास्ते से ही राज्य की संस्था को हस्तगत करना चाहेगा। हिंदुत्ववादी राजनीति के इस रास्ते में सबसे प्रभावी चुनावी टक्कर अगर किसी राजनीति ने दी है तो वह जातियों द्वारा बनाये गये उन गठजोड़ों और क्षेत्रीय दलों ने दी है जिनका मुसलमानों से सकारात्मक रिश्ता रहा है। कुछ विद्वानों के सतत प्रयासों के बावजूद जाति और संसदीय राजनीति के संबंध आज भी एक नये तरह के सैद्धांतिक उद्यम की माँग कर रहे हैं। विमर्श

के स्तर पर यह समझा जाना जरूरी है कि किस तरह से जाति-गठजोड़ों ने हमारी राजनीति को हिंदुत्ववादी तख्तापलट से अभी तक बचाये रखा है। इस राजनीति को जातिवादी कहने के बजाय हमें उसके भीतर लोकतांत्रिक संभावनाओं को टटोलना होगा। मंडल राजनीति में वर्गीय राजनीति के बीज भी हैं। इसलिए इसे जाति-वर्ग राजनीति के रूप में समझना होगा।

५. जाति-राजनीति का हिंदुत्वीकरण : यदि गैर-सांप्रदायिक शक्तियाँ जाति राजनीति की लोकतांत्रिक भूमिका को समझने से कतराती रहीं तो जो मंडल राजनीति हिंदुत्ववादियों की राह का रोड़ा बनी हुई है, उसे ही हिंदुत्ववादी उसके गैर-सांप्रदायिक चरित्र को खत्म करके अपने लक्ष्यों के लिए हड़प लेंगे। सांप्रदायिकीकरण के मौजूदा दौर में निचली जातियों के हिंदुत्वीकरण की प्रक्रिया पहले से ही चल रही है। हिंदू एकता का नारा खासकर पिछड़ी जातियों को एक लिहाज से हिंदू समाज के स्तर पर समतामूलक भी लगता है। यह समझना भी जरूरी है कि सेकुलर विमर्श के सांस्कृतिक रूप से उद्धत रवैये के कारण छोटी जातियों को लगातार हीनता का एहसास हो रहा था। इसी की प्रतिक्रिया-स्वरूप वे हिंदुत्व की तरफ गयीं। आखिर 'गर्व से कहो हम हिंदू हैं' जैसा नारा लंबे अरसे तक हिंदू महासभाइयों द्वारा दीवारों पर लिखने के बावजूद भी लोकप्रिय नहीं हुआ था। लेकिन, भाजपा द्वारा पिछड़ी जातियों को अपने संगठन और राजनीति में जम कर जगह देने के बाद ही इस नारे ने बहुसंख्यक हिंदू समाज में जगह बनाना शुरू किया। हिंदुत्व की राजनीति अल्पसंख्यकों, खासकर मुसलमानों के लिए बहिर्वेशनकारी है, पर निचली जातियों के लिए उसमें अंतर्वेशनकारी प्रवृत्ति रही है।

६. हिंदुत्व और अल्पसंख्यक सांप्रदायिकता बनाम सेकुलर विमर्श का संकट : नयी सेकुलर राजनीति की संरचनाओं पर अल्पसंख्यकों के नजरिये से तो विचार करना ही होगा, बहुसंख्यक समाज के नजरिये से भी विचार करना होगा। इस समस्या के दो पहलू हैं।

पहली समस्या यह है कि हिंदुत्व और हिंदू धर्म को अलग-अलग करने की राजनीति क्या हो? सर्वोच्च न्यायालय के एक दुर्भाग्यपूर्ण फैसले ने दोनों को एक दिखाने की गलतफहमी पैदा की है।[१८] हिंदुत्व एक राजनीतिक विचारधारा और आधुनिकता की उपज है। उसका कोई आध्यात्मिक-धार्मिक आयाम नहीं है। लेकिन हिंदुत्ववादी कामयाबी के साथ हिंदुओं के अराजनीतिक-धार्मिक नेतृत्व का राजनीतिकरण करते चले जा रहे हैं। साधू-संत लोग धार्मिक प्रतिष्ठानों से जुड़ी अपनी स्वायत्तता तकरीबन खो कर अपना राजनीतिकरण होने दे रहे हैं। व्यावहारिक सत्य है कि हिंदू बहुल देश में हिंदुओं के धार्मिक आचरण के

प्रति कठोर रवैया और अल्पसंख्यकों के धार्मिक आचरण के प्रति नरम नहीं दिखना चाहिए। अगर एक समुदाय का व्यवहार सांप्रदायिक और दूसरे का वैसा ही व्यवहार बहुसांस्कृतिक समझा जायेगा तो इसका लाभ बहुसंख्यकवादियों को ही मिलेगा। दूसरे, हिंदू अनिवासी भारतीयों ने अपनी भूमंडलीय अल्पसंख्यक मानसिकता से निकलने वाली सांस्कृतिक दुर्बलता का विस्तार हिंदुत्व के आंदोलन तक किया है। हिंदुत्व का आंदोलन और अनिवासियों की इस प्रवृत्ति में गठजोड़ है। ये अनिवासी विदेश नीति को प्रभावित करके भारत को एक इस्लाम विरोधी राज्य की दिशा में ले जाना चाहते हैं। न्यूयार्क के वर्ल्ड ट्रेड टावर्स पर हुए आतंकवादी हमले के बाद की परिस्थितियों में अनिवासियों का यह प्रयास भारतीय राज्य के सेकुलरत्व के लिए घातक साबित हो सकता है। इसका प्रतिकार करने के लिए जरूरी है कि अनिवासियों के गैर-सांप्रदायिक हिस्सों को गोलबंद करके सेकुलर विमर्श को भूमंडलीय स्तर पर चलाया जाये।

भूमंडलीकरण के जमाने में अंतर्राष्ट्रीय इस्लामिक जेहाद और पाकिस्तान के साथ उसके रिश्तों के कारण भी भारतीय सेकुलरवाद को मुश्किलों का सामना करना पड़ रहा है। ये ताकतें भारतीय राज्य को एक हिंदू राज्य की तरह चित्रित करती हैं। इस तरह द्विराष्ट्र सिद्धांत को जीवित रखा जाता है। सीमा के इधर हिंदुत्ववादियों की राजनीति पाकिस्तानी और इस्लामिक जिहादी ताकतों की योजनाओं के लिए पूरक साबित होती है। इस दोतरफा दबाव ने द्विराष्ट्र सिद्धांत को पुनर्जीवन देने के साथ-साथ कुछ नये पहलू भी जोड़ दिये हैं, जैसे हिंदुओं की अल्पसंख्यक मनोग्रंथि और धर्मांतरण का मुद्दा।[११]

७. अल्पसंख्यक और उनका उदारतावादी नेतृत्व : जहाँ तक मुसलमानों का सवाल है, पिछले चुनावों ने दिखा दिया है कि मुसलमानों की लोकतांत्रिक राजनीति में और नागरिक समाज की मुख्यधारा में भागीदारी जितनी बढ़ेगी, राज्य का सेकुलरत्व उतना ही कम खतरे में रहेगा। संघ परिवार की सफलताओं के बावजूद गठजोड़ की राजनीति के कारण इसकी संभावनाओं में पहले के मुकाबले वृद्धि ही हुई है। मुसलमानों के वोटों का महत्त्व बढ़ गया है। सामाजिक और सांस्कृतिक क्षेत्रों में तो उनकी मौजूदगी बढ़नी ही चाहिए, राजनीतिक दलों को चाहिए कि वे विधायिकाओं में उनकी संख्या बढ़ाने का नीतिगत प्रयास करें। गुजरात का उदाहरण बताता है कि मुसलमानों को उनके अपने उदारतावादी राजनीतिक नेतृत्व की जरूरत है। जरूरत इस बात की भी है कि ऐसे प्रतिनिधि उनके बीच से उभरें। ये प्रतिनिधि उन मुसलमान नेताओं जैसे न हों जो सांप्रदायिक मुद्रा अख्तियार करके ही राजनीति करते नजर आते हैं। अल्पसंख्यकों में उदार राजनीति को बढ़ावा देना होगा ताकि व्यक्ति के रूप में

अल्पसंख्यक समुदाय के सदस्यों को अपने समुदाय के भीतर पूरे अधिकार हों, यहाँ तक कि उसे अपने समुदाय के अवांछित निर्णयों का विरोध करने का और उसके भीतर किसी भी अन्य भारतीय नागरिक की तरह उदारतावादी मूल्यों के लिए संघर्ष करने का अधिकार हो।

संदर्भ और टिप्पणियाँ

१. यहाँ सेकुलरत्व, सेकुलरवाद और सेकुलरीकरण के तात्पर्यों को स्पष्ट करना जरूरी है। सेकुलरवाद एक विचारधारा है जिसके ऊपर विवाद जारी है। सेकुलरीकरण एक जारी प्रक्रिया है जो आधुनिक युग में परिवर्तन की वस्तुगत शक्तियों का परिणाम है। इस प्रक्रिया में इंसान का वैयक्तीयन होता है। उसका जीवन धर्म से नियंत्रित नहीं रह जाता और धार्मिक आस्थाओं के ऊपर भौतिक हितों को प्राथमिकता मिलती चली जाती है। सेकुलरत्व किसी भी आधुनिक राज्य का प्रमुख गुण है। राज्य की तटस्थता उसके सेकुलरत्व का ही परिणाम होती है। सेकुलरवाद और सेकुलरीकरण के बीच अंतर के लिए देखें *डेडलस*, ग्रीष्म २००३ के अंक में प्रकाशित निकी आर. किड्डी का लेख 'सेकुलरिज़्म एंड इट्स डिसकंटेंट्स'।

२. इस संबंध में गुजरात के मुख्यमंत्री नरेंद्र मोदी के खिलाफ भाजपा के भीतर उनके प्रतिद्वंद्वी और पूर्व मुख्यमंत्री केशुभाई पटेल की टिप्पणी फासीवाद की संभावनाओं की तरफ इशारा करती है। केशुभाई ने पार्टी के भीतर मोदी के खिलाफ विधायकों के असंतोष को वाणी देते हुए कहा था कि गुजरात में भय का वातावरण है और मिनी इमरजेंसी जैसे हालात हैं।

३. अच्युत याग्निक, 'दि पैथॉलॅजी ऑव गुजरात', *सेमिनार*, विशेषांक : सोसाइटी अंडर सीज, अंक ५१३, मई २००२, पृष्ठ १९-२२

४. अमीना मोहसिन, 'नेशनल सिक्योरिटी एंड माइनारिटीज़ : दि बांग्ला देश केस', संकलित : डी.एल. शेठ और गुरप्रीत महाजन (सं.), *माइनारिटी आइडेंटिटीज़ एंड नेशन स्टेट*, ऑक्सफोर्ड, दिल्ली, पृष्ठ ३१२-३४१

५. देखें आई.डब्ल्यू. मैबेट (सं.), *पैटर्न्स ऑव किंगशिप एंड अथॉरिटी इन ट्रेडीशनल एशिया* (खासतौर से मैबेट द्वारा लिखा गया परिचय), डोवर, एनएच : क्रूम हेल्म, १९८५; इसके अलावा देखें जे.सी. हीस्टरमेन के लेख 'दि काननड्रम ऑव किंग्स अथॉरिटी' और 'कौटिल्या एंड दि एंशियेंट इंडियन स्टेट', संकलित : *दि इनर कांफ्लिक्ट ऑव ट्रेडीशन : एसेज़ इन इंडियन रिचुअल,* किंगशिप एंड सोसाइटी, न्यूयार्क, ऑक्सफोर्ड, १९८५

६. ए.एस. आल्तेकर, *स्टेट एंड गवर्नमेंट इन एंशियेंट इंडिया*, बनारस, १९४९

७. पश्चिमी और भारतीय इतिहास लेखन की परंपराओं पर चर्चा के लिए देखें : पार्थ चटर्जी, *दि नेशन एंड इट्स फ्रेगमेंट्स*, अध्याय ४, ऑक्सफोर्ड, दिल्ली, १९९४; और रंजीत गुहा, *एन इंडियन हिस्टीरियोग्राफी ऑव इंडिया : ए नाइंटींथ सेंचुरी एजेंडा एंड*

इट्स इम्प्लीकेशंस, कलकत्ता, १९८८, पृष्ठ २७-३६

८. भारत में इतिहास लेखन की प्राक्-आधुनिक प्रवृत्तियों के लिए देखें : वी.एस. पाठक, *एंशियेंट हिस्टोरियंस ऑव इंडिया,* बांबे १९९६, अध्याय १; एफ.ई. पार्जिटर, *एंशियेंट इंडियन हिस्टोरिकल ट्रेडीशंस,* दिल्ली, १९७२; उपन्यासों पर बहुकेंद्रीय कथांकन के प्रभाव के लिए देखें, मीनाक्षी मुखर्जी, *रियलिज्म एंड रियलिटी : दि नॉवल एंड सोसाइटी इन इंडिया,* ऑक्सफोर्ड, दिल्ली, १९८५, पृष्ठ ३८-६८; सुधीर चंद्र, *दि ऑप्रेसिव प्रजेंट : लिटरेचर एंड सोशल कांशसनेस इन कोलोनियल इंडिया,* ऑक्सफोर्ड, दिल्ली, १९९३, अध्याय ३, खासकर पृष्ठ १२६-३०; लोकनाट्य के संबंध में देखें, कैथरिन हेंसन, *ग्राउंड्स फॉर प्ले : नौटंकी थियेटर ऑव नॉर्थ इंडिया,* मनोहर, दिल्ली १९९२

९. सुदीप्त कविराज, 'क्राइसिस ऑव नेशन-स्टेट इन इंडिया', *पॉलिटिकल स्टडीज़,* ४२, १९८४, पृष्ठ ११५-१२९

१०. राघवन अय्यर (सं.), *दि मॉरल एंड पॉलिटिकल राइटिंग्स ऑव महात्मा गाँधी,* खंड १, क्लेरेंडन प्रेस, ऑक्सफोर्ड, १९८६, पृष्ठ १८७

११. भारत के आधुनिकतावादी नेताओं में सबसे प्रभावशाली जवाहर लाल नेहरू थे जिनके लेखन और राजनीति से राष्ट्र-निर्माण की यह दृष्टि विकसित हुई। देखें उनकी विख्यात पुस्तक *डिस्कवरी ऑव इंडिया,* जान डे, न्यूयार्क, १९४६; अंग्रेजों की जेल में लिखी गयी इस पुस्तक में उन्होंने इस दृष्टि को विस्तार से ऐतिहासिक-सांस्कृतिक शब्दावली में व्यक्त किया है।

१२. आजादी के बाद पाकिस्तानी राज्य की रचना के संतुलित ब्योरे के लिए देखें : स्टीफन पी. कोहेन, 'स्टेट बिल्डिग इन पाकिस्तान', संकलित : अली बनौज़ीज़ी और माइरन वीनर (सं.), *दि स्टेट रिलीजन एंड इथनिक पॉलिटिक्स : पाकिस्तान, ईरान एंड अफगानिस्तान,* वेंगार्ड बुक्स, लाहौर, १९८७, पृष्ठ २९९-३३२

१३. ज्योतिंद्र दास गुप्ता, *लेंग्वेज कांफ्लिक्ट एंड नेशनल डिवेलपमेंट* (विशेषकर अध्याय ८), ऑक्सफोर्ड, नई दिल्ली १९७०

१४. सेलिग हैरिसन, इंडिया : *दि मोस्ट डेंजरस डिकेड,* प्रिंसटन, १९६०

१५. डी.एल. शेठ, सेकुलराइजेशन ऑव कास्ट एंड दि मेकिंग ऑव ए न्यू मिडिल क्लास, *इकॉनॉमिक एंड पॉलिटिकल वीकली,* (३४-३५), २१ अगस्त १९९९

१६. भारतीय राज्य की विचारधारा की आलोचना के लिए देखें : आशीष नंदी, 'दि आइडियॉलॉजी ऑव दि इंडियन स्टेट', संकलित : पून्ना विग्नराजा और अकमल हुसैन (सं.), *दि चेलैंज इन साउथ एशिया : डिवेलपमेंट, डेमोक्रेसी एंड रीजनल कोऑपरेशन* (नई दिल्ली, सेज, १९९२), पृष्ठ ३१५-३२५; आशीष नंदी, 'हिस्ट्रीज़ फारगॉटिन डबल्स', *हिस्ट्री एंड थियरी,* ३४, १९९५

१७. इस तर्क की तथ्यात्मक रचना के लिए देखें इसी ग्रंथ में अभय कुमार दुबे द्वारा लिखित *परिचय : सेकुलरवाद की अजीब दास्तान।*

१८. ब्रेंडा क्रॉसमेन और रत्ना कपूर, *सेकुलरिज्म्स लास्ट साई? हिंदुत्व एंड दि (मिस)रूल*

ऑव लॉ, ऑक्सफोर्ड यूनिवर्सिटी प्रेस, १९९९, पेपरबैक २००१, दिल्ली, २००१
१९. डी.एल. शेठ, 'सतही धर्मनिरपेक्षता का हश्र', *जनसत्ता,* १५ मई २००१

भूमंडलीकरण और वैकल्पिक चिंतन

बाजारोन्मुख या सहभागी लोकतंत्र?

पहले तो पश्चिमी विमर्श ने लोकतंत्र को सिर्फ उदारतावादी लोकतंत्र तक ही सीमित किया और फिर शीत युद्ध के बाद भूमंडलीकरण के पैरोकारों ने उसे भी बाजार आधारित व्यवस्था और राष्ट्रीय सुरक्षा तक सीमित रहने वाले राज्य के रूप में देखना शुरू कर दिया। तीसरी दुनिया के बहुसांस्कृतिक और बहुजातीय समाजों के महानगरीय अभिजनों की मदद से भूमंडलीकरण के पैरोकारों ने नागरिक को उपभोक्ता में बदलने की संस्थागत-वैधानिक युक्तियाँ करनी शुरू कर दीं। भूमंडलीय समरूपीकरण के इस अभियान ने उदारतावादी लोकतंत्र के बुनियादी आश्वासन को उलट कर बहुसंख्यक जातीयतावादी शासन के लिए रास्ता साफ करने का काम किया जिसकी प्रतिक्रिया में ये समाज जातीयताओं के हिंसक टकराव का केंद्र बन गये। लोकतंत्र के भूमंडलीकरण से उपजी इस विकृति का मुकाबला किया नये सामाजिक आंदोलनों ने। उन्होंने सहभागी लोकतंत्र की उन संभावनाओं का संधान किया जिसे कभी गाँधी और जयप्रकाश नारायण ने सूत्रबद्ध किया था।

I

शीत युद्ध बहुत दिन पहले खत्म हो चुका है और उसके बाद चालू हुए विमर्श की खास बात यह है कि वह लोकतंत्र को दुनिया में राजनीतिक शासन की सर्वप्रमुख प्रणाली का दर्जा देता है। लेकिन इसके मर्म में विरोधाभास यह है कि लोकतंत्र को सर्वोपरि मानने के साथ ही इस विमर्श ने उसकी विविधताओं को राजनीतिक लोकतंत्र के केवल एक रूप में सीमित कर दिया है। भूमंडलीकरण का आग्रह यह है कि सभी जगह लोकतंत्र तो हो, लेकिन उसकी किस्म केवल उदारतावादी लोकतंत्र ही होनी चाहिए। लोकतंत्र पर होने वाली सारी चर्चा प्रायः

उदारतावादी लोकतंत्र से जुड़ी एक खास तरह की संस्थागत संरचना की उपयोगिता पर ही केंद्रित रहती है। बहस होती है पर वह या तो लातीनी अमेरिकी देशों में राष्ट्रपति प्रणाली और संसदीय प्रणाली की तुलना तक सीमित रहती है या फिर दक्षिण एशियायी देशों के संदर्भ में केंद्रात्मकता और संघात्मकता की हदों पर गौर किया जाता रहता है।

सैद्धांतिक स्तर पर मान लिया गया है कि भूमंडलीय राजनीतिक और आर्थिक व्यवस्था का समरूपीकरण अब रुक नहीं सकता। इस समरूपीकरण के औचित्य पर चर्चा करने के लिए कोई तैयार नहीं है और न ही किसी को लोकतंत्र की गहनता और व्यापकता बढ़ाने के संस्थागत विकल्पों में दिलचस्पी रह गयी है। अलग-अलग देशों की संरचनागत और राजनीतिक विशिष्टताओं और विभिन्नताओं की परवाह किये बिना लोकतांत्रिक सिद्धांत को उत्तरोत्तर एकायामी बनाया जा रहा है। स्थापित उदारतावादी लोकतांत्रिक रूपों के अलावा लोकतंत्र को किसी और अर्थ से संपन्न करने की चिंता न के बराबर ही है जिसके कारण लोकतांत्रिक सिद्धांत अपनी समृद्धि से वंचित होता जा रहा है।

II
भूमंडलीकृत लोकतंत्र

भूमंडलीकरण के पैरोकारों की मान्यता है कि उदारतावादी लोकतंत्र ही एकमात्र शासकीय रूप है जिसके तहत सर्वव्यापी हो चुके आधुनिक राज्य का कामकाज ठीक से चलाया जा सकता है। उनका दावा है कि लोकतंत्र का केवल यही रूप आज दुनिया के विभिन्न समाजों में तेजी से घटित हो रहे आर्थिक और सांस्कृतिक परिवर्तन की ताकतों का माकूल जरिया बन सकता है।[१] दरअसल, इस प्रक्रिया में होगा यह कि तीसरी दुनिया के समाज पहले की ही तरह आर्थिक और राजनीतिक भूमंडलीकरण से होने वाले नुकसानों को झेलने के लिए अभिशप्त बने रहेंगे। बदले हुए संदर्भ में उनके लिए गुंजाइशें और भी कम हो जायेंगी। इन समाजों के सामने जो विकल्प रहे हैं उनमें भूमंडलीकरण की प्रक्रिया से अलग हो जाने का विकल्प कभी शामिल नहीं रहा। इस हिसाब से खुद को भूमंडलीकरण के अनुकूल ढालने के अलावा उनके सामने कोई चारा ही नहीं है। समय के साथ इन समाजों ने उदारतावादी लोकतंत्र के अपने सांस्कृतिक-ऐतिहासिक रूप विकसित किये हैं, लेकिन अब उनसे अपनी संस्थागत संरचनाओं को पूरी तरह भिन्न अतीत वाले समाजों की तर्ज पर ढालने की अपेक्षा की जा रही है।

तीसरी दुनिया के इन समाजों में से कई महान सभ्यतामूलक अतीत से

संपन्न रहे हैं। उनके यहाँ शासन के काफी विकसित और जटिल रूपों का इस्तेमाल किया जाता रहा था। अपनी प्रजा की सम्मति पर सीधे निर्भर न होते हुए भी उनके शासक अपनी हुकूमत की वैधता प्राधिकार के बहुस्तरीय ढाँचे के जरिये प्राप्त करते थे। इस ढाँचे में समाज के विभिन्न हितों और पहचानों के लिए कोई-न-कोई गुंजाइश रहती थी। ऐसा शासक तरह-तरह के शासनकारी रूपों की प्रणाली के शीर्ष पर होता था। सत्ता और प्राधिकार उसमें प्रतीकात्मक रूप से व्यक्त होते थे।[२] अगर राज्य व्यवस्था के विकास में इन समाजों के पारंपरिक लोकतांत्रिक रूपों का समावेश किया जाता तो बिना किसी सामाजिक टूट-फूट के शासनकारी रूपों का लोकतंत्रीकरण संभव हो सकता था।

लेकिन आधुनिक प्रतिनिधित्वमूलक लोकतंत्र को अपनाने और विकसित करने में तीसरी दुनिया के इन समाजों को खासी दिक्कतों का सामना करना पड़ा। विभिन्न ऐतिहासिक परिस्थितियों में कभी उपनिवेशीकरण के कारण, कभी पश्चिमीकरण के कारण और कभी आधुनिकीकरण के कारण इन समाजों को अपने इतिहास और राजनीतिक-सांस्कृतिक परंपराओं के आधार पर लोकतांत्रिक संस्थाओं को विकसित करने का मौका नहीं मिला। उन्हें मजबूरन लोकतंत्र के उन रूपों को चुनना पड़ा जो भिन्न आबो-हवा में विकसित हुए थे और उन्हें अपनाने के लिए अपनी परंपराओं से जहाँ तक हो सके नाता तोड़ना उनके लिए आवश्यक हो गया। इस तरह ये समाज अपने वर्तमान को भविष्य की उस दृष्टि से जोड़ने के लिए अभिशप्त हो गये जो उन्हें लोकतंत्र थमाने वाले पश्चिमी समाजों का वर्तमान था और है। इस बात को यूँ भी कहा जा सकता है कि दुनिया के विभिन्न हिस्सों में लोकतंत्र को मान्यता मिलने की खासी संभावनाएँ थीं पर लोकतंत्र का विचार ही सांस्कृतिक और राजनीतिक रूप से पश्चिम के राजनीतिक वर्चस्व का शिकार हो गया।

जैसे ही उपनिवेशवाद का प्रभाव खत्म हुआ वैसे ही लोकतांत्रिक शासन संस्थाओं के चुनाव के मामले में तीसरी दुनिया के समाजों के सामने विकल्प सीमित रह गये। शीत युद्ध के बाद तो ये बचे-खुचे विकल्प भी उनके पास नहीं रह गये हैं। आज भूमंडलीकरण की समग्र परियोजना ने उदारतावादी लोकतंत्र के एक खास रूप की वकालत करना शुरू कर दी है ताकि विश्व अर्थव्यवस्था और बाजार के साथ ज्यादा से ज्यादा एकीकरण में आसानी हो। इसी का नतीजा लोकतांत्रिक विमर्श में आयी अचानक तब्दीली में निकला है। भूमंडलीकरण के पैरोकारों ने लोकतंत्र के क्षैतिज प्रसार की वैकल्पिक संभावनाओं को ही पूरी तरह नकार दिया है। नतीजा यह हुआ कि लोकतंत्रीकरण को स्थानीय जरूरतों के अनुकूल नहीं बनाया जा सका और न ही शासन के वैसे रूपों और निर्णय

लेने वाली संरचनाओं को विकसित किया जा सका। यही कारण है कि किसी खास समाज में लोकतंत्र को व्यापक रूप से सहभागिता आधारित और जनता के प्रति सीधे जवाबदेह बना कर लोगों की चेतना को उन्नत नहीं किया जा सका। विभिन्न समाज अपने राजनीतिक इतिहास, सामाजिक संरचना और सांस्कृतिक परिवेश के मुताबिक लोकतंत्र के संस्थागत रूपों को नहीं गढ़ सके। वे यह भी तय नहीं कर सके कि वे किस रफ्तार से परिवर्तित होना पसंद करेंगे। भूमंडलीकरण की प्रक्रिया ने तीसरी दुनिया के समाजों को ये गुंजाइशें नहीं दीं।

भूमंडलीकरण यानी भूमंडलीय समरूपीकरण की परियोजना अपनी आर्थिक और राजनीतिक सफलता के लिए लोकतांत्रिक निर्णय प्रक्रिया की भूमंडलीय संस्थाओं पर इतनी निर्भर नहीं है जितनी विश्व पूँजीवादी व्यवस्था की वर्चस्वी ताकत पर है।[३] यह कोई अनायास ही नहीं है कि आजकल संयुक्त राष्ट्र की वीटो आधारित सुरक्षा परिषद में भूमंडलीय सत्ता ज्यादा केंद्रित हो गयी है और इस विश्व संस्था के अन्य संगठनों के महत्त्व का काफी-कुछ क्षय हो गया है।

बहरहाल, यह सोचना भी ठीक नहीं होगा कि भूमंडलीय सत्ता का केंद्र किसी एक देश, अमेरिका या पश्चिम के किसी अन्य राष्ट्र में है। भूमंडलीय समरूपीकरण का मकसद हल करने के लिए कई बहुराष्ट्रीय संस्थाएँ अपनी ताकत का मिला-जुला इस्तेमाल कर रही हैं। इनमें अंतर्राष्ट्रीय मुद्रा कोष, विश्व बैंक, विश्व व्यापार संगठन और बहुराष्ट्रीय निगम शामिल हैं। इस सत्ता का राजनीतिक-सांस्कृतिक आधार धनी के साथ-साथ गरीब देशों के बड़े-बड़े महानगरों में भी केंद्रित है। भूमंडलीय समरूपीकरण की इस परियोजना ने भाषायी, सांस्कृतिक और आर्थिक संदर्भों में बड़ी-बड़ी दरारें पैदा कर दी हैं। इन खाइयों को महानगरीय और ग्रामीण-कस्बाई जीवन के बीच, अभिजनों और आम जनता के बीच और सरकारों की शासनकारी संस्थाओं और शासितों के बीच देखा जा सकता है।[४]

बैंकरों, व्यापारियों, तकनीकशाहों और प्रबंधकों से बना हुआ महानगरीय अभिजन लोकतंत्र के अलावा शासन के किसी भी रूप को संदेह की निगाह से देखता है। स्थानीय-सामुदायिक रूप को तो वह खासतौर से नापसंद करता है, भले ही वह राजनीतिक लोकतंत्र की संस्कृति में कितना ही रचा-पगा क्यों न हो। ये अभिजन मानते हैं कि शासन के स्थानीय-सामुदायिक रूप राष्ट्र-राज्य और बाजार-आधारित अर्थव्यवस्था के व्यापक संस्थागत ढाँचे से बेमेल और संरचना के लिहाज से असंगत हैं। गैरउदारतावादी राष्ट्र-राज्यों को उदारतावाद में संक्रमण करने में कुछ समय लग सकता है। विडंबना यह है कि इस बीच ये

अभिजन इन गैरउदारतावादी राष्ट्र-राज्यों में तकनीकशाही-अधिनायकवादी हुकूमतों की पीठ पर भी हाथ रखने के लिए तैयार हैं बशर्ते कि वे अंतर्राष्ट्रीय वित्तीय संस्थाओं द्वारा थोपे गये ढाँचागत समायोजन कार्यक्रम को स्वीकार करने के लिए रजामंद हों। ऐसी सरकारें इन अभिजनों को उन उदार लोकतांत्रिक सरकारों के मुकाबले ज्यादा पसंद हैं जो अपनी राजनीतिक सुसंगति, आर्थिक समता और सामाजिक न्याय से संबंधित नीतियों के मामले में संप्रभुता पर ज्यादा जोर देती हैं। इससे साफ है कि भूमंडलीकरण के पैरोकार उदारतावादी लोकतंत्र को एक ऐसे औजार की तरह देखते हैं जिसके जरिये विश्व-पूँजीवाद को टिकाया और चलाया जा सकता है। उदारतावादी लोकतंत्र से बाजार-आधारित लोकतंत्र का काम ले कर ये अभिजन चाहते हैं कि तीसरी दुनिया के देश अंतर्राष्ट्रीय पूँजी के बेरोकटोक आवागमन की राजनीतिक-संस्थागत गारंटी और उनकी विश्व-अर्थव्यवस्था के हितानुकूल आचरण सुनिश्चित करें। भूमंडलीय लोकतंत्र का नया विमर्श इस प्रकार भूमंडलीय सत्ता-व्यवस्था को सारी दुनिया में लोकतंत्र की रक्षा का ठेका दे देता है। जहाँ जरूरी होता है यह व्यवस्था अक्सर संयुक्त राष्ट्र के तत्वावधान में फौजी हस्तक्षेप के जरिये यह काम करती है। यह व्यवस्था पूरी कोशिश करती है कि जी-आठ देशों और अन्य आर्थिक रूप से विकसित लोकतंत्रों के हाथ में ही हथियार बेचने और प्रौद्योगिकीय ज्ञान की इजारेदारी रहे।

पूरी दुनिया के संसाधनों तक अपनी निर्बाध और एकाधिकारी पहुँच बनाये रखने के लिए विश्व पूँजीवादी व्यवस्था महानगरीय सभ्यता और जीवन-शैली को बढ़ावा देने में लगी रहती है। यह ऐसी राजनीतिक संस्कृति है जिसमें उपभोक्तावाद नागरिकों पर हावी रहता है। नागरिकता को उपभोक्तावाद के मातहत बना कर यह व्यवस्था अपनी सत्ता का आधार स्थापित करती है। नागरिकता का विचार मूलतः सीमाबद्ध भू-क्षेत्रीयता का विचार है जबकि उपभोक्तावाद सीमाहीन भूमंडलीय राजनीति और बाजार के हाथों का औजार बन सकता है। महानगरों में रहने वाले व्यक्तियों को यह व्यवस्था उपभोक्ता के रूप में देखना पसंद करती है क्योंकि इससे पूँजीवादी व्यवस्था की भूमंडलीय चौधराहट कायम रखने और राष्ट्र-राज्यों के भीतर महानगरीय वर्गों का वर्चस्व बनाये रखने में सुविधा होती है। ऐसा लगता है कि उदारतावादी लोकतांत्रिक प्रणाली के तहत संरचित विभिन्न राष्ट्र-राज्य आधारित शासन-व्यवस्था में धीरे-धीरे राष्ट्रीय नागरिकता की अवधारणा खत्म होती चली जायेगी। दूसरी तरफ भूमंडलीय उपभोक्तावाद पर आधारित प्रणाली उत्तरोत्तर मजबूत होती जायेगी।

पहले तो लोकतंत्र को ही उदारतावादी लोकतंत्र में सीमित किया गया और

फिर शीत युद्ध के बाद इस सीमित विमर्श को भी बाजार आधारित लोकतंत्र के सार्वभौम विमर्श के और भी छोटे खाँचे में फिट कर दिया गया। राजनीतिक रूप से भूमंडलीकरण के पैरोकार लोकतंत्र को बुनियादी तौर पर निर्णयकारी प्रक्रियाओं के स्थानीय सहभागिता वाले संदर्भ में नहीं देखते। स्थानीय लोकतंत्र उन्हें बाजार आधारित लोकतंत्र के रास्ते की बाधा लगता है। दरअसल, बाजार आधारित लोकतंत्र के नये रूप में उदारतावादी लोकतंत्र समाज में सत्ता की विराट संरचनाओं के राजनीतिक-सांस्कृतिक वर्चस्व को बनाये रखने का जरिया बन कर रह गया है। समझा जाता है कि इस वर्चस्व के जरिये उदारतावादी राज्य हर समाज में आर्थिक, राजनीतिक और सांस्कृतिक समरूपीकरण सुनिश्चित कर सकता है। लेकिन समरूपीकरण की परियोजना को लागू करने के चक्कर में तीसरी दुनिया के बहुजातीय समाजों में राज्य की संस्था एक खास तरह की कशमकश में फँस जाती है। हर जगह बाजार आधारित लोकतंत्र रचने के दौरान राज्य को अपनी उदारतावादी संस्थाओं को उस सामाजिक और सांस्कृतिक अस्थिरीकरण से बचाना पड़ता है जो बाजार के पक्ष में राज्य के हस्तक्षेप के कारण ही पैदा होता है। साथ ही राज्य को समाज पर शासन करने के लिए एक स्थिर राष्ट्रीय-सांस्कृतिक आधार खड़ा करने की चुनौती का सामना भी करना पड़ता है।

जबर्दस्त जातीय और वर्गीय टकराव से ग्रस्त होने के बाद भी तीसरी दुनिया के समाजों के लिए उदारतावादी राज्य पर आधारित बाजार-लोकतंत्र के मॉडल को ही उपयुक्त मानने के दो कारण समझ में आते हैं। पहला, राजनीतिक उदारतावाद में राज्य को एक औजार के रूप में देखने की प्रवृत्ति का होना जिसके तहत राज्य को निजी लक्ष्यों की पूर्ति का वाहक माना जा सकता है। दूसरा, विचारधारात्मक रूप से उदारतावादी राज्य देश-कालगत, सांस्कृतिक और वंशगत विभिन्नताओं के आधार पर मानवीय विविधताओं को मान्यता नहीं देता। इसीलिए माना जाता है कि उदारतावादी राज्य समुदायों को उनकी आदिम-धार्मिक परंपराओं से छुटकारा दिला कर राष्ट्रीय लक्ष्यों की प्राप्ति के लिए सामाजिक और राजनीति गोलबंदी की तरफ ले जा सकता है।[५] अर्थात उदारतावादी राज्य प्रतिनिधित्वमूलक संस्थाओं की मदद से किसी भी राष्ट्र में समाज पर हुकूमत करने के लिए एक नया सांस्कृतिक आधार खड़ा कर सकता है। तीसरी दुनिया के नेताओं को लगता है कि किसी सहभागी-लोकतांत्रिक प्रणाली के बजाय नयी भूमंडलीय व्यवस्था में हिस्सेदारी उदारतावादी राज्य के जरिये आसानी से हासिल हो सकती है।

इसी लक्ष्य की प्राप्ति के लिए उदारतावादी राज्य पहले से मौजूद भू-क्षेत्र

आधारित स्थानीय-सामुदायिक संस्कृतियों का सफाया करके एक ऐसी संस्कृति बनाने की कोशिश करता है जिसमें नागरिकता के आधार पर व्यक्तियों की एसोसियेशनें उपभोक्ता और उत्पादक के रूप में कार्यरत रहती हैं। समझा जाता है कि यह नयी संस्कृति राज्य को पूरे समाज के प्रबंधन और रूपांतरण का अधिकार दे देती है। इस सत्ता को बनाये रखने की वैधता राज्य को आधुनिकीकरण और विकास की सार्वभौम विचारधाराओं की बिना पर मिल जाती है।

असलियत यह है कि उदारतावादी राज्य के लिए लोकतंत्र अब सत्ता की प्राथमिक शर्त नहीं रह गया है। वह तो खुद को नये कारणों के आधार पर न्यायोचित ठहराने लगा है। उदारतावादी राज्य के चरित्र में हुए इस परिवर्तन ने उसके कामकाज में एक असंगति पैदा कर दी है। लोकतंत्र के संस्थागत मानकों और उन नीतिगत प्रक्रियाओं की सम्मिलित लय भंग हो गयी है जिसके जरिये उदारतावादी राज्य अपनी सार्वभौम विचारधाराओं को लागू करता रहा है। यही कारण है कि टकराव होने पर आधुनिकीकरण और विकास की सरकारी नीतियों को लोकतांत्रिक शासन के मानकों के मुकाबले हमेशा प्राथमिकता मिल जाती है। स्थानीय समुदायों द्वारा स्वशासन की माँगों के रूप में जब लोगों की लोकतांत्रिक आकांक्षाओं को राज्य अलोकतांत्रिक मानता है, खासतौर पर उस समय जब ये आकांक्षाएँ राज्य की सार्वभौम विचारधाराओं की शब्दावली में व्यक्त नहीं की जातीं। हालत यह कि जनता और समुदायों की सुरक्षा अब महत्त्वपूर्ण नहीं रह गयी है बल्कि राज्य की संस्थाओं को बाह्य तौर पर दूसरे राज्यों से और आंतरिक तौर पर अपनी ही जनता से बचाना ज्यादा जरूरी समझा जाने लगा है।

सरकारी नीतियों से जुड़ी लोकप्रिय सहमति, विरोध अथवा कोई माँग करने के लिए जरूरी होता है कि उन राजनीतिक प्रक्रियाओं का इस्तेमाल किया जाये जो उदारतावादी राज्य के प्रतिनिधित्वमूलक संस्थागत तंत्र में फिट बैठती हैं। साथ ही यह भी जरूरी है कि इन माँगों को उन सांगठनिक रूपों के माध्यम से व्यक्त किया जाये जिन्हें उदारतावादी राज्य मान्यता देता है। ये रूप राजनीतिक दल, ट्रेड यूनियनें या हित-समूह जैसी संरचनाएँ हो सकती हैं। हर हालत में हर बात उदारतावादी राज्य की सार्वभौम विचारधारा की भाषा में ही की जानी चाहिए। इस प्रकार जिस विचार को उदारतावादी लोकतांत्रिक राज्य की संज्ञा दी जाती है वास्तव में उसका लोकतांत्रिक आधार क्षीण हो रहा है। वह व्यवहार में उदारतावादी आर्थिक और राष्ट्रीय सुरक्षा पर जोर देने वाला राज्य ही रह गया है। इस राज्य का लोकतांत्रिक सार उसकी बड़ी-बड़ी संस्थाओं में ही सिमट चुका

है। अन्य सभी तरह के संगठन, सामाजिक-सांस्कृतिक और भू-क्षेत्रीय वजूद राज्य के नीच दब गये हैं। उन्हें एक स्तंभीय राजनीति ढाँचे का घटक बना लिया गया है और यह ढाँचा पूरे समाज पर अपनी एकांत सत्ता थोपता रहता है। नतीजे के तौर पर लोकतंत्र स्थानीय सांगठनिक संस्कृति और राजनीतिक व्यवहार को प्रोत्साहित करने वाला विचार न रह कर उदारतावादी राज्य के बाजार-आधारित सिद्धांत में सिमट कर रह गया है।

खास बात यह है कि इससे वह मकसद भी हल नहीं होता जिसके मुताबिक जनता और समुदायों को उनकी आदिम-धार्मिकता से मुक्त करके राष्ट्रीय लक्ष्यों की पूर्ति के लिए गोलबंद करना था। राज्य की स्तंभीय राजनीतिक संरचना के कारण ये सैद्धांतिक आकांक्षाएँ अधूरी रह जाती हैं। होता यह है कि एक बहुजातीय समाज में राजनीति और संस्कृति पर बहुसंख्यक जातीयता की सत्ता हावी हो जाती है। बहुमत आधारित प्रतिनिधित्व का सिद्धांत पतित हो कर बहुसंख्यकवाद आधारित जातीय राजनीति में बदल जाता है। आर्थिक होड़ का सिद्धांत समाज के आर्थिक और सांस्कृतिक संसाधनों को हड़पने की जातीय स्पर्धा बन जाता है। अक्सर बहुसंख्यक जातीयता इन संसाधनों पर कब्जा कर लेती है। प्रतिनिधित्व जैसे ही जातीय होड़ के खेल में फँसता है वैसे ही लोकतांत्रिक राज्य अल्पसंख्यकों और कमजोर वर्गों का हितरक्षक नहीं रह जाता। बहुसंख्यक जातीयता की राजनीति का वर्चस्व लोकतांत्रिक मान्यता प्राप्त कर लेता है।

बहुसांस्कृतिक समाज में जातीय बहुसंख्या द्वारा नियंत्रित और समर्थित हुकूमत स्थिर भी होती है और राज्य औपचारिक रूप से लोकतांत्रिक भी बना रहता है। लेकिन इन दोनों का संबंध हमेशा समस्याग्रस्त रहता है क्योंकि बहुसंख्यक जातीयता अक्सर अपने ही भीतरी घटकों के हितों की नुमाइंदगी नहीं कर पाती। दरअसल, वह बहुसंख्यक जातीयता अपनी संरचना में उतनी समरूप भी नहीं होती जितना उसे समझा जाता है। दूसरी तरफ बहुसंख्यक जातीयतावादी राजनीति द्वारा किया गया लोकतांत्रिक मूल्यों और प्रक्रियाओं का अतिक्रमण राज्य के उदारतावादी चरित्र का क्षय कर देता है। हाशिये पर पड़े रहने के लिए अभिशप्त अल्पसंख्यक हिस्सों को बहुसंख्यक जातीयता की सांस्कृतिक चौधराहट के खिलाफ सशस्त्र विद्रोह और आतंकवाद का सहारा लेना पड़ता है। और उदारतावादी लोकतंत्र जातीयताओं का रणक्षेत्र बन जाता है।

III
भारत का उदारतावादी राज्य

इस पृष्ठभूमि में भारतीय लोकतंत्र की स्थिति पर विचार किया जाना आवश्यक है। हमारे यहाँ पिछले साठ साल से उदारतावादी और प्रतिनिधित्व आधारित लोकतंत्र को कारगर बनाने की कोशिश चल रही है लेकिन उदारतावादी राज्य की संस्थाएँ मजबूत नहीं हो पायी हैं। लगता है कि समाज उथल-पुथल के दौर में स्थायी रूप से फँस गया है। अगर इसे संक्रमण काल माना जाये तो सवाल उठता है कि यह संक्रमण कब तक चलेगा? इसी सवाल का एक माकूल जवाब देने के लिए मैंने यहाँ पिछले छः दशकों के तजुर्बे का एक जायजा लेने की कोशिश की है ताकि कम-से-कम एक अंदाजा लग सके कि शीत युद्ध के बाद से हमारे उदारतावादी राज्य ने भूमंडलीय आर्थिक और राजनीतिक नुस्खों को अपनाने के चक्कर में अपनी समस्याएँ कैसे बढ़ायी हैं; और इस प्रक्रिया में देश के अंदरूनी जातीय दबावों की क्या भूमिका रही है।

कहना न होगा कि भारत की सामाजिक स्थिति एक तरफ अपनी बहुजातीयता के कारण और दूसरी तरफ आधुनिक राष्ट्र-राज्य द्वारा शासित होने के कारण खासी पेचीदा है। एक अरब की आबादी, पंद्रह से भी ज्यादा प्रमुख भाषाएँ बोलने वाले लोग (१९७१ की जनगणना में १६०० जुबानें दर्ज की गयी थीं जिनमें से ३३ के बोलने वालों की संख्या एक-एक लाख से ज्यादा थी), जाति के आधार पर परिभाषित होने वाले ३००० से ज्यादा समुदायों और आबादी के आठ फीसद का निर्माण करने वाले ३५० से भी ज्यादा आदिवासी समुदायों के अलावा इस देश में हिंदू, इस्लाम, ईसाई, जैन, बौद्ध, सिख, यहूदी, पारसी और अनेक आदिवासी धर्मों के अनुयायी पाये जाते हैं। इनमें से हिंदू, जैन, बौद्ध और सिख धर्म का जन्म भारत में ही हुआ है। करीब अस्सी फीसदी लोग हिंदू धर्म मानते हैं जो अपने-आप में तरह-तरह की आस्थाओं और धर्मविधियों का आगार है। दस फीसदी से ज्यादा इस्लाम के अनुयायी हैं। ईसाइयत के कदम भारत की धरती पर पहली सदी में ही पड़ गये थे जबकि उस समय पश्चिम को इस धर्म के बारे में कुछ पता ही नहीं था।

ये नाना प्रकार के समुदाय भारत की धरती पर कभी एक-दूसरे से कट कर नहीं रहे। न ही एक-दूसरे के मुकाबले इन्हें पूर्ण स्वायत्तता प्राप्त रही। सभी एक प्रतीकात्मक समझ से जुड़े रहे जो उनके बीच विभिन्न स्तरों पर एक सांस्कृतिक धारा के रूप में बहती रही। हर समुदाय अपना सामाजिक बंदोबस्त अपने-अपने ढंग से करता रहा, उसके पास विवाद सुलझाने और टकराव निपटाने के अपने तौर-तरीके रहे। लेकिन वे सभी एक राजनीतिक शासन-प्रणाली से नियंत्रित होते

थे जो खुद को एक बृहत्तर सामाजिक-आर्थिक संहिता कायम रखने तक सीमित रखती थी। अलग-अलग अस्मिताएँ जिस राजनीतिक हुकूमत के अधीन रहती थीं वह समाज में अपनी शासनकारी वैधता एक सर्वमान्य धार्मिक व्यवस्था के तहत हासिल करती रही। इस तरह शासन का काम प्रायः नकारात्मक रूप से परिभाषित होता रहा यानी सरकार का काम स्वशासी सामाजिक इकाइयों को सामाजिक-आर्थिक संहिताओं का उल्लंघन रोकना या फिर किसी समुदाय द्वारा सहअस्तित्व और सहजीवन के उसूल के लिए हानिकारक स्वार्थ-सिद्धि को हतोत्साहित करना रह गया।

यह समाज समय-समय पर विभिन्न वर्चस्वों और अधीनताओं के दौर से गुजरता रहा है। कभी ब्राह्मणों का वर्चस्व रहा, तो कभी इस्लाम के धर्मावलंबियों का। लेकिन इन अवधियों में भी शासन सहजीवन पर ही आधारित रहा। सामाजिक संगठन की बुनियादी संहिताओं को संकटग्रस्त कर देने वालों को भी इस देश में कभी निष्कासन, सफाये और जातीय संहार का सामना नहीं करना पड़ा। ऐसी ऐतिहासिक परिस्थितियों में समस्या का हल लोगों और समुदायों को श्रेणीक्रम (ऊँच-नीच) पर आधारित समाज व्यवस्था के तहत अधीनस्थ हैसियत में डाल कर किया गया। लेकिन ऐसा करते हुए उन समुदायों के आंतरिक स्वशासन और सांस्कृतिक अभिव्यक्ति के लिए भी काफी गुंजाइश छोड़ी गयी।

सबको समेट कर चलने वाली यह व्यवस्था ऊँच-नीच पर आधारित जरूर थी पर उसमें परस्पर अन्योन्यक्रिया और तरलता का खासा प्रावधान था। इसका परिणाम यह निकला कि ऊपर से नीचे जाने वाली स्तंभीय सामाजिक संरचनाओं का दाएँ से बाएँ खासा क्षैतिज प्रसार काफी हुआ। बहिरागत समूहों और व्यावसायिक समुदायों को सामाजिक संरचना में जगह मिल सकी। उनमें से कई श्रेणीक्रम में ऊपर चढ़ने में भी कामयाब रहे। इस तरह व्यवस्था ने बहुलताओं की सांस्कृतिक अभिव्यक्ति के लिए ही नहीं, बल्कि अपने दायरे में तरह-तरह की परस्पर-व्यापी शासन प्रणालियों के पनपने की गुंजाइश भी छोड़ी। राजनीतिक रूप से व्यवस्था ने बहुलताओं को किसी एक राज्य में बाँधने के बजाय एक राजनीतिक-सभ्यतामूलक प्रणाली में बाँधा। इन खूबियों के साथ-साथ हर व्यवस्था की तरह इस व्यवस्था में एक अपेक्षाकृत स्थायी विकृति भी थी। यह थी कुछ विशेष ऐतिहासिक परिस्थितियों में कुछ तबकों का अछूतों के रूप में जाति व्यवस्था से बहिष्करण।

ऐसे सभ्यतामूलक समाज को औपनिवेशिक शासन ने एक भू-क्षेत्रीय राज्य के खाँचे में फिट किया और फिर आजादी के बाद उसे राष्ट्र-राज्य के साँचे में ढालने की मुहिम शुरू की गयी। अपनी अखंडता कायम रखने के लिए इस नये

राज्य ने सहजीवन की संहिताओं को बनाये रखने तक सीमित रहने के बजाय किसी भी अन्य आधुनिक राज्य की तरह विविधताओं के समरूपीकरण की अबाध परियोजना चलायी। संवैधानिक गुंजाइशों के बावजूद एक बहुआयामी और बहुजातीय समाज को एक राष्ट्रीय समाज में बदलने के लिए आधुनिक भारतीय राज्य अपने शासन को कानूनी, संवैधानिक और आर्थिक सुसंगति प्रदान करने में लग गया। अगर किसी सामाजिक-सांस्कृतिक समुदाय ने स्वशासन के अपने रूपों का आग्रह किया तो राज्य ने उसके प्रतिरोध का अक्सर हिंसक तरीके से दमन किया। समरूपीकरण के लिए राज्य द्वारा दमनकारी ताकत का इस्तेमाल और राज्य के अतिक्रमण के खिलाफ राजनीतिक-सांस्कृतिक समुदायों की प्रतिहिंसा आज भारतीय राजनीतिक प्रणाली के लिए समस्या बनी हुई है। आइये देखें, यह समस्या कैसे उभरी और भारतीय राज्य ने इसका कैसे सामना किया।

डेढ़ सौ साल से भी ज्यादा समय तक चले ब्रिटिश राज के दौरान भारतवासियों ने अपने देश को राजनीतिक और सीमाबद्ध भू-क्षेत्रीयता की नजर से देखने की शुरुआत की और भारतीय राज्य नामक अस्मिता बनी। इससे पहले सदियों से भारतवासी अपनी धरती और उसकी सीमाओं को मुख्यतः सांस्कृतिक और सभ्यतामूलक संदर्भ में ही देखते थे। औपनिवेशिक अवधि के दौरान उनके इस विचार में एक भू-क्षेत्रीय राजतंत्र का विचार भी जुड़ गया। अंग्रेजों ने कुछ तो फूट डालो और राज करो का हथकंडा अपना कर और अधिकांशतः पूरे देश को एक सरकार के अधीन लाने की प्रक्रिया चला कर सहजीवन में लिप्त विभिन्न धार्मिक-सांस्कृतिक और भाषायी समुदायों को आपस में तीखी राजनीतिक स्पर्धा और हितों के टकराव में लगी इकाइयों में बदल दिया। दूसरी तरफ औपनिवेशिक शासन के खिलाफ संघर्षरत राष्ट्रीय आंदोलन ने इन समुदायों को आजादी के मकसद के आस-पास एकताबद्ध किया।

१९४७ में स्वाधीनता प्राप्त होते-होते हिंदुओं और मुसलमानों की धार्मिक दरार का राजनीतिक ध्रुवीकरण हो चुका था। ब्रिटिश शासक मानते थे कि हिंदू और मुसलमान अलग-अलग राष्ट्र हैं। मुस्लिम लीग भी ऐसा ही मानती थी। नतीजे के तौर पर देश को धर्म के आधार पर दो राष्ट्रों, भारत और पाकिस्तान, में बाँट दिया गया। अंग्रेज साम्राज्यवादियों द्वारा तैयार किये गये आजादी के चार्टर ने भारत और पाकिस्तान, दोनों को स्वाधीनता प्रदान की। इस चार्टर को बनाने में कांग्रेस और मुस्लिम लीग के नेताओं से सलाह-मशिवरा किया गया था। हिंदुओं और मुसलमानों के ये दो राष्ट्र किसी एक राज्य की सीमा में साथ-साथ नहीं रह सकते थे। चूँकि इन दोनों के पास साफतौर से अपनी राष्ट्रीय सीमाएँ नहीं थीं इसलिए मनमाने तरीके से उनकी सीमाएँ बनायी गयीं। अलग-अलग

सीमाबद्ध भू-क्षेत्र बनाने के लिए आबादी का तबादला करना पड़ा। उपमहाद्वीप में दो नये राज्य बनाने के लिए ऐसा करना वैध और राजनीतिक रूप से जरूरी माना गया। गाँधी के अपवाद को छोड़ कर दोनों समुदायों के नेताओं और अंतर्राष्ट्रीय समुदाय ने नये राज्यों के जातीय-धार्मिक आधार को सिद्धांतत: स्वीकार कर लिया। उस जमाने में राजकाज की कला के अंतर्राष्ट्रीय महारथी आमतौर पर मानते थे कि ये दोनों नवगठित राष्ट्र-राज्य अपने-अपने यहाँ बहुसंख्यकवाद पर आधारित जातीय राज्यों का संचालन करेंगे।

विभाजन और आबादी का तबादला काफी हिंसक और रक्तरंजित साबित हुआ। भारत और पाकिस्तान के बीच इसकी कड़वी यादों के साथ-साथ कई अनसुलझे मुद्दे रह गये। भारत आज भी दो बरक्स खड़े इतिहासों से जूझ रहा है। एक तरफ उसका सभ्यतामूलक इतिहास है जिसमें धार्मिक-सांस्कृतिक समुदायों के सहजीवन की परंपराएँ हैं, दूसरी तरफ जातीय स्पर्धा और टकराव का राजनीतिक इतिहास है। कोशिश यह की जा रही है कि इन संघर्षरत धार्मिक-सांस्कृतिक अस्मिताओं को एक राष्ट्र-राज्य की बृहत्तर अस्मिता में लपेट लिया जाये। इस प्रयास पर दो प्रवृत्तियाँ हावी रहीं : आजादी के आंदोलन के दौरान पनपी एकतामूलक और समावेशी प्रवृत्ति; और विभाजन से निकली विभेदी और संघर्षमूलक प्रवृत्ति।

हालाँकि विभाजन के बाद भारत में हिंदू-मुसलमान आबादी का प्रतिशत अस्सी के मुकाबले दस था पर पाकिस्तान के विपरीत भारत ने धर्म आधारित या संविधान-सम्मत बहुसंख्यक-जातीय राज्य बनाने की कोशिश नहीं की। आज भारत में पूर्वी पाकिस्तान के बांग्लादेश बन जाने के बाद बचे हुए इस्लामिक पाकिस्तान से ज्यादा मुसलमान रहते हैं। आजाद भारत के नेतृत्व ने धर्म को राज्य-निर्माण या राष्ट्र-निर्माण का आधार मानने से इंकार कर दिया। इसकी बजाय उसने लोकतांत्रिक संविधान द्वारा शासित उदारतावादी राज्य पसंद किया।

विभिन्न अस्मिताओं और हितों की नुमाइंदगी करने वाली संविधान सभा ने जनवरी १९५० में संविधान पारित किया जिसमें भारत को एक संप्रभु लोकतांत्रिक राष्ट्र-राज्य के रूप में कल्पित किया गया था। संविधान ने सभी नागरिकों को निजी हैसियत से नागरिक अधिकार दिये। इसके साथ-साथ संविधान में सांस्कृतिक अस्मिताओं और धार्मिक आजादी कायम रखने के बुनियादी अधिकारों का प्रावधान भी था। राजनीतिक और नागरिक अधिकारों के मामले में धर्म, जाति, लिंग, सामाजिक हैसियत, आदि आधारों को मान्यता नहीं दी गयी थी। संविधान स्वीकार किये जाने के बाद से ही राष्ट्रीय और प्रांतीय विधायिकाओं के साथ-साथ स्थानीय स्वशासी संस्थाओं के चुनाव भी नियमित

रूप से होते रहे।

नये भारतीय राज्य की स्थिरता और वैधता के लिए जरूरी था कि उसके पीछे मजबूत राजनीतिक बहुमत हो पर इसकी संरचना के लिए धर्म, भाषा और कोई भी अन्य जातीय मानदंड अपनाने की इजाजत नहीं दी। संविधान ने जिस भारतीय संघ की रचना की वह सांस्कृतिक-जातीयता के आधार पर गठित प्रांतों को सत्ता के बँटवारे को मान्यता नहीं देता था। इस तरह भारत संघ नामक अर्धसंघीय राज्य की रूपरेखा बनी। बड़े-बड़े बहुजातीय और बहुभाषीय प्रांत इसके राजनीतिक-प्रशासनिक घटक माने गये। लेकिन संविधान स्वीकार किये जाने के दस साल के भीतर-भीतर प्रांतों को जातीय-भाषायी आधार पर पुनर्गठित करना पड़ा। लेकिन इससे प्रांतों और भारतीय संघ यानी केंद्र के बीच शक्तियों का संतुलन प्रभावित नहीं हुआ। केंद्र काफी ताकतवर बना रहा। आज भी प्रांतों को ज्यादा स्वायत्तता का प्रश्न भारतीय राजनीति की एक प्रमुख समस्या बना हुआ है।

स्थिति यह है कि जातीय-भाषायी और जातिगत अस्मिताएँ भारतीय राज्य के उदारतावादी चरित्र के लिए कोई खतरा नहीं रह गयी हैं। पचास और साठ के दशकों में भाषायी राज्यों की रचना करके इस समस्या से छुटकारा प्राप्त कर लिया गया है। चुनावों की खुली स्पर्धामूलक राजनीति के कारण जातिगत अस्मिताएँ प्रतिनिधित्वमूलक लोकतंत्र की सामान्य राजनीति का अंग बन गयी हैं। इन समस्याओं से और भी मुक्ति पायी जा सकती थी अगर प्रांतों और स्थानीय संस्थाओं को ज्यादा स्वशासी अधिकार दिये जाते और भारतीय संघ के तहत कुछ और राज्य बना दिये जाते। स्थिति का दूसरा पहलू यह है कि अंग्रेजों के जमाने से चली आ रही सांप्रदायिक विभेद की समस्या विभाजन पूर्व तर्ज पर विस्फोटक रूप ग्रहण कर चुकी है। इतनी ही गंभीर समस्या महानगरों और गाँव-कस्बों के बीच आर्थिक-सांस्कृतिक विभाजन की है। धार्मिक और जातीय पक्षधरता से परे जाते हुए इस समस्या को संपन्न अभिजनों और गरीब जनता के अंतर्विरोध के रूप में देखा जा सकता है। यह बहुआयामी ध्रुवीकरण विश्व अर्थव्यवस्था के साथ भारत के एकीकरण के लिए अमल में लाये जा रहे ढाँचागत समायोजन कार्यक्रम के कारण और भी तीखा हो गया है।

सवाल यह है कि क्या भारत का उदार लोकतांत्रिक राज्य टिक पायेगा? राजनीतिक अस्थिरता, आधे-अधूरे जनादेशों और सामाजिक-सांस्कृतिक और आर्थिक ध्रुवीकरण की समस्याओं का सामना करने के लिए एक सुझाव यह भी दिया जा रहा है कि क्यों न संसदीय प्रणाली के बजाय राष्ट्रपति प्रणाली को अपना लिया जाये। पर समस्या कहीं गहरी है।

IV

व्यापक और गहन होता हुआ लोकतंत्र

हालाँकि शीत युद्ध खत्म होने के बाद उदारतावादी लोकतंत्र का विमर्श लगातार संकीर्ण होता जा रहा है और भारतीय राज्य आर्थिक-राजनीतिक सत्ता की स्तंभीय भूमंडलीय संरचनाओं के साथ जुड़ने की कोशिश में लगा है, लेकिन यह भी एक सच्चाई है कि पिछले दिनों भारत में क्षेत्रीय और स्थानीय राजनीति के स्तर पर इसे प्रतिसंतुलित करने वाली मजबूत ताकतें उभरी हैं। आर्थिक गतिविधियाँ और संगठन केंद्रीकृत सरकारी नियोजन की जकड़ से छूटते जा रहे हैं। अर्थव्यवस्था में पूँजी का प्रवाह बढ़ने से उसका क्षैतिज प्रसार हुआ है। समाज में नयी ऊर्जा आयी है जो अब तक नौकरशाह समाजवाद की सरकारी विचारधारा के कारण गतिरुद्ध पड़ी हुई थी। दूसरी तरफ नये बाजारों और सस्ती उत्पादन सुविधाओं की तलाश में अंतर्राष्ट्रीय पूँजी और बहुराष्ट्रीय निगमों ने क्षेत्रीय और स्थानीय अर्थव्यवस्थाओं में घुसपैठ की है। नतीजे के तौर पर इन ताकतों का सत्ता की पारंपरिक और स्थानीय संरचनाओं से आमना-सामना हो रहा है। नये सामाजिक आंदोलन भी अंतर्राष्ट्रीय पूँजी के बरक्स खड़े हुए हैं।

भारतीय राजनीति में जमीनी स्तर पर सक्रिय नये सामाजिक आंदोलन पिछले तीन दशकों से स्थानीय जनता की समस्याओं के लिए भारतीय राज्य और सत्ता की स्थानीय संरचनाओं से संघर्ष करते रहे हैं। राजनीतिक पार्टियों की दिलचस्पी केवल चुनाव लड़ने में रह गयी है इसलिए उनके द्वारा छोड़ी गयी जगह को इन्हीं सामाजिक आंदोलनों ने भरा है। यही आंदोलन इस समय भूमंडलीय आर्थिक और राजनीतिक सत्ता का प्रतिनिधित्व करने वाली ताकतों से संघर्षरत हैं। अंतर्राष्ट्रीय ताकतें स्थानीय दायरों पर कुछ इस तरह से हावी हुई हैं कि उन्हें नियंत्रित और विनियमित करने में नियोजन और नौकरशाही की सरकारी संस्थाओं की कोई भूमिका ही नहीं रह गयी है। अंतर्राष्ट्रीय ताकतों ने कुछ दूसरे ही किस्म के स्थानीय संगठनों को जन्म दिया है जो या तो उनके साथ गठजोड़ में हैं या उनके साथ काम कर रही हैं। इनमें अंतर्राष्ट्रीय कंपनियों के लिए समर्थन जुटाने वाली संस्थाएँ भी हैं। परिणामस्वरूप स्थानीय राजनीति के परिदृश्य में टकराव ही टकराव दिखायी देता है। कोई भूमंडलीय संरचनाओं के साथ गठजोड़ में है तो कोई सरकारी संस्थाओं के साथ। कारगिल फूड कंपनी का उदाहरण लिया जा सकता है। दक्षिण भारत में बाजार के लिए खेती करने वाले किसानों के आंदोलन के कारण इस कंपनी को अपने पैर वापस खींचने पड़े थे। दूसरी तरफ पेप्सी फूड्स ने पंजाब में ऐसे ही किसानों की तरफ से मिले समर्थन के कारण अपने पैर जमा लेने में कामयाबी हासिल की।

जाहिर है कि आर्थिक गतिविधियों के प्रसार से स्थानीय स्तर पर राजनीतिक कार्रवाई के लिए नयी गुंजाइशें बनी हैं और पार्टियों के सिर्फ चुनाव तक सीमित रहने के कारण खाली हुई जगह को नाना प्रकार की राजनीतिक संरचनाओं ने भरा है। इनमें गैरसरकारी वैकासिक संगठन, मानवाधिकार संगठन, महिलाओं और बच्चों के अधिकारों की रक्षा करने वाले संगठन, बंधुआ मजदूरों को मुक्त कराने वाले आंदोलन, वनवासियों, मछुआरों, कारीगरों, छोटे और सीमांत किसानों के पक्ष में उनकी संस्कृति और आजीविका बचाने के लिए सक्रिय संगठन शामिल हैं। ये संगठन और आंदोलन जनता के जिन तबकों और समुदायों को संगठित करते हैं उनका अस्तित्व दाँव पर लगा हुआ है। राष्ट्रीय अर्थव्यवस्था एक तरफ उनकी आर्थिक गतिविधियों को तेजी से हड़पे ले रही है और दूसरी तरफ खुद को उत्तरोत्तर अंतर्राष्ट्रीय ताकतों के हवाले किये दे रही है। यह एक ऐसी प्रक्रिया है जिसमें बहुत ही कम लोग और समुदाय बच पाते हैं। स्थानीय जनता को अपनी जमीन से उखड़ कर मजबूरन अपनी जिंदगी को फटाफट एक नये दायरे में बसाना पड़ता है। यह नया दायरा उजरती मजदूरी और उपभोग की तेजी से फैलती हुई जन-संस्कृति का दायरा होता है। इसमें कुछ लोग ही टिक पाते हैं, बाकी किनारों पर खदेड़ दिये जाने के लिए अभिशप्त होते हैं। जिनके पास जमीन, सामाजिक हैसियत और शिक्षा जैसी सुविधाएँ हैं वे सामाजिक प्रगति की सीढ़ियाँ चढ़ पाते हैं। पर जिनके पास ऐसी पृष्ठभूमि नहीं है उन्हें सामाजिक-आर्थिक वंचितों का जीवन गुजारना पड़ता है।

चाहे कोई भी भौगोलिक और सांस्कृतिक माहौल हो, इस मामले में लोगों का तजुर्बा एक सा है। नये सामाजिक आंदोलन और संगठन इसी समस्या से जूझ रहे हैं। इनका नेतृत्व नये किस्म के राजनीतिक तत्त्वों के हाथ में है। भारतीय राजनीति के जमीनी स्तर पर काम करने वाले इन तत्त्वों ने अपने शहरी निम्न-मध्य और मध्यवर्गीय स्रोत के बावजूद गाँवों और आदिवासी इलाकों को अपने काम का केंद्र बनाया है। इनमें से कई ने नौकरियाँ छोड़ कर या राजनीतिक दलों को त्याग कर जनता के संगठनों की स्थापना की है या उसके हित में चलाये जा रहे आंदोलनों को अपनाया है। वे छोटे-छोटे भौगोलिक क्षेत्रों में लंबे अरसे तक काम करते हैं और अपने काम को जनता के सशक्तीकरण की संज्ञा देते हैं। इस प्रक्रिया में वे राजनीतिक मुद्दों को सामाजिक-आर्थिक और सांस्कृतिक रूप से पुन:परिभाषित करने की कोशिश करते हैं। इन तत्त्वों की राजनीति आमतौर पर दलगत और चुनावी दायरे के बाहर रहती है। यानी वे मुद्दा आधारित राजनीति करते हैं और उनके मुद्दों का स्थानीय समुदायों के लिए गहरा महत्त्व होता है। राजनीतिक दल इन मुद्दों की इसलिए परवाह नहीं करते क्योंकि उनका असर बड़े

राजनीतिक दायरे पर नहीं पड़ता। नतीजतन, चुनाव के गणित के लिए इन मुद्दों का कोई महत्त्व नहीं होता।

आमतौर पर क्षेत्रीय और स्थानीय स्तर पर कार्यरत इन नये राजनीतिक तत्त्वों द्वारा अपनाये जाने वाले सांगठनिक रूपों के बारे में जानना हो तो ग्रासरूट्स राजनीति से संबंधित साहित्य देखना चाहिए जिसमें इस राजनीतिक गतिविधि को 'गैरपार्टी राजनीतिक संरचनाओं', 'छोटे स्तर पर चलाये जाने वाले आंदोलनों' या 'सामाजिक कार्यकर्ताओं के आंदोलनकारी समूहों' की संज्ञा दी जाती है। मैं इन लोगों को आंदोलनकारी समूह कहना पसंद करूँगा। इन्हें प्रतिबद्ध सामाजिक कार्यकर्ताओं के ऐसे समूह के रूप में परिभाषित किया जा सकता है जो सचेत रूप से किसी खास इलाके या समुदाय के हितों के लिए काफी शिद्दत से काम करते हैं और वहाँ के सामाजिक और राजनीतिक रूपांतरण की सचेत कोशिश करते हैं। इन आंदोलनकारी समूहों का दीर्घकालीन लक्ष्य कहीं ज्यादा बड़ा है। वे चाहते हैं कि राजनीति के स्थानीय से लेकर सभी स्तरों पर आम लोगों का सबलीकरण हो। इसी मकसद के लिए वे लोकतंत्र को पुन:परिभाषित और पुनर्रचित करना चाहते हैं ताकि उसे अधिक सहभागी, जनता की आकांक्षाओं के प्रति अधिक चिंतित और उसके प्रति सीधे जवाबदेह बनाया जा सके। वे अपने काम की शुरुआत जन-जीवन को सीधे प्रभावित करने वाले मुद्दों के आस-पास जन-गोलबंदी से करते हैं। उनका प्रयास होता है कि सामाजिक ऊर्जा को जमा करके उसका इस्तेमाल समाज में सत्ता के संबंधों को बदलने में किया जाये।

ये आंदोलनकारी समूह साझा बृहत्तर राजनीतिक सरोकारों और अपनी एक जैसी स्थानीयता के बावजूद एक-दूसरे से काफी अलग-अलग होते हैं। अपने कार्य-क्षेत्र के सांस्कृतिक माहौल में रचे-बसे होने के कारण हर समूह की अपनी अलग सांगठनिक और कार्यक्रमगत पहचान होती है। इसके साथ ही वे बड़े राजनीतिक नेटवर्कों, गठजोड़ों और कुछ ऐसे मुद्दों पर संयुक्त कार्रवाइयों में भी भागीदारी करते हैं जिनकी प्रकृति स्थानीय सीमाओं से परे जाती है और जो विभिन्न इलाकों की जनता के लिए चिंता का विषय होते हैं। अभी तक ऐसे आंदोलनकारी समूहों का व्यवस्थित सर्वेक्षण नहीं किया गया है पर जानकारों द्वारा किये गये आकलन के अनुसार ऐसे पच्चीस से पचास हजार आंदोलनकारी समूह देश भर में सक्रिय हैं।

स्थानीयता से परे जा कर इन समूहों को आपस में जोड़ने वाले मुद्दों में सरकार और अंतर्राष्ट्रीय संस्थाओं द्वारा बनायी गयी विशाल वैकासिक परियोजनाओं (जैसे कि बड़े बाँधों का निर्माण), फौजी इस्तेमाल के लिए सरकार द्वारा जमीन के अधिग्रहण (रॉकेट परीक्षण रेंज बनाना) या एटमी संयंत्र

की स्थापना का विरोध शामिल है। इन मुद्दों में सामुदायिक संपत्ति, गैरमजरुआ जमीन और जंगलात की संपत्ति गाँव को वापस करने के संघर्ष भी शामिल हैं। आंदोलनकारी समूहों की आमतौर पर सीधी कार्रवाई वाला संघर्ष होता है। वे स्थानीय जनता, सामाजिक कार्यकर्ताओं और दूसरे इलाकों के लोगों की मदद से सामूहिक सत्याग्रह आयोजित करते हैं। हमदर्द व्यावसायिक समूहों, समाचार माध्यमों और बुद्धिजीवियों का समर्थन हासिल करने की कोशिश की जाती है। जन-कार्रवाई के जरिये मुद्दे को उठाने के बाद ये समूह अपने वैकल्पिक प्रस्तावों पर समर्थन जुटाने में लग जाते हैं। इससे होता यह है कि स्थानीय जनता की निर्णयकारी प्रक्रिया में सहभागिता का आग्रह उभर आता है। बहस इस बात पर होने लगती है कि जन-जीवन को प्रभावित करने वाली परियोजनाओं के विषय में फैसला लेते समय जनता की सहभागिता क्यों नहीं होनी चाहिए। साथ ही ये आंदोलनकारी कोशिशें परियोजनाओं के पारिस्थितिकीय और आर्थिक औचित्य पर भी सवाल खड़ा करती हैं।

कहने का तात्पर्य यह है कि आंदोलनकारी समूहों और उनके सिद्धांतकारों द्वारा लोकतंत्र के दायरों को बढ़ाने की संभावनाओं की तलाश सक्रिय रूप से की जा रही है। इसमें नई विश्व व्यवस्था के चैंपियनों द्वारा प्रवर्तित विमर्श या देश में भूमंडलीकरण के पैरोकारों की बजाय सामाजिक रूपांतरण में लगे स्थानीय स्तर पर काम करने वाले नये संगठनों और आंदोलनकारियों की भूमिका भी है। ये आंदोलन सामाजिक रूपांतरण को अराजनीतिक गतिविधि की तरह न ले कर एक जीवंत राजनीतिक कार्यसूची के रूप में देखते हैं और इस कार्यसूची में सामाजिक चेतना और संगठन के सभी रूपों के लोकतांत्रिकीकरण को प्राथमिकता दी जाती है। ये संगठन चुनाव, पार्टियों और विधायिकाओं के सीमांत पर सक्रिय रहते हुए खुद को सरकारी दायरों से बाहर रखते हैं। इस प्रकार उनमें राजतंत्र और समाज एवं आधुनिकता और परंपरा के बीच एक सूत्र बन जाने की क्षमता पैदा हो जाती है। वे चाहते हैं कि लोगों का इतना सबलीकरण हो कि वे अपने भाग्य के विधाता स्वयं बन सकें। इस प्रक्रिया के दौरान भारत में लोकतंत्र से संबंधित विमर्श के आधार बदल सकते हैं।

आंदोलनकारी समूहों की राजनीति की खास बात यह है कि वे लोकतंत्र से संबंधित ऐसे नये विमर्श को अपने सतत राजनीतिक आचरण के जरिये व्यक्त करना चाहते हैं। राजनीति प्रतिनिधित्व की संस्थागत संरचनाओं को ये आंदोलनकारी समूह आलोचना-भाव से देखते हैं। उनकी मान्यता है कि इन संरचनाओं ने समाज के लोकतंत्रीकरण की प्रक्रिया को रोक दिया है। लेकिन उनकी इस आलोचना का आधार सैद्धांतिक न हो कर जमीनी स्तर पर हुए दैनंदिन

राजनीतिक संघर्ष के परिणामों से निकलता है। वे चाहते हैं कि छोटे-छोटे आंदोलनों के प्रसार के जरिये लोकतंत्रीकरण की प्रक्रिया में आयी जड़ता टूटने का रास्ता निकले। उन्हें यकीन होता है कि लोगों को राजनीतिक सहभागिता की गहराई में ले जा कर उनकी सामाजिक चेतना बढ़ायी जा सकती है, स्थानीय तौर पर ऐसा राजनीतिक, आर्थिक, सांस्कृतिक और पारिस्थितिकीय माहौल बनाया जा सकता है जिसमें जीवन-स्थितियाँ खुद लोगों के हाथ में ही हों। इन आंदोलनकारियों के ही शब्दों में सारी कोशिशों का सार 'जनता को उसका लोकतंत्र वापस देना' ही है।

इस लक्ष्य की प्राप्ति के लिए आंदोलनकारी स्थानीय मुद्दों को भूमंडलीय के बजाय स्थानिकता से परे जाने वाली भाषा में परिभाषित करते हैं। पारिस्थितिकी, मानवाधिकार और महिलाओं और बच्चों के अधिकारों पर राजनीतिक मुहिम चलाने वाले गठजोड़ों और संयुक्त कार्रवाइयों के आयोजनों से यह स्पष्ट हो जाता है। स्थानीय जनता की स्वायत्तता और आत्मनिर्भरता बढ़ाने वाली राजनीति करते-करते ये समूह आंदोलनों की व्यापक राजनीति से जुड़ जाते हैं। आम जनता के विभिन्न तबकों की इस प्रक्रिया में आंदोलनकारी सहभागिता होती है। यह राजनीति स्थानीय जरूर है पर यह स्वशासी संस्थाओं की पारंपरिक राजनीति से भिन्न है। यह सत्ता और विचारधारा की संरचनाओं से स्तंभीय सूत्र में बँधी हुई नहीं है। न यह राष्ट्र-राज्य की पैरोकार है और न ही नयी विश्व-व्यवस्था की। यह राजनीति प्रांतीय और क्षेत्रीय संकीर्णता को भी प्रोत्साहन नहीं देती। नाना प्रकार के भौगोलिक क्षेत्रों और सामाजिक-सांस्कृतिक माहौल में रहने वाले समुदायों के बीच इन आंदोलनों का क्षैतिज विस्तार होता चला जाता है। ध्यान रहे कि ये सभी समुदाय समान समस्याओं से पीड़ित होते हैं : अप-विकास के कारण अधिकारों से वंचित इन समुदायों से सरकारी मदद तो हमेशा दूर रहती है पर सरकारी दमन उन्हें उत्पीड़ित करने के लिए हमेशा तैयार रहता है।

इन बातों का यह मतलब हरगिज नहीं निकाल लेना चाहिए कि ये आंदोलनकारी समूह अपनी राजनीति को भारतीय लोकतंत्र के संस्थागत ढाँचे के विरोध में परिभाषित कर रहे हैं। इस गलतफहमी के उलट वे तो अपनी समांतर राजनीति के लिए संस्थागत लोकतंत्र को अनिवार्य लेकिन अपर्याप्त शर्त मानते हैं। एक तरह से उनकी कोशिश होती है कि वे उदारतावादी लोकतंत्र के प्रचलित ढाँचे से सीधा टकराव न मोल ले कर उसके इर्द-गिर्द काम करते हुए उसके परे चले जाएँ और समाज में सत्ता की वर्चस्वी संरचनाओं के लोकतंत्रीकरण के लिए सामाजिक चेतना उन्नत करें। ये आंदोलन राजसत्ता पर तो कब्जा नहीं करना चाहते, पर उनका दीर्घकालीन कार्यक्रम आंदोलनकारी प्रक्रिया के जरिए राज्य के

चरित्र में बदलाव लाना और उसकी पुनर्रचना करना जरूर है।

जाहिर है कि साठ और सत्तर के दशकों में प्रचलित स्थानीय राजनीति को देखने का नजरिया अब पुराना पड़ चुका है। उस समय माना जाता था कि स्थानीय राजनीति राज्य सरकार के प्रशासन के सबसे निचले स्तर का निर्माण करती है और उसे राष्ट्रीय स्तर पर सक्रिय राजनीतिक और आर्थिक संस्थाओं की अधिसंरचना का दर्जा दिया जाता था। आज की स्थानीय राजनीति बदल चुकी है। अब वह पंचायतों, सहकारी संस्थाओं, विकास-खंड के प्रशासन और चुनाव लड़ने के मकसद से बनाये गये राजनीतिक दलों के संगठनों तक ही सीमित नहीं रह गयी है। आज की स्थानीय राजनीति में ऐसे नये-नये मुद्दे उभरते हैं और उसमें ऐसे तत्त्व सक्रिय रहते हैं कि उन्हें इन प्रशासनिक और चुनावी सीमाओं में कैद नहीं किया जा सकता। यहाँ एक बार फिर ध्यान रखने की जरूरत है कि इसका मतलब स्वशासी संस्थाओं का कम महत्त्वपूर्ण हो जाना नहीं है। ये संस्थाएँ स्थानीय राजनीति का जरूरी आयाम बनी हुई हैं। नये पंचायती राज कानून ने उन्हें अधिक अधिकारसंपन्न करके उनकी राजनीतिक प्रासंगिकता बढ़ा दी है। दिक्कत यह है कि वे उदारतावादी राज्य की स्तंभीय सत्ता-संरचना के सबसे निचले हिस्से का ही अंग हैं। इसके विपरीत आंदोलनकारी करना यह चाहते हैं कि स्वशासी संस्थाओं की राजनीति का दायरा बढ़े, उसे और स्वायत्त संदर्भों में परिभाषित किया जाये, उसे स्थानीय सीमाओं से निकाल कर समाज की राज्य पर निर्भरता को प्रोत्साहित करने वाली स्तंभीय संरचना के बाहर स्थित किया जाये।

जब तक छोटे-छोटे आंदोलनों की यह राजनीति अपना क्षैतिज प्रसार करते हुए सत्ता की वर्चस्वी संरचनाओं और विचारधाराओं को चुनौती देती रहेगी, तब तक भारतीय लोकतंत्र में एक नयी अर्थवत्ता का समावेश होता रहेगा और लोकतंत्र की गहनता बढ़ती रहेगी। अगर ऐसा होता रहा तो आगे चल कर उदारतावादी लोकतंत्र की उन भूमंडलीय संस्थागत संरचनाओं के चरित्र में भी परिवर्तन आ सकता है जो आजकल समाज और जनता को अधिकार-वंचित करने वाली सत्ता को ही मजबूत करने में लगी हुई हैं।

V

सहभागी लोकतंत्र और राजनीतिक सिद्धांत

समस्या यह है कि लोकतंत्र का समकालीन सिद्धांत जन-गोलबंदी और सीधी कार्रवाई सरीखी आंदोलनकारी राजनीति को प्रतिनिधित्वमूलक सरकार की निर्णय प्रक्रिया को प्रभावित करने का मौका नहीं देना चाहता। इसके लिए वह

राजनीतिक सहभागिता को नागरिकता के वैधानिक-संवैधानिक अधिकारों के रूप में परिभाषित करता है। इसके कारण सहभागिता चुनाव में हिस्सा लेने, पार्टियों और दबाव के जरिये हित-साधन तक ही सीमित रह जाती है। नतीजे के तौर पर लोकतांत्रिक व्यवस्था की संस्थागत मजबूती तो सुनिश्चित हो जाती है पर लोकतांत्रिक विचार लोकतंत्र की उदारतावादी किस्मों से आगे नहीं जा पाता। यह रवैया नये और विकसित होते हुए लोकतंत्रों को नये-नये संस्थागत प्रयोग करने से भी रोकता है। लोकतंत्र के विचार को सैद्धांतिक तौर पर सीमित कर देने का यह आग्रह इतना जड़ जमा चुका है कि ज्यादातर लोग उदारतावादी लोकतंत्र से आगे-पीछे कुछ सोचना ही नहीं चाहते। वे समझते हैं कि उदारतावादी लोकतंत्र के रूप में मानवता ने अपना सर्वश्रेष्ठ शासनकारी रूप प्राप्त कर लिया है। इसी प्रवृत्ति के वैचारिक असर के कारण सहभागी लोकतंत्र को अर्ध-राजनीतिक कह कर दरकिनार कर दिया जाता अथवा उसे आधुनिक लोकतंत्र का एक वांछनीय पहलू तो माना जाता है पर अनिवार्य नहीं।

जाहिर है कि सहभागी लोकतंत्र को लोकतांत्रिक सिद्धांत के हाशिये पर धकेल दिया गया है। आमतौर पर कहा जाता है कि सहभागी लोकतंत्र या तो अतीत का पुरावशेष है या फिर अव्यावहारिक रूप है जिसका प्रयोग करने से खुद लोकतंत्र ही खतरे में पड़ जायेगा। एथेंस के प्राचीन लोकतंत्र का उदाहरण दे कर समझाया जाता है कि किस तरह कदम-ब-कदम रैखिक प्रगति करते हुए वह प्रत्यक्ष एवं सहभागी लोकतंत्र आधुनिक प्रतिनिधित्वमूलक लोकतंत्र में विकसित हुआ है। इस प्रकार यह प्रमाणित करने की कोशिश की जाती है कि एथेंस के शहर-राज्य के लिए जो ठीक था वह जरूरी नहीं कि आधुनिक राष्ट्र-राज्य के लिए ठीक हो। लोकतंत्र के भारतीय सिद्धांतकारों ने इसी पश्चिमी तर्ज पर ऐसी कोई कोशिश वर्जित करार दे दी है जो भारतीय अतीत के आधार पर सहभागी लोकतंत्र का कोई वैकल्पिक रूप खोजने में दिलचस्पी रखती हो।

सहभागी लोकतंत्र के खिलाफ एक दलील यह है कि आधुनिक जमाने में समस्याएँ और मुद्दे इतने जटिल हैं कि साधारण नागरिक तो छोड़ ही दीजिए, चुने हुए प्रतिनिधि भी उनसे नहीं निपट सकते इसलिए आधुनिक सरकारों को हमेशा विशेषज्ञों की जरूरत पड़ती रहती है। इसलिए सहभागी लोकतंत्र की बात करने की कोई सैद्धांतिक तुक नहीं दिखती। 'डेमौक्रेसी' की जगह 'मैरिटोक्रेसी' में यकीन रखने वाले भारतीय अभिजन का एक हिस्सा तो यह माँग करता है कि तेजी से भूमंडलीकृत होती हुई दुनिया में चुने हुए प्रतिनिधियों के अधिकारों को कार्यविधिक और संरचनागत रूप से नौकरशाही और न्यायपालिका के जरिये और भी सीमित कर दिया जाना चाहिए। ये लोग मानते हैं कि सहभागी लोकतंत्र

के विचार को ज्यादा तरजीह दी गयी तो इससे प्रतिनिधित्वमूलक लोकतंत्र की संस्थाओं पर बहुसंख्यकवादी दबाव और बढ़ेगा। इसी मान्यता के प्रभाव के कारण आजादी के बाद के दशकों में अंग्रेजी शिक्षित, शहरी और ऊँची जाति के मुट्ठी भर लोग सरकार और निर्णयकारी प्रक्रिया पर हावी हो गये थे, हालाँकि वे लोकतांत्रिक मूल्यों से प्रतिबद्धता महसूस करते थे। इस वर्चस्व को सत्तर के दशक में चुनौती मिलनी शुरू हुई जब छोटी जातियों और गरीबों ने चुनावी राजनीति और नागरिक समाज की जमीन पर अपने दावे पेश करने शुरू किये।

भारत में सहभागी लोकतंत्र की जड़ें गाँधी के राजनीतिक चिंतन और व्यवहार में मिलती हैं। गाँधी इसे स्वराज, स्वदेशी और ग्राम-स्वराज की शब्दावली में व्यक्त करते थे। वे कहते थे कि यही भारत की लोकतांत्रिक परंपरा है।[६] आजादी के बाद इन सूत्रों को गाँधी का अव्यावहारिक आदर्शवाद कह कर पूरी तरह से ठुकरा दिया गया। लेकिन कुछ जमीनी कार्यकर्ता गाँधी-विचार का सहारा ले कर इस दिये की लौ को जलाये रहे। १९५९ में गैर-पार्टी लोकतंत्र पर अपना प्रबंध प्रकाशित करके जयप्रकाश नारायण ने हाशिये पर पड़े इस विचार को वाणी दी। जेपी को दलीय प्रणाली के अध्येताओं ने आदर्शवादी करार दिया पर दो साल बाद वे अपने आलोचकों को जवाब देने वाली व्याख्या के साथ सामने आये और दावा किया कि भारत को ऐसे व्यापक लोकतंत्र की आवश्यकता है जिसमें आर्थिक-राजनीतिक सत्ता सीधे जनता के हाथ में रहे।[७] १९७४ में जेपी के नेतृत्व में चले संपूर्ण क्रांति आंदोलन के आधार में उनके यही विचार थे। बिहार के बोधगया में चला छात्र युवा संघर्ष वाहिनी का आंदोलन, राजस्थान के गाँवों में चला तरुण भारत संघ का आंदोलन, बहुराष्ट्रीय कंपनियों द्वारा सरकारी सहयोग से आदिवासियों की जमीन हड़पने के खिलाफ की गयी पदयात्राएँ, आंध्र प्रदेश में अबरक के खनने को रोकने के लिए की गयी चैतन्य यात्रा, कानून और अदालतों के स्तर पर की गयी लड़ाइयाँ, जनादेश यात्रा, सरकारी नीतियों और बहुराष्ट्रीय कंपनियों के हस्तक्षेप से होने वाले नुकसानों को दस्तावेजबंद करने वाले अनुसंधानपरक प्रयासों और मजदूर किसान शक्ति संगठन द्वारा की जाने वाली जन-सुनवाइयों को सहभागी लोकतंत्र की तरफ बढ़ने की व्यावहारिक कार्रवाइयों के रूप में देखा जा सकता है। इन प्रवृत्तियों की चर्चा अगले अध्याय में विस्तार से की गई है।

तीसरी दुनिया के लोकतंत्रों का इतिहास हमें बताता है कि उदारतावादी लोकतंत्र अपना सार्वभौम आश्वासन पूरा करने में नाकाम रहा है। न तो राष्ट्र-राज्य के साथ समाज और समुदायों का संघटन इच्छित तरीके से हो पाया, न ही संस्थागत संघटन हुआ और न ही समरूपीकरण संपन्न हो सका। आज

भूमंडलीकरण के पैरोकार इसी उदारतावादी लोकतंत्र का भूमंडलीकरण करने पर तुले हैं और उनके समर्थन में राष्ट्रों के भीतर महानगरीय अभिजन अपने समाजों को भूमंडलीय बाजार से फटाफट जोड़ने की भूमिका निभा रहे हैं। इस प्रक्रिया में उभरने वाले संघर्ष और टकराव को सभ्यताओं के भूमंडलीय महाभारत की संज्ञा दी जा रही है। भूमंडलीकरण का यह फार्मूला जिन समाजों को थमाया गया है, उनकी हालत यह है कि वे धार्मिक कट्टरपंथ और रूढ़िवाद, बहुसंख्यकवादी जातीय उग्रवाद, जातीय अल्पसंख्यकों की जातीय बगावतों और आतंकवाद से जूझ रहे हैं।

जरूरत इस बात की है कि शीत युद्ध के बाद हावी हुए उदारतावादी विमर्श को उलट कर एक अधिक खुले जनोन्मुख लोकतंत्र के विमर्श की स्थापना की जाये जिसमें विचारधारात्मक और संरचनागत रूप से भूमंडलीय चौधराहट की जगह निर्णयकारी प्रक्रियाएँ जनता के हाथों में देने का प्रावधान हो। इस विमर्श से राजनीति की नयी प्रक्रियाओं की संभावनाओं का संधान हो सकता है, समाज में सत्ता की स्तंभीय संरचनाओं का क्षैतिज प्रसार हो सकता है और लोकतंत्र की जड़ें राजनीतिक, सामाजिक और सांगठनिक रूप से आम लोगों के संगठनों से जुड़ सकती हैं। यह सिलसिला लोकतंत्र के विविध रूपों को जन्म दे सकता है, ऐसे रूप जिनकी सांस्कृतिक सारवस्तु एक ही होगी और जिनके कारण लोकतंत्र सामाजिक और सांस्कृतिक रूप से एक सृजनशील प्रक्रिया के रूप में उभरेगा।

संदर्भ और टिप्पणियाँ

१. इस विचार के प्रमुख पैरोकार फ्रांसिस फुकुयामा हैं। उनकी मान्यता है कि भूमंडलीय स्तर पर ऐसा राजनीतिक और आर्थिक समरूपीकरण अपरिहार्य है जो उदारतावादी लोकतंत्र को आधुनिक राज्यों के लिए एकमात्र विकल्प बना देगा। भविष्यवाणी की शैली में कहते हुए फुकुयामा दावा करते हैं कि समग्र मानवता के लिए इतिहास अब एकसा हो गया है और उदारतावादी लोकतंत्र के साथ ही सामाजिक विकास-क्रम अपने चरम पर पहुँच गया है। इस ऐतिहासिक प्रक्रिया में जो कुछ बाकी बचा है वह भी जल्दी ही पूरा कर लिया जायेगा और सारी दुनिया के समाज उदारतावादी लोकतंत्र और बाजार आधारित अर्थव्यवस्था को अपने स्थायी बंदोबस्त के रूप में अपना लेंगे। इस व्यवस्था के तहत मनुष्यों को अपनी इच्छाओं-आकांक्षाओं को पूरा करने में आसानी होगी। देखें : फ्रांसिस फुकुयामा, द *एंड ऑव हिस्ट्री एंड द लास्ट मेन,* न्यूयार्क, पेंगिवन, १९९२

२. देखें : आई.डब्ल्यू. मेबेट (सं.), *पैटर्न्स ऑव किंगशिप एंड ऑथारिटी इन ट्रेडीशनल एशिया,* डोवर, एनएच : क्रूम हेल्म, १९८५; पारंपरिक एशियायी समाजों में राजनीतिक प्राधिकार द्वारा वैधता प्राप्त करने के बारे में देखें *उपरोक्त* पुस्तक में मेबिट का परिचय।

इसके अलावा जे.सी. हीस्टरमान, द *इनर कांफ्लिक्ट ऑव ट्रेडीशन : एसेज़ इन इंडियन रिचुअल्स, किंगशिप एंड सोसाइटी,* न्यूयार्क, ऑक्सफोर्ड यूनिवर्सिटी प्रेस, १६८५ के अध्याय 'द कॉनन्ड्रम ऑव किंग्स ऑथारिटी' और 'कौटिल्य एंड द एंशियेंट इंडियन स्टेट' भी देखें।

३. लोकतांत्रिक निर्णय प्रक्रिया और जवाबदेही के भूमंडलीय संस्थागत ढाँचे के क्रम-विकास के लिए देखें : डेविड हेल्ड, 'डेमौक्रेसी एंड ग्लोबलाइज़ेशन', *आल्टर्नेटिव्ज़ : सोशल ट्रांसफार्मेशन एंड ह्यमन गवर्नेंस,* १६(२) : २०१-८, वसंत १९९१

४. रजनी कोठारी, 'मासेज़, क्लासेज़ एंड द स्टेट', *आल्टर्नेटिव्ज़ : सोशल ट्रांसफार्मेशन एंड ह्यमन गवर्नेंस,* १६(२) : २०१-८, वसंत १९९१

५. इस प्रक्रिया को आगे बढ़ाने में आधुनिक उदारतावादी राज्य की भूमिका को शुरुआती राजनीतिक सिद्धांतकारों द्वारा नजरअंदाज किया गया। इसकी बजाय इसे समाजशास्त्रीय रूप से आधुनिकीकरण की प्रक्रिया के स्वाभाविक परिणाम के रूप में सूत्रीकृत किया गया। देखें : कार्ल डब्ल्यू. ड्यूश, 'सोशल मोबलाइज़ेशन एंड पॉलिटिकल डिवेलपमेंट', *अमेरिकन पॉलिटिकल साइंस रिव्यू,* अंक ३, सितंबर १६९१

६. इन अवधारणाओं की ठोस और सटीक व्याख्या के लिए देखें : श्रीमान नारायण (सं.), द *कलेक्टिड वर्क्स ऑव महात्मा गाँधी,* खंड ४, अध्याय १६, 'स्वदेशी', पृष्ठ २५६-६०; खंड ५, अध्याय १५, 'नॉन-कोआपरेशन', पृष्ठ २०३-८; अध्याय १६, 'सिविल डिसओबीडिऐंस', पृष्ठ २०९-१६; अध्याय ३९, 'स्वदेशी', पृष्ठ ३३६-३९; अध्याय ४२, 'विलेज कम्युनिटीज़', पृष्ठ ३४४-४७, नवजीवन पब्लिशिंग हाउस, अहमदाबाद।

७. जयप्रकाश नारायण के जीवन और कृतित्व के बेहतरीन ब्योरे के लिए देखें बिमल प्रसाद द्वारा संपादित जेपी की चुनी हुई रचनाओं में उनके द्वारा लिखा 'परिचय।

वैकल्पिक राजनीति के आयाम

ज़मीनी आंदोलनों की परिघटना : नागरिक समाज में आलोड़न

नव-आंदोलनों की राजनीति लोकतंत्र का नया विमर्श स्थापित करना चाहती है। ग्रासरूट स्तर पर, प्रांतीय और राष्ट्रीय स्तर पर और भूमंडलीय स्तर पर नव-आंदोलनों का लक्ष्य आम लोगों को स्वायत्तता संपन्न करना है ताकि वे अपने राजनीतिक, आर्थिक, सांस्कृतिक और पारिस्थितिकीय पर्यावरण को अपने हाथ में ले सकें। सामाजिक कार्य की यह राजनीति हाशिए पर पड़ी विशाल आबादी को नागरिक समाज में शामिल करने का प्रयास कर रही है। संपूर्ण परिवर्तन की नई राजनीति पैदा करने के बारे में उनकी धारणा चाहे जो हो, उनके कार्यों के दीर्घकालिक प्रभाव भारत में आधुनिक राज्य की स्थापना के संदर्भ में देखे जाने चाहिए।

सत्तर और अस्सी के दशकों में भारतीय राजनीतिक परिदृश्य पर उभरे कार्यकर्ता समूहों और लघु-आंदोलनों का मेरा यह अध्ययन **लोकायन** नामक संस्था के साथ एक दशक से भी अधिक समय तक काम करने के अनुभव पर आधारित है। **विकासशील समाज अध्ययन पीठ** (सीएसडीएस) ने १९८० में मेरे निर्देशन में एक **लोकायन** नामक परियोजना शुरू की थी, जिसने तीन साल तक सारे देश के आंदोलनकारी और जनता के बीच काम करने वाले समूहों के साथ संवाद किया। १९८३ से यह संस्था स्वायत्त रूप से काम करने लगी। स्वायत्त होने के बाद लोकायन ने कार्यकर्ताओं और आंदोलनकारी संगठनों के लिए

स्वतंत्र और व्यापक स्तर के सहायता समूह के रूप में काम करना शुरू किया, और सामाजिक ज्ञान और सामाजिक कार्य के बीच, अकादमीय संस्थाओं और कार्यकर्ता समूहों के बीच सेतु की भूमिका अदा की। इसका उद्देश्य भारत में सामाजिक ज्ञान की मौजूदा कसौटियाँ बदलना, नया सामाजिक ज्ञान पैदा करना और इस ज्ञान को सामाजिक हस्तक्षेप और परिवर्तन के लिहाज से अधिक प्रासंगिक बनाना था। सामाजिक अनुसंधान की पारंपरिक विधियों पर निर्भर रहने के बजाय इस संस्था ने कार्यकर्ता समूहों, लघु आंदोलनों और इन प्रक्रियाओं के प्रमुख भागीदारों की पहचान की। उनमें आपसी संवाद कायम किया। साथ ही बुद्धिजीवियों, पत्रकारों, और जहाँ संभव हो सका संबंधित अधिकारियों से भी उनका संवाद कायम किया। ऐसे संवादों में शामिल हुए व्यक्तियों द्वारा अपनी समझ के अनुरूप स्थानीय, राष्ट्रीय और अंतर्राष्ट्रीय समस्याओं से जुड़े मुद्दे चर्चा में लाए गए। फिर इस प्रकार पहचाने गए मुद्दे भागीदारी आधारित अनुसंधान द्वारा जाँच और विश्लेषण के दौर से गुजरे। यह भी संवाद में शामिल हुए लोगों के छोटे दलों द्वारा किया गया जिसमें बुद्धिजीवी और कार्यकर्ता दोनों शामिल रहे। इसके बाद प्राप्त निष्कर्षों को कार्यकर्ताओं और बुद्धिजीवियों के साथ साझा मंच पर बुलाए गए संबंधित सरकारी अधिकारियों के सामने रखा गया। ये निष्कर्ष सभी इच्छुक संगठनों और व्यक्तियों को भेजे गए जिससे इनका व्यापक प्रसार हुआ। इस प्रक्रिया में ऐसी ही अन्य समस्याओं से निपटने का तरीका विकसित होने की संभावना भी थी।

यह विधि कई रूप लेती हुई दिखाई दी। इनमें एक थी बुद्धिजीवियों और कार्यकर्ताओं द्वारा समाज परिवर्तन की प्रक्रिया की समझ बनाने और उस पर अमल के तरीकों की तलाश में जुटे कार्यकर्ताओं और संगठनों के बीच भागीदारी विकसित होना। इसके बाद जो कार्य हुआ वह कार्यकर्ता-समूहों और लघु-आंदोलनों के विकास और विस्तार का संख्यात्मक मूल्यांकन नहीं था, न ही उनके कार्यक्रमों व गतिविधियों की सूची तैयार करना था। यह उनके नेतृत्व की सामाजिक-आर्थिक पृष्ठभूमि की रूपरेखा तैयार करना भी नहीं था। इसके बदले, ग्रासरूट संगठनों और आंदोलनों के नए राजनीतिक यथार्थ का ब्यौरा तैयार करने की कोशिश की गई। ऐसा उन ऐतिहासिक और संरचनागत परिवर्तनों के संदर्भ में किया गया, जिनकी वजह से भारतीय राजनीति में ऐसी प्रतिक्रिया हुई थी।

सत्तर के दशक के मध्य में पैदा हुए राजनीतिक संकट के बीच जिस चिंतन और जिन नई गतिविधियों का जन्म हुआ था, वे अब देश भर में विभिन्न प्रकार के छोटे-छोटे आंदोलनों की तरह संगठनात्मक रूप ग्रहण कर चुकी हैं। अपनी तमाम सीमाओं के दायरे में संपूर्ण देश के राजनीतिक और सामाजिक जीवन में

इनकी उपस्थिति दर्ज हो चुकी है। प्रचलित बोली में इन संगठनों को **ग्रासरूट ग्रुप्स** या **माइक्रो मूवमेंट्स** कहा जाता है। इनका स्वघोषित लक्ष्य भारतीय राजनीति का स्वरूप बदलना है। प्रश्न यह है कि वैकल्पिक राजनीतिक चिंतन के लिए इन आंदोलनों की उपयोगिता क्या है? पार्टी-पॉलिटिक्स से अलग रहने के बावजूद क्या ये संगठन वास्तव में सामाजिक पहलकदमी की नई राजनीति का प्रतिनिधित्व करते हैं, एक ऐसी राजनीति का जिसमें भारतीय राजनीति के मूल स्वरूप को ही बदल देने की संभावना हो सकती है।

(१) किसी निर्णय पर पहुंचने के पहले मैं इस ग्रासरूट परिघटना का वर्णन करना चाहूँगा। सर्वप्रथम मैं इसकी अंतर्राष्ट्रीय पृष्ठभूमि की विवेचना करूँगा, ताकि भारतीय नव-आंदोलनों की राजनीति का भूमंडलीय संदर्भ स्पष्ट हो सके। लेख के इस खंड मैं यह साफ करने की कोशिश करूँगा कि विकसित राष्ट्र-राज्य अपने भीतरी संकट का हल निकालने के लिए किस प्रकार एक नई विश्व-व्यवस्था आरोपित करने के जरिए विकासशील दुनिया से अपनी शर्तें मनवाने पर तुले हुए हैं और कैसे प्रचलित राज्यवादी दृष्टि उनके इन विश्व्यापी प्रयासों का विरोध करने में विफल होती जा रही है।

आम तौर से कहा जाता है कि कार्यपालिका, न्यायपालिका, विधायिका और स्वतंत्र प्रेस के चार स्तम्भों पर लोकतंत्र टिका रहता है। पर, मैं यहाँ कहना चाहता हूँ कि नई विश्व-व्यवस्था के नाम पर किए जाने वाले भूमंडलीकरण के विकल्प में राज्यवादी दृष्टि पर आधारित पुराने किस्म की राजनीति कारगर नहीं रह गई है। परिवार की संस्था और राज्य की संस्था के बीच खाली पड़े हुए विशाल स्पेस में नई जरूरतें पूरी करने के लिए एक नवीन आंदोलनगत दृष्टि और उसकी संरचनागत निर्मितियों के कदम लोकतंत्र के पाँचवें स्तम्भ के रूप में जमते जा रहे हैं। दुनिया के पैमाने पर नव-आंदोलनों की प्रासंगिकता इसी आधार पर समझी जानी चाहिए।

(२) इसके बाद मैं इस परिघटना के भारतीय संदर्भों पर विचार करते हुए इसकी ऐतिहासिक पृष्ठभूमि की चर्चा करूँगा जिसमें सामाजिक पहलकदमी की राजनीति और इन आंदोलनकारी समूहों ने जन्म लिया है। इसके बाद मैं उस राजनीतिक दायरे का वर्णन करूँगा जो इन संगठनों ने अपने लिए बनाया है और जिसमें वे आज सक्रिय हैं। इसके बाद मैं भारतीय राजनीति में इन संगठनों द्वारा उठाए गए मुद्दों और उन मुद्दों पर आंदोलन चलाने के लिए उनके द्वारा विकसित संगठनात्मक ढाँचों की चर्चा करुँगा। मुझे उम्मीद है कि इन चर्चाओं के बाद हम इस निर्णय पर पहुँचने की स्थिति में होंगे कि इन आंदोलनों में सामाजिक बदलाव ला सकने की कितनी क्षमता है।

I

नव-आंदोलनों की विश्व-राजनीति

भारतीय राजनीतिक व्यवस्था जिस संकट में फँस गई है, उसकी जड़ें वास्तव में समाज की संरचना बदलने की प्रक्रियाओं में हैं। इस संकट का कारण यह है कि ऐसे परिवर्तनों से पैदा होने वाली समस्याओं से निबट पाने में हमारी राजनीतिक व्यवस्था ठीक से नाकाम रही है। जाहिर है कि संकट दूर करने के उपाय व्यवस्था के भीतर ही खोजे जाने होंगे। लेकिन, यह एक आंशिक दृष्टि ही है, क्योंकि अगर एक दूसरे स्तर पर देखा जाए तो यह संकट सिर्फ भारत के साथ ही नहीं है। हर जगह आधुनिक राजनीतिक व्यवस्थाओं को इसी प्रकार के संकट का सामना करना पड़ रहा है।

न तो भारतीय राजनीतिक व्यवस्था, और न ही कोई अन्य आधुनिक व्यवस्था, अपने-आप में अनूठी और स्वायत्त हो सकती है। भारतीय राजनीतिक व्यवस्था का वर्तमान स्वरूप एक सदी से भी अधिक समय में विश्व स्तर पर आधुनिकीकरण और सेकुलरीकरण की ऐतिहासिक शक्तियों द्वारा निर्मित हुआ है (भले ही यह विदेशी शासन के तहत हुआ हो)। असलियत यह है कि स्वतंत्रता के बाद से विश्व स्तर पर क्रियाशील बाहरी पहलुओं का भारतीय राजनीतिक व्यवस्था पर प्रभाव खासा बढ़ गया है। व्यवस्था को काफी हद तक अपने मौजूदा आकार और स्वरूप में लाने का श्रेय विश्वस्तरीय शक्तियों को जाता है। ये शक्तियाँ दूसरे विश्व युद्ध के बाद विदेशी हुकूमतों के अवसान के दौरान पैदा हुई थीं। इसी कारण से भारतीय व्यवस्था सैनिक और आर्थिक रूप से ताकतवर राष्ट्र-राज्यों की विश्वव्यापी दादागीरी का शिकार होती रही है। नतीजे के तौर पर शीत युद्ध खत्म होने के बाद अपनी समस्याओं से खुद निपटने की हमारी क्षमता काफी घट गई है। इसलिए, संकट के सभी स्रोतों, और साथ ही इन्हें दूर करने के उपायों की तलाश भारतीय राजनीतिक व्यवस्था के भीतर ही नहीं की जा सकती ।

आंतरिक और बाहरी शक्तियों के मिले-जुले दबाव ने भी हमारे संकट को अधिक संगीन बना दिया है। लेकिन, हालात का यह पहलू भी नजरअंदाज नहीं किया जा सकता कि दुनिया में हर कहीं हर जगह आधुनिक राजनीतिक व्यवस्थाओं को ऐसे ही संकट का सामना करना पड़ रहा है—चाहे वे पश्चिम में हों, या कहीं और। हाँ, संकट की मात्रा और प्रकार में फर्क हो सकता है। उपनिवेशों का दौर खत्म होने के बाद, खासकर शीत युद्ध की समाप्ति के बाद से 'विकसित देशों' में 'आधुनिक राजनीति' की संस्थाओं में थकान के स्पष्ट लक्षण नजर आने लगे थे। अपने समाजों की विभिन्न समस्याओं से निबट पाने

की उनकी क्षमता चुकने लगी थी। कुल मिलाकर ये समस्याएँ भी आधुनिकता की ही पैदाइश हैं। जिन शब्दों में इन समाजों की समस्याओं को व्यक्त किया जा रहा है, उसी से उनके चरित्र का आभास भी मिलता है। कहीं इस संकट को समुदायों के विघटन का नाम दिया जाता है, कहीं पारिवारिक मूल्यों के क्षय का और कहीं नस्ली और सांस्कृतिक अंधराष्ट्रवाद के उदय का। ये समाज उस ऊँचे जीवन स्तर से 'गिरने' का भय के शिकार भी हैं जिसे टिकाऊ मानना मुश्किल है और जिसे इन समाजों ने आर्थिक आधुनिकता (या विकास) के जरिए हासिल किया है।

विकसित देशों का संकट और भूमंडलीकरण

विकसित देशों में ये समस्याएँ पिछले कुछ समय से इकट्ठी हो रही थीं, लेकिन अब इनका प्रभाव उनकी राजनीतिक व्यवस्थाओं पर भी पड़ने लगा है। इन देशों में भी राजनीतिक व्यवस्थाएँ वैधता के संकट से ग्रस्त हैं। संस्थागत रूप से इसका परिणाम शासन व्यवस्थाओं की अस्थिरता के रूप में सामने आ रहा है। पर, इससे भी ज्यादा यह परिणाम राजनीतिक संस्कृति के क्षय के रूप में दिख रहा है। आम लोगों में अरुचि और उदासीनता की व्यापक भावना, यहाँ तक कि राजनीति के प्रति अविश्वास भी पैदा हो गया है। इन देशों की राजनीतिक व्यवस्थाओं के आंतरिक संसाधन अपने समाजों की समस्याएँ हल करने के लिए अपर्याप्त साबित होने लगे हैं। इसके बावजूद यह नहीं कहा जा सकता कि इन देशों का संकट व्यवस्था बिखर जाने के बिंदु तक पहुँच गया है, जैसा कि तीसरी दुनिया के बहुत से देशों और दूसरी दुनिया (जो कभी सोवियत खेमा था) में हुआ है। मेरी समझ में इसका मुख्य कारण यह है कि इन देशों में अर्थव्यवस्था और राजनीति के रिश्ते एक-दूसरे से स्वायत्त हो गए हैं, और कुल मिला कर राजनीतिक पहलू के ऊपर आर्थिक पहलू हावी हो गया है।

अपनी राजनीतिक व्यवस्थाओं, समाज की समस्याओं और उनके समाधान के प्रयासों को भी बाहरी और विश्वव्यापी रूप देकर विकसित देश अपना आंतरिक संकट नियंत्रित कर पाने में अस्थायी सफलता प्राप्त करते दिख रहे हैं। इन समाधानों को उनमें से कोई भी देश अलग-अलग और आंतरिक रूप से प्राप्त नहीं कर सकता। लगता है कि आंतरिक वैधता की कमी की भरपाई के लिए अपने लिए नए, शीतयुद्धोत्तर, अंतर्राष्ट्रीय राजनीतिक और आर्थिक बंदोबस्तों को विश्व स्तर पर संस्थागत रूप देने की कोशिश की जा रही है। पहले आंतरिक संकट से निबटने के लिए युद्ध किए जाते थे, पर अब तरीका बदल गया लगता है। भूमंडलीकरण के तहत एक विश्व-व्यवस्था का वर्चस्व कायम

किया जा रहा है ताकि संकट हल करने के लिए उसके दबाव का इस्तेमाल किया जा सके। यह विश्व-व्यवस्था सैनिक और आर्थिक प्रभुत्व की संरचनाओं से मिल कर बनी है। दुनिया की अन्य कम शक्तिशाली या तकरीबन, शक्तिहीन राजनीतिक व्यवस्थाओं के सामने यह विकल्प रखा (अर्थात नोटिस दिया) जा रहा है कि या तो वे इस नई विश्व-व्यवस्था में अपने लिए निर्धारित भूमिका निभाएँ या इससे अलग होकर नष्ट हो जाएँ। विचारधारात्मक तौर पर यह नई परियोजना उदारतावादी लोकतंत्र दुनिया के सभी देशों में स्थापित करने और आधुनिक राजनीति को विश्वव्यापी रूप देने के नाम पर आगे बढ़ाई जा रही है। इसके लिए राजनय, सैनिक शक्ति के इस्तेमाल या उसकी धमकी का भी उपयोग किया जा रहा है। प्रत्यक्ष सैनिक हस्तक्षेप की प्रवृत्ति धीरे-धीरे एक सिद्धांत की शक्ल लेती जा रही है।

ऐसा मान लिया गया है कि दुनिया के सभी देशों में उदारतावादी लोकतंत्र पर आधारित राजनीतिक व्यवस्था से विश्व में शांति-व्यवस्था सुनिश्चित हो जाएगी। इस व्यवस्था में सैनिक और आर्थिक शक्ति पर पहले से ही प्रभुत्व जमा चुके कुछ धनी और ताकतवर देशों का एकाधिकार होगा। उम्मीद की जा रही है कि दुनिया भर के देशों में उदारतावादी लोकतांत्रिक संस्थाओं का शासन होने पर न सिर्फ उनके बीच शांति रहेगी, बल्कि विश्व-प्रभुत्व के उस ढाँचे को भी वैधता मिलेगी जिसे आर्थिक और सैनिक रूप से 'विकसित' देश पहले ही खड़ा कर चुके हैं। कुल मिला कर कहा जा सकता है कि बात कमजोर राष्ट्र-राज्यों पर विश्वव्यापी लोकतंत्र का विचार थोपने की ही नहीं है। कुछ देशों की दादागीरी के जरिए शांति और व्यवस्था कायम करने की पेशकश करते हुए राष्ट्र राज्यों के भीतर उदारतावादी लोकतंत्र की संस्थाओं से ही ऐसी विश्व व्यवस्था के लिए आवश्यक राजनीति और आर्थिक स्थिरता सुनिश्चित करने की अपेक्षा की भी है। इससे भी महत्त्वपूर्ण बात यह है कि इस तरह से हासिल आर्थिक स्थिरता से अपेक्षा की जा रही है कि वह 'विकसित' देशों की राजनीतिक व्यवस्थाओं को वैधता प्राप्त करने के आंतरिक दबावों से मुक्ति दिला पाएगी। ये देश इन दबावों को राष्ट्रीय दायरे में ही झेलने के बजाय उन्हें अंतर्राष्ट्रीय रूप दे कर अपने हिसाब से हल निकालने की आशा कर रहे हैं। मसलन, इस संदर्भ में देखें तो कोई आश्चर्य नहीं होता कि इनमें से कई देशों में विदेश नीति घरेलू राजनीति का केंद्रीय मुद्दा बन गई है। फिर ऐसी 'विश्व-व्यवस्था' उन देशों की राजनीतिक व्यवस्थाओं की (सामाजिक, सांस्कृतिक और पारिस्थितिकी संबधी) समस्याओं को आंतरिक राजनीति से अलग रखने का अवसर प्रदान कर देती है। इस प्रकार उन्हें इन समस्याओं के गहन होकर संकट में बदलने से रोकने में भी

सफलता मिल जाती है। इन समस्याओं को ये राजनीतिक व्यवस्थाएँ अलग-अलग करके और अपने यहाँ आंतरिक रूप से हल करें, तो उसमें आने वाली आर्थिक और राजनीतिक लागत की गणना विश्व स्तर पर की जा सकती है। औद्योगिक रूप से विकसित लोकतांत्रिक देशों (खासकर जी-८ के देश) द्वारा शीत युद्ध के बाद की दुनिया में नई रणनीतियाँ बनाकर आंतरिक संकटों को टालने की यह कोशिश भूमंडलीकरण के एक पहलू की तरफ इशारा करती है। इस पहलू का नए राष्ट्र-राज्यों की राजनीतिक व्यवस्थाओं के सामने उपस्थित संकट से सीधा संबंध है।

कहना न होगा कि भारत के राजनीतिक संकट की जड़ें उसकी अपनी व्यवस्था के भीतर तो हैं ही, लेकिन हाल के वर्षों में इसके संगीन होने का कारण काफी हद तक दुनिया को सबसे शक्तिशाली देशों की वर्चस्वी योजनाओं में भी है। चूँकि यह स्थिति विश्व भर में, और देशों के भीतर भी (चाहे वे विकसित हों या अविकसित) आधुनिक राष्ट्र-राज्यों द्वारा अपनाई गई नीतियों का परिणाम है, इसलिए इसे आधुनिकता की संरचनाओं से पैदा हुआ संकट भी कहा जा सकता है। यही कारण है कि आज की दुनिया में किसी संकट के महज राष्ट्रीय हल पर विचार करना कठिन हो गया है। इनका हल किसी न किसी रूप में विश्वस्तरीय समाधान से भी जुड़ा है। भारत में गैर-दलीय संगठनों द्वारा चलाई जा रही राजनीतिक बहस समझने के लिए दादागीरी की विश्व-प्रवृत्तियों और उनके खिलाफ उभर रही प्रतिरोधक शक्तियों पर ध्यान देना आवश्यक है। ये गैर-दलीय संगठन दादागीरी की विश्वस्तरीय और स्थानीय शक्तियों से संघर्ष कर रहे हैं।

भूमंडलीकरण का दूसरा चेहरा

आधुनिकता की समीक्षा अब तक इसके वैज्ञानिक और दार्शनिक आधारों, मानव-जाति, खासकर तीसरी दुनिया के वासियों पर इसके सामाजिक-आर्थिक और औद्योगिक परिणामों के आधार पर ही होती रही है। लेकिन, सत्ता के दायरे में आधुनिकता की विचारधारा और इस पर अमल के ठोस प्रभावों पर पर्याप्त विचार नहीं किया गया है। यानी, आधुनिक राजनीति में राष्ट्रीय और अंतर्राष्ट्रीय स्तरों पर सत्ता किस रूप में हासिल की जाती है, किस रूप में कायम रखी जाती है और कैसे उसका इस्तेमाल किया जाता है, इस पर पूरा विचार नहीं हुआ है।

इस नजरिए से किसी राष्ट्र-राज्य के भीतर पैदा होने वाली समस्याओं और संकटों का कारण या उनके समाधान के उपाय सिर्फ उसी राष्ट्र-राज्य के सत्ता के ढाँचे की सीमाओं में नहीं ढूँढ़े जा सकते। इनका बड़ा हिस्सा विश्व की सत्ता

संरचना के व्यापक अंतर्राष्ट्रीय स्वरूपों से जुड़ा होता है। अतः आधुनिक राजनीति से मोहभंग और इसके विरोध में नए सामाजिक आंदोलनों के विकास के स्रोत संबंधित राज्य की सत्ता के ढाँचे और विश्व-सत्ता की संरचनाओं, दोनों की संस्थाओं और प्रक्रियाओं में तलाशे जाने चाहिए।

दुनिया भर में इस समय हर जगह राष्ट्रीय राजनीति में बहु-ध्रुवीकरण हो रहा है जो सिर्फ वर्ग-संबंधों के द्वंद्व पर नहीं, बल्कि नस्ल, धर्म, संस्कृति, भाषा आदि पर भी आधारित है। हाशिए पर पड़े उन तबकों को और पीछे धकेला जा रहा है जो राष्ट्रीय राजनीति में सत्ता के लिए होड़ कर रहे ध्रुवीकृत जन-समूहों से बाहर हैं। हर जगह राज्य ने हाथ पीछे खींच लिया है जिससे गरीबों, सांस्कृतिक अल्पसंख्यकों, विस्थापित मजदूरों और शरणार्थियों की हिफाजत करने वाला कोई नहीं रह गया है। कमजोर तबकों को 'बाजार की शक्तियों' के भरोसे छोड़ दिया गया है। ज्यादातर समाजों में प्रभुत्वशाली राष्ट्रीय जन-समूहों के बीच कट्टरपंथी और अंधराष्ट्रवादी रुझानों का उभार हो गया है। विकसित अर्थव्यवस्थाओं में गतिरुद्धता आ गई है। शीत युद्ध की समाप्ति के बावजूद, विश्व-अर्थव्यवस्था, प्रौद्योगिक और औद्योगिक अनुसंधान व विकास पर ताकतवर देशों का न केवल एकाधिकार कायम हो गया है, बल्कि उसका सैनिकीकरण भी कर दिया गया है। पूँजीवाद एक कड़े और आक्रामक रूप में उभर रहा है। हर जगह आधुनिक राजनीति की संस्थाओं ने इस लूट की प्रतिरोधक शक्ति बनने की अपनी भूमिका खो दी है।

लेकिन, इन हालत के बावजूद तीन बड़ी प्रतिरोधक प्रवृत्तियाँ सक्रिय हैं। इनमें पहले स्थान पर आम नागरिकों में फैला व्यापक असंतोष आता है। आम नागरिक आज मुख्यधारा के राजनीतिक दलों का चुनावी चारा बनने की अपनी सीमित राजनीतिक भूमिका से ऊब चुके हैं। वे अपनी शक्तिहीनता से नाराज हैं और उनकी इस भावना की अभिव्यक्ति कई रूपों में हो रही है, जिसमें राजनीति के प्रति उदासीनता और नापसंदगी से लेकर आधुनिक शासन की संस्थाओं के प्रति अंध और उग्र विरोध तक शामिल है। बड़ी संख्या में सामाजिक कार्यकर्ता निचले (ग्रासरूट) स्तर पर काम करते हुए साधारण लोगों के राजनीतिक जीवन में नए अर्थ भरने में लगे हुए हैं। ये सुशिक्षित और कुशल कार्यकर्ता समाज के हर तबके से आते हैं, और क्षेत्रीय, भाषाई, सांस्कृतिक और यहाँ तक राष्ट्रीय सीमाओं को लाँघते हुए सक्रिय हैं। ये शांति और निरस्त्रीकरण आंदोलनों के उन दायरों में सक्रिय हैं जिनसे अंतर्राष्ट्रीय राजनीति के वास्तविक रूप को चुनौती मिल रही है। ये पर्यावरण और महिला आंदोलनों में शामिल हैं, जो शासन के सिद्धांतों को नए राजनीतिक संदर्भ में परिभाषित करने में लगे हैं। ये सांस्कृतिक

समूहों, अल्पसंख्यकों, देशज लोगों और आदिवासियों के स्वायत्तता और आत्म-निर्णय के उन आंदोलनों में शामिल हैं जो राजनीति को संगठित करने के सिद्धांत के रूप में राष्ट्र-राज्य की धारणा पर ही सवाल खड़े कर रहे हैं। ये नागरिक स्वतंत्रता और मानवाधिकार आंदोलनों में सक्रिय हैं जो महिलाओं, अल्पसंख्यकों आदि जैसे विभिन्न जन-समूहों को किसी राष्ट्र-राज्य के भीतर बुनियादी मानवाधिकारों से वंचित रखने के लिए दिए जाने वाले राष्ट्रीय संप्रभुता और संस्कृति-सापेक्षता के तर्कों पर सवाल खड़े करते हैं।

ये नए आंदोलन भूमंडलीकरण के एक दूसरे चेहरे का प्रतिनिधित्व करते हैं। यह चेहरा अलग और नई विश्व व्यवस्था द्वारा पेश किए जाने वाले चेहरे के विरोध में है। ये आंदोलन परिवर्तन की पैरोकार प्रतिरोधक शक्तियों की नुमाइंदगी करते हैं—खासकर घोर राजनीतिक संकट का सामना कर रहे तीसरी और पूर्व सोवियत खेमे में रह चुके समाजों में। ये आंदोलन इन समाजों को विश्व स्तर पर वह संतुलनकारी शक्ति प्राप्त करने में सक्षम बना रहे हैं, जिससे वे नई विश्व-व्यवस्था के नाम पर कायम की जा रही दादागीरी के बुरे प्रभाव का मुकाबला कर सकें। इस प्रक्रिया में विश्व और स्थानीय स्तर पर राजनीति के नए क्षेत्रों पर रोशनी पड़ रही है। ऐसा करने के लिए इन आंदोलनों को राजनीतिक कार्य की पुरानी पड़ चुकी कानूनी और राज-क्षेत्रीय परिभाषाओं को नजरअंदाज करना पड़ता है। विश्व-राजनीति के दायरे में नए मुद्दों और लोक-समूहों को लाकर वे अतंर्राष्ट्रीय राजनीति में बहस की स्थापित शब्दावलियाँ बदलने का प्रयास कर रहे हैं। विभिन्न देशों में कार्यरत परंपरागत स्वयंसेवी और गैर-सरकारी संगठनों के कार्यकर्ता भी इन आंदोलनों से जुड़ते जा रहे हैं। आंदोलनों की नई विश्व-राजनीति से बचना इन कार्यकर्ताओं के लिए अब मुमकिन नहीं रह गया है।

सरकार और मुख्यधारा के राजनीतिक दलों से बाहर काम करते हुए इन कार्यकर्ताओं ने अपने लिए अधिक व्यापक लक्ष्य निर्धारित किए हैं। वे आधुनिक राज्य की संस्थाओं में पैबंद लगाने के बजाय कहीं अधिक टिकाऊ परिवर्तन अंजाम देना चाहते हैं। ये कार्यकर्ता अंतर्राष्ट्रीय राजनीति , समाज परिवर्तन, क्रांति जैसी सभी परंपरागत धारणाओं पर सवाल खड़े कर रहे हैं। ये सवाल राजनीतिक बहस और व्यवहार दोनों स्तरों पर हैं। इनके कारण शीत युद्ध काल के 'असंतुष्टों' और 'क्रांतिकारियों' के बीच भी जड़ता और शक्तिहीनता की भावना दूर होने लगी है। शीत युद्ध खत्म होने से पैदा हुआ शून्य इन आंदोलनों के आदर्शवाद से भरता जा रहा है।

नए आंदोलनों के कार्यकर्ताओं की राय में समाज परिवर्तन एकतरफा और ऊपर से लोगों को गोलबंद किए जाने की प्रक्रिया नहीं है। बल्कि, यह लोगों

के अपने संगठनों और आंदोलनों के जरिए नीचे से ऊपर की तरफ जाने वाली प्रक्रिया है। समाज परिवर्तन और राजनीतिक कार्य के योग से एक नया ज्ञान-शास्त्र तैयार करने पर उनका जोर बढ़ता जा रहा है। इस ज्ञान-शास्त्र को जिसे वे लोग तैयार करेंगे जो अपने आप को बदलना चाहते हैं, न कि वे जो ऐतिहासिक या किसी और रूप में खुद को लोगों की तरफ से नियुक्त 'एजेंट' मानते हैं। यह विचार अब पुराना पड़ गया है कि क्रांति अपरिभाषित भविष्य में एक झटके के साथ होने वाली घटना है, जिसके बाद ही इच्छित समाज की इमारत खड़ी की जा सकती है। इसकी जगह अब सामाजिक और राजनीतिक प्रक्रियाओं को बदलने के लिए लोगों के बहुमुखी संघर्षों का विचार प्रचलित हो रहा है, जिसमें साथ ही साथ परिवर्तन के एजेंटों द्वारा आत्म-परिवर्तन पर जोर भी है। इस विचार को 'वृद्धिशील परिवर्तन' या बूँद-बूँद रिसाव के जरिए परिवर्तन के नीचे पहुँचने की प्रक्रिया समझने की भूल नहीं करनी चाहिए। ये दोनों विचार तो परंपरागत राजनीतिक चिंतन का ही हिस्सा हैं।

संक्षेप में कहा जा सकता है कि एक ओर मौजूदा व्यवस्था अधिक कठोर होती जा रही है और दूसरी ओर परिवर्तन भी जारी है। ये परिवर्तन संभवत: समाज और संस्कृति की राज्य केंद्रित प्रचलित दृष्टि बदल सकते हैं। समाज-वैज्ञानिकों के सामने यह बात स्पष्ट होनी चाहिए कि सामाजिक ज्ञान के अवधारणात्मक और वर्गीकरण संबंधी नए विचार अपनाने के बाद ही उन्हें वे बातें दिखाई और सुनाई देंगी जिन्हें वे देखते और सुनते हैं, पर जिन पर ध्यान नहीं देते। राजनीति की पुरानी और नई अवधारणाओं के बीच संघर्ष आगे बढ़ रहा है।

आधुनिक राजनीति : दो नजरिए, दो परिप्रेक्ष्य

भारत में राजनीतिक संकट गहरा होने की विभिन्न प्रतिक्रियाएँ हुई हैं। ये प्रतिक्रियाएँ नौकरशाही, राजनीति और जनता, के स्तरों पर देखी जा सकती हैं। इन प्रक्रियाओं के बीच मतभेद एक स्तर पर विश्व-सत्ता के ढाँचों की भूमिका के प्रति अलग-अलग समझ के प्रतीक हैं। कुछ लोग विश्व-सत्ता के ढाँचों की भूमिका को एक सकारात्मक संसाधन के रूप में देख रहे हैं। उन्हें लगता है कि इसके जरिए भारत अपना संकट दूर करने में सक्षम होगा। पर दूसरी दृष्टि इसे संकट गहरा करने वाले कारणों में से एक मान कर चलती है। अत: दूसरी दृष्टि मानने वाले सत्ता-संरचनाओं से नहीं, बल्कि विश्व स्तर पर इनका मुकाबला कर रहे सामाजिक आंदोलनों से जुड़ना चाहते हैं।

अधिक ठोस धरातल पर, ये मतभेद विभिन्न समस्याएँ हल कर सकने में

मुख्यधारा की संस्थागत राजनीति की भूमिका के जायजे पर आधारित हैं। देश के सामने मुख्य समस्याएँ इस प्रकार हैं: राजनीतिक अस्थिरता, राजनीतिक हिंसा और आतंकवाद की बढ़ती प्रवृत्तियाँ जिनसे शहरों और गाँवों के नागरिकों में असुरक्षा का भाव पैदा हो गया है। नए पश्चिमीकृत-अंग्रेजीभाषी शासक प्रभु वर्ग की राष्ट्रीय सत्ता पर और पुराने, प्रभावशाली सामाजिक प्रभु वर्ग की स्थानीय सत्ता पर पकड़ ढीली पड़ गई है जिसके परिणामस्वरूप नया प्रभु वर्ग अधिक से अधिक राज्य की दमनकारी शक्ति के इस्तेमाल पर निर्भर हो गया है, और पुराना प्रभु वर्ग धन, गुंडाशक्ति और अपराध पर। भारतीय आबादी का एक तिहाई हिस्सा गरीबी और बेहाली का शिकार है। पीड़ित वर्गों को लगता है कि सत्ता के ढाँचे अपने आप नहीं बदलते। ये ढाँचे गरीबों को बहिष्कृत रखने पर आमादा हैं। इनके प्रति गरीबों का प्रतिरोध बढ़ता जा रहा है और अक्सर प्रति-हिंसा का रूप ले लेता है। इसे कुछ लोग विशिष्ट किस्म का संकट करार देते हैं, जबकि दूसरों की राय में यह सिर्फ संकट का लक्षण है, संकट की जड़ नहीं।

देश की समस्याओं की समझ को लेकर ये नजरिए अंतर्विरोधी बिंदुओं (लेकिन परस्पर जुड़े) दो विचारों से पैदा हुए हैं। इन विचारों को राज्यवादी दृष्टि और आंदोलनों की दृष्टि कहा जा सकता है। ये दोनों दृष्टियाँ जिन परिप्रेक्ष्यों और मूल्यों की बात करती हैं, उनमें मतभेद हैं। लेकिन सार्वजनिक तौर पर उनके कार्यकर्ता उनके बीच स्पष्ट फर्क नहीं कर पाते। अर्थात, बहस अभी कुल मिला कर बौद्धिक स्तर पर ही है। इसके राजनीतिक रूप से व्यक्त होने की अभी सिर्फ संभावना ही है। दोनों विचारों के समर्थकों द्वारा व्यक्त मतभेद मुख्य रूप से समस्या की पहचान को लेकर ही हैं। अर्थात, संकट हल करने के लिए ठोस राजनीतिक और सामाजिक कार्यक्रम के प्रति निष्ठा के बजाय यह समस्या सिर्फ संकट के स्रोत तलाशने तक ही सीमित है। बहरहाल, अब मैं यहाँ राज्यवादी और आंदोलनगत वैचारिक परिप्रेक्ष्यों में अतंर की संक्षिप्त चर्चा करूँगा।

राज्यवादी विचार के समर्थकों की राय में संकट के स्रोत देश के भीतर ही हैं। उनका ख़याल है कि यह संकट आधुनिकीकरण और सेकुलरीकरण से समाज में आए परिवर्तनों के साथ भारतीय राज्य के कदम न मिला पाने के कारण पैदा हुआ है। इसलिए वे इसे 'परिवर्तन का संकट' करार देते हैं। इस दृष्टि के मुताबिक अगर राज्य समाज में आधुनिकीकरण की शक्तियों को नहीं संभाल पाएगा तो उसे संकट का सामना करना ही पड़ेगा। इन शक्तियों को संभालने के क्रम में उसकी सिर्फ एक ही भूमिका है, और वह है परिवर्तन की शक्तियों की मदद करना और उन्हें आगे बढ़ाना। उसके पास कोई तटस्थ भूमिका अपनाने का

विकल्प नहीं है। वह या तो आधुनिकीकरण की शक्तियों की तरफ से हस्तक्षेप कर सकता है, या फिर संकट में फँस सकता है। अत: इस दृष्टि के तहत राज्य को संकट हल करने की एक प्रमुख एजेंसी माना जाता है।

दूसरी तरफ आंदोलनगत दृष्टि के समर्थक यह नहीं मानते कि आधुनिकीकरण और सेकुलरीकरण किसी खास राजनीतिक व्यवस्था से स्वाभाविक रूप से जुड़े हुए हैं। उनकी राय में आधुनिकीकरण और सेकुलरीकरण के पीछे विश्व-शक्तियाँ हैं, जो न सिर्फ परंपरागत समाजों को अपने कब्जे में लेती जा रही हैं, बल्कि पूरी मानव सभ्यता के लिए भी खतरा हैं। उनकी राय में ये शक्तियाँ अनिवार्य रूप से विश्व स्तर पर, और राष्ट्रों के भीतर भी दादागीरी कायम करती हैं। इसका परिणाम राज्य शक्ति द्वारा और अधिक मूर्त रूप प्राप्त करने में निकलता है। इस राज्य शक्ति का चरित्र लोगों से अलग-थलग और दमनकारी ही हो सकता है। यह या तो समाज के भीतर संस्कृति, भाषा, धर्म आधारित सभी अंतरों पर प्रभुत्व जमा लेगी और उन्हें खत्म कर देगी, या अपनी सत्ता 'बाजार' अथवा प्रभुत्वशाली सामाजिक/सांस्कृतिक गुटों जैसी शक्तियों को समर्पित कर देगी। अत: आंदोलनगत दृष्टि के समर्थक इस संकट को किसी खास 'परंपरागत' समाज में सामाजिक परिवर्तन का संकट नहीं मानते। बल्कि 'आधुनिकता का संकट' मानते हैं जिसका सामना आधुनिक राजनीतिक संस्थाओं के आधार पर चलने की कोशिश कर रहे दुनिया के सभी समाजों को करना पड़ रहा है।

संकट हल करने के लिए राज्यवादी दृष्टि शासन के तर्कशास्त्र पर जोर देती है। वह राज्य की संस्थाओं को इस रूप में मजबूत करने की वकालत करती है जिससे इन संस्थाओं के कामकाज में आधुनिकीकरण और विकास की 'वस्तुगत' शक्तियों को अभिव्यक्ति मिले। साथ ही वह इसी के अनुरूप समाज को ढालने की वकालत भी करती है, ताकि समाज इन शक्तियों का उचित ग्रहणकर्ता बन सके। इसके उलट गैर-राज्यवादी दृष्टि आंदोलनों की नई राजनीति में दिलचस्पी रखती है। इस राजनीति का उद्देश्य स्तंभीय और क्षैतिज, दोनों रूपों में शासन का बहुआयामी और परस्परव्यापी तंत्र विकसित करना है, हालाँकि ये सभी सहमति पर आधारित संवैधानिक व्यवस्था के तहत एक साथ रखे जा सकते हैं। लेकिन, ठोस स्तर पर बहुआयामी और परस्पर व्यापी तंत्रों वाली व्यवस्था सहयोग के साथ और बिना टकराव के तभी चल सकती है, जब उनके बीच मतभेद दूर करने के लिए निरंतर बातचीत चलती रहे और आम-सहमति का बार-बार पुन:संस्कार किया जाता रहे। यही वह 'नई राजनीति' है जिसे आंदोलन व्यक्त करने का प्रयास करते हैं। समझा जाता है कि मानव जीवन और इच्छाओं की

बहुआयामी आवश्यकताओं की पूर्ति करते हुए यह राजनीति विभिन्न संस्कृतियों और जन-समूहों के एक साथ रह सकने का लक्ष्य संभव बना सकती है। जहाँ तक राज्य की संस्था का सवाल है, आज हम जान चुके हैं कि उसमें ऐसी साझा व्यवस्था की संरचना नहीं है।

राज्यवादी दृष्टि मानती है कि राजनीतिक संस्थाओं और संरचनाओं की क्षमता अभी चुकी नहीं है। उनके आधार पर मौजूदा संकट हल किया जा सकता है। उनके प्रभावी ढंग से काम करने में आ रही कठिनाइयों से विश्व और राष्ट्रीय स्तर पर राष्ट्र-राज्य प्रणाली द्वारा स्थापित शासन के ढाँचों को मजबूत कर निपटा जा सकता है। इस दृष्टि के मुताबिक विश्व में बड़े परिवर्तन लाने में आधुनिक राष्ट्र-राज्य प्रणाली ने महत्त्वपूर्ण भूमिका निभाई है, और अभी भी निभा रही है। जहाँ भी इसकी जड़ें जमी हैं, आधुनिक राजनीतिक संस्थाएँ आर्थिक और औद्योगिक विकास के वाहक का काम कर रही हैं। इन संस्थाओं ने अर्थव्यवस्था को उत्तरोत्तर आपूर्ति-उन्मुख और राजनीति को माँग-उन्मुख बना दिया है। मानव इतिहास में पहली बार इसी व्यवस्था ने आम आदमी की आवश्यकताओं, इच्छाओं और आकांक्षाओं को राजनीति के केंद्र में रखा है। राष्ट्र-राज्य की आधुनिक राजनीतिक संस्थाओं के जरिए ही अब तक समाज में भेदभाव के शिकार, हाशिए पर पड़े और वंचित समूह नए राष्ट्रीय समाज का हिस्सा बनाए जा सके हैं। उन्हें निरंतर विस्तृत हो रही 'नागरिकता' के दायरे में लाया जा सका है। इस प्रकार, आधुनिक राजनीति ने व्यक्तियों को व्यक्ति के रूप में ही स्वतंत्रताएँ और अधिकार प्रदान किए हैं। उसने परंपरागत सामूहिकता की शक्ति और सत्ता को ठुकरा दिया है जिसने कभी व्यक्ति को अपने मातहत कर रखा था। यह सच है कि नई सामूहिकताओं (राष्ट्र, राज्य, दल) ने व्यक्ति पर अपना नियंत्रण कायम कर लिया है, लेकिन इन सामूहिकताओं के स्वरूप में गुणात्मक अंतर है। यह इस रूप में अलग है कि नई सामूहिकताओं की सत्ता अंतर्राष्ट्रीय रूप से स्वीकृत कुछ नियमों और प्रक्रियाओं के तहत लागू होती है। और, वह 'साझा हित' में है।

कुल मिला कर कहा जा सकता है कि इस समझ के अनुसार राष्ट्रीय राज्यों और समाजों का निर्माण कर और फिर आमतौर पर इन नई इकाइयों की सीमाओं के भीतर क्रियाशील रहते हुए 'आधुनिक राजनीति' ने सामाजिक ढाँचे, संस्कृति और सभी जन-समूहों के आर्थिक संगठन और गतिविधियों में बुनियादी रूपांतरण की शुरुआत की है। कहा जाता है कि इन परिवर्तनों के कारण हर राष्ट्रीय समाज के भीतर मुक्ति की शक्तियाँ पैदा हुई हैं। इस प्रक्रिया में अशांति और उथल-पुथल की समस्याओं का उभरना स्वीकार किया जाता है, पर इन्हें

संक्रमणकालीन समस्याओं के रूप में देखा जाता है। कई राष्ट्रीय समाजों के भीतर भूख, हिंसा और कुछ सामाजिक वर्गों के वंचित होने के यथार्थ को अतीत का 'पुरावशेष' माना जाता है। इन्हें आधुनिकता और उसकी राजनीति के अधूरे रह गए कार्यों के रूप में देखने की प्रवृति है।

इस परिप्रेक्ष्य के अनुसार बहुसंख्यक वंचितों और गरीबों की तेजी से बढ़ती अपेक्षाओं और माँगों (ये माँगें स्वयं आधुनिक राजनीति ने पैदा की हैं) और इन्हें पूरा करवाने के लिए उनके आंदोलनों को जड़ता के शिकार परंपरागत समाजों में परिवर्तन की शुरुआत बताकर खुशी जाहिर की जाती है। लेकिन, इन मान्यताओं के असर के बावजूद विश्व-सत्ता के ढाँचों और विभिन्न राष्ट्रीय समाजों में स्थापित प्रभुवर्गीय शासन पर इन आंदोलनों के प्रभावों को लेकर राज्यवादी दृष्टि के समर्थकों में गहरी आशंकाएँ पैदा हो गई हैं। उनका ख़याल है कि विभिन्न प्रकार के आंदोलनों में जाहिर हो रही इन प्रवृत्तियों को अगर बेरोक बढ़ने दिया गया, तो ये आधुनिक राजनीति के संस्थागत ताने-बाने को ही नष्ट कर देंगी—उन देशों में भी जहाँ इस राजनीति ने जड़ें जमा ली हैं। इसलिए अब उनकी नई राजनीतिक प्राथमिकता रोक, प्रतिबंध, और जरूरत पड़ने पर दमन भी है। यह सब 'साझा हित' आगे बढ़ाने और लोकतांत्रिक शासन की संस्थाओं की सुरक्षा के नाम पर किया जा रहा है।

इस संशोधित राज्यवादी दृष्टि के मुताबिक शासन के उत्तरदायित्व से संबंधित मुद्दे बाजार में हल होंगे, और उधर बाजार को राजनीति की लोकतांत्रिक प्रक्रियाओं से अलग रखा जाएगा। किसी राष्ट्र-राज्य की प्रतिनिधिक संस्थाएँ भी अगर बाजार की सर्वोच्चता के लिए खतरा पैदा करती नज़र आएँगी, तो उन्हें भी विश्व-सत्ता के हस्तक्षेपों का सामना करना होगा। इस दृष्टि में, सिर्फ वे बौद्धिक पहलकदमी और कार्यकर्ताओं के आंदोलन समर्थन, प्रोत्साहन और संरक्षण के काबिल हैं जो राजनीतिक व्यवस्थाओं (राष्ट्रीय और अंतर्राष्ट्रीय) में सुधारात्मक और मजबूत हस्तक्षेपों का समर्थन करते हैं। जो आंदोलन इस व्यवस्था से संघर्ष करते और इसके संगठन के बुनियादी सिद्धांतों को चुनौती देते नज़र आते हैं, इन्हें न सिर्फ आधुनिक राजनीति की संस्थाओं, बल्कि संपूर्ण आधुनिक सभ्यता के लिए खतरा माना जाता है।

इस विचार के अनुसार, राष्ट्र-राज्यों का शासन ऐसी उदारतावादी लोकतांत्रिक संस्थाओं के हाथ में होने की अपेक्षा की जाती है जो बाजार से जुड़ी, यहाँ तक कि बाजार के अधीन भी हों। चंद धनी और सैनिक ताकत से लैस राष्ट्र-राज्यों के प्रभुत्व वाली विश्व राजनीतिक व्यवस्था से दुनिया भर के राष्ट्र-राज्यों के संबंधों को स्थिर और व्यवस्थित करने की अपेक्षा की जाती है।

ऐसे विश्व-शासन और उसके असंख्य एजेंटों (बहुराष्ट्रीय कंपनियाँ वगैरह) का उत्तरदायित्व क्या हो, यह इस व्यवस्था के भीतर का ही एक मुद्दा है। विश्व स्तर पर लोकतंत्र और नागरिकता से इनकार कर पुराने राष्ट्र-राज्यों की नई विश्व व्यवस्था इस उत्तरदायित्व को नैतिक जिम्मेदारी के रूप में लेती है। समझा जाता है कि विश्व आधिपत्य की इस सत्ता ने स्वयं यह जिम्मेदारी ली है और विश्व-हितैषी के रूप में इसका इस्तेमाल कर रही है। ऐसी व्यवस्था स्वयं जिम्मेदार है, और इस प्रकार अपने घटकों के प्रति भी उत्तरदायी नहीं है। इस तरह की व्यवस्था के भीतर किसी राष्ट्र-राज्य में रहने वाले नागरिकों को नागरिक अधिकार, यहाँ तक कि मानवाधिकार भी, अवश्य मिले होने चाहिए : पर 'विश्व की जनता' को ऐसे अधिकारों की जरूरत नहीं है। ताकि वे विश्व के सत्ता ढाँचों को सीधे उत्तरदायी न बना सकें । इस प्रकार, लोकतंत्र को राष्ट्र-राज्यों के लिए तो उचित व्यवस्था माना जाता है, लेकिन विश्व-शासन के लिए नहीं।

इस विचार का जवाबी दृष्टिकोण अभी हाल ही में आधिपत्य विरोधी राजनीतिक आंदोलनों और आधुनिकता की बौद्धिक समीक्षा से पैदा हुआ है। दुनिया भर में निचले स्तर पर सक्रिय कार्यकर्ताओं और बुद्धिजीवियों की नई पीढ़ी के समर्थन से चल रहे वंचित तबकों का संघर्ष एक नई राजनीति को जन्म देने की प्रक्रिया में है। यह राजनीति अपनी वैधता के लिए राष्ट्रीय या विश्व स्तरीय प्रभुत्व पर निर्भर नहीं है। आंदोलनों के इस दृष्टिकोण के मुताबिक आधुनिक राजनीति की संस्थाओं और ढाँचों ने अपनी भूमिका पूरी कर ली है, और अब ये शेष विश्व पर सत्ता थोपने के उपकरण बन गए हैं। हर जगह, हर स्तर पर मानव समुदायों को जिन समस्याओं का सामना करना पड़ रहा है, उन्हें हल करना तो दूर, ये संस्थाएँ और ढांचे उन्हें नियंत्रित भी नहीं कर सकते। आंदोलनों के कार्यकर्ताओं की राय में आधुनिक राजनीतिक संस्थाएँ, जिन पर राष्ट्र-राज्य प्रणाली निर्भर है, समाधान पेश करना तो दूर, स्वयं समस्या बन चुकी है। ये कार्यकर्ता नहीं मानते कि अब समाज में राज्य को 'मुक्तिदाता' मानने का विचार जिंदा है। दरअसल, राज्य को मुक्तिदाता मानने की भावना तथ्यों के आधार पर नहीं, बल्कि मूर्त सत्ता में आधुनिकतावादी आस्था पर आधारित है। अतः ये कार्यकर्ता आधुनिक राजनीति से आगे जाने, एक नई, अधिक जन-भागीदारी वाली और मानवीय राजनीति की तरफ बढ़ने की राजनीति की जरूरत महसूस करते हैं। अब आधुनिक राज्य के संस्थागत ढाँचों में क्षय के साथ उन्हें ऐसी राजनीति की संभावना भी नजर आने लगी है।

आधुनिक राजनीति के अंध-तरफदार भी अब समझ रहे हैं कि यह राजनीति दुधारी तलवार की तरह है। नव-स्वतंत्र राज्यों में आधुनिक राजनीति ने

राजनीति की कसौटी के रूप में प्रभुत्व और कोटिक्रम पर आधारित व्यवस्था के विरोध और समता और सामाजिक न्याय के विचारों का प्रवेश कराया था। इस कसौटी ने इन समाजों में परंपरागत ढाँचों को अस्थिर किया। लेकिन इन्हीं कसौटियों ने अब नए शासक वर्ग की सत्ता को चुनौती देना प्रारंभ कर दिया है, जबकि इस प्रभु वर्ग ने राजनीतिक परिवर्तन की इसी प्रक्रिया के जरिए अपनी सत्ता कायम की थी। तब यह वर्ग इस परिवर्तन का उपकरण बना था। लेकिन, अब अपनी सत्ता को चुनौती मिलने पर यही शासक वर्ग लोकतांत्रिक मूल्यों और प्रक्रियाओं को छोड़ तिकड़म की राजनीति में लग गया है। लोकतांत्रिक राजनीति के विस्तार की उसे अब कोई चिंता नहीं रही। इसके बदले संस्थाओं पर मजबूती से कब्जे की कोशिश शुरू हो गई है। आधुनिक राज्य की पहले से ही मजबूत दमनकारी शक्ति लगातार बढ़ाते हुए संस्थागत राजनीति का विस्तार किया जा रहा है। नागरिकों के सामाजिक और सांस्कृतिक जीवन के सभी पहलू इस राज्य के प्रत्यक्ष और पूर्ण नियंत्रण में आते हैं। इस प्रक्रिया में, संस्थागत नियंत्रण के सामान्य तंत्र जब कभी नाकाम होते हैं, जो कि उन्हें होना ही है, तो राज्य हर प्रकार के दमन का सहारा लेता है, जिससे आधुनिकता लोकतंत्र के लिए खतरनाक बन जाती है।

आधुनिकता और लोकतंत्र के बीच यह अंतर्विरोध खासकर तीसरी दुनिया में प्रकट होता है, जहाँ राज्य की संस्थाओं का उपयोग आधुनिकीकरण के प्रत्यक्ष उपकरण के रूप में किया जाता रहा है। इसी कारण से आधुनिकीकरण का विरोध विभिन्न देशों में आम लोग विभिन्न रूपों में और विभिन्न मुद्दों पर जुझारू ढंग से कर रहे हैं। यह विरोध कमजोर समूहों द्वारा आत्मनिर्णय और स्वायत्तता के लिए आंदोलनों से लेकर आतंकवाद तक और धार्मिक कट्टरवाद से बहुसंख्यक जातीय अंधराष्ट्रवाद तक के रूपों में व्यक्त हो रहा है। इन सबकी मिली-जुली शक्ति से निस्संदेह हर जगह राष्ट्र-राज्य की प्रचलित शासन प्रणाली से जुड़ी संस्थागत व्यवस्था के लिए खतरा पैदा हो रहा है।

एक तरफ नई विश्व-व्यवस्था विश्व सत्ता के आधिपत्य वाले ऐसे ढाँचे को कायम कर विश्व स्तर पर राष्ट्र-राज्यों की 'अराजक' दुनिया को मान्यता देती है, जिसमें सत्ता कुछ राष्ट्रों और उनके प्रभुत्व वाली अंतर्राष्ट्रीय संस्थाओं के हाथ में होती है। दूसरी तरफ यह राष्ट्र-राज्यों के भीतर बाजार आधारित लोकतांत्रिक व्यवस्थाएँ थोप कर सार्वभौम आधुनिकता लाने की परियोजना जीवित रखती है। दूसरे शब्दों में यही बात इस तरह भी कही जा सकती है कि शीत युद्ध के बाद ढह गई पुरानी व्यवस्था पुनर्जीवित करने की कोशिश की जा रही है। ऐसा पहले 'सबके लिए विकास' का पुराना वायदा दफना कर, और फिर दादागीरी की नई

विश्व-व्यवस्था के प्रति सभी राष्ट्र-राज्यों की स्वीकृति और अनुपालन प्राप्त करने के लिए अधिक कठोर और दमनकारी तंत्रों को बनाकर किया जा रहा है। बुद्धिजीवियों और कार्यकर्ताओं के एक छोटे, लेकिन महत्त्वपूर्ण हिस्से की राय में बाजार-लोकतंत्र को इस रूप में 'सार्वभौम रूप प्रदान करना' लोकतंत्र के सांस्कृतिक और सामुदायिक पक्षों की उपेक्षा है। इन बुद्धिजीवियों और कार्यकर्ताओं ने आधिपत्यवादी सत्ता की संरचनाओं को वैधता प्रदान करने में आधुनिक राजनीति की भूमिका और लोकतंत्र के सांस्कृतिक-सामुदायिक पहलुओं के बारे में नए सिरे से सोचना शुरू कर दिया है। मैं यहाँ इस नए चिंतन के कुछ पहलुओं का वर्णन करूँगा, जिनसे आमतौर पर तीसरी दुनिया और खासकर भारत में आंदोलनों की राजनीति के बारे में जानकारी मिलती है।

पहली बात यह है कि नव-आंदोलन राजनीति को सार्वभौम रूप देने की प्रचलित धारणा अस्वीकार करते हैं। इस धारणा के तहत माना जाता है कि सभी राष्ट्रीय समाजों में आधुनिक राजनीति के कारण बुनियादी संरचनागत परिवर्तन हुए हैं। अभी हाल तक तीसरी दुनिया के कई देशों के समाज-वैज्ञानिकों और राजनीतिक शासक समूहों में यह धारणा कायम थी। ऐसा राजनीतिक आधुनिकीकरण और तुलनात्मक राजनीति के पश्चिमी, खासकर अमेरिकी सिद्धांतों के प्रभाव के कारण था। अब इन सिद्धांतों की जगह समाज परिवर्तन के अधिक विशिष्ट और अनुभवसिद्ध संवेदनशील सिद्धांत ले रहे हैं। पचास और साठ के दशकों के पश्चिमी सिद्धांतों ने इन समाजों के शासक समूहों के सामने आधुनिक राजनीति को संस्थाओं की मूल्य-निरपेक्ष और संस्कृति-निरपेक्ष परियोज़ना के रूप में प्रस्तुत किया। समझा जाता था कि यह परियोजना अपना कर तीसरी दुनिया के राष्ट्र राजनीतिक और आर्थिक विकास की एकरेखीय दिशा में चल पड़ेंगे। हालाँकि इस सरलीकृत्त सिद्धांत का पश्चिमी समाज विज्ञान में भी खंडन हो चुका है, और अब इस पर विश्वास नहीं किया जाता, पर इतिहास के अंत की घोषणा करने वाले नई विश्व-व्यवस्था के और तीसरी दुनिया के कई देशों के शासक समूहों के लिए यह अब भी आस्था का विषय बना हुआ है। तीसरी दुनिया के शासक समूह दरअसल उपनिवेशवाद के बौद्धिक और राजनीतिक उत्तराधिकारी हैं, और इस नाते वे आज भी इसी सिद्धांत के किसी संस्करण से निर्देशित होते रहते हैं।

बहरहाल, ऐसे कई बुद्धिजीवी और राजनीतिक कार्यकर्ता हैं जिन्होंने पश्चिम से प्राप्त सिद्धांतों और वास्तविकता के बीच फर्क का प्रत्यक्ष अनुभव किया है। अब वे विरासत में मिली औपनिवेशिक चिंतन प्रणालियों के खिलाफ सचेत संघर्ष चला रहे हैं। वे स्वयं को हाल ही में उभरे ऐसे बहुत से कार्यकर्ता-

समूहों और लघु आंदोलनों से जोड़ रहे हैं, जिन्होंने दलों और चुनावों की मुख्यधारा राजनीति के बाहर मौजूद बड़े शून्य की पूर्ति की है। बाहरी सिद्धांतों के आधार पर तय लक्ष्य प्राप्त करने की कोशिश में उनके समाजों को बिना किसी महत्त्वपूर्ण लाभ के जो भारी सामाजिक, सांस्कृतिक और यहाँ तक कि आर्थिक कीमत भी चुकानी पड़ी, उसके प्रति वे लगातार जागरूक हो रहे हैं।

इन समाजों में कुछ बुद्धिजीवियों और ग्रासरूट कार्यकर्ताओं ने बौद्धिक समझ से कहीं ज्यादा समाज परिवर्तन के कार्यों में अपनी भागीदारी के अनुभवों के आधार पर आधुनिक राजनीति को न सिर्फ सिद्धांत में, बल्कि व्यवहार में भी अस्वीकार कर दिया है। इस प्रक्रिया में जो 'राजनीतिक' है और सामाजिक ज्ञान के लिए प्रासंगिक है, उसे वे परिभाषित करने की तरफ बढ़ रहे हैं। वे एक ऐसी राजनीति की तलाश कर रहे हैं जो उनके समाजों की ऐतिहासिक और सांस्कृतिक परंपरा से मेल खाती हो। वे अपनी जनता की आत्म-परिभाषा पर आधारित राजनीति की अवधारणा विकसित करने का प्रयास कर रहे हैं। इसी रूप में यह उभरता परिप्रेक्ष्य राजनीतिक आधुनिकीकरण के सार्वभौम सिद्धांत के पहले की अकादमिक समीक्षाओं और खंडनों से अलग है। ये समीक्षाएँ राजनीतिक आधुनिकीकरण के खास मॉडलों और कसौटियों से अधिक संबंधित थीं, जिन्हें प्रमुख पश्चिमी सिद्धांतकारों ने आगे बढ़ाया था। इनका संबंध आधुनिकीकरण की प्रभावशीलता और इससे भी गहरे स्तर पर इसकी वांछनीयता से उतना नहीं था। ये आधुनिकीकरण के प्रचलित मानदंडों के तहत ही यह विचार मानने वालों के भीतर से उठने वाली आलोचनाएँ थीं, जबकि नए उभरते परिप्रेक्ष्य में राजनीतिक कार्य की ऐसी कसौटी बनाने की कोशिश की जा रही है, जिसकी जड़ें सीधे अपनी जनता के अनुभवों और आकांक्षाओं में हों।

दूसरी बात यह है कि राजनीति के बारे में नव-चिंतन से इन समाजों के बुद्धिजीवी और कार्यकर्ता विश्व-सत्ता ढाँचे और अपने शासक समूहों के बीच स्पष्ट संबंधों से वाकिफ हो गए हैं। इन शासक समूहों ने 'आधुनिक राजनीति' और 'विकास' के नाम पर अपने समाजों में भ्रष्ट और दमनकारी शासन-व्यवस्थाएँ कायम कर ली हैं। खासकर ग्रासरूट कार्यकर्ताओं में यह समझ बढ़ रही है कि अपने इलाकों में वे सत्ता की जिस स्थानीय संरचना से संघर्ष कर रहे हैं, उसे सीधे राष्ट्रीय और अंतर्राष्ट्रीय सत्ता-व्यवस्थाओं से शक्ति प्राप्त होती है। अतः इन कार्यकर्ता-समूहों और आंदोलनों की राजनीति उत्तरोत्तर राष्ट्रीय राजनीति से पृथक होती जा रही है, और धीरे-धीरे विश्व स्तरीय समस्याओं की ओर उन्मुख होती जा रही है। यह दिशा इन समाजों के शासक समूहों की दिशा से बिल्कुल अलग है। हथियारों की होड़, पर्यावरण विनाश और मानवाधिकारों

का हनन ग्रासरूट कार्यकर्ताओं की नई पीढ़ी के लिए अब दूर के मुद्दे नहीं रह गए हैं। ये अब उनकी तात्कालिक चिंता बन गए हैं, और उनकी राजनीतिक चेतना का हिस्सा बनते जा रहे हैं।

तीसरी बात यह है कि इस नए परिप्रेक्ष्य का विकास काफी हद तक आधुनिक राजनीति के प्रति साधारण लोगों के दैनिक अनुभव पर आधारित है। यह एक तरफ भूख, विपत्ति और सामाजिक आतंक से सुरक्षा दे सकने, दूसरी तरफ जान-माल की न्यूनतम सुरक्षा दे पाने और स्थानीय स्तर पर घोर शोषण व प्रभुत्व से संरक्षण दे पाने में स्थापित संस्थागत व्यवस्था की घोर अक्षमता से पैदा हुआ अनुभव है। इन सबसे आधुनिक राजनीति के मूल वायदों के प्रति साधारण लोगों की आस्था चुक गई है। उनकी नजर में परंपरागत राजनीति और राजनेताओं की वैधता खत्म हो गई है, और इस कारण लोगों का राजनीति से मोहभंग हो गया है।

नव-आंदोलनों के कार्यकर्ता इससे वाकिफ हैं कि आधुनिक राजनीति से मोहभंग से प्रतिगामी आंदोलन पैदा हो सकते हैं, जिनके जरिए इन समाजों में इतिहास की अधिक अंधकारपूर्ण अवधि पुनर्जीवित करने की कोशिश हो सकती है। या फिर, पहले से भी अधिक खतरनाक अंध-राष्ट्रवादी और फासीवादी धारणाओं पर आधारित आंदोलन जन्म ले सकते हैं। वस्तुत: ऐसे प्रतिगामी आंदोलन आज उभरते हुए नजर भी आ रहे हैं। लेकिन, साथ ही इस मोहभंग के कारण जमीनी स्तर पर बड़ी संख्या में लघु-आंदोलन भी उभरे हैं, जो परंपरागत सामाजिक और धार्मिक अस्मिताओं की सीमा से पार जाते हैं। इन आंदोलनों का नेतृत्व राजनीतिक दृष्टि से सम्पन्न सामाजिक कार्यकर्ताओं के हाथ में है जो परंपरागत दलीय राजनीति से बाहर रहते हुए कार्य रहे हैं। उनकी राजनीति जनता को शक्ति प्रदान करने और राज्य के विकेंद्रीकरण की है।

लघु-आंदोलनों के साथ ही खासे बड़े पैमाने के आंदोलन राष्ट्रीय के साथ-साथ भूमंडलीय पैमाने पर भी विकसित हो रहे हैं। ये आंदोलन स्वत:स्फूर्त और लोकप्रिय हैं, इनकी जड़ें जमीन में हैं और अंधराष्ट्रवाद की संकीर्ण सीमाओं को तोड़ रहे हैं। उन्होंने अपने को राष्ट्र-राज्य की संरचनाओं के नियंत्रण से बाहर रखा है। कहा जा सकता है कि वे 'सबके लिए विकास' के राजनीतिक वायदे का प्रतिनिधित्व करते हैं (जिसे आधुनिक राजनीति से छोड़ दिया है)। इस अर्थ में ये आंदोलन नई राजनीति के जन्म का आधार बन रहे हैं। इस राजनीति की एक मिसाल उन बड़े बाँधों और अन्य कथित विकास परियोजनाओं के खिलाफ आंदोलन के रूप में देखी जा सकती है जिनके द्वारा देशज आदिवासी आबादी का बड़े पैमाने पर विस्थापन हुआ है। विस्थापन की वजह से इस आबादी को

इन परियोजनाओं के फायदों में कोई हिस्सा नहीं मिलता।

चौथी बात यह है कि इस उभरते परिप्रेक्ष्य को तीसरी दुनिया के कुछ उन समाजों के अनुभव से काफी मजबूती मिली है, जहाँ लगभग आधी सदी से प्रातिनिधिक लोकतंत्र की संस्थाएँ लगातार काम करती रही हैं। लेकिन ये 'मॉडल' लोकतांत्रिक व्यवस्थाएँ पिछले कुछ समय से गंभीर आर्थिक और राजनीतिक संकट का सामना कर रही हैं। उदारतावादी लोकतांत्रिक संस्थाओं के इतनी लंबी अवधि तक काम करने के बावजूद आर्थिक और सांस्कृतिक उपलब्धियों के रूप में, इन देशों के पास तीसरी दुनिया के अन्य गैर-लोकतांत्रिक देशों को दिखाने के लिए शायद ही कुछ है। पचास और साठ के दशक के आरंभ में जब इन समाजों में आधुनिक राजनीतिक संस्थाएँ खड़ी की गईं तो काफी विश्वास और आशा पैदा हुई थी । साठ के दशक के अंत और सत्तर के दशक के आरंभ तक बिल्कुल साफ तौर पर ये संभावनाएँ धूमिल पड़ने लगीं। सत्तर के दशक के अंत तक तो चौतरफा मोहभंग हो चुका था।

आरंभ में,अर्थात दूसरे विश्व युद्ध की समाप्ति के बाद पहले डेढ़ दशक में, इन समाजों में आधुनिक राजनीति से प्रभुत्व और शोषण के परंपरागत ढाँचों को जबर्दस्त झटका लगता महसूस हुआ था। आधुनिक राजनीति ने नागरिकता संबंधी अधिकारों का विस्तार किया था, विकास दरों में वृद्धि कर अर्थव्यवस्था में गति पैदा की थी, कल्याण कार्यों पर सार्वजनिक खर्च में अपूर्व बढ़ोतरी कर गरीबों के लिए सुरक्षा और उनके अधिकारों में इजाफा किया था और औद्योगिकी, वैज्ञानिक और औद्यौगिक विकास के ढाँचे खड़े किए थे। हालाँकि किसी विकसित देश की तुलना में कोई बड़ी नजर आने वाली उपलब्धि हासिल नहीं हुई, लेकिन लगा कि कम से कम 'प्रगति की नींव' तो डाल ही दी गई है। आशावाद का परिचय देते हुए पहले उन दशकों और फिर वर्षों की गणना की गई जिनमें 'राजनीतिक रूप से आधुनिक पर आर्थिक रूप से पिछड़े' ये समाज पश्चिम के विकसित देशों की बराबरी कर लेंगे। यही वह अवधि थी जब तीसरी दुनिया के राजनीतिक शासक तबके और समाज वैज्ञानिक ललचाई निगाहों के साथ राजनीतिक विकास और आधुनिकीकरण के पश्चिमी सिद्धांत स्वीकार करते जा रहे थे।

इस कृत्रिम विश्वास को साठ के दशक के अंत सत्तर के दशक के आरंभ में करारा झटका लगा। सामाजिक ढाँचों को बदलना तो दूर, आधुनिक राजनीति ने इन्हें विकृत ही किया । ये विकृतियाँ आर्थिक विकास और न्यायपूर्ण वितरण के रास्ते में ठोस बाधा बन गईं। एक सीमा के बाद आर्थिक विकास के लाभों का रिसकर नीचे तक पहुँचना रुक गया। साथ ही आर्थिक रूप से शोषित और

सामाजिक रूप से वंचित तबकों तक नागरिकता अधिकारों के विस्तार से शासक समूहों के हित आहत होने लगे। शिक्षित बेराजगारों की संख्या स्थिर गति से बढ़ती गई। कभी लगता था कि 'विकसित' और 'विकासशील' देशों के बीच की खाई भरी जा सकती है, लेकिन अब यह खाई रोज बढ़ती लगने लगी और महसूस होने लगा कि इसे भरना संभव नहीं है। बहरहाल, एक इससे भी महत्त्वपूर्ण संबंधित परिघटना थी। वह थी इन समाजों के भीतर शासक समूहों और आम जनता के बीच दूरी बढ़ जाना। शासक समूहों को विकास के पहले चरण का लाभ मिला था जबकि आम लोग तेजी से गरीबी रेखा के नीचे दरिद्रता की गहराइयों में डूबते जा रहे थे। आज इन समाजों के गरीबों ने अपने दोनों संसार खो दिए हैं। वे अपने परंपरागत निवास और सामाजिक वातावरण से उखड़ कर विस्थापित हो गए हैं, जहाँ उन्हें कुछ भौतिक, सामाजिक और आर्थिक सुरक्षा तो मिली हुई होती ही थी (भले ही प्रभुत्व और शोषण के पुराने ढाँचे के तहत ही)। उधर उन्हें आधुनिक राजनीतिक और आर्थिक ढाँचों के तहत भी जगह नहीं मिली। इन ढाँचों में उनकी हैसियत पाँच साल में एक बार मतदान की रस्म अदा करने और शहरी बाजारों में उमड़ रही पहचानविहीन भीड़ का हिस्सा बनकर सस्ती मज़दूरी उपलब्ध कराने तक सीमित रही। इससे भी बुरा अब भी गाँवों में रह गए गरीबों के साथ हुआ। वे सामाजिक उत्पीड़न और हिंसा के नए रूपों का शिकार हो गए जिससे उनका जीवन चूर-चूर हो गया। अतः आधुनिक राजनीति ने इन देशों में बहुसंख्यक गरीबों के जीवन में जो 'नया रूपांतरण' किया, उसने उन्हें परंपरागत सामाजिक ढाँचों के दमन और गरीबी से निकाल कर बिल्कुल कम न हुई भूख, दरिद्रता और राजनीतिक आधुनिकता के परिणामस्वरूप पैदा हुए सामाजिक आतंक में ला पटका।

राजनीतिक स्तर पर पुरानी कांग्रेस पार्टी में बिखराव के साथ ही, जिसके लक्षण साठ के दशक के अंत में ही दिखने लगे थे, भारतीय राज्य-व्यवस्था संकट में फँस गई। इस संकट की अभिव्यक्ति राजनीतिक सत्ता की वैधता में तीव्र क्षय और राजनीतिक दलों व विधायिकाओं के बढ़ती अस्थिरता के रूप में होने लगी। इससे संसदीय प्रणाली की कार्यशीलता में गतिरोधों का सिलसिला पैदा हो गया। राज्य को कभी गरीबों का मुक्तिदाता, एक वैध और निष्पक्ष राजनीतिक सत्ता माना जाता था। लेकिन अब उसे स्वार्थी शासक वर्गों के उपकरण के रूप में देखा जाने लगा। राष्ट्रीय राजनीति में बिखराव के परिणामस्वरूप पुराने राष्ट्रीय दलों का स्वरूप क्षेत्रीय हो गया—न सिर्फ भौगोलिक रूप से, बल्कि राजनीतिक रूप से भी। अर्थात् जिन मुद्दों को वे प्राथमिकता देने लगे और जिन कारणों से वे राजनीतिक चयन करने लगे, उस लिहाज से भी वे क्षेत्रीय हो गए। उसी समय

कई जातीय और धर्म आधारित दलों और आंदोलनों (मसलन, दलितों, आदिवासियों, मुसलमानों और सिक्खों के) का उभार होने लगा। उनके साथ ही उभरे 'राष्ट्रीयता' के आंदोलन (मसलन, तमिलनाडु में द्रविडों का), आत्म-निर्णय के आंदोलन (कश्मीर में) और 'मूल निवासियों' के आंदोलन (असम में) आदि। इन आंदोलनों को किसी राजनीतिक दल ने नहीं चलाया। उन्होंने अपनी स्वायत्त राजनीति विकसित की। इनके साथ ही जनता के अनेक आंदोलन उभरे, जिनके पास टिकाऊ संगठन और नेतृत्व था। इनमें किसानों का आंदोलन सबसे प्रखर था, लेकिन बड़ी संख्या में आदिवासियों के और 'स्वायत्तता' के आंदोलन भी थे। ग्रासरूट स्तर पर, स्थानीय तौर पर और विभिन्न उद्देश्यों के लिए बड़ी संख्या में उभरे लघु आंदोलन और कार्यकर्ता-समूह भी कोई कम महत्त्वपूर्ण नहीं थे।

कुल मिलाकर, आंदोलनों और कार्यकर्ता-समूहों की राजनीति पार्टियों, चुनाव और विधायिकाओं की राजनीति से पृथक होती जा रही थी। पारंपरिक राजनीतिक सिद्धांत की दृष्टि से इन समूहों और आंदोलनों की गतिविधियों की उचित व्याख्या नहीं हो सकती। यह नहीं कहा जा सकता कि ग्रासरूट समूह और प्रक्रियाएँ राष्ट्रीय राजनीति का बुनियादी ढाँचा निर्मित करती हैं, या वे राज्य व्यवस्था और समाज के बीच 'मध्यस्थ' भूमिका में हैं। हालाँकि यह स्पष्ट नहीं था कि उनमें कौन नई और वैकल्पिक राजनीति की दिशा में था और कौन सिर्फ सत्ता की वर्तमान प्रचलित कसौटी के भीतर ही शक्ति-संतुलन बदलने का प्रयास कर रहा था— लेकिन उनमें प्रत्येक अपने विचार, कार्यक्रमों और गतिविधियों से मौजूदा राजनीतिक व्यवस्था पर प्रहार करता लग रहा था।

आर्थिक रूप से भी साठ के दशक के अंत तक संकट सामने आने लगा था। इसकी अभिव्यक्ति तेजी से बढ़ रही बेराजगारी, अन्न की गंभीर कमी और कीमतों में चौतरफा वृद्धि के रूप में हो रही थी। इन घटनाओं से मध्य वर्ग में अपनी सामाजिक-आर्थिक हैसियत खोकर गरीबी रेखा के करीब पहुँचने का मनोवैज्ञानिक भय तो पैदा हुआ ही, वास्तव में पोषण के स्तर में गिरावट भी आई और निम्न-मध्य वर्ग के एक बड़े हिस्से की सामाजिक गतिशीलता अवरुद्ध हुई। वंचित निम्न तबके, जिनके लिए अर्ध-भुखमरी कोई नई बात नहीं थी, और बुरी हालत में पहुँच गए। उनके लिए जीवित रहना भी कठिन हो गया। ऐसे समय में राजनीति की तरफ झुकाव रखने वाले मध्य और निम्न मध्य वर्ग के चिंतित और व्यथित युवकों ने विरोध की राजनीति की राह पकड़ी। पार्टी संगठन, सहकारिताओं, शैक्षिक संस्थाओं आदि में काम करते हुए राजनीति में आगे बढ़ने का परंपरागत रास्ता बंद हो गया था, इसलिए युवकों ने नए अनुभव की तलाश

की। सत्तर के दशक में 'जनता के साथ काम करने' के लिए हजारों युवकों ने विश्वविद्यालय छोड़ दिए। इसी उद्देश्य के लिए काफी संख्या में युवकों ने प्रतिष्ठित पेशे भी छोड़े। उन्होंने विभिन्न प्रकार के कार्यकर्ता समूह बनाए, जिन्होंने अपनी सुविचारित समझ के साथ सामाजिक रचनाशीलता के 'प्रयोग' शुरू किए।

सार्वजनिक खर्च, खासकर कल्याण कार्यों पर, वास्तविक अर्थ में घटने लगा था। गरीबों के कल्याण के लिए रखी जाने वाली रकम का बड़ा हिस्सा मध्य और उच्च वर्ग भ्रष्टाचार और कुप्रबंध के जरिए हड़प ले रहे थे। परिणाम स्वरूप गरीबी, भूख, दरिद्रता और सामाजिक आतंक का शिकार होने लगे थे। इससे उनके आर्थिक, राजनीतिक और अब सांस्कृतिक शोषण की भी स्थितियाँ और मजबूत हो गई थीं। हालाँकि इस स्थिति के प्रति उनकी चेतना काफी बढ़ गई थी, लेकिन पारंपरिक राजनीति के जरिए अपनी माँगें व्यक्त करने और जताने का पर्याप्त माध्यम उन्हें नहीं मिल रहा था। अत: वे स्वत:स्फूर्त जन-आंदोलनों या विचारधारा प्रेरित कार्यकर्ता समूहों के नेतृत्व वाले लघु आंदोलनों की ओर मुड़े, जिनमें राजनीतिक दलों की कोई भूमिका नहीं थी।

इस घटना से संबंधित थी जनसंख्या संबंधी स्थिति। साठ के दशक के अंत तक भारत की करीब ६५ प्रतिशत आबादी ३० वर्ष के कम उम्र की थी। संख्यात्मक रूप से बढ़ रहे युवकों का यह तबका सामाजिक और राजनीतिक व्यवस्था द्वारा स्वयं को उपेक्षित पा रहा था। यह व्यवस्था बुजुर्गों के अनुभव को महत्त्व देती थी, और युवा पहल पर अविश्वास करती थी। मसलन सभी राजनीतिक दल, खासकर वामपंथी दल, बुजुर्गों द्वारा संचालित हो रहे थे। ट्रेड यूनियनों, विश्वविद्यालयों, फैक्टरियों आदि जैसे अन्य संगठनों और संस्थाओं में निर्णय की प्रक्रिया में युवाओं की या तो मामूली भूमिका थी या इनमें युवा रक्षात्मक स्थिति में थे। राजनीतिक दलों और अन्य संगठनों और संस्थाओं में सत्ता बुजुर्गों के हाथ में होने से (वर्ग विभेद को फिलहाल एक तरफ रख देने पर भी) इन संगठनों में पुराने नेतृत्व और भेदभाव से नाराज युवकों के विचारों, भावनाओं और कार्यशैली में गहरी दरार पड़ गई। इस संदर्भ में सत्तर के दशक के मध्य में सत्ता और प्रभाव के हलके में संजय गाँधी का उभार (हालाँकि इसके पीछे अन्य कारण भी थे) भारतीय राजनीति में संयोगवश हुई कोई घटना नहीं थी, न ही यह कोई संयोग था कि पारंपरिक राजनीति से बाहर सक्रिय सभी कार्यकर्ता समूहों और आंदोलनों का नेतृत्व तीस वर्ष से कम की उम्र के युवकों के हाथ में था। स्थापित मध्य वर्गों और विशाल गरीब समूहों के बीच खाई और बढ़ गई थी। यह खाई सिर्फ आर्थिक और सामाजिक ही नहीं थी, बल्कि

सांस्कृतिक और राजनीतिक भी थी। अब दोनों न तो साझा अर्थ वाली व्यवस्था या सार्वजनिक जीवन के नियमों से बँधे थे, न ही राजनीतिक व्यवहार की सामान्य आचार संहिता से। मुख्यधारा की राजनीतिक प्रक्रिया से 'साझा हित' के कोई कार्यक्रम, कार्यसूची या दावे सामने नहीं आ रहे थे जिनमें साथ-साथ शासक समूहों और आम जनता दोनों की भलाई की बातें हों। ग्रामीण और औद्योगिक-शहरी भारत के बीच खाई बढ़ती जा रही थी। अपनी पैदावार के उचित मूल्य के लिए किसानों के नए आंदोलनों का उभार, वन और अन्य छीनी गई भूमि की आदिवासियों को वापसी के लिए आंदोलन, और वनोपज पर हक के लिए वनवासियों के संघर्ष —ये सभी इसी व्यापक अंतर्विरोध का हिस्सा थे, हालाँकि इनसे शहरी और ग्रामीण तबकों में अनबन होती लगती थी। संक्षेप में यह कहा जा सकता है कि शहरी-औद्योगिक, नौकरशाही और नौकरशाही शासक समूहों द्वारा नियंत्रित वर्तमान आर्थिक व राजनीतिक व्यवस्था के खिलाफ देश के विभिन्न भागों में आंदोलन और संघर्ष उभर आए।

मध्य और गरीब वर्गों और शहरी और ग्रामीण भारत के बीच यह सामाजिक अंतर्विरोध तब से और बढ़ा ही है। बाजार की शक्तियों और नागरिकता अधिकारों के लिए विभिन्न आंदोलनों के बीच अंतर्विरोध सीमा से आगे निकल गया है और इसकी अभिव्यक्ति भारत सरकार की नई आर्थिक नीति के खिलाफ विभिन्न आंदोलनों में हो रही है। जो कुछ भी आत्म-निर्भरता और नागरिकता अधिकारों के विस्तार की राजनीति के रूप में शुरू हुआ था और जिसके लिए बाजार की शक्तियों पर जो जरूरी नियंत्रण लगाए गए थे, उन सबको आज शासक प्रभुवर्ग सभी आर्थिक समस्याओं की जड़ बता रहे हैं। उन्होंने पूरी पलटी खा ली है। बाजार की शक्तियों और नागरिकता अधिकारों में जैसे-जैसे टकराव हो रहा है, प्रभु वर्गों की आर्थिक नीति और उनका राजनीतिक व्यवहार लगातार नागरिकता अधिकारों (खासकर गरीबों, आदिवासियों, दलितों कई अन्य वंचित समूहों और असंगठित क्षेत्र के मजदूरों के) के खिलाफ होता जा रहा है। नई आर्थिक नीति का, उद्देश्य आर्थिक सत्ता बाजार को लौटाना भर ही नहीं है। बल्कि, इसमें राज्य समेत राजनीतिक सत्ता की अन्य संस्थाओं का इस्तेमाल कर राष्ट्रीय राज्य-व्यवस्था और अर्थव्यवस्था के हाशिए पर रह रहे समूहों के नागरिकता के दावों को कुचल डालने की बात भी शामिल है। जिन आंदोलनों और कार्यकर्ता समूहों की चर्चा हम कर रहे हैं, वे अपनी ज्यादातर शक्ति और विश्वसनीयता लघु स्तर पर गरीबों के राजनीतिक व आर्थिक अधिकारों के लिए संघर्ष चलाते हुए प्राप्त करते हैं। यह संघर्ष वे स्थापित बृहद् व्यवस्था के पहरुओं का दृढ़ विरोध करते हुए चला रहे हैं।

शैक्षिक और सामाजिक प्रतिष्ठान अब कहने के लिए भी सामाजिक निष्ठा की बात करना छोड़ने लगे हैं। यहाँ तक कि आधुनिकीकरण के उपकरण के रूप में उनकी विश्वसनीयता भी संदिग्ध हो गई है। कभी लगता था कि कुछ समस्याएँ समाज विज्ञान से प्राप्त ज्ञान के इस्तेमाल और आधुनिक प्रबंध से हल की जा सकती हैं, लेकिन अब ऐसा नहीं लगता। अब नहीं लगता कि इनके जरिए शिक्षा प्रणाली में सुधार हो सकता है, ग्रामीण और आदिवासी इलाकों में गरीबों तक स्वास्थ्य-व्यवस्था पहुँचाई जा सकती है या शहरों में झुग्गी बस्तियों या फुटपाथ पर रहने वालों को उचित आवास उपलब्ध कराया जा सकता है। समाज विज्ञान से प्राप्त ज्ञान, आधुनिक प्रबंध, स्थापित संस्थाओं और पेशेवर सामाजिक कार्य को लेकर जो आरंभिक विश्वास था, वह अब घटते-घटते समाप्ति तक पहुँच गया है। ये अब भूख, दरिद्रता, सामाजिक हिंसा और सांप्रदायिक टकराव जैसी स्थानीय प्रकृति की समस्याओं को हल करने में भी अक्षम प्रतीत होने लगे थे।

स्थापित संस्थाओं के सभी कार्यक्रम और गतिविधियाँ कांतिहीन लगने लगी थीं। उनमें प्रतिभाशाली युवा लोगों के लिए शायद ही कोई आकर्षण था। न ही उनमें गरीबों की वास्तविक समस्याओं को हल कर सकने की कोई संभावना बची थी। परिणामतः बहुत से पढ़े-लिखे लोगों ने अपना पेशेवर जीवन छोड़ दिया और 'जनता के साथ काम करने' चले गए। यह काम करते हुए उन्होंने उन सब बातों को भूलने की जरूरत गहराई से महसूस की जो उन्होंने स्थापित संस्थाओं से सीखी थी। विकासात्मक या परिवर्तनकारी कार्य का अपना तरीका विकसित करने में उन्होंने 'प्रयास-और-गलती' के सिद्धांत और अपने प्रयोगों पर अधिक भरोसा किया। ऐसा करते हुए उनमें से कुछ सिद्धांत विकसित करने के मामले में पारंपरिक शिक्षाशास्त्रियों से और व्यवहार में पारंपरिक सामाजिक कार्यकर्ताओं से अधिक श्रेष्ठ साबित हुए। इससे सामाजिक परिवर्तन के साथ-साथ विकासात्मक परिवर्तन के क्षेत्र में नए प्रयोग करने की प्रेरणा कार्यकर्ताओं के छोटे समूहों को प्राप्त हुई। उनके महत्त्व को सिर्फ इसलिए कम करके नहीं आँका जा सकता कि उनके कार्य स्थानीय और क्षेत्रीय स्तरों तक ही सीमित थे। संक्षेप में यह कहा जा सकता है कि सत्तर और अस्सी के दशकों में कई कार्यकर्ता और आंदोलनकारी समूहों का निर्माण विश्वविद्यालयों, अपना पेशा और यहाँ तक कि राजनीतिक दलों को छोड़ कर आए कार्यकर्ताओं ने किया। सत्तर के दशक से विकसित हुई इन विभिन्न कार्यकर्ता और आंदोलनकारी समूहों की इस राजनीति को मोटे तौर पर सामाजिक कार्य की राजनीति कहा जा सकता है।

आज इस राजनीति का पहला दौर पूरा हो चुका है। इस दायरे में कार्यरत कार्यकर्ताओं और संगठनों को एक नई परिघटना का सामना करना पड़ रहा है

जिसे हम भूमंडलीकरण के नाम से जानते हैं। इससे पहले कि ज़मीनी आंदोलनों और भूमंडलीकरण की अन्योन्यक्रिया पर गौर किया जाए, सामाजिक कार्य और उससे संबंधित बुनियादी विचार के स्रोतों पर एक निगाह डालना उचित होगा।

II

ऐतिहासिक परिप्रेक्ष्य : वैचारिक उद्‌गम

स्वयंसेवी संगठनों (अंतर्राष्ट्रीय भाषा-शैली में जिन्हें गैर-सरकारी संगठन अर्थात एन.जी.ओ. कहा जाता है) द्वारा सामाजिक कार्य करना इस देश के लिए कोई-नई परिघटना नहीं है। हमारा इतिहास गैर-सरकारी पहल और लोगों द्वारा अपने लिए सामाजिक-आर्थिक सुरक्षा के ढाँचे स्वयं निर्मित करने से भरा पड़ा है। इन कार्यों का स्वरूप निर्धारित करना राज्य (अर्थात सरकार) के हाथ में नहीं था। चाहे अपनी मदद खुद करना हो या परोपकार का परंपरागत तरीका हो, ये सारे प्रयास साहचर्य पर आधारित थे। उनका स्वरूप अभिजन नहीं था। आधुनिक राज्य का केंद्रीय महत्त्व बढ़ने के बाद ही स्वयंसेवी और गैर-सरकारी क्षेत्र जैसे शब्द प्रचलन में आए। ये शब्द उन चंद कल्याणकारी विकास कार्यों के लिए प्रयुक्त होने लगे जिनकी शुरुआत समाज के भीतर और राज्य के ढाँचे के बाहर होती थी।

आजादी से पहले

अंग्रेजों के जमाने में ऐसे सामाजिक कामों के तरीकों में स्पष्ट बदलाव आया। एक तरफ अर्ध-सरकारी संगठनों ने, जिनमें मुख्य रूप से ईसाई चर्च थे, देशज लोगों (आदिवासियों) के सामाजिक और धार्मिक जीवन में हस्तक्षेप शुरू किया। उनके बीच शिक्षा, स्वास्थ्य, समाज कल्याण और सुधार कार्य किए जिन्हें आम तौर पर औपनिवेशिक सरकार से सरंक्षण और सहयोग प्राप्त था।

दूसरी तरफ विदेशी शासन के खिलाफ संघर्ष के रूप में १९वीं और २०वीं सदी की शुरुआत में बहुत से देशी संगठनों का उदय हुआ। मूलत: ये संगठन सामाजिक और धार्मिक सुधार के लिए समर्पित थे। इसी प्रक्रिया के हिस्से के रूप में कई जातियों ने अपने सदस्यों के कल्याण का बीड़ा उठाया। उन्होंने अपने जाति भाइयों की शिक्षा, स्वास्थ्य और अन्य कल्याण संबंधी जरूरतें पूरा करने के लिए विशेष संस्थाएँ बनाईं।

ऐसे नए संगठनों की गतिविधियों को नियमित करने और उन पर निगरानी करने के लिए विदेशी राज्य ने १८६० में सोसायटी पंजीकरण कानून बनाया।

आरंभ में यह कानून बम्बई प्रेसीडेंसी के लिए बना था। ये संगठन समाज सुधार से जुड़े थे और बाद में उनका संबंध उपनिवेशवाद-विरोधी आंदोलन से भी बन गया, जिससे उन्हें राजनीतिक आयाम मिला। वे अपनी गतिविधियों के दायरे और कानूनी पहचान की परिभाषा औपनिवेशिक राज्य के बरक्स करने लगे। स्वयंसेवी कार्य गैर-राजकीय या गैर-सरकारी समझा जाने लगा। धार्मिक और समाज सुधार आंदोलन सरकार से ऐसे नए सामाजिक कानून बनाने की माँग करने लगे जिससे उनके सुधारों का कार्यान्वयन किया जा सके।

राजा राममोहन राय (१७७२-१८३३) और ब्रह्म समाज ने बाल विवाह और सती प्रथा का विरोध किया। उन्होंने विधवा विवाह का समर्थन किया। ईश्वर चंद्र विद्यासागर (१८२०-९१) ने विधवा विवाह और लड़कियों की शिक्षा के समर्थन में अभियान शुरू किया। के.सी. सेन (१८३८-८४) ने अंतर्जातीय विवाह, विधवा विवाह और पर्दा प्रथा की समाप्ति का समर्थन किया। आर्य समाज के संस्थापक स्वामी दयानंद सरस्वती ने बाल विवाह, मूर्ति पूजा और जाति के आधार पर भेदभाव का विरोध किया। महात्मा फुले (१८२७-८८) ने छुआछूत हटाने और दलित व पिछड़ी जातियों की भलाई के लिए संघर्ष किया। महर्षि कर्वे ने अपना पूरा जीवन विधवाओं की शिक्षा और पुनर्वास के लिए समर्पित कर दिया। पहले राज्य और समाज समानांतर चलते थे। लेकिन इन धार्मिक और समाज सुधार आंदोलनों से इन दोनों के बीच प्रत्यक्ष संबंध कायम हो गया।

उन्नीसवीं सदी में होने वाले स्वयंसेवी कार्यों के प्रतिमान में दूसरा बड़ा परिवर्तन सदी के अंत में आया जब गाँधीजी का भारतीय राजनीति में प्रवेश हुआ। उन्होंने समाज के भीतर की रचनात्मक भावना पुनर्जीवित करने का प्रयास किया। और देश की जनता को सुधार के लिए महज कच्चे माल के रूप में देखने से इनकार कर दिया। जनता को कच्चे माल की तरह देखने का सबसे अच्छा अर्थ पश्चिमीकरण और सबसे बुरा औपनिवेशिक राज से सहयोग ही हो सकता था। इसके बजाय गाँधीवादी आंदोलन ने भौतिक और आध्यात्मिक कल्याण के लक्ष्यों की प्राप्ति के लिए लोगों के अपने संसाधन पुनःसंगठित करने पर ध्यान दिया। ये लक्ष्य भी लोगों द्वारा स्वयं ही निर्धारित किए गए। समय गुजरने के साथ राष्ट्रीय आंदोलन के एक हिस्से के रूप में संगठनों का एक नेटवर्क निर्मित हो गया। ये संगठन खादी और ग्रामोद्योग, शिक्षा, स्वास्थ्य, कृषि, दुग्ध-उत्पादन, पशुपालन आदि विविध क्षेत्रों में अक्सर सरकारी नीतियों का विरोध करते हुए कार्य कर रहे थे। महिलाओं, हरिजनों (आज के दलित), आदिवासियों और आम ग्रामीण गरीबों के लिए कई ऐसे संगठन अस्तित्व में आ गए। इनकी

गतिविधियों के पीछे मौजूद दृष्टिकोण राजनीति सामाजिक कार्यों से अलग नहीं था। उसी तरह भौतिक कल्याण मनुष्य के आध्यामित्क पक्ष से अलग नहीं था। इस प्रक्रिया में समाज के वैसे तबके भी स्वतंत्रता के लिए राष्ट्रीय आंदोलन में शामिल हुए जो अब तक इससे बाहर थे। लेकिन इससे भी ज्यादा इसका विशिष्ट असर स्वयंसेवी कार्यों के विस्तार के रूप में हुआ जिसे उस समय समाज सेवा या रचनात्मक कार्य कहा जाता था।

इसी अवधि में सामाजिक कार्यों में एक सुनिश्चित राजनीतिक दृष्टि ने जगह बनाई, और दूसरी तरफ राजनीति का दृढ़ सामाजिक आधार बना। सामाजिक कार्यों और राजनीति के इस सम्मिश्रण से पैदा हुई समझ के बीच विदेशी राज सामाजिक परिवर्तन के लिए सहायक के बजाय बाधक समझा जाने लगा। उन्नीसवीं सदी के अंतिम दिनों में सुधार गतिविधियाँ अलग-अलग मुद्दों पर आधारित थीं। पर अब मुद्दावार गतिविधियों के बदले पूरे समाज के सामाजिक और सांस्कृतिक पुनरुत्थान पर जोर दिया जाने लगा। स्वयंसेवी या समाज सुधार के कार्यों के लिए सरकार से संरक्षरण की मांग करने के बजाय गाँधीवादी आंदोलन ने रचनात्मक कार्यों के जरिए लोगों में स्वयं अपनी शक्ति पैदा करने पर जोर दिया।

स्वतंत्रता आंदोलन के दौरान कांग्रेस पार्टी के बढ़ते वर्चस्व से एक तीसरी धारा पैदा हुई। इसकी जड़ें उस राजनीति में थीं जो सामाजिक कार्यों की तत्कालीन दुनिया पर छाई हुई थी। इसकी शुरुआत स्वतंत्रता आंदोलन में विचारधारात्मक विभाजन से हुई और स्वतंत्रता के बाद आरंभिक दशकों में इसने अपनी स्थिति मजबूत कर ली। इनकी जड़ें कम्युनिस्ट या सोशलिस्ट पार्टियों की गतिविधियों और संगठनों में थीं। कार्यकर्ताओं के अनेक समूहों ने, जो या तो इन पार्टियों के मोर्चा संगठनों में काम कर रहे थे या बाद में स्वतंत्र रूप से सक्रिय थे, उन मुद्दों को उठाना शुरू कर दिया जिनकी 'समाज सुधारक' या 'गाँधीवादी' शैली के संगठनों ने उपेक्षा की थी। उनके लिए मुख्य मुद्दा हितों का टकराव और इसके परिणामस्वरूप होने वाला गरीबों का शोषण था।

सामाजिक और आर्थिक न्याय, जन अधिकार, भूमि सुधार, काश्तकारों के अधिकार, भूमिहीन मजदूरों के लिए न्यूनतम मजदूरी, बंधुआ और दासता प्रथाओं की समाप्ति, वन उत्पादों पर आदिवासियों के अधिकार और झुग्गी-निवासियों और निरश्रितों के अधिकारों के लिए संघर्ष इन संगठनों का कार्यक्षेत्र बन गए। धीरे-धीरे ये संगठन इन मुद्दों को लेकर आगे बढ़ते गए, क्योंकि चुनावी समीकरणों में उलझे दल इनमें से कई मुद्दों को महत्त्वपूर्ण राजनीतिक मुद्दा ही नहीं मानते थे।

आजादी के बाद

आजादी के बाद सामाजिक कार्य की राजनीति के परिदृश्य पर विचार करने से पहले जरूरी है कि हम सहभागी लोकतंत्र के विचार और गाँधी के राजनीतिक चिंतन और व्यवहार पर एक नजर डाल लें। गाँधी लोकतंत्र के सहभागी रूप के समर्थक थे, और उनके इस विचार ने आजादी के आंदोलन में कार्यकर्ताओं की एक पूरी पीढ़ी के सोच-विचार पर असर डाला था। जब वे स्वराज की बात कहते थे तो उसका मतलब होता था स्व-शासन, और जब स्वदेशी की दावेदारी करते थे तो उसका अर्थ होता था संसाधनों पर सामुदायिक नियंत्रण। इस तरह ग्राम स्वराज का एक बिम्ब बनता था जिसका मतलब था भारत की लोकतांत्रिक परंपरा। लेकिन, आजादी के बाद मुख्यधारा के राजनीतिक विमर्श ने इन आदर्शों को कठोरता से ठुकरा दिया। कहा गया कि ये सब गाँधी की अव्यावहारिक खामख्यालियाँ थीं। बावजूद इसके सहभागी लोकतंत्र का विचार ऐसे बहुत से जमीनी कार्यकर्ताओं ने जीवित रखा जिन्होंने भले ही गाँधीवाद का ठप्पा स्वीकार न किया पर जिनके सोच और आचरण पर गाँधी के आदर्शों की गहरी छाप थी।

एक तरफ गाँधी और उनका विचार था, तो दूसरी तरफ एक भिन्न वैचारिक राजनीतिक संदर्भ में मानवेंद्र नाथ राय ने भी लोकतंत्र के प्रतिनिधित्वमूलक रूप की आलोचना पेश करते हुए सहभागी लोकतंत्र की वकालत की। उन्होंने तो अपनी इस दृष्टि के मुताबिक स्वतंत्र भारत का एक संविधान ही पेश कर दिया। उस जमाने की राष्ट्रवादी राजनीति में इन प्रस्तावों पर कोई ध्यान नहीं दिया गया, पर आज भूमंडलीकरण के बदले हुए संदर्भ में इन्हें फिर से जीवंत करके इनका पुनःसूत्रीकरण किया जा रहा है।

आजाद भारत में सहभागी लोकतंत्र के लिए सर्वाधिक विस्तृत और राजनीति रूप से प्रभावी प्रस्ताव भारत छोड़ो आंदोलन के नायक और समाजवादी नेता जयप्रकाश नारायण ने रखा था। १९५४ में उन्होंने गाँधी के रास्ते पर चलने के लिए जीवन समर्पित करने का निर्णय लिया। उनकी चिंता यह थी कि अगर लोकतंत्र गहन नहीं हुआ तो वह अभिजन शासन ही बन कर रह जाएगा। १९५९ में उन्होंने गैर-पार्टी लोकतंत्र के विचार का बाकायदा सूत्रीकरण किया। जयप्रकाशजी का कहना था कि राजनीतिक दलों पर आधारित प्रतिनिधित्वमूलक लोकतंत्र के बजाय एक व्यापक लोकतांत्रिक आधार वाला ढाँचा खड़ा किया जाना चाहिए जिसमें जवाबदेही और पारदर्शिता के आधार पर सत्ता का आबंटन नीचे से ऊपर की इकाइयों को उनकी जरूरत के मुताबिक किया जाए। गाँधीवादी हल्कों के बाहर जेपी की थीसिस पर किसी ने ध्यान नहीं दिया। उदारतावादी सिद्धांतकारों ने उनकी कड़ी आलोचना की, और राजनेताओं ने कहा कि यह

विचार आदर्शवादी बचकानेपन का नतीजा है जिसके लोकतंत्र के लिए खतरनाक परिणाम निकल सकते हैं। जेपी का यह दस्तावेज सार्वजनिक विमर्श से तकरीबन बाहर हो गया, लेकिन दो साल बाद ही वे इसी मुद्दे पर और अधिक विस्तृत वक्तव्य के साथ सामने आए जिसमें उन्होंने अपने आलोचकों के तर्कों का खंडन किया और सैद्धांतिक व ऐतिहासिक हवालों के साथ दलील दी कि राजनीतिक और आर्थिक सत्ता राज्यव्यवस्था के आधार यानी आम जनता के पास होनी चाहिए। जेपी का आग्रह था कि जनता को राजसत्ता का प्रत्यक्ष उपभोग भी करना चाहिए। १९७४ के आंदोलन में उनका यही विचार 'लोकशक्ति' की अवधारणा के रूप में सामने आया।

गाँधीवादियों, जमीनी कार्यकर्ताओं और एम.एन. राय व जेपी जैसे चिंतकों और नेताओं के बावजूद विडम्बना यह रही कि स्वतंत्रता के बाद शुरुआती वर्षों की अवधि, साठ के दशक के अंत तक, गाँधीवादी संगठनों के क्षय की रही। जहाँ धर्म आधारित संगठनों (ईसाई और गैर-ईसाई दोनों) ने अपनी गतिविधियाँ जारी रखीं और समय-समय पर उनके शैक्षिक और स्वास्थ्य संबंधी कार्यों और अकाल और विपत्ति के क्षणों में राहत कार्यों के लिए उनकी तारीफ होती रही, वहीं गाँधीवादी संगठन इन सब मामलों में पीछे छूटते गए। इनके कई प्रमुख नेता कांग्रेस पार्टी की लुभावनी राजनीति के शिकार होकर सरकारी पदों पर चले गए। उनके संगठन सरकार के अधिक से अधिक निकट होते गए और सरकारी धन पर उनकी निर्भरता बढ़ती गई। धीरे-धीरे यह निकटता इतनी अधिक हो गई कि गाँधीवादी संगठनों के कामों और समाज कल्याण के सरकारी कार्यक्रमों के बीच मामूली फर्क ही रह गया। सरकार ने जैसे ही सामुदायिक विकास और पंचायती राज के महत्त्वाकांक्षी कार्यक्रम शुरू किए, वैसे ही ज्यादातर गाँधीवादी संगठन सरकारी कार्यक्रम लागू करने में शामिल हो गए। अब उन्हें अधिक से अधिक स्थानीय और सामुदायिक एजेंसियों के रूप में ही देखा जा सकता था, जो सरकार द्वारा नियोजित कार्यक्रमों में जन-भागीदारी सुनिश्चित करने में लगी थीं।

सरकार प्रतिनिधित्वमूलक लोकतंत्र का संस्थागत ढाँचा खड़ा कर रही थी जो मुख्य रूप से पंचायतों और विकास प्रखंडों के रूप में था। इन प्रयोगों के अनुभव उन लोगों को सुखद लग सकते हैं जो उनमें शामिल थे, या जो ऐसे कार्यों को सरकार से व्यक्ति की स्वायत्तता बनाए रखने की अमेरिकी विचारधारा के आईने में देखते हैं, लेकिन वास्तविकता यह थी कि स्वयंसेवी कार्यों का यह विचार सरकारी सहायता और सहयोग पर ही आधारित था।

साठ से लेकर अस्सी के दशक के बीच अकालों, मुद्रास्फीति, अवमूल्यन, बेरोजगारी, कांग्रेस पार्टी का वर्चस्व खत्म होने और जुझारू आंदोलनों के उभार

से न सिर्फ राजनीतिक और सामाजिक अस्थिरता पैदा हुई, बल्कि विकास और राजनीति को लेकर नए चिंतन और कार्यों की नींव भी पड़ी। साठ के दशक के उत्तरार्द्ध में उठी माओवादी लहर से लेकर आपात्काल की घोषणा (१९७५-७७) तक का काल नियोजन, राजनीति और विकास की परंपरागत संस्थाओं से गहरे मोहभंग का काल था। साथ ही यह नए मुद्दों के उठने और उन पर आंदोलनों के उदय का काल था। औपचारिक राजनाति और सरकार से बाहर हजारों युवाओं ने ग्रामीण और शहरी गरीबों के संगठन बनाए और उनके बीच काम शुरू किया। पहले उनका सरोकार गरीबी, विषमता और सामाजिक अन्याय खत्म करने तक ही था। बाद में इसमें लैंगिक न्याय, पर्यावरण, और मानवाधिकार जैसे नए मुद्दे भी जुड़ गए। गरीबों को संगठित करने उनमें चेतना लाने और जनता को शक्ति प्रदान करने के लिए संघर्ष और आंदोलन सामाजिक गतिविधियों के मुख्य शब्द बन गए। राजनीति में एक बार फिर सामाजिक कार्य को केंद्रीय महत्त्व प्राप्त हो गया।

जनता पार्टी के शासनकाल (१९७७-७९) में गैर-सरकारी प्रयासों और संगठनों को लेकर बहस शुरू हुई थी। लेकिन, अब तक इसमें काफी परिवर्तन आ चुका है। एक तरफ वे संगठन हैं जिनमें अपने को राष्ट्रीय आंदोलन, और सत्तर के दशक के उन संघर्षों से जोड़कर देखने की प्रवृत्ति है जिनकी परिणति आपात्काल-विरोधी संघर्ष के रूप में हुई थी। ये संगठन राजनीतिक किस्म के हैं और इनकी यह प्रवृत्ति उत्पीड़ित तबकों के मुद्दे उठाने और उनका संगठन बनाने के रूप में सामने आती है। चाहे मानवाधिकार, लैंगिक न्याय, पारिस्थितिकीय रक्षा या अस्मिता जैसे व्यापक मुद्दे हों, या बाल मजदूरी, न्यूनतम वेतन, बंधुआ और दास प्रथा, बड़ी विकास परियोजनाओं द्वारा लोगों का विस्थापन, विभिन्न पेशों से जुड़े स्वास्थ्य संबंधी खतरे हों, या फिर खतरनाक दवाओं और उन्हें बनाने की प्रक्रियाओं पर प्रतिबंध हो, दहेज की खातिर दुल्हनें जलाने जैसे अधिक विशिष्ट मुद्दे हों, मध्य वर्ग से निकले परिवर्तनवादियों और कमजोर तबकों के संगठनों में यह प्रवृति जाहिर होती है। दूसरी तरफ वह प्रवृत्ति है जिसमें सन् पचास और साठ के दशक में प्रतिपादित विचार का संशोधित रूप देखने को मिलता है। इस संशोधित विचार के तहत नियोजन और विकास की प्रक्रिया में गैर-सरकारी संगठनों को सरकार और जनता के बीच कड़ी के रूप में देखा जाता है। इस विचार के तहत जोर दिया जाता है कि ये संगठन सरकार और जनता के बीच संबंध कायम करने का सक्षम औजार बनें और उनमें पेशेवर प्रवृत्ति आए। यहाँ ध्यान कार्यों को लाभदायक बनाने, 'विकास परियोजनाओं' में लोगों की अधिक भागीदारी बनाने, कार्यक्रमों में नवीनता लाने और उस प्रणाली

को अधिक मजबूत करने पर केंद्रित है जिसमें कार्यक्रमों के परिणाम प्राप्त होते हैं। इसके साथ ही मध्यवर्गीय लोगों द्वारा ऐसे पेशेवर संगठन बनाने की प्रवृत्ति भी विकसित हुई है जो सीधे समुदायों में काम करने के बजाय प्रलेखन (डाक्युमेंटेशन), अनुसंधान, प्रशिक्षण (प्रबंधन और कौशल निर्माण दोनों का), नेटवर्किंग और प्रकाशनों के जरिए समुदायों में काम करने वाले संगठनों की मदद करते हैं। उनके प्राथमिकता वाले कार्यों में उन मुद्दों पर जनहित याचिकाएँ दायर करना और समाचार माध्यमों में उन्हें प्रकाशित-प्रसारित करवाना शामिल है जिन पर छोटे संगठन जमीनी स्तर पर संघर्ष कर रहे हैं।

राजनीति में जगह

विधायिका, चुनाव, राजनीतिक पार्टियाँ और ट्रेड यूनियनों की परंपरागत मुख्यधारा की राजनीति के क्षय से खाली हुई जगह के बीच इन सभी संगठनों, एजेंसियों और आंदोलनों ने अपने लिए सामाजिक और राजनीतिक स्थान बना लिया है। यह क्षय हालाँकि पहले ही शुरू हो गया था, लेकिन आपात्काल के दौरान स्पष्ट नजर आने लगा और तभी से जारी है। इसके परिणामस्वरूप लोकतांत्रिक संस्थाएँ अब वैसी खुली प्रतिस्पर्धा की राजनीति का स्थल नहीं रह गई हैं, जिसके जरिए वे निरंतर वैधता की कोशिश करती रहती थीं। इसके बदले वे विशुद्ध सत्ता की राजनीति और चालबाजियों का दायरा बन कर रह गई हैं। इस प्रक्रिया में राजनीतिक दलों ने राजनीतिक और भौगोलिक दोनों अर्थों में अपना राष्ट्रीय चरित्र खो दिया है। नए-नए जनसमूहों को उनके कानूनी और राजनीतिक अधिकारों के लिए संघर्ष करने के जरिए राजनीति में शामिल करने की इन दलों की भूमिका काफी घट गई है। अर्थव्यवस्था, समाज और संस्कृति में उठने वाले मुद्दों को राजनीतिक प्रक्रिया में शामिल कर लेने की उनकी क्षमता में भारी ह्रास हुआ है।

राजनीतिक दल गरीब और वंचित तबकों की आर्थिक माँगों को प्रभावी राजनीतिक माँगों में बदल सकने में विफल रहे हैं। इसके बदले कुछ दलों ने चुनावी फायदे के लिए आर्थिक मुद्दों को जातीय और सांप्रदायिक रूप देने की आसान राह पकड़ ली है। इसका परिणाम यह हुआ है कि पचास और साठ के दशक में मँझोली जातियों को भारतीय राजनीति की मुख्यधारा में शामिल करने में सफल रही राजनीतिक प्रक्रिया सत्तर के दशक के मध्य में आकर ठहर गई थी। इसी के कारण दलितों, आदिवासियों, हिंदू समुदाय की निम्न जातियों के कमज़ोर और अत्यंत गरीब तबकों, अल्पसंख्यक समुदायों के अन्य गरीबों, और भूमिहीनों के बीच यह संदेश गया कि चुनावी जनादेश से अब सरकार गठन की

प्रक्रिया निर्धारित नहीं होती, न ही सत्ता के लिए निर्वाचित दल की नीतियाँ जनादेश के अनुरूप अभिव्यक्त होती हैं।

ट्रेड यूनियनें आरंभ से ही राजनीतिक दलों की मजदूर शाखाएँ थीं। उन्हें न के बराबर स्वायत्तता मिली हुई थी। अब वे एक ही वर्ग के ऐसे लोगों के बीच सौदेबाजी का दायरा बन गईं, जिन्हें विभिन्न हितों का प्रतिनिधित्व जाना जाता था। अर्थव्यवस्था के विस्तृत हो रहे अनौपचारिक और असंगठित क्षेत्र में गतिविधियों का प्रसार करने में यूनियनें पूरी तरह अक्षम साबित हुईं। असंगठित क्षेत्र के मजदूर न तो चुनाव में कोई लाभ पहुँचाने की स्थिति में थे, न सदस्यता शुल्क दे सकते थे। बड़े कारखानों और प्रतिष्ठानों से बाहर के मजदूरों को भी ट्रेड यूनियन गतिविधियों में शामिल करने की जो बची-खुची वैचारिक प्रेरणा थी, वह भी बार-बार बढ़ाए जाने वाले सदस्यता शुल्कों और नेतृत्व की तोड़फोड़ के साथ समाप्त हो गई। वर्षों के संघर्ष से थके यूनियन नेता आरामदायक जीवन और कार्यशैली में अफसराना अंदाज के आदी हो गए। चूँकि ऐसी सारी गतिविधियों से उनकी पार्टियों को एक सुनिश्चित वित्तीय आधार प्राप्त होता था, इसलिए पार्टी नेताओं की तरफ से शिकायत आने का कारण नहीं था।

राजनीति में हुए इस परिवर्तन की झलक विधायिकाओं में मिली। वे दिन चले गए जब राम मनोहर लोहिया भारतीय संसद में गरीबी का मुद्दा उठा कर लंबी बहस चला पाते थे। संसद सरकार की दासी बनती गई। सत्ताधारी दल अपने बहुमत का इस्तेमाल ऐसे मुद्दों पर हर बहस दबाने में करने लगा जो सरकार या इसके नेताओं के लिए असुविधाजनक हो सकते थे। इसका कुल परिणाम यह हुआ कि कार्यपालिका शासन की सबसे शक्तिशाली शाखा बन गई और न्यायपालिका सभी राजनीतिक विवादों की अंतिम निर्णयकर्ता। राजनीतिक बहस के बीच से लोकतांत्रिक राजनीति के मुद्दे गायब होने लगे। इसके बदले कार्यपालिका द्वारा अपना संकीर्ण संवैधानिक रुख थोपने की प्रवृत्ति बढ़ गई जिसे अक्सर न्यायालयों की मंजूरी भी मिलने लगी। भारतीय संविधान सिर्फ शासन के नियम तय करने वाला दस्तावेज नहीं था, बल्कि यह सामाजिक परिवर्तन की कार्यसूची भी है। लेकिन, अब इससे उन सामाजिक और राजनातिक आंदोलनों की भावना अलग हो चुकी थी जिनसे लोकतांत्रिक राजनाति समृद्ध होती थी।

मुद्दे और संगठन

राजनीतिक संस्थाओं के पतन के इसी संदर्भ में सामाजिक संगठनों और आंदोलनों ने अपनी राजनीतिक कार्यसूची बनानी शुरू की। इन संगठनों और आंदोलनों ने वह स्थान भरने का प्रयास किया जो स्थापित राजनीति के पीछे हटने

से खाली हुआ था। उन्होंने वे मुद्दे उठाए और वे ही क्षेत्र अपनाए जिन्हें राजनीतिक दलों और ट्रेड यूनियनों ने छोड़ दिया था और नौकरशाही ने जिसकी उचित देखभाल नहीं की थी। इस प्रक्रिया में उन्होंने मुद्दों का स्वरूप फिर से तय किया और अपने कार्य क्षेत्र का विस्तार गैर-चुनावी दायरे में किया। उनका जो संगठनात्मक ढाँचा विकसित हुआ वह राजनीतिक दल या किसी दबाव समूह जैसा नहीं था। यह जन-गोलबंदी के स्वरूप वाला था। इन संगठनों ने स्वयं लोगों द्वारा व्यक्त मुद्दों पर निरंतर संघर्ष चलाया और जनता को शक्ति प्रदान करने के लिए कार्य किया। इन संघर्षों के जरिए उन्होंने संवैधानिक राजनीति का अर्थ विस्तृत किया—उस सीमा तक जिसमें वे अपने संघर्षों को संविधान में वर्णित राज्य के नीति निर्देशक सिद्धांतों के तहत उचित ठहराने का प्रयास कर सके। नीति निर्देशक सिद्धांतों का संविधान में अलग अध्याय है, लेकिन सरकारों को इन पर अमल करने के लिए न्यायपालिका के जरिए मजबूर नहीं किया जा सकता।

हालाँकि, आज सामाजिक संगठन और आंदोलन एक ही राजनीतिक दायरे में काम कर रहे हैं, और समाज परिवर्तन के परिप्रेक्ष्य पर भी उनमें आमतौर पर सहमति है, लेकिन उनके बीच भारी अंतर है। यह अंतर इन मामलों में हैं—उनके राजनीतिक झुकाव, आकार, संगठनात्मक स्वरूप, भौगोलिक कार्य क्षेत्र, काम का दायरा जो पूरी तरह स्थानीय से लेकर प्रांतीय या राष्ट्रीय स्तर तक का हो सकता है, मुद्दों की प्राथमिकता, और जन-समूह जिनके बीच वे काम करते हैं। कुछ छिटपुट, अल्पकालिक आंदोलन हैं जो बंधुआ मजदूरों की मुक्ति जैसे किसी खास मुद्दे पर काम करते हैं, तो कुछ विकसित संगठनात्मक ढाँचे वाले दीर्घकालीन आंदोलन हैं, जो किसान आंदोलन जैसे किसी खास क्षेत्र में काम कर रहे हैं। एक मुद्दा आधारित आंदोलनों की एक शृंखला भी है, जो राष्ट्रीय, राज्य और स्थानीय स्तरों पर सक्रिय है। इनमें मानवाधिकार आंदोलन भी हैं, जो शहरी और ग्रामीण दोनों क्षेत्रों में काम कर रहे हैं। बहरहाल सबसे व्यापक स्तर पर ऐसे संगठन हैं, जिन्हें सामाजिक आंदोलन कहा जा सकता है। ये प्रतिबद्ध सामाजिक कार्यकर्ताओं द्वारा बनाए गए संगठन हैं। ये कार्यकर्ता आंदोलनों के केंद्र में हैं और सामाजिक और राजनीतिक परिवर्तन की एजेंसी के रूप में सचेत ढंग से कार्य कर रहे हैं। ये कार्यकर्ता लोगों से सीधे जुड़े मुद्दे उठाकर जनता को साथ लेने और गोलबंद करने से काम आरंभ करते हैं। फिर वे इससे पैदा हुई सामाजिक ऊर्जा को ऐसे दीर्घकालीन आंदोलन में तब्दील करने का प्रयास करते हैं जिससे समाज में सत्ता बदली जा सके।

१९७५ के बाद के दशक में सामाजिक कार्यकर्ताओं के ऐसे हजारों समूह

सामने आए और देश के विभिन्न हिस्सों में फैल गए। इन संगठनों का नेतृत्व अब सामान्यत: मध्य या निम्न मध्य वर्ग से आए युवक और युवतियों के हाथों में है। जिन्होंने अपना पेशेवर जीवन छोड़कर देश के ग्रामीण या आदिवासी क्षेत्रों में ऐसे आंदोलनों को शुरू किया है, या इनमें शामिल हो गए हैं। वे हाशिए पर पड़े हुए तबकों— दलितों, आदिवासियों भूमिहीनों और महिलाओं की तरफ से कई मुद्दों को उठा रहे हैं। एक छोटे भौगोलिक इलाके में 'जनता को शक्ति प्रदान करने' के अपने उद्देश्य के लिए वे दीर्घकालिक आधार पर काम कर रहे हैं। सामाजिक प्रतिबद्धता वाले कुछ पेशेवर लोगों और सामाजिक कार्यकर्ताओं ने आवास और काम के अधिकारों के लिए राष्ट्रीय स्तर पर अभियान चलाने के उद्देश्य से स्वयं को संगठित किया है।

इसके अलावा कानूनी सहायता देने वाले समूह, लोगों के स्वास्थ्य की बेहतर देखभाल के लिए बने समूह, लोकप्रिय संस्कृति और जनता की रचनात्मकता उभारने के लिए बने समूह और विज्ञान को लोकप्रिय बनाने के आंदोलन हैं। एक नया ट्रेड यूनियन आंदोलन भी है जिसे सामाजिक कार्यकर्ताओं के संगठनों ने शुरू किया है और जिसके तहत असंगठित क्षेत्र के मजदूरों को संगठित किया जा रहा है। इनमें स्व-रोजगार प्राप्त महिलाओं, बीड़ी मजदूरों, निर्माण और सामाजिक निर्माण में कार्यरत और पावरलूम बिजली के करघा और हथकरघा जैसे लघु उद्योगों अर्ध-औद्योगिक इकाइयों में कार्यरत मजदूरों के संगठन शामिल हैं। इन आंदोलनों की सूची में सिर्फ जमीनी स्तर के उन आंदोलनों को शामिल किया गया है जो राजनीतिक कार्य के नए तरीकों का इस्तेमाल करते हैं और सामाजिक परिवर्तन में अपनी भूमिका भी मानते हैं। परंपरागत परोपकारी और कल्याणकारी संगठनों, विकास कार्य करने वाले गैर-राजनीतिक संगठनों, राजनीतिक दलों के विभिन्न मोर्चा संगठनों और धार्मिक आंदोलनों के तहत खास मत का प्रचार करने वाले संगठनों को इस सूची में नहीं रखा गया है— हालांकि इन संगठनों और उपरोक्त ग्रासरूट आंदोलनों के बीच विभाजक रेखा अक्सर बारीक ही होती है।

इन ग्रासरूट संगठनों और आंदोलनों में खास जोर 'मुद्दों की राजनीति' पर होता है। इन्होंने न सिर्फ नए मुद्दे उठाए हैं, बल्कि उन पुराने अनसुलझे मुद्दों को भी जीवित रखा है जिन्हें राजनीतिक दलों ने बहुत पहले छोड़ दिया था। इनमें मानवाधिकारों, स्त्री अधिकारों, बाल मजदूरी, पर्यावरण और सांप्रदायिकता जैसे व्यापक मुद्दे शामिल हैं। विभिन्न आंदोलनों ने जिन मुद्दों को उठाया है, उनमें बंधुआ मजदूरी, दलितों और आदिवासियों पर प्रभुत्वशाली जातियों के अत्याचार, और सरकार, निजी कंपनियों और बहुराष्ट्रीय निगमों की बड़ी विकास

परियोजनाओं से विस्थापित आबादी के अधिकारों के मुद्दे शामिल हैं। छोटे स्तर के आंदोलनों ने भी दीर्घकालीन मुद्दे उठाए हैं। इन मुद्दों में न्यूनतम मजदूरी और कामकाज की उचित स्थितियाँ प्राप्त करने के भूमिहीनों के कानूनी अधिकार, वन और वनोपज पर आदिवासियों के हक और गाँव की साझा सुविधाओं में गरीबों के अधिकार शामिल हैं। ऐसी साझा सुविधाओं में चरागाह, कथित 'बंजर भूमि', झीलों, तालाबों और जलाशयों का उपयोग, साझा जल स्थलों पर मछली मारना आदि हैं। दहेज हत्याओं, सती और बाल मजदूरी जैसे विवादों पर राजनीतिक गोलबंदी कर इन आंदोलनों ने सामाजिक मुद्दे भी उठाए हैं।

महत्त्वपूर्ण तथ्य यह है कि ग्रासरूट आंदोलनों ने ऐसे मुद्दे उठाए हैं जिन पर सकारात्मक कदम उठाने के लिए सरकार संविधान में दर्ज नीति निर्देशक सिद्धांतों के तहत वचनबद्ध है। पर चूँकि इन सिद्धांतों पर अमल करने के लिए अदालतें सरकार को मजबूर नहीं कर सकतीं, इसलिए अदालतों का सहारा लेकर इन मुद्दों को हल नहीं करवाया जा सकता। अतः इन मुद्दों पर सीधी जन-कार्रवाई आंदोलनकारी समूहों के लिए अधिक उचित राजनीतिक साधन बन जाती है। आज देश के दूरदराज के ग्रामीण और आदिवासी इलाकों में भी अनेक संगठन इन मुद्दों पर कार्य कर रहे हैं। इसके बावजूद राजनीतिक और भौगोलिक दोनों रूप में आंदोलनों की पहुँच सीमित ही है।

ग्रासरूट आंदोलनों ने इतने बड़े पैमाने पर समस्याएँ उठा ली हैं कि वे कितने समय तक दबावों को झेल सकेंगे और राज्य द्वारा बल प्रयोग की बढ़ती प्रवृत्ति और समाज में बढ़ती अफरातफरी के बीच प्रतिरोधक के रूप में कार्य कर सकेंगे, इसे लेकर मन में संदेह पैदा होना स्वाभाविक ही है। राज्य उसकी नौकरशाही और उसकी स्थापित राजनीति द्वारा इन समस्याओं को हल करने में अक्षम साबित होने से ही वह कुल स्थिति बनी है जिसमें कार्यकर्ताओं को ग्रासरूट आंदोलनों की जरूरत महसूस हुई। ये कार्यकर्ता लगातार काम में जुटे रहते हैं, और अपना अधिकांश समय और ऊर्जा तात्कालिक स्थितियों से निपटने में खर्च करते हैं। इसके बीच उन्हें अपना मूल्यांकन करने और आंदोलन से बाहर के लोगों से विचार-विमर्श करने का समय न के बराबर ही मिल पाता है।

सामाजिक कार्य और स्थानीय राजनीति

हालांकि सामाजिक आंदोलन भारतीय राज्य व्यवस्था के आधार स्थल पर सक्रिय हैं, पर जिसे परंपरागत रूप से स्थानीय राजनीति कहा जाता है, वे उसका हिस्सा नहीं हैं। अभी हाल तक देश में कांग्रेस पार्टी का एकदलीय प्रभुत्व था। इसके बीच स्थानीय राजनीति ढीले-ढाले रूप में ही सही, पर बड़े राजनीतिक संगठनों

द्वारा ही संचालित होती थी। पंचायतें (ग्राम परिषदें जिसके सदस्य निश्चित अवधि पर वयस्क मताधिकार के जरिए चुने जाते हैं), सहकारी संस्थाएँ और प्रखंड विकास समितियाँ जातिगत गुटों द्वारा राजनीतिक रूप से संचालित होती थीं और कांग्रेस पार्टी के ढाँचे में आसानी से समाहित हो जाती थीं। गुटों का यह गठजोड़ स्थानीय स्तर पर पार्टी-व्यवस्था का स्वरूप निर्धारित करता था। लेकिन खासकर १९७१ के चुनाव के बाद से स्थानीय राजनीति में भारी बदलाव आ गया है। अक्सर इस परिवर्तन का कारण एकदलीय प्रभुत्व की समाप्ति को माना जाता है। लेकिन मेरी राय में इसका कारण समाज में हो रहा आधारभूत परिवर्तन है। इस परिवर्तन से स्थानीय स्तर पर नई राजनीतिक जगह बनी है, जिसे आंदोलनकारी संगठनों ने भरा है।

अब मैं स्थानीय स्तर पर आए ऐसे कुछ परिवर्तनों की तरफ इशारा करूँगा। जातिप्रथा के तहत जातियों का दर्जा और पेशा भी अक्सर परंपरागत श्रेणी क्रम के मुताबिक निर्धारित ही रहा है। लेकिन आज यह परंपरागत रिश्ता अब स्तंभीय के बजाय क्षैतिज हो चुका है और जातियाँ एक दूसरे से राजनीतिक प्रतिस्पर्धा करने लगी हैं। जातियों का पेशागत रिश्ता जातियों के लिए निर्धारित पेशों पर आधारित रहा है और वस्तुओं और सेवाओं की अदला-बदली (जजमानी व्यवस्था) के सिद्धांत से चलता रहा है। लेकिन अब इसका पूर्णत: मौद्रीकरण हो गया है—अर्थात् यह नकद भुगतान के आधार पर चलने लगा है। दो-तिहाई से भी अधिक ग्रामीण आबादी अब बड़े गाँवों में रहती है। इन बड़े गाँवों की आबादी एक हजार से अधिक है। इसके साथ औसत गाँव में ज्यादातर आबादी अब भू-स्वामी किसानों और भूमिहीन मजदूरों की ही है। पौरोहित्य, व्यापार और काश्तकारी आदि का धंधा करने वाली अन्य जातियाँ या तो पास के शहरों की तरफ जा रही हैं, या किसान और भूमिहीन मजदूरों के वर्गों में ही शामिल होती जा रही हैं।

भारतीय गाँव मुख्य रूप से एक सामाजिक व्यवस्था थे जिनके भीतर आर्थिक गतिविधियाँ चलती थीं। अब ये मुख्य रूप से एक आर्थिक संगठन का स्वरूप प्राप्त करते जा रहे हैं जिनमें सामाजिक रिश्ते मालिक-कर्मचारी अर्थात श्रम-पूँजी के संदर्भ में परिभाषित हो रहे हैं। आज तथाकथित जाति-संघर्ष मुख्यत: किसानों की प्रभुत्वशाली जातियों और भूमिहीन मजदूरों के बीच का ही संघर्ष है। भू-स्वामी वर्ग ने मजदूरों के श्रम पर अपना दावा खो दिया है। गाँवों के सामाजिक ढाँचे में परिवर्तन से परंपरागत स्थानीय राजनीति का स्वरूप ही बदल गया है। पुरानी समझ के आधार पर चल रहे राजनीतिक दल ग्रामीण भारत में उभरे नए मुद्दों के अनुरूप खुद को ढालने में सक्षम नहीं हो सके हैं। इसके

बदले, जैसा कि हम ऊपर भी देख चुके हैं इन मुद्दों को आंदोलनकारी समूह उठा रहे हैं। ये समूह पंचायतों, सहकारी संस्थाओं और राजनीतिक दलों को स्थानीय इकाइयों से बाहर रहते हुए सक्रिय हैं।

सामाजिक कार्य और मुख्यधारा की राजनीति

छोटे आंदोलनों ने जो राजनीतिक जगह अपने लिए बनाई है, जिन मुद्दों को उन्होंने उठाया है और जो संगठन उन्होंने बनाए हैं—उनके वर्णन से यह स्पष्ट हो जाना चाहिए कि ये आंदोलन भारत में जमीनी स्तर पर राजनीतिक कार्यों के विविध पर शक्तिशाली पहलुओं का प्रतिनिधित्व करते हैं। पर ये पृथक छोटे-छोटे आंदोलनों के रूप में काम कर रहे हैं जिनमें प्रत्येक अपनी पहचान, स्वायत्तता और क्षेत्र बचाए रखने के लिए उत्सुक है। बड़े संगठनों की निगाह में यह भले ही अ-राजनीति हो, पर ये आंदोलन राष्ट्रीय और प्रादेशिक स्तर पर आपसी तालमेल बनाने या उन्हें लेकर संघीय स्वरूप की बड़ी राजनीतिक इकाई बनाने के किसी प्रयास का विरोध करते हैं। वे दूसरे आंदोलनों के साथ मुद्दों और समान उद्देश्यों पर हाथ मिलाते हैं और यहाँ तक कि मोर्चे भी बनाते हैं। लेकिन ऐसा वे विशिष्ट मुद्दों को लेकर ही करते है। और यह संबंध सिर्फ संघर्ष चलने की अवधि तक ही कायम रहता है। वे किसी बड़े दीर्घकालिक आंदोलन का संगठनात्मक हिस्सा बनने या स्वयं ऐसा संगठन खड़ा करने से इंकार कर देते हैं, बावजूद इसके कि उनमें से कई संगठनों की समस्याओं की समझ समान है—खासकर मौजूदा राजनीतिक सामाजिक व्यवस्था और विकास के माडल की आलोचना के संदर्भ में। वे समान मुद्दों पर और एक जैसे जन-समूह के बीच काम करते हैं, भले ही उनका भौगोलिक इलाका अलग हो। पृथकता की ऐसी विचित्र स्थिति के पीछे सांस्कृतिक कारण हो सकते हैं, लेकिन आज के समय में ऐसा अलगाव बनाए रखने का कोई कारण नहीं हो सकता।

महत्त्वपूर्ण तथ्य यह है कि निकट भविष्य में जुड़कर, गठजोड़ बनाकर, या आपसी विलय के जरिए इन छोटे आंदोलनों के एक बड़े राष्ट्रव्यापी आंदोलन के रूप में उभरने की कोई संभावना नहीं दिखती। यही वजह है कि राजनीतिक दलों के कार्यकर्ता और बुद्धिजीवी और ग्रासरूट की स्थिति के कुछ पर्यवेक्षक छोटे आंदोलनों को ज्यादा राजनीतिक महत्त्व नहीं देते। इन लोगों के मुताबिक ऐसे किसी आंदोलन का कोई राजनीतिक भविष्य नहीं है जो सरकार की नीतियों या चुनावी राजनीति पर स्पष्ट असर नहीं डालता। लेकिन छोटे आंदोलनों के कार्यकर्ता परंपरागत क्रांतिकारी राजनीतिक की इस राय से सहमत नहीं हैं कि आंदोलन राजसत्ता पर कब्जा करने के अंतिम उद्देश्य के लिए ही शुरू और

संचालित किए जाते हैं।

उनके विचार में राजसत्ता पर कब्जा सामाजिक परिवर्तन की पूर्व शर्त नहीं है। आंदोलनों के भीतर कुछ मतभेद हैं कि क्या उन्हें दीर्घकालीन सैद्धांतिक परिप्रेक्ष्य में भी राजसत्ता में जाने या इस पर कब्जा करने से बिल्कुल इनकार कर देना चाहिए, भले ही यह संभावना आज जितनी ही दूर नजर आती हो। दरअसल, यह मुद्दा अब बहुत महत्त्वपूर्ण हो गया है। यह हिंसा के इस्तेमाल के प्रश्न से जुड़ा है और इस विवाद के कारण कुछ संगठनों और आंदोलनों में विभाजन भी हो गया है। बहरहाल, बड़ी संख्या में आंदोलनकारी समूह अगर इस मुद्दे की पूर्णतः उपेक्षा नहीं करते तो इस पर बहुत जोर भी नहीं देना चाहते। इन समूहों में मार्क्सवादी-लेनिनवादी संघर्ष की परंपरा वाले संगठन भी हैं। उनका मानना है कि राजसत्ता पर कब्जा करने के सवाल पर वक्त से पहले और जरूरत से ज्यादा जोर डालने से राजनीति और समाज परिवर्तन के वास्तविक मुद्दे दब जाते हैं, संघर्ष की प्राथमिकताएँ गड़बड़ा जाती हैं और आंदोलनों के संगठनों के भीतर तानाशाही प्रवृत्तियों का उभार होता है।

बहरहाल, गाँधीवादी, सर्वोदय (एक नव-गाँधीवादी आंदोलन जिसने समाज परिवर्तन के लिए वर्ग संघर्ष के बजाय वर्ग सहयोग पर जोर दिया), समाजवादी और यहाँ तक कि उदारतावादी परंपराओं से भी जुड़े हुए समूह राजसत्ता पर कब्जे की धारणा को अति-राजनीतिक मानते हैं और उनकी राय है कि यह धारणा संगठनों को आर्थिक और राजनीतिक सत्ता के विकेंद्रीकरण के लिए होने वाले दीर्घकालीन संघर्षों से दूर ले जाती है। उनका मानना है कि परिवर्तन का लक्ष्य संगठन के स्वरूपों को बदल कर और लोकशक्ति जाग्रत कर ही हासिल किया जा सकता है, सिर्फ ऊपर से सत्ता का इस्तेमाल करते हुए प्रशासनिक ढाँचा बदल कर नहीं। अगर समाज और संस्कृति में ऐसे परिवर्तन लाए जा सके तो उनके परिणामस्वरूप अंततः स्वयं राज्य का रूपांतरण हो जाएगा।

राजसत्ता के मुद्दे पर उनके रुख में चाहे जो बारीक भेद हो, व्यावहारिक रूप से सभी प्रकार के छोटे आंदोलन मुख्यधारा की राजनीति से अलग रहते हुए सक्रिय हैं। वे मुद्दों, जनता को अधिकार दिलाने और लोगों की चेतना में परिवर्तन लाने की राजनीति कर रहे हैं। इसमें सरकार, नौकरशाही, कानून-व्यवस्था के तंत्र, स्थानीय सत्ता केंद्रों, और कभी-कभी राजनीतिक दलों और स्थापित ट्रेड यूनियनों से भी उनका अक्सर टकराव होता है। ऐसे टकरावों को वे राजनीतिक और सामाजिक परिवर्तन के बड़े दीर्घकालीन संघर्ष का हिस्सा मानते हैं, न कि वर्तमान व्यवस्था के भीतर ही वैधता प्राप्त करने के लिए राजनीतिक दलों से

सीधे होड़ करने का माध्यम। दरअसल, मुख्यधारा की राजनीतिक संस्थाओं से खुद को अलग रखते हुए और जनता के अपने संगठनों के निर्माण में अपनी ऊर्जा लगाते हुए वे राजनीतिक दलों की वैधता की समाप्ति की दिशा में काम कर रहे हैं। इस प्रक्रिया में, वे संघर्षों को राजसत्ता पर कब्जे का साधन मानने के बजाय लोगों में जागरूकता बढ़ाने और जन-चेतना के निर्माण का माध्यम मानते हैं।

बहरहाल, इसका यह अर्थ नहीं है कि ये आंदोलन भारतीय लोकतंत्र के संस्थागत ढाँचे के खिलाफ हैं। दरअसल वे संस्थागत लोकतंत्र को अपनी सक्रियता के लिए आवश्यक तत्त्व मानते हैं। लेकिन इस ढाँचे को संस्थागत लोकतंत्र और सामाजिक रूपांतरण के अपने दीर्घकालीन लक्ष्य की पूर्ति के लिए पर्याप्त नहीं मानते। उनका मानना है कि इस लक्ष्य की प्राप्ति के लिए राजनीतिक संघर्ष का स्थल मुख्यधारा राजनीति के बजाय समाज और संस्कृति को बनाना होगा। इस अर्थ में वे मौजूदा संस्थागत लोकतंत्र को समाज परिवर्तन की विरोधी शक्तियों का प्रतिनिधि ढाँचा नहीं मानते, पर इसके भीतर ही और इसी के लिए काम करना उन्हें बहुत महत्त्वपूर्ण नहीं लगता। उनका राजनीतिक लक्ष्य और अधिक लोकतंत्रीकरण है। सिर्फ राजनीतिक संस्थाओं का ही नहीं, बल्कि परिवार, समुदाय, कामकाज के स्थलों, और व्यापक रूप से पूरे समाज का भी। जाहिर है कि ये सामाजिक संगठन और आंदोलन अपने को कुछ खास तबकों के अधिकारों और लाभ के लिए काम करने वाले दबाव-समूह के तौर पर नहीं देखते। बल्कि, स्वयं को राजनीतिक और सामाजिक परिवर्तन का आंदोलन मानते हैं। समाज और राजनीति के बीच रिश्ते से जुड़े बुनियादी मुद्दों को पुनः परिभाषित करने के लिए वे जन-भागीदारी का तरीका अपनाते हैं।

मैं यहाँ तीन बड़े सामाजिक आंदोलनों के संदर्भ में इस बात की संक्षिप्त व्याख्या करना चाहूँगा। ये तीन बड़े सामाजिक आंदोलन हैं—मानवाधिकार, पर्यावरणवादी, और नारीवादी आंदोलन। कई मानवाधिकार संगठनों के कार्यकर्ताओं की राय में मानवाधिकारों का मुद्दा नागरिक स्वतंत्रताओं की परंपरागत कानूनी समझ तक ही सीमित नहीं है। इसके तहत व्यक्तियों और समूहों की बुनियादी जरूरतें न पूरी होने की स्थितियाँ भी आती हैं। इन कार्यकर्ताओं की राय में सबसे गरीब लोग दोनों ही तरफ से मारे गए हैं। सरकार द्वारा अपनाए गए विकास के मॉडल के तहत उन्हें अर्थव्यवस्था में पूर्ण रोजगार का अधिकार नहीं है। न ही राज्य व्यवस्था के तहत वे पूर्ण अधिकार प्राप्त नागरिक हैं। अतः सामाजिक संगठनों और आंदोलन के विचार में मानवाधिकार की राजनीति का अर्थ सिर्फ नागरिकों के कुछ खास कानूनी अधिकारों के उल्लंघन

के खिलाफ संघर्ष ही नहीं हैं। बल्कि इसमें सामाजिक कार्य के लिए नई राजनीतिक और नागरिक संभावनाएँ उत्पन्न करना और इन संभावनाओं को विस्तृत करना भी शामिल है। मानवाधिकारों का संघर्ष दरअसल गरीब और वंचित तबकों की जीवन और विकास संबंधी जरूरतों को उन तबकों के आर्थिक, राजनीतिक और सांस्कृतिक अधिकारों के संघर्ष में बदलने की राजनीति है। यह सिर्फ व्यक्ति के रूप में नागरिकों के अधिकारों का संघर्ष नहीं है, बल्कि समाज में हाशिये पर जी रहे समूहों और समुदायों के अधिकारों की भी लड़ाई है। इस रूप में मानवाधिकार कार्यकर्ता विकास प्रक्रिया के लाभों तक पहुँच के अधिकारों को भी जातीय अस्मिता और मानवीय गरिमा के मुद्दों से जोड़ कर देखते हैं। वे भौतिक आवश्यकताओं की पूर्ति को मानव जीवन के आध्यात्मिक और सांस्कृतिक पहलुओं से अलग नहीं मानते। अनेक आंदोलनकारी समूह भी जो सिर्फ मानवाधिकारों के अकेले मुद्दे पर आधारित संगठन नहीं हैं, अधिकारों की ऐसी ही समझ के आधार पर मानवाधिकार आंदोलन को देखते हैं।

इसी प्रकार पर्यावरण आंदोलन के क्षेत्र में कार्य कर रहे सामाजिक संगठन पर्यावरण को सिर्फ विकास की लागत के पहलू के रूप में नहीं देखते, जैसा कि कई पेशेवर पर्यावरणवादियों का रवैया है। न ही उनकी दिलचस्पी आर्थिक विकास के ऊँचे लक्ष्य प्राप्त करने में पारिस्थितिकी विनाश के सहनीय स्तर तय करने में है, जैसाकि आधुनिकीकरण में लगी सरकारें करती हैं। इसके बदले वे पारिस्थितिकी को मानव जीवन के बुनियादी सिद्धांत के रूप में देखते हैं। अगर इस सिद्धांत को फिर से जीवंत बनाया जा सके तो अर्थव्यवस्था के मानवीय पुनः सगंठन के बेहतर सिद्धांत विकसित हो सकते हैं और विकास का लक्ष्य फिर से मानव कल्याण बनाया जा सकता है। अगर गाँधीजी का उदाहरण देते हुए कहें तो यह बुनियादी सिद्धांत यह है—'हर व्यक्ति की सभी आवश्यकताएँ पूरी होनी चाहिए, पर किसी के भी लालच की पूर्ति नहीं होनी चाहिए।'

महिला आंदोलन की कार्यकर्ताओं ने मौजूदा व्यवस्था में ही समान लाभ प्राप्त करने के अर्थ में अपनी समस्याएँ परिभाषित करना छोड़ दिया है। अब वे सुविचारित रूप से ऐसे मुद्दे उठा रही हैं जिनसे पृष्ठभूमि में दबी भारतीय नारीत्व की दुनिया में प्रवेश के रास्ते मिल सकें। उनका दीर्घकालीन लक्ष्य, जैसा कि वे कहती हैं, अर्थव्यवस्था और समाज में लिंग आधारित प्रचलित सिद्धांतों को बदलना है ताकि समाज और अर्थव्यवस्था दोनों अधिक न्यायपूर्ण और मानवीय बन सकें। वे पर्यावरणवादी आंदोलनों की विश्व-दृष्टि नारीवादी सिद्धांतों से अधिक करीब पाती हैं। उनकी दलील है कि पर्यावरणवादी और नारीवादी सिद्धांतों का मेल मौजूदा विकास की तुलना में समाज के आर्थिक और

राजनीतिक संगठनों को अधिक मानवीय रूप दे सकेगा। उनकी राय में मौजूदा विकास मानव जीवन, प्रकृति और संस्कृति के सभी पहुलओं पर पुरुष प्रभुत्व पर आधारित है। अंततः मानवाधिकार और पर्यावरणवादी आंदोलनों से मिलकर काम करने की उनकी रणनीति का लक्ष्य सामाजिक चेतना के प्रतिनिधि संगठनों एवं ढाँचों को बदलना है।

व्यापक परिप्रेक्ष्य अपनाते हुए सामाजिक संगठन और आंदोलन जमीनी स्तर के मुद्दों पर संघर्ष के लिए अक्सर आपसी संबंध बनाने में सफल हो जाते हैं। यह कोई संयोग नहीं है कि 'चिपको' जैसे पर्यावरणवादी आंदोलनों में महिलाओं की भागीदारी है और भूमिहीनों के हक के लिए चले बिहार के बोधगया आंदोलन के कार्यकर्ता अपना संघर्ष संपूर्ण क्रांति का आंदोलन मानते हैं जिसमें महिलाओं की महत्त्वपूर्ण नेतृत्वकारी भूमिका है। महिलाएँ विकास परियोजनाओं से विस्थापित हुए लोगों के अधिकारों के संघर्ष में, खासकर मध्य प्रदेश और महाराष्ट्र में, अग्रिम कतार में हैं। इसी प्रकार मानवाधिकार संगठन अक्सर दहेज, सती, बलात्कार और समान वेतन जैसे मुद्दों पर महिला संगठनों के साथ मिलकर काम करने लगते हैं। इसी तरह महिला संगठनों की कार्यकर्ताओं ने भोपाल गैस कांड के पीड़ितों को गोलबंद करने और उनकी मदद करने में सक्रिय भूमिका निभाई है। स्वतंत्र भारत में पार्टियों और ट्रेड यूनियनों के नेतृत्व में हुए आंदोलनों में कभी इतने बड़े पैमाने पर महिलाओं की निरतंर भागीदारी नहीं हुई जितनी आज हम ग्रासरूट स्तर पर गैरदलीय राजनीतिक आंदोलनों में देख रहे हैं।

हालाँकि ये आंदोलन अपनी पहुँच व्यापकतर बनाने और अधिक राजनीतिक सुसंगति प्राप्त करने की कोशिश कर रहे हैं, लेकिन उन्हें अपने संगठनों के भीतर भी फूट और विभाजनों का सामना करना पड़ता है। कुछ समय से इन संगठनों में पाँच मुद्दों पर जोरदार बहस चलती रही है। इस बहस से कुछ संगठनों में विभाजन हुए हैं और कुछ का आपस विलय हुआ है:

१. हिंसा के इस्तेमाल का सवाल। इसमें विशिष्ट मुद्दा यह है कि क्या हिंसा को लोगों की आत्मरक्षा का उचित साधन माना जाए या संघर्ष के लिए सत्याग्रह के अहिंसक तरीके पर पूरी तरह निर्भर रहा जाए।

२. सत्ता में जाने या इस पर कब्जा करने का सवाल। इसमें विशिष्ट मुद्दा यह है कि राजनीतिक दलों की चुनावी राजनीति में भाग लिया जाए (या उन्हें समर्थन दिया जाए) अथवा पूर्णतः गैर-चुनावी, गैर-दलीय राजनीति में ही शामिल रखा जाए।

३. अपना संघर्ष चलाने में ये संगठन / आंदोलन राजनीतिक दलों से किस प्रकार का संबंध रखें।

४. ऐसी कुछ विकास योजनाओं को लागू करने में क्या सरकार से सहयोग किया जाए जिनसे गरीबों को अल्पकालिक लाभ और फौरी राहत मिलती हो।

५. विदेशी धन लिया जाए या नहीं।

इन विवादों के चलते कुछ कार्यकर्ता आंदोलनों से अलग होकर राजनीतिक दलों में शामिल हो गए हैं। तो कुछ अपना राजनीतिक दल बनाने पर विचार कर रहे हैं। कुछ कार्यकर्ताओं ने अराजनीतिक किस्म के गैर-सरकारी संगठन (एन.जी.ओ.) बना लिए हैं और इस प्रकार न सिर्फ दलों, बल्कि 'पूरी राजनीति' से ही अलग हो गए हैं। मसलन, हिंसा के मुद्दे पर न सिर्फ बोधगया का पुराना आंदोलन विभाजित हो गया, बल्कि इससे बिहार में दो प्रकार के बड़े समूहों का उदय भी हुआ। इनमें एक वे थे जो कार्यनीति के रूप में हिंसा के इस्तेमाल में यकीन करते थे और दूसरे वे जिन्होंने सत्याग्रह जैसे अहिंसक संघर्ष में अपनी आस्था जताई।

III

सामाजिक कार्य और परिवर्तन की राजनीति

गाँधी और जेपी की धारा का प्रतिनिधित्व करने वाला सबसे असाधारण आंदोलन १९७८ में छात्र युवा संघर्ष वाहिनी के रूप में सामने आया। भूमि संघर्ष को केंद्र बनाने वाला अहिंसक जन-कार्रवाई के जरिए यह आंदोलन बोधगया के मठ की इजारेदारी से करीब दस हजार एकड़ जमीन छीनने में कामयाब हुआ। फिर यह जमीन उन किसानों में विधिपूर्वक बाँट दी गई जो पीढ़ियों से उस पर काम कर रहे थे। पट्टे देने में औरत और मर्द के साथ बराबरी बरती गई। इस आंदोलन ने अपने मूल्यों और बृहत्तर उद्देश्यों से संघर्ष के इलाके में रहने वाले ३,००० परिवारों के जीवन पर असर डाला। वाहिनी ने गारंटी की कि दलित खेत मजदूरों का हित ही हमेशा आंदोलन की प्राथमिकता रहे, और महिलाओं को नेतृत्व में अहम भागीदारी मिले। वाहिनी की इस कामयाबी से सारे देश में सामाजिक-आर्थिक रूपांतरण के लिए अहिंसक जुझारू आंदोलन की प्रतिष्ठा कायम हुई।

इसी किस्म का एक आंदोलन राजस्थान के गाँवों में तरुण भारत संघ का रहा जिसके नेता मेगसेसे पुरस्कार विजेता राजेंद्र सिंह हैं। इस आंदोलन के पीछे जेपी और विनोबा भावे के सिद्धांतों से प्रभावित विश्वास यह था कि अगर लोग सरकार के मोहताज न रहें और अपनी क्षमताओं व संसाधनों में यकीन करें तो वे अपनी समस्याएँ खुद हल कर सकते हैं और अपना विकास खुद कर सकते हैं। इस संगठन ने सूखा और गरीबी से पीड़ित सात सौ गाँवों में पंद्रह साल के भीतर-भीतर भूमि और जल प्रबंधन की स्वशासी प्रणालियाँ स्थापित करने में कामयाबी हासिल की। जोहड़ों का इस्तेमाल करके उसने जल संरक्षण करके दिखाया। बिना सरकार की मदद के ग्रामीणों ने अपने सामाजिक आत्मविश्वास के चलते छोटे-छोटे बाँधों और

तालाबों का एक नेटवर्क खड़ा कर दिया। खास बात यह है कि सरकार ने इन प्रयासों को अपने अधिकार-क्षेत्र का अतिक्रमण मान कर ग्रामीणों पर कई मुकद्दमे थोप दिए और बाँधों को तोड़ देने की धमकी दी क्योंकि न तो उन्हें सरकारी इजाजत से बनाया गया था और न ही उनके लिए सरकारी विशेषज्ञों (सिविल इंजानियरों) की मदद ली गई थी।

वर्चस्ववादी भूमंडलीकरण की प्रक्रिया का मुकाबला करने के लिए नव-आंदोलनों की राजनीति ने कानूनी तौर-तरीकों का भी बड़ी खूबी से सहारा लिया है। चूँकि सरकार नई अर्थव्यवस्था के तहत किसानों को नाम मात्र का मुआवजा दे कर भारतीय और बहुराष्ट्रीय निगमों के स्वार्थ में उनकी जमीनें हस्तगत कर रही है, इसलिए किसानों और आदिवासियों के अधिकारों का बहुत बड़े पैमाने पर हनन हो रहा है। नव-आंदोलन यह सवाल न केवल अदालती स्तर पर, बल्कि नागरिक समाज के व्यापक क्षेत्र में भी उठा रहे हैं। इस सिलसिले में जन-जागरण के लिए उन्होंने पदयात्राएँ करने के गाँधीवादी तरीके का बेहतरीन इस्तेमाल करना शुरू किया है। आंध्र प्रदेश के विशाखापटनम में बॉक्साइट खनन के कारण हो रहे पारिस्थितिकी विनाश के खिलाफ जन-चेतना बनाने के लिए १९९१ में समता और शक्ति जैसे नव-आंदोलनों ने मान्य प्रांते चैतन्य यात्रा आयोजित करके मिसाल पेश की। इसमें पचास नव-आंदोलन और जुड़ गए और चैतन्य यात्रा के दौरान हुए अनुभव के आधार पर उन्होंने एक रपट तैयार की जिसमें आदिवासियों के विस्थापन, पारिस्थितिकीय विनाश, वनों की कटाई, इस सब के कारण आ जाने वाली आकस्मिक बाढ़ और उपजाऊ जमीन में गाद जम जाने का ब्योरा है। इस चैतन्य यात्रा का दायरा लगातार बढ़ा है। इसने अन्य क्षेत्रों की समस्याओं से भी जूझना शुरू कर दिया है। समता ने सुप्रीम कोर्ट से भी गुहार की कि वह विनाशकारी खनने से आदिवासियों की रक्षा करे और संविधान की पाँचवीं अनुसूची में उन्हें मिले अधिकार सुनिश्चित किए जाएँ। १९९७ में सुप्रीम कोर्ट ने समता की बातों को आम तौर पर मानते हुए चार सौ पृष्ठ का एक फैसला दिया जिसमें अनुसूचित क्षेत्रों के विकास में आदिवासियों को भी सहभागी बनाने संबंधी हिदायतें दर्ज हैं। अदालत ने यह भी तय किया कि स्थानीय आबादी को नौकरियों में बीस फीसदी आरक्षण देना होगा, साथ ही स्थानीय बच्चों को शिक्षण संस्थाओं में इतना ही प्रवेश-आरक्षण दिया जाना चाहिए। और, प्रत्येक औद्योगिक इकाई को अपने मुनाफे का बीस फीसदी स्थानीय जनता के हितार्थ किए जाने वाले विकास पर खर्च करना होगा। यह फैसला मील का पत्थर साबित हुआ। आज सारे देश में इसे 'समता फैसले' के रूप में जाना जाता है। इसके बाद शुरू हुआ इस फैसले की हिदायतों पर अमल के लिए गोलबंदी और संघर्ष का सिलसिला। छः साल तक देश के विभिन्न हिस्सों में

प्रदर्शन, यात्राएँ और अधिवेशनों का आयोजन किया गया। इसी प्रक्रिया में उड़ीसा के रायगढ़ जिले में आदिवासी आंदोलन उभरा। इसे चालीस आंदोलनों के नेटवर्क एनसीपीएनआर का सहयोग और समर्थन प्राप्त था। इस आंदोलन ने समता फैसले का प्रभावी इस्तेमाल करते हुए सरकारी अधिकारियों को एहसास दिलाया कि बॉकसाइट खनन से आदिवासी जीवन को हो रही दिक्कतों का शमन करना उनका कर्तव्य है।

आईएएस की नौकरी छोड़ कर राजस्थान के एक छोटे से गाँव में न्यूनतम मजदूरी न देने के खिलाफ संघर्ष की शुरुआत करने वाली अरुणा राय का संगठन मजदूर किसान शक्ति संगठन (मकिशस) धीरे-धीरे एक ऐसे नव-आंदोलन में विकसित हो गया है जो सरकार को उसी के नियम-कानून लागू करने के लिए मजबूर करता है। मकिशस ने जन-सुनवाई का तरीका इस्तेमाल करके पत्रकारों और नागरिक समाज के सामने सरकारी धाँधली को बेनकाब किया। मकिशस ठेकेदारों, इंजीनियरों और स्थानीय निर्वाचित नेताओं को भी जन-सुनवाइयों में अपना पक्ष पेश करने के लिए बुलाने में कामयाब रहा। इसके बावजूद भी जब कोई असर नहीं पड़ा तो १९९६ में बियावर में चालीस दिन का एक मैराथन धरना आयोजित किया गया। उसके बाद फिर जन-सुनवाइयों, जुलूसों और प्रदर्शनों का सिलसिला शुरू हुआ। अंततः राजस्थान सरकार पंचायती राज कानून संशोधित करने पर मजबूर हुई ताकि फर्जी मस्टर रोल्स के आधार पर गरीब मजदूरों की मेहनत का पैसा खाने पर रोक लगाई जा सके। इसी से एक राज्य स्तरीय आंदोलन निकला जिसने माँग की कि सूचना के अधिकार का कानून बनाया जाए ताकि नागरिकों और संगठनों को जो हो रहा है उसकी पूरी जानकारी मिल सके। एक मॉडल विधेयक तैयार किया गया और उसके इर्द-गिर्द चलाई गई मुहिम के नतीजे के तौर पर संसद को भी एक विधेयक पारित करना पड़ा, हालाँकि यह विधेयक प्रस्तावित मॉडल विधेयक से काफी कमतर किस्म का था।

मकिशस की तरह और भी बहुत से संगठन लोकतंत्र को सहभागिता के धरातल पर ले जाने के लिए काम कर रहे हैं। इनमें अहमदाबाद का विख्यात संगठन सेवा, नागरिक अधिकारों के लिए काम करने वाला दिल्ली का मानुषी फोरम है, लोकायन की जन परिवहन पंचायत है। ग्राम सभाओं के सशक्तीकरण के लिए और ग्राम स्वशासन के लिए कामयाबी से काम करने वाले संगठनों से लेकर मुंबई, हैदराबाद, बंगलूर और कोलकाता जैसे शहरों में भी इसी तरह के संगठन सक्रिय हैं और नव-आंदोलनों की राजनीति कर रहे हैं।

व्यापक फलक पर भारतीय ग्रासरूट आंदोलनों की समीक्षा से निष्कर्ष निकलता है कि इन आंदोलनों को अधिक से अधिक एक नए किस्म की

राजनीति के विस्तृत हो रहे क्षेत्र के रूप में ही देखा जा सकता है। यह राजनीति सामाजिक कार्य की है। सचेत प्रयासों से बनाए गए संगठनों के जरिए यह राजनीति नागरिक समाज (सिविल सोसायटी) की सीमाओं का विस्तार कर रही है। इसके जरिए हाशिए पर पड़ी विशाल आबादी को नागरिक समाज में शामिल करने का प्रयास किया जा रहा है। संपूर्ण परिवर्तन की नई राजनीति पैदा करने के बारे में उनकी धारणा चाहे जो हो, मुझे लगता है कि उनके कार्यों के दीर्घकालिक प्रभाव भारत में आधुनिक राज्य की स्थापना के संदर्भ में देखे जाने चाहिए। यह राज्य अब तक समाज से दूर और ऊपर रहा है, जिसकी कमान नागरिक समाज के हाथों में आना जरूरी है।

इस प्रकार के प्रभाव आज दुनिया के कई अन्य देशों में भी देखे जा सकते हैं। विचारणीय प्रश्न यह है कि क्या विश्व का संवैधानिक ढाँचा विश्व स्तर पर नागरिक समाज के निर्माण की प्रक्रिया के जरिए, विश्व-नागरिकता के सहवर्ती विकास के साथ उभरेगा और विस्तृत रूप लेगा, या यह अंतर्राष्ट्रीय मुद्रा कोष व विश्व बैंक के तौर-तरीकों और अब शीत युद्ध के बाद के काल में 'पर्यावरण' और 'मानवाधिकारों' के नाम पर की जा रही दादागीरी जैसे उपायों से दुनिया भर पर थोपा जाएगा। जेहादी आतंकवाद जैसी परिघटनाओं के कारण भारतीय राज्य भूमंडलीय वर्चस्व के प्रति और घनिष्ठ होता जा रहा है। विश्व के दूसरे हिस्सों के 'नव-आंदोलनों' की तरह ही भारत के सामाजिक आंदोलन भी ऊपर से थोपी जाने वाली इन प्रक्रियाओं के शक्तिशाली प्रतिरोधक हैं। अगर भारत, और विश्व में न्यायपूर्ण और शांतिपूर्ण व्यवस्था की स्थापना की कोई उम्मीद बची है, तो लोकतंत्र के संवैधानिक ढांचे पर चिंतन को आंदोलनों की नई राजनीति से जुड़ना होगा। राज्य की संवैधानिक व्यवस्था और आंदोलनों की परिवर्तनकारी राजनीति में बढ़ते द्वंद्व के बीच महत्त्वपूर्ण मुद्दा विकास का है। राज्य (अर्थात् सरकारों) की राय में विकास का मतलब राष्ट्र-राज्य की आर्थिक और सैनिक शक्ति की परियोजनाओं को जारी रखना है। माओवाद की हिंसक मुहिम भी राज्य को इसी ओर धकेलने का कारण बन सकती है। दूसरी तरफ, आंदोलनकारी समूह विकास को एकात्मक परियोजना मानने से इंकार करते हैं। उनकी राय में विकास जनता, जन-समूहों और समुदायों के अस्तित्व की रक्षा लोगों की संपन्नता से अभिन्न रूप से जुड़ी है। आंदोलनों के नजरिए से इसे इस प्रकार कहा जा सकता है कि विकास सिर्फ आर्थिक उत्पादन हासिल करने से जुड़ा मुद्दा नहीं है। इसका उतना ही संबंध लोकतंत्र और संस्कृति के मुद्दों से भी है।

इस विश्लेषण से स्पष्ट है कि नव-आंदोलनों की राजनीति निरंतर राजनीतिक हस्तक्षेप के जरिए लोकतंत्र का नया विमर्श स्थापित करना चाहती है। यह काम वह

तीन स्तरों पर कर रही है : (अ) ग्रासरूट स्तर पर, ताकि आम जनता की अपनी क्षमताओं और सत्ता की संरचनाएँ खड़ी हो सकें। इस स्तर पर नव-आंदोलन राजनीतिक संघर्ष करते हैं जिससे जन-अधिकारों की दावेदारी मजबूत होती है और उन्हें अपने मामले खुद निबटाने के लिए एक हद तक स्थानीय स्वायत्तता मिलती है। (ब) प्रांतीय और राष्ट्रीय स्तर पर राष्ट्रव्यापी मुहिमें चला कर एवं गठजोड़ बना कर, ताकि जनविरोधी परियोजनाओं और नीतियों से संबंधित बड़े मुद्दों पर प्रतिरोध के लिए गोलबंदी की जा सके और आंदोलनों के बीच परस्पर समर्थन और एकजुटता पैदा की जा सके। (स) भूमंडलीय स्तर पर, ताकि वर्चस्ववादी भूमंडलीकरण का विरोध करने के लिए सक्रिय राष्ट्रेतर गठजोड़ों और आंदोलनों से जुड़ा जा सके। नव-आंदोलनों के कई नेता और कार्यकर्ता इस तरह की राजनीति से जुड़े हुए हैं। इन तीनों स्तरों पर नव-आंदोलनों का लक्ष्य आम लोगों को इतना स्वायत्तता संपन्न करना है कि वे अपने राजनीतिक, आर्थिक, सांस्कृतिक और पारिस्थितिकीय पर्यावरण को अपने हाथ में ले सकें।

अपने इन्हीं लक्ष्यों के कारण नव-आंदोलन अक्सर राज्य, नौकरशाही और कानून व व्यवस्था की मशीनरी के साथ टकराव में चले जाते हैं। उन्हें सत्ता की स्थानीय संरचनाओं से भी टकराना पड़ता है। भारत के ग्रामीण और आदिवासी जीवन में निरंतर अपनी घुसपैठ बढ़ाती जा रही बहुराष्ट्रीय कंपनियों से भी उनका संघर्ष चल रहा है। इन आंदोलनों को कभी-कभी राजनीतिक दलों और स्थापित ट्रेड यूनियनों से भी जूझना पड़ता है। आंदोलनकारी कार्यकर्ता मान कर चलते हैं कि उनका मकसद चुनावी राजनीति के दायरे में पार्टियों से होड़ करना न हो कर सामाजिक और राजनीतिक रूपांतरण के लिए दीर्घकालीन संघर्ष चलाना है। वे लोगों की जन-चेतना बढ़ा कर उन्हें उनके अपने संगठनों से लैस करना चाहते हैं। इस प्रक्रिया में नव-आंदोलनों की सक्रियता वाले इलाकों में सहभागी लोकतंत्र की राजनीतिक संस्कृति की रचना होती चलती है।

सहयोगी रचनाएँ

२५ जून १९७५ को तत्कालीन प्रधानमंत्री इंदिरा गाँधी ने सत्ता में बने रहने के उद्देश्य से भारत में आंतरिक आपात्काल की घोषणा कर दी। इसके पहले १२ जून को एक हाई कोर्ट के फैसले के तहत चुनावी दुराचरण के आरोप में उनकी संसद सदस्यता रद्द कर दी गई थी। आपात्काल दो वर्ष तक रहा और इस दौरान कुछ मूल अधिकारों समेत नागरिकों के संवैधानिक अधिकारों को निलंबित कर दिया गया था। आपात्काल का कई राजनीतिक दलों और सामाजिक कार्यकर्ताओं ने कड़ा प्रतिरोध किया। आपात्काल में संवैधानिक अधिकारों की किस तरह अनदेखी की गई इसका ब्योरा देखने के लिए पुस्तक *पॉलिटिक्स*

एंड द पीपुल : इन सर्च आफ ह्यूमन इंडिया, अंजता प्रकाशन, दिल्ली, १९८९ में पृष्ठ २३५ से २५० के बीच रजनी कोठारी का लेख 'एंड ऑफ एन एरा' पढ़ें।

भारत में लोकतांत्रिक शासन की संस्थाओं के क्षय का विश्लेषण पुस्तक स्टेट *अगेंस्ट डेमोक्रेसी : इन सर्च आफ ह्यूमन गवर्नेंस* में रजनी कोठारी के लेख, 'डिक्लाइन ऑफ द मॉर्डन स्टेट' में उपलब्ध है (अंजता प्रकाशन, दिल्ली, १९८८, पृष्ठ १५-३६)। राजनीतिक दलों के क्षय का विवरण इसी किताब में शामिल कोठरी के लेख 'डिक्लाइन ऑफ पार्टीज एंड राइज ऑफ ग्रासरूट मूवमेंट्स', पृष्ठ ३३-५४ में पाया जा सकता है। सामाजिक आंदोलनों की विश्वव्यापी संभावनाओं के बारे में विस्तृत विवरण के लिए पढ़े रिचर्ड फॉक का लेख 'द ग्लोबल प्रोमिस ऑफ सोशल मूवमेंट्स : एक्सप्लोरेशन्स ऐट द एज ऑफ टाइम', *आल्टरनेटिव्ज़,* खंड १२, अंक २, अप्रैल, १९८७

संदीप पेंडसे ने ट्रेड यूनियन आंदोलन में क्षय का रेखाचित्रों (ग्राफ) के साथ ब्योरा दिया है। इसके लिए देखें, 'द दत्ता सामंत फेनॉमेनन', *इकॉनॉमिक एंड पॉलिटिकल वीकली,* खंड १६, अंक १६-१७, अप्रैल १९८१, पृष्ठ १-८

१९७० के दशक में विधायी और न्यायिक संस्थाओं में हुए क्षय के विवरण के लिए देखें *पॉलिटिक्स एंड द पीपुल : इन सर्च ऑफ ह्यूमन इंडिया* में रजनी कोठारी का लेख 'टेकिंग स्टॉक ऑफ द सेवेंटीज', पृष्ठ ३४३-३५३

ग्रासरूट आंदोलनों के कार्यकर्ताओं के सामने आने वाली समस्याओं की चर्चा धीरूभाई शेठ के लेख 'ग्रासरूट्स इनिशिएटिव्स इन इंडिया' में की गई है, *इकॉनॉमिक एंड पॉलिटिकल वीकली,* खंड १९, अंक ६, फरवरी, १९८४

समाज परिवर्तन की राजनीति में ग्रासरूट आंदोलनों की भूमिका के आलोचनात्मक मूल्यांकन के लिए पढ़ें हर्ष सेठी का लेख 'ग्रुप्स इन न्यू पॉलिटिक्स ऑफ ट्रांसफॉर्मेशन', *इकॉनॉमिक एंड पॉलिटिकल वीकली,* खंड १४, अंक ७, १८ फरवरी, १९८४, पृष्ठ ३०५-३१६. इस विषय पर अधिक विस्तृत चर्चा के लिए देखें धीरूभाई का लेख, 'आल्टरनेटिव डेवलपमेंट ऐज पॉलिटिकल प्रैक्टिस', *आल्टरनेटिव्ज़,* खंड १२,अंक २, अप्रैल १९८७

आंदोलनों के राजनीतिक चिंतन और उनके रुख का विवरण यहां लेखक ने भारत के विभिन्न हिस्सों के करीब सौ कार्यकर्ताओं के साथ अपने संवाद के आधार पर दिया है। यह संवाद १९८० के दशक के आरंभ में लोकायन ने आयोजित किया था।

पर्यावरणवादी नारीवाद की अग्रणी प्रवक्ता वंदना शिवा हैं। उनकी किताब *स्टेयिंग अलाइव : वूमन इकोलॉजी एंड सरवाइवल इन इंडिया,* काली फॉर वूमन, नई दिल्ली, १९८८

मानवाधिकार : दुविधा और चुनौती

हमारा राज्य धीरे-धीरे दमनकारी और अस्थिर होने की तरफ बढ़ रहा है। मध्य वर्ग और अभिजन में जनाधिकारों के प्रति शत्रुभाव है। जनाधिकारों का विस्तार करने के बजाय फिलहाल जरूरत उनके जीर्णोद्धार की है। उन्हें लोगों की बुनियादी जरूरतों से जोड़ कर पेश करने की है। हमें एक ऐसी सामाजिक व्यवहार शैली विकसित करनी और लोकप्रिय बनानी होगी जो व्यापक जनता की लोकतांत्रिक आकांक्षाओं और बुनियादी जरूरतों को संतुष्ट करती हो और जिस से सभ्य जीवन मूल्यों की परस्पर सहभागिता को बढ़ावा मिलता हो। नागरिक अधिकार आंदोलन अगर मुख्य धारा की प्रतिद्वंद्वितामूलक राजनीति के ध्रुवीकरण में फँस गया या सिद्धांतकारों द्वारा गढ़े गए हवाई विमर्श में उड़ने लगा तो उसे बहुत नुकसान उठाना होगा। हमारा 'दायित्व' जनाधिकार की एक स्वायत्त और निष्पक्ष राजनीतिक संस्कृति का विकास करना है।

'हम नागरिक अधिकारों के दमन जैसी घटनाओं के आदी हो गए हैं। भारत के हालात ही ऐसे हैं। हम कभी विरोध व्यक्त करते हैं तो कभी रोष, लेकिन जल्दी ही हम इस दमन के अभ्यस्त भी हो जाते हैं। फिर उनके कारण हमें कोई छटपटाहट नहीं होती।' नागरिक समाज में मानवाधिकारों के प्रश्न पर अकुलाहट की कमी से फूटे ये हताश शब्द किसी नागरिक अधिकार नेता के उद्‌गार मात्र नहीं हैं। ये शब्द तो करीब ५८ वर्ष पहले सात नवंबर, १९३६ को कलकत्ता में

**यह लेख धीरूभाई ने अपने तत्कालीन सहयोगी हर्ष सेठी के साथ मिल कर लिखा था।*

सिविल लिबर्टीज यूनियन के उद्घाटन पर जवाहर लाल नेहरू ने अपने भाषण में कहे थे।

हमारा देश एक बार फिर ऐसी ही स्थिति में फँस गया लगता है। मानवाधिकार आंदोलन में थकान के लक्षण दीख रहे हैं। ऊपर से निराशा और स्वयं को निर्भूल मानने की चिंताजनक प्रवृत्तियों ने उसे दोहरी गिरफ्त में कस लिया है। मानवाधिकार से जुड़े संगठनों की हालत यह है कि वे अधिकार हनन की घटनाओं पर जनता के मौन बहुमत को गोलबंद करने के बजाय अपनी सारी ताकत एक दूसरे के खिलाफ पीठ पीछे निंदा, टांग खिंचाई और यदा-कदा क्षोभ व्यक्त करने में खर्च किए दे रहे हैं। आंदोलन एक तरह की अंतर्मुखी उग्रता का शिकार हो गया है। राजनीतिकरण की प्रक्रिया और राजनीतिक समुदाय के विस्तार के बावजूद मानवाधिकार आंदोलन की प्रगति अवरुद्ध हो गई है। नागरिक अधिकारों पर राज्य और दूसरी कई संगठित शक्तियों के तीव्र प्रहार की परिस्थिति में मानवाधिकार संगठनों का यह रवैया स्वयं उनके लिए ही नहीं, देश और समाज के लिए भी घातक है।

जनता के विभिन्न हिस्सों को सेकुलर बनाम सांप्रदायिक अथवा आधुनिकतावादी बनाम पुराणपंथी जैसे हवाई नाम दे कर परिभाषित किया जा रहा है। मानवाधिकार आख्यान पर इस प्रवृत्ति का क्षयकारी प्रभाव पड़ा है। इसी रवैए के कारण मानवाधिकार आंदोलन राष्ट्रवाद बनाम इंसाफ की विकृत बहस में फँसता जा रहा है। दरअसल यही समय है जब हमें यह स्वीकार करना होगा कि अधिकांश भारतीय जनता आज भी न्याय, समता, उत्तरदायित्व और परस्पर सहिष्णुता के लिए प्रतिबद्ध राज्य और समाज में रहना चाहती है। राजनीतिक बहुमत ऐसे ही लोगों का है। मानवाधिकार आंदोलन जब तक इस बुनियादी धारणा पर नहीं चलेंगे तब तक वे सुस्पष्ट जनाधिकार राजनीति विकसित नहीं कर सकते। समस्त जनता की लोकतांत्रिक आकांक्षाओं से बेखबर मानवाधिकार आंदोलन मुख्यधारा की राजनीतिक संस्कृति में लुप्त हो जाने के कगार पर पहुँच गये हैं। इस राजनीतिक संस्कृति में अधिकारों का सवाल इस या उस पक्ष के दृष्टिकोण अथवा सांप्रदायिक या राजनीतिक दलबंदी और 'बहुमत' या 'अल्पमत' के नजरिए से उठाया जाता है। हाल ही में उभरे कई मानवाधिकार संगठन हिंदुत्व की शैतानी ताकतों से लड़ने का इरादा रखते हुए भी इसी विकृति के शिकार होते जा रहे हैं।

मानवाधिकार संगठनों के पक्षपाती रुझान की यह घटना न तो नई है, और न ही किसी आकस्मिकता का परिणाम है। इसकी जड़ें आजाद भारत की शासक वर्गीय राजनीति में निहित हैं। एक जमाने में नेहरू की सिविल लिबर्टी यूनियन

इस तर्क के आधार पर भंग कर दी गई थी कि एक 'प्रगतिशील' संविधान, नियमित और जीवंत चुनाव प्रक्रिया, बहुदलीय लोकतंत्र, आजाद प्रेस और स्वतंत्र न्यायपालिका वाले स्वाधीन देश के लिए स्वायत्त मानव अधिकार आंदोलन की क्या आवश्यकता है। परिणामत: यह आंदोलन थक कर सुस्ताने की स्थिति से गुजरता हुआ लंबी नींद में खो गया। इस बीच तेलंगाना का किसान संघर्ष निर्ममता से कुचला गया। कम्युनिस्ट पार्टी प्रतिबंधित की गई। पूर्वोत्तर प्रांतों की जनता तकरीबन फौज के हवाले ही कर दी गई। उन पर जम कर अत्याचार हुए। साठ के दशक के अंत में फर्जी मुठभेड़ों के जरिए नक्सलियों की माओवादी चुनौती तोड़ी गई। लेकिन मानवाधिकारवादियों के कानों पर जूँ तक नहीं रेंगी। अधिकार हनन की इन भीषण घटनाओं को मामूली 'पथविचलन' अथवा लोकतांत्रिक संस्थाओं के संरक्षण के लिए जरूरी मान कर नजरअंदाज कर दिया गया।

लेकिन, १९७५ के जून में घोषित इमरजेंसी से आँखें खुल गईं। तब पता चला कि हमारे संवैधानिक और मूल अधिकारों के ढाँचे कितने नाजुक हैं। इमरजेंसी ने यह सच्चाई पूरी तरह उजागर कर दी कि जनाधिकारों की सुरक्षा के लिए सतर्क और शक्तिशाली जमीनी आंदोलन के बिना संवैधानिक गारंटियों का कोई मतलब नहीं होता। इमरजेंसी ने राजनीतिक प्रभु वर्ग के कई हिस्सों को भी सरकारी दमन की लपेट में ले लिया। इसीलिए उन्हें प्रतिरोध संघर्ष चलाना पड़ा। इस प्रक्रिया ने नागरिक अधिकारों पर चल रही संकुचित और विवादग्रस्त बौद्धिक बहस को नए आयाम दिए जो अब तक रोटी बनाम आजादी के कृत्रिम सूत्रीकरण में उलझी हुई थी। फिर जनता पार्टी सत्ता में आई, और दुर्भाग्य से बहुतों ने इसे 'जनता की सरकार' भी समझ लिया। हालात कुछ ऐसे बने कि एक बार फिर जनाधिकार आंदोलन पक्षपात पूर्ण होने लगा। जनता पार्टी-शासन में हुए बेलछी जैसे कांडों और दलितों और जनजातियों पर दमन की आम घटनाओं को सामान्य 'पथविचलन' की संज्ञा दे दी गयी। १९८० में इंदिरा गाँधी की सत्ता में वापसी एक ऐसा परिवर्तन था जिसने सन्तोष की तन्द्रा में चले गये मानवाधिकार संगठनों को झकझोर कर जगा दिया।

अस्सी का दशक कई पहलुओं से मानवाधिकार आंदोलन के उत्थान का दशक साबित हुआ। इस दौर में पुराने संगठनों ने करवट ली और नए संगठन भी उभरे। हर तरह की प्रवृत्तियों को अपने दायरे में स्थान देने वाले अखिल भारतीय जन-अधिकार संघ (पीयूसीएल) और एक उद्देश्यपूर्ण टीम की तरह काम करने वाली पीपुल्स यूनियन फॉर डेमोक्रेटिक राइट्स (पीयूडीआर) से लेकर आंध्रप्रदेश में आंध्र प्रदेश सिविल लिबर्टीज कमेटी, पश्चिम बंगाल में

एसोसिएशन फॉर द प्रोटेक्शन ऑफ डेमोक्रेटिक राइट्स, महाराष्ट्र में कमेटी फॉर द प्रोटेक्शन ऑफ डेमोक्रेटिक राइट्स और गुजरात में मानव अधिकार संघ जैसे संगठन सक्रिय हो गए। जाँच रपटों का प्रकाशन, विशेष तौर से राज्य द्वारा अपने ही कानूनों के उल्लघंन से संबंधित, लोकहित कानून के तहत मामले दर्ज कराना, प्रेस कान्फ्रेंस और प्रेस विज्ञप्तियों के जरिए समाचार माध्यमों का ध्यान आकर्षित करना, सरकारी दमन अथवा काले कानूनों के खिलाफ विरोध प्रदर्शन आयोजित करने जैसी कार्रवाइयाँ मानवाधिकार आंदोलन की प्रमुख गतिविधियाँ बन गईं। अधिकार हनन से पीड़ितों की शिकायतें दूर कराने और उन्हें राहत दिलाने का काम गंभीरता से लिया गया।

आंदोलन का यह विकास महत्त्वपूर्ण था। धीरे-धीरे मानवाधिकार संगठनों के नेतृत्व में चल रहा जनाधिकार विमर्श गैर-सरकारी संगठनों और आंदोलनों को भी आकर्षित करने लगा। वे भी बंधुआ मजदूरों और बाल श्रम के खिलाफ, निजी और सार्वजनिक क्षेत्रों में स्त्रियों के प्रति अन्याय के विरुद्ध, धार्मिक व सांस्कृतिक अल्पसंख्यकों के अधिकारों की सुरक्षा के लिए श्रमिक अधिकारों की हिफाजत करने के लिए और पारिस्थितिकी को अपूरणीय क्षति पहुँचाने व गरीबों को उजाड़ने वाली दैत्याकार विकास परियोजनाओं के खिलाफ उठाये जा रहे इस स्वर में स्वर मिलाने लगे। इस तरह मानवाधिकार समूहों और विभिन्न क्षेत्रीय व आम लोगों से जुड़े हुए ग्रासरूट आंदोलनों के बीच बने सूत्र से एक तरह की जनाधिकार राजनीति उभरी, जो न केवल नागरिक अधिकारों के उल्लघंन के मुद्दे पर राज्य से टकराई, बल्कि उसने आंदोलनों की मार्फत समाज परिवर्तन के जरिए जनाधिकारों को, प्रोत्साहित और विस्तृत करने में राज्य से हस्तक्षेप की माँग भी की। इस पूरी गतिविधि से दमनकारी राज्य तंत्र और अधिकार वंचित जनता के बीच बहुमुखी संघर्ष का बिम्ब बना। धीरे-धीरे कानूनी हस्तक्षेप, जन प्रतिरोध, अखबारी खबरों और जान हथेली पर लेकर काम करने वाले कार्यकर्ताओं के साहसिक कारनामों के जरिये वंचितों को अधिकार संपन्न कराने की लड़ाई मानवाधिकार आख्यान का मूल मंत्र बन गया।

लेकिन, आज मानवाधिकार आंदोलन अपनी यह छवि खो चुका है। ऊपर जिनका जिक्र किया गया है, वे शक्तियाँ अभी सक्रिय हैं, पर अस्सी के दशक का जोशीला माहौल खत्म होता जा रहा है। इसका पहला कारण तो यह है कि आम आदमी के जान-माल के लिए आधारभूत हालात पहले से कहीं अधिक दमनकारी और असुरक्षित हो गए हैं। इससे उत्पीड़ितों को राहत दिलाने और उनके अधिकारों की पुनः स्थापना करने का काम इतना दुष्कर हो गया है कि मानवाधिकार आंदोलन की क्षमता से बाहर लगने लगा है। राज्य द्वारा यातना,

गैरकानूनी नजरबंदी, बेबात फायरिंग, फर्जी मुठभेड़ों में हत्याएँ, दमनकारी कानूनों के बेजा इस्तेमाल को दस्तावेज बंद करने की समस्या और कार्यकर्ताओं की मनमानी गिफ्तारियाँ व झूठे मुकदमों में फँसाने की साजिशों का संस्थागत रूप से कोई जवाब ढूँढ़ पाने में ये आंदोलन सर्वथा असफल रहे हैं। न ही सार्वजनिक प्रतिरोध के रूप में उनके पास इसका कोई उत्तर है। अब तो सशस्त्र सेना विशेष अधिकार कानून और आतंकवादी और अशांतिकारी गतिविधि कानून नए-नए क्षेत्रों में लागू होता रहता है। लेकिन न सांसदों को कोई फर्क पड़ता है, और न ही लोकतंत्र के प्रहरी बने हुए पत्रकारों को। केवल अंतर्राष्ट्रीय मानवाधिकार संगठन विदेशी मंचों पर ये मसले को उठाने के लिए रह जाते हैं।

दूसरा, और अधिक महत्त्वपूर्ण कारण यह है कि वर्गों और श्रेणियों से परे जा कर जिस समूची जनता को उत्पीड़ित मान अधिकारों से लैस करने की कोशिश की जाती रही, उसी जनता को आज सांप्रदायिकता ने अपनी चेतना से लैस करना शुरू कर दिया है। जो लोग कभी राज्य द्वारा और विकास थोपने वाली संस्थाओं द्वारा उत्पीड़ित समझे जाते थे, वे अपने मुकाबले संख्या में कम और कमजोर 'दूसरों' को उत्पीड़ित कर के 'नई शक्ति' की अनुभूति कर रहे हैं। अर्थात् अधिकार वंचित बहुमत ने अपने ही अंदर चौधराहट लादने के लिए 'अल्पसंख्यक' बना लिए हैं। इन अल्पसंख्यकों को विशेष परिस्थितियों के कारण 'हिंदुत्व' का बहुमतवादी प्रतीक भी नसीब नहीं है।

तीसरे, भूमंडलीकरण और उदारीकरण की नई अर्थ नीतियों और ढाँचागत समायोजन कार्यक्रमों ने मानव अधिकार कार्यकर्ताओं समेत मध्य वर्ग को विचारधारात्मक रूप से बाँट दिया है। उदारपंथियों और वामपंथियों के बीच पुराना विचारधारा-भेद आज उन्हें पुनः तोड़ रहा है। जनता को शक्तिमान बनाने के लिए राज्यशक्ति से टकराने वाला वह मतैक्य भी अब नहीं रहा, जो इमरजेंसी के बाद प्रतिपक्ष में देखने को मिला था। समाज परिवर्तन के लिए राज्य शक्ति के इस्तेमाल के सवाल पर इन लोगों में तीखे मतभेद उभर आए हैं। गरीबी, सामाजिक न्याय और सेकुलरवाद को परिभाषित करने के मामले में भी इनमें विभाजन है। हम एक ऐसी परिस्थिति से गुजर रहे हैं जिसमें राज्य की संस्था कमजोर और असुरक्षित हो गई है। वह कमजोरों पर जुल्म ढाती है, लेकिन हमलावर लुटेरों से दब जाती है। नागरिक समाज टूट-फूट, दलबंदी और अराजकता का शिकार हो गया है। मानवाधिकार संबंधी बहस जनता को अधिकार संपन्न कराने के मुद्दे से हट कर राज्य के 'संवैधानिक फासीवाद' बनाम धार्मिक बहुमत के द्वारा अपनाई जा सकने वाली 'विदेशी द्वेष से बजबजाती अन्ध-देशभक्ति' में फँसी हुई लगती है। इस परिवर्तन में समाचार माध्यमों और

बुद्धिजीवियों के एक तबके की भूमिका उल्लेखनीय है। इन तत्त्वों ने अपेक्षाकृत खुशहाल नागरिकों में एक प्रतिक्रियात्मक मानसिकता पैदा कर दी है जिससे वे असहमति और विरोध की हर गतिविधि को राज्य विरोधी, राष्ट्र विरोधी, आंतरिक अस्थिरता लाने वाली और इसीलिए दमन के योग्य मान लेते हैं, भले ही वह गतिविधि सेकुलरवादियों की हो या हिंदू राष्ट्रवादियों की। जन-अधिकारों जैसा महत्त्वपूर्ण मुद्दा अर्थात राष्ट्रवाद बनाम नागरिकता का मसला समाचार माध्यमों द्वारा सांप्रदायिकता के संकीर्ण मुद्दे को प्रमुखता देने के कारण दब गया है। सांप्रदायिकता के आख्यान में आत्मपहचान का प्रश्न जनहित पर और सामूहिक निष्ठा व्यक्तिगत अधिकारों पर छा गई है।

मानवाधिकार आंदोलन के सामने केवल सांगठनिक समस्याएँ ही नहीं हैं। आज वे नागरिक समाज में जन-अधिकारों की राजनीतिक संस्कृति के प्रसार की चुनौती भी झेल रहे हैं। वे इस कसौटी पर तभी खरे उतर पाएँगे जब पुराने विचारधारात्मक विवादों से उत्पन्न पक्षपाती रवैया और संकीर्ण चिंतन त्याग देंगे। उन्हें अपनी निजी पहचान पर भी पुनर्विचार करना पड़ सकता है। पुरानी पक्षधर विचारधाराओं अथवा एकतरफा सांप्रदायिक अथवा धर्मनिरपेक्ष फिकरेबाजी में उलझे संगठन मानवाधिकार के सवाल को केवल एक पूरक कार्रवाई अथवा अपनी पुरानी कार्यसूची का एक अतिरिक्त आइटम ही मानते हैं। जाहिर है कि आंदोलन की कमजोरी मानवाधिकारों के प्रति चिंतित समूहों की संख्या कम होने, उनके समर्थन का आधार सुसंगठित न होने, राज्य का दमन बहुत बढ़ जाने और राज्य से एक साथ कई मोर्चों पर न टकरा पाने की कमजोरी में ही निहित नहीं है। बेशक ये समस्याएँ महत्त्वपूर्ण हैं, लेकिन इन्हें ठीक से सुलझाने के लिए जरूरी है कि मानवाधिकार कार्यकर्ता बदलते हुए समय के साथ-साथ अपनी पुरानी धारणाओं की जाँच पड़ताल भी करें। आज परिस्थिति यह है कि संवैधानिक मानदंडों और मूल्यों की चिंता कम होती जा रही है। विवादों को सुलझाने के लिए हिंसा का सहारा लेने की प्रवृत्ति बढ़ती जा रही है। राज्य और उसकी लोकतांत्रिक संस्थाओं की गरिमा और वैधता भी घटी है। ऐसी हालत में मानवाधिकार आंदोलन को नई सैद्धांतिक और द्वंद्वात्मक मुहिम चलानी होगी जिसमें मानवाधिकार का सवाल मुख्यत: जनाधिकारों से जोड़ कर परिभाषित करना पड़ेगा। अन्यथा यह आंदोलन बेकार के विवादों में उलझा रह जाएगा। इन विवादों से नागरिक समाज में जनाधिकारों की राजनीतिक संस्कृति के विस्तार और सुदृढ़ीकरण में कोई इजाफा नहीं होगा। आइए, मानवाधिकार आंदोलन के समक्ष चुनौतियों और दुविधाओं की प्रकृति पर सिलसिलेवार गौर करें।

१

सांप्रदायिक हिंसा और दंगों की बढ़ती हुई उग्रता ने पिछले कुछ वर्षों में मानवाधिकार कार्यकर्ताओं को और भ्रमित व हताश कर दिया है। अल्पसंख्यकों के खिलाफ नफरत भरी तकरीरों, उनके मनों में बैठे डर और आसन्न खतरों के प्रति चिंता, 'जाति संहार' की मुहिम की तरह अक्सर सरकारी बलों के सहयोग और कभी-कभी सक्रिय भागीदारी से किए गए अल्पसंख्यक विरोधी हमलों, बलात्कारों, आगजनी, लूट और हत्याओं ने मानवाधिकार समूहों को बुरी तरह झकझोर दिया है। इस परिस्थिति से निपटने के लिए इन समूहों ने सांप्रदायिकता विरोधी प्रचार, रैलियाँ, एकता मार्च, जाँच रपटों, अपराधियों को सजा देने की माँग तथा रिटायर जजों के नेतृत्व में आयोग और अदालत बैठाने के कार्यक्रम लिए हैं। लेकिन ये कदम निष्प्रभावी और कमजोर समझे जा रहे हैं। यह सही है कि इन गतिविधियों से सरकारी एजेंसियों को आड़े हाथों लिया जा सका है, लेकिन लोकजीवन में समुदायों के आंतरिक संबंधों में रूपांतरण करके राज्य के लिए लोकतांत्रिक रूप से काम करने की गुंजाइश तैयार करने का कार्यभार निभाने में मानवाधिकार समूह विफल रहे हैं। जाहिर है कि सांप्रदायिक खतरा आज कहीं ज्यादा ही गंभीर है। इस नाकामी के कारण सेकुलरवादियों को राज्य से अपील करनी पड़ रही है कि वह अपनी कानूनी धर्मनिरपेक्ष ताकत का इस्तेमाल हिंदुत्व-आंदोलन कुचलने के लिए करे। इसके जवाब में बहुमत के दावेदार हिंदू राष्ट्रवादी राज्य के हस्तक्षेप को न केवल अलोकतांत्रिक बल्कि एकतरफा, द्वेषपूर्ण और हिंदुओं को चोट पहुँचाने के एक और प्रयास के रूप में पेश करते हैं।

सेकुलरवाद के मुद्दे को लोकतांत्रिक अधिकारों और नागरिक अधिकारों के संदर्भ में अभिव्यक्त करने के बजाय उत्तरोत्तर अल्पसंख्यक विरोधी बनाम बहुसंख्यक विरोधी संदर्भों में परिभाषित किया जा रहा है। जाहिर है कि यह आख्यान सांप्रदायिक राजनीतिक शब्दावली में फँस गया है। असलियत यह है कि समाज में धर्मनिरपेक्षीकरण की वास्तविक और शक्तिशाली ताकतें सेकुलरवादियों और सांप्रदायिकतावादियों ने अपनी-अपनी गिरफ्त में ले ली हैं। धर्मनिरपेक्षीकरण और आधुनिकीकरण की प्रक्रिया में लोकतांत्रिक अधिकारों का सवाल पूरी तरह दरकिनार कर दिया गया है। यह एक नंगा सच है कि हमारा लोकतंत्र आज एक ऐतिहासिक मोड़ पर है, जहाँ खुली प्रतिस्पर्धात्मक राजनीति ने ही विभिन्न हितों की राजनीति को शुद्ध अस्मिताओं की राजनीति में बदल दिया है। सवाल यह है कि इसमें मानवाधिकार आंदोलन की भूमिका क्या है? वे इस बदलाव में योगदान कर रहे हैं या उन्हें रोक रहे हैं?

आजादी के बाद पहली बार भारत में हिंदुओं की राजनीतिक गोलबंदी

अखिल भारतीय स्तर पर हुई है। इससे पहले सांप्रदायिक फसादों का स्वरूप आकस्मिक और स्थानीय हुआ करता था, लेकिन आज ऐसी कोई भी घटना फौरन बहुसंख्यक और अल्पसंख्यक का राष्ट्रीय धुव्रीकरण करने की हैसियत प्राप्त कर लेती है। मानवाधिकार समूह हिंदू समाज में हिंदुत्ववादियों की गहरी घुसपैठ से काफी बेचैन हैं। हिंदुत्ववादी ताकतें हिंदुओं के बीच अल्पसंख्यक विरोधी प्रवृत्तियों को बेझिझक प्रोत्साहित कर रही हैं। उन्हें अल्पसंख्यक विरोधी हिंसा को बढ़ावा देने में मजा आने लगा है। लेकिन इस समस्या को लोकतांत्रिक अधिकारों के संदर्भ में देखने के बजाय बहुसंख्यक विरोधी धार्मिक अथवा राजनीतिक सेकुलरवाद का नाम दे कर कुछ मानवाधिकार कार्यकर्ताओं ने एकदम नए विमर्श की शुरुआत ही कर दी है।

एक प्रमुख मानवाधिकार नेता ने हाल ही में अपील की है कि मानवाधिकार समूहों को 'अपनी उदारतावादी संविधानपरस्त अदूरदर्शिता त्याग कर राज्य से आग्रह करना चाहिए कि वह अपनी पूरी ताकत का इस्तेमाल कर उन सभी ताकतों को कुचल डाले जो धर्मआधारित राज्य की स्थापना और धार्मिक अल्पसंख्यकों को सताने के लिए अलोकतांत्रिक व गैरसंवैधानिक नीतियों पर चल रही हैं।' इन सज्जन की दलील है :

> इस परिस्थिति में प्रभावी हस्तक्षेप करने के इच्छुक मानवाधिकार समूहों को लोकतांत्रिक अधिकार अविभाज्य मानने की शुद्धतावादी धारणा त्याग देनी चाहिए। इसी धारणा के कारण उग्र राष्ट्रवाद और नस्ल व धर्मआधारित पक्षपात प्रोत्साहित करने वाले समूहों और आंदोलनों की सभाओं और वक्तृताओं को सहन करते जाने की परिस्थिति बनती है। इन समूहों और आंदोलनों के खिलाफ विचारधारात्मक संघर्ष, जिसके जरिए अंततः सांप्रदायिकता विरोधी ताकतों के पक्ष में लोकतांत्रिक गुंजाइश पैदा करना ही हमारा लक्ष्य होना चाहिए, इस समय तुरंत रोकथाम के चरण में है । इसी के साथ हमें इन ताकतों के खिलाफ दमनकारी उपाय करने की स्पष्ट माँग करनी चाहिए—चाहे ये उपाय सरकार द्वारा किए जाएँ या संगठित धर्मनिरपेक्ष और लोकतांत्रिक शक्तियों द्वारा। अगर जरूरत पड़े तो लड़ाई सड़कों पर लड़ी जाए। अतएव, इन तमाम समूहों को प्रतिबंधित कर दिया जाना चाहिए, उनके खिलाफ टाडा और रासुका तक का इस्तेमाल किया जाना चाहिए, भाजपा को चुनाव के अयोग्य घोषित कर दिया जाना चाहिए, और आवश्यकता पड़ने पर उन्हें कुचलने के लिए फौज का प्रयोग तक किया जाना चाहिए।

इस अतिवादी सूत्रीकरण में निहित भावनाओं को समझा तो जा सकता है लेकिन मानवाधिकार कार्यकर्ता इसका समर्थन नहीं कर सकते। कई कार्यकर्ताओं ने इसे हिंदुत्व आंदोलन के प्रति बिना सोचे-समझे की गई आकस्मिक प्रतिक्रिया करार दिया है। इन कार्यकर्ताओं का तर्क है कि अपनी आंतरिक विभिन्नताओं

और बहुलवाद के कारण हिंदू समाज सांप्रदायिक आधार पर लगातार गोलबंद नहीं रह सकता, अथवा इस आंदोलन की चुनावी शाखा के रूप में भाजपा, अगर सत्ता में आ गई तो, वह भी सत्तारूढ़ कांग्रेस से कोई खास अलग साबित नहीं होगी। इन अनुभवजन्य तर्कों से हट कर देखें तो भी हिंदुत्व को कुचलने के लिए राज्य से आग्रह करने की यह रणनीति जाहिरा तौर पर गलत है, क्योंकि उसी राज्य को तो हम हिंदुत्व की ताकतों के सामने घुटने टेकते हुए देख चुके हैं। ऐसा लगता है कि ऐसी बातें करने वालों ने राजनीति और धर्म को अलग करने वाले विधेयक की विफलता से सबक नहीं सीखा है। हिंदुत्व आंदोलन का प्रतिनिधित्व करने वाले सांस्कृतिक संगठनों को प्रतिबंधित करना व भाजपा जैसे प्रमुख दल को चुनाव के लिए अयोग्य घोषित करने की माँग करने अथवा हिंदू सांप्रदायिकता से सड़कों पर हिंसा के जरिए निपट लेने की धमकी देने का परिणाम अभूतपूर्व नागरिक कलह है और सार्वजनिक विग्रह ही हो सकता है। नागरिक अधिकारों और मानवाधिकारों की रक्षा का यह कोई तरीका नहीं है।

लोकतांत्रिक सहिष्णुता की सीमाओं के बारे में सेकुलरवादियों का यह तर्क कि लोकतांत्रिक अधिकारों के (सही) हकदार केवल लोकतांत्रिक लोग ही होने चाहिए, भी लोकतंत्र के लिए काफी घातक सिद्ध हो सकता है। इससे इनकार नहीं किया जा सकता कि लोकतंत्र में भी अधिकारों की प्रकृति कुछ सीमित ही होती है। लेकिन, अधिकारों की ये सीमाएँ निजी और सांप्रदायिक संबंधों का नियमन करने वाले विधिसम्मत शासन का परिणाम होती हैं। इसके अतिरिक्त खुली राजनीतिक होड़ के जरिए सामूहिक हितों और अस्मिताओं को उपलब्ध करने की कोशिश की जाती है। चाहे धार्मिक राष्ट्रवादी हों, जातीय अलगाववादी हों अथवा धर्मनिरपेक्षतावादी—किसी भी विचारधारा के समर्थक यदि गैरलोकतांत्रिक या हिंसक तरीकों से राज्य शक्ति अपने पक्ष में करने की कोशिश करेंगे तो मामला केवल उन समूहों के 'अधिकारों' की रक्षा का नहीं रह जाएगा। तब ऐसे किसी भी गुट द्वारा नागरिक अधिकारों का अतिक्रमण रोकने की जिम्मेदारी राज्य पर आ जाएगी। आज सवाल लोकतांत्रिक सहिष्णुता का नहीं बल्कि नागरिक अधिकारों को नागरिकों से ही बचाने के लिए कानून के कार्यान्वयन का है। किसी भी आंदोलन के राजनीतिक अधिकार खत्म करने की माँग, चाहे वह क्रांतिकारी हो अथवा सांप्रदायिक, करते ही हम मानवाधिकार आख्यान के दायरे से बाहर निकल जाते हैं। सीधी-सी बात है बहुमतवादी उग्रता अथवा अल्पसंख्यक कट्टरता का जवाब 'स्टालिन शैली' की सेकुलरवाद नहीं हो सकती। उसका जवाब तो राजनीतिक लोकतंत्र की सीमाओं में ही तलाशना होगा।

सांप्रदायिकता हमारी लोकतांत्रिक प्रणाली और मानवाधिकार दोनों के लिए खतरा है। प्रश्न बाल ठाकरे की शिव सेना सरीखी ताकतों के हाथों में राज्य और समाज की बागडोर जाते हुए देखते रहने का नहीं है, बल्कि सभी किस्म की सांप्रदायिकताओं के खिलाफ सच्चे धर्मनिरपेक्ष आंदोलन को राजनीतिक और विचारधारात्मक रूप से मजबूत करने का है। अतः ध्यान रखना होगा कि इस प्रक्रिया में मानवाधिकार आख्यान कहीं सांप्रदायिक बदले निकालने का हथकण्डा न बन जाय। मसलन धर्मनिरपेक्ष आख्यान किसी पूरे समुदाय को धार्मिक राष्ट्रवादी अथवा जातीय अलगाववादी करार दे सकता है। ऐसा करना उचित नहीं होगा। हमें इन आंदोलनों को राजनीति में किसी भी सामूहिकता का प्रतिनिधित्व ग्रहण करने से रोकने के राजनीतिक उपाय खोजने होंगे, क्योंकि वे उसी नाम पर उस समूह को गोलबंद करते हैं। वस्तुतः ऐसे आंदोलनों की आलोचना करते समय उससे सम्बद्ध व्यक्तियों, संगठनों, उनके जन-आधारों और दलों के प्रति अलग-अलग रवैया अख्तियार करना पड़ेगा। धर्म में आस्था रखने वालों और उस आस्था का सांप्रदायिक-राजनीतिक हितों के लिए शोषण करने वालों के बीच फर्क भी करना पड़ेगा।

'वैचारिक सेकुलरवाद' की राजनीति ध्रुवीकरण की आड़ में समूहों और परिस्थितियों को दो खेमों में बाँट उन्हें सेकुलरवाद और सांप्रदायिकता का लकब तो दे देती है, किन्तु धर्मनिरपेक्ष शासन प्रणाली से जुड़े अन्य मुद्दों की तरफ उसका ध्यान नहीं जा पाता। उदाहरणस्वरूप, उसे शायद ही एहसास हो कि भारतीय दंड संहिता के मौजूदा प्रावधानों के तहत किसी मसजिद का ध्वंस करने जैसी वारदात अथवा सांप्रदायिक घृणा भड़काने वाली तकरीरों से निपटने में काफी देर लग सकती है। जनाधिकार आंदोलनों को चाहिए कि इस मुद्दे पर वे सरकारी एजेंसियों और सरकारी बलों पर धर्मनिरपेक्ष भूमिका निबाहने के लिए दबाव डालें। उनसे आग्रह करें कि वे आंदोलन के राजनीतिक अधिकारों को कुचलने के बजाय धर्मनिरपेक्ष राजनीति और शासन की स्थापित संहिताओं का उल्लंघन करने वाली परिस्थितियों से सख्ती से निबटे। इसी तरह जनाधिकारों के लिए न्याय शास्त्र का उपयोग भी महत्त्वपूर्ण है। बंबई हाईकोर्ट द्वारा चुनाव कानून के तहत शिव सेना के कुछ विधायकों की सदस्यता खत्म करने के फैसले ने कई संभावनाओं के द्वार खोले हैं। दंगों पर जाँच रपट करना ही अपने कर्तव्य की इतिश्री न समझ कर मानवाधिकार समूहों को चाहिए कि दोषी संगठनों को अदालतों तक भी खींचकर ले जाएँ। भले ही अपराधियों को सजा दिलवाने में लंबा समय क्यों न लगे और उनमें से चाहे कुछ को ही दंडित करवाना संभव हो सके। नौ साल बाद ही सही जैन-भार्गव जाँच आयोग ने १९८४ के सिख

विरोधी हत्याकांड के कुछ पुलिस अफसरों और राजनेताओं के खिलाफ आरोप तैयार कर ही लिए। इस तरह के काम बाकायदा एक कार्यक्रम के रूप में निरंतर करते रहना चाहिए।

कानून, न्याय और जवाबदेही की मौजूदा संस्थाओं का पूरा इस्तेमाल न करके उन्हें वक्त से पहले निष्प्रभावी करार दे देने और साथ में कुछ अनाम राजनीतिक और विचारधारात्मक तत्त्वों के खिलाफ बड़े पैमाने पर दंडात्मक कार्रवाई की माँग करने से विधि-सम्मत शासन और मानवाधिकारों का समर्थन करने वाली सरकार का अंत हो जाएगा। सेकुलरवाद की अपनी परिभाषा में फिट न बैठने वाली सभी परिस्थितियों और समूहों को सांप्रदायिक करार देने वाला सेकुलरवादी आख्यान राज्य की दुर्दांत शक्ति से इन तत्त्वों को कुचलने की अपील करके मानवाधिकार प्राथमिकताओं को पूरी तरह उलट देता है।

यहाँ हमारा विषय सेकुलरवाद / सांप्रदायिकता / राष्ट्रवाद के बारे में विभिन्न मानवाधिकार समूहों के परंपरागत विचारधारात्मक नजरियों का मूल्यांकन करना नहीं है, लेकिन धार्मिक स्वतंत्रता और बहुलवादी संस्कृति के प्रति उनकी प्रतिबद्धता उस समय संदिग्ध लगने लगती है जब वे कुछ मसलों को पिछड़े हुए नागरिक समाज की विकृतियाँ करार देने लगते हैं। उदाहरण के लिए कुछ साल पहले एक प्रतिष्ठित विधि सिद्धांतवेत्ता ने दिवराला (राजस्थान) में होने वाले चुनरी महोत्सव को रोकने के लिए अर्धसैनिक बलों को लगाने की पेशकश की थी। यह महोत्सव रूपकुंवर द्वारा सती हो जाने की दुर्भाग्यपूर्ण घटना के उपलक्ष्य में होना था। कुछ मानवाधिकार कार्यकर्ताओं ने बड़े उत्साहपूर्वक सती पूजा और सती मंदिरों पर पूर्ण-प्रतिबंध तथा ज्यादा कड़े सती विरोधी कानून की माँग की। सती विरोधी कानून में और कड़ाई लाने की उनकी माँग पूरी भी हुई, लेकिन वे यह नहीं समझ पाए कि इससे तो इस कुप्रथा के शिकारों के खिलाफ ही कार्रवाई होने की नौबत आ जाएगी। निस्संदेह, आज के जमाने में सती की कोई भी घटना हर तरह से एक समूह द्वारा की गई हत्या ही है, और उसे रोका जाना चाहिए। उसके अपराधियों को सजा जरूर मिलनी चाहिए। लेकिन सवाल यह है कि क्या आज भी सती एक सामान्य रीति है, जिसे खत्म करने के लिए नया कानून बनना चाहिए, या इस तरह की घटनाएँ यदा-कदा ही होती हैं, लेकिन उनमें महामारी की तरह फैल जाने के अंदेशे छुपे होते हैं इसलिए उन्हें कानून के मौजूदा प्रावधानों के तहत रोका जाना चाहिए? बहुत कम लोग समझ पाते हैं कि अखबारों में सुर्खियाँ दिलाने वाले नए से नए कानून और राज्य शक्ति के प्रदर्शनकारी प्रयोग की माँग अंत में एक असंतुलित और प्रभावहीन प्रतिक्रिया ही साबित होती है। सती की वारदात होते ही 'अग्निपूजा की घटनाओं

पर ईसाइयों जैसी प्रतिक्रियाएँ करने लगने से भले ही कुछ लोगों को श्रेष्ठता की भ्रांत अनुभूति हो जाए लेकिन उससे दरिद्रता और अपमान का जीवन जी रही लाखों-लाख भारतीय विधवाओं का कोई हित नहीं हो सकता। सती प्रथा पर रोक अनिवार्य रूप से विधवाओं को संपत्ति, भरण-पोषण और पुनर्विवाह आदि के अधिकार दिलाने से जुड़ा है। इस तरह के अधिकारों की प्राप्ति निरंतर समाज सुधार प्रयास के बिना सम्भव नहीं, लेकिन समाज सुधार में नई पीढ़ी के सामाजिक कार्यकर्ता दिलचस्पी नहीं लेते। चूँकि सती एक सामान्य सामाजिक रीति नहीं रह गई है इसीलिए उसकी यदा-कदा होने वाली कोई घटना मानवाधिकार आख्यान के तहत समूह द्वारा की गई हत्या के रूप में ही ली जानी चाहिए। उस घटना को आधुनिकता बनाम परंपरा की बहस का मुद्दा तो नहीं ही बनाना चाहिए।

हाँ, यह जरूर है कि राज्य द्वारा किए गए मानवाधिकार हनन और सामाजिक संस्थाओं द्वारा किए गए मानवाधिकार हनन की घटनाओं में हमें फर्क करना पड़ेगा। तेज गति से हो रहे सामाजिक परिवर्तनों के दबाव में ये संस्थाएँ अपने ही सदस्यों को अपना शिकार बनाती हैं। चाहे वह कोई हिंदू विधवा हो, तलाकशुदा मुसलमान महिला हो या दहेज की शिकार कोई दुल्हन, ऐसे सभी उत्पीड़ितों की सुरक्षा की गारंटी के लिए हमें राज्य पर दबाव डालना चाहिए। मानवाधिकार आंदोलन को समाज सुधार या परिवर्तन के आंदोलनों में जगह लेने की कोशिश करने के बजाय कहीं भी होने वाले निजी अधिकारों के वास्तविक उल्लघंन के खिलाफ संघर्ष करना चाहिए। लेकिन साथ-साथ जनाधिकार कार्यकर्ताओं को सामाजिक और सांस्कृतिक क्षेत्र की समस्याओं पर मनमाने और फटाफट हल नहीं अजमाने चाहिए। इस तरीके से होता यह है कि समस्या वक्त से पहले राजनीति के दायरे में चली जाती है, जहाँ उसकी शक्ल बिगड़ जाती है। वह सामाजिक-सांस्कृतिक समस्याओं पर राजनीतिकृत आख्यान की भूल-भुलैया में खो जाती है।

भारतीय संदर्भ में जनाधिकारों के प्रश्न का सामाजिक-सांस्कृतिक पदावली में स्पष्ट सूत्रीकरण उस समय आवश्यक हो जाता है जब समस्याएँ भी मुख्यत: इसी प्रकृति की हों। आज कई तरह के मानवाधिकार हनन प्रत्यक्ष राजकीय कार्रवाइयों के परिणाम नहीं हैं। यह जरूर है कि जातिगत जुल्मों, छुआछूत, अनुसूचित जातियों को कुओं और अन्य जनसुविधाओं का इस्तेमाल करने न देने जैसे कानूनी मामलों पर भी सरकार द्वारा कोई कदम न उठाना बाकायदा मानवाधिकारों के दायरे का विषय बन जाता है, लेकिन असल में राज्य की यह अक्षमता भी नागरिक विधि की वे सीमाएँ उद्घाटित करने वाली ही साबित होती

है जिसे अधिकारों का एक मात्र और विशिष्ट स्रोत मान लिया गया है। ऐसी भी कई परिस्थितियाँ होती हैं जिनमें विधि संहिता के बजाय सामाजिक संस्थाओं द्वारा आरोपित समरसता और मध्यस्थता को मिली सामुदायिक मान्यता समाज और राज्य के नैतिक प्राधिकार पर हावी रहती है। इन परिस्थितियों में सामाजिक-सांस्कृतिक प्रभुत्व की उन संरचनाओं से सीधे दो-दो हाथ करना चाहिए जो दमित समूहों के अधिकारों और व्यक्तिगत अधिकारों का हनन करती हों। यहाँ राज्य को मुख्य निशाना बनाना एक गलत कदम होगा। दूसरी तरफ समुदायों के बीच अथवा समुदाय और उसके सदस्यों के बीच विवाद में समय से पहले राज्य को घसीट लाने से पूरा मसला एक तरह की सांप्रदायिक अस्मिता के मसले में बदल जाता है, और जनाधिकारों व लोकहित का आख्यान सेकुलरवाद बनाम सांप्रदायिकता की हवाई बहस में खो जाता है। शाहबानो का मामला इस तरह के घटनाक्रम का ज्वलंत उदाहरण है। तलाकशुदा अथवा परित्यक्त पत्नी को उसके अधिकार दिलाने का आग्रह अल्पसंख्यकों के अधिकारों और पहचान पर हमला मान लिया गया। इससे मुसलमान समुदाय के सुधारवादी तत्त्वों को रक्षात्मक मुद्रा अपनानी पड़ी। इसी तरह समान नागरिक संहिता का तर्क सेकुलरवाद बनाम सांप्रदायिकता की हवाई बहस में उलझ कर अल्पमत पर बहुमत की संहिता थोपने की कोशिश लगने लगता है। इस संदर्भ में कुछ महिला संगठनों की यह माँग ध्यान देने योग्य है कि महिलाओं के अधिकारों और सम्मान की रक्षा के लिए सभी तरह के पर्सनल ला दुरुस्त किए जाने चाहिए। इस माँग में इस मुद्दे को सांप्रदायिक अस्मिताओं के हवाई आख्यान की गिरफ्त से निकाल कर जनाधिकारों के दायरे में लाने की क्षमता है।

हम जानते हैं कि व्यक्ति के बीच तथा व्यक्ति और सामूहिक रीति-रिवाजों (सांस्कृतिक, जाति संबंधी, धार्मिक) के बीच अधिकारों का विवाद आसानी से नहीं सुलझता। अधिकांश मानवाधिकार संगठन विशेषकर जनजातीय समुदायों और अल्पसंख्यक समूहों द्वारा अपनी सांस्कृतिक स्वायत्तता की हिफाजत के संघर्ष का समर्थन करते हैं वे धर्मनिरपेक्षीकरण / बाजार और राज्य की तत्संबंधित नीतियों द्वारा अल्पसंख्यक गुटों की सांस्कृतिक पहचान मिटाने संबंधी भूमिका का विरोध करते हैं। होता यह है कि जब राज्य किसी अल्पसंख्यक / जनजातीय समुदाय के सांस्कृतिक अधिकारों का सम्मान करने की दिशा में बढ़ता है तो बहुसंख्यक समूह अपने 'सांस्कृतिक अधिकारों' का दावा करने लगता है। वह कई तरह के प्रतीकों से न केवल अपनी काल्पनिक और एकात्मक अस्मिता को अभिव्यक्ति देता है, वरन उस अस्मिता को ही 'राष्ट्रीय अस्मिता' करार देने लगता है। इस चक्कर में बहुसंख्यक समुदाय के सदस्यों के निजी नागरिक

अधिकार कुचले जाते हैं। साथ ही बहुसंख्यक 'राष्ट्रीय-सांस्कृतिक गोलबंदी' के दबाव में अन्य समुदायों के अधिकारों का उल्लघंन भी होता है। यहाँ सवाल उठता है कि शासन और अधिकारों के संदर्भ में राजनीतिक और सांस्कृतिक दावों में फर्क कैसे किया जाए। इसी तरह सांप्रदायिक और राष्ट्रीय अभिव्यक्तियों में फर्क करने की समस्या भी उठती है। जाहिर है कि इस बिंदु पर हमें कई मसलों और प्रवृत्तियों का घालमेल करने वाले आख्यानों को तोड़ कर जनाधिकारों की एक ऐसी भाषा विकसित करनी पड़ेगी जो विभिन्न मुद्दों की अलग-अलग शिनाख्त कर सके।

जनाधिकारों की इस अभिव्यक्ति में हर स्तर के लिए अलग-अलग रणनीतियाँ बनानी होंगी। ध्यान रखना होगा कि राजनीति चाहे जनाधिकारों की हो, सेकुलरवाद की हो, सुधारों की हो, समाज परिवर्तन की हो, अथवा सामाजिक विविधाताएँ समृद्ध करने की हो—ये तमाम प्रयास एक नागरिक समाज और मानवीय शासन पद्धति का ढाँचा खड़ा करने की महापरियोजना के ही अंग हैं। जनाधिकारों की इस भाषा को राज्य केंद्रित रवैए से मुक्त रखा जाना चाहिए और राज्य द्वारा हस्तक्षेप कराते समय हमेशा समुदाय के ऊपर व्यक्ति के अधिकारों की माँग को महत्त्व देना चाहिए। यदि कहीं भी विधि संहिता का उल्लघंन हो रहा हो, तो यह और भी आवश्यक हो जाता है। राज्य और समुदाय के बरक्स मानवाधिकारों का सत्तामूलक सिद्धांत किसी भी लोकतांत्रिक शासन का आधार होना चाहिए। अत: व्यक्तियों और समुदायों के बीच तथा समुदायों के आपसी संबंधों के बीच संबंधों का नियमन मुख्यत: सत्तामूलक जनाधिकारों की कसौटी पर परख कर ही करना बेहतर होगा। समुदायों द्वारा अपनी शासन प्रणाली लागू करने के अधिकार को केवल गौण प्राथमिकता ही दी जा सकती है।

२

गैर-सरकारी राजनीतिक शक्तियों और तत्त्वों द्वारा उत्तरोत्तर हिंसा का रास्ता अपनाते चले जाने के कारण ही जनाधिकारों के क्षेत्र में सेकुलरवाद और सांप्रदायिकता जैसे विवादग्रस्त मुद्दे उठते हैं। राज्य समर्थक बुद्धिजीवी बार-बार आरोप लगाते हैं कि मानवाधिकार संगठन कानून और व्यवस्था स्थापित करने में सरकारी एजेंसियों और कर्मचारियों द्वारा हुई जरा सी अनियमितता पर भी हंगामा खड़ा कर देते हैं। इन बुद्धिजीवियों का तर्क है कि कानून का सम्मान करने वाले नागरिकों के जान-माल और आजादी की रक्षा के लिए शांति-व्यवस्था कायम करने में कुछ ज्यादतियाँ हो ही जाती हैं। राष्ट्रीय एकता-अखंडता बचाने के

सवाल पर तो ये बुद्धिजीवी राज्य की एजेंसियों द्वारा गैरकानूनी हत्याओं तक को नजरअंदाज करने या जायज ठहराने पर उतर आते हैं। इन बुद्धिजीवियों को विद्रोही समूहों द्वारा अक्सर की जाने वाली अकारण और बर्बर हिंसा पर मानवाधिकार संगठनों की चुप्पी बहुत अखरती है। मानवाधिकार संगठनों की जाँच-पड़ताल और रिपोर्ट प्रकाशित करने पर भी उनकी आपत्ति है— उनके ख़याल से इन रपटों के पीछे 'न तो ढंग का अनुसंधान होता है, इनमें अक्सर तथ्यपरक भूलें होती हैं और अखबारों में सुर्खियाँ पाने और खास तौर से विदेशों का ध्यान आकर्षित करने की चेष्टा ज्यादा होती है।' यह आरोप भी लगाया जाता है कि इन रपटों में उपयुक्त सामाजिक-राजनीतिक दायरे में 'वस्तुगत' तथ्यों और सत्य की खोज की कोशिश कम से कम होती है।

मानवाधिकार संगठनों के पास इन आलोचनाओं का जवाब भी काफी मजबूत है। वे ऐसी आपत्तियों को दिखावटी, गलत और राज्य द्वारा अधिकारों के अतिक्रमण की तरफ से ध्यान हटाने वाली करार देते हैं। उनके अनुसार विपक्षी राजनीति की उग्रता राजनीतिक शासन और विकास के मोर्चों पर राज्य की विफलता के गर्भ से निकली है। उनका तर्क है कि सुरक्षा बलों को खुली छूट दे कर एक कमजोर व असुरक्षित लोकतंत्र के क्षय और जवाबदेही के उसूल के खात्मे की परिस्थितियाँ बनाती हैं। सुरक्षा बलों में दमनकारी कानूनों और गैरकानूनी तरीकों का सहारा लेकर किसी भी तरह की असहमति दबाने की मानसिकता पनपने लगती है। वैध और लोकतांत्रिक विरोध भी राजनीतिक होड़ के हाशिए पर सिमट जाते हैं। इन्हीं कारणों से मानवाधिकार समूह जोर देकर कहते हैं कि लोकतांत्रिक राज्य को गैरकानूनी काम करने की अपनी प्रवृत्तियों पर अंकुश लगाना ही चाहिए। उनका दावा है कि गैरकानूनी गतिविधियाँ करने पर राज्य को चुनौती देना और उसे तथा उसकी एजेंसियों को संविधान और अपने ही कानून के प्रति जवाबदेह बनाना मानवाधिकार संगठनों का वैध और परम कर्तव्य है। दिक्कत तब आती है जब मानवाधिकार संगठन अपना काम करते-करते किसी एक विपक्षी राजनीतिक समूह के लोकतांत्रिक अधिकारों को अन्य समूहों के अधिकारों की अपेक्षा अधिक महत्त्व देने लगते हैं। वे उस समूह को क्रांतिकारी और दूसरों को 'प्रतिक्रियावादी' मान लेते हैं। इस समस्या का स्रोत अधिकांशतः भारतीय राजनीतिक इतिहास की विलक्षणता में निहित है। कई मानवाधिकार संगठन भी इसी इतिहास की देन हैं। साठ के दशक के अंत और सत्तर के दशक में हुए नक्सल-विरोधी दमन तथा इमरजेंसी विरोधी आंदोलन दमन के परिणामस्वरूप इन संगठनों का जन्म हुआ था। वैसे भी आजादी के बाद जनाधिकार आंदोलन का इतिहास संविधान सम्मत नागरिक स्वतंत्रता के लिए

संघर्ष करने के बजाय आर्थिक, सामाजिक और सांस्कृतिक अधिकारों के लिए संघर्ष के आसपास विकसित हुआ है। इमरजेंसी के जमाने में उसका यह केंद्र नागरिक अधिकारों की तरफ जरूर कुछ खिसका था। लेकिन, उसके बाद आंदोलन फिर से संविधान की व्याख्या करने वाले वकीलों के बजाय गरीबों, उत्पीड़ितों और अल्पसंख्यकों के अधिकारों की रक्षा के लिए प्रतिबद्ध सामाजिक कार्यकर्ताओं के हाथ में चला गया। गरीबों और उत्पीड़ितों के पक्ष में पलड़ा झुक जाने का एक नतीजा यह निकला कि भारतीय मानवाधिकार आंदोलन के आख्यान से उदारतावादियों और अनुदारवादियों द्वारा विकसित नागरिक अधिकारों का परिप्रेक्ष्य नदारद हो गया। ऊपर से राज्य और मुख्यधारा की राजनीतिक पार्टियों के एजेंडे में भी इसे स्थान नहीं मिला। अधिकारों का औचित्य प्रमाणित करने के लिए यह बताना जरूरी समझा जाने लगा कि किसके अधिकारों का हनन हुआ है। अधिकार और उनके उल्लघंन का तरीका अपने आप में महत्त्वपूर्ण नहीं रह गया। इस प्रवृत्ति के कारण जनाधिकारों के संबंध में उदारतावादी और अनुदारवादी तर्क इन संगठनों द्वारा प्रतिक्रांतिकारी मान लिए गए। उन्हें जनता को अधिकारसंपन्न करने की कोशिशों के खिलाफ देखा जाने लगा। धीरे-धीरे जनता और आंदोलन दोनों ही विपक्षी राजनीति की उग्रता के मुहावरे में फँसते चले गए।

मानवाधिकारों के इस एकतरफा आख्यान ने कई जमीनी मसलों के संबंध में अतिवादी सूत्रीकरण कर दिए। मसलन, क्या सरकार द्वारा दमन के विरोध में जनता को सीधी कार्रवाई के जरिए मुकाबला करने का अधिकार है? और अगर प्रतिरोध आंदोलन खुद हिंसक और गैरकानूनी हरकतों पर उतर आए तो मानवाधिकार संगठनों को उनकी फिक्र क्यों करनी चाहिए? सरकार समर्थकों का ख़याल है कि संवैधानिक मूल्यों और कानून की कसौटियों का पालन केवल उन लोगों के लिए किया जाना चाहिए जो कानून का सम्मान करते हों। कानून का उल्लघंन करने वालों को इसका लाभ नहीं मिलना चाहिए। अब तो यह तर्क भी दिया जाने लगा है कि शांति कायम करने में कानून का पालन स्वयं में एक बाधा बनता जा रहा है। कानून सम्मत गतिविधियों के आग्रह को नासमझी से भरे हुए उदारतावाद की संज्ञा दी जाने लगी है। ज्यादा से ज्यादा काले कानून बनाने और सुरक्षा बलों के मनमाने दमन को नजरअंदाज करने की माँग इन्हीं तर्कों का नतीजा है। मानवाधिकारों का एकपक्षीय नया आख्यान इस सरकारी तर्क से काफी प्रेरित लगता है। वह चाहता है कि राज्य अपनी लोकतांत्रिक गतिविधियाँ सीमित कर ले और 'लोकतांत्रिक सहिष्णुता' का लाभ 'प्रतिक्रियावादी' ताकतों को न मिलने दे। इन ताकतों को खुली राजनीति में अपने

लक्ष्यों की प्राप्ति के लिए संवैधानिक और कानूनी नजरियों का इस्तेमाल भी न करने देने की दलीलें दी जाती हैं। लेकिन 'क्रांतिकारी' शक्तियों के लिए ये रास्ते हमेशा खुले रखने की वकालत की जाती है। जाहिर है कि राज्य और असहमति की राजनीति कर रहे समूह, दोनों ही नियम कानूनों का पालन न करने की इच्छा से ग्रस्त हैं। राज्य शांति स्थापना के नाम पर अपनी गैरकानूनी गतिविधियों का औचित्य साबित करना चाहता है, क्रांतिकारी समूह सामाजिक न्याय और आमूलवादी रूपांतरण की लुभावनी बातों की आड़ में यही काम करना चाहते हैं और अस्मिता की राजनीति कर रहे समूह जातीय आत्मनिर्णय और 'जातीय राष्ट्रवाद' के नाम पर हिंसा को जायज ठहराना चाहते हैं। इन ताकतों का यह रवैया बड़े भीषण ढंग से उसी संस्थागत और लोकतांत्रिक ढाँचे को नुकसान पहुँचा रहा है जिसे वे अपनी गतिविधियों और आख्यान के लिए मूल्यवान मानते प्रतीत होते हैं। इस प्रक्रिया में उनके हाथों एक निरंकुश समाज को मान्यता मिलती चली जाती है जिसमें सबसे ज्यादा कष्ट सामान्य नागरिक को ही उठाना पड़ता है।

मसला यह नहीं है कि विभिन्न मानवाधिकार संगठनों ने उग्रवादियों द्वारा हत्या, आगजनी, लूट, बलात्कार अथवा अपहरण की कार्रवाइयों की तरफ से आँखें बंद कर रखी हैं। पीयूसीएल जैसे कुछ संगठनों ने किसी भी तरह की हिंसा के खिलाफ अपना साफ विरोध दर्ज कराया हुआ है। सवाल यह नहीं है कि वे जनाधिकार उल्लंघन की कुछ घटनाओं की शिनाख्त कर लेते हैं, और कुछ की नहीं। समस्या तो इन मानवाधिकार संगठनों के सांगठनिक और विचारधारात्मक मूल में है। एक विशेष संदर्भ में किसी उग्रवादी गुट के संवैधानिक अधिकारों और नागरिक स्वतंत्रताओं की सुरक्षा के प्रति उनकी चिंता जायज भी हो सकती है, लेकिन वे अक्सर उग्रवादी गुटों के राजनीतिक कार्यक्रम के साथ विचारधारात्मक रूप से जुड़ जाते हैं। ऐसे में मानवाधिकारों का मुद्दा मानवाधिकार दायरे के बाहर के लक्ष्यों और रणनीतियों के तहत जाता है।

हमारा तात्पर्य यह नहीं है कि मानवाधिकार समूह राज्य की गैरकानूनी ज्यादतियों और उग्रवादियों की हिंसा को एक ही पलड़े में रखें। राज्य निश्चित रूप से संविधान और विभिन्न मानवाधिकार घोषणा पत्रों की सीमा में बँधा है। हिंसा करने वाले उग्रवादी राजनीतिक गुटों की साफ शब्दों में भर्त्सना करने और उन्हें किसी भी किस्म की राजनीतिक वैधता देने से इंकार करने के अलावा मानवाधिकार संगठनों के पास कोई चारा नहीं है। उग्रवादी हिंसा का उत्तरदायित्व भी अंततः राज्य का ही होता है। राज्य की ताकत और उग्रवादी संगठनों की ताकत में जमीन-आसमान का फर्क भी है। लेकिन कुछ गुटों द्वारा की गई लूटमार

व जबरन वसूली को जनता द्वारा लगाया गया टैक्स बताना अथवा अपहरण और हत्या को प्रतिशोधकारी न्याय करार देना मानवाधिकार दायरे में नहीं आता। इसका ईमानदाराना मानवाधिकार आख्यान से कोई संबंध नहीं है। यह मानसिकता जनाधिकारों के प्रति उपयोगितावादी दृष्टि की उपज है। जब कई मानवाधिकार समूह इसी दृष्टि के शिकार हों तो क्या जनाधिकारों की कोई स्वायत्त राजनीति संभव है?

इसे सुलझाने के लिए मानवाधिकार आंदोलन को सामान्य नागरिक के ऊपर राजनीतिक तत्त्वों को प्राथमिकता देना बंद करनी होगी। उसे लोकतांत्रिक रूप से गठित राज्य की आंतरिक और बाह्य सुरक्षा संबंधी चिंताओं का औचित्य मानना होगा। आंदोलन को राष्ट्रीय सुरक्षा पर चल रही राष्ट्रीय बहस को सरकारी सुरक्षा अधिकारियों के हवाले करने के बजाय उसमें भागीदारी करनी होगी। उन्हें सुरक्षा बलों के अंदर और नागरिकों के बीच ऐसे तत्त्वों से संवाद स्थापित करना होगा जो चाहते हैं कि सुरक्षा बल मानवाधिकारों का उल्लघंन न करें और शांति स्थापना के समय कानून की सीमा लाँघने की प्रवृत्तियों पर अंकुश लगाएँ। उन्हें सुरक्षा बलों के लिए मानवाधिकार आचार संहिताएँ और मार्ग निर्देशों को तैयार करने के बारे में भी सोचना चाहिए। कुछ मानवाधिकार समूह इस काम में लगे भी हुए हैं।

इसी तरह से राज्य द्वारा गैरकानूनी दमन अथवा राष्ट्रीय एकता खतरे में दिखा कर जनभावनाओं का भयादोहन करने की कोशिशों का जमकर विरोध किया जाना चाहिए, लेकिन साथ-साथ मानवाधिकार संगठनों से कई गैरसरकारी, गैर-दलीय और विपक्षी राजनीतिक समूहों की उग्रवादी गतिविधियों से निपटने की रणनीति भी विकसित करनी चाहिए। लेकिन इस प्रयास में उग्रवादी आंदोलन के कारण उत्पन्न सशस्त्र विद्रोह परिस्थितियों में राज्य द्वारा सभी अधिकारों का समर्थन करने की न जरूरत है, और न करना चाहिए। अंतर्राष्ट्रीय मानवतावादी कानून, विशेषकर जिनेवा कन्वेंशन के अनुच्छेद तीन अथवा हेग प्रोटोकोल में आंतरिक आपात्काल या गृहयुद्ध की स्थिति में सभी पक्षों की गतिविधियों का प्रावधान है। मानवाधिकार संगठन इस अनुच्छेद के आधार पर समस्या सुलझाने की शुरुआत कर सकते हैं। भारतीय संदर्भ में उग्रवादी गुटों की घोषित जनाधिकार विरोधी विचारधाराओं और कार्यक्रमों के हिसाब से इन प्रावधानों को और विकसित करने की आवश्यकता है। मसलन नागरिक समाज में (अक्सर हिंसा की धमकी देकर) पोशाक पहनने, भोजन करने अथवा पूजा करने संबंधी आचरण और चुनाव की आजादी पर हमला करने वाली गतिविधियों के विरोध में मानवाधिकार आंदोलनों को आवाज बुलंद करना चाहिए। उग्रवादी संगठन

अक्सर नागरिकों के एकत्रित होने और उनके आवागमन पर पाबंदियाँ लगाने की कोशिश भी करते हैं। यहाँ हमने उदाहरणों के जरिए कुछ पहलकदमियों का सुझाव दिया है जिन्हें मानवाधिकार संगठन चाहें तो अपना सकते हैं। अगर जनाधिकारों के अतिक्रमण का मूल्यांकन करते समय भेदभाव करने या आंदोलन का किसी खास राजनीतिक के पक्ष में इस्तेमाल करने कर रवैया छोड़ दिया जाए तो ऐसी और कई पहलकदमियाँ और गुंजाइश पैदा हो सकती हैं और एक स्वायत्त जनाधिकार राजनीति उपलब्ध करने की दिशा में बढ़ा जा सकता है।

३

यहाँ मुद्दों की दो श्रेणियों का सरसरी तौर पर विश्लेषण किया गया है। इन श्रेणियों में मानवाधिकार आंदोलन के सामने मौजूद सभी चुनौतियाँ और दुविधाएँ नहीं आ पाई हैं। एक तरफ आंदोलन को विपक्षी राजनीतिक समूहों के साथ-साथ हिंदू राष्ट्रवादियों, मुसलमान कट्टरपंथियों और जातीयतावादी अलगाववादियों की हिंसा के मुकाबले रणनीति बनानी है, दूसरी ओर उसे एक नई चुनौती का भी सामना करना है। यहाँ उसके सामने एक नई तरह के राष्ट्रेतर और राज्येतर संगठन हैं जिन्हें हम बहुराष्ट्रीय कंपनियों के नाम से जानते हैं। इनके अलावा हमलावर विश्व पूँजीवाद की प्रभुत्ववादी व्यवस्था के गर्भ से निकली अनगिनत ताकतें हैं जो अक्सर मानवाधिकारों की भाषा का अपने हित में इस्तेमाल कर ले जाती हैं। ऐसा कर वे धनी और ताकतवर देशों के वैदेशिक और वाणिज्यिक नीतिगत लक्ष्यों को वेधना चाहती हैं। इस चक्कर में एक गरीब लेकिन लोकतांत्रिक देश द्वारा प्रदत्त न्यूनतम नागरिक अधिकारों की संवैधानिक गारंटी तरह-तरह के दबावों का शिकार होने के अंदेशे से ग्रस्त हो सकती है। यह मान लेना खामख़याली ही है कि तथाकथित नई विश्व व्यवस्था जवाबदेही और न्याय की अंतर्राष्ट्रीय प्रणाली खड़ी करने में सक्षम है। इस प्रणाली की गैर मौजूदगी में भारत सरकार को नई अर्थनीति के माध्यम से अपेक्षित राष्ट्रीय अर्थतंत्र का स्थायित्व कभी उपलब्ध नहीं हो सकता। सरकार अंतर्राष्ट्रीय दबाव से तालमेल बैठाने के लिए उदारीकरण, भूमंडलीकरण और ढाँचागत समायोजन की नीतियों में बार-बार और अस्थायी परिवर्तन करती रहेगी। जाहिर है कि इस प्रक्रिया में बाजारीकरण का समर्थन न करने वाले तत्त्वों के संगठित होने और विरोध करने के अधिकारों का गंभीर हनन होगा। उन तत्त्वों में ट्रेड यूनियनों जैसी संगठित और विधि द्वारा संरक्षित शक्तियाँ, तथा अनौपचारिक व असंगठित क्षेत्रों के लिए राजनीति में संघर्षरत शक्तियाँ शामिल हैं। इसके अलावा सरकार द्वारा कृषि,

शिक्षा, स्वास्थ्य और आवासन के क्षेत्र में दी जाने वाली थोड़ी बहुत जनसुविधाएँ भी अंतर्राष्ट्रीय वाणिज्यिक वित्तीय और राजकोषीय निगरानी की शिकार होती चली जाएँगी। इस निगरानी की लगाम मुट्ठी भर अमीर देशों के हाथ में रहेगी। ये देश बाजारीकरण के प्रति समर्थन या विरोध के आधार पर ही इन जनसुविधाओं का मूल्यांकन करेंगे न कि जनता के हित-अनहित के आधार पर। इस प्रक्रिया में न केवल गरीब जनता बाजार की सर्वग्रासी ताकतों के सामने बेबस हो जाएगी, बल्कि राज्य की अपनी प्रभुसत्ता भी कमजोर हो जाएगी। उसमें निर्णय लेने अथवा गरीबों को बचाने वाली नीति बनाने की क्षमता नहीं रह जाएगी।

चालीस साल तक अपनाई गई नौकरशाह-समाजवादी अर्थनीतियों के बावजूद गरीबी कम करने में मिली विफलता के कारण हमारे समाज में कई तरह की शक्तियों ने आर्थिक उदारीकरण को हाथों-हाथ लिया है। इन लोगों को उम्मीद है कि नई नीतियाँ निवेश और विकास दर को बढ़ावा देंगी और संसाधनों की कीमत पर पल रहे परोपजीवी क्षेत्रों को काट-छाँट कर साफ कर देंगी। लेकिन ढाँचागत समायोजन के शिकंजे में अपने राज्यों की प्रभुसत्ता बचाने की तरफ से लापरवाह कई उत्तर औपनिवेशिक समाजों का अनुभव हमें बताता है कि ऐसे मामलों में अक्सर इलाज मर्ज को और लाइलाज बना देने वाला साबित हुआ है। उदाहरण के लिए आजकल मंदी के माहौल में अपनाई जा रही घाटा कटौती के साथ-साथ विदेशी ऋण के जरिए समायोजन की नीति के कामयाब होने की संभावना नहीं के बराबर है। इस नीति से गंभीर संकट पैदा हो सकते हैं।

भारतीय अर्थतंत्र जल्दी ही इस तरह की समस्या में फँस सकता है। तब अंतर्राष्ट्रीय वित्तीय एजेंसियाँ भारत सरकार पर 'श्रम शक्ति' को 'अनुशासित' करने के लिए दबाव डाल सकती हैं। देश के अंदर भी मुक्त बाजार के समर्थक बाजार के दायरे से ठुकराई गई जनता पर सख्ती करने की वकालत कर सकते हैं। इस घटनाक्रम का गरीब जनता के आर्थिक और सामाजिक अधिकारों पर बहुत खराब असर पड़ेगा।

इन हालात में आर्थिक और सामाजिक अधिकारों की रक्षा का सवाल मानवाधिकार कार्यकर्ताओं को एक नई दुविधा में डाल देगा कि वे एक साथ राज्य द्वारा अंतर्राष्ट्रीय दबावों से अपनी प्रभुसत्ता बचाने की कोशिशों का समर्थन और देश के अंदर संगठित होने व विरोध करने के जनाधिकारों का उसके हाथों होने वाले अतिक्रमण का विरोध कैसे करें। इस गुत्थी को सुलझाने में कई अंतर्राष्ट्रीय समझौते और घोषणा पत्र मददगार हो सकते हैं। लेकिन इनसे राष्ट्रीय अथवा अंतर्राष्ट्रीय रूप से संवैधानिक रूप से वादयोग्य अधिकारों की रचना नहीं

होती। इसीलिए मारिस क्रेंस्टन ने कहा है, 'सामाजिक और आर्थिक अधिकारों से भरी हुई किसी भी सार्वभौम घोषणा से होता यह है कि राजनीतिक और नागरिक अधिकार नैतिक अनिवार्यता के क्षेत्र से निकल कर स्वप्नदर्शी आकांक्षाओं की धुंध में खो जाते हैं।' किसी अधिकार का बीजारोपण केवल एक आदर्श के रूप में करने का अर्थ ही है उसकी अव्यवहारिकता स्वीकार कर लेना। ऐसी हालत में उसे अधिकार की प्रतिष्ठा न देना और आसान हो जाता है। इसीलिए संयुक्त राष्ट्र और अन्य अंतर्राष्ट्रीय घोषणा पत्रों में दर्ज आर्थिक व सामाजिक अधिकारों को संवैधानिक रूप से वादयोग्य बनाना आवश्यक है। ठोस रूप से कहें तो मानवाधिकार संगठनों के लिए 'उदारीकरण' और 'भूमंडलीकरण' की नीतियों के नतीजों को जनाधिकारों के दृष्टिकोण से विश्लेषित करना अनिवार्य है। इसके अलावा इन संगठनों को नियमों, प्रक्रियाओं और कानूनों तक में संशोधन करवाने की कोशिश भी करनी पड़ेगी ताकि नीतियों पर कार्यान्वयन के दौरान बुनियादी अधिकारों और नागरिक स्वतंत्रताओं के हितों पर चोट न हो। इस संबंध में विधि निर्माण से भी आगे बढ़ कर न्यायपालिका की भूमिका महत्त्वपूर्ण हो जाती है। शिक्षा को मूलाधिकार करार देने वाले सुप्रीम कोर्ट के फैसले में और इससे पहले बंबई नगर महापालिका द्वारा फुटपाथवसियों के खिलाफ अतिक्रमण हटाओ अभियान चलाने पर सुप्रीम कोर्ट की रोक इस भूमिका की बानगी कही जा सकती है। इस न्यायशास्त्रीय आधार पर मानवाधिकार आंदोलन बाजार की ताकतों के राज्य और समाज पर बढ़ते प्रभुत्व के खिलाफ अपनी भूमिका को खड़ा कर सकते हैं। हमारी अदालतों ने प्रतिबंधात्मक अथवा प्रोत्साहनमूलक प्रकृति के ऐसे कई फैसले दिए हैं जिनका मानवाधिकार संगठनों द्वारा राज्य और बाजार की ताकतों द्वारा अधिकारों के अतिक्रमण के खिलाफ लाभकारी इस्तेमाल किया जा सकता है। दरअसल, बहुराष्ट्रीय कंपनियों और उन्हीं जैसे अन्य तत्त्वों द्वारा भारत में जनाधिकारों के उल्लंघन से निबटने के बारे में हमारे पास काफी कम अनुभव है। भोपाल जहरीली गैस कांड ने इस कमजोरी को सामने ला दिया है। इससे हमें एहसास हुआ है कि इन परिस्थितियों का सामना करने के लिए कार्यकर्ता समूहों और इन समस्याओं के प्रति चिंतित भारतीय विशेषज्ञों को अंतर्राष्ट्रीय विशेषज्ञों और मानवाधिकार समूहों के साथ जुड़ कर काम करना चाहिए।

यहाँ राज्य की प्रभुसत्ता का प्रश्न और भी गंभीर व महत्त्वपूर्ण है। बदली हुई अंतर्राष्ट्रीय परिस्थितियों में राष्ट्रीय प्रभुसत्ता का प्रश्न आर्थिक व राजनीतिक संदर्भों में आखिर कैसे परिभाषित किया जाए? पश्चिमी देशों के वाणिज्य, निवेश और आर्थिक सहायता कार्यक्रमों द्वारा लगाई जाने वाली मानवाधिकार शर्तों के

बारे में हमारे आंदोलन को कैसे प्रतिक्रिया करनी चाहिए? प्रौद्योगिकी हस्तांतरण के मुद्दे को समझने का तरीका क्या हो? चूँकि हमारे मानवाधिकार समूह खुद को अविभाज्य तथा अपृथक मानवाधिकारों के अंतर्राष्ट्रीय आंदोलन का अंग मानते हैं इसीलिए उनकी ओर से अक्सर भारतीय राज्य की हरकतों के खिलाफ विदेशी सरकारों और अंतर्राष्ट्रीय संगठनों से आलोचनात्मक टिप्पणियों की माँग की जाती है। ये समूह न केवल विभिन्न रूपों में शर्तों का समर्थन करते हैं, बल्कि उनके लिए समर्थन जुटाने में भी लग जाते हैं ताकि अपनी हठी सरकार को दबाव में ला सकें। लेकिन साथ-साथ वे आर्थिक शर्तों को थोपने का विरोध भी करते रहते हैं। उधर सरकार ठीक उलटा करती है। अपनी आर्थिक प्रभुसत्ता में कटौती पर उसे कोई आपत्ति नहीं होती, लेकिन अंतर्राष्ट्रीय मानवाधिकार मानदंडों पर खरे उतरने अथवा बाहर के मानवाधिकार संगठनों को देश के अंदर निगरानी अथवा जाँच-पड़ताल करने देने में उसे काफी कठिनाई महसूस होती है। हमारी सरकार का रिकॉर्ड संयुक्त राष्ट्र मानवाधिकार आयोग में विभिन्न समझौतों पर अमल की रपट दर्ज कराने के मामलें में बहुत घटिया है, हालाँकि उसने खुद इन समझौतों पर दस्तखत किए हुए हैं। ऐसे हालात में सवाल उठता है कि मानवाधिकार समूह विश्व बैंक, आईएमएफ और विश्व व्यापार संगठन के प्रस्तावों में निहित जन विरोधी आर्थिक शर्तों का विरोध करते हुए अपनी सरकार को अपनी जनता के प्रति जवाबदेह बनाने के लिए अंतर्राष्ट्रीय सरकारी व गैर सरकारी संगठनों और व्यक्तियों का सहयोग कैसे हासिल करें?

हमारे ज्यादातर मानवाधिकार समूह जनाधिकारों के सार्वभौमीकरण के लिए प्रतिबद्ध हैं। यह और भी बड़ी चुनौती है। मसलन, संयुक्त राष्ट्र मानवाधिकार घोषणापत्रों के बिना शर्त समर्थन के लिए भारत सरकार पर दबाव डालने की रणनीति असल में विशिष्ट संदर्भों और इन घोषणापत्रों के पुराने पड़ जाने का यथार्थ नजरअंदाज कर देती है। इसलिए अधिकारों के सार्वभौमीकरण की प्रक्रिया में सभ्यतामूलक, सांस्कृतिक और विकास संबंधी आयामों का ध्यान रखना होगा। ऐसा न करने से पश्चिमी देशों की विदेश नीति के लक्ष्यों का शिकार बन जाने का खतरा पैदा हो जाएगा। ये देश अपनी विश्व चौधराहट के लिए मानवाधिकार आख्यान का दुरुपयोग करने पर तुले हुए हैं। हालाँकि हमारी सरकार अक्सर तीसरी दुनिया की अन्य सरकारों की तरह अपनी सांस्कृतिक विशिष्टता की आड़ लेती रहती है, लेकिन फिर भी क्या हमें जनाधिकारों की अंतर्निहित प्रकृति अथवा विशिष्ट संदर्भ में हुए उनके विकास को पूरी तरह नजरअंदाज कर देना चाहिए? हम कोई वैश्विक नागरिक समाज में तो रह नहीं रहे हैं। केवल ऐसे वैश्विक समाज में ही पृथ्वी के सभी वासियों को समान

नागरिक अधिकार मिल सकते हैं। दुनिया में ऐसी कोई विश्वव्यापी मानव अधिकार नियमन प्रणाली नहीं है जिसके पास अधिकारों पर अमल करवाने का तंत्र और तरीका हो। जाहिर है कि इस परिस्थिति में अधिकारों के सार्वभौमीकरण की ऊँची-ऊँची बातें सभी लोगों को समान अधिकार देने के बजाय कुछ राष्ट्र-राज्यों के प्रभुत्व का कारक बन जाएँगी। इससे कई राज्यों और समुदायों को विकास का अपना रास्ता और उदारतावादी-पूँजीवादी शासन प्रणालियों को छोड़ कर अन्य लोकतांत्रिक प्रणालियों को चुनने में दिक्कत आएगी।

पश्चिम में कई लोगों ने चालू दशक को मानवाधिकारों का दशक करार दे दिया है। उनका तर्क है कि साम्यवाद जैसा 'भीषण अंतर्राष्ट्रीय शत्रु' राजनीतिक रूप से पराजित हो चुका है इसलिए अब उदारतावादी लोकतंत्र और मुक्त बाजार के सिद्धांतों पर आधारित प्रणाली प्रोत्साहित करना चाहिए। इसके लिए संयुक्त राष्ट्र के कई समझौतों में उल्लिखित मानदंडों को आरोपित करने का हथकंडा अपनाया जा रहा है। ये समझौते पश्चिम के अमीर और ताकतवर देशों ने संयुक्त राष्ट्र द्वारा पारित कराए हैं। वियना में हुए विश्व मानवाधिकार सम्मेलन को इसी रोशनी में देखा जाना चाहिए।

आखिर ये मानदंड कैसे बनाए गए हैं? इन्हें बनाने में अपनाए गए विमर्श की शर्तों पर कौन छाया रहा? जब तक भारतीय मानव अधिकार समूह ये सवाल नहीं उठाएँगे तब तक वे बराबरी की शर्तों पर अंतर्राष्ट्रीय बहस में भागीदारी नहीं कर सकते। कारण साफ है। इनमें से कई मानदंड, खास कर आर्थिक, सामाजिक और सांस्कृतिक अधिकारों से संबंधित मानदंड पश्चिमी अनुभव और चिंतन से प्रभावित विमर्श द्वारा परिभाषित हैं। पश्चिम से अलग परिस्थितियों में उनकी उपयोगिता समस्याग्रस्त हो जाती है। विशेषकर 'बौद्धिक संपदा' अधिकार के संदर्भ में तो अधिकारों के सार्वभौमीकरण का मुद्दा और भी तीखा हो जाता है। जी-सात देशों द्वारा अंतर्राष्ट्रीय व्यापार और प्रौद्योगिकी हस्तांतरण के तंत्र पर प्रभुत्व जमाने तथा अंतर्राष्ट्रीय वित्तीय संगठनों द्वारा सारी दुनिया के लिए बनाए गए व्यापार और राजकोषीय नियम-कानूनों को न मानने वाले देशों को राजनीतिक रूप से अनुशासित करने की कोशिशों को इसी सिलसिले में देखा जाना चाहिए। भारतीय मानवाधिकार संगठन यह सच्चाई नजरअंदाज नहीं कर सकते कि जनाधिकारों के सार्वभौमीकरण का आख्यान पश्चिम ने कुछ इस ढंग से सूत्रीकृत किया है कि वह न केवल भारतीय राज्य की नीतियाँ निर्धारित करता है, बल्कि कार्यकर्ताओं की व्यवहार शैली भी तय कर देता है।

देशज समुदायों के अधिकारों की सुरक्षा और विस्तार पर चल रही बहस का उदाहरण लें। इसके लिए प्रस्तावित घोषणापत्र में देशज समुदायों को

अंतर्राष्ट्रीय मान्यता देते हुए न केवल सांस्कृतिक स्वायत्तता दी गई है, वरन अपने परंपरागत इलाकों में राष्ट्रीय आत्मनिर्णय के अधिकारों के रूप में अविभाज्य भौगोलिक अधिकार भी दे दिए गए हैं। अभी तक भारत सरकार इस बहस से बाहर रही है। उसकी दलील है कि भारत में देशज जनता है ही नहीं, लेकिन जनजातीय समुदायों के साथ कार्यरत कई कार्यकर्ता समूहों ने यही भाषा अपना ली है। उन्हें उम्मीद है कि इससे आदिवासियों की सांस्कृतिक स्वायत्तता और सामाजिक न्याय के संघर्ष को बल मिलेगा। उनमें से कुछ तो यहाँ तक माँग करने लगे हैं कि पूरी अनुसूचित जातियों पर ये नए प्रावधान लागू किए जाने चाहिए। बेशक इस माँग से मुद्दे का फटाफट अंतर्राष्ट्रीयकरण हो जाएगा लेकिन इससे जनजातीय लोगों और दलितों के मानवाधिकारों का हित होने की कोई गारंटी नहीं होगी।

असल में विशेषज्ञों का एक बड़ा हिस्सा देशज जनता पर चल रही विश्वव्यापी बहस से भारत के दलितों और आदिवासियों की समस्याओं को जोड़ने के खिलाफ है। उसका तर्क है कि प्रस्तावित घोषणा पत्र अमेरिकी रेड इंडियनों और आस्ट्रेलियाई मूल निवासियों के संघर्षों और उनकी विशिष्ट स्थितियों पर आधारित है, जब कि भारत की जनजातियों की स्थिति ऐतिहासिक, सामाजिक और सांस्कृतिक रूप से पूरी तरह अलग है। यहाँ जनजातीय और गैर-जनजातीय जनता के बीच स्पष्ट नस्ली विभाजन भी नहीं है, और जाति आधारित समाज के साथ जनजातीय समाज की सीमाएँ कई जगह घुली-मिली और अस्पष्ट हैं। दूसरे, पश्चिमी देशों के विपरीत भारतीय राज्य ने संवैधानिक प्रावधानों और सकारात्मक कदमों के जरिए ऐतिहासिक संरचनागत विषमताएँ खत्म करने के भारी प्रयास किए हैं। इसलिए एक नई तरह की बहस हवा में होने के कारण ही अपनी परिस्थिति को परिणाम के समकक्ष ठहराने लगना समाजशास्त्रीय गलती होगी। इससे भारतीय समाज के धर्मनिरपेक्षीकरण की जारी प्रक्रिया, नागरिकता के विस्तार की राजनीतिक परियोजना और सामाजिक न्याय व अवसरों की समानता के लिए इन समुदायों का संघर्ष आहत ही नहीं होगा, वरन पटरी से भी उतर जाएगा। हमारी परिस्थिति के अनुपस्थित आयामों के आधार पर विभाजन लादने से हम समुदायों की असली समस्याओं से भटक जाएँगे और हवाई समस्याओं में उलझ कर रह जाएँगे। बहरहाल, ठोस मुद्दा यह है कि भारतीय मानवाधिकार आंदोलन को इस सिलसिले में काफी बारीकी से सोचते हुए अपनी राय बनानी चाहिए।

इसी तरह बच्चों के अधिकारों के सार्वभौमीकरण का प्रश्न भी दुविधाग्रस्त हो गया है। क्या मानवाधिकार आंदोलन को सभी तरह के बाल श्रम पर तुरंत

और संपूर्ण प्रतिबंध की माँग करनी चाहिए? कई संगठन यह माँग कर भी चुके हैं। क्या प्राथमिक शिक्षा के सार्विकीकरण के लिए बनाए गए कानून से स्कूल न जाने वाले बच्चों के माता-पिता कानून के मुजरिम नहीं बन जाएँगे? हम जानते हैं कि हमारी सामाजिक विधि और मौजूदा कानून थोड़े बहुत ही प्रभावी हैं। यहाँ सवाल राजनीतिक और वित्तीय व्यावहारिकता का ही नहीं है। न ही खेती और परिवार आधारित धंधे में बाल श्रम के संबंध में हमारी स्थिति दूसरे देशों से अलग तरह की है। लेकिन हमें ख़याल रखना चाहिए कि हमसे छोटे देशों ने हमारी जैसी ही विषम आर्थिक व सामाजिक परिस्थितियों में प्राथमिक शिक्षा का सार्विकीकरण करने में सफलता प्राप्त की है। सवाल यह है कि बाल अधिकारों के क्षेत्र में प्राथमिकताएँ कैसे निर्धारित की जाएँ? क्या हमें और ज्यादा कानून बनाने की माँग करनी चाहिए या प्रभावित जनता के स्तर पर अलग-अलग संदर्भों में संघर्ष आयोजित करना चाहिए? ये संघर्ष माता-पिता, बच्चों, सेवायोजकों और कर्मचारियों के स्तरों पर किए जा सकते हैं। पहले मौजूदा श्रम कानूनों की तत्संबंधित उपयोगिता की जाँच की जानी चाहिए, फिर नए और प्रभावी कानूनों की माँग की नौबत आ पाएगी।

जब न्यूनतम मजदूरी भी कभी-कभी ही दी जाती हो (सरकारी निर्माण कार्यक्रमों तक में) तो क्या कार्य स्थितियों के बारे में कानून बनाने की बात करना ठीक नहीं होगा? इसमें स्वास्थ्य के लिए घातक स्थितियों में बाल श्रम प्रतिबंधित करने और बहुत कम आयु के बच्चों से सभी धंधों और क्षेत्रों में काम लेने से रोकने के प्रावधान भी शामिल किए जा सकते हैं। सेवायोजकों पर श्रमिक बच्चों के पौष्टिक भोजन, स्वास्थ्य शिक्षा और मनोरंजन संबंधी उत्तरदायित्व डाले जा सकते हैं। स्पष्ट रूप से कहें तो सवाल यह उभरता है कि हम समाज सुधार, सामुदायिक संगठन और प्रौढ़ शिक्षा जैसे क्षेत्रों को, जो कानून और अधिकारों के दायरे के बाहर हैं, भी बाल अधिकारों की सुरक्षा के साथ जोड़ना चाहते हैं नहीं?

ऐसी और भी कई दुविधाएँ हैं जो पर्यावरण, महिला अधिकार, अथवा नागरिक और राजनीतिक अधिकारों के क्षेत्र में अंतर्राष्ट्रीय विमर्श और राष्ट्रीय चिंतन का अंतर्विरोध सामने लाती हैं। इनमें भारतीय संदर्भ में मानवाधिकार आंदोलन की प्राथमिकताएँ अक्सर बिगड़ जाती हैं। मानवाधिकारों का अंतर्राष्ट्रीय आख्यान न केवल नए कानूनों द्वारा बल्कि समर्थन के नए आधारों के विकास द्वारा आंतरिक सुधारों के लिए महत्त्वपूर्ण दबाव पैदा करता है। लेकिन यह समझना भी जरूरी है कि मानवाधिकारों की लड़ाई लड़ना, जीतना और उसे संस्थागत रूप देना विशिष्ट और तात्कालिक राजनीतिक, सामाजिक और

सांस्कृतिक संदर्भों में ही संभव होता है। मानवाधिकारों पर अमल और उनका विस्तार इन संदर्भों को जनाधिकारों की राजनीति के और अधिक अनुकूल बनाने से ही हो सकता है। इस संदर्भगत यथार्थ को स्वीकार करने से इंकार कर के हम एक ही तरह के एकात्मक मानवाधिकार विमर्श के शिकार हो जाएँगे और फिर चाहे अधिकारों की परिभाषा हो, उनके उल्लघंन को जाँचने की कसौटी हो, उनके लिए संस्थागत आधार के निर्माण का प्रश्न हो अथवा उन अधिकारों के लिए संघर्ष के रूपों का सवाल हो, हर हालत में हम उसी विमर्श की मदद लेंगे भले ही हमारा मौजूदा ऐतिहासिक कालखंड हमें इस की इजाजत देता हो या नहीं।

४

राजनीतिक संस्कृति के तहत जनाधिकारों की राजनीति को व्यापक आधार दिलाने के संदर्भ में मौजूदा ऐतिहासिक कालखंड को पतनशील मानना निराशावाद का प्रश्रय लेना होगा। लेकिन यथार्थ को स्वीकार किए बिना उत्पादन भी संभव नहीं है। जैसे-जैसे राज्य की प्रभुसत्ता का क्षय होगा, वैसे-वैसे वह और शक्तिहीन व असुरिक्षत हो कर उन अधिकारों का भी हनन करने लगेगा जो एक समय अनुल्लंघनीय मान लिए गए थे। इस तरह हमारा राज्य धीरे-धीरे दमनकारी और अस्थिर होता चला जाएगा। ऊपर से मध्य वर्ग और अभिजात्य वर्ग में जनाधिकारों के प्रति बढ़ते हुए शत्रुभाव से परिस्थिति और जटिल होगी। लगता है कि कुछ समय तक जनाधिकारों का विस्तार करने के बजाय उनका जीर्णोद्धार करने की राजनीति पर जोर देना होगा। जनाधिकारों को लोगों की बुनियादी जरूरतों से पुन: जोड़ कर पेश करना होगा। इस जिम्मेदारी को किसी भी अंतर्राष्ट्रीय आख्यान की धुंध में अस्पष्ट नहीं होने दिया जा सकता।

विभिन्न क्षेत्रों में अधिकारों का मुद्दा उठाने के साथ-साथ इस राजनीति को संस्थागत जीर्णोद्धार के दौर से भी गुजरना होगा। इस संदर्भ में उपेंद्र बख्शी द्वारा परिभाषित 'स्मृति की राजनीति' महत्त्वपूर्ण है। नई पीढ़ी में से कुछ लोगों को ही इमरजेंसी का वह सबक याद रह गया है जिसने हमारी कमजोरी उघाड़ कर रख दी थी। न्यायमूर्ति जे.सी. शाह द्वारा तैयार किए गए दस्तावेजों की तो और भी कम लोगों को याद होगी। शाह आयोग के प्रयासों से हमें पता चला था कि लोकतांत्रिक संस्थाओं की 'संवैधानिक' अवज्ञा कैसे की जा सकती है। नागरिक आजादी के आंदोलन का आधार बनाने की दृष्टि से जेल सुधारों पर मुल्ला आयोग की रपट, राष्ट्रीय पुलिस आयोग की रपट और आयोग के कई सुझावों

की सुधि भी कभी-कभी ही आती है। सुप्रीम कोर्ट के ऐसे कई फैसले हैं जो जनाधिकारों के 'स्वदेशी' आंदोलन का ठोस आधार बना सकते हैं और इसी आधार से जवाबदेही की एक प्रणाली का निर्माण करने की दिशा में बढ़ा जा सकता है। ध्यान रखना चाहिए कि हमारे देश में संस्थाएँ तभी काम करती हैं जब उन पर चुनाव और पार्टियों की मुख्य धारा से अलग हट कर जनदबाव पड़ता है।

संस्थागत जीर्णोद्धार की राजनीति पर अमल करने के साथ ही हमें एक ऐसी सामाजिक व्यवहार शैली विकसित करनी और लोकप्रिय बनानी होगी जो व्यापक जनता की लोकतांत्रिक आकांक्षाओं और बुनियादी जरूरतों को संतुष्ट करती हो और जिससे सभ्य जीवन मूल्यों की परस्पर सहभागिता को बढ़ावा मिलता हो। नागरिक अधिकार आंदोलन अगर मुख्य धारा की प्रतिद्वंद्वितामूलक राजनीति के ध्रुवीकरण में फँस गया या सिद्धांतकारों द्वारा गढ़े गए हवाई विमर्श में उड़ने लगा तो उसे बहुत नुकसान उठाना होगा। हमारा 'दायित्व' तो जनाधिकार की एक स्वायत्त और निष्पक्ष राजनीतिक संस्कृति का विकास करना है। और, यह काम हमें एक ऐसे ऐतिहासिक कालखंड में अंजाम देना है जिस में राजनीतिक, आर्थिक और सांस्कृतिक आधार पर पूरा माहौल विभाजित हो चुका है। यही हमारी चुनौती है।

शब्द, तात्पर्य और धारणाएँ

सेकुलर, सेकुलरवाद, सेकुलरीकरण और सेकुलरत्व (धर्मनिरपेक्ष / जाति-धर्मनिरपेक्ष / जातिनिरपेक्ष / पंथनिरपेक्ष / सर्वधर्मसमभाव) : सेकुलर के समानार्थक समझे जाने वाले हिंदी शब्द दरअसल उसके सही अर्थ का निर्वाह नहीं कर पाते। इसलिए यहाँ सेकुलर, सेकुलरवाद, सेकुलरीकरण, सेकुलरत्व आदि का इस्तेमाल किया जा रहा है। इस अत्यंत विवादास्पद पद का सीधा मतलब होता है धर्म, पंथ या उसकी संस्थाओं से राज्य या सरकार का अलगाव। पश्चिमी देशों के लिए यह सिद्धांत चर्च और राज्य की पृथकता की तरफ ले जाता है और भारत जैसे बहुधार्मिक देश में यह राज्य की सभी धर्मों से बराबर की दूरी यानी सर्वधर्मसमभाव के रूप में सामने आता है।

धर्मतंत्र की संस्थाएँ भले ही खुद को राज्य-तंत्र से जोड़ने की कोशिश करती रहें, लेकिन सेकुलर राज्य हमेशा खुद को धर्मतंत्र से अलिप्त रखेगा। सेकुलर सरकार को धार्मिक आधार पर कोई निर्णय या किसी का पक्ष नहीं लेना चाहिए और हर धर्म को अपने दायरे में सेकुलर कानून के दायरे में रहते हुए अपना प्रचार-प्रसार करना चाहिए। सेकुलर राज्य और धर्मप्राण जनता के बीच कोई विरोध नहीं होता। सेकुलरवाद का मतलब कभी नास्तिकता होता था. लेकिन आज वह अपने इस अर्थ से आगे बढ़ कर आधुनिक राज्य की विचारधारा की तरह स्थापित हो चुका है। स्वयं राज्य के संचालक भी अपने निजी जीवन में किसी धर्म के अनुयायी हो सकते हैं।

लेकिन, जैसे ही हम सेकुलरीकरण की प्रक्रिया की चर्चा करते हैं वैसे ही इस पद का मतलब व्यापक हो जाता है। सेकुलरवाद और सेकुलरीकरण की प्रक्रिया एक दूसरे से जुड़ी अवश्य है, पर सेकुलरीकरण की अपनी स्वायत्त गति है। आधुनिक युग में यह सिलसिला कभी मंद तो कभी तेज गति से चलता ही रहता है। सेकुलरीकरण निजी जीवन

को तो बदलता ही है, धर्म, परंपरा और समुदाय के रूपों को भी बदल देता है। जैसे-जैसे समाज और समुदाय धार्मिक या सांप्रदायिक के बजाय लौकिक आधार पर अपनी पुनर्रचना करते जाते हैं सेकुलरीकरण आगे बढ़ता चला जाता है।

सेकुलरवाद का सिद्धांत आजकल दुतरफा आक्रमण का शिकार है। राजनीति और सार्वजनिक जीवन में हाशिये पर चले गये धर्माचार्य और उनके बौद्धिक प्रवक्ता इस शब्द को समाजशास्त्रीय शब्दकोश से निकाल फेंकने के पक्षधर हैं। दूसरी तरफ आस्था और विचार से धर्मनिष्ठ न होते हुए भी आधुनिकतावाद के आलोचकों का मत है कि इस प्रक्रिया ने परंपरा और संस्कृति-प्रदत्त सहिष्णुता के विभिन्न रूपों का क्षय कर दिया है और उनकी भरपाई करने के बजाय नये किस्म की कट्टरताओं को बढ़ावा दिया है। आधुनिकतावाद के इन आलोचकों में मार्क्सवादी विद्वान शामिल नहीं हैं। उन्होंने अभी तक सेकुलरवाद को आलोचनात्मक नजर से देखना शुरू नहीं किया है।

बहुलता / बहुलतावाद (प्लूरलिज़्म) : भारत ने लोकतंत्र का जो मॉडल ग्रहण किया है उसे विभिन्न हित-समूहों की आपसी होड़ पर आधारित उदारतावादी लोकतंत्र कहा जाता है। इस होड़ के जरिये व्यक्ति अपनी आजादी और विकास को सुनिश्चित करता है। कायदे से ये हित-समूह स्वायत्त और स्वयंसेवी भाव से सक्रिय व्यक्तियों की एसोसियेशनों (सभाओं) के रूप में लोकतांत्रिक दायरों में सक्रिय रहने चाहिए। लेकिन, भारतीय संदर्भ में हित-समूहों का चरित्र, संरचना और परिभाषा बदल जाती है। व्यावहारिक रूप से व्यक्ति के ऊपर सामुदायिक हित हावी हो जाते हैं।

यही कारण है कि भारतीय संदर्भ में बहुलतावाद का अर्थ है अनगिनत जातियों, कई जातीयताओं, कई धर्मों, कई भाषा-समूहों और कई क्षेत्रीयताओं की आपसी होड़। ऐसे बहुलतावादी लोकतंत्र में कोई एक समूह दूसरे पर संख्याबल के आधार पर हावी नहीं हो सकता। इस किस्म का बहुलतावाद आधुनिक राष्ट्र-राज्य की रचना के लिए जरूरी सामाजिक-सांस्कृतिक समरूपता हासिल नहीं करने देता। इस जद्दोजहद में दो स्थितियाँ बनती हैं : या तो एक विशिष्ट किस्म के भारतीय राष्ट्र-राज्य की रचना की जाय जो समरूपता की अनिवार्यता को ठुकराते हुए भी दुनिया के पैमाने पर राष्ट्र-राज्य के रूप में अपनी शिनाख्त करा सके या फिर किसी एक शक्तिशाली अस्मिता के वर्चस्व में बाकी सभी अस्मिताएँ खुद को समर्पित कर दें और यूरोपीय किस्म का राष्ट्र-राज्य उभरे। भारतीय संदर्भ में संवैधानिक और राजनीतिक रूप से यह तय हो चुका है कि हमारे राष्ट्र में विविधताओं का पूरा ख़याल किया जायेग और उन पर जबरन समरूपता नहीं थोपी जायेगी पर कुछ राजनीतिक शक्तियाँ इस प्रश्न को दोबारा तय करने के लिए दबाव डाल रही हैं जिनमें राष्ट्रीय स्वयंसेवक संघ और उससे जुड़े संगठन प्रमुख हैं।

अक्सर कहा जाता है कि हिंदुओं में संरचनात्मक रूप से ही बहुलतावादी प्रवृत्तियाँ होती हैं, और इस्लाम जैसे धर्मों में नहीं। लेकिन, गाँधीजी के लिए बहुलता की हिंदू प्रवृत्ति का तात्पर्य दूसरे धर्मों की बहुलतावादी प्रवृत्तियों को मान्यता देना था।

बहुसंस्कृतिवाद (मल्टीकल्चरिज़्म) : यूरोकेंद्रित और श्वेत-संस्कृति के आधार पर किये गये समरूपीकरण (मोनोकल्चरिज़्म) के खिलाफ विकसित हुआ सांस्कृतिक विविधता पर बल देने वाला वैचारिक-राजनीतिक-सांस्कृतिक आंदोलन जिसे समाज-

विज्ञान में पिछले तीन दशकों में सूत्रबद्ध किया गया है।

बहुसंस्कृतिवाद मूलतः अमेरिकी परिस्थिति की उपज है। इसका जन्म श्वेत-अमेरिकी पहचान के आस-पास रचित अमेरिकीपन की शर्तों को बदलने के लिए चले प्रति-सांस्कृतिक और मानवाधिकार आंदोलनों के दौरान हुआ। अमेरिकी समाज को 'मेल्टिंग पॉट' कहा जाता है यानी विविध जातीय संस्कृतियों का एक अमेरिकी धारा में विसर्जन। 'मेल्टिंग पॉट' की धारणा के मुकाबले 'सलाद के प्याले' की धारणा रखी जाती है, जिसमें एक राष्ट्र की सीमाओं में रहते हुए भी संस्कृतियाँ अपनी अलग-अलग पहचान नहीं खोतीं। अमेरिकी संदर्भ की सीमाओं से निकालने पर बहुसंस्कृतिवाद की अवधारणा राष्ट्रवाद द्वारा आरोपित किये जाने वाले समरूपीकरण के दबाव के खिलाफ काम करती नजर आती है। जाहिर है कि बहुलतावाद के बिना बहुसांस्कृतिकता की कल्पना भी नहीं की जा सकती।

अस्मिता / पहचान (आइडेंटिटी) : यह एक ऐसा दायरा है जिसके तहत व्यक्ति और समुदाय यह बताते हैं कि वे खुद को क्या समझते हैं। अस्मिता का यह दायरा अपने-आप में एक बौद्धिक, ऐतिहासिक और मनोवैज्ञानिक संरचना का रूप ले लेता है जिसकी रक्षा करने के लिए व्यक्ति और समुदाय किसी भी सीमा तक जा सकते हैं। वे खुद की और दूसरे भी उनकी अस्मिता के उसी दायरे के मुताबिक शिनाख्त करते हैं।

शुरुआत में चिंतकों का खयाल था कि व्यक्ति का स्वायत्त वजूद अपने आप में एक असंदिग्ध तथ्य है और उसी से उसकी अस्मिता या पहचान प्रवाहित होती है। इसी विचार ने आगे जा कर उदारतावाद के केंद्र में व्यक्ति की इयत्ता को ला बैठाया। मार्क्सवाद अस्मिता की स्वायत्तता को स्वीकार न करके सामाजिक प्रक्रिया के अधीन देखता है। लेकिन, वह वर्गीय संरचनाओं को छोड़ कर बाकी सभी अस्मिताओं को भ्रांत चेतना मानता है। भारतीय संदर्भ में इसकी मिसालें पिछले सौ साल में बिखरी पड़ी हैं। दलित अस्मिता एक महत्त्वपूर्ण उदाहरण है। कभी तो दलित समुदाय खुद को आदि-द्रविड़ के रूप में, कभी पतित हो चुके क्षत्रियों के रूप में और कभी नागरिक समाज के दलित सदस्य के रूप में देखते हैं। इससे स्पष्ट है कि अन्य अस्मिताओं की तरह उनकी आधुनिक अस्मिता का भी कोई स्वायत्त, नैसर्गिक और स्थायी रूप नहीं है। इसी तरह राष्ट्रवादी अस्मिता भी किस्म-किस्म की होती है। बीसवीं सदी ने अस्मिता के इस विचार पर कई गंभीर प्रश्नचिह्न लगाये। चिंतकों ने पाया कि अस्मिताएँ सामाजिक-राजनीतिक-सांस्कृतिक परिवर्तनों के मुताबिक बनती-बिगड़ती रहती हैं। उन्होंने देखा कि एक समय में अस्मिता का कोई एक पहलू अधिक प्रमुखता प्राप्त करके उसकी राजनीतिक अभिव्यक्ति बन जाता है।

सांप्रदायिकता या फिरकापरस्ती (कम्युनलिज्म) : सांप्रदायिकता का धर्म से केवल इतना ही ताल्लुक है कि वह धार्मिक भावनाओं का राजनीतिक मकसद से दोहन करती है, एक धर्म के अनुयायियों की गोलबंदी करने के लिए वह दूसरे किसी धर्म के प्रति घृणा का प्रचार करती है, और इस तरह धर्म के नाम पर कुछ लोग 'अपने' और कुछ 'पराये' घोषित कर दिये जाते हैं। यही 'अन्यीकरण' या 'अदरिंग' की वह प्रक्रिया है, जो यूरोप में कभी फासीवादियों ने यहूदियों के खिलाफ चलायी थी, और जो आम तौर पर कालों के खिलाफ गोरों के बीच नस्लवादियों द्वारा चलायी जाती रहती है। दक्षिण एशिया

की आधुनिक राजनीति के गर्भ से निकलने वाली यह एक अवांछनीय परिघटना है, जो उदारतावादी राजनीति और सेकुलर राष्ट्र के सिद्धांत के खिलाफ सक्रिय रहती है।

भारतीय संदर्भ में सांप्रदायिकता के चार मुख्य रूप हैं : हिंदू, मुसलमान, सिख और ईसाई सांप्रदायिकता। चूँकि धर्मों का बुनियादी आधार अन्यीकरण के बजाय परस्पर सहिष्णुता के मूल्यों से संपन्न होता है, इसलिए सांप्रदायिक राजनीति धार्मिकता के स्वरूप और अभिव्यक्तियों को बदलने का प्रयास करती है, ताकि धर्म का बेजा इस्तेमाल किया जा सके। वह निजी जीवन में होने वाली धार्मिक गतिविधियों को सार्वजनिक दायरे में लाती है, और इस तरह के मौके हासिल करने के लिए वह धार्मिक प्रतीत होने वाले नये कार्यक्रमों को गढ़ने का प्रयास भी करती है।

सांप्रदायिक राजनीति राष्ट्रवाद के प्रवक्ता के रूप में स्थापित हो कर ताकत पाती है। भारत में हिंदू, मुसलमान और सिख सांप्रदायिकताओं ने अपना अलग-अलग राष्ट्रवाद रच लिया है। ईसाई सांप्रदायिकता धर्मपरिवर्तन के उदारतावादी अधिकार का लाभ उठा कर अपना प्रसार करती है। वैसे तो सांप्रदायिक राष्ट्रवाद के विभिन्न रूप हाशिये पर पड़े रहते हैं, पर सेकुलर राष्ट्रवाद और आधुनिक विकास नीतियों की विफलता के कारण उन्हें राजनीति की मुख्य धारा में अपनी दावेदारियाँ करने का मौका मिल जाता है।

विदेशों से छपी राजनीति विज्ञान की किसी भी शब्दावली में इसका जिक्र नहीं मिलता। गैर-भारतीय अंग्रेजी के लिए तो कम्युनलिज्म या कम्युनल शब्द सकारात्मक अर्थ रखता है। वहाँ वह कम्युनिटी या कम्युनिटेरियन अर्थात सामुदायिक मूल्यों का द्योतक है। भारत, पाकिस्तान और बांग्लादेश जैसे राष्ट्रों के लिए यह नकारात्मक समस्या है जिसके खिलाफ तमाम सेकुलर, उदारतावादी, वामपंथी और सच्ची धर्मप्राण शक्तियाँ संघर्ष में लगी हुई हैं।

बहुसंख्यकवाद (मेजोरिटेरियनिज़्म) और अल्पसंख्यकवाद (माइनोरिटिज़्म) / बहुमत (मेजोरिटी) और अल्पमत (माइनारिटी) : बहुसंख्यकवाद और बहुमत में फर्क है। बहुमत एक लोकतांत्रिक अवधारणा है, और बहुसंख्यकवाद धार्मिक संदर्भ में एक सांप्रदायिक विचार है। बहुसंख्यकवाद जरूरी नहीं कि धार्मिक ही हो। जातियों का अपना बहुसंख्यकवाद भी हो सकता है।

बहुमत की प्रकृति अस्थायी होती है। वह बनता-बिगड़ता रहता है। आज जो लोग बहुमत में हैं, वे कल अल्पमत में आ सकते हैं। ऊपर से बहुमत कभी अल्पमत को अपने अधीन नहीं करता। पर, बहुसंख्यकवाद एक स्थायी संरचना है जो किसी खास समुदाय, या किसी धर्म के अनुयायियों को स्थायी राजनीतिक लाभ की स्थिति में रख सकती है। वह अल्पसंख्याओं को अपने अधीन रखने की प्रवृत्ति से ग्रस्त होता है। अल्पसंख्याएँ खुद को स्थायी दुर्बलता की स्थिति में पाती हैं। इसीलिए उनके बीच यह खयाल पनपता है कि उन्हें किसी न किसी प्रकार खुद को बहुसंख्या में बदलना चाहिए और अलग राष्ट्र की दावेदारी करनी चाहिए। अल्पसंख्याएँ बहुसंख्या में नहीं बदल पातीं, तो वे भी अल्पसंख्यकवाद चला कर राज्य के साथ सौदेबाजी करती हैं। उनकी इस राजनीति से बहुसंख्यकवाद को और फायदा होता है

सांप्रदायिकता की तरह बहुसंख्यकवाद और अल्पसंख्यकवाद भी आधुनिकता की

देन है। भारत में आधुनिक प्रशासन की स्थापना और विकास के लिए अंग्रेज शासकों द्वारा शुरू की गयी जनगणना के जरिये ही देश में बहुत से समुदायों को पता चला कि संख्या की ताकत के क्या-क्या फायदे और नुकसान हैं।

धार्मिक के अलावा बहुसंख्यकवाद का एक संदर्भ जातिगत भी हो सकता है। कई जातियाँ आपस में गठजोड़ बना कर खुद को बहुजन घोषित करके राजसत्ता के लिए मजबूत दावेदारी प्रस्तुत कर सकती हैं। जातियों का बहुसंख्यकवाद धार्मिक बहुसंख्यकवाद को कमजोर करते हुए देखा गया है।

सहिष्णुता (टॉलरेंस) : शांतिपूर्ण सहअस्तित्व के लिए समाज में परस्पर सहिष्णुता जरूरी मानी जाती है। गाँधीजी के अनुसार धार्मिक सहिष्णुता को वास्तविक सहिष्णुता का दर्जा तभी दिया जा सकता है जब वह दूसरे धर्मों को भी सहिष्णुता के स्रोत के रूप में स्वीकारने के लिए तैयार हो।

उदारतावादी सिद्धांत के अनुसार सहिष्णुता का एक मतलब यह होता है कि हम उस बात को स्वत: स्वीकार करें जिसे नापसंद करते हों। सहिष्णुता की इस परिभाषा को प्राय: तीन आधारों पर न्यायसंगत ठहराया जाता है : पहला, संविदात्मक आधार पर; दूसरा, परिणामी आधार पर; और तीसरा, व्यक्तियों के प्रति आदर के आधार पर। संविदात्मक आधार से यहाँ मतलब है कि सामाजिक समझौते के बिना पर समाज में रहने का करार करने वाले लोगों को पहले से अपने धर्म का अंदाजा नहीं होता इसलिए उन्हें परस्पर सहिष्णुता पर सहमति बनानी ही पड़ती है। परिणामी आधार तर्क देता है कि सहिष्णुता को अपनाना असहिष्णु होने से कहीं अधिक कारगर है। व्यक्तियों का आदर करने का आग्रह सहिष्णुता के लिए एक नैतिक तर्क मुहैया करा सकता है। यह आधार सहन किये जाने के अधिकार को मान्यता देता है।

इसके मुताबिक सहिष्णुता अपने-आप में एक दावा किये जा सकने वाले अधिकार की तरह परिभाषित होती है। इस आधार की खास बात यह है कि यह सहिष्णुता की सीमाएँ तय कर देता है। यानी हम अगर किसी को अस्वीकार करते हैं तो जरूरी नहीं कि हमें उसे वाजिब भी ठहराना पड़े। व्यक्तियों के आदर का सिद्धांत माँग करता है कि सहिष्णुता अपनायी जाये, पर व्यक्तियों का आदर न करने वाले आचरण के प्रति सहिष्णुता बरतना इसमें शामिल नहीं होता। इस सिद्धांत को अल्पसंख्यकों के सांस्कृतिक अधिकारों पर लागू करते ही साफ हो जाता है कि दिक्कत कहाँ पैदा हो रही है। अगर कोई समुदाय अपने ही सदस्यों के प्रति असहिष्णु है तो वह दूसरों से सहिष्णुता की अपेक्षा नहीं कर सकता।

आधुनिकता और आधुनिकतावाद (मॉडर्निटी और मॉडर्निज़्म) : अठारहवीं सदी के दौरान यूरोप में चले वैचारिक आंदोलन को ज्ञानोदय या प्रबोधन के नाम से जाना जाता है। इस आंदोलन ने जिन प्रवृत्तियों को जन्म दिया उन्हें हम आधुनिकता या आधुनिकतावाद के नाम से जानते हैं। समता और न्याय की धारणाओं के प्रचलन का श्रेय भी इसी आंदोलन को दिया जाता है। मोटे तौर पर इसे अंधविश्वास पर विज्ञान की और आस्था पर विवेक की विजय के नाम से जाना जाता है।

ज्ञानोदय के विचारक मानते थे कि तर्कबुद्धि के जरिये सामाजिक, बौद्धिक और

वैज्ञानिक समस्याओं का हल किया जा सकता है। वे परंपरा और संस्थागत धर्म के 'प्रतिगामी' प्रभाव की कठोर आलोचना करते थे। उन्हें मानवतावाद और प्रगति के आदर्श में भारी आस्था थी। लेकिन, इसका मतलब यह नहीं था कि उन्होंने धर्म के वजूद को पूरी तरह ठुकरा दिया था। इमानुएल कांट के अनुसार ज्ञानोदय एक ऐसे आजाद और खुदमुख्तार मनुष्य को जन्म देता है जो अपने बारे में निर्णय लेने के लिए किसी के ऊपर निर्भर नहीं है। न धर्म के ऊपर, न समुदाय के ऊपर। उन्नीसवीं सदी के राजनीतिक-सामाजिक प्रयोगों ने ज्ञानोदय के वैचारिक वर्चस्व को मजबूत किया और धीरे-धीरे ज्ञान का एक नया सिद्धांत प्रकाश में आया। इतिहास का महत्त्व, प्रगति और विकास की अपरिहार्यता, सेकुलरवाद और राष्ट्रवाद का विचार भी इसी ज्ञानमीमांसा की देन है। आधुनिक राजनीति की समस्त वैचारिक और व्यावहारिक गोलबंदी इन्हीं धारणाओं के आस-पास हुई है।

विचार के क्षेत्र में फ्रेंकफर्ट स्कूल के चिंतकों ने ज्ञानोदय के अंतर्निहित द्वंद्व को सामने ला कर आधुनिकता की आलोचना के द्वार खोले। आधुनिकता के औजारों से आधुनिकता की समर्थ आलोचना का यह पहला प्रयास था। भारत में इससे पहले ही गाँधी ने **हिंद स्वराज** लिख कर एशिया की तरफ से आधुनिकता की आलोचना की शुरुआत कर दी थी। पिछले तीन दशकों से 'छोटी पहचानों की बगावत', 'समुदाय की वापसी' और 'बहुसंस्कृतिवाद' की परिघटनाओं ने ज्ञानोदय के वर्चस्व को कड़ी चुनौती दी है। खास बात यह है कि यह चुनौती आधुनिकतावाद की आलोचना को आधुनिकता के व्यापक दायरे में ही संपन्न करती है। नारीवादी, अश्वेत, दलित, पर्यावरणवादी और अन्य विद्रोही विमर्शों में इस शक्तिशाली रुझान की मिसालें मिल सकती हैं।

जाति (कास्ट) और जातीयता (एथ्नीसिटी) : जाति और जातीयता के बीच अंतर समझना बहुत जरूरी है। जातियाँ सनातन धर्म के तहत प्रचलित वर्ण विभाजन की देन हैं : ब्राह्मण, क्षत्रिय, वैश्य और शूद्र। पूर्व-अछूत या पाँचवाँ जाति समूह है जो वर्ण व्यवस्था के बाहर यानी अवर्ण माना जाता है। आमतौर पर सवर्ण होने के दायरे में पहले तीन वर्ण मान लिए जाते हैं, जबकि कायदे से शूद्र भी एक वर्ण है, इसलिए उसे भी सवर्ण समझा जाना चाहिए। हाँ, उसे उपनयन का अधिकार नहीं है, इसलिए वह पहली तीन 'द्विज' जातियों के दायरे में नहीं आता। इस तरह सही विभाजन द्विज और अद्विज जातियों का हुआ। अद्विजों में भी शूद्र और पूर्व-अछूत अलग-अलग हुए।

जातीयता तब बनती है जब जाति के साथ व्यापक राजनीतिक-सांस्कृतिक श्रेणियाँ जुड़ जाती हैं। इस तरह जातीयता सांस्कृतिक-राजनीतिक श्रेणी है। उसका आधार भाषा, क्षेत्रीयता, रंग-रूप, खान-पान और पहनावा, आदि होता है। जातीयता अपने आप में राष्ट्रीयता का आधार बन सकती है। एक जातीयता में सभी जातियाँ हो सकती हैं और एक से अधिक धर्म भी हो सकते हैं। तमिल बोलने वाले मुसलमान, हिंदू और ईसाई अपनी-अपनी पूजा-पद्धतियाँ अपनाते हुए भी तमिल जातीयता के दायरे में परिभाषित किये जाएँगे।

सामीकरण (सेमिटाइजेशन) : सामी धर्मों (मोटे तौर पर एक पवित्र किताब पर आस्था रखने वाले एकेश्वरवादी धर्म, जैसे, इस्लाम, यहूदी और ईसाई धर्म) की प्रवृत्तियों के मुताबिक किसी समुदाय या समाज का पुन:संगठन करने की कोशिश। भारतीय संदर्भ में सामीकरण की कोशिशों को केंद्रीकरण और फौजीकरण के जरिये बहुदेववादी हिंदू

समाज को एक राजनीतिक समुदाय में बदलने की मुहिम के रूप में देखा जा सकता है।

प्रत्यक्ष लोकतंत्र (डायरेक्ट डेमोक्रेसी) : संस्थागत और प्रतिनिधिमूलक लोकतंत्र से अलग लोकतंत्र का मॉडल जो कुछ लोगों को वास्तव में 'जनता का, जनता द्वारा और जनता के लिए' प्रतीत होता है। जाहिर है कि प्रत्यक्ष लोकतंत्र की अवधारणा में जनता को सीधी और ज्यादा से ज्यादा भागीदारी का पहलू प्रधान है। इसकी प्रेरणा एथेंस और यूनान की प्राचीन राज्य-प्रणालियों से ली जाती है। अल्पजीवी पेरिस कम्यून भी एक ऐसा ही उदाहरण था। भारतीय संदर्भ में पंचायत आधारित ग्राम स्वराज के प्राचीन रूपों को भी प्रत्यक्ष लोकतंत्र के उदाहरण के रूप में पेश किया जाता है।

यूटोपिया : यूनानी भाषा के यू और टोपोस से मिल कर बने इस शब्द का अर्थ हुआ 'कहीं नहीं'। लेकिन, यूटोपिया का इस्तेमाल ऐसे कल्पित राज्य या व्यवस्था के लिए किया जाता है जो हर तरह से आदर्श और सर्वश्रेष्ठ होगा। मार्क्सवादियों के लिए साम्यवाद (सबको उनकी आवश्यकता के अनुसार और सबसे उनकी क्षमता के अनुसार) यूटोपिया है और गाँधीवादियों के लिए रामराज्य एक यूटोपिया है। राजनीति में यूटोपियाई आदर्श के बिना सारी गतिविधियाँ फूहड़ परिणामवाद में पतित हो जाती हैं।

इयत्ता / खुदी / आत्म (सेल्फ) : जब कोई व्यक्ति अपने आप को 'मैं' कह कर पुकारता है तो वह अपनी इयत्ता या खुदी का हवाला दे रहा होता है। इयत्ता का मतलब होता है शरीर और मस्तिष्क से मिल कर बनने वाला वजूद जो चेतना के स्तर पर सक्रिय रहता है। इस पद का इस्तेमाल मनोविज्ञान, ज्ञानमीमांसा, व्यक्तिवाद और उदारतावाद के क्षेत्र में काफी होता है।

सेल्फ एक ऐसा अस्तित्व है जो किन्हीं खास परिस्थितियों में अपनी लौकिक शख्सियत के खिलाफ खड़ा हो सकता है, अंतर्द्वंद्व का कारण बनता है और ऊहापोह को जन्म देता है। अपने प्रयासों द्वारा इयत्ता का स्तर ऊँचा करके व्यक्ति सामान्य पैमानों से परे भी जा सकता है। इयत्ता काफी लचीली संरचना है और अस्मिता के सवाल से जुड़ी होने के कारण संदर्भ के मुताबिक बदलती रहती है। एक व्यक्ति की कई इयत्ताएँ भी हो सकती हैं। समाज-विज्ञान में सामूहिक इयत्ता की अवधारणा भी प्रचलित है। सामूहिक इयत्ता व्यक्ति की निजी सत्ता को महत्त्व नहीं देती और उसे अपने अधीन करना चाहती है।

विमर्श / आख्यान / कलाम (डिस्कोर्स) : यद्यपि धार्मिक प्रवचन को भी डिस्कोर्स कहा जाता है, पर धर्मेतर संदर्भों में इसका निपट अर्थ है दो वक्ताओं के बीच संवाद या बहस या सार्वजनिक चर्चा। उत्तर-आधुनिक पदावली के प्रचलन के कारण समाज-विज्ञान में इस शब्द का बदले हुए अर्थ में प्रयोग किया जाता है। यहाँ विमर्श का अर्थ होता है अभिव्यक्ति के उन तत्त्वों और पहलुओं की संरचना जो अपने कुल जोड़ से भी परे जाकर कोई खास अर्थ देने की क्षमता रखते हों। इसे यूँ भी कह सकते हैं कि एक निश्चित सामाजिक संदर्भ में भाषा के जरिये किसी एक विषय के इर्द-गिर्द होती हुई बहस द्वारा व्याख्याओं, तात्पर्य और मान्यताओं के निर्माण की प्रक्रिया को विमर्श या आख्यान या कलाम का नाम दिया जा सकता है।

राज्य / आधुनिक राज्य (स्टेट / मॉडर्न स्टेट) : हिंदी में राज्य शब्द का अक्सर प्रांतों के अर्थ में इस्तेमाल किया जाता है। लेकिन, ग्रंथमाला के संदर्भ में राज्य का अर्थ

राजनीति की उस सर्वाधिक केंद्रीय अवधारणा से है जो राजनीतिक संस्थाओं की एक विशिष्ट संरचना के जरिये एक निश्चित भू-सीमा में अपनी संप्रभुता, वर्चस्व और वैधता स्थापित करती है। राज्य की यह अवधारणा हमें पश्चिमी चिंतन से प्राप्त हुई है।

संभवत: सोलहवीं शताब्दी में सबसे पहले राज्य शब्द का एक अवधारणा के रूप में इस्तेमाल मेकियावेली ने अपनी विख्यात रचना 'प्रिंस' में किया था। बाद में सर वाल्टर रैले, हॉब्स और लॉक ने राज्य की संप्रभुता के विचार को और विकसित किया। आधुनिक राज्य की मैक्स वेबर की दी हुई परिभाषा सबसे प्रचलित और संपूर्ण मानी जाती है। उनके अनुसार इसके तीन मुख्य पहलू हैं : भू-क्षेत्रीय सीमाएँ, हिंसा पर एकाधिकार और वैधता। लोग राज्य का आदेश क्यों मानते हैं, इस सवाल का जवाब वेबर ने वैधता की धारणा का प्रतिपादन करके दिया। उन्होंने कहा कि राज्य अपने वर्चस्व को बनाये रखने के लिए अपनी वैधता की विभिन्न संरचनाएँ खड़ी करता है। कभी परंपरा के नाम पर, कभी करिश्मे के नाम पर और कभी वैधानिकता के नाम पर राज्य लोगों को आज्ञापालन की तरफ ले जाता है। दुर्खाइम और फूको जैसे चिंतकों ने वैधता की बारीकियों में जाते हुए दिखाया कि राज्य के प्राधिकार की वैधता को हम कैसे आत्मसात कर लेते हैं और कैसे उसके प्रति संस्थागत सहमति कायम की जाती है। अलथूज़र के अनुसार राज्य केवल दंड-विधान, कारागार और फौज-पुलिस के जरिये ही नहीं, बल्कि अपनी ताकत के सांस्कृतिक और विचारधारात्मक रूपों की रचना से भी जनमानस में स्वयं को स्थापित करता है।

मोटे तौर पर राज्य की अवधारणा के तीन रूप माने गये हैं : उदारतावादी-लोकतांत्रिक राज्य, यानी एक ऐसा राज्य जो विभिन्न हित समूहों की आपसी होड़ के जरिये अपनी गतिविधियाँ निर्धारित करता है और ये गतिविधियाँ बहुलता का सम्मान करते हुए सार्विक मताधिकार पर आधारित निर्वाचन के माध्यम से चलायी जाती हैं; मार्क्सवादी राज्य या समाजवादी राज्य, यानी जो मानता है कि अगर राज्य है तो उसका मतलब एक वर्ग की दूसरे वर्ग पर तानाशाही ही होगा, इसलिए लोकतंत्र का बेहतर रूप बहुसंख्यक सर्वहारा का अधिनायकत्व ही हो सकता है; और, राज्य के तीसरे सिद्धांत की आधारभूमि उदारतावादी और समाजवादी अवधारणाओं से अलग हट कर सूत्रबद्ध होती है। इसके अनुसार राज्य कुछ विशिष्ट किस्म की संरचनाओं का नाम है जिनका अपना एक इतिहास होता है। ये संरचनाएँ अपनी-अपनी स्वायत्तताओं के दायरों में काम करती हैं। राज्य नागरिक समाज के दबावों से जितना मुक्त होगा उतनी ही उसकी ताकत में वृद्धि होती चली जायेगी। अर्थात राज्य में नागरिक समाज के हस्तक्षेप की सीमा ही तय करेगी कि आधुनिक राज्य 'कठोर' होगा या 'नरम', वह निरंकुशता की तरफ जायेगा या उदारता की तरफ, वह लोगों के व्यक्तिगत जीवन में ज्यादा दखल देगा या कम से कम दखल देते हुए उसके विकास के लिए सुविधाएँ प्रदान करेगा। बीसवीं सदी के मध्य के बाद उभरे भारत सरीखे राज्यों के लिए उत्तर-औपनिवेशिक राज्य की अभिव्यक्ति भी इस्तेमाल की जाती है जिसका सीधा मतलब होता है विकासवादी या वैकासिक राज्य। राज्य की एक चौथी परिभाषा भी उभरी है जिसका श्रेय नारीवादी विश्लेषकों को जाता है। उनका तर्क है कि राज्य एक ऐसी संस्था है जिसने पितृसत्तात्मक और नस्लवादी संरचनाओं को संस्थागत रूप से मजबूत किया है।

पारंपरिक भारतीय राज्य : पश्चिम से प्राप्त राज्य की अवधारणा के अनुसार राज्य की संस्था समाज और अर्थतंत्र पर हावी रहती है पर पारंपरिक भारतीय राज्य की अवधारणा में समाज सर्वोपरि रहता है और राज्य उसकी सत्ता का उल्लंघन नहीं कर सकता।

आजादी के आंदोलन के दौरान गाँधी के नेतृत्व में पारंपरिक भारतीय राज्य की इस अवधारणा को नयी जरूरतों के हिसाब से सूत्रबद्ध करने की कोशिश की गयी थी। बीस के दशक में भाषायी आधार पर देश के पुनर्गठन और भारतीय समाज की प्रवृत्तियों के अनुरूप विकेंद्रीकृत राज्य की स्थापना के कांग्रेसी संकल्प में इसकी झलक देखी जा सकती है। गाँधी द्वारा प्रस्तुत रामराज्य की प्रतीक-योजना को भी इसी संदर्भ में देखा जाना चाहिए। गाँधी स्वहित या हित-समूहों की होड़ वाले लोकतंत्र की धारणा के बजाय समाज के हित की धारणा के पक्षधर थे। वे हितों को आवश्यकताओं का पर्याय मानने से इंकार करते थे और जनता की बुनियादी आवश्यकताओं को प्राथमिकता देते थे। आजादी के बाद जिस राज्य की नींव रखी गयी, उसमें राज्य संबंधी गाँधी-विचार के पहलू कम-से-कम थे। वह न तो भाषायी आधार पर राज्यों के पुनर्गठन के सिद्धांत को मान्यता देता था, न विकेंद्रीकरण और संघवाद को एक उसूल की तरह प्राथमिकता देता था। इन पहलुओं को आधुनिक भारतीय राज्य ने बाद में आधी-अधूरी शैली में ही स्वीकार किया जिससे इनकी अंतर्निहित सकारात्मकता राज्य की संस्था को समाज के अनुरूप बनाने की तरफ नहीं ले जा सकी।

राष्ट्र या राष्ट्र-राज्य (नेशन स्टेट) : एक संप्रभु राज्य की भौगोलिक सीमाओं के भीतर समान संस्कृति, समान भाषा, समान जातीयता और समान ऐतिहासिक निरंतरता वाली जनता मिल कर एक सामूहिक सामुदायिक अस्मिता की रचना करती है, तभी संपूर्ण अर्थों में राष्ट्र बनता है।

राष्ट्र-राज्य उन्नीसवीं सदी और उसके बाद से आज के जमाने की सबसे ताक़तवर राजनीतिक शक्ति है और उसी के संदर्भ में अंतर्राष्ट्रीय संबंधों का अध्ययन होता है। राज्य के साथ जब राष्ट्र जुड़ जाता है तो राष्ट्र-राज्य को संचालित करने वाले अभिजन और उसकी वैधता का बड़ा प्रभावशाली मिश्रण तैयार होता है। राष्ट्र की अवधारणा के साथ समस्या यह है कि संपूर्ण अर्थों में राष्ट्र कभी नहीं बनता। राष्ट्र समरूपता स्थापित करने की कोशिश करता है और इसके विपरीत विविधताओं की ओर से राष्ट्र और उसे संचालित करने वाले अभिजनों को हमेशा किसी न किसी किस्म की चुनौती मिलती रहती है भले ही उनका दावा हो कि वे प्राचीन काल और स्वाभाविक रूप से राष्ट्र थे और हैं। इस तरह राष्ट्र यथार्थ में होते हुए भी अपनी अपूर्णता के कारण एक बौद्धिक और मिथकीय कारसाजी बना रहता है।

प्रायः राज्य की भीतरी विविधताओं को एक कठोर सूत्र में जोड़ने के लिए किसी बाहरी या भीतरी दुश्मन की संरचना की जाती है और टकराव की नकारात्मक मानसिकता के आधार पर राष्ट्र का वजूद टिकाने का प्रयास किया जाता है। बीसवीं सदी के आखिरी वर्षों में यूरोपीय संघ और ऐसे ही अन्य क्षेत्रीय ढाँचों के उभरने से राष्ट्र-राज्य के वर्चस्व को उल्लेखनीय ठेस लगी है। भूमंडलीकरण की प्रक्रिया के तहत अंतर्राष्ट्रीय वित्तीय पूँजी द्वारा सीमाओं के आर-पार अपने बेरोकटोक आवागमन का आग्रह करने से राष्ट्र-राज्य की अवधारणा पर परिवर्तनकारी दबाव पड़ रहे हैं। संचार क्रांति ने राष्ट्रीय संप्रभुता की धारणा

को अनुल्लंघनीय नहीं रहने दिया है। इंटरनेट के जरिये एक सामान्य व्यक्ति भी एक सीमा तक राष्ट्र की सीमाओं और नियम-कानूनों से परे जा सकता है।

लोकलुभावनवाद / लोकरंजनवाद (पॉपुलिज्म): हिंदी में इसे लोकप्रियता या लोकप्रियतावाद (पॉपुलरिज़्म) से जोड़ कर देखने की गलत प्रवृत्ति का भी चलन है। लोकप्रियता एक सकारात्मक भाव है, जबकि लोकलुभावनवाद का अर्थ है संस्थागत प्रक्रिया की अवहेलना करके आम लोगों को लुभाने वाली राजनीति करना।

इस तरीके से नेता सीधे-सीधे जनता को संबोधित करने लगता है और आरोप लगाता है कि संस्थागत लोकतंत्र जनता की सेवा करने में बाधक बना हुआ है, इसलिए कुछ क्षेत्रों में इसे अस्थायी तौर पर दरकिनार किया जा सकता है। इस रुझान में करिश्माई नेतृत्व और उसके परिणामस्वरूप निरंकुश सत्ता के अंदेशे निहित हैं। दूसरी तरफ एक खास समय में लोकलुभावनवादी राजनीति उन तबकों को भी राजनीति के दायरे में लाने की वाहक हो सकती है जो सामान्य संस्थागत माध्यमों की सीमाओं के कारण लोकतंत्र में भागीदारी से वंचित बने रहते हैं। सत्तर के दशक की शुरुआत में इंदिरा गाँधी द्वारा 'गरीबी हटाओ' नारे के आसपास की गयी राजनीति इस प्रवृत्ति का सबसे प्रचलित भारतीय उदाहरण है।

प्रत्यक्ष लोकतंत्र (डायरेक्ट डेमोक्रेसी) : संस्थागत और प्रतिनिधिमूलक लोकतंत्र से अलग लोकतंत्र का मॉडल जो कुछ लोगों को वास्तव में 'जनता का, जनता द्वारा और जनता के लिए' प्रतीत होता है। जाहिर है कि प्रत्यक्ष लोकतंत्र की अवधारणा में जनता की सीधी और ज्यादा से ज्यादा भागीदारी का पहलू प्रधान है। इसकी प्रेरणा एथेंस और यूनान की प्राचीन राज्य-प्रणालियों से ली जाती है। अल्पजीवी पेरिस कम्यून भी एक ऐसा ही उदाहरण था। भारतीय संदर्भ में पंचायत आधारित ग्राम स्वराज के प्राचीन रूपों को भी प्रत्यक्ष लोकतंत्र के उदाहरण के रूप में पेश किया जाता है।

वैधता (लेजिटिमेसी) और वैधानिकता (लिगैलिटी) : वैधता और वैधानिकता दो अलग-अलग धारणाएँ हैं। वैधता समाज की जमीन से लोकतांत्रिक प्रथाओं, लोकतांत्रिक प्राधिकार और संस्थाओं के बारे में उठनेवाली भावनाओं से निकलती है, जबकि वैधानिक निर्देश ऊपर से दिये जाते हैं। सक्षम अधिकारियों द्वारा दिये गये वैधानिक निर्देश ऊपर से नीचे की तरफ यात्रा करते हैं। जनता की मान्यता हो या न हो, उनका पालन करना ही पड़ता है। अर्थात वैधानिकता में बाध्यता का भाव रहता है और वैधता में वांछनीय के प्रति स्वाभाविक समर्थन का। मसलन, छुआछूत और दहेज को वैधानिक मान्यता नहीं है। इन प्रथाओं पर पाबंदी है, लेकिन फिर भी तमाम वर्गों और समुदायों में इनका प्रचलन है। इन वैधानिक निर्देशों को वैधता तब मिलेगी जब समाज इन्हें वांछनीय और नैतिक बाध्यता के रूप में लेगा और खुद-ब-खुद इनका पालन करने लगेगा। हर समाज में वैधानिकता और वैधता के बीच संबंध-भंग की गुंजाइश रहती है, लेकिन जहाँ लोगों के नजरिये और मूल्यों में परिवर्तन की कोशिश की जाती है, वहाँ पर यह संबंध-भंग ज्यादा मुखर होता है। हमारा समाज भी इसी दौर से गुजर रहा है।

प्राधिकार (ऑथॉरिटी) और सत्ता (पॉवर) : सत्ता के वैधतायुक्त प्रयोग से प्राधिकार बनता है। प्राधिकार का अनुपालन कराने के लिए ताकत के प्रयोग की जरूरत

नहीं पड़नी चाहिए। प्राधिकार कानून पर आधारित हो सकता है जैसे कि नौकरशाही का प्राधिकार। परंपरा के आधार पर भी प्राधिकार बनता है, लेकिन वह आधुनिक लोकतांत्रिक प्रक्रियाओं के जरिये बने प्राधिकार जैसा नहीं होता। करिश्माई प्राधिकार नियम-कानूनों पर नहीं, बल्कि शख्सियत पर निर्भर रहता है। प्राधिकार विचारधारात्मक भी होता है।

सत्ता या राजसत्ता में थोपने वाला भाव निहित है। इसकी व्याख्याओं का पूरा शास्त्र विकसित हो चुका है पर मोटे तौर पर कभी बलप्रयोग और कभी राज्य के अन्य साधनों के चालाकीपूर्ण प्रयोग के जरिये आज्ञापालन सुनिश्चित करने को सत्ता की स्थापना कहते हैं।

कुछ विशेष परिस्थितियों में प्राधिकार और सत्ता के बीच का अंतर मिट जाता है। कुछ विद्वानों की मान्यता है कि प्राधिकार हो या सत्ता, दोनों को शासक वर्ग या अभिजन आम लोगों के ऊपर थोपते हैं।

अभिजन (इलीट) : सामाजिक जीवन के किसी एक क्षेत्र को या पूरे समाज को नेतृत्व देने वाले छोटे-से समूह को अभिजन कहते हैं। जैसे, संस्कृति के दायरे के अभिजन को सांस्कृतिक अभिजन कहेंगे। इसी तरह अंग्रेजीदाँ अभिजन के मुकाबले देशी भाषाओं के अभिजन के फर्क को भी देखा जा सकता है।

अभिजन की अवधारणा को मोटेतौर पर शासक वर्ग के अर्थ में समझना ठीक नहीं होगा, क्योंकि शासक वर्ग तो अभिजन का एक छोटा-सा हिस्सा हो सकता है और अभिजनों का एक हिस्सा शासक बन गये अभिजनों की जगह लेने के लिए संघर्षरत हो सकता है। लेकिन, विभिन्न वर्गों, जातियों और समुदायों से आने के बावजूद किसी अभिजन का उद्देश्य केवल अपने वर्ग, जाति या समुदाय के हितों की देखभाल ही न रह कर पूरे राष्ट्र या समाज का किसी साझा समझदारी के आधार पर नियंत्रण करना हो जाता है। मसलन, जब यह कहा जाता है कि आजादी के बाद खास किस्म के अभिजनों ने राष्ट्र का नेतृत्व सँभाला तो उसका मतलब यह होता है कि वह अभिजन-समूह कम से कम राज्य के हस्तक्षेप के जरिये वैकासिक आधुनिकीकरण और समाज-परिवर्तन के उसूल में विश्वास करता था। यह अभिजन कई मसलों पर आपसी मतभेद भी रखता था और उनमें आपसी होड़ भी थी। इसके बाद भी भविष्य के राष्ट्र का सपना देखने के मामले में वह एक था।

लोकतंत्र में वही शासक वर्ग या अभिजन समाज की बेहतर नुमाइंदगी करता है जिसका आकार और सदस्यता व्यापक होती है। उदाहरण के लिए कहा जा सकता है कि पिछले दिनों भारतीय अभिजन-समूह के आकार में खासी बढ़ोतरी हुई है। उसमें बड़ी प्रशासनिक नौकरियों और विधायिकाओं की सदस्यता के जरिये निचली जातियों के सदस्य भी उल्लेखनीय संख्या में शामिल हुए हैं। जब कोई अभिजन-समूह उदीयमान तबकों और समुदायों के प्रतिनिधियों को अपने भीतर जगह देने से इंकार करता है तो राजनीतिक उथल-पुथल मच जाती है। तब बड़े पैमाने पर उभरे जन- असंतोष का नेतृत्व करके या तो कोई नया अभिजन उभरता है या फिर पुराने अभिजन का ही एक हिस्सा उसकी अगुआई करके अभिजनों की संरचना को बदलता है।

नागरिक समाज (सिविल सोसाइटी) : समाज का वह रूप जो राज्य की संस्था

के साथ परिवार की संस्था से भी अलग माना जाता है। नागरिक समाज राज्य के मुकाबले नागरिकों के अधिकारों और उनकी सत्ता को व्यक्त करने वाली प्रक्रियाओं और संगठनों से मिल कर बनता है। इसका मकसद होता है राज्य को संयमित करना और उसे नागरिक-नियंत्रण में लाना।

नागरिक समाज की अवधारणा को प्रचलित करने में समकालीन अमेरिकी समाज-विज्ञान का खासा योगदान है। वैसे समाज-विज्ञान में अठारहवीं सदी से ही इस अभिव्यक्ति का प्रयोग हो रहा है। भारत में इसे हेगेल और ग्राम्शी द्वारा प्रयुक्त अलग-अलग अर्थों में समझा जाता है। जर्मन दार्शनिक हेगेल ने इसे बुर्जुआ समाज यानी पूँजीवादी समाज माना है जहाँ व्यक्ति अपने निजी स्वार्थ का खुला खेल खेलता है और तर्कबुद्धि पर आधारित राज्य उसे संयमित करने की भूमिका निभाता है। मार्क्सवाद और उसके अनुयायियों ने राज्य को हिंसा और उत्पीड़न का औजार मानते हुए भी नागरिक समाज के इसी मतलब को मान्यता दी और नागरिक समाज की रचना को श्रेयस्कर नहीं माना। खासकर शीतयुद्ध के जमाने में नागरिक समाज की अवधारणा सत्ता और प्राधिकार की ऐसी संरचनाओं की पर्याय बन गयी जो राज्य के प्रभाव-क्षेत्र के बाहर मानी जा सकती थीं। इस वैचारिक आग्रह के कई तरह के असर हुए।

सोवियत संघ के नेतृत्व में कम्युनिस्ट खेमे ने इसे सर्वहारा के राज्य के खिलाफ पूँजीवादी साजिश के रूप में देखा। सोवियत राज्य के खिलाफ चल रहे अंदरूनी भूमिगत आंदोलनों ने कम्युनिस्ट पार्टी की हुकूमत के खिलाफ खुद को नागरिक समाज का पैरोकार करार दिया। उधर अंतर्राष्ट्रीय वित्तीय पूँजी के प्रमुख प्रतिष्ठानों, विश्व बैंक और अंतर्राष्ट्रीय मुद्रा कोष, ने इस धारणा को अर्थव्यवस्था में राज्य के हस्तक्षेप या विकास में राज्य की भूमिका को दरकिनार करने के रूप में इस्तेमाल करना शुरू किया। इन संस्थाओं के प्रोत्साहन से गैर-सरकारी संस्थाओं की परिघटना प्रकाश में आयी। आज गैर-सरकारी राजनीतिक प्रक्रिया, मानवाधिकार संगठन और अन्य स्वयंसेवी संगठन नागरिक समाज के प्रभावी दायरे का निर्माण करते हैं। परंपरानिष्ठ मार्क्सवादियों की आपत्ति के बाद भी अंतोनियो ग्राम्शी जैसे मार्क्सवादी विचारकों की रचनाओं ने इस विचार को लोकप्रिय करने में हाथ बँटाया। उन्होंने नागरिक समाज के दायरे को उत्पीड़नकारी राज्य पर काबू पाने के माध्यम की तरह देखा।

सार्वजनिक जीवन (पब्लिक लाइफ) : इस अभिव्यक्ति का प्रयोग आमतौर पर लोकतांत्रिक राजनीति और उसे करने वालों की सक्रियता के दायरे को बताने के लिए किया जाता है। सार्वजनिक जीवन एक नेता का तो हो सकता है पर किसी अफसर या न्यायाधीश का नहीं हो सकता। यह पद आधुनिक संसदीय राजनीति की देन है। मसलन, जब कांग्रेस अंग्रेज प्रभुओं को सिर्फ प्रतिवेदन देने की राजनीति करती थी तो भारतीय सार्वजनिक जीवन का दायरा बहुत संकुचित था। आजादी के आंदोलन में तिलक, गोखले और सबसे ज्यादा गाँधी के हस्तक्षेप ने कांग्रेस को जनांदोलन का रूप दिया जिससे सार्वजनिक जीवन का दायरा बढ़ा। लोकतांत्रिक प्रक्रिया में आम जनता की भागीदारी जैसे-जैसे बढ़ती है, सार्वजनिक जीवन का उतना ही विस्तार होता चला जाता है।

सार्वजनिक दायरा (पब्लिक स्फियर) : समाजशास्त्र में नागरिक समाज के एक

ऐसे दायरे की चर्चा भी है, जिसमें संस्कृति और समुदाय की विभिन्न अभिव्यक्तियाँ अन्योन्यक्रिया करती हैं। साथ ही सार्वजनिक दायरे की गतिविधियाँ किसी मुद्दे पर आम राय बनाने और उसके जरिये राज्य-तंत्र को प्रभावित करने की भूमिका निभाती हैं। सार्वजनिक दायरा सबके लिए खुला रहता है, जिसमें अपने विमर्श के जरिये कोई भी हस्तक्षेप कर सकता है। फ्रेंकफर्ट स्कूल के विख्यात विचारक युरगन हैबरमास ने इस धारणा का प्रतिपादन किया था।

ज्ञानमीमांसा (एपिस्टेमॉलॉजी) : ज्ञान का सिद्धांत जिसके तहत ज्ञान के तात्पर्य और उसे हासिल करने की विधि का विश्लेषण किया जाता है। इसे ज्ञान रचना का सैद्धांतिक विमर्श भी कह सकते हैं।

पिरामिडीय / लंबवत / ऊपर से नीचे / स्तंभीय (वर्टिकल) : जो संरचनाएँ वर्टीकल होंगी उनमें स्वाभाविक रूप से ऊँच-नीच का भाव होगा, एक के ऊपर एक परतें या श्रेणियाँ होंगी और वे समतामूलक नहीं होंगी। जैसे, भारतीय समाज में वर्ण-जाति की संरचना पिरामिडीय है, इसलिए उसे श्रेणीगत या स्तंभीय श्रेणीबद्धता भी कहा जाता है। जरूरी नहीं कि पिरामिडीय संरचनाएँ जाति की भाँति परंपरा-प्रदत्त ही हों। आधुनिक संरचनाएँ भी पिरामिडीय होती हैं जिनके सबसे बड़े उदाहरण के रूप में आधुनिक राज्य के प्रशासनिक ढाँचे को देखा जा सकता है। प्रबल प्रगतिकांक्षा भी ऊपर की तरफ गति को जन्म देती है और स्तंभीय संरचना बनती चली जाती है।

क्षैतिज / दायें से बायें (हॉरीज़ोंटल) : ऐसी संरचना या संगठन की प्रकृति प्रसारात्मक होती है। समरूपरता की प्रवृत्ति वाली यह संरचना समता की तरफ ले जाने वाली भी साबित हो सकती है। जातियों का अंदरूनी और उनका आपसी क्षैतिज संघटन उनके श्रेणीगत रूप को तोड़ता है। अर्थव्यवस्था के दायरे में समान स्तर के उत्पादन में लगी इकाइयों में क्षैतिज संघटन के उदाहरण आसानी से देखे जा सकते हैं।

अनुभवसिद्ध / तथ्यात्मक (एम्पिरीकल) : समाज-विज्ञान में सर्वेक्षणों और फील्डवर्क के जरिये तथ्य हासिल करने को एम्पिरीकल वर्क कहा जाता है। समाज-विज्ञान की दूसरी शैली नार्मेटिव यानी सिद्धांतपरक या मानकीय मानी जाती है। इन दोनों शैलियों को आमतौर पर दो श्रेणियों के रूप में देखा जाता है। **विकासशील समाज अध्ययन पीठ** ने शुरू से ही भारतीय समाज और राजनीति के अध्ययन के सिलसिले में अनुभवसिद्ध अध्ययन पर बल दिया और पता लगाया कि जमीनी स्तर पर क्या हो रहा है। लेकिन, एम्पिरीकरल श्रेणी में बँधने के बजाय विद्यापीठ ने अपने बौद्धिक प्रयासों को उन्हीं तथ्यों की बुनियाद पर सैद्धांतिक और मानकीय प्रयासों को भी जारी रखा।

राज्य-तंत्र (पॉलिटी) : राज्य, दलीय प्रणाली और अन्य सभी संबंधित संस्थाओं समेत राजनीतिक व्यवस्था का समस्त कारोबार।

श्रेणीगत (हायरार्कीकल) और स्तरीकरण (स्ट्रैटीफिकेशन) : जाति की श्रेणीगत संरचना में ऊँच-नीच और मातहती के संबंध अंतर्निहित होते हैं। स्तरीकरण विभिन्न स्तरों को बताता है, जिसमें ऊँच-नीच के संबंध पारस्परिक होते हैं, न कि आंतरिक। आधुनिक धरातल पर श्रेणीकरण का उदाहरण मजदूर और पूँजीपति वर्ग के बीच आंतरिक मातहती के संबंध में देखा जा सकता है, लेकिन मजदूर वर्ग और मध्यवर्ग के

बीच का संबंध गैर-बराबरी का होते हुए भी अंदरूनी न हो कर बाहरी है।

अवकरणवादी (रिडक्शनिस्ट) : यह एक ऐसा रुझान है जिसके तहत किसी परिघटना को समझने के लिए किसी एक पहलू को बुनियादी महत्त्व दे कर बाकी कारकों की भूमिका को उसी में विसर्जित कर दिया जाता है। यानी एक चाबी को ही सभी ताले खोलने के लिए इस्तेमाल करने का आग्रह रहता है। इसका एक उदाहरण वर्ग-अवकरणवाद के रूप में देखा जा सकता है जिसके तहत वर्गीय उत्पीड़न और वर्ग-संघर्ष के विचार में सभी संघर्षों और प्रश्नों को समाहित मान लिया जाता है, चाहे वे जातिगत संघर्ष हों या लैंगिक प्रश्न।

सत्तामीमांसा (ऑन्टॉलजी) : यह शब्द भ्रम पैदा कर सकता है कि कहीं इसका संबंध सत्ता या राजसत्ता से तो नहीं है। सत्तामीमांसा असल में तत्त्वमीमांसा (मेटाफिजिक्स) की एक शाखा है जो अस्तित्व की प्रकृति का विश्लेषण किन्हीं खास संदर्भों में न करके उसकी संपूर्ण सत्ता के संदर्भ में करती है। किसी एक सिद्धांत के दायरे में किसी अस्तित्व की सत्तामीमांसा से उसकी संरचना में निहित घटकों का पता लगाया जा सकता है।

तत्त्वमीमांसा (मेटाफिजिक्स) : यथार्थ के अध्ययन की वह पद्धति जिसमें उसे उसके दृश्य रूपों से परे जा कर समझने की कोशिश होती है।

तत्त्वमीमांसा की पद्धति के सबसे मशहूर प्रयोक्ता हेगेल और उसके सबसे मशहूर आलोचक कांट माने जाते हैं।

व्याख्यात्मक / भाष्य (हरमेन्युटिक्स) : किसी एक पाठ या वैचारिक संरचना के अर्थों का विवादात्मक विवेचन। हरमेन्युटिक्स सामान्य वाद-विवाद या शास्त्रार्थ से अलग इसलिए भी है, क्योंकि यह बौद्धिक व्यायाम कोई एक व्याख्याकार भी अपने आप में करता रह सकता है।

प्रत्यक्षवादी (पॉज़िटिविस्ट) : समाज-विज्ञान को प्राकृतिकविज्ञानों की तर्ज पर ढालने की मंशा रखने वाली एक दार्शनिक प्रवृत्ति। यह मानती है कि प्रत्यक्ष ज्ञान ही ज्ञान है और समाज परिवर्तन के भी वैसे ही अमोघ नियम होते हैं, जैसे प्राकृतिक जगत के विकास के।

विरोधाभास (पैराडॉक्स) और अंतर्विरोध (कंट्राडिक्शन) : विरोधाभास दो परिस्थितियों या परिघटनाओं के बीच पाया जा सकता है, जबकि अंतर्विरोध किसी एक परिघटना की अंदरूनी संरचना से ताल्लुक रखता है।

संस्कृतीकरण (संस्कृताइजेशन) : नीची जाति या समुदाय द्वारा द्विज समुदाय को मॉडल मान कर उसी के आचार-व्यवहार, खान-पान और पहनावे का अनुकरण करते हुए सामाजिक प्रगति का प्रयास। अगर कोई गैर-द्विज जाति खास तौर से ब्राह्मणों को मॉडल बनाती है तो इसे ब्राह्मणीकरण भी कह सकते हैं, लेकिन संस्कृतीकरण में नीची जातियों ने अक्सर क्षत्रियों को मॉडल माना है। वैसे कुछ जगहों पर संस्कृतीकरण को ब्राह्मणीकरण लिख कर भी काम चलाया गया है। इस सिद्धांत का प्रतिपादन एम.एन. श्रीनिवास ने किया था।

सार्वभौम (यूनीवर्सल) और पारिवेशिक / स्थानीय / विशिष्ट (पर्टीकुलर) : जो हर जगह और हर समय प्रासंगिक है, देश-काल से परे जाते हुए सार्थक है सार्वभौम

की श्रेणी में आता है। मसलन, नागरिकता एक सार्वभौम धारणा है और जातिगत पहचान एक पारिवेशिक धारणा है।

भूमंडलीकरण / विश्वायन / जगतीकरण / वैश्वीकरण (ग्लोबलाइज़ेशन) : आधुनिक भूमंडलीकरण का **पहला और प्रधान अर्थ** है एक विश्व-अर्थतंत्र और विश्व-बाजार का निर्माण जिससे प्रत्येक राष्ट्र की अर्थव्यवस्था को अनिवार्य तौर से जुड़ना होगा। पहले गैट (जनरल एग्रीमेंट ऑन टैरिफ एंड ट्रेड्स) के जरिये यह प्रक्रिया चलायी जा रही थी। अब इसकी जगह विश्व व्यापार संगठन (डब्ल्यू.टी.ओ.) ने ले ली है।

इसका **दूसरा** मतलब है दुनिया की राजनीति को इसी अर्थतंत्र और बाजार की जरूरतों के हिसाब से संचालित करने की परियोजना। इस संचालन में बाधा बन सकने वाली राष्ट्रों की स्वायत्तता और संप्रभुता से निबटने के लिए अमेरिका के नेतृत्व में यूरोपीय संघ और जापान का शक्तिशाली गठजोड़ कार्यरत है। चीन इस गठजोड़ का चौथा सदस्य बनने की तरफ बढ़ रहा है। यह गठजोड़ कई राष्ट्रातीत सांगठनिक संरचनाओं के माध्यम से काम करता है। इस गठजोड़ में सदैव एकता ही नहीं रहती, मतभेद भी होते हैं, जिनकी अभिव्यक्ति आर्थिक-राजनीतिक-सांस्कृतिक रूपों में अक्सर होती रहती है। यूरोपीय संघ, नाफ्टा और एसियान व्यापार-क्षेत्रों का ताकतवर होना भी भूमंडलीकरण की प्रक्रिया के लिए एक चुनौती के रूप में देखा जाता है। यूरो डॉलर और अमेरिकी डॉलर द्वारा वर्चस्व के लिए आपसी संघर्ष एक अन्य उदाहरण है। इराक युद्ध को भी मतभेदों के एक उल्लेखनीय उदाहरण के रूप में देखा जा सकता है। लेकिन अमेरिका की प्रबल भू-राजनीतिक केंद्रीयता और एंग्लो-अमेरिकी कारपोरेट मॉडल का वर्चस्व इन मतभेदों के ऊपर हावी हो जाता है।

इसका **तीसरा** मतलब है कंप्यूटर, इंटरनेट और संचार के अन्य आधुनिकतम साधनों के जरिये दुनिया में राष्ट्रों, समुदायों, संस्कृतियों और व्यक्तियों के बीच फासलों का कम से कमतर होते चले जाना।

इसका **चौथा** मतलब है उपग्रहीय टेलिविजन की मदद से एक भूमंडलीय संस्कृति की रचना करना। राष्ट्रीय संस्कृतियों के केंद्र में नागरिक रहता था पर इस संस्कृति के केंद्र में भूमंडलीय उपभोक्ता रहता है। इस भूमंडलीय संस्कृति के ऊपर अमेरिकी सांस्कृतिक मुहावरा बुरी तरह हावी है। इसीलिए हेनरी किसिंजर ने बेखटके भूमंडलीकरण को अमेरिकीकरण की संज्ञा भी दी है।

यह भी कहा जाता है कि भूमंडलीकरण के रूप में आधुनिकीकरण की प्रक्रिया अपने चरम पर पहुँच गयी है और अब सारा जगत एक ही साँचे में ढाल दिया जायेगा। जो इस साँचे में ढलने के लिए तैयार नहीं होंगे, उन्हें छँटनी के सिद्धांत के तहत हाशिये पर नष्ट होने के लिए फेंक दिया जायेगा। भूमंडलीकरण के मौजूदा दौर से पहले राष्ट्रों की सीमाबद्ध उपस्थिति के आईने में ही दुनिया को देखा जाता था। उस समय अंतर्राष्ट्रवाद एक उदात्त और रेडिकल विचार था जिसमें एक समता और विविधतामूलक वसुधैव कुटुंबकम सरीखी दुनिया बनाने की उम्मीदें निहित थीं। इसके उलट भूमंडलीकरण के विचार को संदेह की दृष्टि से देखा जाता है। समझा जाता है कि इसके तहत दुनिया पर एक नयी सत्ता-व्यवस्था थोपी जा रही है।

अंतर्राष्ट्रीय वित्तीय पूँजी (इंटरनेशनल फाइनेंस केपीटल) : ब्याज कमाने वाली अर्थात पूँजी पैदा करने वाली पूँजी वित्तीय पूँजी कहलाती है।

लेकिन, इसके अंतर्राष्ट्रीय चरित्र को समझने के लिए जरूरी है कि उसके राज्य के साथ रिश्ते को समझा जाये। राज्य की संस्था अपने आर्थिक संचालन के हित में इस पूँजी के प्रसार और प्रभाव को नियंत्रित करने की मुख्य ताकत है, लेकिन अपने परिचालन की प्रक्रिया में यह पूँजी मुक्त हो जाती है और बजाय इसके कि राज्य इसे नियंत्रित करे, यह राज्य को नियंत्रित करने लगती है। अर्थात राज्य इसे नियंत्रित भी करता है और इससे नियंत्रित भी होता है। भूमंडलीकरण के तहत बनने वाली राष्ट्रातीत संरचनाओं में इस पूँजी का नियंत्रणकारी पहलू उत्तरोत्तर शक्तिशाली होता चला जा रहा है। इसमें निहित उत्पादक पूँजी के पहलू की भूमिका घटती जा रही है। यह राष्ट्रीय अर्थतंत्रों और राष्ट्रीय राजनीति की जरूरतों के हिसाब से चलने के बजाय माँग और आपूर्ति के नियमों से संचालित हो रही है।

ब्रेटन वुड्स एग्रीमेंट : जुलाई १९४४ में अंतर्राष्ट्रीय वित्त व्यवस्था के संचालन के लिए अमेरिका के न्यू हैमशायर की ब्रेटन वुड्स नामक पहाड़ी सैरगाह में एक सम्मेलन हुआ जिसमें ब्रिटेन और अमेरिका ने एक नयी अंतर्राष्ट्रीय अर्थव्यवस्था का तानाबाना तैयार किया। इस नयी व्यवस्था को मुक्त बाजार प्रणाली की जगह काम करना था। इसके अनुसार राष्ट्रीय मुद्राओं को अमेरिकी डालर से निर्धारित विनिमय दर के आधार पर जोड़ दिया गया और जरूरत पड़ने पर डालरों को सोने में भुनाने का अधिकार दिया गया। **अंतर्राष्ट्रीय मुद्रा कोष** (आई.एम.एफ.) और **विश्व बैंक** (इंटरनेशनल बैंक ऑव रिकंस्ट्रक्शन एंड डिवेलपमेंट) की स्थापना की गयी। अब पूँजीवादी भूमंडलीकरण के केंद्र में औपचारिक रूप से ब्रिटेन की जगह अमेरिका आ चुका था और पाउंड की जगह डालर ने ले ली थी। ब्रेटन वुड्स में ही एक तीसरा प्रस्ताव दुनिया के व्यापार को नियंत्रित करने वाला एक संगठन बनाने का रखा गया था। इसी मकसद से १९४७ में **गैट** (जनरल एग्रीमेंट ऑन ट्रेड एंड टैरिफ्स) की स्थापना हुई। जनवरी १९९५ में इसकी जगह **विश्व व्यापार संगठन** (डब्ल्यू.टी.ओ.) ने ले ली।

साठ के दशक में यूरोकरेंसी बाजार के कारण ब्रेटन वुड्स बंदोबस्त दरकना शुरू हो गया और १९७१ में अमेरिका ने डॉलर को बचाने के लिए इसे एकतरफा भंग कर दिया। इसी समझौते की देन के रूप में मुद्रा कोष, विश्व बैंक और विश्व व्यापार संगठन आज विश्व के आर्थिक भूमंडलीकरण का नेतृत्व कर रहे हैं।

उल्लेखनीय है कि ये तीनों संगठन जिस जमाने में प्रस्तावित किये गये थे, वह कींस की आर्थिक सिफारिशों के बोलबाले का था। यानी वह युग राज्य की संस्था के आर्थिक बंदोबस्त में हस्तक्षेप को मान्यता देने का समय था जिसे हम लोकोपकारी राज्य की अवधारणा के नाम से भी जानते हैं। तीनों संगठनों के विचार के पीछे इसी अवधारणा को अमल में लाने की भूमिका थी। मुद्रा कोष तो स्पष्ट रूप से यह मान कर ही गठित किया गया था कि बाजार द्वारा की जाने वाली गड़बड़ी का परिष्कार करने के लिए कोई संगठन बनाया जाना चाहिए। लेकिन ब्रेटन वुड्स खत्म हो जाने के बाद विडंबना यह है कि ये तीनों संस्थान कट्टर बाजारवादी रवैया अख्तियार कर चुके हैं।

ढाँचागत समायोजन कार्यक्रम (स्ट्रक्चरल एडजस्टमेंट प्रोग्राम) और आर्थिक सुधार (इकनॉमिक रिफार्म्स) : अस्सी के दशक में भारत समेत तीसरी दुनिया और पूर्वी यूरोप के करीब ७० देशों की अर्थव्यवस्थाओं में अंतर्राष्ट्रीय मुद्रा कोष और विश्व बैंक के कहने पर ढाँचागत समायोजन कार्यक्रम चलाया गया। इस दशक की शुरुआत में मुद्रा कोष की राय के मुताबिक़ इन देशों ने घाटे से उबरने के लिए अपनी कुछ नीतियों में अल्पकालीन तब्दीलियाँ की थीं। इनकी नाकामी के कारण ये देश कर्जे में दबते चले गये। तब अमेरिका के अर्थ मंत्री जेम्स बेकर ने १९८५ में एक योजना पेश की जिसके तहत इन देशों पर विश्व बैंक को कुछ शर्तें लगानी थीं। यही शर्तें ढाँचागत समायोजन कहलायीं। इस कार्यक्रम के मुताबिक हर देश को अपनी मुद्रा का अवमूल्यन करना पड़ा, बजट घाटा कम करने के लिए सरकारी खर्चा घटाना पड़ा, सबसिडी और मूल्य नियंत्रण खत्म करके बाजार खोलना पड़ा और वेतन के सूचकांक बदल कर श्रम बाजार में कर्मचारियों की वास्तविक आमदनी घटानी पड़ी। इसी समायोजन के साथ तालमेल बैठाने वाली नीतियों के परिणामस्वरूप अर्थव्यवस्था में राज्य का हस्तक्षेप लगातार कमजोर से कमजोर होता चला गया। बाजार की ताकतें लगातार हावी होती चली गयीं।

भारत में यह प्रक्रिया शुरू होने पर निजी पूँजी के समर्थकों ने दावा किया कि इसे आर्थिक आजादी का प्रतीक समझा जाना चाहिए। लेकिन यह आर्थिक आजादी केवल परमिट-कोटा राज खत्म करके एक ऐसा निजाम बनाने की कोशिश नहीं थी, जिसमें राष्ट्र और उसके नागरिकों के लाभ का आग्रह सर्वोपरि होता। इस आर्थिक आजादी का मतलब यह था कि न केवल भारतीय अर्थव्यवस्था को विश्व बाजार के साथ जुड़ते चले जाना है वरन् भारतीय वित्तमंत्री को अंतर्राष्ट्रीय मुद्रा कोष और विश्व व्यापार संगठन के दफ्तर में जा कर अपने कामों का हिसाब भी देना है। उसे अंतर्राष्ट्रीय रेटिंग एजेंसियों द्वारा दी गयी सनद का मोहताज रहना है। इसका मतलब यह भी था कि भारतीय अर्थव्यवस्था को धीरे-धीरे अंतर्राष्ट्रीय वित्तीय पूँजी के रहमो-करम पर निर्भर होते जाना है। इसका मतलब यह भी था कि भारतीय विदेशमंत्री को अमेरिकी विदेश मंत्रालय और यूरोपीय संघ के कारकुनों से अच्छे चालचलन का प्रमाणपत्र हासिल करते रहना है।

वाशिंगटन सहमति (वाशिंगटन कांसेंसस) : अस्सी के दशक में मुक्त बाजार की श्रेष्ठता के कट्टरपंथी मंत्र को लागू करने वाली नीतियों को वाशिंगटन सहमति के नाम से पुकारा जाता है। विकासशील देशों के लिए मुद्रा कोष, विश्व बैंक और अमेरिकी वित्त मंत्रालय की आपसी सहमति से इसका जन्म हुआ था। मूलत: ये नीतियाँ लातीनी अमेरिकी देशों की अर्थव्यवस्था में मचे उत्पात से निबटने के लिए बनायी गयी थीं, लेकिन वाशिंगटन सहमति के तहत इन्हें सारी दुनिया पर थोपने की मुहिम चलायी गयी।

संरक्षणवाद (प्रोटेक्शनिज़्म) और वाणिज्य उदारीकरण (ट्रेड लिबरलाइज़ेशन) : अपने उद्योगों को उस वक्त तक विदेशी माल की होड़ से बचा कर रखना जब तक वे प्रतियोगिता करने लायक मजबूत न हो जाएँ। अमेरिका और जापान ने अपने उद्योगों का निर्माण इसी तरीके से किया है। लेकिन, विकासशील देशों के लिए भूमंडलीकरण की ताकतें वाणिज्य उदारीकरण की सिफारिश करती हैं। वे दबाव डालती हैं कि वे अपने बाजार विकसित देशों के माल के लिए खोल दें।

तकनीकशाही (टेक्नोक्रेटिक) और प्रबंधकीय (मैनेजेरियल) : सामाजिक-राजनीतिक-आर्थिक समस्याओं को हल करने की प्रवृत्तियाँ जो मानती हैं कि समाज और आम जनता द्वारा डाले गये लोकतांत्रिक दबावों से समग्र प्रणाली को अलग करके ही राष्ट्र-निर्माण का काम ठीक से हो सकता है। जाहिरा तौर पर यह एक अराजनीतिक रुझान है जो कुछ विशेषज्ञों के सहारे शासन चलाने में भरोसा करता है। माना जाता है कि राजीव गाँधी के जमाने में भारतीय लोकतंत्र की समस्याओं को तकनीकशाही और प्रबंधकीय शैली में हल करने की शुरुआत हुई।

रेगनोमिक्स और थैचराइजेशन : अमेरिका के राष्ट्रपति रोनाल्ड रेगन और ब्रिटेन की प्रधानमंत्री मार्गरेट थैचर द्वारा अपनायी गयी बाजारवादी नीतियों के लोकप्रिय नाम। इन नीतियों में आक्रामक निजीकरण का बोलबाला था और अर्थव्यवस्था में राज्य के हस्तक्षेप को कम से कम करने की प्रवृत्तियाँ थीं। इनके पीछे लोकहितकारी राज्य के सिद्धांत को छोड़ने का आग्रह और नियोक्लासिकल पूँजीवाद (बाजारवाद का आक्रामक रूप) की प्रेरणा थी।

यूरोपीय संघ (यूरोपियन यूनियन) : आस्ट्रिया, बेल्जियम, डेनमार्क, फिनलैंड, फ्रांस, जर्मनी, यूनान, आयरलैंड, इटली, लक्ज़ेमबर्ग, नीदरलैंड्स, पुर्तगाल, स्पेन, स्वीडन, यूनाइटेड किंगडम और रूस ने मिल कर यूरोपीय संघ के रूप में दुनिया का सबसे बड़ा और समृद्ध व्यापार-क्षेत्र बनाया है जिसे यूरोपीय संघ के नाम से जाना जाता है। इसकी नींव १ जनवरी १९९५ को पड़ी थी। संघ में शामिल होने के मामले में यूरोपीय देशों में कुछ दुविधा और ऊहापोह भी रहा, क्योंकि इसके लिए उन्हें अपनी पारंपरिक राष्ट्रीय अस्मिताओं की संप्रभुता से एक सीमा तक समझौता करना पड़ता। संघ ने अपनी मुद्रा यूरो डॉलर भी जारी की है, जो इस समय अमेरिकी डॉलर के साथ आर्थिक वर्चस्व की होड़ कर रही है।

नाफ्टा (नार्थ अमेरिकन फ्री ट्रेड एग्रीमेंट) : उत्तरी अमेरिका के देशों का व्यापार-क्षेत्र गठित करने वाला समझौता। इसके तहत नब्बे के दशक में इन देशों ने भूमंडलीकरण की प्रक्रिया के भीतर अपनी दावेदारी पेश की।

एसियान (एसोसियेशन ऑव साउथ ईस्ट एशियन नेशंस) : इंडोनेशिया, मलेशिया, फिलीपींस, सिंगापुर और थाइलैंड ने ८ अगस्त १९६७ को बैंकाक घोषणा के माध्यम से एक ऐसे व्यापार-क्षेत्र का गठन किया जो इस समय दुनिया के सबसे ताकतवर व्यापार-क्षेत्रों में से एक है। इसका मकसद दक्षिण-पूर्व एशिया में आर्थिक स्थायित्व बनाये रखना था। ब्रुनेई, कंबोडिया, लाओस, वियतनाम और मयनमार भी इसके सदस्य बन चुके हैं। हाल ही में चीन के साथ एसियान के जुड़ाव ने विश्व अर्थतंत्र में इसकी भूमिका को और महत्त्वपूर्ण बना दिया है।

इंटरनेट : आधुनिक संचार प्रणाली का सर्वाधिक प्रचलित और सभी के लिए सुलभ रूप जिसके जरिये एक लिहाज से दुनिया वास्तव में मुट्ठी में लगने लगी है। यह एक ऐसा कंप्यूटर नेटवर्क है जो दुनिया-भर के नेटवर्कों से मिल कर बना है। इसमें सभी वाणिज्यिक, गैर-वाणिज्यिक और अकादमीय नेटवर्क शामिल हैं। इंटरनेट के जरिये तथ्यों और सूचनाओं के आदान-प्रदान और संचार की रफ्तार बेहद तेज हो गयी है। इंटरनेट का

इस्तेमाल कम खर्चीला और सहज है। अनगिनत विषयों, व्यक्तियों और घटनाओं के बारे में इंटरनेट की सर्फिंग करके बहुत कम समय में जानकारी प्राप्त की जा सकती है। इंटरनेट ने ई-मेल की सुविधा प्रदान करके परस्पर संचार की शैली को तकरीबन बदल दिया है।

बताया जाता है कि १९६९ में अमेरिकी रक्षा अनुसंधान विभाग ने कंप्यूटरों के सर्वाधिक किफायती इस्तेमाल के लिए इंटरनेट का आविष्कार किया था। लेकिन, इंटरनेट का संक्षिप्त इतिहास लिखने वाले ब्रूस स्टर्लिंग का दावा है कि शीत युद्ध के दौरान आणुविक हमले में सभी तरह की संचार प्रणालियाँ नष्ट हो जाने के अंदेशे के कारण अमेरिकी युद्ध मंत्रालय द्वारा रक्षा-संचार को बनाये रखने के लिए एक अनियमित किस्म की संचार प्रणाली ईजाद करने के मकसद से पहली बार इंटरनेट का आविष्कार हुआ था। कम से कम एक बात तो तय है कि इस संचार प्रणाली को सरकारी पूँजी से विकसित किया गया था। इसे निजी पूँजी के हाथ में दिया जाना इस बात का सबसे ताजा उदाहरण है कि बाजार की ताकतें कैसे राज्य का अपने हित में इस्तेमाल करती हैं। पहले इंटरनेट का इस्तेमाल विश्वविद्यालयों और संस्थानों में ही होता था। नब्बे के दशक की शुरुआत में वर्ल्ड वाइड वेब यानी डब्ल्यूडब्ल्यूडब्ल्यू का विकास हुआ जब पाँच क्षेत्रीय सुपरकंप्यूटिंग सेंटरों को मिला कर बनाया गया एनएसएफनेट निजी संचार कंपनियों को बेच दिया गया (इससे पहले अरपानेट इंटरनेट का आधार था जिसमें निजी कंपनियों के लिए तकनीकी गुंजाइश नहीं थी। इसी गुंजाइश को बनाने के लिए अमेरिका के नेशनल साइंस फाउंडेशन ने एनएसएफ नेट का निर्माण किया था)।

१९९४ तक वर्ल्ड वाइड वेब आम जनमानस में अपनी उपस्थिति और उपयोगिता दर्ज कर चुका था। इसके मल्टीमीडिया और हाइपरटेक्स्ट्स से संबंधित पहलू यूरोपीय संचार बहुराष्ट्रीय कंपनियों द्वारा विकसित ओएसआई प्रोटोकोल स्टैक से बेहतर साबित हुए और जल्दी ही यह तय हो गया कि इंटरनेट अगली शताब्दी में भूमंडलीय एकीकरण की सबसे प्रभावी प्रौद्योगिकी साबित होगी। अब जितने भी नये नेटवर्क दुनिया में बनाये जाते हैं, सभी इंटरनेट में शामिल हो जाते हैं और इसका दायरा उत्तरोत्तर व्यापक होता चला जाता है। और इस तरह एक नेटवर्क सोसाइटी जन्म लेती है।

सूचना समाज / नेटवर्क सोसाइटी : कंप्यूटरों के परस्पर संपर्क से बना जाल नेटवर्क कहलाता है। नेटवर्कों के बीच विचरण करने वाले इंटरनेट के प्रयोक्ता नेटिजंस कहलाते हैं और नेटिजंस का समाज नेटवर्क सोसाइटी या सूचना समाज के नाम से जाना जाता है।

सिटीजंस का समाज एक-दूसरे से शरीरी तौर पर मिल कर समाज की रचना करता है पर नेटिजंस एक-दूसरे से आमने-सामने मिलें यह जरूरी नहीं है। वे नेट पर मिलते हैं, बातें करते हैं, सूचनाओं का आदान-प्रदान करते हैं। विकसित प्रौद्योगिकी की मदद से अब वे एक-दूसरे को नेट पर देख भी सकते हैं। मित्रता कर सकते हैं, प्रेम कर सकते हैं और यहाँ तक कि एक खास तरह का अशरीरी यौन आनंद भी ले सकते हैं। सिटीजंस का पता धरती के किसी देश, किसी राष्ट्र, किसी संस्कृति, किसी मुहल्ले और किसी बस्ती की तरफ इशारा करता है यानी धरती पर उसकी रिहाइश एक खास सीमाबद्धता की द्योतक होती है पर नेटिजंस का इंटरनेट पर एड्रेस इन सीमाओं से आजाद होता है। उस एड्रेस पर बिना

देर किए पलक झपकते पहुँचा जा सकता है। इस तरह नेटिजंस ठोस यथार्थ से **वर्चुअल यथार्थ** या **वर्चुअल स्पेस** में चले जाते हैं। एक ऐसे **निराकार दायरे** में जो कंप्यूटर द्वारा बनाया गया त्रिआयामी दायरा होता है। ई-मेल, वेब सर्फिंग और फिर बुलेटिन बोर्डों ने मिल कर यह निराकार दायरा बनाया है। साइबर स्पेस में टँके छोटे-छोटे बुलेटिन बोर्डों पर नेटिजंस अपनी चिंताएँ, सरोकार और विचार चस्पाँ कर सकते हैं। इन बोर्डों पर ही उन्हें अपनी बातों का जवाब भी मिलता है और इस तरह बहस का एक निराकार दायरा बनता चला जाता है।

नेटवर्क भी एक नये किस्म के सामूहिक वजूद की तरह सामने आया है जो एक साथ तरल भी है और अमीबा की तरह स्वत: अपना खाना बटोरते हुए विकसित होता चला जाता है। नेटवर्क बीसवीं सदी की उन निर्मितियों जैसा नहीं है जिन्हें हम पार्टी, राष्ट्र-राज्य या सर्वहारा के रूप में जानते रहे हैं। नेटवर्क खुद की पुनर्रचना करता चलता है। लगता है कि वह बिना किसी डिंबाणु के ही पैदा हो गया है, लेकिन साथ में वह स्वयं का भक्षण भी कर सकता है। यानी वह स्वयं पैदा हो सकता है और स्वयं ही खत्म हो सकता है।

□□□